七十述懷

張大可文集

第一卷

创于1897
商務印書館
The Commercial Press

图书在版编目(CIP)数据

七十述怀 / 张大可著. — 北京 : 商务印书馆,2013
（张大可文集）
ISBN 978－7－100－09745－1

Ⅰ. ①七…　Ⅱ. ①张…　Ⅲ. ①中国历史－古代史－纪传体 ②《史记》－文集③中国历史－三国时代－文集④文献学－中国－文集 Ⅳ. ①K207-53②G256-53

中国版本图书馆CIP数据核字(2013)第001430号

七十述怀
张大可　著

商　务　印　书　馆　出　版
（北京王府井大街36号　邮政编码 100710）
商　务　印　书　馆　发　行
北京德富泰印务有限公司
ISBN 978－7－100－09745－1

2013年5月第1版　　　　开本　640×980　1/16
2013年5月北京第1次印刷　印张　38　彩插　16页

定价：160.00元

一九六二年六月摄于北京大北照相馆（二十二岁）

千秋卓識一
獨有雄文日月懸真
義宜尋蹊徑外榮華常度語辭端苦
心撥亂為實錄痛惜精誠久晦湮嘗道
傳人無處覓但聞川上水潺湲

大可先生為學通博尤喜太史公書著
有史記研究之編命題之作爰賦讀太
史公書小詩一首求正

一九八三年十月程金造書

一九八三年北京外国语大学前辈程金造教授题诗并书

史家筆下貴存真成敗富貧不改論
畢竟先生仁智勇兩千年後識猶新
春秋褒貶依周禮左氏鋪陳但繫年
史記創新豈紀傳末民國計有專篇

大可先生法正

乙亥仲秋錄拙作謁太史祠二章　劉念先

一九九五年陕西师范大学刘念先教授题诗并书

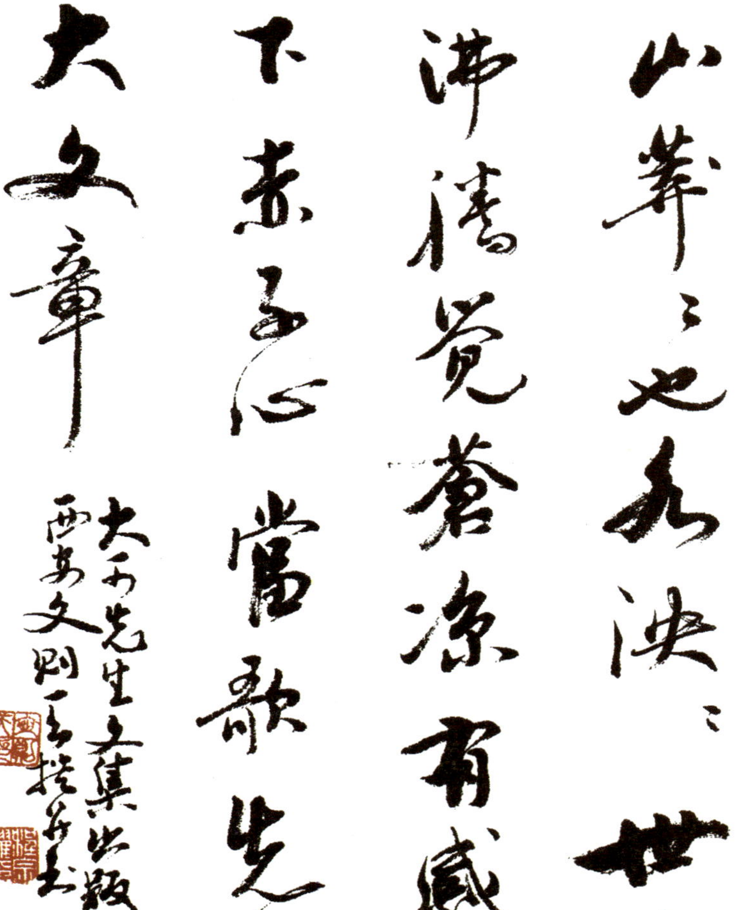

二〇一一年西安著名书法家文则天题诗并书

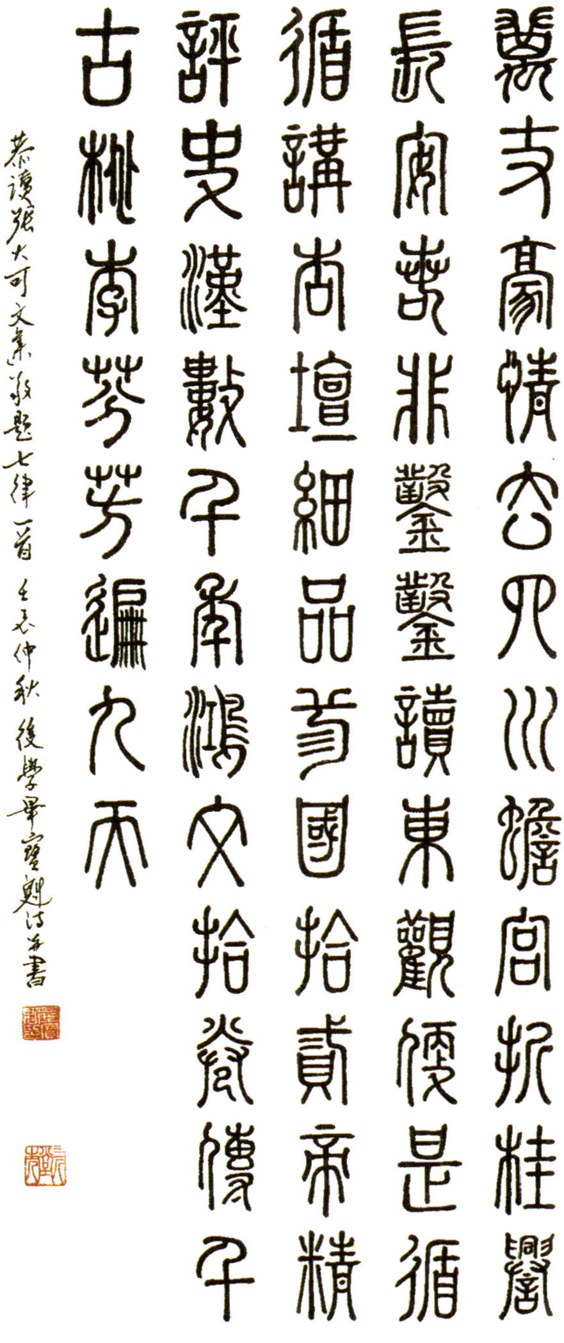

万丈豪情去四川，蟾宫折桂誉长安。
若非凿凿读东观，便是循循讲杏坛。
细品三国十二帝，精评史汉数千年。
鸿文十卷传千古，桃李芬芳遍九天。

二〇一二年辽宁大学毕宝魁教授题诗并书

北京书画院高级书画师胡俊锋先生题字

中国书画家协会会员林万华先生题字

陕西书画艺术研究院名誉院长韩润华先生题字

作者社会兼职客座教授的学术活动

① 一九九四年夏在广州师院历史系讲学两月

② 二〇〇五年春在云南红河学院历史学院讲学两月

③ 红河论坛学术报告会会场

二〇一二年十月二十三日在陕西省渭南师院的学术活动

①渭南师院丁德科院长颁发聘书

②渭南师院副院长王君龙（右）、文学院院长凌朝栋（左）与作者（中）合影

③学术报告会会场

中国国家图书馆周和平馆长与作者交谈

二〇一〇年作客中国国家图书馆“中国典籍与文化”讲座，主讲《史记》系列十五讲

二〇一一年二月二十六日在“部级领导干部历史文化讲座”作专题学术报告

成立中国史记研究会的学术活动

① 中国史记研究会成立大会代表合影（二〇〇一年四月九日于江南大学）

② 在中国史记研究会第四届年会国际《史记》学术研讨会开幕式上讲话（二〇〇五年八月二十三日于韩城）

③ 在中国史记研究会项羽专题学术研讨会闭幕式总结发言（二〇〇八年十一月十八日于安徽和县）

教材编写学术活动（一）

① 一九八六年十月，三十五院校本《中国历史文选》教材定稿会在重庆教育学院召开。图为全体作者合影。

② 一九八九年九月，二十五院校协作《中国历史文献学》教材定稿会在重庆师范学院召开。图为大会会场。

③ 一九九八年四月，四十五院校本《中国历史文选》教材定稿会在广州师院召开。图为小组讨论会会场。

教材编写学术活动（二）

① 二〇一〇年四月商务版《中国历史文选》精品教材第一次修订会及《中国历史文选导读》定稿会在云南红河学院召开。

② 主持人张大可教授在商务版《中国历史文选》精品教材第一次修订及《中国历史文选导读》定稿会上讲话。

③ 二〇一二年五月商务版《中国历史文选》精品教材第二次修订暨国学后备人才培养学术研讨会在杭州师范大学召开，与会作者合影。

商务版《中国历史文选》精品教材第二次修订会于二〇一二年五月在杭州师大召开，作者主持修订会（上图），会后参观宁波天一阁藏书楼（下图）。

二〇一二年八月二十八日信步于壶口瀑布（七十二岁）

内容提要

本卷收录作者散论文章四十六篇。第一篇《论文景之治》是作者的处女作，发表于1979年，恰逢拨乱反正，科学的春天来临；末篇《伍子胥与吴文化》，为2008年在无锡召开的吴文化国际学术研讨会提交的论文，祖国进入了盛世，前后30年。作者步入学术研究的征程，恰与祖国改革开放以来30年间突飞猛进的发展同步。30年间的散论汇于一编，从一个侧面记录了时代前进的步伐。所谓散论，多为因时感发的即兴之作，不是作者的治学主干，为何编入文集为第一卷？因贯穿散论的红线始终带有读史论政的意味，这些散论串联起来从一个侧面反映了作者生活的环境与治学的心路历程。散论分为六组。评析重大历史事件者五篇，评价历史人物七篇，考辨文章四篇，书评五篇，共二十二篇，主要作于作者在兰州大学教学时期，学术意味浓一些。最后一组散论六篇，均作于作者非教学环境的社会活动，应时意味浓一些。书序十九篇，记录作者推广普及读物的用心。书前《七十述怀》，这是一本以作者治学为主线的自传，关连全书，可视为十卷文集的总序。本卷散论以《七十述怀》题书名，故编入文集为第一卷。

责编絮语

张大可先生，1940年12月7日出生，四川省（今重庆市）长寿县人。先生1961年考入北京大学中文系古典文献专业，20岁离开故土，至今已52年。1966年毕业，时值“文化大革命”，1968年分配甘肃省文化局，下放劳动，接受贫下中农再教育。1970年重新分配在兰州运输公司当工人。1973年秋回归高校调入兰州大学历史系任教。1980年定职讲师，1985年破格晋职教授。1986年甘肃省成立中青年历史学会，任会长直到离开兰州。1990年调北京外国语大学中文系任教授，兼职系副主任。1995年初调入中央社会主义学院任教授。主要社会兼职：南京师大、广州师院、云南红河学院客座教授。中国历史文献研究会常务理事，中华伏羲文化研究会常务理事，中国史记研究会常务副会长。1992年起享受国务院政府特殊津贴专家待遇。

先生治学主要是中国历史文献学与秦汉三国史，在这两个领域发表学术论文100余篇，出版学术论著十余种，其中有六种获全国及省市级哲学社会科学优秀图书奖，其中《史记研究》1986年获甘肃省政府奖。此外，先生在古籍整理与普及历史两个方面成绩卓著，已出版有个人注讲《史记全本新注》、主持《资治通鉴新注》，主编《中华五千年名人传记丛书》、《爱国主义教育丛书》、《史记故事丛书》、《影响中国历史100名人》、《影响世界历史 100 名人》、《史学入门》等。先生在中央社会主义学院工作，主编《统一战线系列丛书》1—10 卷；主持中国史记研究会，主编《史记研究集成》1—14 卷，以及年会论文集《史记论丛》1—9 集。先生已年逾古稀，仍笔耕不辍，著作等身，有两千多万字，精神感人。

商务印书馆已出版先生学术论著《史记研究》，以及先生主编的高校教材《中国历史文选》、《史记教程》，获得广泛好评。《中国历史文选》列入普通高等教育“十一五”国家级规划教材，2008 年被评为普通高等教育精品教材。先生致力于教学，在兰州大学开设《中国历史文选》、《目录版本与文史工具书》、《史记选讲》、《三国志选讲》，在外国语大学开设《古代汉语》、《古代诗文选讲》等课程。每开一门课必先写讲义，由讲义再升华为正式教材，或学术论文与学术论著。先生以教学带动科研，以尽职于一个普通园丁而自慰。十卷文集，教学讲义占有一定的比重，为其特色之一。先生在兰州大学曾获 1983—1984 年度教师科研工作优秀奖，1989 年度获《中国历史文选》课优秀教学成果二等奖。先生主编有三种高校教材：《中国历史文选》、《中国历史文献学》、《史记教程》。先生论著条理清晰，语言质朴，论从史出，论辩与考证，能做到理据充实而不繁琐，雅俗共赏，皆得益于教学根基。先生是全国知名的《史记》研究专家与《三国史》研究专家，因这两个领域是先生一生致力于教学与研究的主体。十卷文集的选编也以此为基础。

2011 年，先生正式授权商务印书馆编选出版《张大可文集》，共十卷。第一卷，论文集，收录史事、人物、书序、书评、时论等散论，书题取自书前自述《七十述怀》，亦为全书代序，故编列为文集第一卷。第二卷至第七卷共六集为《史记》研究论著，书题次第是：《史记研究》、《史记文献研究及选讲》、《史记论赞辑释》、《史记精言妙语》、《史记二十讲》、《司马迁评传》。第八卷、第九卷两集为“三国史”研究，书题是：《三国史研究》、《三国史》。第十卷为高校教材一种：《中国文献学》。入选的论文、论著，勾勒了先生教学与治学的人生轨迹，因此力求保持作品初始发表的原貌，以保留不同时期的原生形态，达到忠实记录先生治学的成绩，有利于广大读者体悟先生的治学经验。

为了文集各卷篇幅大体平衡，避免畸轻畸重，先生所写书序、书评没有集中在第一卷《七十述怀》中，关于《史记》论著的书序、书评编列在第六卷《史记二十讲》中；还有一组典籍论文与教材建设附编在第十集《中国文献学》中。学术界对先生论著所写评论，以及相关资料，附录在相关各卷文集之后用仿体字排版，以示区别。

为了保证图书质量，我们对《张大可文集》进行了精编精校，以期完美。但限于学养和时间，仍难免有不足，真诚期待广大读者的批评指点。北京楠竹文化发展有限公司对文集的装帧设计，以及制作提供支持。西安著名书法家文则天题写了书名。

十卷本《张大可文集》将于2013年5月由商务印书馆出版。我在山西大学读本科时，使用的《中国历史文选》教材，即为先生所主编。而今有幸任先生文集的责任编辑，先睹为快，获益良多。以上文字说明编辑缘起，寄语读者，以资推荐。

丁　波

2012年12月

目　录

七十述怀

第一章　温馨的家 …… 2
第二章　启蒙老师 …… 19
第三章　中学遗事 …… 39
第四章　沐浴春风 …… 64
第五章　“四清”运动 …… 86
第六章　“文革”往事 …… 96
第七章　下放劳动 …… 111
第八章　当工人 …… 127
第九章　回归高校 …… 140
第十章　教材编写 …… 164
第十一章　十年华章 …… 176
第十二章　叶落京师 …… 198

史事研讨

论“文景之治” …… 231
论“昭宣中兴” …… 244
论汉代的举贤良文学 …… 251

论东汉钩党之狱 …………………………………………………… 271
论清雍正皇帝的“观风整俗”运动 ……………………………… 281

人物研讨

政论家贾谊 ………………………………………………………… 326
凿空西域的使者张骞 ……………………………………………… 333
西汉杰出的军事家赵充国 ………………………………………… 343
东汉时期的安羌名将
——凉州三明 ……………………………………………………… 352
理财家刘晏 ………………………………………………………… 364
铁汉御史安维峻
——读《谏垣存稿》 ……………………………………………… 369
邓演达的历史地位 ………………………………………………… 376

考　辨

董仲舒天人三策应作于建元元年 ………………………………… 384
卫青、霍去病生年试探 …………………………………………… 397
两汉金城郡治允吾位置的考察 …………………………………… 403
西安古都与中国历史发展 ………………………………………… 409

书　序

历史与现实（代序） ……………………………………………… 420
《爱国主义教育丛书》序 ………………………………………… 427
《影响中国历史 100 名人》导论 ………………………………… 429
《中华五千年名人传记丛书》序 ………………………………… 442

一、从剧烈动荡走向统一的春秋战国时代 …… 443
二、重建大一统王朝 …… 447
三、巩固大一统中央集权的新世纪 …… 451
四、隋唐之际的风云突变 …… 454
五、中国封建社会的中晚期 …… 457
六、天翻地覆话沧桑 …… 459
七、雄主的双重共性 …… 461
八、女主干政的代价 …… 468
九、自古红颜多薄命 …… 473
十、宦官是封建集权制度的肿瘤 …… 478
《史记故事丛书》序 …… 485
一、明君贤臣的智谋 …… 485
二、善战将帅的智谋 …… 488
三、外交行人的智谋 …… 492
四、少小立志与动心忍性 …… 494
五、人生百态性有善恶 …… 497
六、仓廪实而知礼节 …… 498

书 评

一本独具特色的太平天国史论集 …… 502
《汉简研究文集》评介 …… 510
一部历史人物传记的典范力作
——《武侯春秋》评介 …… 516
“三趣”写活改革家
——《孙家鼐创办京师大学堂风云》读后感 …… 534
历史的价值
——读薛俊华《〈史记〉〈汉书〉纵横谈》 …… 538

散 论

中国语言文字 ······ 544
周恩来首倡和平共处五项原则 ······ 550
乒乓外交与基辛格秘密访华 ······ 561
周恩来怎样做文化人的联谊工作 ······ 571
太伯、季札三让天下的思考 ······ 584
伍子胥与吴文化 ······ 591

七十述怀

承蒙商务印书馆厚爱，在我七十周岁之际，公元2011年初出版了拙作《史记研究》。该书责任编辑丁波先生又与我商定了出版个人文集的事，还帮助我搜集报刊散论，用时两年，成帙十卷，定名《张大可文集》。感谢西安书法家文则天赠诗并题写了十卷文集的书名。文集编定，已到了孔子梦见周公之岁，七十有二秋。第一卷书前的“述怀”，仍取成数，题名“七十述怀”，并以此为第一卷的书名。第一卷是收录散论文章46篇，贯穿了作者不同时期的足迹，星星点点的人生感悟散落其间，也算是“述怀”的内容吧。

友人建言，写一本自传为文集第一卷。平凡人生，无业绩可传，一些陈谷子烂芝麻的往事值不得述说。思来想去，以“述怀”的方式行文，回忆一些生活片断，着重两个方面的故事。一是成长过程中的人生经历与感悟，二是成人后从事园丁工作的教学理念与学术研究的体悟，摘取一些故事，以资说明十卷文集产生的背景或许有一些意义。十卷文集有三个方面的内容。其中关于《史记》研究的论著六卷，关于三国史的研究两卷，共八卷，是我从事学术研究与教学的主体。首卷是散论，殿卷是一本教材，与主体的研究紧密相关。我从事学术研究的课题是以教学为基础的。我研究《史记》，开了"史记选讲"的专题课。我研究三国史，开了"三国志选讲"的专题课。我每讲一门课，必先编写讲义，在教学中丰富、完善，然后升华出版成为教材，或为论著。我在高校主编了三种教材：《中国历史文选》、《中国历史文献学》、《史记教程》。文集殿卷《中国文献学》就是改编《中国历史文献学》的升华版。《七十述怀》是概述十卷文集的产生过程。因此之故，《七十述怀》置于第一卷书首，权充十卷文集的作者自序。

第一章　温馨的家

夫天者，人之始也；父母者，人之本也。人穷则反本，故劳苦倦极，未尝不呼天也；疾痛惨怛，未尝不呼父母也。

——《史记·屈原贾生列传》

一

故里的家

家是人生之本。父母给予了生命，兄弟姐妹亲情与无私奉献给予了力量与信念。"七十述怀"，先从我的家说起。没有家的抚育和温暖，也没有我的今天。

我小字梦蛟，学名大可，吾父赐名。我父亲生性豁达，对子女之名不置可否。我兄弟姐妹五人。一姐两妹之名，叔父所取。弟弟之名，外祖父所取。我的名字是父亲偶然所赐。我的小名来源于父亲的一个梦。母亲生我那天，父亲正外出在县城四川涪陵，做了一个梦，说龙溪河发大水，滚滚波涛要淹没村庄，河里有一条大蛇。父亲惊醒，急忙赶回家，得了儿子，遂以"梦蛟"为小名。旧时乡里人很迷信一些梦幻，我的父母都不迷信，父亲的梦是"吉"还是"凶"，并没有去找人解梦，取了一个小名纪念。

一岁时我就闯了一回鬼门关。我出生那一年大旱，营养不足，母亲没有奶汁，我是喝米汤长大。当年逃荒，有一个十余岁的小姑娘乞讨到我家，祖母吃斋拜佛，收留了她做我的保姆。一岁时，一天下午小保姆抱着我玩耍，与几个小伙伴逗乐，不小心失手把我跌落下屋檐下走流水的石槽上，距离有一米高，我的左额头磕在石棱上，磕破了头盖骨，当场昏死。小保姆飞也似的逃走。全家人手忙脚乱抢救，找道士来驱鬼，用桐油烟薰，忙碌一两小时，我居然醒过来了。至今在额头留有一寸长的伤疤。我醒过来了，大家才发现小保姆不见了，四处寻找没有下落。不知这一夜小保姆又流落在何处，祝愿这位大姐一生平安。经过这一番折腾，驱鬼的道士说，我父亲做的是一个恶梦，那条蛇精被他驱走了。还说我的寿命过不了二十，要拜七个义父才能保我一生平安。当时父亲外出不在场，第二天父亲才回家，赶快找医生来治伤。父亲不听道士的那一套说法，我没有拜一个义父，不仅长大，突破了二十岁，现年七十有二，已接近祖父和父亲两代人年寿的总和。祖父 34 岁死于暴病，父亲 33 岁死于痨病。也有人说我的脑浆被摇浑了，活下来是个傻瓜，但至今并不痴呆。人们说“大难不死，必有后福”，似乎在我身上得到了一些应验。

我六岁入私塾，父亲与老师讨论了半天，取名“大可”，不知什么意思。按家谱辈分，我们这一代是“其”字辈，伯父的两个儿子，我的两个堂兄叫张其昌、张其林，就是按辈分取的。父亲没有按辈分给我取名。我叫张大可，我弟弟叫张楚才。家里人都说，我的名字取得不好，但父亲也没有更改。

公元 1940 年 12 月 7 日我来到人世间，实为农历腊月初七。原籍在四川省长寿县云集乡柏林村浅（读 jiàn 溅）滩湾。浅滩是龙溪河上一个滩名。湾，指丘陵山阿。川东丘陵，此起彼伏，形成许多山阿叫湾。龙溪河发源于垫江县，流径长寿县入长江。河谷两岸没有宽广的平原，也没有高峻的大山，而是连绵低矮的丘陵。大大小小的村落，大都依傍丘陵山阿而建。浅滩湾村落就是建在龙溪河岸边一座丘陵山阿间，故名浅滩湾，有六户人家，当我记事时，分户有八九家。村落建筑，正房两层瓦屋，形制一正两厢，呈凹字形。村前一池莲藕水塘，村旁一块石蠕打谷场。村后丘陵山坡，竹林环抱村庄，竹林后顺山坡一片柏树林。丘陵山顶有一棵百年大黄果树。树干粗大环抱，枝叶扶疏，像一把擎天大伞耸立在山头，数公里外就能望见。这棵树成为浅滩湾的一张名片。屋前直线距离约二百米外就是龙溪河。浅滩宽阔，河宽一百多米，涨水时浩浩荡荡，枯水时仍流水哗哗，河水充沛，四季不断。村庄和丘陵四周环绕鱼鳞梯田。梯田蓄水称水田，省称一个字叫"田"。丘陵上部或较陡的坡段是旱地，省称一个字叫"土"。水田、旱地，合称"田土"，也泛称为"土地"，省称一个字叫"地"。

浅滩湾的土地是七分水田，三分旱地。水稻生长时，梯田遍地绿油油，收割时遍地金黄色，环山坡一层层叠加，仿佛是一张弥漫天际的大油画。农闲水田，如同镶嵌在大地上的鱼鳞镜片。旱地一年四季都有各种农作物生长。田间土坎，散落长有油桐树、柏树。村庄四周菜地上人工栽培了几十株高品质的柚子树，远近闻名。浅滩湾小山村依山傍水，四季都是美景。1956 年国家在龙溪河兴建水库完成、蓄水后取名长寿湖。拦河大坝建在狮子滩，坝高 50 米。现今长寿湖成为重庆市的旅游胜地。浅滩湾陆沉湖底，坐落在狮子滩大坝东北约十公里处。浅滩湾村民 1955 年集体迁往江北县，张姓本家五户被安置在江北县茨竹镇向阳大队第二队尖山堡村。叔父一家迁到叔父工作地涪陵县致韩场。叔父在致韩小学当语文教师。公元 2002 年 4 月，我参加在重庆教育学院召开的中国史记研究会年会，会后我特地回到长寿湖寻找少年时的故土。我站在狮子滩大坝上遥望浅滩湾方位湖面良久，然后乘船到达浅滩湾湖面徘徊逗留半小时之久，才依依离别。

由于居住的变迁，在我的履历表籍贯一栏中，六十岁前填写为四川长寿县，或江北县，六十岁后填写为重庆市。改革开放，弟弟一家离开江北茨竹镇迁入重庆市，我的家庭现定居在北京市，应当是北京人了。

1961年我考入北京大学中文系古典文献专业班，1966年毕业，因“文革”滞留学校两年，1968年7月分配甘肃省文化局。报到时文化局已裁撤，下放劳动接受贫下中农再教育。1970年重新分配当工人。1973年9月回归高校换装教师服，先后在兰州大学、北京外国语大学、中央社会主义学院执教与笔耕至今四十载。现已在中央社会主义学院退休，仍有社会活动，主持《史记疏证》大型古籍整理国家项目尚未完成。因此，笔耕尚未停止。十卷文集出版，只是划上了一个阶段性的句号。

1961年我20岁时离开故土，屈指算来，已是52个春秋。

二

慈母辞世

公元2003年4月19日，我接到弟弟电话，传来母亲于当日清晨辞世的噩耗，顿时如五雷轰顶，神思恍惚。平静下来，立即购了次日上午的飞机票。当天夜里，奋笔疾书，我亲自为慈母写了一篇祭文。母亲本名刘霓云，乡亲们认为“霓”字难写难认，大家改称“刘吉云”，母亲从众认可，遂以“吉云”为名。祭文题名《祭慈母刘氏吉云文》。4月20日晚，灵堂播放祭文，举家老幼拜伏祭奠。

文曰：

癸未年三月十八日（公元2003年4月19日）吾之慈母刘氏讳吉云辞世，享年八十有四。天苍苍，地茫茫，风云变色，草木同悲。吾为长子张大可，与吾姐张淑兰，吾弟张楚才，两妹张淑蓉、张淑华，慈母长孙吾侄张建明，以及慈母之儿媳、女婿、孙男、孙女、重孙男女各家大小，长幼三代四十五口，相哭以祭。

呜呼！吾之慈母，一生勤苦，尊老爱幼，慈孝之声，远近闻名。吾兄弟姐妹，年少而孤。吾父仙逝之年，吾姐十二岁，吾年十岁，弟年七岁，两妹长者五岁，少者襁褓，未足一岁。是岁公元1950年，时运艰难，雪上加霜。慈母年仅三十三岁，葬死者，抚生者，守志教子，终日劳碌，披星戴月，风雨无休时，四季无歇日，白日劳累于田间，深夜缝补于斗室，无钱点灯，借星光以照，如此辛苦，仍难以度日。慈母手巧，又乐于助人，农闲或隆冬之时，出入邻里，裁衣缝纫，得赐米粮，以补不足。每至青黄不接，化缘亲友。慈母本家，刘姓亲人，祖母本家，余姓戚友，以及乡邻友好，感慈母人格之端庄，多有周济。小舅刘光福，尤为慷慨，军人津贴，积攒以助。昔日亲情，凄凉景象，历历犹在目前。

丰年不饱，凶年至艰。草根树皮、野菜青苗，亦为盘中之物。炊烟时断，举家饥黄。日日稀粥，难得一餐白米饭；罕有肉食，逢年过节始祭牙。每逢此时，一家大小，进食推让，母爱慈光，照凝众孤，其乐也融融。

吾之慈母，性爱整洁，一家衣着鲜有新制，补丁重叠，而洁净有加。

吾之慈母，外柔内刚，威仪凛然。待人以诚，得理让人。从不与人争吵，说话和颜悦色，不参与闲言，不播弄是非，虽是平凡女性，却能举止有度，大家风范。

吾之慈母，生性好强，做事持之以恒，意志坚韧。慈母本不识字，晚年与孙女奇卉一同学习认字，坚持数年，识字数千，能看报，能读书，为后辈树榜样，其办事率真奋力皆如此。

慈母品格，诚信坚贞，言传身教，养育吾之兄弟姐妹成人。五个儿女，五个家庭，人盛财旺，相助相亲，得益于母爱母教母之心性为人，始有今日。

吾姐淑兰，自幼聪慧，天资过人，立志好学。因其年长，助吾母操劳，抚育弟妹，甘愿牺牲，无缘学堂，一生遗憾。好人好报，夫婿文姓万国，纯朴厚道，一心顾家，夫妻相敬，子孙满堂，虽粗茶淡饭，平安和祥。

吾弟楚才，高小辍学，承担劳作，吃苦最多。曾记得，三九寒天，野外拾粪，手肿脚冻，皮开肉绽；夏日炎炎，插秧打谷，尽心竭力，仅挣几个工分。年未长成，已身负重担，烧砖制瓦，备尝艰辛。诸多磨难，智慧大开，改革开放，扶摇直上。弟妹丁氏贵珍，里外相助，孝敬婆母，功不可没。

吾侄建明，楚才长子，慈母长孙，孙媳刘氏其珍，夫妻和美，明达事理，尽天伦之孝道，分父母之忧劳，使吾之慈母晚年享安乐，长孙长孙媳，亦有力焉。

大妹淑蓉，最为本分，幸遇贤夫，柏氏吉厚，性行忠良，子女朴实，一门忠厚。

小妹淑华，命遇华盖，三岁过继与人，四岁被迫喂牛，心灵受创，言之酸楚。夫婿李姓德云，共度艰苦。天赐二子，吾之贤外甥李波、李彬，才德俱佳，优秀园丁，可慰薄命母亲心怀。

吾于家中，最为幸运。慈母严教，督促向学。上有大姐，下有贤弟，全力扶持，舅父援手，助我学业。吾有今日之学成，慈母、大姐、贤弟、舅父，以及两小妹之辛劳，共同栽培，没齿不忘。吾妻马氏瑞端，出身书香，性淑贤良，与慈母相处，十有八载，能尽儿媳之道，婆媳欢颜。吾有二女，长女奇虹，次女奇卉，均受慈母抚育，奇卉更是慈母一手带大，祖孙情深，心心相印。吾一家受慈母之深恩，比山高，比海深，而吾报之不及万分之一。慈母病重，吾远隔千里，未能尽心膝前。幸赖吾弟、弟妹、侄儿、侄媳、大姐、两妹，以及慈母女婿、孙辈，尽孝床前，慈母定能含笑九泉。

呜呼！吾之慈母，中年丧夫，生活维艰，奔波劳苦，养育幼孤，体质亏省，超支付出，营养不良，落下疾病，积老暴发，临终痛楚，言之伤怀。

人生七十古来稀，吾之慈母，八十有四，亦谓高寿。慈母之志，盼儿女成人，各有家室，幸福美满，有志于世。慈母生前，四世同堂，苦尽甘来，颐养天年，半生劳碌，半生欢颜，亦谓有幸。虽恶疾缠身，走也匆匆，而心胸坦然。今儿孙三代同悲，送母升天，魂归自然。依母之志，土葬故里。慈母有知，地下安息。呜呼哀哉，伏维尚飨。

子：张大可、张楚才

女：张淑兰、张淑蓉、张淑华

五房老幼三代四十五口，拜伏以祭。

癸未年三月十九日

三

诉说家常

癸未年三月二十一日（公元 2003 年 4 月 22 日），安葬慈母于茨竹镇尖山堡。石包坟冢，墓门对联朴实无华，为我所拟，全家赞同。上联：慈母安息地。下联：儿孙祭拜台。横楣：一方福土。墓地三分，为特批退耕还林地。坟前种草植树，装饰一对石雕蜡炬。

是夜，兄弟姐妹，合家大小，长幼有序，聚于一堂，述说往事家常。母亲的音容，昔日操劳的身影，举家相依为命的场景，历历浮现在眼前。兄弟姐妹各自童年的一幕幕回放在自己的心田。我们一家最难忘的是公元 1951 年至 1953 年，其时正值我读高小。一家六口，孤儿寡母，维系一家生存并在极端困难境遇中供我读书，顶梁柱就是我们的母亲。

1962 年暑假作者全家福

（作者五兄弟姐妹与慈母及小外孙女）

母亲生于1920年。1951年至1953年，时当三十二至三十四岁。中年丧夫，抚育五个幼小儿女，这是她人生最艰难的一段历程。

景况，难以言表。

吾父死于肺痨，卧床两年，临终，已经债台高筑，母亲好强，要让儿女们的父亲走得体面，不顾一切坚持做了三天道场。坛坛罐罐，粒米不存。我和姐弟三人捡拾一秋的几十斤稻谷也被折为工钱付给了人。公元1950年十月二十四日父亲病逝，严冬逼近。下葬后，全家立即陷入了饥饿的困境。当时，吾姐十二岁，我才十岁，弟弟七岁，两个妹妹大妹五岁，小妹不足一岁。母亲如何支撑这样一个家庭，急坏了祖母。祖母一系余氏表亲，伸出援手。高粱、玉米、小麦、黄豆、稻谷，各种粮食，一家给几升，大表婶传话，让我母亲到余家坝背粮食，走了好几趟，大约有二三百斤，这个冬天就算熬过来了。

1951年评定成份。伯父家早已分出，自耕，评为自耕中农。父亲和叔父两家合计有田土约十三亩，水田十亩旱地三亩，十亩水田和一亩旱地由徐姓一家租种，母亲与祖母自耕两亩旱地。1948年叔父结婚分产，祖母随叔父生活。两亩旱地两家各种一亩。水田两家也有划定，租谷各家一半。1951年，父亲已不在世，叔父在涪陵县致韩场小学当教师。最初，我家和叔父两家都划定是小土地出租。本家远房有一位堂兄，他的祖父与我的祖父是同父不同母的兄弟。我祖父排行第五，是五房。这位堂兄的祖父排行第六，是六房。这位堂兄之父分家后败了家，当土匪，在1941年底被国民政府枪毙。这位堂兄认为我父亲未尽救助之力，甚至怀疑是我父亲推动政府枪毙了他的父亲。理由是他父亲被枪毙之前我家遭强盗抢劫。当时我一岁，祖母因用一床棉被护着，土匪没有抢这床棉被。这位堂兄把他父亲的死与我家遭抢劫联系起来，无端的猜测而怀恨在心。土改复查时，这位堂兄煽动工作组于1952年把我家补划为地主成份。叔父只扫自己门前雪，他护住了自己小土地出租的成份，没有管我们这一家的孤儿寡母。幸好村长吴世全不同意补划我家为地主成份，始终按小土地出租对待，没有斗争我母亲，还在1955年迁移时写证明说被划地主成份是错误的。茨竹乡镇政府也按小土地出租对待。1965 年社教，“四请”工作组再次补划为地主，党的十一届三中全会后于 1979 年平反为小土地出租，这是后话。

成份一改，命运大变。小土地出租保有自家土地，多余的才分给别人。我家六口人，应分土地六亩，与原有土地差不多。成份一改，地主只能去分贫瘠的高坡地。我家分得了最差的四亩水田，两亩旱地，瘦田与肥田的水稻产量差一倍，而高坡地的瘦田要依赖于靠天吃饭，插秧时少雨，又少劳力，连年有一小半地没有插上秧。母亲耕不了水田，也无钱雇工，只能换工。母亲每年冬季给愿意换工的人挖土，两天换一个工。母亲会裁缝，冬天给别人做棉衣、做衣服，做一件棉衣或做一身衣服换一个工。换来的工插秧时只能后插，因此连年秧苗都晚插了几天，误了农时。拔了节的老秧苗，插到田里不发蘖，插几根就只有几根稻谷，还要提前七八天吐穗扬花，大为减产，一亩地只能打二百斤。当时川东水稻亩产平均五六百斤，肥田可产七八百斤。我家六口所分的四亩水田，正常年份能产稻二千余斤，下了肥料获得丰收可打三千斤。由于误了插秧农时，连年产量不足千斤，上了农业税所剩无几，逢年过节才有一碗白米粉。那几年，我们一家六口人的生活只能靠母亲和姐弟没日没夜种的那两亩旱地所产各种杂粮，只够三个人的口粮，缺少的那一半口粮就靠蔬菜、甘薯、南瓜、野菜来补充。能吃饱饭的日子只有四个月，在夏秋收获时的两季。一是五六月玉米成熟，磨玉米粑，再是九十月甘薯收获蒸甘薯。当玉米、甘薯都收回了家，就不能放开来吃，要按当年收获量多少做长远的安排。一冬一春是最难过的日子。为了计划用粮，实际是强行控制。其法是把个大饱满的玉米棒子不打成玉米粒，而是整颗吊起来。剥开玉米包皮翻过来当作绳，一束一束吊起来。冬、春农闲时（其实四川没有农闲季节，只是冬、春的劳动强度小一些）每天两顿饭，大约是上午十时，下午五时。四川吃饭叫做“顿”，北方称为用“餐”。每一餐两颗包谷，取下玉米粒磨成粉，烧开一锅水，撒下玉米粉，然后放入菜团再煮几分钟就成了菜稀饭，北方称稀饭为粥。两颗玉米只有一市斤，六口人平均每人不足二两。菜团制作，一冬一春主要靠南方所产一种青菜，切碎后用开水焯熟，捞出用手挤去涩水，就成了菜团。说是菜粥，其实只见菜，不见粮。佐餐只有一碗泡菜大家共用。泡菜自家生产，泡菜用盐要花钱，养的几只母鸡生下的蛋卖了换盐。没有泡菜，千篇一律的菜粥难以下咽。母鸡不下蛋，没了买盐的钱，泡菜断档，就用酸盐水代泡菜。顿顿菜粥，没有油水，胃肠发酸，流清口水，恶心，严重时昏厥，我眼见母亲和大姐多次昏厥。我和弟弟时常恶心，吐清口水。两个小妹，不知他们的感受，成天昏昏欲睡。这种日子过了两个冬春。那两年，阎王没有要命，算是皇天有眼，是我们一家的幸运。

晚上照明，家境好的用油灯，一般家庭用松油烛。我们家两样都没有，就利用葵花杆照明。葵花杆就是向日葵的茎，砍下泡到水里沤烂它的皮和心，取出晒干以备漆黑之夜必要时使用。一根向日葵分作两截或三截，每次只用一截。月光是母亲免费的照明灯。一年四季，月明的每天晚上母亲都要忙碌几个小时。农忙时母亲和大姐在满月的月光下地里劳作，我和弟弟在地头陪伴。月黑时母亲在家里切猪草，煮猪食，做菜团。满月时母亲在月光下做针线活。一家大小的缝补，穿鞋都是母亲一人制作。母亲每天劳作十七八小时，体力透支，落下老年疾病。那几年也不知是怎么挺过来的。

四

1951 年的大年夜

四川过年的习俗，家家户户在腊月都要杀一头猪，猪肠装香肠，猪头整个留下来用烟薰，做成腊肉除夕之夜敬祖宗。贫困的家庭把大部分的猪肉卖了买布做新衣、办年货。稍为富裕的家庭养两头猪，卖一头，吃一头，做成腊肉管一年。1950 年十月我父去世，十一月也还杀了一头猪，绝大部分猪肉卖了，猪头留下了。最糟糕的 1951 年，没了年猪，过年买了几斤肉，要卖粮食来换。我母亲和我们商量，过一个节俭的除夕，杀两只鸡过年，卖粮食的钱，过了初一再买肉，全家带到外公外婆家和两位老人共同享用。那时习俗过年都要在自己的家，两个舅舅都参加自愿军抗美援朝走了，外公、外婆两个老人怪孤单的。

我从打小记事时起，每年除夕那一天，家家上午第一件事是大扫除，第二件事是洗猪头，炖萝卜。下午家家主妇忙年夜饭，男人归整家什，打年糕。小孩子欢天喜地任情淘气，与同伴在场子里玩耍，做游戏，捉迷藏，唱儿歌。歌词有好几段，我只记得一段："盼新年，过新年，新年又好耍，客来还煮嘎。"四川土话把猪肉叫"嘎"，这里只记一个音，字怎么写不知道。"客来还煮嘎"，表示有肉吃的意思。1951 年的除夕，母亲少了些忙忙碌碌，显得格外冷清，特别不是滋味。早饭后，祖母从叔母那边过来对母亲说："三女，今天过年，总要去割几斤肉罢。年夜饭，我要和你们一起吃。"祖母把儿媳妇按儿子的排行称为"闺女"，去"闺"字加排行。我父样排行第三，所以祖母叫母亲"三女"。祖母说话了，母亲也着实不忍心过年没有肉，就让我到回龙场去买肉。我赶到回龙场已经中午了，好的肥肉都没有了，割了五斤猪腿肉回家。那时农民长年缺油水，割肉最欢迎最肥的部位，排骨上的肥肉也最贵，被称为"宝肋肉"。母亲忙碌起来，做了几个菜，有丸子，有酥肉，有炖肉，还杀了一只鸡炖在一起。猪腿肉太瘦，做不成回锅肉，稍有遗憾。我和弟弟把火塘烧了起来。火塘就是在一间空房的地上烧一堆火，要用大块木头、大柴块，最好是柏树头，一颗柏树头可烧好几天，既无明火，温度又高，是最安全的火塘。没有木头块，没有柏树头，用稻草或麦秸秆烧，既不安全，也没那么多柴禾，守岁只是做样子，或者一家人挤在一张床上用棉被暖脚。那年夏天，我和弟弟刨了一颗柏树头，正好派上用场。

我们的年夜饭，比叔母家晚了一个小时，等祖母过来。大约晚十一点，祖母过来了，我们围了一桌，非常开心。祖母对我们说："我就喜欢吃你们妈妈做的饭。"随后，祖母搛了一个鸡腿放在母亲碗里，说："三女，你最辛苦，不要舍不得。"母亲最能刻薄自己，过节没什么好东西，她给我们每人煮一个荷包鸡蛋，就是把自己的一个省下来，使得大家都吃不下，弟弟气鼓鼓地直向母亲瞪眼。祖母的意思，今晚过年，吃饭痛痛快快，母亲带个头。接着祖母给我们每人碗里都夹了一块肉，一起举箸吃饭。我的姐姐、弟弟都争着给祖母和母亲碗里夹菜，两位老人又往我们碗里放。有时几双筷子去夹同一块肉，都不是给自己搛，而是要送出去的，这时大家会心地笑了起来。小妹年幼才两岁，大妹六岁。两个小家伙不甘落后，也要给祖母和母亲夹菜，小妹用手指了指，大妹做动作，博得大家的夸奖。这顿饭大家吃得特别香，我至今回忆，几十年了还有余香。

吃完年夜饭，我们把火塘烧得很旺，祖母给我们讲故事，她吃斋拜佛，讲一些佛菩萨的故事。祖母说："今晚的火塘燃得特别旺，有佛菩萨在听着呢。苦尽甘来，你们都会有好前程。"那个除夕夜，我们一家祖孙三代守岁守得特别深，特别沉，快要天明了，我们才入睡。

五

母亲的眼泪

四川的乡镇，三天赶一场，又称赶集。在我住家四周的乡镇有回兴场、云集场、邻封场、双龙场等各乡镇轮替赶集，分为一、四、七，二、五、八，三、六、九，逢十不赶集。商家店铺在大街上。每个集镇的大街侧面都留有一块空地，这块空地是赶集时的农贸市场，一切农产品，家禽家畜、柴薪、猪饲料等都在这里交易。各乡镇之间农产品有一点差价，这差价其实就是一点搬运工钱。最贱的货物就是猪饲料。当年集市卖的猪饲料不是今天用粮食制作的精饲料，而是农民自产的黄豆叶、甘薯叶。九、十月黄豆、甘薯收获，农民把黄豆叶、甘薯叶收集起来晒干就是冬天的猪饲料。豆叶饲料是很低廉的货品，一斤豆叶三四分钱，差价也就是三四厘。一斤四厘，五十斤才有差价两角钱，可买一升米，计重量 2.5 公斤。1951 年冬寒假，我和母亲转卖豆叶，头一天从甲场买进背回家，第二天到乙场去卖，挣两地的差价。我和母亲用背篓背运，母亲能背 60 斤，我背 40 斤，合计 100 斤，两天背运能挣 4 到 5 公斤大米的差价。背两天要歇两天。赶场的距离最近 15 里，最远30里，平均20里，走来回，等于20公里。挣这点搬运工钱的差价着实辛苦，因这无须多少成本，只能做这件事。

我和母亲辛苦了一个月，挣下能买25公斤大米，也就是十升米，合一斗的钱。有一天我和母亲带这些钱到云集乡农贸米市上去购米，这比到米铺购米少花一点钱。农贸米市，嘈杂拥挤。母亲让我双手提起口袋接米，母亲弯腰从米贩手中接过一升又一升的米倒进口袋。这时一个壮汉主动来帮我提口袋，等到口袋倒了八升米，也就是20公斤时，那汉子趁我不注意，卷起口袋钻入人群中偷走，实际就是大白天抢劫。母亲见状，手上的一升米跌落地上，母亲瘫坐地上泪水泉涌，当众嚎啕。母亲好强，性刚，我从未见过母亲流泪，一生中只见过母亲这一次流泪。这不只是我们母子一个月的辛苦流走了，更要命的是20公斤大米，差不多是一家子度春荒一个月的口粮，没有了。也许母亲还另有打算，让一家人好好吃一顿白米饭，这一切都没了，怎能不伤心。

我们母子一路低着头，只带了两升米回家。母亲没有责备我，她嘟囔着："这家子也许和我家一样没饭吃，就算我们周济他了，这人若是成心偷抢，欺负孤儿寡母，他早晚要倒霉。"我对母亲说："妈，眼看就开学了，怎么办，要不蒸发糕卖。"我知道母亲蒸米粉、发糕都有一手。母亲说："只能这样试一试。"

第二天母亲夜里蒸了一升米的发糕，第三天赶双龙场，我和母亲大清早背发糕到双龙场农贸市场摆地摊，我吆喝："两分钱一只发糕。"一小时就卖完了。卖的钱能买三升米。我和母亲只赶了两场，挣得了六升米，找回了损失。我上学了，母亲也再不做发糕了。母亲认为摆地摊，吆喝卖东西，与乞讨差不多。我不这么看，只要凭自己劳动挣钱，没有什么不光彩。我吆喝很自然，但母亲觉得对不起我，让一个小学生去吆喝挣钱。

六

云集小学

1951年我进入云集乡完全小学读高小，对于正常生活的家庭是一桩微不足道的平凡小事，但对于一个在生存线上挣扎的家庭不是一件简单的事。我重新背上书包上学堂，是我们全家的一个重大决策。

云集乡镇离我家有 15 华里，要翻一座小山丘。这山丘一面是缓坡，一面是陡坡，叫二香岩，有石梯二百余级。二香岩面对云集镇，上午上学是下坡，下午放学回家是上坡，每天饿着肚子爬上坡，艰辛无比。15 华里，成人赶集要步行一个多小时，我上学要走两个多小时。来回四个多小时，就是半天时间。早上六点起床，赶紧吃饭，六点半左右出发，到了学校已是八点半，有时九点才赶到，第一节课已经上完。为了我上学，母亲天不亮起床做早饭，增添了不少的辛劳，也打乱了一家人吃饭的节奏。夏秋时一日三餐还好说，一冬一春，一日两餐，由于我起早，牵动全家。只有我一人先吃了上学，母亲、姐、弟还不能一早就吃饭。弟弟要外出捡一趟狗粪，到邻近村庄屋前屋后走好多路。母亲和姐姐要到地里劳动两小时再回家吃那碗菜粥。一天两餐，早了不行。头一天晚上的一碗菜粥，到第二天早上，已是饥肠辘辘。空腹劳动，什么滋味，常人难以想象。母亲说，我上学用脑，下午饿着肚子走路，早上总是从锅底给我捞一碗。锅底带锅巴，玉米粉多一些。姐与弟毫无怨言。一家老小劳作的人饿肚子，不劳作的人享受优待。至今回忆这六十年前的往事，心中不胜酸楚。为了我一人上学，全家都付出，这就是温馨的家。

早上八点的课我肯定赶不上，天天迟到。下午的课只安排在第一、二节，三、四节是体育课或自习，每周还有二至三天下午第一、二节无课是自习。没有课的下午，我中午做完作业就可离校，有课的下午上完课即可离校。我的体育课免了，成绩三分及格。下午的自习课从来不上。也就是说，我总是迟到早退，成了一个特殊的在校生。原因有许多，其一，路程远。其二，中午无钱吃食堂，又无饭可带，饿着肚子，学校开恩。其三，我的启蒙老师，云集完全小学徐国钧校长的关照至为重要，下一章再详说。其四，我个人的努力，赢得了老师同学的尊重。我没落下作业，我的成绩每学期都在跃升，两年之间从全班末位上升到名列前茅。还有那时的人十分朴实，今天来看，似乎是天方夜谭。

我买不起课本，家里有父亲留下的一些线装书，拆开了翻过来当纸用，抄课本做作业就用这种纸。语文、自然、史地课本抄写，算术借用同学的。我个子矮小，又天天迟到，老师安排我的座位在前面第一排靠近门口的那一张课桌。同桌是一位女生，大我一岁，名叫刘淑兰，家就住在云集乡镇旁，她上学近，课余时间多。老师对她说："你多照顾这位同桌小弟吧。"她确实很照顾我，像个大姐一样，她的课本借我用，缺了课帮我补。

我在家里星期天参加地里劳动，平时下午放学回家，吃完饭到五六十米远的水井担水是我的任务，每天三四担，挑满一石缸。复习功课，见缝插针。夏日傍晚的斜日余晖，以及满月的月光，是很重要的缝隙时间。由于长期光线不足看书，加之眼睛疲劳过度，在1954年我上初中一年级时，眼睛疼痛总爆发，白天不敢睁眼，怕见阳光。有半年多时间我不敢看书，闭上眼睛听老师讲课，做完作业就闭目养神。目力恢复正常以后，从此小心爱护，一生看书写字，正襟危坐，决不歪斜躺倒看一分钟，光线不足决不看书。现今年过七旬，双眼不近视，不散光，视力保持1.3，这是一个奇迹。

我在云集小学闹了一场病，差不多是我第二次闯鬼门关。由于营养不良，体弱，面黄肌瘦。当时我还有一个毛病，鼻孔经常出血，用了许多偏方治疗，直到上中学才慢慢好起来。1952年初夏，当时有一种瘟疫流行，许多人都染了病，云集小学死了两个学生。一个在家里，一个在学校。死在学校的那一位是初小二年级的学生。有一天上课时，他突然口鼻出血，从座位上滑下瘫倒在地，来不及抢救死了。一时间大家十分恐慌。正在这时节，有一天我回家实在饿极，进食菜粥太快又过量，吃完饭一阵恶心，身体不适躺下后起不了床，大病了一个多星期。学校和同学都认为我死了，而且传开，说云集小学死了第三个学生。当我重新进校的那一天，照例迟到快九点了，我喊报告进了教室，老师和同学都大吃一惊，有一个还尖叫了一声"鬼来了"。这时响起了下课的钟声，同学们平静后围了过来七嘴八舌问长问短。

老师用关爱的眼光扫视了我几秒钟，说了一句："大难不死，必有后福。"

七

接小妹回家

1952年夏，小妹张淑华不足三岁，因为饿饭，成天无精打采。母亲怕她活不下来，我闹了一场病促使母亲下决心，经人介绍送给十里外石塔乡一家姓刘的农民做养女，这一家不生育。小妹走后两年没有通声息。母亲想女儿只是偷偷流泪，她从不说起。母亲不去看小妹，免得收养人说闲话。我们兄弟姐妹也看在心里，也都在想念小妹，也是背着母亲说话，一家人都不提起这个话头，省得心酸。1953年秋我失学在家，多了一个劳力。姐弟已经是半劳力了，减轻了母亲的一些负担。我和弟弟能下水田做一些辅助劳动。我们割了许多肥田的野蒿，还种了几分地的胡豆苗下到田里做肥料。1954年我家的水田获得了第一个丰收年，打下两千多斤水稻，养的一口猪到年底宰杀，也可以留下一半自己享用了，生活有了很大的改善。这一年我考上了长寿一中。在入学前我提议去看一看小妹，大家都赞成，母亲也不推辞。我和母亲带了一只母鸡作礼品，到了妹妹的收养人家，时间大约是八月下旬某一天的下午三四点。这家因姓刘，我称呼"舅舅"，刘姓夫妇称我母亲叫大姐。这一家待我们还较为热情。我小妹个子矮小，成人后不到一米六，那年才五岁多，其矮小可知。小妹背上有一件东西，走近一看背了一个小娃娃。原来这家刘姓，在我妹妹进门一年后，多年不育的夫妇生了一个小孩，还是男孩，视为掌上明珠，人之常情。农村大孩带小孩也属正常。这男孩，长得肥胖，至少十多斤。小妹体弱，背着他实在有些吃力，这倒还罢。当刘姓夫妇接过小男孩，小妹到了另一间屋，我追了过去，原来小妹是到牛圈屋，小妹抱稻草喂牛。刘姓家养的这头水牛，性情粗暴，乡里人称为横牛，刘姓的老婆不敢靠近，其他生人也不敢靠近，只有刘姓"舅舅"一人驾驭。小妹不足三岁到刘姓家，这两年竟然被驱使去喂养横牛。这牛真要使性子，甩头一角就要了小妹的命。我一见这情景，一股怒气横生，但我强压着没有表露。刘姓夫妇和母亲说话，我一言不发，瞪着大眼，直视刘姓两夫妇。她们向我问话，我轻微摇摇头，不说话。刘姓夫妇看出了门道，女主人向我母亲解释，说小妹勤劳，她自己要去喂牛的。这牛除了当家的，谁都不敢靠近，可这头横牛和小妹十分亲近，小妹抱草靠近，横牛就自动卧下。这人世间什么奇迹都有，这头横牛仿佛知道小妹是一个弱者，不伤害她。看来这头横牛比这家的主人要善良。人世间竟有这等事，不知道动物学家能否解开这个谜团。

第二天早饭后我催促母亲回家。刘姓夫妇留我们住两天，我说快开学了没有时间。我提出要带小妹回家住几天，刘姓夫妇迟疑了一下同意了。小妹非常高兴。我们走到路上，我对小妹说："回家吃菜稀饭你愿意吗?"小妹不断点头，连声说："愿意，愿意。"说得我们三人眼里都噙满了泪花。我对小妹说："现今家里不吃菜稀饭了，你也不用再回刘家了。"母亲说："那怎么行，只说回来住几天。"我对母亲说："现在人家有男孩了，不稀罕别人家的女孩了。他们不是说了吗，小妹长大了在哪一家由她自己挑，这就是让小妹回家的暗示。他们还想留几年给他们带小孩，喂横牛，做家务，当童工罢了。"母亲说："他们不来接人了吗?"我说："不会的，他们即使来了也不给。"我对小妹说："我到县城上学了，刘家要是来接你，你不要怕，一定说等哥哥回来。"母亲说："刘家真要来接人，你有什么法子。"我对母亲说："让四五岁的小孩喂横牛，这是虐待儿童，量他不敢来，也没有脸来。我昨天直盯得他两口子发毛，所以今天他们痛快地让我带走小妹，他们十之八九不会来的。"

我们原本无意要接小妹回家，只是去看一看。如果刘姓夫妇善待小妹，也是小妹的福分。他们已经有了自己的小孩，开始虐待小妹，接小妹回家，理所当然。小妹回家，全家人都很高兴。姐姐夸奖我："还是读书好，有见识，我们没有白忙。"

我给柏林村长吴世全说明了接小妹回家的情况，请求村长关照。吴世全村长说：“你就放心吧。”有了村长的承诺，我愉快地踏上去长寿一中的路。果然，刘姓夫妇也一直没有来要人。

第二章　启蒙老师

我能够上小学，读中学，并考上北京大学，得益于三位老师的无私帮助。他们都是我的启蒙老师，也可以说是我这一生的衣食父母。

一

第一位启蒙老师徐国钧

我的第一个启蒙老师是云集乡完全小学校长徐国钧。没有徐校长的慧眼栽培，我上不了小学。

先从读私塾说起。

1947 年春，我满六岁入私塾，用的不知是什么教材，至今还记住有这么两句：“大用外排，真体内充。”不知是什么意思。有一天我向老师提了出来，老师没有赐教，写了一封信让我带给父亲，也不知道写了些什么。父亲看信后对我说：“儿子，只向老师学认字、写字、背书，不许提问题。”那时乡村的私塾，一般很简单，只要有一间较大的屋子，招一二十个学龄儿童来读书识字，就是一个私塾学堂。老师教小孩读书识字，也就这点本事。农村的孩子也没几个打算当秀才，识几个字，能记账就不错了。有的就是混几年，长大一点就参加劳动了。只有大乡镇有新式学堂。云集乡的小学解放前就有了，一般农户上不起，我们家也没这个条件，路途远，小孩子没法上。

半年后我到了外祖父家，和小舅一起在外祖父家居住地大石场小屋基村上私塾。私塾老师徐国钧有真才实学，远近闻名。小舅刘光福，大我八岁，1932 年生，1947 年十五岁，我们舅甥两人一大一小，拜在徐国钧门下受学近两年。我的教材是《增广幼学琼林》。1948年，我父亲也在家办了私塾，招收了附近村庄约二十来个学龄儿童，学堂设在我们家那间祭祖的堂屋，是正房正中的一间。当时我父亲的痨病渐重，第二年1949年，要我回家做他的帮手，帮助识字能力差的小学生认字。我的主要任务是伺候父亲，端茶送水，倾倒他吐的痰盂，倒一次清洗一次。三天两头到十里外的地方请中医，然后到十五里远的云集乡镇抓药。1949年到1950年，我伺候父亲两年，也就是九岁、十岁的年龄，走十多里路请医抓药，做了应当由成人来做的事，祖母和邻里上年纪的人都夸奖我，我也很自豪。父亲由于沉疾在身，没有精力教我读书。这期间，我实际是在辍学，看了一些闲书。

徐国钧老师是地下党员，教私塾是掩护他的工作。徐国钧也是我父亲的朋友。我父亲在地方算是一个社会贤达，与旧保长、乡长和共产党地下组织两边都能说话，乡里纠纷，他参与调解。父亲还保护过柏林村的地下党员叫黄敦厚。1949年末四川解放。1950年春夏之交，接管云集乡的一个军人干部来家造访我父亲。当年十月我父亲去世，整理父亲遗物发现有一张委任书，委任父亲为灵观堂初级小学校长。假如父亲有一副好身体，我们家的命运将是另一番境况。我们没有享受到父亲的恩泽，他走了。但父亲没有把他的痨病传染给我们，也是一种关爱吧！母亲一向爱整洁，她不让我姐弟靠近父亲，只由我一个人伺候，但我却没有被传染。

这真是皇天有眼。

新中国成立，徐国钧就任云集乡完全小学校长。完全小学，指有初小、高小，又称中心小学。1951年春，徐校长得知我父亲病故，他亲自到柏林村来动员我到云集乡完全小学读书。徐校长对我母亲说："你儿子有天分，是个读书的人才，不能再耽误了。"徐校长知道我家的境况，没有要母亲立即回答，让我们考虑几天，如果上学，让我直接去找他。

徐校长来访，给母亲出了难题。母亲何尝不希望我背上书包。我和姐、弟三人都是学龄的少男少女，一个都供不起，何况三个。母亲对子女不偏心，男孩女孩一个样。姐姐想读书，手心手背都是肉，母亲作不出决断。春节前，我的小舅参军入伍，当了志愿军入朝作战。小舅临行专门嘱咐我母亲："姐姐，无论多大困难，不要耽误大可读书。"小舅还对外祖父母说："我把军人津贴寄回来，一半给姐姐让大可读书。"小舅兑现诺言，一个月只有六元的津贴费，过几个月寄一次，每次都在信中提到我，要外祖父给一半资助我。

我在外祖父家生活了两年，外祖父母十分疼爱我，但他们更心疼我母亲，不支持我上学，认为我是长子，应当分担家务。我的亲叔父也不支持。母亲向叔父征询我上学的意见，并向他借点钱。叔父沉默不语。叔母，我们四川人称呼叫"幺婶"。她传出话来："饭都吃不起，还想当状元。"1937 年母亲到了张家，叔父 1933 年生才五岁，长嫂当母，洗衣缝补，一直到 1945 年叔父上初中，七八年的生活照顾，最后换来这几句话，确实伤透了心。母亲是一个好强的人，叔母的几句不得体的话，倒是刺激了母亲下狠心让我去上学，叔母的话也成了激发我们全家团结发愤图强的动员令。当天夜里，几个子女围坐在母亲身边闲话，那是一个没有月亮的黑夜，话题很沉重。母亲对我说："儿子，你要争口气，我饿死了也要供你读书。"姐姐说："弟弟，我也很想读书，没有办法，你可要珍惜啊。"弟弟说："哥，你要读出个样来，我和姐替母亲分担，过几年我就是全劳力了。"这时祖母拿着一叠钱走了过来对我说："我的好孙子，不要记恨你幺爸，你那个幺婶不懂事，小心眼，你幺爸让我给你带钱来了。你孝顺，将来有出息，你爸爸在地下会保佑你的。"母亲没有接祖母手中的线。祖母知道我母亲的个性，也不劝。当时我心里很茫然，读书究竟有什么前途，如同这没有月亮的夜晚，眼前是一片黑暗。

就这样，我背负一家人的期盼与重托找到了徐国钧校长。徐校长安排我直接进入了高小，越过了初小。徐校长亲自给我补习语文，还安排了两位老师补习数学和自然。第一学期我勉强及格，门门 3 分，倒数第一。第二学期跟上了学习。第三学期成绩中上，第四学期毕业时已名列前茅。

二

困厄环境的赐予

任何事物都有两面，甚至多面性。困厄的生活环境不利于我的学习，却也赐予了许多一帆风顺的人体味不到的人生境界，启迪了我的智慧，铸造了我的人格。首先，我的学习机会来之不易，一家人的期盼，徐校长的关怀，给予了我信念。读私塾时念过这样的句子："少壮不努力，老大徒伤悲。"还有"书中自有黄金屋，书中自有颜如玉"，当时只把它作顺口溜来念，并未领悟其中意蕴。残酷的现实告诉我，想要改变命运，似乎只有读好书这一条路可走，浑身就有了劲。其次，每天上学长途的跋涉，饿着肚子念书，坚持下来实在不易，培养了我性格的坚强。1960年，我有两位强壮的高中同学，忍受不了学生一个月27斤粮的半饱状态，干脆退学到水土镇码头上当搬运工人，一月吃50斤粮。饥饿最能考验人。第三，最主要的是环境养成了我自创了一套学习方法，终生受用，至今仍是习惯。

什么样的学习方法呢？

1982年我在兰州大学给青年学子作了一场报告，题目是"谈谈青年人的学术修养"。此题讲学习方法，其中谈到一个人怎样成才、什么是天才的话题。20世纪50年代后期，学术界有过一场什么是天才的讨论。郭沫若是公认的全能作家和天才，郭老的回答："勤奋就是天才。"我不完全赞同。做任何事，勤奋是一个底线，80％以上的人都是勤奋的，但成才的人，特别是成大才的人，即所谓天才的人是少数，例如郭老就是人类中的稀有金属，特殊材料。稀有金属很少，但人工可以合成高品质的合金钢。一般说的天才就是各式各样的合金钢。把人炼成合金钢的条件，勤奋是基础，而方法更重要。比方说，勤奋是炼钢炉，配料是方法，没有配料，任何炼钢炉炼不出钢，更别说好钢了。只知勤奋，不懂学习方法，就是死读书，又称读死书，当然成不了才。那么配合勤奋的学习方法是什么呢？我概括为两句话："周密地安排时间，同时提高单位时间的效率。”我读小学，一半时间消耗在路上，我虽然读过几年私塾，那不是新式教育，越过初小直插高小，要补习缺少的知识，如此环境，要完成学习就不能浪费一分一秒。时间对我来说就如同银行存款，要想办很多事，一是要增加储蓄，二是要精打细算，有多少钱办多少事，有一个计划安排。时间就是我的财富，我要牢牢把握，万分珍惜，这是在特殊环境中养成的习惯。

怎样周密地安排时间，如何提高单位时间的效率，归纳起来有三条，略说如下。

第一条，抓紧一切时间争分夺秒，见缝插针，例用好一切零碎的时间，或做一道练习题，或读一篇短文，或看一道数学公式。我上中学时，常常在听数学、物理老师讲课的间隙就做好练习题，把自习时间集中起来另有安排。

第二条，要提高单位时间的效率，一分钟办两分钟的事，必须养成良好的习惯。今天的事今天办，绝不留到明天；一堆的事，先做容易的，办一件少一件，最后集中做难办的事。比如做练习题，或者考试，先浏览全题，然后先易后难解题，并算好时间，留有复核的时间。如果时间不够，丢掉一道难题不做，绝不草率放过会做的习题。说起来容易，做起来难。提高单位时间的效率，关键还是周密地安排时间。一场考试，安排好一百二十分钟的时间。一天的事，安排好一天的时间。一个学期的事，计划好一个学期的时间。所谓周密地安排时间，就是把时间分段，每一段时间对应一件事，要在计划的时间内做完。留有机动时间，保证计划完成。我数十年如一日，使用时间长计划，短安排。一年之中，我可以有几个课题同时展开，按计划，齐头并进，有条不紊。

第三，提高单位时间的效率，做事要专心致志，抗干扰。我在云集小学，能有效掌控的时间，就是中午那两小时，放学了，教室并不清静。路近的回家吃饭，只有一半。带饭的在教室吃，吃食堂的饭后回教室打闹。我则不一样，抓紧这段时间做作业，或预习功课，专心致志，打发饥饿。积久而成习惯。我能在嘈杂的环境中照常学习和工作，无论是人声鼎沸还是机器轰鸣，都不影响我看书和思考问题。后来我在兰州大学工作，从 1973 年到 1985 年，居住了十三年的筒子楼，前八年只有一间房，后五年有了两间。筒子楼就是把学生宿舍楼改为教工家属楼。学生宿舍楼的标准间，一间屋的空间三点三米宽，五米长，十六点五平方米，要住一家人，青年教师小两口。有了孩子，再加一个老人带孙子，就是四口人。四口人挤一间屋，煮饭在楼道，比邻皆然，嘈杂环境可知。我们这一代人，许多都经历了这段生活，抗干扰是我们这一代人共有的特点。我的数十篇学术论文，具有代表性的几本学术论著《史记研究》、《史记论赞辑释》、《史记文献研究及选讲》，都是在这一环境中完成的。

还有一种情况，遇到不愉快的事，能不能赶快把心收回来，这是抗干扰中的一个难题。一般的人，遇到挫折，抑郁很久。我是在置疑声中上的小学，买不起笔墨纸砚，难免会受人白眼。这些反而培育了我过硬的心理。后来的蹉跎岁月，工作中碰到的各种矛盾，我能很快稳定情绪，该干什么干什么，天塌了也不会慌乱。

读小学时的特殊环境，锤炼了我的品格和意志，敢斗争，特较真，吃软不吃硬，成了固有的思维模式，既有得亦有失，伴我终生。江山易改，品性难移。

感谢徐国钧校长给予我机遇。

三

我的大学梦

徐国钧校长很器重我，与我交谈过人生的话题。他建议我小学毕业考普通中学，上了高中选专业上大学。徐校长酷爱教育事业，他本可去区上任职，但他选择了云集小学校长，甘愿做一个园丁。徐校长的儿子徐玉生，临近解放时毕业于涪陵师范，新中国成立需要干部，徐玉生从政，任重庆市一个区团委书记，仕途无限。徐校长说，他的儿子将来还要上大学，当一个大学教师最安静。1954 年，徐玉生果然上了中国人民大学，1958 年毕业到江西大学任教，后来调回重庆师院任历史系总支书记兼教授。1986 年我主编的《中国历史文选》教材在重庆教育学院召开定稿会，1988年我主编的《中国历史文献学》在重庆师院召开定稿会，两度与徐玉生教授见面，共同缅怀徐国钧校长的音容笑貌，十分惬意。

外祖父外祖母希望我小学毕业上师范，尽快工作担负起家庭的重担，在乡镇当一个小学教师也很荣耀。1952年底我小学毕业，这时建设长寿湖狮子滩水电站的工程总部招收一批有文化的青年职工，录取后经过一年培训分配到各个技术岗位，其实办的是一期技工培训班。招收对象就是高小毕业生，那时农村还没有中学生。按今天的标准，小学毕业未成人还是童工。不过当时毕业的高小学生，过半数是超龄的，十二三岁有一半，十五六岁有一半，个别二十岁的也有。水电站是招技工学员，不是招土石工人，也完全合法，给当地小学毕业生找了一条生活出路。云集小学过半的高小毕业生报考了狮子滩水电站的技工培训班，录取百分之百，大家欢呼雀跃。我选择了考普通中学，母亲和姐、弟都支持我，尊重我的选择。

促成我的大学梦，还有一个偶然事件的刺激。1952年秋，一天中午十一点多有一批六个人的反革命分子在云集乡执行枪决。刑场是一块空旷地，中间长了一棵大黄果树。这块空旷地在云集小学旁，离我班的教室最近，原来是赶集时的交易场所，牲口杂畜以及柴草豆叶一类产品在这里交易。重庆在抗战时期是蒋介石的陪都，国民党军警密集，新中国成立后的“镇反”运动如火如荼。长寿县下设十三个区，每个区的区长兼任巡回法庭庭长，区长到了哪里，法庭就到了哪里，区长就能判处死刑。“镇反”运动结束以后，区长兼任的巡回法庭才被裁撤。枪毙反革命已不只一次传入耳里，但亲眼看见枪毙反革命那是第一次，也是我唯一的一次。六个反革命分子中有一个是七十多岁的老太婆，是四川农村“一贯道”的掌门人。那天我回家彻夜不眠，眼前模模糊糊有个老太婆的影像在晃动，天亮时稀里糊涂睡着了又被恶梦惊醒。好久好久心中总有一种恐怖感，无端地在脑子中形成一个观念，什么职业是人生的最好选择？徐校长说大学教师最安静，什么是安静？我想到了避风港和桃花源。河面行舟，风雨交加，波涛汹涌，这时找一个港湾避风最安静。我喜欢独来独往，自由自在，就像《古文观止》记载的桃花源，多么恬静。我想读新闻系，当一名记者到处跑很自在。我又感到自身缺少文学细胞，写不好新闻报道，又觉得现实性太强不是避风港，苦闷了一阵。最后决定读历史专业搞中国古代史，天真地认为古代历史离现实很远，那一定是一个避风港。主意已定，执著追求，后来小学升初中，初中升高中，两度落榜、痴心不改。1961 年终于报考大学，当年北京大学招生有一个中文系古文献专业的名额，我欣喜若狂，填为第一志愿，北大历史系填为第二志愿。我主观认为，研究中国古代史，最难的是读古文，所以选古文献专业，目标还是奔着中国古代史去的。等到“文化大革命”爆发，才知道自己的想法，所立志向幼稚可笑。1966 年 6 月 1 日人民日报发表《横扫一切牛鬼蛇神》的社论，6 月 6 日北京大学汪篯教授自杀，反动学术权威是牛鬼蛇神之一。汪篯教授讲隋唐史，1962 年给我们讲课，说唐太宗晚年昏聩，听不进诤言，接着发表了几句评论，说：“我们不应苛责于古人，斯大林不也犯错误了吗?”搞不清是哪一位好事者在“文化大革命”中翻了出来，批判汪篯教授思想反动，搞影射史学。活生生的事例让我体会到了古代良史齐太史、晋董狐的铮铮傲骨是多么的不容易。1968 年分配时，思想一度走偏锋，起初竞争辽宁师范大学的名额，失败后 180 度大转弯，干什么都行，就是不能当教师，一度悲观，也认为读书没有用，除了保留一部《史记》外，所有书籍全部作废纸卖了。

绕来绕去，最终就像一头苍蝇一样落到了原地，费了九牛二虎之力回到高校课堂，走上与中国历史结缘的道路。这里的回忆，不过是剖析我少年时的梦想，是一段起起伏伏的人生旅程，思想的波动未免可笑。

四

第二位启蒙的刘老师

石塔小学语文老师兼教务主任，是我的第二个启蒙老师。十分遗憾，我记不起这位恩师的大名了，依稀记得姓刘，就叫刘老师吧。

没有刘老师，我上不了中学。

我所在的云集小学高小班在1952年底毕业。从1953年起，中小学招生统一在秋季。我们毕业了有半年的辍学时间。刘老师原是云集小学教我们班的语文老师兼班主任。我们毕业后，刘老师调石塔完小任教兼教务主任，是一种提升。刘老师喜欢我，他临走时鼓励我不要放松学习，并邀我到石塔小学插班。1953年春，我在石塔小学插班补习了半年。

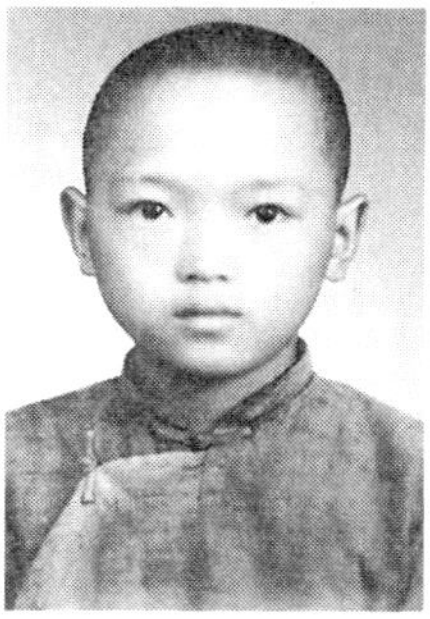

作者1953年小学毕业照

（当时还穿长衫）

云集乡原属涪陵县，1954年改属长寿县。因此1953年秋季升学初中，要到涪陵县报考。我所在的考区在涪陵县李渡镇，在涪陵县城上游长江北岸。我家离李渡镇90华里，中间横隔一座大山，有山口相通。山口的通道在半山，从山脚到山口的垂直高度有二百米，石梯数百级。山口的通道有两三华里，林木荫深，乱世时期是剪径强人的出没地，新中国成立后太平了，但是单人行走还是有些胆寒。我当年十二岁，第一次出远门，真是形单影只。我穿越山口，拼命地加快脚步，如飞似的跑步穿过令人心惊的山口，跑出山口后足足休息了半个小时。

我早上七点上路，下午四点左右到达李渡镇，没有走错路。从四面八方来参加考试的同学，知道我是独身闯天下，都非常吃惊。他们多数是结伴而行，单个考生都有家人相送，我自个很得意。

两天考试一完，我就气馁了。一共考三门，有语文、数学、自然。头天两门，第二天上午一门，下午自由活动。晚上有露天晚会，第三天返回。第二天考试一完，大家欢天喜地结伴相约，午饭后到镇上转街，到长江码头看风景。我们有五个同考的学生在一起，大家相约要尽兴，晚饭不回考场去吃，找一家临江的小饭馆吃饭，边吃边观景边聊天。我无精打采，自知要落榜，因为作文没写好。小饭馆用餐很便宜，大米稀饭一碗二分钱，蚕豆一碟二分钱，米饭一碗五分钱，小炒一角钱，咸菜汤五分钱。我们几个同伴来自不同学校，临时组合，吃饭各自付钱。我要的饭最简单，两碗米粥，一碟蚕豆，共花了六分钱，心里十分沉重。我赶考，路费来之不易。玉米还没有完全成熟，母亲提早掰了几百颗玉米，在石场上暴晒了几天卖了一斗玉米五十斤，才换了一万元，相当于一元钱。前面说的二分钱，当时是二百元，最小的钱是一百元。这点点滴滴都是全家人的血汗，考上了大吃一顿，权当庆贺，值！没考好，花一分钱都是犯罪。晚上我无心观看露天广场的节目，第二天，早早起床赶回家，当天下午就到地里干农活。

母亲和姐、弟都没有责备我，支持我再插班补习，第二年再考。我坚持自学，和弟弟一起劳动，早晨捡粪，白天干活，晚上自学。这时我家买得起松油烛了，可以燃烛夜读，一年后到了1954年6月，估计到了考试日期，我到石塔小学找到刘老师报名，刘老师吃惊地对我说："你怎么今天才来，报名截止两天了。石塔小学的名单，今天就派人送到云集中心小学去办准考证了。补报可能还有一线希望，我今天立即去给你办，过两天你来看结果，有无希望就看你的造化了。"

过了两天我到石塔小学，刘老师给我办下了准考证。我把自拟的两篇作文给刘老师看。当时的口号是"时刻准备着，听从党召唤"。刘老师看了我的习作后没对作文点评，从大方向启发我。刘老师说，你写作文要改一个思路，喊口号，表决心，不是你的擅长，写你自己想要说的话。国家建设，需要各种人才，当工程师，当科学家，也是祖国需要的。谈理想，谈壮志，投身祖国建设，也是听从党召唤。写作文要有感情。没有感情，干巴巴的思想觉悟，得不了高分。依照刘老师的点拨，1954年的自选作文，我真的就写了一个题目："我想上名牌大学"。大意是说，国家建设需要高端人才，报考名牌大学，要有坚强的毅力，要付出加倍的努力，学好真本领才有能力报效国家。大学教师、高级医师、工程师、科学家都是国家需要的人才，那里需要我就到那里，服从分配，也就是听从党召唤。我这篇作文打破常规，打破了当时赶时髦的思维定势，是否得了高分不知道，但是结果不错，1954年，我考上了长寿一中。当时升学率不到20%。石塔小学应届生四五十人，加往届生至少六七十人，考上长寿一中的共有九人，往届生只有我一人考上。这一年如果我再次落榜，我的大学梦也许就此破灭了。如果没有刘老师的全力关照，我连考试的机会都没有。刘老师的点拨和指导，是照亮我前进道路的一盏明灯。

石塔小学毕业班部分校友与刘老师合影

（前排右二为刘老师，后排左二为作者）

石塔小学校友

（中学毕业留影）

五

第三位启蒙老师周明驰

1961年高考，如果没有周明驰老师辅导作文，我名落孙山没商量，更不要说考上北京大学了。周明驰是我的第三个启蒙老师。

1961年我高中毕业，最后一个学期突发危机，开学后因晚到校一个月被精简，没有参加毕业考试，没有成绩，差点毕不了业，自然高考没有份。我没有“及时”跟着精简办理退学手续，选择带领初二一个班下乡支农劳动，五一节后返回学校，表现突出，获得宽宥，准予毕业，参加高考。个中原委，留在下一章来说。

1961年的高考在7月中旬16日至18日，考试三天，文科有六场考试，每天两场。六场考试为语文、政治、历史、数学、外语。语文考试有两场，一场作文，一场古文。从5月15日到6月30日共有56天，8周，为学校安排的高考总复习，最后两周留给学生个人安排，老师接待答疑，不再上课。8周的总复习，老师讲课与学生自习相结合，毕业生重新编班，按报考志愿分三类。江北一中1961级高中有六个班，每班60人，到毕业时各班都有缺额，总计350余人。三类志愿，第一类为理工有200人报考，占了过半，分三个班；第二类文科，约110人报考分两个班；第三类医农，只有40余人报考为一个班。我报考的是文科，分在第二班，外语是俄语。

文科班总复习的课表是这样安排的：老师每周的讲课为12节，其中语文三节，政治三节，历史、数学、外语各两节。语文、政治的三节，穿插分单双周，语文单周四节，双周两节；政治单周两节、双周四节。老师辅导讲课都安排在上午。上午四节，一周六天，共二十四节，老师辅导与学生自习各半，有12节。全天的作息，课表有九节。早上自习一节，上午两节自习，两节讲课，下午自习两节，晚上自习两节。学生全天有七节自习，下午四点以后还有两节自由活动时间。老师每天只有两节上课，晚自习各门功课的老师交叉到教室巡视，回答学生问题，或多数学生要求，临时讲半小时。我认为学校的总复习安排是非常科学的，充分保证了学生积极主动的自学时间，又让学生有疑问可请教老师。总复习在六月中旬举行一次模拟考试。

我几个月没有摸书本，拉下了学习，面对六门功课的高考，我如何备战复习，必须做出周密的时间安排，才能打一场有把握的胜仗。我非常满意学校总复习的课表安排，特别有利于我自己的安排计划。我分析了高考，六场考试，其中有一场失败，只要能及格，不影响高考；如果有两场失败，那就要名落孙山了。六场考试中我有两场弱项，一是外语、二是作文。我规划集中用2/3的自习时间来突击两门弱项，临阵磨枪，不快也光。外语的目标是60分，作文必须磨快磨光，力争超水平发挥，保证85分以上，成败在此一搏。小学升初中作文的失败记忆犹新。政治、数学、历史、古文我只需安排 1/3 的自习时间，自信可以考出好成绩。我给自己安排的总复习课表是：每天早自习一节，上午的自习两节，全部用于外语；下午的两节自习集中攻作文；晚自习两节交叉安排政治、数学、历史三门，古文插空自习。星期天用来机动。平时我不爱运动，高考总复习的两个月，每天下午四点以后的自由活动，我用于放松，差不多天天都去操场转悠，留一个小时到阅览室随意翻阅报刊，关心时事，为政治考试留点心。两个月的总复习，我每天严格按自己的课表复习，绝不打乱步骤，由于整个星期天用于机动，不仅保证了复习计划的完成，而且应对了领导安排的活动，圆满完成了教务主任丁建林老师安排的创作任务，写一首《七一赞歌》的诗歌，庆祝党的生日，赢得了操行 5 分的评语，在当年，这是非常重要的。

两个月的总复习把六门功课料理了一遍，模拟考试，外语 4 分，政治、历史、作文、古文都拿了 5 分，记入毕业成绩，增强了我的自信。高考前还有两周共 15 天的完全自习时间，我分了前十天与后五天两个时间段，把考试的功课做了两次总复习，不断地在脑子中反复强化，有点有面，但不猜题。每天依然有条不紊，下午的自由活动仿佛很悠闲。愈是紧张的复习，既要争分夺秒，还要有张有弛，保持精力旺盛，要劳逸结合。有几个同学过于紧张，没日没夜抢时间，临到高考疲劳过度，晚上做恶梦，发生抽筋，其结果可以想见。

对于俄语临阵磨枪的强化复习，按每天三小时计，从 5 月 5 日到 7 月 15 日，总计 70 天，约 200 小时，强化背下了约七八百个俄语单词，预期是 60 分，结果超水平发挥，据说考了 78 分，与模拟考试的 4 分大体相当。可是上午高考一完，下午把所背的俄语单词几乎全部忘光。花了我 1/3 的总复习时间，终于磨光了外语，闪耀了一下比流星消逝得还要快的一道闪光，达到了敲门砖的目的。

我报考的第一志愿是北京大学中文系古文献专业。北京大学当年的录取分数线，总平均分数不得低于 85 分，专业课成绩不得低于85分，也就是说作文与古文两项考试任何一场都不得低于85分。作文必须拿高分，成败决于一役。

关键时刻，福星高照。江北一中新来了一位语文老师，他就是周明驰老师。周明驰老师是重庆某大学讲师，1961年摘了“右派”帽子，恢复工作下放到江北一中，五一节前刚来，他接手了高考语文总复习的重担。周老师是照耀我的一颗福星。周老师的语文总复习安排很有条理。8周总复习，计辅导课24节。周老师在单周的头两节辅导语法及古文，共8节，占1/3。周老师辅导作文每周两节，共16节，占2/3。周老师把重点放在作文辅导上，在单周的后两节讲一篇范文，布置一篇作文，在下一周即双周的两节用于讲析学生的作文，四到五篇。周老师的这一安排，等于是两周一次讲课，一篇作文，一次评析，学生作文的时间跨两周，写一篇作文有充裕的时间推敲、修改，提高质量。周老师选评的优秀作文张贴在墙上供观摩。周老师在8周的总复习中，共讲了四篇范文，布置学生作了四篇作文，评析学生作文约20篇，占全班学生的40%。范文四篇，其中三篇是议论文，作文也写了三篇议论文，一篇是散文，作文写一篇记叙文。周老师选讲的三篇议论文，一篇是毛主席的《农村调查序言》，一篇是邓小平访苏在莫斯科红场上的讲话，一篇是摘自刘少奇《论共产党员的修养》。选讲的散文是茅盾的《白杨礼赞》。周老师布置的作文题只供参考，学生可以自拟。

原先语文老师讲课，按教案照本宣科，干巴巴的，学生听得毫无兴趣。批改作文也是千篇一律，说几句套话，纠正几个错别字，对提高学生写作没有多大帮助。周老师讲范文，针对每一篇文章的特点，深入浅出地剖析文章的内涵意义，说理层次，艺术手法，妙语警句，开头怎么好，结尾怎么好，中间过渡怎么好，换一个说法行不行，引人入胜，兴味盎然。周老师说，写作文语言表达要流畅，提炼语言，要有几句妙语警句，能起到画龙点睛的作用。周老师分析学生的作文也是这样。我写的第一篇作文是自拟题《论调查研究》，副题为《农村调查序言读后》，被周老师选中，评讲了十五分钟，指出好在哪里，不足在哪里，对作文的论点、论据，以及表现手法，行文展开，一一评点，许多都是我在写这篇作文时没有想到的。周老师说，写作文是创作，评讲作文谈体会也是创作，评讲人可以融进自己的感悟生出新义。一篇好作文，最高价值是能打动读者，引发感悟。一席话使我茅塞顿开，立竿见影，写作文上升了一个台阶。

我的第二篇作文重复写第一篇作文的主题，标题为《再论调查研究》，结合当时三年自然灾害谈感悟。这篇作文周老师没有评讲，却选贴在墙上供观摩，意在说明对同一个题目，可以转换角度，或补充新材料进行深入再创作。我的第三篇作文仍是同题，标题为《三论调查研究》。这一篇是在两小时之内完成，代替模拟考试。

议论现实，看到光明，同题连写了三次，我的初始目的是精益求精，提高写作，丝毫没有猜题高考的意思。大小考试我从来不猜题，我认为猜题最危险，把人的思想凝固了，玩赌博，没把握。不猜题不等于不把握方向，大关节还是要把握的。

1961年的高考作文题有两个题目。题目一：《我学习了毛主席著作以后》。题目二：《一位革命前辈的事迹鼓舞了我》。在高考复习期间，江北一中组织学生到重庆市参观了“渣滓洞”、“白公馆”、八路军办事处、红岩村，请江姐的战友，重庆市地下党的革命前辈作报告。周老师也预计了可能有学习革命前辈、革命先烈的作文题目，布置了两个记叙文的题目，一个是“影响我最亲的一个人”；一个是“最使我感动的一件事”。记叙文的题目也可以发议论，也可以写成议论文，一要看选用的素材，二要看高考作文的命题，要灵活，切不可死板。

我展开了考卷，选择了第二题：《一位革命前辈的事迹教育了我》。30分钟过去了我还没有开头，绞尽脑汁编故事，怎么也编不出一个完整的故事，凭空编造不行，掠取听报告的先烈片断无从谈起，写议论文还是记叙文也没有定下来。考场30分钟报告一次时间。监考老师报告了第一个30分钟，我急出一身汗，落榜的阴影油然升起，这篇作文肯定写不好。突然，我冷静下来，何不套用《农村调查序言读后》这篇作文，我都写了三遍了。周老师评讲，说这篇作文主题鲜明，立意高远，扣紧现实，论据充实，逻辑性强，开头有鼓动性，结尾含蓄，言尽意未尽，前后呼应，中间转承自然，语言贴切，本文的立意把学习毛主席著作与克服当时的自然灾害现实相结合，言之有物，给了 90 分。经过再论、三论，文字更为纯熟。经过几分钟的思索，整理，心情异常平静、自信。我抛开草稿纸选了第一题，直接行文，开头一段，至今还依稀记得。文章说：

> 毛主席著作是个宝，毛泽东思想是革命人民的指路明灯。我读了数十篇毛主席著作，打开了我心灵的窗户，增智慧，长才干，懂得了辩证法，在困难面前可以找到克服的办法，在黑暗中能看到光明的未来。特别是我读了毛主席的《农村调查序言》以后，对照江北县近几年农村发展形势，生动地证明建设社会主义，是全中国人民的金光大道，虽然行进中有些曲折，但道路是宽广的，方向是正确的。

接下来，笔锋一转，综合我写的三篇作文，用事实和例证，论证三年的自然灾害困难即将过去，党的调整政策八字方针“调整、巩固、充实、提高”带来新局面，光明就在前头。作文一气呵成，大约 40 多分钟，写了约一千八百字。我反复阅读了两遍，卷面整洁，似乎一个错别字也没有。整篇作文连检查共用时一小时，加上虚耗的 30 分钟，一共用时 90 分钟，提前半小时第一个交卷。我神采奕奕走出考场，整篇作文能够背诵，比先前写的三篇更胜一筹。我到北京大学报到以后，与同学们谈论高考，我还能背诵这篇作文。

作文的成功，奠定了我考上北京大学的基础。

事过 26 年，1986 年我主编的《中国历史文选》教材在重庆教育学院召开定稿会，与会学者来自协作的 35 所高校。我特地到江北一中请周明驰老师参加定稿会的开幕式。我在讨论大会的发言中向与会学者介绍周老师当年辅导语文的故事，请周老师讲话，周老师非常激动。

六

高考花絮

二十世纪五六十年代，国家高考招生，每年二十五万到三十万之间。1961 年是最低谷，招生十一万。四川考生四万七千人，招生约两千，升学率不到 5%。在这样的背景中，1961 年我考上北京大学，还有两个因素，阴差阳错助我成功，算是高考花絮。

我的大学梦原本目标，考上四川大学就该千恩万谢了。四川大学也是名牌，四川省的最高学府，是四川学子心中的北斗。1960 年暑假，我在茨竹镇赶集，偶然邂逅了一位四川大学学生。他是邻水县人，放暑假取道重庆，坐长途汽车到邻水。公路穿行茨竹镇，反过来说，茨竹镇的街道就是一段公路。长途汽车有时短暂停留。这位四川大学的学生下车在街上信步转悠，他的头高高扬起，眼睛瞄向天空，胸前别了一枚“四川大学”字样的校徽，标志他是川大的学生。我靠近他，想与他搭讪几句，了解一下四川大学的情况。我向他打招呼，问：“这位大哥，哪里人?”他目不斜视，脚不停留，依然是昂首转悠，从牙缝里挤出三个字：“邻水人”。他的这一傲慢举止扫了我的兴，不想与他说话。我心里想：“你考了个四川大学，有什么了不起。等着，明年我别一枚‘北京大学’的校徽给你看。”好像是跟人赌气一样，我下决心报考北京大学。当时报考填志愿不是考试后再填写，而是报名时就填写。由于我被精简，带队劳动，已成了江北一中一个负面“名人”。我报考北京大学的消息，不胫而走，被传为笑柄。一时间我被人用异样眼光斜视和被人在背地里取笑的对象。以往江北一中的学生极少报考名牌大学，四川的重庆大学、西南师院、四川大学就是心目中的高端大学了。我一度被精简，几个月在劳动，没参加毕业考试，在如此情况下居然报考北京大学，有点诡异，不被人取笑才是怪事。我若无其事，复习自己的功课，过一阵也就淡化了。

我报考北京大学经过了深思熟虑，当年北京大学在四川招生，在文科中有中文系古文献专业一名，历史系中国古代史一名。我的志向搞中国古代史，过古文关，北大中文系古文献专业符合我的理想，必须抓住。当时规定，高考的最高年限是二十七岁。我二十岁毕业，有七次机会，做好了七次报考的打算，因此，我填写的志愿，第一是北京大学中文系古文献专业，第二是北京大学历史系中国古代史，上不了北京大学不念了。在我的鼓动下，张永富报考北京大学经济系，还有一位傅发国报考北京师范大学，一位女生彭坤寿报考北京外国语学院小语种柬埔寨语。结果我们四人都折桂，一时间轰动了江北一中，开了引领学生报考北京高校的风气之先。1968 年高校毕业生分配时江北一中在京校友聚会，从 1961 年到 1965 年，考入北京各高校的校友有 20 余人之多，名校有清华大学、人民大学，中央民院，其他都在地质、化工、矿业等八大学院。

61 年 62 年两届
在京各大学的江北一中校友

1966 年爆发“文化大革命”，所谓“造反派”的大字报批判北京大学党委书记兼校长陆平同志，其中一条罪状说他是地主资产阶级的孝子贤孙，证据就是 1961 年招生，非工农子弟的比例高达 27%。共产党人要解放全人类，陆平同志的气度恰恰是解放全人类的真正共产党人。那些唯成份论者，才是不折不扣的叶公好龙分子，不符合毛泽东思想。如果我当年报考缺少北大气度的地方大学，结果可能是个未知数。

再一个花絮是 1961 年高考的政治试题，有一道 20 分的大题难倒了大多数的考生。题目是《为什么说肯尼迪比他的前任艾森豪威尔更坏而不是更好》。

江北一中的政治总复习，老师没有讲这方面的内容，一半的人交了白卷，一半的人答了题，不知写了些什么。江北三中的政治老师，猜中了这道题，在考试头一天晚上专门讲了这道题，由于老师讲得很长，江北三中的考生抓不住要领，仍然没有答好。

我展开了政治试卷，看了这个题也愣住了。平静后，我迅速地掐算时间，安排答题顺序，用了一个小时答完其他所有政治试题。再用20分钟检查两遍，确信解答无误，集中了40分钟来啃这块硬骨头。其实这道题就是作一篇短小的议论文。开头，我引用了列宁和毛主席两位革命导师的话做论点：

> 列宁说：帝国主义是垂死的资本主义，日益走向反动直到灭亡。毛主席说：对于反动派，从他的过去可以推知现在，从他的现在可以预测他的未来。

接下来展开论证，从美国的发展历史到肯尼迪的对内对外政策找论据，答题内容大体如下：

> 美国从1898年发动美西战争，夺取菲律宾时起对外走向侵略，已逐渐走向帝国主义，日益反动。二战以后美国充当国际宪兵，一天比一天更加反动。肯尼迪上台，高调弹奏和平，实际更加反动。在国内通过了制裁共产党人的法案，加强对自由和劳动人民的镇压。肯尼迪提出减税法案是替富人服务。在国外，干涉别国内政，到处扶植帝国主义的走狗，支持反动派向革命人民挥舞屠刀。在非洲悍然杀害刚果民族英雄卢蒙巴，在亚洲派出军事顾问团支持南越反动政府打内战，在拉丁美洲更是直接干预多米尼加内政，派出海军陆战队登陆践踏别国的主权。肯尼迪上台高调弹奏和平是画皮，这是一手拿的胡萝卜；他对内对外的强权是一手拿的大棒，这才是本质。美帝国主义日益走向疯狂，肯尼迪政府是美国人民和亚非拉全世界人民的公敌，这决定了肯尼迪比他的前任艾森豪威尔更坏而不是更好。

答这道题，我运用了经典理论，历史知识，加现实例证。现实例证就是在报刊阅览室浏览的一种半月刊杂志《展望》上获得的，用逻辑推理把这些知识连接起来，写成短小的议论文不会有错。卢蒙巴是不是肯尼迪杀害的，我不清楚，事后我也无须去考证，我答的是政治试题，不是做历史研究，即便是硬加在肯尼迪头上也没有错。江北一中教务主任丁建林老师是高考总复习的政治老师，他听了我的答案啧啧称赞，他认为至少可以得 80 分，这道题拿 16 分没问题。如今已过了半个多世纪，我还清晰地记住大体的答案，因为这是我的创作。

读书有精读和浏览之分。精读部分要“强记”，浏览的只需“博闻”，合起来就是“博闻强记”。陶渊明说“好读书不求甚解”，指的就是浏览博闻，我非常赞成。这道政治题答卷就是这两者知识的结合。

此外，我把历史与古文两门考试的答题内容复述给历史老师和语文周老师，两位老师说，可以得 95 分。说起历史那一场考试，也有一个花絮。历史考卷是合订的折叠起来的三张纸，六个页面。第二道大题是 48 个填空，占满第二页和第三页，分值 24 分。我班有一位同学答题，翻过了第二、三两个页面，五道题只答了四道题，白白丢了 24 分。他沾沾自喜认为答得不错，一对题傻了眼。犯这个错误，就是没有分配好 120 分钟的考试时间。他没有预留检查复核的机动时间，即使时间不够用，宁肯少答一道题，也要检查复核，该拿的分决不能让它溜走。最难的题放最后，想办法多留时间啃硬骨头，没有时间就舍掉它。平时工作做计划也应该是这样。

我 1961 年的高考发挥了正常水平，在短时间内复习，各门功课的考试都超水平发挥，得益于我的周密安排时间和提高单位时间效率的综合运用。如果说我幸运地碰上了各种巧合，从本质上看，巧合就是机遇，而机遇只光顾那些有准备的人。机遇无时不在，有了准备，一生中，总有许多巧合光顾你。我得遇徐国钧、刘老师、周明驰三位启蒙老师的恩赐，给予我的体悟就是这样的。

第三章　中学遗事

从1954年9月到1961年7月，是我人生旅程的中学阶段，流逝时间七年。初中三年，上学在长寿一中；高中三年，上学在江北一中。中学毕业未能应届升入高中，1957年8月至1958年8月辍学一年，在生产队当记工员。这里捡拾几粒似应遗忘恰又未能遗忘的芝麻细事，姑名之曰："中学遗事"。遗事者，本当遗忘之事也。

一

缅怀长寿一中蒲廷赞校长

蒲廷赞是长寿一中的首任校长。蒲校长在我心目中的身影，随着时间的流逝，历时愈久愈益高大。

长寿县城坐落在重庆市下游180里水路的长江北岸。这里地势高耸，是一座山莽丘陵。老县城建在丘陵顶部平原上，顺山脊一条主干大街长达五里。县城市区建在临江的山坡上，行船遥望市区是一座雄伟的山城。市区热闹繁华，水上码头、长途汽车总站、银行、百货公司、电影院、中心新华书店都在市区。20世纪50年代，长寿县城有两所中学：长寿中学和长寿一中。长寿中学是老学校，建在山顶上的老城区，有高中部和初中部。长寿一中是1953年新建的初级中学，建在市区东侧面的半山坡。两所中学相邻，长寿中学在坡顶，长寿一中在半山坡，有一条石级独路相连。长寿一中校址原是市区的公墓地，经过平整，削山造地形成一条陕长的台地。台地上下都是陡坡。山脚有一条小溪流入长江。长寿一中建立在台地上像一条长蛇阵，远看是一条半山上的长街。特别的地理形势，造就了整座学校是临近闹市的世外桃源，只有一条独路通往市区，有一公里多路，同学们只在星期天才到市区去玩。

1954 年 9 月我进入长寿一中，校长是蒲廷赞。蒲校长有很高的政治地位，是县委委员，有人说是常委，调任校长之前当过区长。

长寿一中新校舍，新设施，教师水平都不错，中年人居多，青年教师较少。过半数教师是安排的旧职员，音乐、体育、数学有好几位来自国民党的起义军官，最高职位的是一位上校，约 50 岁，1937 年抗战爆发，他曾参加庐山军官团的培训，获得蒋介石赠送的题有“中正”字样的一把匕首，很是荣耀。他走路从来都是正步走，端起两肩，威风凛凛。许多教师都是蒲廷赞校长网罗来的。

蒲校长平易近人，却很威严，不苟言笑，常到学生食堂、学生操场巡视，不时与学生交谈几句。学生衣衫不整，撞见蒲校长一定会被叫站住挨批评。师生都有些畏惧他。蒲校长爱护学生，顶住一些团体借用校舍的要求，寒暑假也不准动用。蒲校长也顶住了一些人为的学生运动，例如义务劳动，下乡收割一类的事。蒲校长的治校理念，学生应有一个安静的读书环境。他说：“每一个青年人都有享受教育的权利，凡是进了长寿一中的，校长有责任保护学生的安全，助成其学业，毕业时一个都不少。”有过失的学生，严厉批评，但处理从宽。1956 年，长寿中学开了一次公审大会，判处一个小偷学生两年徒刑。长寿一中也出现过小偷学生，蒲校长实施的是挽救教育，没有交司法机关处理。蒲校长认为，青年人一时糊涂犯了过错，要及时发现教育，不要泛滥了一棍子打死。我家成份高，生活贫困，交不起生活费，享受了全额助学金。1955 年我家迁移江北县，就近读书我转学到江北县静观场江北县第二中学，入学申请助学金，只给我一半。一个月后，我又转回长寿一中，蒲校长接纳了我。

我在长寿一中，上学三年，没有一分零花钱，自然也没有买学习用品的经费，初中三年没有买过一本书。上学的头一年，我连被褥也没有。恰好我祖母外家的小表叔叫余廷辉，我们两人是同年同月生，我腊月初七日生，他腊月二十三日生，我比他大半个月。我们不在同一个小学，却在同一年考入长寿一中，于是我两人同挤一个单人床，共用小表叔的被褥。1955 年长寿湖建成，我家迁移江北县，小表叔家迁移垫江县，小表叔转学到垫江中学，他把褥子赠给我，我用迁移安家费买了一条新棉被。小表叔赠的褥子一直伴我上高中、上北京大学，工作后带到兰州，又陪伴我到北京，后来没有用也舍不得丢。直到 2009 清理破烂才扔了这床单人褥子。这床单人褥子伴我半个世纪，它是联系我和小表叔的感情纽带。

由于蒲廷赞校长的治学理念，我在长寿一中享有全额助学金，生活有保证，虽然清贫，心中快活，无忧无虑。星期日是自己的，想干自己干的事，不用去勤工俭学。那时新华书店允许读者在书店整日看书，架子上的书看哪本拿哪本，售货员不干涉，只是提醒不要弄脏，不要折页。初中第一年我有眼疾，第二年几乎每个星期日就到市区河街中心书店靠在书架边或倚着墙角站立看书一整天。中午不回学校，找食堂大师傅要了两个馒头带上作午餐，书店提供开水可喝。李伯元的《官场现形记》，吴趼人的《二十年目睹之怪现状》、《九命奇冤》，罗贯中的《平妖传》，明代三言小说等，就是在新华书店站立看完的。

1957 年反右，长寿一中没有掀起学生运动对教师搞揭发批判，教师里没有大张旗鼓抓“右派”，这些成了蒲廷赞校长思想右倾的口实。长寿一中反右斗争冷冷清清，蒲校长却被定性为党内“右派”分子，宣布的罪状有“独立王国”的说法。更多的事我们学生也不知道，大家对“独立王国”四个字也不理解。

蒲廷赞校长被划了“右派”被撤职，调离长寿一中到某农场思想改造，以后下落不明。

长寿一中没有了蒲校长的身影，但他那一张不苟言笑的严肃面孔始终在我眼前晃动，过了很多年我还在怀念他。蒲校长走后是谁来当校长，一点印象也没有，姓甚名谁，一个字也想不起来。

蒲校长调离后，我星期天到新华书店看书的这份清闲也不知不觉没有了。1957 年我毕业的最后一个学期，助学金只给了我一半，不足部分要勤工俭学自己想办法。幸好我的堂姐（伯父的大女儿）在长寿纱厂做女工，她给了我资助，顺利毕业了。我没有犯错误，不知道班主任对我的操行为什么只给了 3 分，在那年月注定了你当年升学无望。1977 年高中升学落第，我告别了长寿一中，也离开了长寿县。长寿一中带给了我幸福，也带给了我遗憾。

二

一件智与力相争的往事

1957 年 7 月我回家劳动，生产队安置我作记工员。生产队是农村的最基层，主要干部有四个，一个队长，一个妇女队长，一个会计，一个记工员。迁移时柏林村长和云集乡开证明说我家应是小土地出租，地主成份是复查时误划。茨竹镇乡政府和向阳大队以小土地出租对待母亲，于是我才能当记工员。

一起迁移到茨竹镇向阳大队尖山堡的张姓本家共有五户，其中就有前文第一章提到的那位远房堂兄，一个土匪的儿子和他的叔父。这位堂兄对我家怀恨依旧。他的叔父是一个极忠厚的农民，无文化，一生务农，我们叫他幺叔。幺叔的老婆自然叫幺婶。幺叔、幺婶与我母亲的关系很和谐。幺叔一家人的衣服都是我母亲制作。幺叔给我们耕田，母亲在冬天给幺叔家挖土、制衣换工。自 1952 年土改以来，我们两家长期保持换工。但这一和谐关系，在 1957 年岁末生产队因计算工分，由于这位堂兄的介入遭到破坏。

这位堂兄与幺叔早就分居，我家与幺叔两家换工与这位堂兄毫不相干。1957 年进入高级合作社土地合并集体核算工分，各种农活都制定了计算工分的标准，实行统一的工分制。在土地合并之前遗留下来的换工折算为工分。土地合并了，幺叔怕吃亏，与他的侄儿，也就是那位堂兄合为一家。那位堂兄人高马大，孔武有力，能说会道，一般人都不敢惹他，仿佛这位堂兄的血液里遗留有土匪基因，长的是一脸横肉。

我们在计算换工的工分时发生了冲突。按换工的口头协议，挖土两天换一个工。挖土十分劳累，尤其是挖较陡的坡地，为了保持水土，不是顺坡往下挖而是倒着往上挖，每一锄土都要往上提升，所以劳动效率不高。工分按面积计算，挖土一天合计三四个工分。耕田有点技术，又在水中，是农活中的最高分，耕田一天按面积计算至少十五六个工分，挖土四天才能顶耕田一天的工分。那位堂兄不同意母亲与幺叔换工的约定，不同意两天换一天，而是按面积各自记工分。母亲挖土计挖土的工分，幺叔耕田计耕田的工分。表面上很公平，实际不公平，因为田与土是各家自己的份地，土地不合并之前，田土所产各家归各家。换工不等于换田土，这是明摆着的道理。再说，诚信是一个人的道德底线，约定好的，怎么可以随意推翻。母亲从不与人争执，但现在她有两个儿子，何况我还是一个堂堂的记工员，岂能干休，于是我与弟弟一起与那位堂兄争吵起来。我责问幺叔，原先的约定算不算数。幺叔面色难看，一个男人与一个女人换工的约定不算数是一件很丢脸的事。但是面对利益的诱惑，这位老实巴交的农民心态发生了变化，他宁愿丢脸也要占利益。他一言不发就是赞同那位堂兄的无赖。幺叔也有两个儿子，年龄身体都比我和弟弟两兄弟强。幺叔一家四个男人，再加那位堂兄的一身匪气，横行霸道，别人无可奈何。在农村，比的就是谁家人丁兴旺，男人最多。生产队长以及其他的社员没人出来说公道话，我意识到无休止的争吵对峙无济于事，打架我们要吃大亏。好汉不吃眼前亏，我决定收兵，同意那位堂兄的意见，不算换工，各算各的工分。这时我已找到了实施报复的办法，必须以牙还牙。工分制所有的农活都要落实为工分。工分的计算办法已制定了方案，但不十分完善，许多地方现场提出，大家讨论修正标准，完善方案。我是计工员，有了用武之地。我家损失了八九十个工分，我得让这位堂兄一家加倍吐出来。事也凑巧，为了公平，社员一致意见，先从队干部起计算工分，把标准固定下来。第一个从我家开始，因换工的问题而争吵，真正的计算和标准修正还没有开始，这正是我用武的地方，例如铲田坎，计工分标准只能按田坎的长度以丈来计算。四川梯田，田坎的长度与高度参差不齐，有很大的出入。矮的田坎只有两三尺高，高的田坎一丈高，铲同样的长度用工差几倍。这样的具体问题现场提出，大家讨论可以做适度的调整。铲田坎，就是在插秧前把田坎上长的草铲到田里既肥田，又使靠近田坎的那一行秧苗有充足的阳光。铲田坎是水田农活中的辅助劳动，幺叔家的田坎因换工是我弟弟铲的，既然不按换工，按工分值计算，弟弟铲幺叔家田坎的工分就要算归我家，就这一项，就算回了三十多分，我家的实际损失也就六十分。各种计分方案我烂熟于胸，在定方案中凡是涉及这位堂兄家干的农活从严把握。由于那位堂兄的强势，许多人不喜欢他，包括生产队长都支持我。我这人也少点高雅的涵养，不搞阴谋搞阳谋，报复行为让他看个明明白白。从严计分，差不多砍了幺叔家近一百个工分，这全都是按大家现场讨论修正的方案计算出来的，那位强势堂兄也只能瞠目结舌。我明目张胆的行为等于是向幺叔一家下战书，我不怕你，今后的路走着瞧。这时，幺叔沉不住气了，对我说："大侄子，你大哥不是个东西，看在幺叔的面上，别跟他一般见识。"那位堂兄的老婆姓黄，我们叫大嫂，她也是一个本分的人，与我母亲关系都不错，叫我母亲三婶，嘴很甜。大嫂说："大兄弟，你大哥没文化，大嫂给你赔不是了。"那位堂兄气馁了没有吱声，可以想象他的肚皮肯定是气鼓鼓的，不知在盘算什么。我也见好就收，说："幺叔、大嫂，你们放心，我了解大哥的脾气，有点争强好胜，其实刀子嘴豆腐心，兄弟之间说几句，闹着玩，谁还计较呢！不过这一回，大哥的玩笑开得过分了点，让幺叔尴尬，都过去了，以后注意点就是。"这后一句，语意双关，是对那位堂兄的警告，你别逞强，兄弟我不怕你，你有拳头，我有笔头，陪你玩。事后不久，那位堂兄与幺叔吵了一架又分了。半年后，那位堂兄因名声太臭，迁回了老家长寿狮子滩。

我外祖父跑过小生意，经常挂在嘴边两句话："在家靠父母，出门靠朋友。"我在外祖父家生活了两年。外祖父经常教育我和小舅，凡事要能忍。外祖父讲故事，说古代有一个人叫"张公百忍"，人家把口水吐到他脸上都不去擦，让口水自干。一个人要能忍到“唾液自干”，到处有朋友。我祖母吃斋拜佛，也常说：“争强好胜是作孽。”我读小学时，语文老师就给我们讲过鲁迅的《阿Q正传》。鲁迅反对奴才，对中国农民“怒其不争，哀其不幸”，支持阿Q革命。中学课本选有鲁迅的《论费厄泼赖应该缓行》，主张打落水狗。我在决定挑战那位堂兄的时候，外祖父、祖母、鲁迅，几个声音都在我耳中轰鸣，我最终选择了鲁迅。走出这一步是我人生性格的一大变化。我用笔头战胜了一身土匪气堂兄的拳头，感受到了知识的力量，更加坚定了要上大学的信念。

后来我上了北京大学，读《史记》看到刘邦对项羽说：“吾宁斗智，不能斗力。”感觉特有劲。

三

跑步进入共产主义

1958年，全国人民高举总路线、大跃进、人民公社三面红旗，跑步进入共产主义，农村吃大锅饭，不花钱。这年秋天，我伴随着跑步进入共产主义的脚步声跨进了江北一中的校门，考上了高中。随后，国家经历了1959年、1960年、1961年三年的困难时期，这恰是我上高中三年的时代大背景。

1958年秋初，茨竹人民公社成立，生产队合并，实行大队核算制。生产队分散的小村落合并，各家各户的粮食一律充公，生产队办起了食堂吃大锅饭。各家各户也不再养猪，生产队办起了养猪场。随后，掀起了全民大炼钢铁的运动，农村的主要劳力拉到山上炼钢，一些地里的庄稼没人收割，烂在地里。1958年全国的钢产量要在1957年535万吨基础上翻一翻，达到1070万吨。为了实现这一目标，除了五千万（高峰时达到六千万）农民上山外，还遍地开花搞“小土群”炼钢运动，即小高炉、土法炼钢、群众运动，中小学生也上阵建小高炉，用土办法炼钢。原料来源，把从各家各户收来的铁锅、铁铲砸烂炼钢。11月我告假一周回到茨竹镇正赶上全公社炼钢高潮，入夜茨竹农业中学的师生挑灯夜战。照明用的火把，用竹筒制作。砍下竹子，打通竹节，用棉花搓条作芯子插入竹筒，灌上食用菜籽油，点燃形成熊熊的火焰。六七个火把举起，甚为壮观。棉、油等物资，经公社生产指挥部批准，开一张调用条子，就可到供销社领取，不用花钱。我母亲也被征召上山给炼钢大军煮饭，这是生产大队长罗志合对我母亲的照顾。山间寒凉，公社给我母亲发了一套崭新的棉衣棉裤，也是不花钱。

我两个舅舅在 1950 年都参加了志愿军入朝作战，大舅死在朝鲜战场，小舅 1953 年回国被选送到北京北苑炮兵学校学习，1957 年毕业授予少尉军衔。刚毕业就赶上裁军，退伍还乡，也落户到江北县茨竹镇。因为 1956 年我把外祖父母接到了茨竹。茨竹公社安置小舅在农业中学当民办教师。1960 年外祖父母都已作古，茨竹农业中学停办，小舅逃荒到东北找战友不遂，流落到黑龙江省杜尔伯特县官尔屯村，在那里当了民办教师。如今小舅还健在，民办教师转正后退休，外加志愿军补贴，晚年幸福。小舅膝下有三子两女，是一个大家庭。这些是后话，集中写一笔于此。

我那次告假就是小舅写信召回，目的是替茨竹农业中学的十几个教师完成写民歌的任务。1958 年大跃进，口号是“一天等于二十年”。各条战线包括文化教育都要放卫星，江北县教育局征集民歌，给所有中小学教师都下达了创作民歌的指标。其实我不会写歌词，就模仿宋词小令的长短句，编了几十首替茨竹农中的教师交差。后来江北县铅印了一本《江北县民歌选》，我的瞎编创作居然选上了十几首。

1958 年大跃进，要给农业生产放卫星，改变了耕作方法。四川种冬小麦、胡豆等作物，只在旱地和高坡水田点播。因为气候热，种冬小麦每亩点播下种四斤，瘦地五斤足够。1958 年推广北方的条播，每亩下种十五到二十斤，超出正常点播三到四倍，浪费了大批粮种，第二年春天长出一把草。高坡地水田收稻后放干水，种一季冬小麦，来年夏初割了小麦，雨季到来，全力抢耕，再蓄水插秧种水稻。如遇春旱，高坡地插不上秧，已种了一季冬小麦。种麦的高坡地控制在一到两成的水田范围内。也就是说，冬季蓄水的水田要占80%以上，只有不到20%的高坡地水田放水种冬小麦。1958年强行放干低地的水田大面积播冬小麦。结果低地的水田放不干，翻的地像年糕一样黏柔，播种的冬小麦连一把草都没有长成。水田放干了，1959年过半的水田抢耕不过来没有插上秧，秋天的水稻大幅度减产，只收了两三成。夏季冬小麦没有收成，秋季水稻减产百分之六七十。各家各户的储备粮没有了，大锅饭和大播种又耗尽了集体的储备粮，一个风调水顺的1959年成了百年不遇的大灾年。到了1960年春夏之交，生产队揭不开锅了，其中有40天粒米未有，人们开始饿毙。我家所在的生产队，原有人口180余人，1960年春夏之交饿死了三分之一，只剩下123口。国家赶快进口粮食，每人每天发放四两粮。十六两一斤的四两，合十两一斤的称是二两五。生产队食堂有了这二两五，再没有饿死的人。但有许多临近死亡的人，手脚浮肿，如不抢救，就要饿死。生产大队成立了肿病医院，把各生产队手脚浮肿严重的人集中到大队，每人每天半斤粮，卫生员煎一锅汤药给大家当饮料喝。我母亲也进了肿病医院。大队收治了近百人，全都抢救过来了。

1960年正常播种，原来可以丰收。但春季的油菜，长到半尺高就被饥饿的人偷拔当菜吃了。玉米刚挂红没几天，玉米还没长成熟也全被饥饿的人偷吃了。所以1960年的夏季仍然无收成。秋季水稻管理不好，也大为减产，但比1959年收成好。大锅饭能够保障有稀饭喝。

1961年各家都有几分自留地，随后包产到户。入夏，解散了食堂，各家升起了炊烟，人们开始吃饱饭。1959年、1960年，生产队没有添一个新生儿，1961年就我家所在的生产队，所有已婚适龄妇女全都怀孕，年底生产队增添了七个新生儿。生产队三十来户，四分之一的家庭添了人口。

我亲历的四川江北县，农村的三年大灾害，起于1958年，成于1959年，灾害之果结于1960年。1961年的农村已消除了灾害，但城市的居民，是在1961年才最大限度承受了三年灾害的余波，物资供应紧缺，人口大精减，许多工业基建下马，1958年大跃进涌入城市的人口，统统要回家。学校也要精减，压缩在校学生数量。我正值高中毕业，险些被这余波吞没，后面再详说。

跑步进入共产主义，也给一些人带来了福音。吃大锅饭，等于是供给制。我升入高中，恰好赶上这进入共产主义的跑步声，农村的学生不用交生活费，由人民公社统一支付。学生回家，从学校开一个证明，走在路上，只要是回家的沿途，无论到哪一个生产队，赶上开饭，就可以凭路条去吃饭，不花钱，加一双筷子，给一个碗，到大锅里去盛饭。不花钱只限于农村大锅饭，县城、乡镇街道上的饭店、宾馆照样收钱。可对于我来说，有大锅饭就足够了，但好景不长，我只吃了半年的大锅饭，1959 年春季开学后，人民公社不再给农村的学生统一支付生活费，贫困的学生向学校申请助学金，仍然不足，就要勤工俭学。于是，我从“共产主义的天堂”又跌下落到了人间尘世。

四

勤工俭学

江北一中建在水土镇，是一所名校。江北一中历史悠久，初建于 20 世纪初，是四川省新式中学建校最早的学校之一，至今已是百年有余。

水土镇是江北县政府所在地，位置在重庆市上游 90 里处嘉陵江北岸。县城，顺山坡建立，房屋栉比鳞次，一条斜坡大街有两公里多路。大街的底部就是嘉陵江边的水码头，大街的顶部毗邻江北一中。

江北一中的生活费，当时每月 7.5 元。申请助学金每学期开学评定一次，由班主任掌控。班主任由教语文或政治的老师兼任。我所在的班是姓戴的语文老师兼任班主任。这位戴老师本人出身地主，而行为却极“左”，所以名字就不提了，叫他“左派戴”吧。班主任随和，助学金评定轻松，班主任极“左”，助学金评定像是一场战斗。“左派戴”不断受到学校表扬，他是先进老师，助学金的掌控比所有的班都严，我班从未有一个全额助学金，最高5元，其他的班总有几个全额的。每学期评助学金，“左派戴”就要挑起一次学生内讧。“左派戴”挂一副眼镜，身子瘦长，他训话时眼睛一斜，嘴角变形，就像一只攫食的猫头鹰。学生义务劳动，“左派戴”督阵，东瞧瞧，西看看，活脱脱的一个监工。他要中学生抬石头，这是一个绝对的错误。四人抬石头，一人喊号子，三人帮腔，掌握节奏，协调脚步，中学生哪会这个。很不幸，有一个学生的小腿被压骨折，学校虽然给这个学生治好了腿，但丧失了重劳力。这个学生没考上大学，他回到农村，后半生的生活可想而知。这个学生的前途，硬是让“左派戴”给毁了。

由于我家没有全劳力，“左派戴”怎么摆布我他也不能不给助学金，他不给我全额，每月只给5元，还有2.5元缺口，只能靠勤工俭学来补足。

起初，勤工俭学是在星期日到嘉陵江边水码头给学校食堂担煤炭，一天两趟，上下午各一趟，担一百斤走上坡路两公里多，十分吃力。但一趟挣四角钱，一天下来挣八角钱。四个星期天可挣3.2元，补足生活费，还剩点零花钱。可是担煤炭不是长年都有。食堂煤炭储备够了就有一两个月无煤可担 。而且勤工俭学的不止我一个人，担煤的队伍一长，就没那么多活了。水码头的搬运工扛重物我干不了。长年累月都有活是给镇上一家工厂运送硫酸罐。硫酸罐是土窑烧的陶器，形状大小如同现今的家用钢制煤气罐。一个硫酸罐约十公斤，挑两个二十分斤，比较轻，挑四个四十公斤走长途路负担不了。生产硫酸罐的窑场离水土镇十余公里。搬运一个硫酸罐四角钱。力气大的，挑四个硫酸罐，五个小时，大半天就能挣1.6元。一个月用两个星期日就能挣3.2元。我挑不了四个，就想了一个方法，用两副扁担，挑两副硫酸罐，轮流交叉搬运，每次走100米到200米远，视路面的地形、坡度决定距离的远近，要在有效视线内为准。这种搬运方法是每走100米到200米放下担子，回头去挑第二副担子，以走路代休息。于是十余公里的路程，来回走两次，等于是走二十多公里的来回，一天下来，走路近百里，负重二十公斤，耗时十二三小时，早上七点出发，晚上八九点才返回学校，腰酸腿疼，要两三天才能恢复过来。不过两星期一次，习惯了也就好过了。毕竟一个月还有两个星期日是自由的。

有时挑煤炭，有时挑硫酸罐，从1959年到1960年底，坚持了两年，还有一个学期就毕业了，曙光在即。每当我挑起担子，这时就回想起1958年跑步进入共产主义，吃不花钱的大锅饭，蛮有意思。

五

一天走路270里

这个故事发生在1960年4月青黄不接，就是前面提到的生产队有人饿毙的那个不堪回首的日子。

我母亲和弟弟，出现浮肿，一家人生命垂危。我请了半月假，带回十三斤粮票，当时中学生每月二十七斤。我回家后立即到老家长寿县化缘，老家的田地肥沃，情况可能好一些，心中没有底，只是碰运气。我到大石场找我恩师徐国钧。徐老师一家人我都熟，她的女儿是乡干部。我读私塾时一些儿时的同学，年龄大一点的都成家了。当时家家都困难，吃大锅饭，哪一家都没有余粮。徐师母还是给凑了五斤米。我母亲的同胞妹妹，我的四姨娘，住在大石场。四姨娘十分慷慨，她也在饿饭，没有粮食，砍了一大片青菜，用开水煮熟，挤干水制成菜团，约有七八斤，连同五斤大米，共十余斤装入一个大布袋，我挎起布袋，连夜起程赶路回家。另外还有我伯父家的一位堂兄弟给了我晒干的一包小杂鱼有一斤多。我带着这些东西赶路，早晨天未亮大约是三点左右摸黑赶路，到上午十点已走了90里路，到达长寿县城。从长寿县城到江北县茨竹镇还有180里，要翻两座大山。我马不停蹄穿越长寿县城又赶了30里到达第一座山脚，在一个小饭店吃了一碗米饭，也歇了一会脚，开始翻山。到下午两点翻过了第一座山，赶路的速度慢了下来。第二座山平缓一些。翻过第二座山已到下午六七点钟，又走了两三个小时，已到晚十点左右，天已漆黑，还有50里路，我感到很疲乏，打算到一个村庄找一户农家住一夜再走。于是我向一个小村子走去，天黑看不清路，从一个岔路走到了村子的背面。通常村子的背面是竹林，白天都是阴森森的，夜风呼号使人更恐怖。乡里人传言，死人变的鬼就在屋后竹林出没。尽管没看到鬼，我也不相信鬼，但此情此景，还是惊了一身冷汗，赶紧退出村来继续赶路。又走了约一小时，在星光下依稀看到前方有一个村庄的正门，我再次决定去投宿。等我走到眼前一看，不是村庄而是一座大坟墓前的牌坊。我退回原路继续赶路，下决心不投宿了，连夜赶回家。这时想起了乡里人讲的道路鬼，说的是有一种善鬼，专做好事，如果前面有险恶，道路鬼来引路，避开危难。我两次投宿不成，是不是道路鬼在暗示我投宿不利。乡里人又说，走夜路碰到鬼，咬破中指，用血一洒，恶鬼现形，就被降伏。于是我时刻准备把中指放在嘴边，准备咬破降伏恶鬼。又不知走了多长时间，来到了茨竹镇的山脚下，这一面坡全是茨竹林，从山脚到山顶是五里路，有一条羊肠石径路，被两边的竹林遮掩，白天都不见阳光，夜里黑森森十分恐怖。这是一条独路，没法绕开，只能硬着头皮往前走。等我走到路口，还有十几米的地方，在黑夜星光下仿佛看到一个白胡须的老头盘腿坐在路边。顿时我全身起了鸡皮疙瘩，心惊胆战，夜间怎么会有一个老头坐在路口，一定是鬼了。我吆喝了两声，他也不理睬。我们僵持了好一阵，我决定闭着眼睛往前走，把中指放在嘴里咬住，准备和这个老人鬼战斗。我默数着脚步，估计十余步已走到老头子跟前，睁眼一看原来是一棵枝杈茂盛的有一米高的刺柏树。有不少人向我绘声绘色讲他亲眼看到过鬼，假如那次我有别的路可以绕开，恐怕我也会绘声绘色向别人讲述亲眼见过鬼。世间没有鬼，亲眼见鬼的人和我一样，一定也是错觉。

我一口气走上山，在山顶又走了五里路，终于回到家。我赶紧敲门，母亲起床给我开了门，我一步就窜进了屋，立即关上了门，这一窜差点把母亲撞倒。

我进了屋，才真正感到了怕，尽管心里说没有鬼，这一天的奇遇，毕竟让我后怕。

我回到家，大约是深夜两点钟。从早上三点到深夜两点，也就是我走了二十三个小时，行程二百七十里。我倒头就睡，告诉母亲不要叫醒我。等我醒来已是第二天傍晚，又该睡觉了。这一觉，大约睡了十六个小时。

我休息了一天，就赶往重庆市大姐家。她住在重庆市南岸区郊区农村黄角椏镇，有140里路。大姐给了我两斤红糖，一斤白糖，三公斤大米，住了一夜，在第二天午饭后往回家的路上走。又到了夜十二点，天又黑了，我走在重庆通往茨竹镇的公路上。重庆市望江机械厂是生产军工大炮的工厂，军车拉炮到华蓥山脚下试炮，不断有军车来往，老百姓有急事，向军车招手，也有个别司机会带你一段路，但一般情况人们都不向军车招手。那天晚上，我连连向军车招手，一辆一辆呼啸而过不理我。终于有一辆军车的司机放慢速度看了我一眼开走了。这辆军车向前开了十余米停了下来，等我走到车前，司机探头问了我情况，我说还有30多里路，能否带我到茨竹镇。司机开门让我上了车，他问我挎包的东西是不是大米，我说是。司机说，你敢挎着大米走夜路。我回答说："我不怕鬼。"司机说："鬼不可怕，人可怕。我刚才没停车，怀疑你挎的大米是抢来的。为了几个馒头杀了人的事已有发生，你敢挎着大米走夜路，胆也太大了。我仔细打量了才让你上车。"军车司机一席话让我毛骨悚然，从此以后我再不独自走夜行路。许多年以后，我对于一天走二百七十里的莽撞行为还有些后怕。

经过两次奔波，我化缘了十余斤大米，三斤糖，一斤多干杂鱼，加上我的十多斤粮票，比发了一笔大财还高兴。母亲、姐、弟、两个妹妹，加上我一共六口人，白天共同分吃食堂的菜糊糊，晚上我煮一锅稀米粥，一斤多大米，二两糖，撒一把干杂鱼，一人两碗，一家人围坐一团说话，温暖无比。十天后政府向食堂发放了救济粮，按人头每人每天四两，母亲也进了生产大队的肿病医院，我返回了学校。那一年差不多家家有人饿毙，我们一家人渡过了难关，没有少一个人。这一次也算是我对家庭作了一点小小的贡献。

六

遭遇精简

作者与高中好友李大发合影

1961年压缩城镇人口，精简职工队伍，也波及到学校，阴差阳错我撞上枪口，高考之路，面临一场危机。

我高中同班有一位好朋友，他叫李大发，是江北县人和公社人。李大发父母早亡，他跟着伯父长大。伯父待他如同己出，供他上学实属不易。李大发生活节俭，他可怜的几个零花钱与我共享。李大发建议我毕业的最后一个学期放弃申请助学金，他找伯父多要点资助我一些，我自己在寒假挣一些，不看班主任的脸，不与同学去争，可以全力以赴准备高考。我十分赞同这个建议，于是在1961年2月春节后到重庆郊区农村大姐家采集野小葱到重庆市区叫卖挣钱。重庆人喜欢吃一种家常小面，有小贩挑着担子沿街叫卖，故称担担面。住家人早晚想吃自己制作，小葱是必不可少的佐料，而野小葱比农民种的家小葱要香，但采集野小葱很辛苦。野小葱长在田边地角，除草不到的地方，要仔细寻找。采集办法是用一把半尺长的尖刀插入土中，连葱头一起刨出来，要的就是葱头和茎秆，刨不出葱头就失败了。三四根葱头用一截稻草捆扎一束，叫一只，可卖两分钱。一天能采集六七斤，三天采集约20斤，积放在阴湿的屋内地上，每天洒水，可保鲜三四天。三天采集的野小葱可分成三百只左右。第四天早上三点天未亮就起床，背负小野葱，步行约二十公里到达重庆市南岸海棠溪，乘轮渡过长江到市中区沿山城小巷叫卖："野小葱，两分一只。"只需一小时就能卖完。清理零碎钱，到银行换成整钞，可收获六至七元。去时兴冲冲，回时懒洋洋，几天的劳累集中在卖完野小葱后爆发。早上到市区是下山，返回在中午是上山，又舍不得花钱吃饱饭，在饭店只吃一碗饭，一碟小菜，半饱状态，走走停停，回到大姐家该吃晚饭了。休息一天后又进行下一轮刨野小葱。我在大姐家住了一个半月，踏遍了大姐住家方圆十公里范围内的农田旱地，进城大约十次，挣了 60 多元，足够一个学期的生活费和零用钱。3 月 28 日，我信心满怀从大姐家出发，穿行重庆市，渡长江，过嘉陵江，步行 90 里，傍晚时分赶到了江北一中，已经吃过晚饭了。

步行一天，虽然很累，心里却热乎，我不须申请助学金，可以大摇大摆扬眉吐气了，恨不得哼一曲小调。我的高兴劲还没有向任何人吐露，第一个见到的人是我的好友李大发，他劈头就给了我一盆冷水。没等我说话，他先开口："怎么今天才来!"这几天急坏了李大发。原来学校要精简一成学生回乡，有二百多人列入了退学名单。成绩补考的，受过处分的，不想学习的，各班按指标完成。3 月初开学，我晚了四个星期才到校，违反校规，已被列入劝退的精简名单。我返校的 3 月 28 日，正赶上学校当晚在大饭厅集合全校师生开动员大会，动员办理退学手续。当晚李大发陪我去找新来的班主任教政治的王老师。"左派戴"犯错误，在 1960 年底调离江北一中。王老师和颜悦色地听我解释，他既没有批评，也没有宽慰。人都精简了还批评啥，宽慰也是多余。王老师说："国家困难，各条战线都在精简，城里的闲人都要下乡，学校有指标，大势所趋，没有办法，安心办手续回家吧。当然，形势好转，再申请复学。"我说："应当给我一张毕业证书吧。"王老师说："研究过了，给你肄业证书，可以申请同等学历参加高考。"与王老师继续谈话没有任何意义，从态度上看，班主任也是无可奈何。但我已下定决心，学校不给毕业证书，我不轻易办退学手续，衣兜里有 60 多元，可以周旋半年。我虽然晚到了学校，为的是自力更生挣学费，我是门门五分的优秀学生，学校应当宽容。为了不破坏气氛，我有礼貌地告辞王老师，请求王老师把我的要求向学校反映。

第二天，我想了一个不办退学手续的缓兵之计，决定试一试。学校动员初中二年级的学生下乡支农一个月，谁都不愿带队，我径直去找学校教务主任丁建林老师，说了我的想法。不知是丁建林老师是对我同情，还是在精简上有他的看法。高中毕业班有几个壮实青年，不能忍受一月吃27斤粮，在上学期就自愿退学到码头当了搬运工，每月吃50斤粮。劝退的只有我一个，我是优秀学生，索要一张文凭不为过分。我的盘算是，支农一个月回校，精简高潮过去了再与学校交涉。丁主任很爽快，同意我带队劳动的要求，他说："我与陈校长商量，你等消息。"

四月一日下乡，还有两天时间，我无聊地在校园转悠。江北一中建立在水土镇山顶丘原上。学校的教室、宿舍、图书馆、餐厅，多是一栋一栋的平房或二层小楼，散落在高低不平的丘陵地势上，错落有致。房屋四周种有一窝一窝的芭蕉树点缀其间。校园一侧还有一弯一弯的几块梯田。梯田中嵌了一池小水塘。小水塘在校园的中心位置，全校烧开水的锅炉房就建在小水塘旁，别具一格。校园山丘一年四季都是绿油油的。校园十分庄重、淡雅，像一个大庄园。我在校园生活了两年多，被每月2.5元的生活费缺口沉甸甸地压在肩上，没有闲工夫欣赏校园美景。如今要灰溜溜地离开了，很不是滋味，忽然间觉得校园很美，从无聊地瞎转悠，找到了欣赏的感觉，离开她真有些割舍不下。慢慢地在脑子中构思了一篇作文，题目叫《告别母校》。我描写了校园的环境，赞誉老师的教诲，叙说两年多的校园生活与同学友谊，依依告别母校，发扬母校开拓向上的精神在新的人生道路上创造新生活。没有抱怨，没有诉求，只字未提精简的事。行文语气格外平静，就像平时老师布置的一道作文题，仿佛是一个毕业生在告别母校，情真意切，自个很满意。4月1日出发那天，我把《告别母校》的作文交给了丁建林主任。

我带队初二一个班约50位小同学到远离江北一中60里的寨平公社一个生产队支农劳动。很慢很慢过了一个月，五一节后5月2日返回了学校。我的去留出现了转机。5月3日丁建林主任找我谈话，说我带队表现不错，有公社的表扬信，赞扬我的《告别母校》写得好，对学校有感情，陈雨人校长也很欣赏。丁主任还说我有诗人气质，给了我一个任务，创作一首叙事诗，在庆祝七一的文艺活动会上朗诵，题目就叫《七一赞歌》。学校重新研究了我的问题，留校参加高考复习班。高中毕业班的课程已经结束，毕业考试也已结束，我缺了两个月的课也没时间补了，毕业成绩按以往成绩降1分记录。我各科成绩除外语外，门门5分。代数、几何、三角、物理各降1分，毕业成绩纪录为4分。化学老师不同意降1分，只给3分。政治、语文、历史、俄语四门的毕业成绩按总复习的模拟考试成绩纪录，政治、语文、历史5分，俄语4分，已是超水平发挥。体育成绩一贯不好，又没有参加考试，3分。丁建林主任亲自任高考政治课总复习的辅导，他与班主任王老师一起评定我的操行，给了5分。如果“左派戴”不离开江北一中，我的操行得不了5分，充其量4分，在那个年代高考升学有点悬。

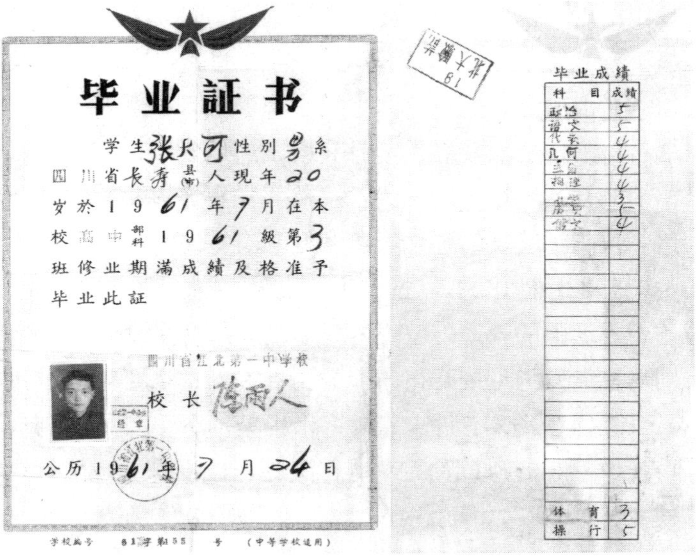
毕业証书

学生张大可性别男系
四川省长寿县(市)人现年20
岁於1961年7月在本
校高中部科1961级第3
班修业期满成績及格准予
毕业此証

四川省江北第一中学校
校长
公历1961年7月24日

学校编号　61字第155号　（中等学校适用）

毕业成績

科目	成績
政治	5
語文	5
代数	4
几何	4
三角	4
物理	4
化学	3
历史	5
俄文	4
体育	3
操行	5

高中毕业证书，背面是成绩单

1961年江北一中隆重庆祝“七一”党的生日，破天荒在白天举办大型文艺活动，节目全部为师生自编自演，用以展示江北一中师生在克服困难面前的昂扬精神。我不会写诗，硬着头皮用长短句写了几十句赞辞，丁建林主任亲自修改，还进行了几次排练。7 月 1 日上午，我登台朗诵，似乎还可以，当时确有一股上进的热情。我有自知之明，缺乏文艺细胞，这是我一生中唯一的一次登台，可以说是赶着鸭子上架，形势所逼的即兴创作居然赢得了喝彩。大概人的主观能动性，在特殊情况下具有超水平的潜能发挥。

七

饥饿线上的道德底线

诚信是一个人最基本的道德底线。《论语·颜渊》篇记载，子贡向孔子请教，一个人在“饥饿”与“诚信”两者之间如何选择。子贡问：“不必得已而去之，于斯二者何先?”孔子回答说：“去食。自古皆有死，民无信不立。”1961 年 4 月，我与所带领的初二一个班几十个十三四岁的青年学子全体面临了对二者的选择，对照圣人之言，没有一个人及格。

十三四岁的初中生，支农劳动也只能做些辅助农活，但广大社员还是很欢迎。1961 年的大锅饭食堂比 1960 年好一些，但 4 月份正是青黄不接之时，社员口粮不足一斤，而学生下乡每人每天一斤粮票，可以到粮店购买白花花的大米。当时的食堂已经是一天三餐稀粥，大部分是玉米、豌豆等杂粮，也是磨成粉来做菜粥。下乡一个月，没有吃过一顿白米饭，也没有吃过一次肉。社员学生全都半饥半饱。生产队百十号人，加学生约 50 人，煮稀饭用了两口大锅，平时也是煮两锅，由两个中年妇女煮饭。第二天早上的稀粥，是在头一天晚上制作，为了监督炊事员，派一个人监厨。平时社员监厨总是出事。学生到来，生产队长派学生监厨。头几天由我去监厨。大约晚十一点稀饭煮好。先是煮饭的两位大嫂对话，一位说：“某某，你看饭好了没有?”另一位说：“我看差不多了，滚烫的稀饭怎么看?”问话的那一位说：“要不，把两个锅里都盛一碗出来看。”我在一旁琢磨两人对话是什么意思。说时迟，那时快，从锅底捞出了三大碗稠稀饭，排列在灶台上，冒着热气，香味四溢，十人诱人，顿觉肚子叽里咕噜叫，我们三人眼睛都盯着饭碗。这时一位大嫂扫了我一眼，发话了。他说："张同志，我们劳作了半天，肚子也饿了，我们一人吃一碗。你要不同意，就把稀饭倒回锅里，上锁走人。"谈话就是这样赤裸裸，没有绕弯子。我哆哆嗦嗦地说："生产队长派我来监厨，怕不好吧？"我在食物诱惑下，忐忑打鼓，说话声音也不高，如果有镜子，我的脸色肯定是红的。另一位大嫂说："社员轮流监厨都这样，其实生产队长心里明白，谁来监厨谁走运。"话已到这份上，还有什么客气的。两位大嫂轮流吃饭，一人放哨，万一有人撞进来不好看。其实，万一有人来了，只不过多消耗一碗稠稀饭，只有傻瓜才去揭发。尽管如此，还是不被发现为好。

我一连监了几天厨，有人建议由学生轮流监厨，每晚派了两个人。一个月下来，参加劳动的学生男男女女，全都轮了一次。第二轮还没有开始，劳动结束了。

在一个月的监厨行动中，每天晚上都要重复上演监厨人与被监厨人的一席对话与吃饭行为。但谁都没有说破。我们返校那天，路上走累了大家坐下来休息，终于有几个人的肚子撑不住了，交头接耳，叽叽咕咕，随后派出一个代表向我提出一个问题："高三毕业的大哥，你监厨时，偷吃饭了没有？"这群初二的学生，调皮时给我开玩笑，戏称"高三毕业的大哥"，严肃的时候要称"张老师"，这是学校交代了的。平时直接叫名字。那几个叽叽咕咕的调皮学生还眯着眼睛看我。我讪笑着爽朗回答："你提这问题，证明你偷饭了。"我又用手指着那几个叽叽咕咕的学生说："你们几个小鬼头，老实交代，偷饭了没有？"他们几个齐声回答："我们都偷了，你偷吃了没有？"这时全体学生都异口同声说："我们都偷饭了，高三毕业的大哥，你偷了没有？"我说："你们先回答，为什么要偷饭。"大家说："肚子饿呗。"我又说："高三毕业的大哥肚子饿不饿？"大家说："饿呗，饿呗。"我说："肚子饿了要吃饭，天经地义，不叫偷。"大家一起哈哈大笑，打闹一阵又上了路。

这一阵打闹，让我反思了"左派戴"犯的错误。1960 年秋，开学一个月后，也就是 10 月国庆后，江北一中的学生，高中部的人全都要到40里外某公社生产队地里去挖红薯，这是给学生搭配的一部分口粮，每天一趟挖了三四天。每天回到学校天已黑静。“左派戴”断后，他把红薯担到自己的教工宿舍。“左派戴”还把我们学生种的大南瓜偷了几个到自己的宿舍。学生自己种的南瓜，天天看着成长，长的样子都记得，一个一个点了数，某一天几个大南瓜丢了，同学们都猜疑是居住水土镇的同学陈某偷了，让他背了几个月的黑锅。大约是1960年12月的某一天，吃晚饭时教工宿舍二层小楼着火冒烟。原来是“左派戴”趁大家都到教工食堂用餐时用电炉偷煮红薯发生短路引起火灾。这栋教工宿舍小楼坐落在小水塘旁，住的多是单身青年教师，幸亏发现早，大家拿着脸盆排成一行，从水塘取水传递，很快扑灭了火，没酿成大祸。“左派戴”房间床下全是红薯，偷的南瓜还有两个没吃完，赫然在目。事发后，“左派戴”被调往江北二中。“左派戴”偷南瓜，偷红薯，肯定有一番激烈的思想斗争。“左派戴”守在宿舍煮红薯，也不会发生问题，他在和大家一起去吃饭时煮红薯，这一细节说明了“左派戴”的心虚，表现出了羞愧心。实践是检验真理的唯一标准，在饥饿状态下一个人顾不了尊严，应该是一个常态。孔子者，圣人也，他的道德格言只是一种理想。我又想到我们的生产队长刘某，也就是在1960年的春夏之交，人们纷纷饿毙的时候，刘某偷了集体养的一头小猪，爆吃了一顿，肠胃穿孔，一家三口，全都进入了极乐世界。“左派戴”的错误，应予原谅。

八

批判马寅初新人口论

回头说一件我读高中时与学习有关的事，那就是1958年在大跃进声中批判马寅初的新人口论。

1957年7月5日，北京大学校长马寅初在《人民日报》发表文章，认为人多固然是一个国家极重要的资源，但也是一个极大的负担，人口如果不加控制地盲目增长，将会严重地制约经济发展和人民生活的提高。解决方法就是要节制生育，控制人口增长。这一观点与1958年大跃进，提倡人多力量大，众人拾柴火焰高的领袖思想不合拍而被批判。马寅初被扣上“新马尔萨斯人口论”的帽子。随着批判的升级，康生上纲上线，断言马寅初的问题不是学术问题，是反马列主义，反毛泽东思想，代表“右派”向党猖狂进攻的政治问题。康生提出，“要像批判帝国主义分子艾奇逊那样批判马寅初”。江北一中的批判，是由政治课老师在课堂上系统介绍马尔萨斯和马寅初的反动观点，进行一系列批判，持续了半年多，跨两个学期。批判是穿插在高举三面红旗的政治课中进行。

我们看不到马尔萨斯的原著。政治老师介绍马尔萨斯的人口论，大意是：生产力的增长是数学级数，为一加一、加二、加三、加四，一成一成增长；而人口的增长是几何级数，为二、四、八成倍数增长，两者的增长不成比例。马尔萨斯还说：人口生存需要空间，地球空间不足，人口过剩，就会发生瘟疫、战争来强制压缩人口。于是，政治老师断言：马尔萨斯的人口论是为帝国主义侵略服务，帝国主义就是打着生存空间侵略别的国家，因此，马尔萨斯是帝国主义分子。人世间的事，无独有偶，新人口论制作者也带一个“马”字，这一巧合说明了两人的反动思想相通。人是世间最宝贵的资源，众人拾柴火焰高，只要有了人，什么奇迹都可以创造出。节制人口生育是杞人忧天，是反对毛泽东思想，反对大跃进，反对一天等于二十年，这才是本质。

政治老师的批判没能说服我。相反，我认为他批判的东西全是对的。第一，生产力的增长是数学级数；第二，人口的增长是几何级数；第三，人口生存需要空间，条条都可放之四海。就拿我本家的人口增长为例，我的曾祖张福臣，曾祖以上三代单传，人丁稀薄；从曾祖起人丁兴旺。曾祖一生，前后娶了三位夫人，共有九子；我的祖父是第五房，已有第四代孙。曾祖父1950年98岁，生于1852年，百年间下传五代，平均20年一代，家族有200多人。初一拜年，子孙齐聚曾祖门庭，孙子辈只限于长孙、长孙媳、长孙女聚会，差不多一半人聚会摆十几桌。活生生的例证，我直觉认为马尔萨斯的人口论固然有为资本主义制度辩护的成份，但理论是科学的，帝国主义利用，那应当是另一回事。

有一天，政治老师走上讲台，还未开讲，我举手提问题，得到老师允许，我站起来与老师展开了问答。

问："地球是不是一个有限的空间？"

答："当然是。"

问："人口的发展趋势，越来越多，是不是无限增长？"

答："当然是无限增长。"

问："老师，有限能容纳无限吗？"

老师误认为我不是提问，是故意刁难他，突然板起面孔，严厉地责问："现在是上政治课，不要提不相干的问题，请坐！"

那一堂课，老师随即展开，有意无意在辩驳我的提问。老师说："地球的空间虽然是有限的，但生产力的提升，科技的发展是无限的。资本主义一百年的发展，生产的物质总量超过了人类以往几千年的文明史发展生产的物质总量。如果说人口的增长是几何级数，生产力的增长伴随科技发展，大于几何级数，因此生产力的发展超过人口增长，虽然地球的空间有限，但科技发展可以扩大空间。例如盖平房，只有一层空间，美国的摩天大楼一百多层，空间扩大了一百倍。"

但是政治老师仍没有说服我。科技的提升可以是无限的，但生产力的提升是有限的，因为生产力需要资源，而资源就是广义的空间，它是有限的。例如地球的碳元素占总量的 2.7%，这就是有限。人体的构成，抽去水分，剩下的就是碳，人的无限发展，可以耗尽地球有限的碳。当地球全部的碳，都转化成人，动物、植物的碳到哪里去找？当地球的空间全部盖成摩天大楼，生产的空间到哪里去找。一句话："有限能容纳无限吗？"这是一个抽象的哲学命题。一个简单的逻辑可以推倒政治老师的全部论证。无他，真理只有一个。如果马尔萨斯的理论是真理，任何巧舌如簧都无济于事。

我在农村，了解那时的农民都在想些什么。农民盼的就是人丁兴旺，也许这是儒家哲学的传统，一个男人娶三妻四妾，要的就是人丁兴旺。农村攀比的财富，就是看谁家生的儿子多。有的妇女一口气生了几个都是儿子，说话时眼睛放亮，吵架时奚落不生儿子的妇女，得意洋洋地说："我家的老鼠全都是公的。"马寅初提出节制人口生育的理论是绝对正确的。客观地说，政治老师为人正直，也许他是言不由衷，他不像"左派戴"，不说理，以势压人。政治老师讲道理，他没有批判我，没有给我上纲，讨论过后就完了。我敬佩这位政治老师，品德高尚。

1965年，我参加"四清"工作队，在湖北江陵县金莲公社搞"四清"一年，我对所在的生产队的人口作调查，1965年比1952年土改时，十三年间，人口增长50%。这里有一成以上的人口流动，不典型。1968年我分配到甘肃省文化局，下放劳动接受贫下中农再教育，在甘肃陇南礼县桃坪公社水磨大队插队也是一年，再次做人口调查。这里是山区，交通不便，没有人口流动，仿佛是桃花源。通婚在狭小的范围内，血缘近亲，傻瓜人口占20%以上。这个大队，1952年土改时人口1290人，到1969年，十七年间人口增长到2350人，平均每年增加61人，依此计算，到1972年，恰好20年为2533人，增长一倍。十七年间，整个生产队没有人口流动，队里只有五个人参军外出，到1969年已有三人退伍复员。山区经济不发达，生活清苦。但是只要有口饭吃，人口自然增长二十年翻一翻，我在水磨大队的调查，提供了典型的例证。

1996年，中国历史文献研究会在江西乐平市召开，主题为"马端临学术研讨"。主办人从泰国邀请马氏宗亲代表团回故里祭祖。马端临的一个儿子在元末明初改朝换代之际流落到泰国，600年间传了19代，如今在泰国的马氏家族达22万人。按几何级数，每一代翻一翻，19代应为105万，马氏家族的人口繁衍只达到几何级数的五分之一。但这不能推翻马尔萨斯人口增长几何级数的理论。尊重科学，不能钻牛角。两马氏讲的是生态平衡，目的不是在讲几何级数，数学级数，探讨科学，要把握大方向。一个男人，加一个女人，六百年间发展为22万，增长了11万倍，难道还不耸人听闻吗？

生产力确实能够拓展空间。例如原始农业一亩地只能打三五十斤粮，袁隆平的杂交水稻一亩地打两千斤，拓展了空间四五十倍，但仍然是有限的。生产力发展，人口城市化，又拓展了空间几十倍。马尔萨斯时代人口比当今少得多，已有人口过剩问题，由于生产力的发展，地球现在已经承载了七十亿人口，再加一倍，一百五十亿，再加一倍，三百亿，也许地球都能承载，但有限的地球能承载人口的无限发展吗？细细琢磨，生产力越是拓展了空间，加大地球承载人口的能力，从资源有限的角度来说，这恰恰是恶性循环，不利于地球承载人口的持续发展。

在批判马寅初新人口论与鼓动大跃进一天等于二十年的合唱交响乐中，著名科学家钱学森也不甘寂寞。我记忆中看过一篇文章报导，钱学森说在中国的地域，照射在一亩地上的太阳热能，全部转化为粮食，可以打五万斤。当时中南局的书记陶铸，西南局的书记李井泉都鼓吹深翻的试验田产粮已达到四至六万斤。《四川农民报》还配了一张照片，说打四万斤的水稻田可以承载人的重量，李井泉等人的照片就是站在试验田水稻的稻穗上拍照的。

我在这里不惜笔墨讲述这一段往事，有两个意义，说出来供大家研讨。

第一个意义，要明白什么是理论，怎样鉴别真理。通过对马寅初新人口论的批判，我切身体会到，真理要通过论辩来阐释，双方要平等发言，单方面的批判，如同高声叫卖廉价商品的商人，贩卖的必是伪劣产品。什么是理论，一个人的实践经验与学习得到的知识，合乎逻辑的升华，加以条理的总结，这就是理论。理论，不只是哲人的专利，平凡的人说出了真话，也就是理论。小孩子说“我饿了要吃饭”，这就是小孩子的理论。换句话说，你李四能创造理论，我张三为什么不能？凡事打破砂锅问到底，看一看现实有无可能，推演一下是否合乎逻辑，做到了这些，你的思想就解放了，就不会匍匐在权威脚下当奴隶。

第二，马寅初节制人口生育的理论，至今并未深入人心。我国已有十三亿人口，基数已经很大，人均寿命在增长，因此一孩化生育的国策应当是长期的。2011 年的两代会，又有相当多的代表鼓吹放开生育第二胎，这是很危险的。人口老龄化，根本办法是发展社会养老，而不是增殖人口由一家一户的孩子来养老。“养儿防老”的观念已不符社会的发展，必须摒弃。重温批判马寅初新人口论的历史，具有现实意义。

公元2002年，我主编了一本书，《影响世界历史100名人》，毫不迟疑收入了马尔萨斯，标题为《人口控制论的首倡者——马尔萨斯》。

第四章 沐浴春风

我在北京大学的头三年，公元1961年9月到公元1964年9月，是扎扎实实从师问学的三年，也是我人生旅途青年时期最得意的一段时光。生活，无忧无虑；学习，名师指导；思想，自由奔放。恰如曾点所言：“莫（暮）春者，春服既成，冠者五六人，童子六七人，浴乎沂，风乎舞雩，咏而归。”曾点，孔子学生。他说的这段话，载于《论语·先进》篇，是曾点回答孔子各言其志说的话。社会和谐，人人安居，老少嬉戏，自在遨游。这样的生活境界就是如沐春风。曾点向往全社会都如此，所以志向高远，达于圣人之思，受到孔子赞扬。20世纪60年代初是多事之秋，我们国家正面临三年困难的考验。但北大校园，赐给我如沐春风这样的一段时光，这样的一种境界，至今回忆，仍然激动不已。可惜当年浑浑噩噩，没养成写作留下日记的习惯，暮年回首，只能忆起一些点点滴滴的生活片断。

一

在北大校园告别草鞋

这故事发生在入校北京大学的第二天，已记不清准确日期是1961年的9月2日，还是9月3日。我离开重庆，乘坐9次特快列车，赶了两天两夜 48 小时到达北京。时间是上午九点多钟，在北京站下车，出站就有北京大学迎新站工作人员的接待。我当时受人委托带了一个六岁小女孩进京，要送到靠近西直门的某胡同。北大迎新站的同志非常热情，告知我怎样坐公交，怎样到达要去的地方。我随身带的衣服被褥行李交给了北京站的北大迎新站。他们说：西直门火车站也有北大迎新站，我办完事可以到那里去坐迎新的校车，行李到北大报到处领取。我出了北京站乘公交送小女孩，当时乘车的人不怎么拥挤，但座位已经没有了，站立乘车的有六七人。我带小孩上车，同时有两三个人给我让座，有中年男子，也有青年女子，我当时感到很新鲜。让坐是一件很小的事，却是一种社会风气，表现了人们尊老爱幼的思想境界。重庆公交在 20 世纪 60 年代就拥挤，人们没有让座的意识。那时北京人尊老爱幼，有一种普遍让座的风气。后来不知不觉淡薄了。近年来公交车售票员宣传，看到老人小孩上车，就吆喝："请哪位师傅少坐一会。"乘客应声大多也会让座。坐地铁有语音提示："请把座位让给需要的人乘坐。"情况就差一些。公元 2012 年 3 月，我因事去台湾，有一天在高雄乘公交，一位青年给我让座，旁边已坐下的也是一位长者，高雄本地人。这位长者与我攀谈，当他得知我是从北京到台湾的，他眼睛放光，很自豪地说："我们高雄人尊长爱幼，你是长者，有人给你让座。我去北京多次，从没有人给我让座。"这位高雄老人说得有些夸张，台湾人也不是随时都有人让座，北京人也不是没人让座。客观地说，北京人让座的风气大不如前，尤其是青年女性，她们的眼里很少看得见老人小孩。生活提高了，礼让后退了，所以至今对当年北京人让座的事记忆犹新。那时北京人让座，并没有售票员提示。

我办完事到了西直门火车站，找到了北大迎新站。停靠西直门火车站的火车车次少，我要等两个小时才有北大迎新的校车来接站，于是我在西直门转悠，找了一个小饭铺用餐。小饭铺出售扎啤，两角钱一扎。啤酒饮料，当时并不普遍，小县城没有它的踪影。我读初中时在莫泊桑的短篇小说中看到法国人喜欢喝啤酒。啤酒是什么样子，在脑子中留下想象。我在西直门火车站的小饭铺，第一次直面啤酒，勾起了对莫泊桑短篇小说的回忆，想到了法国人喝啤酒，看到那半透明的黄澄澄的啤酒，动了心，馋涎欲滴，于是要了一扎品尝。第一口啤酒没有下咽，喷了出来，感到略带酸味，实在不敢恭维。端详了一阵，捏着鼻子喝了一口，凉悠悠有点意思。一扎啤酒，居然喝了一半。这是我第一次喝啤酒，尽管还没有适应，心里仍然乐滋滋，仿佛置身在巴黎市郊，莫泊桑引导我喝了啤酒。几个月后，喝了第二次，似乎品出了味道。此后，每年夏天，隔三差五，到海淀街上小饭铺品尝一杯，感到透心的凉爽。

下午，随接待站的迎新校车正式进入了北大校园，很快办完手续，分配住房在三十二楼，叫三十二斋。晚饭后与新结识的两三位伙伴，今后五年的同窗，迫不及待浏览未名湖。未名湖是一个椭圆长形的小湖，湖的南边是土山，湖的北边排列七幢楼阁，以斋为名，分别为德、才、兼、备、体、健、全，合为一句话，如同校训。湖东有一座高高的塔楼，称为博雅塔，实际是供水塔，融观赏与实用为一体，倒影在未名湖中，景象十分壮美。湖西有小岛，岛上有亭，岛旁有石舫。据说是清朝和坤僭越，仿皇家园林颐和园石舫所造。土山、楼阁掩映在青松、翠竹之中，湖中绿水与地上花草交融，简直就是展开的一幅天然画卷。我们几个人以博雅塔为起点，往北左转西行，沿着环湖大道转了一圈，楼阁庭院、小岛、石舫，一一踏遍，然后转到小土山上坐了一阵，天黑了下来，兴犹未尽。

第二天上午，继续转悠，差不多把北大校园走了个遍，燕南园、勺园、镜春园、朗润园、东操场、西校门，处处是美景，处处是梦幻。西校门的一对石狮，是我第一次看到石雕。这两天，心情格外兴奋，扑入眼里的一草一木都是美好的。回想我在四川读初中、高中的六年，只到过长寿县城、涪陵李渡镇、江北水土镇，多次到过重庆市，不是匆匆赶路，就是忙着办事，似乎没有逛过一次公园。江北县城水土镇没有公园，长寿县城老城里有公园，从没去过。重庆市的市中区就有枇杷公园、鹅岭公园，心里向往，但一次也没去过。不只是门票五分钱舍不得，也没那心情。北大校园就是一个大公园，它让我第一次开了眼界。

午饭时间到了，我往宿舍走。这时满校园都是人头攒动，有的往餐厅走，有的往宿舍走。当时我兴奋的心情开始平静下来，盘算着下午休息，晚上参加迎新大会，明天就要开始学习了。我似乎发现我引来了许多人的目光，他们的目光又总是朝我脚底下看。我下意识低下了头，我这才发现，我仍然穿了一双四川草鞋。四川夏天，乡下的男子，无论成年还是青少年，绝大多数都穿草鞋。草鞋用稻草编织，家家有稻草，成本只需一根麻绳做骨架，麻绳也是家家自产。乡下农民，多数人家都会自编草鞋，市场也有卖的，两角钱一双。一双草鞋，质量好的能穿一星期，差的三四天，走长途一天一双。我上中学穿母亲制作的布鞋，暑假回家劳动，仍然要穿自己编织的草鞋。我上北京，特地买了一双草鞋，走长途既凉爽，又便捷。我从家走路到重庆，草鞋没有坏就一直穿到了北京。我这双草鞋，走过了北京的街头，踏遍了北大校园，着实扮演了一回土老帽逛新城，太不适宜了。我赶紧回到宿舍脱掉草鞋，扔进了垃圾桶。

从此，告别了草鞋，似乎这也是我的人生分水岭。

二

关爱学子

我进入北大一个多月后，在1961年10月中旬，身体发生了浮肿。当年我还参加了“十一”国庆节的天安门游行，从9月中起每天下午在操场集体练习正步走两小时。全校参加的人是五千人，号称一万。五千人大约就是当年入校的新生人数，或许再加上一部分二年级的学生。每人每天补助二两粮。每天两小时的正步走训练算是比较强的运动量，而且身体一切正常。“十一”过了半个月，反而发生了浮肿。全校浮肿的学生不只我一人，占全校学生的近一成有一千多人。国庆前后就陆续发现，到10月中达到高峰。北大采取了紧急措施，浮肿学生分为两档，较严重的七八百人集中在一栋楼，校医院派出医生、护士监控，生活上有特殊照顾。轻微浮肿的学生正常生活不变，只是在饭卡上加盖了校医院的一个章，食堂用餐享受一些生活补助，加强营养。每人一月两斤黄豆，两斤带鱼，一斤羊肉。两斤黄豆，是每天早餐加供一碗豆浆；两斤带鱼，是每周有两个午餐加一份红烧带鱼；一斤羊肉，是每周六午餐加一份带羊肉的菜。另外，还有两斤糖票，白糖、红糖、水果糖，任意挑选，自己买。这种待遇保持到浮肿消除后一个月。我是轻微浮肿，两个月后浮肿消除，享受优惠生活待遇三个月。

当时学生的饭票每人每月一张饭卡。每人每月定量三十斤粮，一两粮用一个米字花“*”代表，一张饭卡上有 300 个“*”花。一天定量 9 个“*”花排成一行，分为一个、四个、四个三组，早餐一两，用一个“*”花；午餐、晚餐各四两，用四个“*”花。小月 30 天，排列“*”花 30 行，共 270 个“*”花，余下 30 个“*”花；大月 31 天，排列“*”花 31 行，共 279 个“*”花，余下 21 个“*”花。每行 9 个“*”花，有日期，只能在当日使用，不能提前。学生每用一餐在相应地方用×划掉“*”花。当日没划完的“*”，可以节约为机动。大小月余下的“*”花列在机动栏中。机动的“*”花可以任意使用。每月节余的“*”花可转到下月机动，每十个“*”也可退一斤粮票。这个办法是强制掌控定量，保证学生每天有饭可吃。在这种情况下，学校对浮肿的学生，增加的黄豆、带鱼、羊肉数量不多，意义特别重大，并且补贴在饭卡上，均衡使用，避免暴饮暴食，让有限的物质发挥最大效益，用心良苦，关爱备至。

1958 年我初入高中体重 117 斤，毕业时体检 81 斤，减轻体重四分之一。据医生说，因营养不良减轻体重四分之一，就是临近死亡边缘，浮肿拉响了死亡的警报。我班只有我一个人浮肿，我是从农村来的。可以推知 1961 年北大一千多浮肿学生，绝大部分是当年考入北大的农村学生。如果我们这些浮肿学生，当年未能考上北大，仍留在农村，命运将如之何。

按理，我们在中学，也是吃商品粮的，中学生也是一月 30 斤，营养怎么就这么差？这只能说一说江北一中。30 斤粮，要求节约 3 斤，每人每月 27 斤，平均一天 9 两粮。为了公平，中学食堂普遍实行用瓦罐蒸饭，每罐用粮 3 两，称之为“罐罐饭”。量粮的用具是特制的一个铁皮小杯，一杯 3 两。数千学生，食堂师傅要快速量米装罐，本身就不可能量得准确。食堂管理员要克扣粮食，要求食堂师傅量米时，把大指头伸到量米的铁皮杯里去，每一罐饭至少被克扣半两米。东窗事发，食堂师傅被开除，管理员被判刑两年。即使这样被克扣的罐罐饭并不是每天有三罐，秋后有几个月的晚餐吃蒸红薯。四斤红薯顶一斤粮，理论上三两粮折一斤二两红薯，加上克扣，充其量就是一斤红薯。当时很少蔬菜，没了肉食，营养严重不足，体力透支，长时间的积累，熬到毕业，到了浮肿的临界点，恰在这时我考入北大，于是在进校后总爆发。我们这些考上北大的学子，不只是获得了学业的深造，还获得了健康的恢复，真是幸运。

两年后，1963 年湖北有一个叫谢荣正的学生考入北大中文系文学专业。入学体检不合格，他的右眼角上长了一个瘤子，已有半个鸡蛋大，需要尽快做开颅手术治疗，才能保住生命，招生处要将其退回。中文系副书记华秀珠不同意，她说：“考上北大就是北大的人，学校要负责到底。退回去，他家里哪有这笔手术费用，即使有，地方也没有这个医疗条件。”谢荣正被留了下来，办完入学手续，立即送到天坛医院就治。医院做了大手术，切除了谢荣正前额的头盖骨，几个月以后才出院。北大挽救了谢荣正的生命，也给国家造就了一个人才。

三

自由支配的甲等助学金

我之所以能有今天，那完全是党和国家的培养。没有助学金，我小学都毕不了业，何谈中学、大学。我读小学，买不起课本，靠手抄，学校免了我的学杂费。高小二年级，还补助了课本费。初中三年，生活费基本靠助学金。高中三年，三分之二生活费靠助学金。读高中时申请助学金，每学期都要评一次等级，看班主任的脸，与同学争辩，受人白眼，很是让人没面子。学校用评审的方法发放助学金是一大弊政，党和国家的好政策，在“左派戴”那样人的手里变了味，但凡有办法，最好不申请。1960 年江北县茨竹镇农业中学解散，小舅是民办教师失了业，他全部家当只剩有转业费四百元，逃荒到东北访友，带了三百元，给我留了一百元。我带了这一百元到了北大，头两月的生活费自己交了，没有申请助学金。开学第一周，学校就让学生申请助学金，公开做了一次调查，申请人填表，并公开说明家庭生活的情况。我用老皇历看问题，很怵申请助学金，担心自己小土地出租成份高。一百元只能维持一学期，下学期怎么办？成天忧心忡忡。两个月以后，我沉不住气了，有一天我鼓足勇气，十分胆怯地找到办公室主任崔庚昌，说了我的情况。崔先生，湖北秭归人，出身农民，心地善良，工作很尽职，一年四季他都在办公室里，没见他缺过勤。崔先生说：“上北京大学的农村学生，几乎人人都有助学金。你的情况，家庭人口多，只有弟弟一个全劳动，严格说，他没满十八岁，还不算成人。你的情况可以享受甲等助学金。”崔先生还说：“考上北大不容易，国家有困难，招收了就会负责到底。”崔先生后两句话体现了北大关爱学子的独特精神。

我给系办公室反映情况后，一个星期，我的助学金就下来了。当时北京各高等院校的助学金都是统一的标准，分为两个部分。第一部分生活费，分三个等级。按国家生活费标准，甲等每月 12 元，乙等三分之二每月 8 元，丙等三分之一每月 4 元。第二部分零花钱，每月一元、二元、三元、四元四个等级，甲等为每月 4 元。1961 年国庆后，毛主席讲话，提高大学生的生活标准，每月 15 元。我享受的是双甲等助学金，每月生活费 15 元，零花钱 4 元，一共 19 元。北京大学发放助学金，像工资一样，每月 25 日学生到财务室领现金，完全自由支配。这“自由支配”是北京大学独有的精神。当时每月的饭票实际只需花 10 元，夏天也不会超过 11 元。我每月领取 19 元助学金，买饭票后还余下 8—9 元，在当时就算是富有了。不申请助学金的大学生，过半数家里给的零花钱也就 10 元左右，我和他们可以比肩了。那时大学助教，月薪才 54 元。

首都其他高校，助学金直接转到食堂，申请了甲等助学金也落不下一分钱。在北大，申请到乙等助学金生活费每月 10 元基本够了，不须再花钱。而其他高校，申请乙等助学金的，还得按生活费标准再补交 5 元。毛主席关心大学生，提高生活费标准，我在北大，享受到实惠，其他高校，反而成了大学生的负担。一样政策，两样结果。

北京大学的宽松，带来同学之间相处和谐，没有人互相攀比、竞争，助学金从不在班级来评审。我在北京大学，直到毕业分配，包括“文化大革命”期间，我始终享受甲等助学金，也始终是“自由支配”，1962 年我还得到冬衣棉服的特别补助。

自由支配的甲等助学金，保证了我生活的无忧无虑。

四

自由自信的北大校风

自由自信是北京大学的传统校风。自由支配助学金就是这一精神的细微体现。我还可以举出许多生活细节。当时有许多群众性的政治活动，例如国家节日的欢庆活动就要有广泛的群众参加。“十一”国庆节就有两次群众活动，第一次是 9 月 30 日晚在天安门广场欢庆，第二次是 10 月 1 日在天安门广场游行。“五四”青年节在颐和园集会欢庆。还有重要的外国领导来中国访问，有时要举行百万人的群众夹道欢迎，如柬埔寨国王西哈努克访华，前苏联元帅伏罗希洛夫访华，都受此殊荣。大学生是最基本的群众队伍。首都各高校都派校车送接，在领队干部带领下有严格的纪律，按钟点集合出发，整体返回学校，学生完全是被动的，很拘束，要多花一两个小时，进城了也不能办点私事，例如逛书店之类。北京大学也提供校车送接，但不强求一律，规定一个时间在城里某地集合，北京市里的学生头天就可回家。外地学生绝大部分坐校车，有事的也可不坐校车，按时间点到指定的集合地点即可，有相对的行动自由。这是北京大学自信心的体现，相信自己的学生有觉悟，有纪律。

北京大学的大礼堂，每个星期天上午举办一场名流学者的讲座，有时也在晚上或星期六、星期五，统称“星期日讲座”。主讲人有本校教授，也请外校教授，还有社会名流。主持人介绍后就退场，结束时上台向报告人表示感谢。报告人无拘无束。大门敞开，学生听众可以中途退场。诗人何其芳来校演讲，何先生新诗写得好，但不擅长演讲，讲到半场，人已散去一半，结束时冷冷清清，这也体现了北大的自由学风。平时上课还是有纪律的，但自由讲座，悉听尊便。演讲人抓不住听众，找自身的问题，不应当用纪律的板子打在听众的身上。我很欣赏北大的星期日讲座及其模式。后来我在兰州大学历史系任教，把北京大学星期日讲座的形式移植到了兰州大学，活跃了西部大学的学术空气，很受师生欢迎。1980 年代以后，全国各地的大学经常举办各种学术讲座，已是家常便饭，但在 1960 年代，首都高校也只有北京大学举办了“星期日讲座”，洞开大门，自由听讲，是何等的有气度。

五

师德掠影

北大本科生与老师之间的交流与接触，主要形式是课堂教学，只有个别本科生像研究生一样与教师有密切的个人接触。在我的印象中，知名教授平时大都是深居简出，一般只在集体活动中露面，例如除夕团拜，各系每年的毕业生典礼与迎新大会等。北大师长的人格魅力，在课堂上的展示，具有共性的传统风姿以及鲜明的个性，不仅给学子们留下深刻印象，而且使学子们崇拜、敬仰，效法为楷模。威严、谦逊、敬业，是北大师长具有共性的传统风姿。每一堂课，老师都是准时上课，准时下课。没有一位老师压过课堂延时下课，也没有一位老师提前一分钟下课。上课时间的精确把握，全校教师都如此。后来我自己当了教师，没有完全做到，我迟到过，也压过课堂。每出现这种情况，我感到汗颜，总想到北大师长的模样。即便是重复的熟悉课程，如果头一天，不做一些准备与思考，第二天想精确把握课时就很不容易。兰州大学赵俪生教授，讲课精彩绝伦，全国知名。他说过一句话："要想把一堂课讲得滴水不漏，头一天要做一些思考，省不得。"我观察过赵先生，有时他作专题报告，不带讲稿，十分潇洒，他仍然有一个讲演提纲，写在左手掌心上，提示一下讲演层次。赵先生还说过，他作重大报告，在上讲台前，坐在椅子上，闭目沉思一小时。赵先生是公认的才子，从他讲课付出的劳动，可以推知北大师长的讲课，可以说个个都是敬业负责的。那时，北大师长讲课，全都是站着的，没有人坐下讲，也没有人穿便装上讲台，上课时一脸的严肃。老师的庄重，让人敬畏。北大师长讲课，分析问题有理有据，十分自信而又谦逊，很少用"我认为"三个字。北大师长庄重、矜持但没有架子，对学生既随和又待以平等之礼。王重民是德高望重的一位学术权威，他讲目录版本学，有一堂实习课，在相当于乒乓球台那么大的一个平台上摆满了几十种线装书的版本，同学们围着翻阅。王先生不是坐着等学生到他跟前去提问，而是同样站着，有人要问，王先生总是走到学生跟前回答，同学们都感到不好意思，深受感动。以上这些带有共性，形成了北大师长一道传统风景线。

温文尔雅，说话语速平稳，也是许多老先生的风格。许大龄教授讲课，声音很低，但咬字清脆，能传递到教室的每一个角落，他讲课全场很安静，否则后面的人就听不见了。每一个教师，都有一些习惯性的用语，许大龄教授，常用一个"那"字；冯钟芸教授抑扬的语气十分鲜明，有的人爱用"其实"如何如何，这些形成了鲜明的个性。

也有个别教师另类，中文系吴小如教授最突出。吴先生原是天津某大学的副教授，调入北大降一格为讲师。外地教授调入北大，也要降一格为副教授。这也是当年北大不成文的传统。吴小如先生，才华横溢，知识渊博，学术功底很深，文章写得好，不拘小节，常在报刊地角发表小文章，有人非议，他若无其事，仍我行我素，不断发表小文章。最突出的是吴先生讲课很张扬奔放，讲京剧连讲带唱，学生听得津津有味。吴先生还爱评头论足，写文章也爱挑别人的刺，这些可能与北大传统不相宜，受到压抑，直到1987年才给他评了教授。我很喜欢听吴小如先生的课。后来我在兰州大学历史系任教，在1980年代主持讲座，我特请吴小如先生到兰州大学讲学一周，作了三场学术报告。其中一场讲宋词，吴先生说，天津某大学一位教授断言李清照长得很黑。证据就是李清照自己写的《声声慢·寻寻觅觅》一词中有这样的句子："守着窗儿，独自怎生得黑！"李清照描写自己丈夫死后，愁闷百无聊赖的心情，孤独地守在窗下，怎样才挨得到天黑。天津某大学的这位教授误解为李清照独个儿自怨自艾，叹息自己为什么长得这么黑。这就是吴先生讲课中的评头论足，引得满堂哄笑。吴先生就是这样的不拘小节。

"文化大革命"以前，北大师生关系融洽，相待以礼。我只到过两位老先生家里造访。一位是魏建功教授，他是著名的语言文字学家，教育家，北京大学副校长，主持指导古文献专业的工作，给我们讲授《文字·音韵·训诂》。我是和班里同学两次集体到魏先生家。第一次是1961年春节后开学，部分同学一起去给魏先生拜晚年，看望老先生。魏先生当时有很高的名望，有多种社会头衔，北大一级教授、中科院学部委员、文改委委员、全国政协委员、九三学社常委，很受人敬重的大知识分子。魏先生即将给我们开设《文字·音韵·训诂》专业课，因此几位同学相约去看望魏先生，原本是问候一下就走，不想过分打扰。没想到魏先生非常热情，一定要让我们坐下来谈话，每个人都得吃一颗水果糖。临走，魏先生又送我们到门外。第二次是魏先生讲课，邀请大家到他家去看他收藏的有关文献资料。魏先生讲课十分卖力，有时讲得满头大汗，滔滔不绝说个不停，还用肢体语言作配合。例如他讲"注释"的"注"字，为什么偏旁不是"言"而是"水"。"注"的意思，不是说用语言来解说，而是表示如同用水灌注旱地的农苗，逐渐浸润滋养，因为"注释"是由浅入深层层解说文义。魏先生一边讲，一边做引水灌地的动作。所以他常常讲得满头大汗，极为认真。第二位是阴法鲁教授，他是我们古文献专业室主任，给我班主讲《史记》，这已是“文化大革命”前夕的1966年3月份。阴先生只讲了四周课，仅仅讲完了“绪论”，4月中就停课批判“三家村”。在上课的这一个月我单独到阴先生家三四次。一是我准备考阴先生的研究生，二是我把自学《史记》完成的《〈太史公自序〉注释》数万字的书稿给阴先生批阅。我当时就计划辑释《史记》全书“太史公曰”，我去向阴先生请教，有无价值。阴先生留下书稿，让我过一星期去听意见，就这样一连几个星期，每周去一次。阴先生很赞赏我的工作，对书稿逐页审阅，耐心解惑，真是诲人不倦。阴先生的鼓励，增强了我的信心。二十年后，1985年《史记论赞辑释》出版，就是收入文集中的第四卷。阴先生家住校园未名湖北边的畅春园平房。阴先生夫人，师母马忠蕙每次都给我泡一杯茶。我离开时阴先生总是送我走出大门。1968年暑假，我受教育部教材司委托在兰州大学主持《中国历史文选》中青年教师讲习班，我到北京大学请阴法鲁先生到兰州大学讲学。这时阴先生搬出校园住在中关园的一栋楼房里305室。我去叩阴先生的门，师母一眼就认出了我，师母说：“你就是张大可。”我说：“师母，走在路上，我不会认识您，您怎么还记得住我。”师母说：“你到我家，阴先生给你讲课，我还倒过茶，怎么不记得。”师母问明我的来意，对我说：“阴先生耳背，七十多岁了，我不让他外出了。您来请阴先生，我给您破一个例，当年阴先生就很喜欢您。”师母一席话，让我热泪盈眶。阴先生关爱学生，表情语言没有一点表示，只在心里。如果没有这一次讲学邀请，没有师母的这一席话，我一点也不知道，阴先生是这样爱护他的学生。

此外，我还与两位青年教师有过单独的交往，一位是吴竞存，一位是吴忠烈。两位吴老师关系也密切，给我们讲《古籍整理概论》。吴忠烈家在重庆市市中区，在北大住单身宿舍楼19斋。吴竞存家住中关园。我多次到吴忠烈先生宿舍聊天，在那里几次见到吴竞存先生。两位吴先生对我自学《史记》的执著精神很欣赏，对我的生活学习很关心，我的个人隐秘也给两位老师讲。1962 年暑假，两位吴先生主动资助我火车票让我回家看望母亲。吴忠烈老师还邀我返校时路过重庆到他家去作客。我应邀造访，吴忠烈老师和他的夫人亲自下厨做菜。不久，吴忠烈老师调回了重庆到一所中学任教。“文化大革命”大串联，我到重庆看过吴忠烈老师，以后再没有见过面。

北大师长的尊严，师生关系的和谐，以及相互尊重礼让的传统，在“文化大革命”中受到挑战。魏建功教授被当作“反动学术权威”遭受批判，被强制劳动改造，在校园拔草、扫楼道，这都可以容忍，强制魏先生扫厕所。这是故意的践踏人的尊严，实在是一种罪过。

往事如烟，魏先生已经作古。希望魏先生的在天之灵，看到今日祖国的繁荣，和我们一样高兴。

六

海纳百川，自由奔放

海纳百川，指北大兼容并包的校风和气度；自由奔放，指北大学子的激情和思想自由，两者相辅相成。

北大中文系古文献专业，1958 年筹划设立，1959 年招生。专业发起人是国务院副秘书长兼文化部副部长齐燕铭，他是学者型领导。中华书局社长兼总编辑金灿然也是一位著名学者。齐、金两人是过从甚密的朋友。中华书局整理古籍出版，需要扩大学识渊博的编辑队伍。再往前瞻，如何承传与弘扬中国传统文化，批判继承，培养接班人，在高等院校开设专业课被齐、金两人提上议事日程。北京大学副校长魏建功、历史系主任翦伯赞深表赞同。北大中文系古文献专业在诸人的牵头、倡议、策划下成立了。新专业，无借鉴，全新创造，重担落在了专业室主任阴法鲁的肩上。齐燕铭、金灿然、魏建功、翦伯赞都有许多指示，主要是对学生培养的素质要求，要高水平，要具有丰富的文化史的常识涵养，要能读懂古典文献著作。阴先生带领专业室的诸先生拟订了一套专业培养的教学计划。专业设在中文系，就是要把语言学的知识夯厚实。课程有《古代汉语》、《现代汉语》，随中文系语言班本科生一起听课，我们得以聆听到语言学家王力、周祖谟、朱德熙等大师讲课。《文学史》、《文学概论》、《写作》，由中文系文学专业的教师讲课，受到文学史大家王瑶、林庚、吴组缃等人教诲。《中国通史》随北大历史系本科生听课，《中国哲学史》随哲学系本科生听课，因此两系的学术大家田余庆、汪篯、许大龄、朱伯昆、汤一介等给我们授课，或做专题演讲。《目录版本》请图书馆学系主任权威教授王重民讲授。中国文化史专题讲座、一些专书课请校外专家讲授。如中国科学院席泽宗讲《史记中的天文历法》，中国社会科学院聂崇岐讲职官，北京师范大学启功教授讲书法，中央民族学院教授王辅仁、陈永玲、施联珠等讲少数民族的政治、宗教、礼俗等问题。《论语》、《孟子》两门专书课请社会人士王孝鱼主讲。王先生没有单位，据说他在周作人手下干过事，被认为是“汉奸文人”，所以新中国成立后没有工作，但有真才实学，也只有北京大学才有这等魄力。王孝鱼先生有历史污点，他也注意思想改造，在讲课中努力用阶段观点来分析史事人物。

学术贵歧，这是蔡元培的主张，成为北京大学的传统。如果没有海纳百川的器量，学术贵歧就是一句空话。北大海纳百川，文化生活也是多元。每年春节前后，北大西校门与南校门张灯结彩，除夕团拜会，很注重传统文化礼俗，请京剧名家马连良、张君秋来校专场演出，这有点宏扬国粹，同时也请交响乐团演奏西方名曲。平时礼拜六大餐厅开放成为舞场，当时是很时髦的，有点洋化的味道。

在这种氛围下，学生思想自由，有释放的阵地，有发挥独创的空间。中文系学生会办有“五四文学社”，开展活动交流，发表诗歌、散文。大餐厅墙壁和 32 斋宿舍楼在楼梯拐角墙壁辟为论坛阵地，诗歌、散文、笑话、故事都可在上面发表。我写过两篇数百字的杂文在 32 斋墙壁上献过丑。

班级是学生活动的一个基层团队，节日聚会、春游、下乡劳动、参观，以班集体为单位，由班委会干部组织。此外，北大开

北大中文系1961级古文献班
全班在化学楼前留影

设的专业基础课都设置一个科代表，还配置一个助教联系沟通。我是1961级古文献专业班的《中国通史》课代表，按教学日程，1962年上学期由田余庆主讲秦汉至三国这一段。田先生给我们开列了几本参考书，其中有一本三联书店1960年出版的《曹操论集》，选文36篇，绝大部分是时贤名流在1959年发表的关于曹操讨论的学术论文，学术界称之为替曹操翻案。事件的起因是郭沫若、翦伯赞两位大家联手发起的替曹操翻案。由于两人的马太效应，立即卷起波澜，当年报刊发表三国史的文章154篇，其中148篇都是关于曹操的话题，基本是一边倒。但我并不赞同郭沫若的翻案观点，我和随班听课的助教顾老师商量，开展一次学术讨论，顾老师请示了田余庆先生，田先生表示支持，因工作忙，不参与活动，由顾老师协调帮助，他以个人名义联系图书馆，给我们调出了几十种书有100多本，包括了《三国志》、《后汉书》等原始文献。我们全班热烈参与。从4月末到6月初，经过了一个多月的准备，在6月初的一个星期六下午，全班24人在32斋4层的宿舍开了一场大学生学术讨论会。有一半的人都写了发言提纲，许逸民写了长篇文稿，做了重点发言。顾老师参与不作总结不评论，完全由同学们自由展开。从下午两点到六点多，足足研讨了四个小时，大家还意犹未尽。共同推举许逸民以他的文稿为基础，综合讨论写成一篇论文，一万余字，投了一家刊物未见发表。我们的讨论也是一边倒，没有一个人赞同郭沫若以及时贤大师们的观点。我发起了这场讨论，但我那时没有能力写论文，发言中也未能尽我的心意。但我下定决心要对三国史作一番研究，参与学术争鸣。二十余年以后，1986 年我在兰州大学开设《三国志》专书课，规划三国史研究，就是这次大学生学术研讨会播下的种子。

七

读《史记》

我上北大第一学年就迷上了《史记》。按教学计划，1961 级古文献专业班要开设七门专书课，有《诗经》、《左传》、《论语》、《孟子》、《楚辞》、《史记》、《淮南子》。由于政治冲击，五年学制，实际只上了三年课，计划没有完成。《诗经》、《论语》、《孟子》，先后开出，《楚辞》只讲了一篇《离骚》。《史记》是七部专书的重头课，由古文献专业室主任阴法鲁教授亲自主讲，安排在 1966 年上学期，上课一个月，只讲了一个开头“绪论”便停了。但我在上课的三年中有两年半的时间，全力以赴研读《史记》，把绝大部分的课余时间都投进去了，被同学们幽默地戏称为“司马大可”，虽无贬义，也不是褒义，有点调侃的味道，同学们觉得我的行为不可思议。

我自学《史记》，经历了三个阶段。

第一阶段硬着头皮读《史记》，姑名之曰“硬读《史记》”，似懂非懂，强制阅读。从 1962 年初到 1963 年暑假之前，耗时一年半，起初从图书馆借了一套中华书局点校本《史记》，共 10 册。翻开第一册第一篇《五帝本纪》，反复读了三遍，借助《辞海》，大体明白了字面意义，思想内涵不清楚。当时感觉《五帝本纪》的内容支离破碎，又多重复，不明司马迁的写作旨意。篇末“太史公曰”说：“非好学深思，心知其意，固难为浅见寡闻道也。”司马迁给读者来了一个下马威，那意思是说：“你读不懂，因为你不好学深思，没用心，不配读。”读书浅尝辄止，读不懂是读者的责任；读者尽力了，读不懂，作者写得好与不好，是否也有点责任呢？我有点和司马迁较劲，对《五帝本纪》反复阅读，还是没有感觉，有点儿垂头丧气，于是把《史记》搁在一边。过一阵，心痒痒的，重新拿起来翻，《夏本纪》、《殷本纪》、《周本纪》、《秦本纪》四篇跳过去了，读《秦始皇本纪》、《项羽本纪》，感觉了一点味道。特别是读《项羽本纪》，当项羽挑战刘邦，要单打独斗决胜负，刘邦说："吾宁斗智，不能斗力。"至此情不自禁笑了起来，想起了 1958 年记工分与那位一身匪气的堂兄斗争的情景，仿佛书中的人物就跳动在眼前。从这以后，我专挑故事性强的列传来读，今天翻这一册，明天翻那一册，跳去跳来读，先易后难，读不懂的先放在一边，逐渐进入了欣赏的层面。读《史记》，联想经历过的、看到过的事，越发有意思。例如读《吕太后本纪》就很有兴趣，我联想乡下那些争强好胜的河东狮吼，更多的联想那些心眼多，使阴招的女人，乡下人称"妖婆子"。差不多把《史记》当小说来读，兴趣日益深厚。半年后，1962 年秋 9 月，古文献专业班第一次开讲《史记》专书课，由中华书局编辑宋云彬给第一届 1959 级班讲授。中华书局九折优惠给学生提供点校本《史记》，我也买了一套，可以放心地翻，用笔在书页上勾画了。

在硬读《史记》过程中，我读了崔适的《史记探源》、王国维的《太史公行年考》、余嘉锡的《太史公书亡篇考》、郑鹤声的《司马迁年谱》、李长之的《司马迁之人格与风格》，以及 1950 年代中期学术界关于司马迁生年讨论的一系列文章，也思考了一些问题。尽管自己还没有完全读懂《史记》，但并不盲从权威。我不能接受崔适对《史记》断限讫于元狩元年，有 29 篇为伪书的观点，也不赞同余嘉锡对《史记》十篇亡书的结论，下定决心，要集中一段时间来加以疏理。

第二阶段读《史记》是 1963 年暑假一个半月，每天投入十四五个小时，只在宿舍、食堂、图书馆阅览室三地转，没有出过北大校园一天。我要高度集中时间和全副精力的投入，具体解决三个问题，完成三件实事。第一，解读《史记》十表；第二，调查《史记》全本字数，对《史记》的续、补、窜、附作出精确的数据统计作结论，置疑崔适、余嘉锡的考证；第三，尝试写一篇论文做练习，题目是"也谈司马迁的生年"。

我用了两个星期解读《史记》十表，顺利完成了第一件实事。十表只供查阅，不适于阅读，却横插在《本纪》与八书之间，不是放在书后作附录，一般人也不阅读，以至于刘知几一度发出废表之论。我读《史记》也越过了十表。《史记》130 篇，除八书的前 5 篇：《礼书》、《乐书》、《律书》、《历书》、《天官书》，以及十表外，已读完了 115 篇，一些精彩的纪传不只读了一遍，我不能停留在欣赏的层面，把当做小说读的《史记》上升为历史书来读，这才是《史记》的本质。解剖《史记》十表的结构，分析十表的内容，领悟十表的思想内涵，作为研究《史记》的切入点，高度集中精力啃下这块硬骨头。我从十表结构下手，用最笨的死功夫破解十表的结构。我把十表的内容从表格中打开，一条一条排比，展开成长卷，改表为叙事记事，变成了一堆乱七八糟的零碎。以《六国年表》为例，东方六国魏、韩、赵、楚、燕、齐，加上周王室和秦，共八国，各国的王位蝉联继承、相互攻伐、外交关系，同一个时间段的事件无法用叙述的方法展现在同一个平面的一页纸上，分国叙述，岂不是在重复抄写本纪、世家、列传吗？年表的作用，恰恰是把分篇记叙的本纪、世家、列传，各个国家在同一时间段发生的事展现在同一页纸的平面上，把纷繁的事件条理化，并且一目了然。司马迁在《太史公自序》中交代十表的功用："并时异世，年差不明，作十表。"作表的价值和意义在此。同样的内容，可以用多种形式的表来展现，《史记》十表，是最完善的一种表达形式。验证的办法，就是打开表格，重新组合，《史记》十表的结构最完美。

《史记》十表的结构是用纵横交叉的直线画成的表格，展现的是时空坐标。直行排版的表格，时空坐标不直观。我们把中华书局点校本的直行排版改为横行排版，时空的坐标至为清晰。表格的横线由左向右代表空间的展开，《六国年表》展开的空间由左向右为八栏，依次为周、秦、魏、韩、赵、楚、燕、齐。纵线上方加一箭头，由下向上代表时间流向。纵横直线的交叉形成表格，把历史大事填充到表格上，它所占的位置就是时空坐标。图示如下（见下页）：

纪年	年 \ 大事纪	周	秦			魏	韩	赵			楚			燕	齐
公元前	449		秦厉共公	廿八				赵襄子	九		楚惠王	四十			
	450			廿七					八			卅九	蔡侯齐元年		
	451			廿六	左庶长城南郑				七			卅八			
	452			廿五	晋大夫智开来奔				六			卅七			
	453			廿四					五	三家共灭知伯		卅六			
	454			廿三					四	与知伯分范、中行地		卅五			
	455			廿二					三			卅四			
	456			廿一					二			卅三	蔡元侯元年		
	457			廿	公与緜诸战				元	襄子诱杀代王		卅二	蔡声侯卒		
	458			十九				赵简子	六十			卅一			
	459			十八					五九			卅十			
	460			十七					五八			廿九			
	461			十六	伐大荔				五七			廿八			
	462			十五					五六			廿七			
	463			十四	晋人楚人来赂				五五			廿六			
	464			十三					五四	知伯结怨襄子		廿五			
	465			十二					五三			廿四			
	466			十一					五二			廿三	鲁悼公元年		
	467			十	庶长拔魏城				五一			廿二	鲁哀公卒		
	468			九					五十			廿一			
	469			八					四九			廿十			
	470			七	彗星见				四八			十九	王子英奔秦		
	471			六	义渠来赂				四七			十八	蔡声侯元年		
	472			五	楚人来赂				四六			十七	蔡景侯卒		
	473			四					四五			十六	越灭吴		
	474			三					四四			十五			
	475			二	蜀人来赂				四三			十四	越围吴，吴怨		
	476			元					四二			十三	吴伐我		

六国年表（战国世系年轴表）

“时空坐标”四个字是解读十表的一把钥匙。上图所示，是对《六国年表》最简明的示例，因书页版面有限，没有把八国的内容全部展开。为了突出“时空”的概念，我改造后的表称为“世系年轴表”。《史记》十表蝉联相接，展开的就是三千年的时空坐标，它提纲挈领网罗古今历史，摘取会盟征伐兴衰成败大事，勾勒历史发展线索，既展现天下大势，又划分历史阶段，可以说经纬纵横，就是《史记》一书的骨架和大纲。表序是升华年表内容结晶的通史理论。郑樵《通志》称“史记一书，功在十表”，深得司马迁作表之旨。今本《史记》五体的顺序是：十二本纪、十表、八书、三十世家、七十列传。《昭明文选》本《报任安书》，五体的顺序十表居首，在本纪之前。这说明十表是司马迁创作《史记》时的大纲，首先完成的。全书定稿后，本纪载帝王，体例最尊，移到了最前面，于是十表退居第二位，介于本纪和八书之间了。

1963年暑假，我完成了《三代世表》、《十二诸侯年表》、《六国年表》、《秦楚之际月表》四篇年表的改造，读懂了《史记》十表。此后，我运用司马迁作表方法引入对史事人物的研究，每写一篇重要史学论文，必先作表，把作论据的文献资料，涉及的史事人物摘要在“年轴表”的“时空坐标”中，时空坐标生动活现，不仅提高了写作的效率，而且还提高了史识。1983年每月一篇论文，大体上酝酿课题半个月，动手写作，三天制表，三天行文，一天修改，一篇论文一周完成。制表代替卡片制作，既快速又立体，大大缩短写作时间。有的“表”就化在了论文中成为组成部分，我称之为“表论”。收入文集第二卷的《史记研究》论集，化入在论文中的表论有二十余表。

第二件实事，调查《史记》全本字数，区分续补窜附，亦按计划在两星期之内完成了。《太史公自序》记载《史记》完成，“凡百三十篇，五十二万六千五百字，为《太史公书》”。

《史记》原书526500字。今本《史记》包括了褚少孙续史篇目、好事者补亡篇目、后人抄读《史记》窜入的文字、司马迁在太初以后附记的文字，统称续、补、窜、附。我要做的工作就是把原书与续、补、窜、附一一分解出来，并分别统计字数，如果今本原书字数逼近526500字，那崔适与余嘉锡的考证必将陷入崩溃。区分续、补、窜、附，本身是一个考证的过程。我先会综已有的成说，包括崔适、余嘉锡的说法，假定29篇是伪，假定10篇全亡，包括梁启超等人在他们的论著中提到的《史记》中的伪书段落，全都假定成立，全都做出统计字数来。当时没有电脑，也无别的捷径，我仍用笨办法，死功夫，一个一个地数字。以三个字为一组，数到一百就是三百字，用铅笔在点校本字旁写下1，再数一百，写2，依此类推，数完一篇将总字数记于篇末。"太史公曰"，另作统计。续、补、窜、附分别统计。最后将统计数字排比分析，反复引用各家之说调整续、补、窜、附。最后将全书的字数用太史公之法，制表登录（这些表参见文集第二卷、第三卷相关论文与章节）。结论是：

今本《史记》中华书局点校本字数为555660字；其中：

褚少孙续史12篇，字数25055字；

读史者增窜10篇，字数4839字；

好事者补亡4篇，字数16878字；

司马迁附记15篇；字数1541字；

续、补、窜、附总计48315字。补亡中的《律书》是好事者从《历书》中分出，有2555字，加司马迁附记的1541字，共计3096字为《史记》原文。别择真伪，应从48315中减除这一数据，所余为45220字。也就是说：今本《史记》中有45220字非司马迁原书，保留下来的原书字数为555660字减去45220字，为510440字，占96.9%；《史记》残缺字数为526500字减去510440字，为16060字，占3.1%。今本《史记》基本保存了《太史公书》原貌。1990年陕西三秦出版社推出的拙著《史记全本新注》采入了这一成果，用不同字体字号的排版技术区分了《史记》的续、补、窜、附，便利读者参考。

当时我没有能力，也没有时间写成论文，只是记录了许多自己思考的疑点，留下读书过程摘要的文献资料。二十余年后，在1980年代升华补充写成系列论文发表，1985年结集收入在《史记研究》论文集中，即文集的第二卷，这里就不详说了。

第三件实事，试写一篇论文，题目《也谈司马迁的生年》，支持郭沫若说，立论未周。1980 年在兰州大学开设《史记》课，重新料理，改从王国维说，自然废弃这篇失败的习作，没有整理发表。

1962 年作者在北大西校门留影

第三阶段读《史记》在 1963 年秋开学后到 1966 年初两年半时间，除去一年零三个月的“四清”运动，有一年多的上课时间，课余全用于读《史记》，上升到研究的层面，带着课题读《史记》，做了两个方面的工作，各用了半年多时间。其一，继续 1963 年暑假研读《史记》的兴致，巩固、提高、蓄势，集中思考《史记》断限、《史记》疑案诸问题：司马迁生卒年、太史公释名、《史记》的残缺与补窜。做了一些札记，为二十年后撰写《史记》相关专题论文打下了基础。二是规划编写一本《史记》论著，研究的课题是《史记论赞辑释》，注释评析《史记》130 篇的“太史公曰”。1965 年下半年，耗时一个学期的全部课余时间，完成了《伯夷列传》、《太史公序》、《报任安书》三篇的注译。1966 年“文化大革命”爆发，至此，中断了研读《史记》，尘封了十五年，到 1980 年代起在兰州大学开设《史记》课，重新拾起《史记论赞辑释》这一课题，到 1981 年底完成，1986 年由陕西人民出版社推出。

1960 年代我自学《史记》，投入的是青春活力，激情、感悟、置疑，耗去了数年大学生活的绝大部分课余时间，虽然没有什么成就，但是为二十年后 1980 年代开设《史记》课和研究《史记》打下基础，时间没有白费。

第五章 “四清”运动

1963年全国开展社会主义教育运动，简称“社教”。农村“社教”：清理账目、清理仓库、清理财物、清理工分，简称“小四清”。城市“社教”：反对贪污盗窃、反对投机倒把、反对铺张浪费、反对分散主义、反对官僚主义，简称“五反”运动。农村“四清”出台了《前十条》、《后十条》两个中央文件，“四清”运动性质逐渐升级，由“四清”与“四不清”的人民内部矛盾升级为“社会主义”与“资本主义”的敌我矛盾。1964年“四清”运动全面开展，出台了“二十三条”，农村“四清”为清政治、清经济、清组织、清思想，再次强调“四清”运动的性质是“社会主义和资本主义的矛盾”，运动重点是整“党内那些走资本主义道路的当权派”，还规定“整个运动都由工作组领导”。全国组织一百万工作组下乡，高等院校高年级大学生在这一背景下停课参加工作组，下到农村“四清”。我们班，北大中文系1961级古文献专业班24位同学，从1964年元月起到1965年7月止，参加了两期“四清”运动，时间一年半。

一

“四清”动员，洗温水澡

1963年底被划定参加“四清”的大学生停课学习一周，整顿队伍，统一思想。统一思想，既不是学习文件，听报告，也不是誓师鼓干劲，而是在批判声中统一思想，十分特别。方式是以班级为单位开展“反修防修”的自我教育运动，用处理人民内部矛盾的方式，开展批评与自我批评，在思想深处拔白旗，树红旗。批评与自我批评，叫做下毛毛雨，又叫洗温水澡，如果是敌我矛盾就要下暴风骤雨，用开水烫，那就是后来“文化大革命”的做法，开批斗会，戴高帽子示众，低头弯腰进牛棚。1958 年北京大学拔教授的“白旗”，那还说得通，因为他们是专家，学术权威。一个学生勤奋一点，多消耗一些时间在图书馆，谈不上专，于是创造了“走白专道路”的名词。在学生中拔“白旗”，就是每个班要找出几个“走白专道路”的典型给他洗温水澡，涤荡污垢。方法是自己先作自我批评，然后大家帮助洗澡，进行批评。那么谁在“走白专道路”，当然是由班级的组织确定，一方面对选定的人作动员，另一方面动员批评的人揭发、冲锋陷阵，敢于发难下毛毛雨。本来祥和的同窗关系无形中撕了一道裂缝。据说誓师，喊口号，是走形式；批评，自我革命才是动真格。通过下毛毛雨，洗温水澡，批评与被批评的人，都在思想深处拔白旗，树红旗，最后达到思想一致，誓做一名反修防修的革命战士参加“四清”。这方法还真灵，几天之内迅速地动员起百分之百的人，迅速地提升思想境界达到百分之一千的热情，“自觉自愿”参加“四清”，到社会的海洋中去学游泳，在教育别人的运动中教育自己，脱胎换骨。

信不信由你，每个人都写了一份决心书。我在班上和另外一位同窗，我们两人是在众人搓洗温水澡中交了一份决心书。有一年春游，大概是 1963 年吧，我用了一小块馒头在金鱼池边逗金鱼，这一行为被储存在某一位同窗的记忆中，通过下毛毛雨，给我上了一堂“粒粒皆辛苦”的革命课，使我懂得了“不珍惜劳动人民的血汗就是资产阶级意识”，但我还是有点迷惑，这也是“走白专道路”？

二

第一期“四清”，体会三同

第一期“四清”，时间约三个月，在 1964 年元月到 3 月，地点在北京市郊区通县马驹桥乡牛堡屯大队，我与数位同窗进驻高古庄生产队。也许是工作培训，阶级斗争形势没那么紧张，工作组的“四清”工作不那么明朗，强调的是扎根、三同，访贫问苦，写村史、家史，宣传“社教”，割资本主义尾巴。扎根，就是住到农民家里，要选择贫下中农，愈是困难户愈是首选。三同，就是与社员同吃、同住、同劳动。天天早起、晚睡、除了开会，就到地里劳动，闲余时间，访贫问苦。参加“四清”是革命工作，取消寒假，春节期间也和社员三同。对于在城市生活惯了的学生来说，在大冬天下到农村三同，也确实是一场考验，一场锻炼。在革命热情的驱动下，大家很快就适应了，这说明当时的青年学子，听从党召唤，有一股革命的干劲。

割资本主义尾巴，登记社员私养几只鸡几头羊之类，重点关照非贫下中农的那些家庭，怎么了结我不太清楚。割资本主义尾巴的工作组成员，在公安局的工作组成员领导下工作。我们班有几位同窗编入了公安局组员，穿一件黄色棉军大衣很威风。我的任务重点是访贫问苦写村史。我和那位与我一起被拔“白旗”的同窗，分头各自写了一部村史，有数万字，在开会时朗读。我那位同窗爱好文学，他写的村史有文学色彩，生动，有可读性，情节带点夸张和想象。我写的村史以叙事为主，强调实录，情节不生动。大家评论说一部是历史，一部是文学。还有人写的像采访，是原原本本的纪录。

我们参加的第一期“四清”，时间短，三个月，也许只是打前哨战，整顿基层干部作风的“四清”还没有展开，学生军，撤回了学校，恢复上课。

三

第二期“四清”，领导运动

第二期“四清”时间近一年，1964 年 10 月到 1965 年 7 月，地点在湖北省荆州地区江陵县滩桥区冲河公社金莲大队。第二期“四清”的形势大不一样，工作组是领导，执行“二十三条”。北京大学几百名师生参加湖北省荆州地区的“四清”，先在湖北省会武汉市省委招待所集中学习了几天，也吃了几天好饭，餐餐有鱼有肉，是湖北省委对工作组的饯行与犒劳，有点誓师的意思。

荆州地委书记薛坦做了专场报告动员。北大学生工作组与地方干部工作组混合编队，按县、区、公社、生产大队分级，各级工作组正职组长由地方干部担任，副职组长由学生的党团干部担任。我所在的金莲大队，工作组副组长就是我们班的学生党支部书记。这一期“四清”没有期限，要从头到尾完整地参加运动，直到基层组织健全为止。

在湖北“四清”，我有三件事值得一提。

第一件，代理生产队长职责八个月，夺得了 1965 年的棉粮大丰收。

湖北省委书记王任重名气很大，据说是最年轻最有魅力的省委书记，他率先提出全国基层政权至少有三分之一不在无产阶级手里，所以荆州地区的“四清”运动大刀阔斧地开展，工作组进驻两个多月就夺了权，生产队长多数被撤职。我所在的生产队是金莲大队第一生产队，有 30 余户，至少有 1/3 的户姓祝，生产队长姓祝，40 岁的中年人，共产党员，为人正派，受到社员拥护，揭发他的问题捕风捉影，基本没有落实。队会计贪污，问题严重，妇女队长姓刘，有作风问题，人称“公共汽车”，其实带有夸张，于是祝队长受牵连靠边站。积极分子是一个姓黄的妇女招来的上门女婿，是公安县一个游手好闲的贫民，是外来人。江陵县是血吸虫重灾区，男性死亡率高，女多男少，为了传宗接代，逐渐形成了一种招夫的地方风俗。一个家庭头胎生男，长大娶媳妇，若头胎生女，长大招夫，称上门女婿。没有男性的家庭女性招夫，死了男人的寡妇也招夫。上门女婿改随女方姓，子女也随女方姓。寡妇招夫随前夫姓。金莲生产队，30 余户人家，至少 1/4 是上门女婿。这位黄姓上门女婿很油滑、胆大、敢斗争，敢揭发，扮演了“左”派角色，赢得工作组信任，作为生产队长来培养，但广大社员不支持。祝队长靠边，生产队不能没有人来领头。我在老家四川农村担任生产队记工员一年。记工员是生产队干部之一，了解生产管理，工作组让我临时代理生产队长的职责组织生产，条件成熟由上门女婿黄某任生产队长，但他管不了事，实际上由我代理了生产队长职责八个月。

为了调动社员的生产积极性，同时也要树立自己的权威，说话有人听，1965年春耕时，我组建了两个助手班子。一个是老农顾问组，由四位老农组成，三五天不定期开一次会，生产安排，轻重缓急，请顾问组提建议，召集人为组长。一个是青年突击队，找了五个小伙子组成，召集人为队长。青年突击队有两项任务，第一，难活、零活不承包个人，由突击队集体完成；第二，巡查社员包工的活，是否符合质量，不合格的由突击队直接返工。突击队成员按男性壮劳力平均所得工分记工。顾问组长和突击队长两人共同负起生产队长职责，我只作协调，组织开会，听取汇报。实际上，生产队长的职责由我们三人共同承担。顾问组和突击队各个人都很开心，因为他们在为生产队服务，为自己谋福利，有工作组支持，发挥了积极的作用。我挽起袖子，扛起锄头，随突击队一起干农活，很自然地有共同语言。青年突击队长祝朝诗比我小一岁，我24岁，他23岁，已娶妻生子，他也是上门女婿。上门女婿地位比土著要低一些，得到工作组青睐，十分得意。小伙子很能干，开朗，我们不仅是同龄人，我们两个工作组员住在他家半年，这样的关系，他全力支持我的工作。与我同住的工作组员就是任副组长的同窗。为了培养妇女队长罗昌秀，她又是最贫困的一家，丈夫姓何，得了血吸虫病，两腿肿胀，丧失劳动力，因此生活贫困。工作组住到最贫困的社员家，叫做根子扎得深，所以我们从祝朝诗家搬到罗昌秀家。我们这样的表现也赢得了社员的敬重。我的同窗，作为共产党员的副组长，在政治上的模范没得说的，他对我的支持是至关重要的。

回头再说生产。有一个社员叫胡幺儿，她种的棉花只顾数量不顾质量，我召集全队社员近30人开现场会，不批评，只讲正面道理，人误地一季，地误人一年。让顾问组老农讲，边讲边示范，然后由青年突击队返工，不扣胡幺儿的工分，明确宣布了一条纪律，下不为例，再有人干活投机取巧，双倍扣工分。一次现场会，又有顾问组、突击队两双眼睛盯着，此后偷奸耍滑的事再没有出现过。生产中的具体问题，例如到信用合作社贷款购化肥，还要公社批指标等等，工作组及时协调，没有误农时一分钟。“四清”这一年，金莲大队第一生产队获得了棉粮大丰收。当地的农业生产主要作物就是水田种稻，旱地种棉。工作组撤离时临近收获，一派丰收在望的喜人景象，使社员送别时依依不舍。

四

第二件，挖河渠

回头再说1964年冬季挖灌溉渠，金莲第一生产队提前半月完工。

挖灌溉渠，疏浚运河水道是大工程，由区级领导协调，组织各公社以生产队为单位在冬季农闲施工，主要是挖土方，以公社为单位包工一段河道，计算多少土方，公社再把任务分到生产队。从生产队抽出来的民工，由生产队计工分，每人每天补助一斤大米。工作组按照上级指示把补助的大米冻结了，挖渠民工怨声载道，积极性不高。一个壮劳力，挖土方还要运走泥土是重劳动，一日三餐，每人要吃2.5斤大米。民工在工地吃饭自己管理自己，个人自带柴米，每天自个或两三人搭伙做饭，很疲劳，一天劳动下来不洗脚就睡，休息不好，增加疲劳，恶性循环。我带领的金莲生产队挖渠民工二十二人，工地离家有十余公里，每个人四五天回家一次取柴米咸菜，误工一日。我开会与大家商量，每天三个人轮换管生活，一人回村取柴米咸菜，一人煮饭，给大家烧洗脚水，洗脸水、开水，一人挖野生藕，捞鱼虾捉甲鱼，改善生活。这样一个星期大家轮换一次回家，看老婆孩子，取柴米油盐。我做主，生产队按标准照往年一样每人每天补助一斤大米，大家写一个借条备案。金莲生产队靠长江边，用吸虹管提水灌溉，长江的小鱼虾随水流入农田，到处有小鱼小虾，到处长有野藕，一人采集，足够二十人享用，这是因地制宜。土方工程按单人的工作量记工分，由我每天给大家计算土方量，多劳多得，但总工程量集体完成。大家得到了补助米，生活改善，有热水洗脸，有热水洗脚，休息好了，多劳多得，劳动效率大为提高，我队提前半个月完成工程总量。挖渠指挥部与我商量，不想让我队挖渠民工过早撤走，说什么动摇军心。我反驳说："事先有约谁先完成谁先走，先走的起了示范作用，指挥部应当表扬和奖励，号召大家学习，岂能乱扣帽子说什么动摇军心。"我不予理会，拉回了金莲生产队的民工。我不是地方干部，指挥部奈何我不得。此举甚得民心。

工作组冻结的补助大米，最后仍然照旧发放。冻结，完全是多此一举，可以说这是极"左"思想害死人的一个典型例证。

五

第三件，"四清"收官，清洗勇敢分子

前面提到的那位上门女婿黄某，工作组培养的生产队长，社员不认可，于是委以代理生产队长之名，但是老农顾问组、青年突击队都不买他的账，形同虚设。我不是金莲大队的社员，我只是代表工作组抓生产临时负责生产队长之职，毫无贪权之意，我恶心勇敢分子，从心底里蔑视那位上门女婿黄某。另一个生产队工作组有一个组员是天门县的一位地方干部，他也不满意他们那个生产队新上台的队长。1965 年 6 月下旬，工作组集中在公社开会一个月，处理"四清"的善后工作，清理了一些"左"的做法，准备撤离。工作组集中在公社开会期间，每个生产队留守一个工作组员。邻队的那位天门县地方干部我们两人常碰头，有共同语言。那位干部说："'四清'运动有些过火，新上台的生产队长，有相当一些是勇敢分子，不是积极分子。"我第一次听到"勇敢分子"一词。我问二者区别在哪里？那位干部说："勇敢分子是极'左'路线的产物，他们投机取巧谋私利，揭发斗争不要命，所以叫勇敢分子。积极分子为公，一般都沉稳，这样的人不多。勇敢分子不是好东西，那些冲得越猛、跳得越高的人，都是勇敢分子。"那位干部还说："当前'四清'越来越'左'，还不知怎么收场。"那位干部说话含蓄，到此为止，我不太明白他的意思，也没有深问。我想起了金莲生产队一位中年农民的一席话，他在聊天时对我说："张同志，'四清'运动搞得好，清理干部多吃多占，给他们敲警钟。但是说'整党内那些走资本主义道路的当权派'就搞不懂了。基层干部决定不了走什么道路，这说的是上边。前些年我们错怪了刘少奇，认为是他当了国家主席让我们吃不饱，还编两句顺口溜，说：'刘少奇，留少吃。'三自一包，才让我们吃了饱饭，刘少奇没有错啊。两人不和，要出大事了。"事后证明，这位农民是一个先知。我当时看不了那么远，还觉得这位农民是瞎琢磨。也不知道天门县那位干部说的话是不是这个意思，我脑子里只是闪念了一下就过去了。先说眼前的事，我提议清洗勇敢分子，那位干部极为赞成。

金莲生产队那位黄某，"四清"前背地里做了几笔小生意，这是资本主义尾巴，只因他是社员，没人理会他。现在他是生产队代理队长，就应当清算。他欠人的钱不还更没道理。现在工作组快要撤走，社员于是纷纷来向我揭发黄某的事。这时已经解散了的老农顾问组和青年突击队的成员也一起来找我，大家说："张同志，开个会把姓黄的罢了，还让老队长来领导。"我说："改换领导的大事要请示，既然黄某有许多事，让他知难而退，自己辞职为好。"大家说："好"。于是共同商量了一个方法。几天后，有几个人找上门来告黄某的状，说他们上了黄某的当，搞资本主义尾巴，黄某怎么耍无赖，欠账不还。生产队部聚了一屋子的人，看黄某的洋相。双方争吵，折腾了一个小时。黄某尽管他能言善辩，一张嘴敌不过几张嘴，况且自己理短，大家有备而来，生产队没一个劝架的，黄某感到很孤立，他明白了自己很不得人心。双方最后让我来断个理。我说了几句，大意是："我不代表工作组，不对你们双方的是非作评判。我代表个人说两句话。黄某在'四清'之前做点小生意，那时他是社员，是思想问题，不是'四清'对象。第二，欠债不还是违法的，你们自己协商解决吧。"这时社员们你一言，我一语说开了，指责黄某揭发老队长捕风捉影，其实你自个不干净，还想领导大家，靠边罢。我对大家说："今天是一起讨债纠纷，不关生产队的事，不开会解决，他们自己去协商。大家不要看热闹，散了罢。"

黄某回到家寻死觅活，找老鼠药，栽赃说我发动群众斗争他。晚上姓黄的妇女来找我，让我去劝一劝。我说：“你当场看到了，大家看热闹，没有开会。欠债还钱天经地义，寻死觅活顶不了账。工作组不管债务事，你回去吧。”那位黄某讨了个没趣，当真喝了老鼠药。晚十二点，姓黄的妇女哭哭啼啼来敲门，说黄某真的吃了老鼠药，口吐白沫。这一下惊动了左邻右舍，几个青年人送黄某去卫生所灌肠抢救，我未予理睬，不介入不沾边。这位黄某出尽极“左”分子的大洋相，养了两天病，表示辞职。生产队趁热打铁，开了社员大会，民主选举，老队长重新上台。

领队的那位地方干部也清洗了他们生产队的勇敢分子。

这是最令人惬意的一件事。工作组副组长回来还称赞了这件事。他们在公社开会，主题也是集中处理运动中的过火问题，我们两个生产队清洗“勇敢分子”，符合这次“四清”收官的大方向。1966 年 3 月，湖北荆州地区的“四清”结束，北京大学几百名师生全体春风满面回到北京。路过武汉，又在省委招待所住了几天，总结工作，大家洗澡，看电影，欢声笑语，极为轻松。湖北产一季晚稻米确实香甜可口，留下深深的记忆。

北大中文系 1961 级古文献班“四清”结束在长江大桥合影

还有一件事值得一提。1965 年春节，湖北省委书记王任重指示，工作组放假 18 天，北京大学的学生可以回家，路费按照从湖北江陵到北京距离等值数额报销交通费。我在京七年，只回过两次家，1962 年暑假是两位吴老师资助的，这一次确是公费报销，因公犒劳，很是自豪。

六

最深刻的教育原是在无意之中

“四清”是一个大课堂、大熔炉。大学生参加了两期“四清”，历时一年半，经受了大课堂、大熔炉的学习与锻炼，确实有不小的收获。一个班的同窗，陡然间分离了一年多，重新聚合，互相交流心得，十分亲切，修复了洗温水澡撕开的裂痕。我对“小四清”的内容很感兴趣，基层干部把多吃多占不当一回事，毛主席当做大事来抓，心里确实装下了亿万人民。“四清”后期，翻开毛选来认真学习。回到学校，组织上还有一番“四清”收获的盘点，经过考察，要吸收一批思想进步，“四清”工作突出的人入党入团，对严重违纪的个别人做出处理。我们班的支部书记，就是与我同住一个生产队的工作组副组长，对我“四清”的工作评价很高，认为我在实际工作中不是一个书呆子，有干劲，有魄力，思想端正，自觉学毛选，在思想深处树立了红旗，已够了加入共青团的条件。另一位同窗团支书来找我谈话，动员我入团。我完成了相关的手续，写申请书，填表，组织审查批准，某一天通知我明天早上八半在某教室开全系入团宣誓的大会。事情也真凑巧，当天下午我接到弟弟来信，说“四清”工作组重新评定我家成份为“地主”，不是“小土地出租”。我拿着信，思想陷入了极度的矛盾之中，要不要把信交给组织？是今天交还是明天宣誓后再交？交了会有什么影响？晚饭没有吃好，我带着一连串的问号在未名湖边转圈。大约是十点半，我回宿舍叫起了团支书某某，在宿舍楼下散了一会步，告知了情况，把信交给了他。团支书很赞赏我的行动，还高度评价这是对党的忠诚，说明思想境界达到了入团标准。我如释重负，踏实地睡了一觉。第二天吃早饭，与团支书打了个照面，相互点了头，一切正常。八点后我进入会议室，团支书笑吟吟地迎着我谈话。他开门见山对我说："我们组织重新研究了一下，你今年二十四岁多了，很快就超龄，入团宣誓多此一举，直接争取入党。当然，入党的条件有更高的要求，不要气馁。"我听了这话说不生气，那是假话，但我表面上出奇的平静，昨日下午几小时的思想斗争已想过这个结果，有了思想准备。我决定把信交给组织，也有考验组织的意思。组织考验我，要的是忠诚；我献出了忠诚，也要考验组织的气度。当然我不希望是这样一个结果，现实已经发生，我还是不相信自己的耳朵，不相信自己的眼睛，我好奇地盯住团支书，这难道是与我朝夕相处，共同生活近五年的同窗吗？到底你昨晚说的是人话，还是刚才你说的是人话？可能我带有蔑视的表情，不说话只是盯住他，他也不知道再说什么好，收起了笑容，悻悻地说了一句："马上就要开会了，我还有事。"团支书转身走了，我找了一个座位，静观入团的人宣誓如仪。

这一突发事件促使我一夜成熟起来。我要睁开慧眼，重新审视一切。这对于即将发生的"文化大革命"，以及后来的生活、工作都有很大的影响。凡事不仅要多加独立思考，更要懂得人要生两张嘴，说两种话，无奈我天生只有一张嘴，明白了自己的短处，更加踏实搞业务。从此，也告别了红宝书。

第六章 "文革"往事

我们1961级应当在1966年7月毕业分配，因"文化大革命"滞留学校两年，到1968年7月才分配。每一个经历"文化大革命"风暴的人，都遭遇人性扭曲，昔日的师生，亲密的同窗，瞬间化为仇敌，是是非非的那些事，每个人都可写一部长篇小说。对于高成份出身的人，故事就更多一些。悠悠岁月，时光流转，"文革"往事已47年，消逝了近半个世纪，但仍然是历历在目。我在"文化大革命"中只是一个逍遥派，可是找不到一个避风的港湾，免不了风暴的裹胁，所幸只是被动卷入，没有给风暴推波助澜，“述怀”重提，还有点沾沾自喜。下面只集中说一件往事，我所经历的大串联，大串联的背景、大串联的动因、大串联的过程及其引起的风波。

一

“文化大革命”爆发，无所适从

1966年6月1日《人民日报》发表题为《横扫一切牛鬼蛇神》的社论，号召亿万工农群众、革命干部和革命的知识分子要以毛泽东思想为武器，横扫盘踞在思想文化阵地上的大量牛鬼蛇神，把所谓资产阶级的“专家”、“学者”、“权威”、“祖师爷”打得落花流水，使他们威风扫地。当日，《人民日报》还发表了批判翦伯赞《中国史纲要》的署名文章。当晚，以华北局书记处书记张承先为组长的北京市委工作组进入北京大学，中央广播电台还播发了北京大学聂元梓等七人5月25日写的大字报。这一切标志着“文化大革命”全面爆发。

在这之前，从1965年11月到1966年5月，长达半年时间批判吴晗的新编历史剧《海瑞罢官》和“三家村”写的《燕山夜话》，这已是“文化大革命”的前奏。当时北京大学党委书记兼校长是陆平。北京市委派宋硕、彭佩云到北京大学加强领导，开展“文化大革命”。宋硕时任北京市委大学部部长，彭佩云到北大任副书记。

1966年4月16日陆平召开全校大会作动员报告，文科各系停课批判吴晗，其次是邓拓、廖沫沙、翦伯赞。邓拓是北京市委宣传部部长，廖沫沙是副部长，吴晗是副市长，三人共同以“三家村”为笔名在《北京日报》发表《燕山夜话》的专栏杂文。翦伯赞是北京大学历史系主任，权威教授，与“三家村”交往密切。我们班全体下到石景山钢铁厂与工人结合批判“三家村”，当时提出了“愈是清官愈要批判”的观点，我在思想上根本不能接受，行动上只能随大流哼哼哈哈。5月下旬撤回学校，此时已是满城风雨了。

5 月 25 日，北京大学哲学系总支书记聂元梓等 7 人写的大字报题为《宋硕、陆平、彭佩云在文化大革命中干了些什么》，贴在大餐厅东墙上。大字报说宋硕、陆平等执行压制革命群众的修正主义路线，把运动搞得冷冷清清，号召革命师生起来造反，要坚决、干净、彻底、全部地消灭一切牛鬼蛇神，一切赫鲁晓夫式的反革命分子。一石击起千层浪，当天下午大字报铺天盖地贴出来，绝大部分是批判聂元梓的。当天夜里十二点，北京市委书记李雪峰来北大作紧急报告，讲贴大字报要"内外有别"，"要把握形势跟中央"。一星期后，6 月 1 日张承先工作组进入北大。

6 月 6 日，北京大学历史系教授汪篯自杀，这是第一个被"文化大革命"风暴横扫的"牛鬼蛇神"。6 月 18 日北大校园人声鼎沸，各系总支书记被揪斗，有的还在校园被戴高帽子示众。这一天被称为"6·18 风暴"，北大校园一个上午批斗了五六十人。不久，中文系总支书记程贤策自杀。

当时，北京市的中学生比大学生更激进。5 月中旬起就有一队一队的中学生，左手别一个红袖标在大街上雄赳赳气昂昂地宣传破四旧。大破几千年来一切剥削阶级毒害人民的旧思想、旧文化、旧风俗、旧习惯，被称为"破四旧"。6 月 1 日《人民日报》社论《横扫一切牛鬼蛇神》赞扬了破四旧。红袖标后来加上"红卫兵"三个字，于是中学生的"破四旧"称为红卫兵运动。8 月 18 日毛主席首次在天安门城楼接见红卫兵，北师大女附中的红卫兵代表给毛主席别上了"红卫兵"红袖标，毛主席是红卫兵的最高司令，于是红卫兵运动风靡全国，大学生也别上了"红卫兵"的红袖标。"破四旧"发展成了打、砸、抢、抄、抓，文物可以随意破坏，寺庙可以随意砸，全国各地的许多关帝庙被毁掉。

北大附中成立"红旗"宣传队，鼎盛时有 300 多人，成员以干部子弟为主，有一部分工农子弟。《红旗》宣传队在北大校园横冲直闯，不断地发表他们的理论文章，有一些登上小报，印成传单，散发到全国。例如《论无产阶级专政》、《千万不要忘记阶级斗争》、《自来红们站起来》，受到中央文革小组两个顶级人物陈伯达和第一夫人的称赞。《红旗》宣传队写了两副著名的对联，使血统论的观点风靡全国。第一副对联："老子英雄儿好汉，老子反动儿混蛋。"横批："基本如此"。第二副对联："老子革命儿继承方为好汉，老子反动儿背叛不是混蛋。"横批："自觉革命"。陈伯达在一次讲话中赞扬了这两副对联，并作了修正。陈伯达改为："老子英雄儿接班，老子反动儿造反。"横批："应该如此"。7 月 30 日，《红旗》宣传队在北大校园散发《造反歌》，也盛传一时。歌词三段，全文曰：

拿起笔，做刀枪，集中火力打黑帮。
革命师生齐造反，文化革命多闯将。

忠于革命忠于党，刀山火海我敢闯。
革命后代举红旗，主席思想放光芒。

歌唱领袖歌唱党，党是我的亲爹娘。
谁要敢说党不好，马上叫他见阎王。
杀！杀！杀！嘿！

在通常的观念中，中学生似乎还没有成人，他们说点过头话，办点过头事，可以谅解，中学生直率天真，他们的盲从性似乎反映某种动向。北大聂元梓的大字报是康生和他的夫人曹轶欧串联组织的。北大附中《红旗》宣传队不知后台是哪路神仙，与著名的北航"红旗"战斗队是否有联系，谁也不知道，总之，谁也不敢小觑。8 月 4 日晚第一夫人在北京大学召开的群众大辩论会上讲话，多次提及"红卫兵"小将的革命精神，敢闯、敢造反，理论水平高，提及的文章、对联，正是《红旗》宣传队在北大校园散布的那些东西。

1966 年 7 月 29 日，北京市委在人民大会堂召开全市大专院校和中等学校师生"文化大革命"积极分子大会。参加大会的大学生每个班 2 至 3 人，都是指定的党团员。李雪峰宣布北京市委撤销工作组，刘少奇、周恩来、邓小平出席大会，依次讲了话。大意是说：北京市委派出的工作组是根据中央的意见办的，现在撤销工作组是毛主席的提议，毛主席指示文化大革命充分发动群众办好三件事：一斗、二批、三改。刘少奇说："老革命碰到了新问题，按旧套路派工作组不适用了，但文化大革命怎么个搞法，我也不清楚。"暗示了他的无奈与无所适从。大会结束时毛主席到主席台与全体与会者见面。撤销工作组产生的震动不亚于甚至超过了6月1日派出工作组引起的反响，而且带给了人们挥之不去的困惑与思考。

紧接着1966年8月1日至12日，中共中央八届十一中全会在北京召开，制定了《关于无产阶级文化大革命的决定》一共十六条，因此该文件简称《十六条》。这次全会也决定了刘少奇的命运，靠边站。会议期间，8月5日毛主席发表他的大字报《炮打司令部——我的一张大字报》。在头一天晚上，即8月4日晚，清华大学与北京大学分别举行了十万人群众集会，大辩论工作组的路线问题。参加十一中全会的中央委员下到群众调查。周总理与全体中央委员参加清华大学的大会。北京市委和中央文革小组成员参加北京大学的大会。北京大学的群众集会在东操场举行，北京大学全体师生及周围的学校师生与市民都来参加。李雪峰主持大会。起初有两个学生代表发言，一方支持工作组，说工作组代表党的领导，把握了运动的大方向，有秩序地发展；另一方反对工作组，说工作组压制革命群众，犯了方向性路线性的错误，应当撤销。随后冒出了第三个学生抢话筒发言，他代表29个高干子弟，支持工作组。高干子弟中有两人引人注目，一个是张少华，毛岸青之妻，一个是董良翚，董必武之女，两人都是中文系1961级文学专业班的插班学生。三个学生代表发言加起来约40分钟。接下来是陈伯达、康生、第一夫人三人讲话各有一个小时。这场群众大会开了约四小时。陈伯达、康生两人的讲话均是高深莫测的理论，没有听懂。第一夫人的讲话又太没有理论。第一夫人说，她和陈伯达到北大看大字报，张承先没主动汇报，后来打印的书面汇报落款的"张承先"三个字不是签名，而是打字，目无尊长。点名北大教师郝斌迫害李讷。第一夫人用反问的句子说："主席一家干革命牺牲了多少人，他的女儿难道没有资格上北大？阶级斗争搞到了主席头上，这场文化大革命难道还不该搞吗?”李讷是北京大学1961级历史系历史专业班的插班学生。第一夫人又用半个多小时批判了张少华，全是一些不堪入耳的家长里短，重复一遍都会言之污舌，没法写出来。第一夫人一个多小时的讲话只有最后两句口号勉强可以写出来形诸笔墨，这两句是：“革命的和我们站在一起，不革命的滚开。”红卫兵小报登出来也只有这两句，可就是这两句却风靡全国，成为红卫兵集会必呼的两句经典口号。

据红卫兵小报披露，7月29日撤销工作组，当夜，刘少奇彻夜未眠，他激动、困惑，无所适从。岂止是他这个老革命碰到了新问题而无所适从，大概全国人民，除了中央文革小组成员外，所有的人都无所适从，不知所措。工作组和基层党团员都十分尴尬。北京大学陆平停课批“三家村”，还叫冷冷清清?聂元梓打破常规写大字报，没有背景，无需中央派工作组，陆平一个手指头就可掐灭这把火，正是聂元梓有背景，所以5月25日夜李雪峰在北大的讲话吞吞吐吐，张承先工作组进入北大必然是前怕狼后怕虎，十分尴尬。工作组要恢复秩序，就是保陆平，却又不敢压制聂元梓。工作组口口声声高喊“我们是党中央毛主席派来的”，而毛主席是支持聂元梓的，左右为难。7月29日撤销工作组，刘少奇、周总理、邓小平亲口说，工作组是中央派的，撤销工作组是毛主席的决定，工作组就更难堪了。工作组站错了队，大方向错了，无论作出了多少成绩，因为大方向错了，一切皆错。反对工作组说不出子丑寅卯，大方向对了，骂街也是对的。基层的党团员紧跟工作组同样处境难堪，无所适从。反对陆平不情愿，保陆平说不出口；反过来说，支持聂元梓不情愿，反对聂元梓又不敢，左右为难。

我们班以党团员为核心的团队成员约占全班的半数，“红卫兵”运动兴起后，他们成立了驱虎豹战斗队。团队的领头人物是学生支部书记，湖北“四清”和我在一个生产队，我们同吃同住一年，他是工作组副组长，支持我的工作。应该说，我们之间还是有着较深厚的情谊，发展我入团出自他的推荐。入团宣誓的变故，思想上我们已经分道扬镳，面子上还未破裂。他似乎还把我当作他的团队成员，事实上我已和同班的另一半同窗一样抱着消极立场，在校园写大字报、大辩论单独行动，目标就是当逍遥派。所以，我不参加他们的团队活动，也不参加任何战斗队。但是，一直到1966年9月，他们的团队还牢牢控制着班级的活动，从6月1日以来长达4个月之久，被视为最典型的保皇派。

1966年8月，红卫兵全国大串联如火如荼，9月形成高潮。毛主席从8月18日到11月26日共8次接见外地来京红卫兵1100万。北京红卫兵也可到外地“串联”、“点火”，建立“联络站”传经送宝。我班稳坐钓鱼台，直到9月5日中央正式发出大串联的通知，我们班才开始了行动，大约是9月6日全班集体外出串联，第一站在西安，串联了四天，第二站到重庆市，有1/3的同窗没有参加。我家在江北县茨竹镇离重庆市72公里，我想离队两天，回家看看，没有被允许，心里很不高兴。不满情绪不只我一人，串联团队在重庆市坚持几天后四分五裂。9月15日离开重庆，大家意见不一，有一半的人取道长江三峡到武汉串联，有一半的人主要是他们团队的核心成员集体返回北京，我是被他们裹胁返回北京的，同时通知我不许个人外出串联。不给我开介绍信，单凭学生证在北京火车站开不了出北京的火车票，还美其名曰“留校闹革命”。

无理的通令激怒了我，下定决心“造反”，脱离这个团队，效法林冲夜奔梁山。我不仅要出京串联，而且还计划到全国各地去看一看，认识世界。

二

八十一天全国大串联

“文化大革命”中小道消息满天飞，有真有假，许多是从中央文革小组传出的，当然十分灵验，随后有两报一刊的社论或署名文章来证实。两报是《人民日报》、《解放军报》，一刊是《红旗》杂志。两报一刊的社论等同中央文件。1966年7月中旬就有小道传出消息：毛主席说全国大中学生是文化大革命的主人，他们想到哪里就可以到哪里。在首都其他高校就读的江北一中校友来找我传播小道消息，同时让我作一个判断，串联的传言是否真实，可否与他们一起外出串联。北京大学 6·18 揪斗干部、教师，还有妇女、学生，工作组出来制止，却引来了陈伯达、第一夫人来校调查，鼓动反对工作组，北大附中《红旗》宣传队异常活跃，制造恐怖气氛，工作组毫无办法。北大的混乱受到中央文革小组的支持、赞赏，由此可见中央文革小组希望乱，越乱越好。学生停课闹革命只在校园里乱就像一池春水起小漩涡，不够乱，只有大串联才能卷起大波大澜，我相信大串联是真的。我对江北一中的校友说："你们是贫下中农出身，有优势。我家成份高，不能轻举妄动，我还要看一看。"此时我联想了在湖北"四清"那位地方干部说的话，"当前'四清'越来越'左'，还不知怎么收场"；以及那位农民先知的忧虑，"两人不和，要出大事"；以及批判"三家村"，"愈是清官愈要批判"，等等，理不出一个思路，想到全国各地去看一看，了解外地的"文化大革命"和"四清"，这是我大串联的第一个动机。

1966 年 8 月《十六条》公布后，整个北京市卷起了著名的八月红色风暴，北京大学 6·18 风暴只是"小巫"。8 月 24 日著名作家老舍被"红卫兵"批斗投太平湖自杀，可以说是 12 级八月红色风暴的一个标志。此时北大一大批知名学者被打成牛鬼蛇神关进牛棚，勒令其强制劳动，在校园拔草，扫厕所。学生中也抓有现行反革命。中文系 1962 级四班文学专业陈一谘就是一个典型。他出身贫农，共产党员，自称是当代韩信，能带一百万雄兵。1965 年 2 月向毛主席上万言书，提出农村解散人民公社搞三自一包，城市给"右"派平反，说毛主席是晚年的斯大林。陈一谘被揪出来成了现行反革命被批判斗争，弯腰，脸上抹黑。所谓的逍遥派，就是不拉帮结派，个人单独行动，消极参与运动来换取一个避风港，形势的发展使我感到阵阵寒风，《红旗》宣传队的血统论对联已经关照上了所谓"黑五类"子女，不仅精神上蒙羞，而且行动上受到歧视、侮辱和虐待。驱虎豹不许串联的通令就是生动的例证。我外出串联，先避一时再说，这是大串联的第二个动机。

我要到各地去搜集红卫兵小报、传单，这是最生动的第一手历史资料，这是大串联的第三个动机，是更为主要的动机。

一切准备就绪，我选定 9 月 29 日大家关注国庆的时候离京。这天下午，我打点了行装，很简单的一个挎包，带了几件换洗衣服，揣了 5 元人民币，到天安门广场转悠找机会。我终于结识了两个从东北来京串联的中学生，动员他们到重庆市串联。他们说要在北京过国庆，看毛主席登天安门城楼，但同意帮我用他们的学生证在北京站给我开一张去重庆的火车票。当夜我离开北京踏上了自由奔放的大串联旅行。

毛主席 8 月 18 日、8 月 31 日、9 月 15 日已 3 次接见红卫兵，10 月 1 日是第 4 次，每次之间大约两星期。接见之前一星期，上行火车拥挤，红卫兵拥向北京；接见之后一星期，红卫兵离京，下行火车拥挤。我选择 9 月 29 日晚离京，下行火车空荡荡，我乘坐的车厢一共六七个人，恰好又是一位青年男性列车员，我们很热烈地攀谈起来。我原计划先回一趟家再出来串联，由于乘客稀少，我感到了一丝凉意，大串联可能要在寒冬停止，于是改变主意，不回家，先漫游全国，在各地搜集传单。我找到列车员要了纸笔，写了一封“造反声明”的信发回学校，向驱虎豹表明决裂。与列车员攀谈，知道了账簿式火车票的使用方式，一张通票，沿途下车，办完事再上车无须购新票，签字即可。学生大串联免费票没有时间限制，到达目的地作废。我大胆地作了这样一个盘算，如果能拥有贯通全国东西南北的四张火车票就能实现漫游全国的目标。我到西安开一张经重庆到广州的火车票，在广州开一张到哈尔滨的火车票，到遵义开一张到上海的火车票，在上海开一张到乌鲁木齐的火车票，有了这四张火车票就等于有了全国通行证。如果在大城市大站开不出火车票，就到小县城小站开火车票。一个人串联，不须与人商量，主意已定，立即施行。当夜我在西安

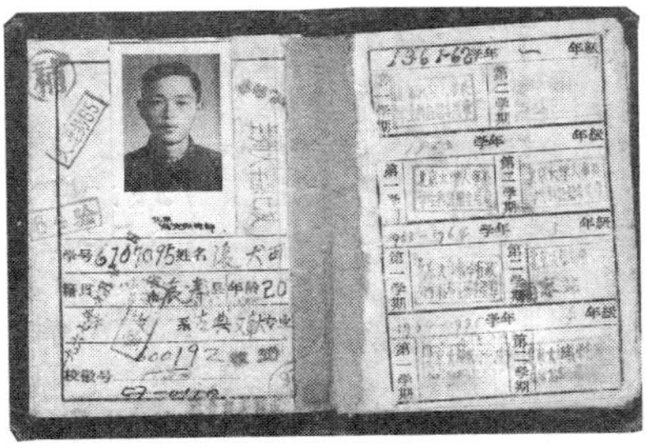

作者大串联使用的学生证

下车，出站顺利地开到了经重庆去广州的火车票，取得了第一步的胜利，坚定了我的信心。当我在湖南参观了韶山毛主席的故居从长沙南下广州时，由于串联学生太多，许多北方学生开火车票受阻，我因手中有通票，只需签字，顺利登车。这时火车不分上行下行，天天满座，108 个座位的一节车厢挤了 300 多人，行李架上坐了人，座位底下睡了人，厕所也挤了两三个。我从衡阳到长沙，在两节车厢接头处被挤得单腿站立了几小时，是最拥挤的一次。长沙火车站开票吃紧的情况给了我一个警示，我南下广州先在韶关下车开了一张去哈尔滨的火车票；我从广州东行上海，在杭州下车开了一张去乌鲁木齐的火车票。我到上海离开时先试开去乌鲁木齐的火车票果然受阻，只能往北京方向开，于是开了一张到南京的火车票，到了南京再启用从杭州开的西行火车票签字到兰州。

我有了横贯全国东西南北的四张火车票构成的“全国通行证”，大串联十分顺畅。全国的城市，我想到哪就到哪，我随时都可以下车休整，想走就走，签字上车，不排队不换票，一个人行动自如。我从上海到南京，火车上认识一个扬州的中学生，他邀我到他家做客，参观瘦西湖，请我吃螃蟹，我欣然应允，到扬州盘桓两天再到南京。

我在南京火车站碰到两队红卫兵吵架。上海红卫兵骂南京红卫兵：“你们是蒋介石窝里的狗崽子。”南京红卫兵骂上海红卫兵：“你们是走资派黑帮分子陈丕显的孝子贤孙。”大串联途中的红卫兵骂街，也都要上纲上线，只会骂娘的妈的那些粗口话，已经不上档次，不够水平了。

大串联期间，全国大中城市各高校都设有红卫兵接待站，那里有吃有住不花钱。大学校园大字报集中，散发的红卫兵小报、传单也集中，我的收获颇丰。当时邮局发信，把信剪一个角，表示投稿，一封信只贴三分邮票。普通信贴八分邮票，超重加贴邮票。当时邮局的工作人员态度都比较宽松，一见是学生寄送传单，也大开绿灯。我委托在京已经工作了的一位家乡朋友替我收存，我寄回的红卫兵小报和传单总量有 13 公斤。

我于 1966 年 9 月 29 日离京，到 12 月 20 日返京，前后 81

天，行经的路线和串联的大小城市共35座，次第如下：

北京—成都—（重庆）—遵义—桂林—衡阳—湘潭—长沙—（韶关）——广州—杭州—上海—扬州—南京—开封—西宁—兰州—银川—包头—呼和浩特—大同—太原—（潼关）—郑州—兰考—徐州—泰安—青岛—烟台—大连—长春—哈尔滨—大庆—太康—齐齐哈尔—四平—沈阳—山海关—天津—北京

其中重庆、韶关、潼关只是路过开票或转车未停留，未计在35座城市之内。停留的城市，最短的半天，有的一天、两天，多数为三天，最长四天。停留下来办三件事。第一件，先休息睡一觉，养精蓄锐。第二件，看大字报，搜集传单，上邮局。第三件，最后选择目标观光。不参与当地红卫兵的任何活动，也没时间去各地红卫兵总部串联、交流，我的宗旨是逍遥派，冷眼看世界，把看大字报和搜集传单放在首位。邮发的传单是挑选出来的精品。

1966年11月25日
作者大串联在青岛观潮

1966年11月16日我从呼和浩特回北京，早晨火车快到大同站，听到广播在播送停止串联的通知。我原想先回北京休整一下再出来。我必须到东北去，我小舅1960年落户到黑龙江太康县，在官尔屯小学当民办教师，我借串联之机去看望他。如果我回到北京，停止大串联，肯定出不来。我当机立断，在大同下车，参观云岗石窟，转行太原，南下潼关，换乘东行列车经郑州、兰考、徐州、泰安，登泰山后到青岛，经烟台渡海到大连，在中原大地绕了一个大圈，启动用了到哈尔滨的那张火车票，避开回北京，实现了到东北太康县的目的。这一路以观光为主，没时间看大字报了，但传单照样搜集。1966年12月13日我到了太康县，太康县又称杜尔伯特蒙古族自治县。从太康县到官尔屯有几十公里的简易公路相通，只行拖拉机和邮政车，没有长途公交车。我在太康县城住了一夜，第一次看了东北二人转。第二天乘邮政车到了官尔屯，受到官尔屯小学教师的热烈欢迎，让我给他们讲北京的“文化大革命”，讲大串联的故事。我的到访给了小舅很大的精神鼓舞。我只住了两夜就告辞小舅，12 月 16 日从太康返京，在齐齐哈尔、四平各停留一天，12 月 18 日到达沈阳，打算在沈阳停留两天，这时已经没有了红卫兵接待站，但靠近火车站的一些饭店还给过往红卫兵提供免费就餐的优待，不接待留宿，督促红卫兵返校。我自费住了一夜，第二天 12 月 19 日仍在山海关下车，参观了一番天下第一关，再换乘列车到达天津，天津大学还有红卫兵接待站，停下来住了一夜。12 月 20 日，上午去南天大学参观校园，看大字报，午后返回北京。

近三个月的大串联，我独自漫游全国，没花一分钱，颇有些太史公二十壮游大江南北的感觉。司马迁是公车宦游，我则是沾红卫兵的光，借大串联也算是公车漫游。独立自主的行动，也增长了几分豪气。我在西宁从红卫兵接待站以借条的方式领了一套新棉衣新棉裤，在齐齐哈尔红卫兵接待站领了一顶兔皮帽和一双长筒靴。我返校是一身御寒的全副武装，很是神气，引起了驱虎豹两个同窗的眼红。第二天，他们勒令我退还，并且用拳头相加。两人在宿舍走道两头堵着，此时我当然毫不示弱，迅即冲向靠近楼梯口的一个，互相击了一拳，我推开他赶快走为上，我不能让他俩人靠近了吃眼前亏。我赶快去找文二（四）逐浪高的新北大公社战友。北大中文系每年招生一百人，分为四个班。第一班语言专业，第二班古文献专业，第三班、第四班文学专业。我所在班 1961 级古文献专业班，到 1966 年毕业时是五年级，简称文五（二）班。1964 级第四班，1966 年是二年级，简称文二（四）班，其他各班依此类推。工作组时，中文系“文化大革命”有一个长达数月的“高吕之争”大辩论。高，指文四（三）班学生高某，因犯纪律差点被开除学籍。吕指中文系总支委员吕乃岩，优秀共产党员，优秀干部，但却是地主家庭出身。中文系总支书记程贤策自杀，工作组要找一个靶子，指使高某写大字报揭发吕乃岩迫害他，从而引发大辩论。文五（二）驱虎豹支持高某，文四（二）逐浪高支持吕乃岩。中文系56位教师联名支持吕乃岩，中文系另一位苦大仇深的总支委员华秀珠支持吕乃岩，最终吕乃岩战胜血统论偏见者高某，在工作组撤离后被选为校革委会成员，驱虎豹十分失落。我和逐浪高观点一致，是同一战壕的战友。逐浪高帮助我返回宿舍取走被褥行李搬了家。我立即加入了“新北大公社”。这时北京大学的学生分为两大派别。“新北大公社”支持聂元梓，占百分之八十，另一派“北大红卫兵”，领头人牛辉林是中央文革小组王关戚（王力、关锋、戚本禹）扶植的代理人，占百分之二十。我班的驱虎豹加入了“北大红卫兵”，我自然地要加入“新北大公社”。两大派别在1967年春节后就发生了武斗。所有逍遥派都选择了一方作保护伞。

我参加“新北大公社”后，没有参与派性活动与武斗，而是参加了中文系1963级的研究生毕文波组织的“五七兵团”，不到20人，虚张声势叫“五七兵团”，参加者全是逍遥派。毕文波找了一间小教室，每星期总有几天在一起侃大山，每次三五人、七八人不等，学习1966年5月7日毛泽东给林彪的信，当时称“五七指示”。我们这些逍遥派正儿八经研讨“教育革命”。1967年10月号《北京大学学报》发表了我写的一篇谈教育改革的文章，具体内容已经遗忘，署名“环球赤”，是正刊还是增刊也记不清了，有兴趣的人可以在北大当年的学报10月号找到这篇文章。“五七兵团”从1987年初成立到1988年夏分配，存在了一年多，是毕文波组织逍遥派的一个杰作。毕文波分配到解放军，在南京政治学院当教官，噌、噌、噌，扶摇直上，至少是大校一级或更高，离开北大后，我们再没有联系过。

我在大串联途中有一件趣事。1966年10月5日我到达遵义，那里偏远还没有人出来串联。在我之前已有一拨北京红卫兵到达。当地中小学生沸腾起来，他们组织起来到遵义火车站夹道欢迎北京红卫兵，打出“热烈欢迎北京红卫兵传播革命火种”的标语条幅，人数有上千人之多，十分壮观。当时我没有加入红卫兵，离京时借了别人的一个红袖标，这时派上用场，我赶紧别在左臂上，现场发表了几分钟的讲话，鼓动他们上北京见毛主席，然后在锣鼓声中一边走，一边向两边的人群挥手致意，体会了一把装模作样的感觉，用今天的话说叫“作秀”。我在遵义只停留了一天，第二天再到火车站，已经静悄悄，遵义的中小学生自那天夹道欢迎北京红卫兵之后也效法北京红卫兵外出大串联了。

作者大串联在遵义留影

我大串联辛辛苦苦搜集精选的13公斤传单，打卷捆装放入一个背篓。这背篓是我1962年暑假回家特地从四川老家带到北京的。1968年毕业分配，只保留了一套《史记》外把所有的书籍全都作废纸卖了，但13公斤传单小心保存，托运到兰州。1973年批林批孔，又一次掀起清查“五一六”的运动，北京分配工作的学生是主要的清查对象。尽管我与“五一六”不沾边，仍然担心传单惹祸。我当时住在兰州运输公司集体宿舍，一间大房子，并排七八张单人床，放传单的背篓就置放在床头边。一个工人师傅借我的《毛主席语录》阅读，书前有林彪的前言，他没有与我商量就自作主张撕了前言。传单中有好多涉及颂扬林彪的东西，还能不惹祸。当时我正在联系往兰州大学调动，更怕影响前途，于是忍痛付之一炬，留下终身遗憾。

三

问苍天，革命何罪

这七个字是我在1967年3月17日写的一篇大字报标题，是对文五（二）班驱虎豹战斗队造谣诬陷我是“现行反革命分子”的回应，这也是我大串联引发的余波。

我1966年9月29日出京大串联，驱虎豹在10月3日就炮制了一份《通缉令》，列举我五大罪状：其一，保陆平黑帮，反对聂元梓；其二，保工作组，为张承先唱赞歌；其三，勾结叛国分子；其四，反对毛泽东思想；其五，出身黑五类，是狗崽子。说我“假大串联之名，畏罪潜逃，全国各地的红卫兵组织抓获此人格杀勿论”。《通缉令》还描述了我的身体特征，把我孩提时在额头受的伤疤也写进去了，说话四川口音等。借“北大红卫兵总部”之名散发传单。

我返校一周后，1966 年 12 月 26 日我到清华找 1965 级江北一中校友刘也彦聊天，他收藏了一份《通缉令》交给我。1967 年元月 7 日我写了一封信给文五（二）班的班长李庆森，他是插班进来的，是黑龙江某县一个公社的书记，为人正派，他不是驱虎豹的成员，也是一个逍遥派。我要求他调查，指出驱虎豹是对我进行政治迫害。同日照会“北大红卫兵总部”。一个月没有回音。1967 年 2 月 15 日我向中文系革委会提出申诉，要求调查平反，又是一个月石沉大海。与我接近的北大校友都劝我，这种事不必认真，群众组织的胡说八道当不得真。我认为事情不会这样简单，驱虎豹在我班人多势众，他们撕下脸皮造谣必欲置人于死地，不搞个水落石出，后患无穷。于是我在 1967 年 3 月 7 日写下了《问苍天，革命何罪》的大字报，长达 37 张纸，文二（四）逐浪高的同学帮我贴在 32 斋宿舍楼，占了好大一片，一时间轰动校园。

事情过了一年，日历翻到 1968 年 3 月，开始酝酿分配。当时中文系的总支书记华秀珠找我谈话，说驱虎豹抄了我写的一本反动日记，叫嚣蒋介石反攻大陆。“文化大革命”的派性扭曲了灵魂，往往无中生有罗织罪状，必欲置对方于死地而后快，有了过节就难以消除。驱虎豹伪造反动日记，难以令人置信。他们以党团员作护身，又以集体查抄作证，让华秀珠这样的人都不能不信。华秀珠工人出身，当过上海纱厂的童工，品德纯厚，作风正派。前面第四章提到挽救湖北学子谢荣正生命的就是华秀珠，反对血统论支持革命干部吕乃岩的也是华秀珠。华秀珠找我谈话，一是调查，二是做思想工作。华秀珠说，青年人一时犯了错误，只要改正了就是好同志，写日记有点思想问题，认识了不影响分配，如果态度不端正那就严重了。这意思就是让我承认下来作个检查了事。我当然不能接受，立即提出严正抗议，要求公安局介入，做笔迹鉴定。我的坚决态度，加上《问苍天，革命何罪》的大字报，对华秀珠有很大的震动。过了一个月，华秀珠第二次找我谈话，意思是我不用作检查了，组织作出未加证实的结论挂起来。我理所当然地又一次作了回绝，坚决要求公安局介入，必须查个水落石出。也不知道华秀珠背后找公安局鉴定了笔迹没有，最终否定了驱虎豹的造谣，告知我伪造的日记销毁了。

但事情并不这么简单，也许是那个时代干部的作风，查无实据的东西，总要留一点尾巴。在我的个人档案中写下了走白专道路的结论。

第七章　下放劳动

1968 年夏，全国高校集中分配 1961 级、1962 级、1963 级，也就是 1966 年、1967 年、1968 级三届毕业生，被称为“老三届”。6 月分配 1961 级，7 月分配 1962 级，8 月分配 1963 级。还有老三届中学生有几百万，称为城市知识青年，没法就业，响应号召到“广阔的天地中去锻炼”，叫“上山下乡”。这是运动式的分配，加上“文化大革命”的派性作祟，可以想象分配结果，血统论大放光彩。1961 级的分配，按 1966 年已制定好的方案分配，被称为旧方案。当时全国各省厅局机关已宣布撤销，下放农村劳动，接受贫下中农再教育。但旧方案中有接收名额的，尽管机关撤销，实体还存在，必须照旧接收。我被分配到甘肃省文化局，报到后一星期就“下放劳动”，做了一名下放干部。从 1968 年 7 月到 1970 年 3 月再分配，下放劳动一年半有余。

一

鬼使神差分配到甘肃

我们古文献专业班当时主要是为中华书局培养的古籍整理专

业人才，其次是为图书馆培养的文献典籍管理人才。旧方案，中华书局 12 个名额，北京图书馆 4 个名额，占了我班人数的 2/3。驱虎豹成员除一名分配报社，一名分配北京图书馆外，悉数进入中华书局占了大部分名额，论成绩不当是这样。勾掉我的成绩，下一个白专道路的结论，就可以堂而皇之排斥出京。1961 级旧方案有一个大连辽宁师范大学历史系的名额，起初没有人去，谁都不想从事历史专业，这恰恰是我的理想，华秀珠表示同意。不料半路杀出程咬金，一位家住北京的同窗，因成绩平平未能进入中华书局，他是城市贫民出身，相当于贫下中农，顺理成章挤掉我。但谁知螳螂捕蝉，黄雀在后。这位同窗遭遇辽宁省教育厅掉包，大连辽宁师范大学历史系的名额被分配给辽宁大学历史系的一位毕业生，我的这位同窗被改分配北票铁路子弟中学。原本是挤掉我的这位同窗，倒替我担待了被掉包的厄运，人算不如天算。旧方案中有一个南昌市第六中学的名额，就照顾到我的头上，我不愿意去。恰好文五（三）班的陈学勇按照方案被分配到甘肃省文化局，他不愿去兰州。我大串联去兰州，那里没有大米吃，一个月一个人才配二斤，我当时心里想分配时哪里都可去，西北不能去。仍然是人算不如天算，我拗不过老天爷的意志，最终决定与陈学勇交换，我去兰州，他去南昌。

国家分配，程序规范，量才施用，才符合公平公正的原则。血统论在任何时代都是一种政治偏见。魏晋南北朝九品官人法，就是那个时代的血统论，结果是上品无寒门，下品无士族，被历史所唾弃。可喜的是，党的十一届三中全会纠正了血统论的偏见，这是历史的进步。

陈学勇告诉我，他也不愿去中学当教师，去了就交待了终身。他学文学专业去文化局正对口，但选择工作占据制高点比专业对口更重要。北京、上海是全国的制高点，省会是全省的制高点。占了制高点，人就能活起来。人的活动如同水的流动，到了低凹地，难以向上爬。南昌离上海近，靠近制高点，无可奈何退而求其次。十余年后，陈学勇离开了南昌，调到了与上海隔江相对的南通市，祝贺他。

陈学勇的制高点理论，起初我不以为然，也不明白是啥意思。后来我回归高校，调入兰州大学，制高点理论起了重要作用，极像是冥冥中的命运在支配，感谢陈学勇，感谢上苍。

二

报到的故事

1968年7月14日我到达兰州，当天到甘肃省文化局去报到。我找到人事处，一位姓魏的科长接待我。魏科长说："我们已接到上级通知你要来文化局，我已造好了册子，你不必办理报到手续，全局下放劳动。文化局已经撤销了，工宣队领导，一星期后先到永登县劳动一个月，收割麦子，然后下乡，到哪里还不知道。明天起，你就要出早操，六点半起床，七点早操，七点半早餐，八点半上班开会，学习文件。现在是军事化管理，别迟到。"就这样几分钟的谈话就算完成了报到，我的报到证，魏科长不屑一顾，我留下来做了纪念品。

随后一个40多岁中年男子笑盈盈地来带我到宿舍，就在文化局机关大院临街的平房二楼。文化局办公楼是一座三层小洋楼，钢筋混凝土建筑，文化局大院在办公楼的正面临街，院子三面都是平房，后勤库房、单身宿舍都在平房。全局干部职工50余人，半数是机关干部，20余人；半数是技术业务干部和职工，共20余人。带我到宿舍的中年男子叫刘一民，甘肃省甘谷人，高中毕业参加工作，在文化局是一个小职员，干部23级，工资水平相当于一个二级工人，当时在兰州50元左右。老婆是农村来的，四个小孩，一家六口，生活费平均不足10

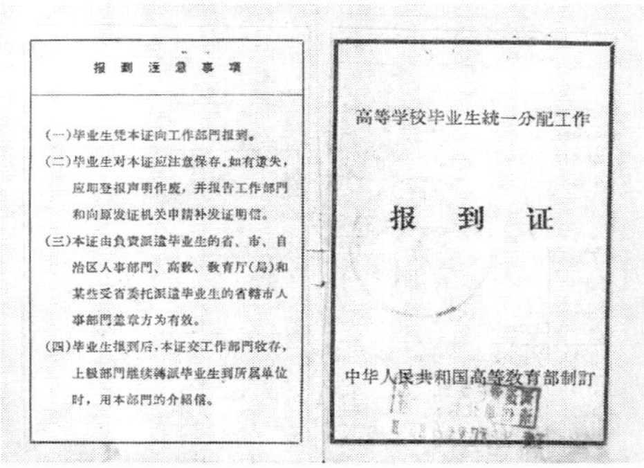
报到注意事项

(一)毕业生凭本证向工作部門报到。
(二)毕业生对本证应注意保存。如有遗失，应即登报声明作废，并报告工作部門和向原发证机关申請补发証明信。
(三)本证由負責派遣毕业生的省、市、自治区人事部門、高教、教育厅(局)和某些受省委托派遣毕业生的省轄市人事部門盖章方为有效。
(四)毕业生报到后，本证交工作部門收存，上級部門継续轉派毕业生到所属单位时，用本部門的介紹信。

高等学校毕业生統一分配工作

报 到 证

中华人民共和国高等教育部制訂

作者北京大学分配报到证

元，生活很清贫。这时他是文化局革委会副主任，正主任叫邱立新，是我的老乡重庆人，毕业于重庆美术专科学校，在文化局群众艺术工作室任美编。刘一民兴致勃勃地给我介绍文化局的情况。

1968 年清理阶级队伍，简称“清队”，甘肃省文化局机关干部 20 余人，2/3 靠边站，凡科长以上带“长”字的基本靠边站，魏科长也加入靠边站，仍处理日常工作叫“戴罪立功”。技术业务干部分属两个业务部门，一个叫戏剧艺术工作室，简称“戏工室”，一个叫群众文艺工作室，简称“群艺室”。戏工室的主要工作是审查上演的戏剧、电影，也兼搞创作。业务干部有导演、编剧、作曲家、作词家、美术舞台设计等，全都是大学本科以上，基本来自戏剧学院、电影学院的毕业生。我的这个名额原是要北大中文系文学专业的毕业生，充实编剧。戏工室业务干部 10 余人，半数的人靠边站，都是 40 岁以上小有名气的艺术权威。群艺室的主要工作是辅导全省各艺术团体的歌舞，主要来自中等艺术学校毕业的中专生。群艺室只有一个人靠边站。总体上文化局 50 余人，一半的人靠边站，一半的人称革命群众。靠边站的人是两个部分，靠边站的干部是所谓的“走资派”，属“黑帮分子”；技术业务干部是所谓的“资产阶级分子”，属“反动学术权威”。似乎这些人还不够这个级别，不称作“走资派”和“反动学术权威”，统名之曰“靠边站”，是被革命群众监督改造的对象。

刘一民是一个随和的人，爱写诗，还发表过几首，尽管生活清贫，性格却十分乐观。他从不占小便宜，不参与任何人的邀请吃饭。他不左，不右，是一个中间派，写大字报只谈个人体会，从不揭发人，也不批判人，大家都喜欢他。很快我们两人成了好朋友，我请他吃饭，他也婉言谢绝，问他为什么，他说：“我这点工资，还不起人情。”

三

女中豪杰王钦蓉

王钦蓉是文化局管理文件的小职员，她就是人事科魏科长的爱人。为人处世不张扬，待人和气有礼貌，不扎堆，不传播闲言碎语，在家庭是属于贤妻良母型的中国传统型的妇女。王钦蓉外柔内刚，“文化大革命”显露了她的峥嵘本性，成为文化局的女英雄。她写了十几篇大字报都是“批判”老公而闻名。最有名的一篇是王钦蓉回应两个青年干部揭发魏科长的罪行。王钦蓉反击给魏科长贴大字报的两个青年干部，她平时观察细致，把两人在生活上不拘小节的一些毛病惟妙惟肖地写出来上纲为“小资产阶级情调”，让人忍俊不禁。王钦蓉用写小说的笔法，有板有眼讲故事，目的就是挖苦讽刺两个造反派青年人品卑下，是无耻小人。然后笔锋一转批判老公虽然大方向坚持原则，办事兢兢业业，但是小事情上丧失无产阶级立场，办事拉不下情面，多了些人情世故，小节不检点。说老魏当年竟然收下了这两个造反派青年求魏科长办事送的一斤鸡蛋糕，就是丧失了无产阶级立场的表现。王钦蓉说她当时看这两个青年奴颜婢膝的样子就不是好东西，还给老公吵了一架，把鸡蛋糕扔出去喂了狗。大字报一出，两个青年造反派无地自容，不久竟然从文化局调走了。当然，我无缘看到这篇大字报，是文化局的人给我讲述的。任何人只要给王钦蓉老公魏科长贴大字报，王钦蓉毫不客气立即回应，批判老公小骂大帮忙，看着字眼是骂，其实是夸。后来没有人敢给魏科长贴大字报，只好写揭发材料打小报告。

工宣队进驻文化局，想显示一下威风，不料反挨了王钦蓉一闷棍。工宣队找王钦蓉谈话，软硬兼施，一方面夸奖王钦蓉立场坚定，鼓励她继续革命，在革命群众中要树立一个好榜样，另一方面告诫王钦蓉要和靠边站的老公划清界限，主动揭发，不要把自己卷入“靠边站”。王钦蓉不温不火，平心静气对工宣队说：“我早就想好了和老公划清界限，但组织没有作出结论老魏有问题，一个小小科长走不了资，也兴不了派。革命群众的那些捕风捉影能算数？我认为老公是大好人，作为老婆，我得关心他的生活，给他煮饭，给他洗衣。但我作为一个共产党员，也要听工宣队的话，你们要我划清界限，我和老魏离婚，让他搬出家，你们工宣队给他找房子住。你们工宣队不批准离婚，那就是你们划清界限不彻底，只要老魏还是老公，我照样侍候不怠慢。”王钦蓉不只是嘴上说，还真的写了划清界限离婚书，交给了工宣队，弄得工宣队哭笑不得莫可奈何。

四

墙头草张某

群众艺术工作室靠边站的那个人就是张某，上海人，孤儿院长大，无学历，小学文化，善吹黑管。他是根红苗正，本无什么问题，老婆叫萧某，是兰州军区战斗文工团的歌舞演员，因无意中说错了一句话被打成“现行反革命”被革命群众专政。张某住老婆的军区大院，因受牵连而“靠边站”，搬到了文化局的单身宿舍，我住在他的隔壁。当时机关的所有人无不搜集许多大大小小的毛主席头像纪念章，各机关人人动手用三合板制作一个长方形的小匣子来收藏纪念章，并油漆上红颜色。萧某不赞同漆红色，说像一口棺材。这样一句话被扣上“恶毒诅咒毛主席”，立即批斗，被打成现行反革命。“恶毒诅咒”比“恶毒攻击”的反动性还要罪加一等，并由此推知萧某还有许多反动言论。动员张某揭发，张某划不清界限，不揭不批就是背叛了无产阶级，等同于“叛徒”，于是张某以莫须有的“叛徒”罪名靠边站。工宣队进驻文化局后，划分了靠边站与革命群众两大阵营，革命群众谁都不敢与靠边站的人说话、接近。张某十分忧虑他的老婆有个三长两短，更怕他老婆承认一些无中生有的罪名说不清。张某想给老婆写封信说一说，又怕整老婆的革命群众拆开信给双方加上一个“订攻守同盟”的罪名吃不了兜着走，忧心忡忡要发疯。我到兰州时，张某老婆被革命群众专政一个月了，张某担心老婆顶不住。

我到文化局的第二天晚上张某就迫不及待找我聊天，他小心翼翼敲我的门，生怕我不理他。他也很直率，开门见山说他是靠边站的，我敢不敢和他讲话。我说：“我刚来文化局，不了解你们的事，靠边站只是清队审查，又没定性为黑帮、反动学术权威，我为什么不敢与你说话。”张某见我如此态度非常高兴，他一五一十说了他老婆的情况。我听完后对张某说：“张某，你太过虑了，钻牛角了。你大胆写信告诉老婆，要端正思想，接受革命群众的批判，做毛主席的好学生，不要说假话，说了假话就是对党不忠诚。我一切很好，吃得香，睡得好，靠边站是接受党的审查，心中无冷病，不怕吃西瓜。老婆，你要保重身体，做一个坚强的革命战士，接受党的审查，党不会冤枉一个好人的，总是要水落石出的。”我还对张某说，就按这个套路写信，你老婆看得懂你要表达的意思，不就是让她咬紧牙关不说话吗，整你老婆的革命派拆了信，不正好证明你在帮助老婆认识错误吗？因为你们两人心中没有鬼，没有反对毛主席，实话实说，不要钻牛角。张某还是央求我替他起草，他抄了寄出。张某偷偷备了一壶酒，切了一盘牛肉，每晚我们聊闲天，我成了他的精神支柱。两个月以后，我们下放劳动前，张某的老婆已经半自由了，允许张某去看望了。张某兴高采烈，对我连声道谢。张某的老婆说错了一句话，坐了三个月牛棚，挨了不少批斗。

7 月 25 日，文化局机关干部在永登县劳动一个多月割麦子，然后稍事休整，国庆后全局下放甘肃省陇南山区礼县桃坪公社劳动。文化局机关干部 50 余人分成了 5 个班，每个班插在一个生产队，我所在的班在水磨大队，第几生产队记不清了。张某和我不在一个班，在另外的一个生产队。半年后，工宣队策划要开我的批判会，张某被动员出来第一个，也是唯一的一个向我开火的人。人称张某是墙头草，没有立场，有奶便是娘，我算是领教了这样的人。张某怎么向我开火，后面到时再细说。

五

工宣队油子冯某

甘肃省博物馆、图书馆是文化局的下属单位，进驻文化局的工宣队大队有 20 余人，分三个小队，分别进驻文化局机关、省博物馆、省图书馆。文化局机关解散，除个别人留守外，全部下放劳动，省博物馆、省图书馆，半数人留守维持业务，半数人下放劳动。文化局系统下放劳动的总人数 100 余人，编为一个连队。工宣队大队长任指导员，省博物馆长吴蔚如任连长。吴蔚如 1950 年代毕业于北京大学历史系考古专业，作风正派，是三结合的革命干部。文化局长俞华原在南京军区政治部任职，师级政工干部，这时“靠边站”。

带我们这个班的工宣队叫冯某，40 余岁，据说是开机床的一个技工。此人油嘴滑舌，行事唯恐不“左”。工宣队中相当一部分人是工厂调皮捣蛋的油子，一个兢兢业业干工作的人，车间主任才舍不得放他呢。这位冯某，就称他为冯油子吧。

下放干部白天劳动，晚上开批斗会。靠边站的人作检查，革命群众批判，贫下中农社员作陪。总不能天天这样干，于是读报纸，学毛选，谈体会。找到事情就开批斗会。有一位女同志石某 50 多岁，副处级，爱人是甘肃省的一个地委书记，所以她是靠边站被重点关照的对象。偏偏是屋漏遇上连阴雨，有一天夜晚她内急，不敢黑夜出门上厕所，就用一张报纸垫在脸盆上解决了问题。那时的报纸每天头版都印有毛主席头像和一条语录。这一下不得了，走资派反攻倒算，用下流手段污辱伟大领袖，狠狠批了一个星期。又有一次批斗一位处级干部叫岳松，他很肥胖，80 多公斤，站着都费劲，还要他弯腰坐喷气式飞机。坐喷气式飞机，就是要挨批的人弯腰并把上身向前倾斜。岳松做不出来，冯油子命令我上去强行让岳松坐喷气式飞机。我对极“左”分子，极“左”行为，有一种本能排斥，打心眼就看不起冯油子，一副得意的小人样，活像一个中山狼。我们下放劳动插队的水磨生产队离桃坪公社集镇不到两公里，冯油子不准下放干部赶集，不准下饭馆，他却天天泡在街上找人聊天，下饭馆，从不参加地里的劳动。岳松 50 多岁，显得很衰老，人又胖，坐喷气式飞机，贫下中农都看不下去，纷纷退场。冯油子对我下命令，我当然不会买他的账。我还击冯油子，说：“要文斗，不要武斗。”我对岳松说：“岳处长，你只是靠边站，又不是走资派、黑帮，怕他姓冯的干啥，回到座位上学毛选。”冯油子丢了面子，从此以后，批斗会开不下去了。冯油子就要大家写大字报，揭发批判，让生产队给了一间空房子，满屋子牵上绳挂大字报。我连续写了三篇大字报，“一论大批判的方向”，“二论大批判的方向”，“三论大批判的方向”，讲大道理，没有指名道姓，明眼人一看就是指冯油子的方向错了。我刚到文化局，不了解情况，不知道揭发什么，讲大道理没有错，冯油子奈何不了我。

陇南山区农村还遗留有一些男尊女卑的旧习俗。平时一家人吃饭可能随便一些，只要有客人到家吃饭，一定是只有男人陪同客人吃饭，女主人在一旁伺候。冬天吃饭不用桌椅，而是在睡觉的炕床上摆一张炕桌，吃饭的人盘腿坐在炕桌边。炕桌一平方米大小，高 20 公分。如果是女性客人在家吃饭，不是三亲六戚女主人也不作陪吃饭，而是在一旁伺候。客人吃完饭，女主人才与小孩子们吃饭。这是对客人的尊重。冯油子竟然要求干部一对一，由一个革命群众的干部监督一个靠边站的干部，到社员家里吃饭，不让靠边站的干部上炕，在地下站着吃，说什么靠边站的干部不能与革命群众平起平坐。让客人在地下站着吃饭，社员不答应，他们说：“到家吃饭是客人，怎么能站着吃？站着吃饭的客人恕不接待。”冯油子就这么“左”，其他生产队的工宣队不这样。

当时农业学大寨，冬天大稿平田整地的建设，把地里的一些大石头用炸药炸掉。炸石头先要用钢钎打眼装炸药。钢钎打眼一人掌钎，一人轮大锤砸钢钎，这既是力气活，也有点技术，农民也不是人人都会，力气小的人也干不了。冯油子要下放干部掌钢钎、轮大锤打眼。他的理论是，越是困难，越能锻炼人，脱胎换骨就不要怕吃苦。下放干部没人干得了，大家在地里僵持着。过了一会儿，也有人拿钢钎，轮大锤做样子，想给冯油子一个下台的面子快点走。可是冯油子不识相，他见有人拿钢钎、轮大锤来了劲，见我没有去做动作，点名让我去打眼。我有一个自我保护的原则，干不了的话就不去干。我不怕脏，不怕累，但冒无谓的危险的活绝对不沾边，不作秀。可偏有一些人爱表现，群艺室就有一个教跳舞的干部，姓罗，四川人，与我是老乡，部队文工团复员的军人。他人很正派，还是一个热心肠，大家都喜欢他。他的毛病就是好表现，他走到我跟前要与我配对，掌钢钎、轮大锤由我选。我对他说："你别出风头，我掌钢钎，轮大锤都干不了，怎么给你配对?"罗某说："你掌钎，我轮锤，试一试。"我说："我不可能掌钎，因为我掌不稳；我轮大锤，一失手砸断了你的手怎么办？你要我配对，先写出保证书，一切后果自负。"我这样一说，那些做样子的也不敢了。冯油子还想要威风，我也不示弱，直接向他挑战。我说："冯师傅，你是无产阶级，你作一下不怕苦不怕死的示范，你掌钎，我轮锤，怎么样?"生产队长本来就不同意下放干部打眼，这时发话说："今天不打眼，都翻地，因为没有火药，放不成炮。"给了冯油子一个台阶。

工宣队是领导，我怎敢和冯油子叫板，因为他"左"得太不近人情。我的一位同窗，湖南人，分配在湖南株洲市，在通信中他得知甘肃礼县产中药当归，让我给他买了二斤。我重庆的一位表姐，让我从挑坪给她买了四条肥皂，几包洗衣粉，当时重庆很紧张。冯油子给我上纲上线称为"挖社会主义墙脚"。单凭这一点，他无法开我的批判会。后来他抓了一个辫子，见我学毛选，没有带四卷本，而是甲种本。甲种本是当时出版的更普及的一种选本，上下两册。冯油子又上纲上线说，大学生拿了国家正科级以上的工资不买毛选。冯油子三番五次找我谈话要我写检讨，深挖思想根源，又欺骗说，检讨了就算了，说我刚参加工作是依靠的对象。冯油子一打一拉，目的是要我紧跟工宣队。

六

墙头草以怨报德

墙头草就是前面提到的那个张某，现在该说一说他向我开火的故事了。

下放劳动转眼过了四个多月，到了1969年的2月，该过春节了。当时第一夫人讲话提出一个口号叫"过革命化的春节"。社员大年初一都要上地里干活，下放干部自然不准回家，不准回单位，在插队的地方和社员一起过革命化的春节。文化局的干部都能歌善舞，他们动员起来从腊月中就开始了排练，在春节期间到各生产队轮流演出，既能免除到地里劳动，还能吃到生产队安排的好饭，又愉悦身心，广大贫下中农欢迎，一箭四雕，何乐而不为。工宣队一个公社只留守了一两个人，绝大部分放假回家过年，也就不干预下放干部演出的事，表示了支持。我不会表演节目，冯油子就安排我留守生产队，保管文件箱，装的就是那些大批判的材料。冯油子交代说："这是神圣的任务，你不得私自打开箱看材料，是组织考验你。"然后他回兰州过年了。

我既然是文件保管者，我怎么就无权看材料。什么"神圣的任务"，见鬼去罢。我也无心去看那些靠边站的干部写的检讨，我要翻一翻里面有没有我写的"挖社会主义墙脚的检讨"，一翻居然赫然在目。我十分震怒，冯油子这小子说谎，欺骗，我断然作出了反击决定。我知道冯油子从桃坪镇商店搬回几个包装箱，是火车、汽车运机器、电气的木板包装箱，可以拆开了做家具。春节期间我到桃坪作调查，冯油子那几个包装箱没花钱，找到商店，看他是工宣队就送给了他。冯油子还买了5块上海国产手表，100元一只，在兰州买要工业卷。冯油子还买了其他一些东西。

带"长"字的干部靠边站，下放劳动，其实他们根本就没什么问题，目的就是大换血，是一个政治斗争手段。当时人们认识不透，还真以为有什么大问题。过了几个月没见省上有任何文件触及下放干部，只是工宣队在那里瞎折腾，大家的胆子也壮起来了。春节期间的演出，淡化了靠边站与革命干部群众的界限，局长、处长的名词重又叫开了。春节后工宣队返回，也只抓学毛选，读社论，跳"忠"字舞，督促早请示，晚汇报，大批判的事也不提了。四月份中共中央开九大林彪作政治报告，上面有一段话，对待知识分子，党的政策是"团结、改造、利用"，我认为反击冯油子的时机已到。我给吴蔚如连长呈递了要求平反，退还黑材料的申述。申述指出冯油子犯了"文化大革命"初期工作组的错误，整革命群众的黑材料，也违背了九大《政治报告》党的政策对知识分子"团结、改造、利用"的方针，是方向性、路线性错误。5月中，吴蔚如来到我们生产队，冯油子还叫了一个帮手招来另一个生产队的工宣队，三个人找我谈话，调查情况。事前冯油子又来欺骗我，说：只要我口头上承认错误，就把材料退给我。我说："好吧，就这么办。"晚上正式谈话，吴蔚如主持谈话会，让我们双方说一下情况。我让冯油子先说，冯油子让我先说，互相推辞。吴蔚如说："听工宣队的，老张你就先说吧。"我还没说话，两个工宣队都掏出了笔记本，一看这架势，两人没安好心。我瞥了冯油子一眼，就滔滔不绝地说起来，把冯油子整天下饭馆，讨木箱，占小便宜，抢购手表，"挖社会主义墙脚"，如何搞欺骗，耍两面派说了一通。吴蔚如心里也讨厌工宣队，所以他不制止。冯油子两人没法记笔记了，气鼓鼓地说不出话。最后吴蔚如说："老张，我们是来听你自己的事，怎么只说工宣队，不说自己呢。买几块手表是购商品，扯不上'挖社会主义墙脚'。"我说："吴连长，我的事在申述书中已经说清楚了。说工宣队就是说我的事。五块手表是500元的商品，二斤当归，四条肥皂只是几十元的商品。既然买商品不是'挖社会主义墙脚'，所以我的检查是冯油子整的黑材料，我的要求很简单，退还黑材料。"吴蔚如征求两个工宣队的意见，两人说"退材料，要请示上级"。吴蔚如表了态，他的个人意见同意退还我，理由有二："第一，我名义是下放干部，其实是刚参加工作的学生，即使有错，不是政治问题，可以批评教育，不应当整材料；第二，买商品与'挖社会主义墙脚'不沾边，无限上纲上限是不对的。"吴蔚如的表态，实际是批评了工宣队。

冯油子打电话请示。一星期后文化局工宣队总头王某又带了两个工宣队员来到水磨大队召开了文化局全体下放干部的会议，名义上是宣讲九大文件，实际上是想把我打成"张建刚的小爬虫"，这是现行反革命的边缘。张建刚是甘肃省的省委副书记，九大后批判他是"文化大革命"的"逆流"，阴谋组织地下二套班子，要"反攻倒算夺权"。会议由吴蔚如连长主持，工宣队长宣讲之前处理一个小问题，张某提出退材料的事，请他先讲一下，大家表个态，同不同意退。我只概括地讲了几句话：第一，我买了二斤当归，四条肥皂，冯油子上纲上限为"挖社会主义墙脚”，违背了九大《政治报告》要“团结、改造、利用”知识分子的方针；第二，冯油子要我写检查调门高一点，目的是作示范，不装入材料箱，现在装进了材料箱是违背了工宣队的承诺；第三，吴蔚如连长一周前主持了谈话会，个人意见主张退还，这是在维护工宣队的荣誉。

我刚说完，墙头草张某就站出来向我开火，他说的话也可概括为三点：第一，工宣队觉悟高，站得高，看得远，防微杜渐，对我教育敲警钟，我应当感谢工宣队；第二，说我保管文件箱，私自翻看材料，违犯了纪律，应当处分；第三，退材料这个先例不能开，退了我的材料，大家的材料都要退云云。

我立即反驳墙头草：我保管文件箱，当然有权清点，文件箱没有贴封条，不能叫私自翻看材料；我是革命群众，冯某小题大做，无限上纲整革命群众的材料叫黑材料，应当平反、销毁、退还；你张某是忘恩负义的小人，无产阶级的叛徒，你的材料怎能和我的材料相比。

我骂墙头草张某“忘恩负义”，他红了脸低下了头，大家感到莫名其妙。张某哑了火，冯油子没法自己跳出来，我手上还捏着他的材料没有说。吴蔚如趁势说：大家说怎么办？大家异口同声说：“我们赞成吴连长的意见。”其实大家心里很痛快，他们对工宣队，早就有一肚子的气。

工宣队没达到目的，王大队长没心情讲九大文件，做了一个过场草草收场。又过了半年，下放干部撤回了兰州，吴蔚如才告诉我那场斗争很危险，我当时要是说话软弱，又说不到点子上就要倒大霉了。“你在大会上没揭冯某的底，很聪明，否则就要给你扣上一条攻击工宣队的帽子，我们也就救不了你了，好自为之吧。”

七

“制高点”理论，我选择了当工人

1969 年 11 月初，甘肃省几十个厅局的下放干部数千人，全部返回兰州，在年底之前数十天内全部完成再分配。当时传达了

“林副主席第一号令”，国家进入临战状态，口号是“适应战备，迅速安置”。文化局机关50多个干部，除少数几个新老领导干部由省上安置外，90%的人全部分配到地方各县。接收文化局干部的单位基本上是各县的文化馆、剧团，其实是强行往下压。个人有去处的，工宣队予以支持。文化局有一个在机关打杂的干部丁某40多岁了，没有老婆。他原本在戏剧艺术工作室，是大学生，因被划了“右派”而改变了命运，陕西咸阳人。6月份轮到他请假回家，工宣队给了一个月假，经人介绍找了一个在咸阳棉纺厂的女工，30多岁，共产党员，沙厂车间的干部。女方不嫌弃他年龄大10多岁，也不嫌弃他“摘帽右派”的身份，还看中他是“臭老九”。他不需再分配，办调动手续，女方工厂接收他。还有一位1965年分配到文化局的大学生程某，他自己联系了一个省级单位办的《法制报》，他去那里当编辑，也不需要再分配给他的单位到文县去报到了。11月中，文化局下达了再分配名单，20多人分配在甘肃省除兰州外最好的地区，即第二大城市天水市所属各县。最差的是甘肃省文县，在大巴山深处，两个名额，把我分配到文县剧团，另一个就是去《法制报》的那位大学生，分配在文县文化馆。也就是说，到最差的崇山峻岭地区就是我一个人了，而且是我根本干不了的剧团工作，难道那个剧团急需一个跑龙套的人才？

冯油子如此分配我，本在情理之中，站在他的立场是可以理解的。

我已打定主意，不但文县不去，地方县城也不去，这时陈学勇的“制高点”理论变得现实而很好理解了。兰州是甘肃省的制高点，因为它是省会，集中了社会上层的人物，上层的机关，道路宽广有回旋余地。我一个外省人，到穷山恶水的深山中，谁来给我施援手？与其去文县，还不如回四川当农民。再分配中有四个当工人的机动名额，三个在兰州市，一个在天水市。在兰州市的三个名额，其中兰州汽车运输公司一名，中央所属兰州石油化工厂两名。天水市的一名是分配到甘肃第二棉纺厂，地点在天水市杜棠公社陇海铁路旁，离天水县北道镇10公里。当工人限定在40岁以下，个人申请，工宣队特批。有七八个人来争夺这四个工人名额，真是验证了陈学勇的“制高点”理论，八仙过海，各显其能。一位1965年分配来文化局戏剧艺术工作室的大学生陈某，他的叔父是长春电影制片厂的著名导演，陈某为了去兰化当工人，多次向工宣队哭诉，终于如愿以偿。群艺室有一个女同志展示女性的长处，其实是在戏弄和利用冯天仓，调换了分配单位。

我是人生地不熟，求告无门，但我有自己的优势和长处。我的优势，是最年轻刚参加工作的干部，有名牌大学的光环，当一个工人有最优的条件。我的长处是有能力靠体力劳动自谋生存。我向冯油子交了到兰运司当工人的申请，说明了充分的理由，没跟冯油子废话，就再也没有理他。向冯油子求情没有意义。我就不信邪，国家花重金培养的一个名牌大学的毕业生，在工厂也没有一个立足之地。冯油子不分配，我到省委组织部讨说法，得不到说法回北京大学，北京大学不管了，那时再回四川当农民也不迟。眼前无事，赶紧学一门手艺。做木工，我用不着找师傅。我立即买了一套钻、凿、锤、锯、刨等木工工具，在文化局大院干起了木工活。当时文化局库房有许多包装木箱，可拆开作木板使用。还有许多三合板、五合板以及木条子，供舞台设计用的材料。还有成品桌椅凳子都无人问津，你可以搬回家里，也可以劈了当木柴烧。我义务给各个干部做大木箱，大木柜。因为力气不够，手推刨子不能把木板面推得很平，就用腻子刮平上漆。我做的卯榫十分结实，不亚于老木工。三个月做了大木箱、大木柜二十余件，我至今还保留了自用的两口大木箱。

文化局长俞华是老干部，革委会主任邱立新是新干部，他们留省分配。邱立新，1965年分配来文化局，重庆美术专科学校毕业，已到而立之年，因个子矮小还没有找到对象。邱立新是我的老乡，无话不谈，他给我发表了一通“白兰瓜”理论，与“制高点”理论有异曲同工之妙。

“白兰瓜”是兰州的特产，八九月成熟，香甜可口，但只能保鲜四五天。市场上卖的白兰瓜，只有七八分熟，才可保鲜十天半月，味道就差远了。邱立新说："知识分子还会受到重用，一个现代国家，没有知识分子不可想象。但知识分子个体好比白兰瓜，黄金时段太短暂，我们这一代知识分子怕是等不到国家重用的那一天了，烂掉的白兰瓜一钱不值。兰州的繁华热闹对我邱立新有什么好处？马路无论多宽，我走路只有一双脚，跨一步还不到一平方米；高楼大厦无论多么辉煌，我晚上睡觉只需一张床。繁华热闹都是身外之物，现在我邱立新最需要的是找一个好老婆，赶快成家生儿子。我现在是正当熟透的白兰瓜，保不了几天鲜，赶快待价而沽。我已决定不留兰州了，我去甘肃第二棉纺厂，那里一千多女工，美女如云，任由我挑选。凭我的聪明才智，配一个天仙美女，一定会产出高质量的第二代知识分子，让他们去享受好时光。"就这样，邱立新第一个离开文化局，12 月初，他就去甘肃第二棉纺厂报到了。

春节后不久，邱立新来信，他的梦想成真，夺了甘肃第二棉纺厂的花魁，名叫单英。邱立新是省文化局革委会主任，工厂安排他在宣传科当副科长，厂革委会成员，在工厂卷起了邱立新旋风。他利用美术的技能办墙报，墙报当然是选在工人上下班出入口必经之地的墙面上。邱立新专挑中午十二点前后女工下班的时候去画墙报的刊头，他把自己摆在众目睽睽之上，个子矮，站在凳子上，显得高高在上。邱立新居高临下俯视众仙选美，他排出 1 号、2 号、3 号，然后找同事一位大嫂去找一号，这一号就是单英。这位受命的同事，中年大嫂哈哈大笑说："邱科长，你不早不晚专挑下班的时候去画墙报刊头这点小心眼我们早猜中了。你是新来的，不好说破，只在背后窃窃私语。其实你选的几个号，女伴们也都在打趣开玩笑。邱科长，你可要想好，说一个中一个，这可没有你再挑选的余地。"邱立新说，"我选的一号，当然就是她了。"果然是一说就中。

社会条件，决定人的一生。有的人一帆风顺，有的人坎坎坷坷。坎坷人生来临，面对逆境，人的主观能动，适应环境，利用环境，走了另一条人生道路，未必不是一个好的归宿。塞翁失马，安知非福。文化局几个大学生面对困难所做的人生选择，留下了那个时代的烙印。改变命运的主观能动，就是要有准备。邱立新做好了准备，他的“白兰瓜”理论，适合自己的特点，恰恰是在困难环境中实现了他的梦想。两年后邱立新调回兰州任西北民院艺术系主任，充分发挥了“白兰瓜”的价值。生活是这样，事业也是这样。这是“白兰瓜”理论给我的启示。

对于我来说，还是“制高点”理论最适合，我必须留在兰州这个制高点上等待我的人生命运。我与冯油子互相耗着，我不找他，他不找我。我找他，没有用，自己取辱罢了。我不指望冯油子解决问题，我等待后冯油子时代的来临。我们耗了近四个月，1972 年 2 月春节后冯油子找我了。他告诉我，文化局彻底没有了，3 月份工宣队撤回工厂，所有的人到新单位开工资。冯油子卖关子，我不接他的话，看他怎么说。冯油子最后说：“我正式通知你工宣队批准你去兰州汽车运输公司当工人。”冯油子随后补了一句，说：“算你走运，你是新来的大学生，否则，你真要卷被子回老家了。”

我虽然赢得了去兰州汽车运输公司当工人，但我不能和邱立新相比。他有特长，找到了安乐窝，我到兰州汽车运输公司，只是我一个博弈的制高点。我的归宿在哪里，眼前仍是白茫茫的一片。

第八章　当工人

兰州汽车运输公司，简称兰运司，是甘肃省会兰州市通往省属各城镇的长途汽车客运公司，直属甘肃省交通厅。兰运司机关总部和客运总站设在兰州市中心，平凉路中段，周边一公里范围内有兰州火车站、兰州饭店、东方红广场、省委机关、几个厅局机关、兰州大学等重要单位。这里是“制高点”的核心地段。1970 年 3 月我到兰运司报到，1973 年 8 月底调离，在这里当了三年半工人。

一

当工人，我选择了售票员

兰运司机关总部有数十人，是干部编制，汽车总站管理 70 余辆长途客车，职工近 300 人，是工人编制。总站最高领导是客运车队队长，党的领导是支部书记。车队下设两个部门，一是生产调度办公室，管理司售人员和总站服务人员，有工人近 200 人；一是保养场，即汽车保修车间，有维修工人近 100 人。司售人员是工人的主体。司，即客运司机；售，即售票员，通称司机助手。司售人员是一对一的配置，各有 80 余人。

1970 年 3 月，我到兰运司报到，分配我到保养场当维修工人。车间主任让我先熟悉两天，车、钳、铆、焊，以及其他工种，任我挑选，算是特殊的照顾。车间主任建议我去磨凡尔，这是修理发动机气缸的一个工种，活最轻，但要细心，可是我干不了。这工种要蹲下身子，这是我最不能接受的，我不怕累，不怕脏，最怕弯腰蹲下身子。干其他工种怎么样？八小时站在一个地方我也不习惯，我宁可当农民，也不愿当工人。于是我去找人事科长，要求当售票员。所有的人都把售票员叫“司机助手”，只有我把它叫售票员，因工资表上叫司售人员，不称司助人员。人事科长纠正我的说法，对我细说端详。

长途客车上的售票员不同于公交汽车售票员。长途客运售票员清一色的 20 多岁的小伙子，是当时培养司机后备人才的主要形式，所以称司机助手。助手不只是卖票，师傅检修汽车，助手当下手，在旁陪着，递工具，打洗手水。汽车回站清洗，冬天早上要发动汽车，晚上放干水箱，早上提前半小时打开水灌水箱，三九寒天还要换一次开水暖汽车，这些都是助手的工作，每天平均两三小时。跑长途，每天平均十小时，司机助手的劳动每天平均十三到十四小时。当时兰运司的客运司机相当一部分是解放前的私营汽车业主及其所雇佣的司机，有几十年的驾龄，技术顶呱呱，是兰运司的宝贵财富。青年客运司机，必须有五年以上的货运卡车驾龄，还要有数十万公里安全行车纪录的业绩，才能当客运司机。所以当时的客运司机，一个个都很牛气。助手侍候师傅要小心翼翼，师助关系还有旧时浓厚的师徒关系的痕迹。人事科长说："我们考虑你的身份不太适应这种关系，所以分配你去保养场，一天上班八小时，有充裕的时间安排自己的事。助手跑车，一天的时间就全交待了，当然，当助手奔的是当司机的前程，这个你得考虑好。"

在人们的心目中，兰运司的工人有三个等级。司机是"一等公民"，助手是"二等公民"，保修工是"三等公民"。青年保修工半数为女性，相当一部分是司机、机关干部的家属、亲友。青年男性维修工多是从农村招来的，有的是从助手岗位上下车的人。哪一个助手得罪了师傅，司机告一状，就得下车。"下车"与"上车"成为一个专有名词。"下车"，指从售票员的位置下到保养场；"上车"，青年维修工人表现突出的，车间主任推荐也可"上车"。所以保修工被目为"第三等公民"。司机的工资普遍高于保修工。司机八级，一级司机 120 元，二级司机 108 元，相当于处级工资。大学生转正 65 元，一般青年二级工才 48 元。我要求当售票员，并不是看中司机的前途，我性急，干不了这职业。但售票员活动自由，这就是我的追求。我不追求司机的技术，不把这岗位叫"司机助手"，我只称"售票员"。

我回答人事科长当售票员的理由，略带调侃。我说："作为堂堂北京大学的高才生，为什么到兰运司来工人？因为当三门（家门、校门、机关门）干部脱离群众，韭菜麦苗分不清。当售票员，天天为群众服务。"人事科长笑了笑，同意我"上车"。

二

劳模司机王师傅

兰运司车队有两位劳模司机。一位叫张金榜，全国劳模，人大代表，他行车百万公里无大修。一位叫王某，甘肃省级劳模，能说会道，喜欢出风头。我到了车队，王师傅指名要我当他的助手，逢人便说道："我的助手是北京大学毕业的。"王师傅还要求我把他的事迹写成广播稿，在车队广播。这好办，举手之劳，我给王师傅写了两篇广播稿，他很高兴。

头一个月，我们相处还正常，互相还有点客气加克制。第二个月开始就有点紧张了。两个劳模的车谁都不愿上，劳模不仅很牛气，而且事情多多，王师傅最出名。

王师傅别出心裁，要我在车上宣传毛泽东思想，一路读语录，有时他还要旅客一起读，由我领读，旅客也十分反感。王师傅还自动当城管，有旅客带一大桶食用油上车，他盘查是不是"资本主义尾巴"。当时兰州市城管"割资本主义尾巴"，农民到城里卖食用油、鸡蛋，查获没收。王师傅他无权没收，带油的人也没有在车上叫卖，你一个司机管不着。王师傅说："国家定量供应的商品，打击投机倒把，人人有责，坐我开的车，我有责任询查。"王师傅的目的是让旅客多买一张车票。装十几公斤的大铁皮桶，可以放在车坐底下，没有占空间，不够加买一张车票的规定，我拒绝执行。再说，司机也无权干预售票员的职责。让王师傅自己找旅客加买一张车票，发生了争吵，我就在旁边看热闹。

那时公路的路面情况不太好，车队章程规定，客车的最高时速35公里，平坦地段40公里。兰运司70多辆客车，都遵照这个规定行车，但每小时25—30公里速度最省油，低于25公里，高于30公里都增加耗油量。两个劳模的车速都保持在25公里左右，每天要多行一两小时，清洗车辆要求也高，跟劳模的车，每天工作量要多花两三个小时，这是大家不愿跟劳模的主要原因。

公路上沿途设有长途客车站点，按规定，旅客只能在站点上下车，有的司机很刻板，不给提前下车的旅客行方便，但多数司机还是方便旅客。可王师傅为了多拉客，不仅超载，还沿途拉客，有点像改革初期城市出现的招手停。王师傅要创造单车票款第一，多拉乘客，从方便群众的角度似应称道，但从交通规则的角度颇可商榷。王师傅经常超载，多拉客人，多收入票款，若上了车没钱买票，立即喝令下车。有的插队知识青年、上山采药的老农，带了一包粮食走亲访友的农村社员，他们在半道拦车，有许多人就是不想买票，不拉他，由他们自己去步行本来无事，王师傅停下车来请他们上车，因买车票必然要发生争吵。王师傅还要求采药人的背篓、带粮人的粮食包多买一张票，矛盾更要升级。王师傅要我赶他们下车，我岂能干这种事。我说："王师傅，是你拉他们上的车，人民的公共汽车，不能没有钱就不能坐。你让他们上来了，我无权赶他们下车。"特别是插队知青，他们不主动买票，我不会撕车票给他们。王师傅回车队告状，车队队长问怎么回事，我说："插队知青不挣钱，他们没在站点买票乘车，肯定有难处。知青在路上拦车，不拉就是了，王师傅还请他们上车，上了车赶下去不合适。"队长倒也通达，说："知青插队不容易，花钱用的全是父母的，灵活点吧。"

三个月后，我终于下了王师傅的车，第二个师傅姓金，40 多岁的中年人，在司机中文化程度最高，念了高中后才就业。我们俩相处十分和谐。师傅拿驾驶技术来卡助手，助手有求于师傅最大的关节点也在这里，我无求于师傅，所以王师傅也没东西可以卡我。金师傅不一样，他找我是喜欢和我聊天。长途跑平凉来回四天，途中住宿两夜；跑武威、跑武都，来回两天，住宿一夜，晚上聊天，我们有了共同语言。金师傅喜欢听历史故事，他自己能看《三国演义》，我给他讲的是历史。金师傅知道我不打算学司机，所以他修车没让我做助手，他说："你搞清洗，我管机器。"我与金师傅合作了一年多，直到 1972 年底离开兰运司车队，没有再换师傅。逢年过节，金师傅邀我到他家做客，他的夫人把我当客人，并不当一般助手看。有文化的工人，愿意和知识分子打交道。

三

长途客车上的一号座位

长途客车右边紧靠车门和车盖的单独座位是售票员的专座，戏称一号座位。一号也成为售票员的代名词。当时物资匮乏，食用油、鸡蛋、白酒三样，家庭常用，凡有点关系的人都知道，最便捷的方式找长途客车的一号。司机的亲朋好友找上门，司机也是托一号来办理。兰州市紧缺的百货商品，县城能买到的也托一号。至于乡下各地的土特产品那就更不用说了。在那个特殊年代，兰运司每天几十辆长途客运车回站，各车一号替人代购的东西应有尽有，形成一道独特的风景线。

就这代购商品也有哲学。我临时跟了几天与我同姓的一位张师傅的车，他快60岁了，是解放前的小业主司机，很世故。他让我多备几个信封。有人委托他代购的东西，他一一应承，转到我的手上的钱让我分开装信封，一人一个信封写好名字，不要乱。某某人的事要办就用某某人的钱，如果这件商品没有买成回到兰州退还那个人原有的钱。某某人的事，张师傅根本就不想办，一定退还原有的钱，就推托说没有买到那个人要买的东西。张师傅说："人要互相往来，给亲朋好友办点事，人之常情，但八竿子打不着的人，少管闲事，你给他办了事，他觉得是应该的，甚至还在背后议论你。当面应承是要给人面子，退还他的原钱说明我没有动你的钱。亲朋好友的钱，真的没有买到，也退原有的钱。"张师傅一席话，总结了人世间交往的许多复杂感情，不服也得服。

1970年下半年起，甘肃全省被撤销的厅局静悄悄地一一恢复，这时下放干部恍然明白，撤销厅局靠边站，下放劳动，虽然有精简的目的，其实是大换血。文化局恢复了，俞华重新任局长，有六七个前文化局的干部调回来了，绝大部分换了新人。我不时到俞局长家作客，少不了帮助买一点食用油、鸡蛋之类，主要是聊天。俞局长还记得我在下放劳动时写的三论："一论大批判的方向"、"二论大批判的方向"、"三论大批判的方向"。俞局长说："你的三论写得好，工宣队飞扬跋扈，你给大家在精神上雪中送炭。当售票员不是长久之计，有了机会，我会给你帮忙。想回文化局，我给你办。"我想了想，回文化局没有适合我干的工作，我想到报社去，那时要求的是红五类，我也想到甘肃省图书馆，俞局长当时还办不了，事情搁置起来。

前文化局群艺室有两位女同志，下放劳动我们不在一个生产队，交往并不多。由于我们共同对于极“左”的厌恶而有共同的语言，再分配后交往多了起来，加上我一号座位的便利，交往日益密切。两位女同志的丈夫，一个是工商联的科级干部叫王跃宗，一个是甘肃省戏剧学院院长姓姜，来往多了，我和王跃宗、姜院长成了朋友。1973 年我回归高校，调动到兰州大学，俞局长、王跃宗、姜院长都帮了我的忙。王跃宗好喝一口，尤其喜欢听历史故事，我又是单身，有事无事带上一瓶酒与王跃宗对饮、聊天，时常到深夜，第二天我一上车就打瞌睡。

我和王跃宗成了莫逆之交。甘肃省交通局恢复后，王跃宗调入交通局政治部工作。1971 年，军代表进驻交通局，军代表主任姓沈，军长职务，人称沈军长。沈军长的许多讲话，交通局下发的一些文件由政治部提供。有一部分由王跃宗起草。王跃宗原只有小学文化程度，解放前在平凉一家药店打工，新中国成立当了干部，自学成材达到大学文化程度，长期在省工商联做统战工作，有相当高的理论水平。他到交通局做政工干部由科级晋升为处级。王跃宗接受了任务常与我讨论，有一些由我起草，他润色交沈军长。1971 年 10 月初，沈军长最长篇的一次讲话，作为交通局文件下发，题目是《贯彻落实毛主席南巡谈话纪要》，一万余字，是我花两天时间完成的起草。文件下发，我自个偷着乐。

四

给车队支部书记当参谋

1972 年，兰运司全公司搞财务清理，车队的重点是清理司售人员合伙贪污车票款，全队超过 1/3 的司售人员卷入，形成运动，前后清理了半年。车队支部书记姓薛，小学文化程度，是解放初随部队到甘肃的退伍军人，陕北人。值得薛书记自豪的是他的经历，在延安给首长当过勤务兵。兰运司有好几个像薛书记这样的经历，是从革命圣地来的老同志。兰运司办公室主任常一，也是从延安来的，他经历过 1942 年整风，品尝过极“左”的苦头。常主任和薛书记两人都不“左”。清理运动开始，薛书记调我下车，到生产调度室，专门办墙报。以往墙报一期管半年，只是形式和应景，写稿的人集中在几个技术人员身上，也是应付差事。薛书记要求半月一期，配合清理运动搞宣传，调我下车脱产办这件事。我向全场维修工人和全体司售人员征集稿件，有文化的动手写，文化低的口述我记录，然后我把征集的零碎记录，有的只是一个题目，整理成诗歌、快板、小品、评论，全都署上工人的名字。墙报刊头、插画，由一个技校毕业的上海姑娘小严来画，她是维修车间的技术员。墙报图文并茂，焕然一新，老中青工人的名字赫然在墙上，吸引了全场几百职工驻足观赏。大家很高兴，踊跃投稿，换报时许多人动手帮忙，刷墙换纸，墙报办得很火。

薛书记了解我搞过“四清”，墙报的成功，他很高兴，于是让我直接参与清理运动，给他做参谋，言听计从，实际上等于是我在领导车队搞清理运动。

车队有一个老司机叫陈辅国，二级司机，工资108元，是比较高的。但他有四个小孩，老婆是家庭妇女，一家六口单靠这108元工资，生活仍然很拮据。他从1962年以来，十年间换了几个助手，有的当司机走了，有一个到了保养场当维修工。在财务清理中被揭发出来，陈师傅与几个助手都有私分票款的事，早在“文化大革命”的1966年就被揭发了，那时没有清理。这一次清理，陈师傅很老实，他一五一十交待，从1962年到1969年积累下来一千多，算是一个典型。售票员私分票款，数额较大的一律下车，葬送了当司机的前程。对司机的处理是两条：第一，写检讨；第二，退赔。陈师傅退赔一千多，等于他一年多的工资，全家人忧心忡忡，陈师傅找我替他写检讨，请我到他家做客，看一看他的家境，只有一台缝纫机还值几个钱，顶多卖100元。这台缝纫机就是用私分的票款在1964年用高价买的，按商品定价要工业券，没有工业券就用高价。陈师傅买缝纫机，为的是给全家人制衣不花钱，也使老婆有点事干，还可帮助左邻右舍。陈师傅央求我替他说情，减免一部分退赔款，他还说，现在孩子大了，

1969 年以后他拒绝了私分票款，干那事是见不得人的啊。我感到陈师傅说话很实在，是一个好同志。我对陈师傅说："公司清理财务的目的是治病救人，杜绝后患，不差这几个钱。你把这台缝纫机明天就送到车队，这是用赃款买的，退了它你就干净了，安心出车吧。"陈师傅一家非常高兴，对我千恩万谢。

当天我找薛支书谈了陈辅国的情况，抓住契机开现场会教育大家，也解放大家。不追退赔，追赃物。追了赃物叫做从哪里跌倒在哪里站起来。就拿陈师傅来说，他家拿不出钱，每月扣点工资，何年才能了结。车队前脚扣他工资，他后脚来申请困难补助，你当书记的批还是不批？退赔退物不退钱，清理运动很快了结，团结大家抓革命，促生产。薛支书表示赞同，他说："这是大事，要请示常一。"常一是一个口碑非常好的干部，"文化大革命"批斗他，下跪、戴高帽，他从不说一句假话，也不牵连一个人，责任一人承担，维护上级，保护下级。常一最早被解放，现任兰运司革委会副主任，兼生产办公室主任抓生产，抓清理。常一对极"左"深恶痛绝，他非常赞成我的办法，于是在车队以陈辅国退赔缝纫机为契机，开了一个现场会，陈师傅在现场作自我批评和检查。那些私分票款的纷纷效法，从家里搬一件家具来退赔，主动深刻检查。对售票员也从宽，他们干净、彻底退了钱款，也网开一面，不要把当司机的前程给毁了。车队清理运动提前结束，薛支书大大得了群众一票。我办了半年墙报兼当参谋，重新回到车上，景况与先前大不同，全队司售人员都很敬重我。我的车回站清洗，一些青年工人自动来帮忙。

五

以工代干借调交通厅

1972 年国庆后，我给甘肃省委组织部写了一封信，请教学习毛主席著作一个问题。1939 年毛主席就发表了《大量吸收知识分子》的文章，指出："没有知识分子的参加，革命的胜利是不可能的"，因此，"对于一切多少有用的"，"比较忠实的知识分子"，

“应该分配适当的工作”。毛主席在文章中还指出，“使工农干部的知识分子化”，“和知识分子的工农群众化”，“同时实现起来”。对于毛主席早在 30 多年前的这些教导，能不能理解为：“知识分子”这个名词还应该保留在辞典中，“知识分子”与“工农群众”相结合，相互转化，而不是取代，知识分子还应该有他们的“适当的工作”。这一理解是否有误，请示指导。

组织部把这封信转到交通厅，沈军长转给政治部，作了这样的指示：“某某以请示学习毛主席著作之名，借以发牢骚之实。借调到厅里来，限期创作一个样板戏，有真才实学提拔使用，写不出剧本，腹内空空，强化改造。”在这之前两月，1972 年 8 月，交通厅干部调整，加强领导班子，兰运司革委会副主任常一调任交通厅政治部主任。常一主任召集政治部的政工干部开会讨论我的这封信。王跃宗说：“写样板戏不是我们交通厅应该干的事，还是按我们交通厅实际工作的需要，调到厅里来做实习干部试用。”常一主任介绍了我在兰运司车队的工作情况，办墙报，参与车队的“清理财务”，表现了相当的理论水平，领导和群众都满意，有培养的前途。由于我是工人编制，不能直接调入交通厅。最后，政治部讨论的结果，用“以工代干”的名义，从兰运司借调到交通厅监理处，作实习干部试用，参与一年一度的全省交通安全检查工作。沈军长同意。1973 年元月，我被借调交通厅监理处，编制仍在兰运司，工资仍在客运总站车队司售人员的工资单领取。

我到交通厅报到后，常一主任和我谈话：“好好工作，实习一年转正干部，正式调入交通厅。要靠近组织，争取加入中国共产党，不入党，当干部不牢靠。你是一个人才，国家培养不容易。你能用上专业知识，我绝不阻拦，给你创造条件。”常一主任的话使我非常感动。群众的眼睛是雪亮的，常一主任的口碑实至名归。

交通厅监理处监管全省汽车交通安全。我参加了 1973 年的年度巡察工作，从 3 月至 5 月，用了 3 个月的时间把甘肃省河西走廊以东地区各地级县级的客货运输单位、长途客运站，跑了一个遍，检查交通安全工作，包括规章制度是否健全，安全措施是否落实，车况是否完好，以及重大事故处理等方方面面的事情。检察组有三个人，因是常规检查，比较单一。三人中，一个是监理处副处长，任组长，他负责检查工作，发布指示。我是其中之一的成员，负责作检查记录，回到厅起草一份交通检查的情况报告交组长。还有一个是专职司机，开一辆吉普检查车负责检查组的交通与安全，同时负责对被检查单位的汽车抽检。历时三个月，使我见识了一次“钦差”式的巡察经历。

六

众人相助归队兰州大学

交通安全检察结束，1973 年 6 月初我造访俞华局长。他高兴地告诉我一个好消息，他的一个老战友，姓赵，调任西北民族学院任党委书记，一个月前他就与赵书记谈了我的问题，赵书记表示接收。俞华局长问我愿不愿去西北民族学院任教，我很高兴地表示同意。俞华局长立即拿起电话与西北民族学院赵书记通了话，我的事情就这么简单有了结果。俗话说，好事多磨，简单的事复杂起来，牵动了许多的人，一波三折的调动故事，这仅仅是一个开头。俞华局长还真把我的事放在心上，着实让我激动不已，下放劳动一幕一幕的镜头在我辗转反侧中闪现了一夜。

由于我是工人编制，两个单位之间不能作为干部调动。甘肃省戏剧学校姜校长的老乡姜淑媛，同村同宗，在甘肃省委组织部工作，她建议由交通厅把我的档案上报组织部，说明我是劳动锻炼的大学生，由省上重新分配。西北民族学院接收，就可以到组织部去看档案，商调。我把情况向交通厅政治部主任常一同志作了汇报。常一主任果然信守承诺，他对我说：“我真舍不得放你走，但你能用上专业，我支持。”这时交通厅的人事处长姓陈，横插一杠，陈处长向交通厅常务副厅长杨厅长汇报，不要放我走，他建议把我安排到交通汽车学校去当政治教员，这显然不是我适宜的工作。常一主任有办法，他对杨副厅长说：“张某是工人编制，交通厅人事处只管理干部不管理工人。甘肃省没有几个北大毕业生，还是让张某发挥他的专业报效国家。”杨副厅长不说话了，常一主任一个星期就办好了我的事，把我的档案从兰运司转到了甘肃省委组织部，姜淑媛掌控了我的档案，我的分配就由她来管。

万事俱备，却少了东风。西北民族学院那边出了问题。院长王一农派性发作，认为我是赵派的人，他管理行政，不让人事处长到省组织部看档案，拒绝我到民院。姜淑媛说她可以把我直接分配到西北师范大学，当时叫甘肃师范大学，1960 年改名，直属甘肃省教育厅。西北民族学院搁浅，王跃宗出面与兰州大学历史系联系，当然这是我最想回归的单位。姜淑媛说：“时间一拖，夜长梦多。我先分配你到甘肃师大，落实一个单位。你可以不去报到，我可以留置档案三个月。给你三个月时间，9 月下旬就必须到甘肃师大报到，过了三个月就要作废。”甘肃省委组织部在 1973 年 6 月下旬发给了我分配甘肃师大的报到证。

7 月中旬，兰州大学历史系决定接收，派教工支部书记张代经和一个政工干部系总支委员姚某两人去组织部看档案。档案中没有我的学习成绩纪录，却留下一个“走白专道路”的结论。姚委员是转业军人干部，从政治挂帅的角度不同意接收。张代经是教师，从管理教学需要业务专才的角度同意我调入，他说：“‘走白专道路’的结论，恰恰证明成绩优秀，派性语言的结论不可采信。”最后总支书记薛之时拍板，他说：“北京大学是名牌，兰州大学也是名校，进一个人要顶一个人。白专道路，只埋头业务，有缺点，世上没有十全十美的人，思想改造是一个漫长的过程，无产阶级有这个能力，不必急于求成。”

历史系决定了调入，而兰州大学人事处安科长不执行，又正值假期，历史系管不了他。从 7 月中一直拖到 8 月下旬，没有结果。原文化局有一个干部叫刘正英，北京外国语学院俄语专业毕业，他在 1960 年代初分配到甘肃省文化局戏工室搞翻译，英雄无用武之地。他被工宣队分配到天水，刘正英老师没去天水，他自己联系调动到兰州大学外语系任俄语教员，他的专业发挥了用场。刘老师与兰州大学革委会副主任张嘉宾过从甚密，张嘉宾恰好分管组织人事。张嘉宾调到西安工作，8 月下旬的一个周末，他到刘正英老师家告辞，一周后就离开兰州大学。仿佛是天意安排，偏偏那天我到刘正英老师家串门，打听了好久才找到的，自文化局解散再分配分别后三年多没见过面。我到文化局就没有工作过一天，下放劳动与刘老师不在一个生产队，可以说没什么交往。刘老师是个热心人，我们见面聊了两个多小时，也谈了当前的情况。刘正英老师说："你想到兰大，为什么不早来找我？"我说："你的专业是俄语，我的专业是中国古文献，隔行太远，没想到找你。"刘老师谈到了他和张嘉宾的关系，可惜太晚了，张嘉宾已办好调动手续，过几天就走了。这时已是晚上九点多，我准备告辞了。正在这时，张嘉宾叩门与刘老师告别。刘老师哈哈大笑："说曹操，曹操到。"刘老师把我介绍给张嘉宾，介绍了我在下放劳动时写的"三论"，文章好，有正义感，是个人才。问张嘉宾主任能不能帮点忙。张嘉宾半开玩笑说了一句："刘大教授的话谁敢不遵，何况托我办的是一家子。"说话的口气表明了刘正英老师和张嘉宾主任关系确实很密切。张嘉宾说："我已不是兰大的人了，不管事了，不过安某是我提拔的，说句话也无妨，成不成就看本家老弟的造化了。"

我和张嘉宾就是这样的邂逅相遇，他说了话还真灵，兰州大学安科长立即就办了。一周后省委组织部姜淑媛给我换了报到证。1973 年 9 月初，我到兰州大学报到进了历史系，张嘉宾主任东南飞。

老三届的大学生，在 1978 年党的十一届三中全会后纷纷回炉，就是回到毕业的原大学复读一年，重新分配工作，有一半考了研究生，相当一部分回归到高校。我在 1973 年提前 5 年回归高校，前前后后有 13 个干部帮助了我，一半的人有感于我在下放劳动时写的"三论"，其实给靠边站的那些干部什么作用也没有。但"三论"反映了我的性格，表现了我的思想倾向，也生动地说明了广大群众对极"左"是多么的深恶痛绝。

我比大部分老三届提前五年回归高校的岗位，对于我人生道路的转折和事业起步，起了至关重要的作用。

第九章　回归高校

1973年9月初我调入兰州大学，到1991年春节后调离兰州大学，我在这所名校工作了近18年。北京大学培育了我的学识，兰州大学锻炼我成才，这两所大学共同栽培了我，都是我终生难忘的母校。1968年分配时竞争辽宁师范大学的名额失败，一度灰心丧气，认为高校课堂与我无缘，谁料想五年以后又回来了，我称之为“回归”。这次回归，圆了我少年时的梦，我是格外珍惜，积极主动完成历史系给我的一切任务，我对得起这近18年的时光而且感到自豪。

一

第一堂课的考验

我进入兰州大学历史系这个团队时，原有在编教师共28名，我的进入排名自然是第29名。在教师队伍中，有两位青年教师也是1961级，即1966年毕业的大学生，一个女性，一个男性。女性那位与我同岁，在世界史教研室，男性的那一位大我一岁，与我同在中国古代史教研室，他们两位都是兰州大学本校学生，毕业于历史系留校任教，比我这个外来户有人脉优势。我明白了自身的位置，想要在这里站住脚，必须有好的表现，用俗话说，先要当好儿媳妇，以后才能当婆婆。

当时兰州大学历史系只有两位教授，一位叫张孟伦，年龄最长，已60有余，解放前就在兰州大学任教，资历最老。张孟伦主讲《中国历史文选》和《中国史学史》。另一位教授是全国知名的赵俪生，讲授《中国古代史》、《中国土地制度史》。赵先生是兰州大学江隆基校长在1958年把他从山东大学请到兰州大学的。我想跟赵俪生先生学习中国古代史，从事秦汉史的教学；领导交代，调我到历史系是接张孟伦的班，讲《中国历史文选》课，我当然绝对服从。

原本给我一个学期的备课时间，一周后，突然来了个上级指示，要兰州大学历史系开设《社会发展史》，并作为一门政治课，不仅给工农兵学员讲，还要到社会上讲，历史系以往也没有开过这一门课，所以是一门新课。按课程性质应当由讲授中国史，或讲授世界史的老师来承担，但谁都不愿意，都推托没有讲过这门课，再说他们手中都有任务，只有我还闲着，最终把任务落到我的头上，给了一周的备课时间。我赶紧到兰州大学图书馆找了几本社会发展史来拼凑，记得有一本是山东大学华岗教授编写的小册子，我以它为基础，还参照中国历史，世界通史，一边备课，一边构思讲义。边讲边写，经过一个多月的紧张工作，居然编了一本十余万字的“社会发展史”讲义，按原始共产主义社会、奴隶制度社会、封建制度社会、资本主义制度社会、社会主义制度社会五大块，十余讲。课时设置，周课时两节，包括考试共 15 周。每周上一次课，单是这一门课，工作量蛮轻松。但是我并不轻松，要备课《中国历史文选》，当时取消了这一名称，改为“法家著作选读”，所以给了我一个学期备课，现在增加了社会发展史，备课时间相当紧张。

我临时受命讲《社会发展史》，由于是新开设的课程，也没地方去请教，但确也留下了开拓的空间，我可以自由发挥。上第一堂课，系主任和系里一位很有威望的杜老师听课，我没有上课的经历，感到很紧张。我备完课，自己对着镜子讲了两三遍，还不放心，请夫人作听众，又讲了一遍，差不多就要背下来了。系主任姓汤，他是新中国成立之初 1950 年从美国回来的一批爱国知识分子之一，一直在兰州大学历史系任教，讲世界史，担任系主任。杜先生是 1956 年北京大学历史系研究生毕业，出自名师邓广铭之门，极有演说能力，大家奉为楷模。由于《社会发展史》是特设的一门政治课，还要承担社会讲座，所以系主任不敢掉以轻心，他请杜先生一起听课。我起初有几分钟的紧张，说话也不顺畅，但很快就定下心来，“目中无人”，就当做两位老师没在场，因为讲稿都快能背下来，我特别注意说话的口气，尽力把节奏放慢下来，获得了较好的效果，我的第一堂课得到了系主任和杜老师的首肯，在讲台上，叫一炮走红。以后系主任再没有安排人来听课，我被检查过关。我的成功，还要感谢夫人，她毫不留情的批评有很大的帮助，例如放慢语速，要讲，要说，不要背，要有快有慢有节奏等等，说得很仔细。

10月，系里派我先后给兰州市三个军事单位作学习社会发展史的报告。第一次给驻兰州某团作报告，团部在兰州市华岭坪，时间是一整天，上午、下午各三个小时。第二次是到兰州市雁滩兰州军区卫校作报告，时间是下午两点。听众除卫校学员外，还有开会的军人，共有听众一千余人，在卫校大饭厅。听众每人带一个马扎，先在操场集合，以军事队形喊着口令到讲厅，雄赳赳，气昂昂，声势壮阔，我第一次见这阵势，十分紧张。好在入场差不多七八分钟，我慢慢平静下来，讲开了也就气定神闲，一口气两个半小时，结束时赢得了热烈的掌声，我自己也感到满意。这两次报告反映到系上，总支书记向我祝贺，鼓励我再接再厉。第三次是给兰州市三爱堂兰州军区第一陆军总院医护人员作系列讲座，对社会发展史作五场报告，每一种生产方式作一讲，每周一讲。第一讲出了洋相，是一次令人不堪回忆的失败。也许头两次的成功使自己有点放松，主要原因是自己经验不足，缺乏应变能力，意外事件发生慌了手脚。本来第一讲是“原始共产主义社会”，主持人告我改为第二讲“奴隶制度社会”，由于陆军总院的讲座提前了一周，请甘肃师大某教授讲过了。我带了第一讲的讲稿，没有带第二讲，其实讲稿作用并不大，因为不是照本宣讲，只起备查作用。有了讲稿心底踏实，没了讲稿心底慌乱。第二，主持人称第一讲请了甘肃师大某教授，这不过是一个敬语，甘肃师大历史系也只有两个教授，年龄也较大，他们不出来作讲座。我由于心慌，把主持人称的某教授当真的想象成一个教授，有一个阴影在脑子里转，仿佛某教授在看着我。有这两个原因干扰，我不会讲了，结结巴巴，头上冒热汗，身上出冷汗，耳朵嗡嗡作响，真的恨不得有个地缝钻了下去。我强作镇定，两个小时好不容易支撑下来。陆军医院的医护人员有军人风度，他们静悄悄的没有起哄。余下三讲，我作了精心准备，挽回了一些影响，最后一讲告别，也得到热烈的掌声。

在三爱堂陆军总院第一讲的失败，心中的阴影久久不能抹去。站讲台，马虎不得，一不留神就要吃大亏。从此以后，我备课一定要有两讲，留一手备份，失败也是经验。

二

开门办学

1974年到1976年，连续三年的工农兵学员，半年在校，半年下乡边劳动边上课，称之为开门办学。下乡地点在甘肃永登县、河西走廊武威市、酒泉市。永登县离兰州市130公里，武威市离兰州市270公里，酒泉市离兰州市300余公里。工农兵学员每届有半年的开门办学，一个学期，在乡下四个月左右，考试两周返回学校，中间不得请假。

开门办学的地点不仅离兰州市远，离地方县城也有一二十公里，乡下生活艰苦，还有半天的劳动。因此，总支书记、系主任、工宣队都不愿下乡。教师上课每一门集中两到三周，每次两个教师下到开门办学地点上课，这两到三周，学员就集中上这两门课。带队的只有两个人，一个是办公室的萧主任，一个就是我。每期开门办学总是我们两个人。萧主任是安置的复转军人，共产党员，纪律性强。还因为他老婆在老家农村，陕西人，萧主任是单身，年轻力壮，办公室主任，带队就是他分内的事，我是教师代表，“末位议员”，受到“优惠”，也理所当然。总支书记、系主任、工宣队临行前严肃地宣布，由我们俩人共同代表党总支、系领导、工宣队，生活由萧主任负责，教学由我负责，只有一人在位的时候，一个人负全责。萧主任每一期总要借故返校一次，嘴上说的是一周，实际半月多，这时就剩下一个非党员青年教师，代表党、政、工，这是属于“奉命于危难之间”，还是“岂非咄咄怪事”，也没有人去做考证。

我非常安心于下乡去“开门办学”，有两个原因。我喜欢不停地有事干，十分憎恶懒惰的人。开门办学与一群年青学子打成一片，同吃同住同劳动，也别有一番乐趣。当然，更主要的原因，教学完全由我说了算，我有最大的开课自由。《法家著作选读》即《中国历史文选》，每周四节，开两年是历史系的一门主课和基础课，工农兵学员缩短了两年学制，当时为三年，《中国历史文选》课时缩减一半，为每周两节。开门办学我恢复为四节。《法家著作选读》太单调，我增开了《史学入门与文史工具书》、《目录版本》两门课交叉开，每门一学期，每周两节。我多开了课，增加了品种，领导、教师、学员，各方面都满意，我获得了最大的课堂锻炼。

开门办学还积累了课堂教学小时，为后来的职称评定奠定了雄厚的基础。

三

主持学术讲座

1977年高等院校恢复高考，结束了工农兵学员推荐入学的办法。1978年恢复教师的技术职称评定，教学秩序转入正轨，高等院校满园春风，一片欣欣向荣。当时教师的积极性都很高，觉得前途似锦，有了奔头，兰州大学已经开始议论学分制，开选修课等话题。1979年我向历史系提出举办学术讲座，介绍了北京大学1960年代的“星期日讲座”。我提出以兰州大学本校教师为基础，吸收外校外国学者来校演讲，打破系与系之间的壁垒，开门办讲座，讲题提前两天贴出海报通告全校。讲座每周最多一次，不定期举办，但要持续不断，我提出举办一百场。系领导非常重视，汇报学校，校领导支持，历史系成立一个三人小组共同主持讲座事宜，我为小组召集人，另两位同志也非常热心，我们轮流主持，全都是义务的，不拿一分报酬。

当时不断有国内国外的学者到敦煌参观。兰州是必经之地，兰州大学把他们请到校园尽东道主之宜，请他们作一次学术演讲，戏称“留下买路钱”。有的学者因时间来不及或不便作学术报告的，开一个小型座谈会也可以。有几位美籍华人学者，以及日本关西大学著名的汉简研究专家大庭修教授都被请到兰州大学开座谈会，他们都是到敦煌参观路过兰州的学者。座谈会讲一些西方学界的故事也挺有意思。一位美籍华人教授

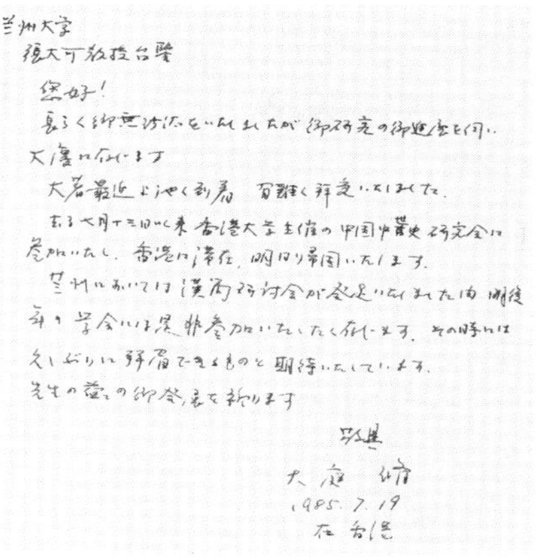
兰州大学
張大可教授台鑒
您好！
長らく御無沙汰をいたしましたが御研究の御進展を伺い大慶に存じます
大著最近ようやく到着　有難く拝受いたしました。
去る七月十三日より来香港大学主催の中国中古史研究会に参加いたし、香港に滞在、明日帰国いたします。
蘭州においては漢簡研討会が発足いたしました由　將来学会には是非参加いたしたく存じます。その時には久しぶりに拝眉できるものと期待いたしています。
先生の益々の御発展を祈ります
敬具
大庭脩
1985.7.19
在香港

日本学者大庭修信函

在座谈会上讲了1964年中国爆炸第一颗原子弹，改变了一些学者命运的故事。美国有一位研究中国的教授，在1964年写了一本书，专论中国的原子弹研究，他的结论是：“依据以上的研究，在二十年内，中国的核技术还达不到爆炸原子弹的能力。”结论写在最后一章。书已排版校定，但不付印，这位教授说再等一等，放到1965年的元旦前后出版，结果中国的原子弹在1964年10月爆炸，这位教授立即改了他的结论：“依据以上的研究，中国的核技术已达到随时可以爆炸原子弹的能力。”这位教授立即走红，成了美国国务院的座上宾。美国的许多大学开设了中文课程和中国历史，使一些在美国找不到工作的台湾留学生找到了教中文课的岗位。讲故事的美籍华人教授还讲到，毛泽东逝世后，一个月内美国出版了十部毛泽东传，预测后毛泽东时代的中国政治。这些毛泽东传，也是早就写好了，临到出版时修改最后一章。美国的社会科学研究，很注重实用性与时效性，有些事看起来很神，其实不是那么一回事，还是中国本土学者的研究更扎实。

在讲座中也发生过误会，甚至引发学者之间的非学术性争执，还挺较真。大约是1982年或1983年，兰州大学历史系赵俪生教授带了五个研究生毕业，请中国社会科学院历史所田昌五研

究员为答辩人之一。我因主持讲座的关系，参与接待田昌五。田昌五坐 44 次列车到兰州，晚 10 点之后到达。赵俪生先生早先在中国社会科学院工作，还做过郭沫若院长的秘书，对田昌五来说是老前辈，自然不会到兰州火车站去迎接。赵先生派他的夫人高昭一出马与我一起到火车站迎请，规格也算可以了。当接人小车进了兰大校园已经过了晚 11 点，田先生没有征求高昭一的意见，直接说："太晚了不便去打扰老先生，明天再去拜访赵先生。"田昌五直接到了招待所。招待所在家属院，离赵先生的住所楼只有数十米。我当时不懂人情世故，没有出来打圆场，觉得田先生说得有道理，高昭一先生是主人，不便说什么，客气一下走了。原来赵先生并未入睡，他坐等田昌五先生上门寒暄，结果一场空，也许这是误会的开始。

第二天晚上，田昌五先生作学术报告，讲"亚细亚生产方式"。赵俪生先生和夫人与我一起都在第一排听众席作陪。田先生演讲没有向全场表示感谢赵先生的话，我作为主持人在结束时也提了一句感谢赵先生在百忙中来到会场，请赵先生说几句，这当然只是一个过场，赵先生一挥手就走了，流露了不满情绪。田昌五先生不拘小节，他演讲过程中一会儿解开中山装的纽扣，一会儿又扣上。他坐着讲，有时又站了起来，还不时做出卷起袖子的动作。演讲时口气也太过自信，"我认为怎么样，怎么样"。总体上报告很成功，但田昌五先生的一些姿势细节，很让赵先生及其夫人看不惯。

在研究生论文答辩中两人的争执公开爆发。研究生答辩了三个人，赵先生不开会了，还把电话直接打到社会科学院，社科院电话召回田昌五。我陪田昌五先生在兰州自由市场买了些土特产把他送走了。事后赵先生及其夫人给我讲了上述细节，也谈到了学术上的一些事。据说高昭一先生写有回忆录细说了这一桩公案，但我没有看到。我这里记述的是亲历，中国人讲究面子，知识分子更甚，有许多著名学者之间有点离谱的学术争执，其实有可能就是一些芝麻蒜皮的面子故事。

兰州大学的讲座，校内知名教授都登场演讲，赵俪生教授作了多场精彩的演讲，特别是对胡适学术的专场报告很引人注目，赵先生肯定了胡适“大胆假设，小心求证”的实证方法，在1980年代初有打破禁忌开风气之先的作用。讲座接待了许多兄弟院校以及国外的学者讲学。有北京大学的吴小如、周祖谟，中国历史博物馆的傅振伦，东北师大的冯君实，武汉大学的陈国灿，华中师范大学的张舜徽，四川南充师院的柯昌基，日本学者滕枝晃等。一时间学术空气很活跃，《兰州大学学报》作了报道，但是百场讲座没有坚持下来，大约讲了四五十场，1985年以后不了了之。

四

评职趣事

1978年，全国普调工资，教师加上评定职称，可以说是双喜临门。可惜评职加薪分批进行，制造了一些人为矛盾，至少也是美中不足。由于“文化大革命”职工工资被冻结了12年，1978年加薪若是普调一级，肯定全国人民皆大欢喜。偏偏不是全体职工普调加薪一级，而是百分之八十。计划经济，社会各行各业的职工被钉牢在各个单位，靠工资生活，被称为“铁饭碗”，又被戏称为“吃大锅饭”。工资有差别，但不悬殊，所以叫大锅饭。大家都吃大锅饭，生产积极性都差不多，评职加薪，基本定律是按资排辈。既然按资排辈，只有百分之八十的人加薪就不合理，隐伏着尖锐的矛盾。一次性提升百分之八十是大多数，而分批进行，每一次百分之四十，都是少数，无疑激化了矛盾。也许分批进行的目的是调动群众的积极性，事实证明，矛盾的加剧恰恰是挫伤了群众的积极性，还使得“文化大革命”制造的派性又沉渣泛起。

教师最重视职称评定，职称符号既是对教师个人业绩水平与劳动成果的一个鉴定，也是一种激励机制。教师晋职，特别是获得高职，不只是一种荣誉感，更是一种社会责任感的提升。公平公正提职，可以净化人的道德品质，不公平不公正的提职，只能煽起人性恶的一面。

为了行文方便，对评职教师大学本科或研究生毕业的年份称某某年届。1978 年评定职称分上半年和下半年两批进行。1978 年上半年评定 1953 年到 1956 年共 4 届毕业的大学生和研究生，兰州大学历史系共有 4 人，他们原有讲师职称，三人晋职副教授，一人未晋职。1978 年下半年评定 1957 届到 1959 届共三届，全都定职为讲师。评定过程较为稳定，因为基本原则是按资排辈，程序是民主评议，参评的人定职讲师百分之百。

评定职称的程序，全过程分为四个步骤。第一步，参评的人要写申请，被划定时间段的人，人人都要写，本人放弃职称评定，也要写一个书面说明。没有划定时间段的人，也可以写申请破格参评。其实这民主氛围不过是一个姿态，全校既没有一个人放弃职称评定，也没有一个人破格申请。第二步，民主评议，申请参评的人在评议会上自我介绍任职教师以来的业绩和完成的教师工作量。当时很少人发表学术论文，主要工作量就是课堂教学时，评议会以教研室为单位全室教师参加，理论上人人都可发言对参评人的业绩评价，实际上不参评的人，只是带一双耳朵听，谁也不会去多嘴，即使发言也是唱赞歌。第三步，学术委员最后审议评定。第四步，本人签字认可评定的职称，至此评职程序完成，上报甘肃省教育厅，等待通知，发证。

这是 1978 年的评职程序，比较正规，比较认真，随后情况发生了变化。

1979 年 3 月兰州大学下达了评定 1966 届到 1978 届的职称，也就是把老三届五年制的大学生与“文化大革命”期间三年制的工农兵学员放在一个档次，而且越过了 1959 届到 1965 届这一时间段的教师，十分蹊跷。评职文件称：原则上定级为助教，接受这个定级的不召开评议会，1966 届个别突出的可以定职为讲师，按本人申请召开评议会评定。1979 年，兰州大学在编教师约 1700 人，1966 届 60 余人，占全校教师的比例不到 4%，当然是极少数，但在 1966 届到 1978 届这一时段的参评人数占了过半，1966 届集体抵制也是在情理之中。不过 1966 届教师的多数没有多少课堂教学时，所以采取了消极抵制的办法，写的申请为参评讲师，不提出开评议会，系里爱怎么定职就怎么定。积极的抵制就是要求召开评议会，要一个说法。兰州大学历史系1966届有三人，其中两人在中国古代史教研室，一人在世界史教研室。三人中另外两人没有提出召开评议会；另外有四个工农兵学员留校任教师，申请的就是助教，也不开评议会。我申请了讲师职称，要求召开评议会。1979年3月中旬，历史系中国古代史教研室召开了评议会，申请人只有我一人参加。

兰州大学是一所综合型的教育部直属重点大学，在1950年代和1960年代，对教师的素质要求还是很高的，拿历史系来说，过半数教师是来自北京大学、复旦大学、山东大学、四川大学等名校的本科生，一般要坐三四年冷板凳，也就是当三四年助教，然后到四川大学、复旦大学等名校进修一年备课，才上讲台。以1957届为例，他们上讲台已在1960年之后，由于历史的原因，他们积累的课堂教学时多的只有400多节课堂教学时，个别双肩挑的教师才只有几十节课堂教学时。我虽然只有五年多的教龄，可是开门办学课时多，我总计积累了470节课堂教学时，与1956届的相等；还编写了四本讲义：《法家著作选读》、《社会发展史》、《史学入门与文史工具书》、《目录版本》近一百万字，而《法家著作选读》还是铅印本。我有这样的雄厚资本，所以在1978年评职时，李某老师就对我说："老张，你也够讲师了，也可以申请参评了。"我笑了笑说："按资排队轮到我的时候，请你说话。"

年历一翻，轮到我评职了，评议会沉默，没人肯说话。主持人与我商议，劝我退一步，接受助教定级，评议会不开了。已经走到了这一步，我没有后退之理，回应说："既然召开了评议会，还是让各位老师发言吧。如果沉默半小时没人发言，那就是默许通过。"又过了一会儿，已晋级为副教授的马某老师发了言，他是1954届北京大学翦伯赞的研究生，是系里的资深教师，说话有点口吃，他说："按，按北京大学的标准，张，张先生够讲师标准了。"我应声回答："马，马先生，按，按你的说法，兰州大学的水平高于北京大学了。”这时李某先生发言了，他说：“评定职称不是按数量，按数量是统计员的事，就不用开评议会了。”我回应李某说：“半年前你说我够讲师了，半年后反而不够了，这半年的数量又该怎么计算呢?”李某无言以对。主持人发话了，他说：“毕竟你没有科研成果。”评议会已无法进行。我站起来说了一句：“什么叫科研成果？指的是发表文章吧？既然是这样，那就等着瞧。”会议不欢而散。

1966 届的抵制，打乱了兰州大学的评职计划。助教的定职，迟到 1979 年 10 月才宣布，但对于 1966 届，仍缺失本人签字这一程序。1959 届到 1965 届的评职推迟到 1980 年进行。1966 届不承认助教的定职，继续写申请参评。按规定，评定职称未满一年不得再申请参评，由于 1966 届定职助教，本人没有签字，规定失去了效力，1966 届获得了重新参评的机会。1980 年的职称评定，1959 届到 1965 届全部定职为讲师，1966 届有过半数 34 人定职为讲师，这个结果是较为公平的。

五

评职催生了处女作

1979 年，我已临近不惑之年，39 岁，还没有发表过一篇文章，看报纸杂志，总是眼高手低。主持人在评议会上说：“你没有科研成果。”此话说到了痛处，人年青，血气方刚，一激动说了大话，自己把自己逼上了梁山，若不来点真格的，一辈子都得夹着尾巴作人了，此时退缩，也会丧失自信心。趁热打铁，当天晚上就行动起来，沉思了几个小时，构想论文题目。我想搞秦汉史，他们说我不是科班出身，兰州大学历史系搞秦汉一段的师资力量最强，既然写篇文章给他们看一看，就选定秦汉史，可以说是一箭双雕。写历史人物评论，目标集中，我把秦汉时代的大人物理了一遍，秦始皇、汉高祖、汉文帝、汉武帝、汉光武，都是伟大的帝王；张良、萧何、邓禹等是著名的开国功臣。人物评论，难以有定论，还是评论历史事件更有价值，或者写战争，比如秦并六国、楚汉相争，这些都是大题目。事件小了不引人注目，事件太大了难以驾驭，经过了三天的反复权衡，最终选定了“论文景之治”。

题目选定以后，接下来制定了一个写作提纲。白天到图书馆报刊阅览室翻阅资料做提要，写札记；晚上在家翻《史记》、《汉书》，作卡片。花了半个月时间摘录资料数万字，积累卡片数百张，札记、论文摘要上百条。接下来动手写论文，形不成整篇文章，就写条条，提出若干问题，一一解答问题，一题一条，戏称先造零件后组装，又过了半个月，写了约十万字的札记、条条，还没有形成论文。如何组装已有层次，我拿出百米赛跑最后冲刺的劲头，硬着头皮写，经过三天三夜的苦战，终于写成了一篇论文，约两万五千字，松了一口气，大睡了一整天。第五天动手修改，要压缩到一万字左右。当时杂志征稿，普遍以八千字为宜。论文开头写文景之治的背景，以秦末农民起义为核心勾勒秦汉易代，有七千字之多，显然是头重脚轻，整篇文章是个大头鬼。写成这个样子，思路受范文澜《中国通史简编》让步政策论的影响，同时也是在套用毛泽东的理论：只有农民战争才是推动历史前进的动力。写完自己都读不下去，扪心自问：“历史的动力真是这样的吗？汉文帝、汉景帝已隔了两代人，还在对陈胜、吴广的呼喊胆战心惊吗？”答案是否定的。贯通中国历史，秦汉以来发生多次改朝换代，中国农民战争大大小小几百次，中国农民战争规模之大，数量之多，居世界之首，为什么没能把中国推向资本主义，反而使封建专制主义百炼成钢？让步政策论，农民战争动力论，要重新思考。经过了两天的思索，重新理了思路，再次修改，大笔一挥，把七千多字的秦末农民起义背景大力砍杀，半个小时，一气呵成。改文章的第一节《文景之治的背景》为《秦末农民战争后阶级斗争形势的转化》，一千余字，提出了“汉初政策是以调整阶级关系为手段来重建封建秩序”的论点。一个和谐社会的国家政权，不应当是一个阶级压迫另一个阶级的工具，而应当是调和阶级关系的公权力机关。这一见解既反对让步政策论，更反对反攻倒算论。把这一见解直接写出来，当年会被认定为离经叛道，文章不可能发表，即使发表了也有可能吃不了兜着走。但这一理论见解运于笔端，化为行文，虽然晦涩，却也畅达而有新意。逐段推敲，三天之内完成了定稿，有 11000 字，自己满意，立即投给了《兰州大学学报》。掐指一算，前后写作，整整 40 天，经过了选题、摘抄资料、写分论、组装成文、修改定稿五个阶段，多次易稿，终于完成了一篇自己满意的处女作。

我与《兰州大学学报》主编唐少卿还谈得来，我要求他亲自处理，如果不用，尽快退稿。时间大约在 4 月末，十天后，唐少卿亲自把论文交给我说："我想快一点，审稿人找了贵系的某某，他说是一篇大字报。"我一听气炸了肚皮，立即换了一个信封，当天就投到《历史研究》。两星期后，于五月下旬收到署名回信，写信人是《历史研究》编辑田居俭。回信说，"本刊初定发表"，信外又一便条说"请贵系出具政审函件"。历史系也痛快地开具了政审的证明。

1979 年《历史研究》第 7 期发表了《论文景之治》，在这之前兰州大学历史系只有两人在《历史研究》发表过文章，我的文章是第三篇。当时稿酬千字 6 元，11000 字，66 元。我到传达室取汇款单，传达室姚师傅说："恭喜你发财了。"我说："66 元就叫发财吗？"姚师傅说："你还嫌少，你一个月拿多少？"当时我的月工资 64 元，一篇文章的稿费超过了一个月的工资 ，那年头多拿一个月工资就算发财了。

7 月末高考阅卷，每天一元三角，阅卷一星期，还不到十元，人们也很看重。历史系的教师除两个教授外，全都参加了阅卷。正在这当间第 7 期《历史研究》传来，大家看到了褒也不是，贬也不是，当面没有人提起，背后窃窃私语。那位审稿先生在背后评头论足："堂堂《历史研究》成了大字报专栏。"有人把话传到我的耳里，我在心中又说了一句狠话："再写一张大字报换一个发表单位给你看看。"1979 年的暑假 8 月份我又忙了起来，这一次只写了二十多天完成了《试论昭宣中兴》一文，5000 字，投给了《光明日报》。10 月 2 日刊出，占了半个版面。《光明日报》发表五千字，算是大文章了。9 月，《论文景之治》，在《新华日报》

上全文转载。

两文一出，在全国都产生了影响。我有一位远房堂兄，1953年长寿湖水电站招工，他成了一名水利工程的建设者。1979年他在云南某地从事水电建设，看到了《光明日报》的文章，特地回到四川老家，一来看望他的同胞兄长，二来向我祝贺，同时也看一看是否是同姓名的人写的文章。

六

放弃读研，放弃留学美国做访问学者

人生道路要走适合自己的路程，好高骛远、见异思迁，都可能走弯路。我在兰州大学工作期间，有一次读研究生和一次留学美国做访问学者的机会，这与我已经踏上的路径不是一个方向，我放弃了，另有自己的目标。

1978年，教育部委托吉林大学于省吾教授为十所重点大学培养一名中国古文字学专业人才，招收一届特别研究生班，研究生由各高校保送一名中年副教授，学成返校。教育部给了兰州大学一个名额，在中文、历史两系中遴选。领导找我谈话，通知我这一信息，并说学校领导与文史两系沟通，决定送我到吉林大学读研，将来在兰州大学开展古文字研究，与西北的考古相结合，前途无量。尽管我没有职称，但是北京大学古文献专业毕业，是恰当人选，兰州大学破格选送。领导原以为我会感谢有加，没有想到我会谢绝。1982年，上级给兰州大学历史系古代史教研室一个研究中西交通史的名额，留学美国做访问学者两年，去美国之前先到西安外国语学院进修英语一年，条件是中青年教师。我们三个1966届我是最恰当的人选，其中一位摆出了志在必得的架势，但她不是最有竞争力的人选。在1980年代出国留学，尤其是公费留学，做访问学者，机会难得。在人们观念中，喝了洋墨水，高人一等。有一位教师很形象地对我说："张老师，这机会你还不争取，不留学，当了教授也是土的。"但是我无动于衷，没去竞争，那位想去美国做访问学者的同事顺利入选。

搞中国古文字研究或中西交通史，已经不是我要选择的路径。专业选择应当是高考时候 20 岁左右青年人的选择，俗话说，“三十而立”，1978 年我已 38 岁，1982 年我已 42 岁，这时再做专业选择，不是好高骛远，就是见异思迁，岂不是在浪费生命。我个人的青春年华，从专业角度已虚度了九年。我比大多数老三届大学生有优势，就是我早回归了高校五年。1978 年老三届回炉或考研，那是迫于无奈。我已经有了五年的教龄，接受了领导的安排，已安心于《中国历史文选》的教学，自己选择了中国文献学和秦汉三国史的研究方向，并做了中长远的计划，要上路奔跑了，一个人的精力和时间不允许我再停下脚步休整，或选择别的道路了，这是我放弃读研或留学美国做访问学者的根本原因。

1978 年我自信具有评定讲师的条件，我当然不肯延误几年去读研究生。1982 年国家宣布高校暂停评定职称，到 1985 年正规化评职，我的目标是力争 1985 年破格晋职教授，更不肯延误时间兜圈子，何况我的外语不好，没工夫去进修。我在兰州结识了一位甘肃工业大学讲公共课的教师，他讲中国共产党党史。他给我讲，中国共产党的早期领袖有三种类型，以刘少奇为代表是留苏派，以周恩来、邓小平为代表是勤工俭学派，以毛主席为代表是山沟马列主义派。当然这都是老百姓聊天的闲话。我借用这位朋友的闲话，戏称自己做“山沟马列主义派”，就当一个土教授，不喝洋墨水了。

我还有一个机会，在 1982 年可以调动到北京大学中文系古文献教研室工作，现在叫古文献中心。1982 年阴法鲁教授复出任古文献教研室主任，写信给我，愿不愿意到他那里工作。在北京大学任教是我最高的理想，但这个机会与破格教授比较，两相权衡，谁是熊掌谁是鱼呢？能否两者兼顾提职教授后再调北京大学呢？调动到北大是现实利益，破格教授乃是三年以后的预期，进了北京大学提职教授那也是早晚间的事，按常规思维，调动北大无疑是熊掌。但当时，我作出了取鱼而舍熊掌的选择。四年后，1985 年我实现了破格晋职教授，可阴先生已不在领导岗位上，我回不了北京大学，这是自己的选择，并不后悔。

七

一场学术风波

1980年《兰州大学学报》第1期刊发了中文系副主任李伯勋的文章《司马迁生卒年考辨——驳王国维〈太史公系年考略〉》。此文一出，引发了1980年代初学术界重提司马迁生卒年的大讨论。该文还在兰州大学校园内引起了一场学术风波。中文系资料室韦民安先生向兰州大学党委举报，说李伯勋的文章是剽窃郭沫若、李长之等人的文章，详细作了论点、论据的资料对照。1981年初，有一天我被通知到辛安亭校长办公室开会。参加会议的有九个人：中文系副教授三人，历史系副教授两人，加上我也是三人；还有三人是辛安亭校长、中文系总支书记李希、学报主编唐少卿。唐少卿主持会议，介绍情况。校党委书记刘冰接到中文系韦民安的揭发报告，指示由辛安亭校长亲自挂帅成立学术调查组，辛校长任组长，李希、唐少卿二人任副组长，由历史、中文两系各抽调骨干教师三人为组员，彻底查清这场学术公案。当时兰州大学文史两系没有几个正教授，副教授已经是资深老教师了，例如中文系祝敏彻副教授是1950年代初北京大学王力的研究生，参与王力主编的《古代汉语》教材编写。历史系马植杰副教授是北京大学翦伯赞1954年的研究生。六人小组只有我一人是刚提职的讲师，因为1981年我已开设了《史记选讲》的课程，于是忝列其中。唐少卿介绍情况之后，辛校长传达了刘冰书记的指示，大意是说："兰州大学是一所全国知名的重点大学，出了剽窃这样的事很不体面，一定要查个水落石出，要作出是与非的评审结论。如果揭发不实，也不能容忍诬告。兰州大学的学术调查组作不出结论，就请外校专家评审，那就是兰州大学无人。"辛校长说完，请大家发表意见。

这是突如其来的事件，大家没有思想准备。参加会议的教师都是领导圈定的，事前没有说明，征求个人意见大家会推托不参加。如此兴师动众，调查一个学术事件，在兰州大学是史无前例的。刘冰书记原任清华大学党委书记，作风硬朗，办事雷厉风行。他调来兰州大学不久，新官上任三把火，校党委不容忍“文革”遗风，也许是借此大力整顿，有点小题大做。大家心里都明白，这场学术风波的背后是不合理的调资引发的矛盾。十年“文化大革命”，大家都是混日子，韦民安资格老，管理资料室，没有功劳有苦劳，得不到加薪，落到谁的头上都要窝火。韦民安与李伯勋两人在“文化大革命”中是对立面，派性遗留影响了韦民安提薪，他抓住机会把问题直通校党委，就是要把事情闹大，所以刘书记授命辛校长挂帅来处理。

会议沉默了一阵，唐少卿为了打破冷场的局面，就点名让我先发言。其他教师也顺水推舟说：“张先生你开《史记》课就说说你的看法吧。”我也没有推辞的理由，于是先发言。我对辛校长说：“辛校长，先说一个题外话可以吗？”辛校长鼓励我，让我放开说。我说：“辛校长，李伯勋是发表文章，应是学术问题，韦民安有意见，应当写成文章来争鸣，但他用揭发的形式，上升为品质和政治问题，领导直接介入，岂不是定性了？学术问题，要用学术的方式来解决。”唐少卿接过话头，直截了当地说：“张先生，你的意思是辛校长、李希书记要退出去，是这个意思吧？”还没等我发言，辛校长表示赞同我的意见，李希同志也赞同，让我说一说，如何按学术方式解决问题。我说：“按学术方法，校党委把揭发信批转给《兰州大学学报》，责成主编唐少卿为召集人，组织学术调查组审议学术问题。”辛校长说，由他向刘冰党委书记作汇报，听候通知。第一次会议以严肃开始，而以轻松结束。几位教师都赞同，没有领导大家才可以畅所欲言。

刘冰书记同意降低学术调查组的规格，改由学报编辑部出面组织。但同时指示：“工作要过细，每周开一次研讨会，每一次由一个教师重点发言，两个月之内作出评审结论。”用如此之长的时间作学术调查，表明了校党委的重视和查个明白的决心。参加学术调查组的六位教师，每个人都不得走过场。校党委如此重视，这场学术调查的工作马虎不得。大家都认真地翻了一些书。对我来说，结合《史记选讲》的教学以及《史记》研究计划是难得的一个推动，我调整计划，把司马迁的生卒年、《报任安书》的写作年代、司马迁的行年、《史记》断限等相关疑案作了通盘的考虑，我改变了1960年代自学《史记》时对司马迁生年的观点，从支持郭说转为支持王说。郭说，指郭沫若的观点，主张司马迁生于公元前135年。王说，指王国维的观点，主张司马迁生于公元前145年。用司马迁行年来按核生年，例如汉武帝元朔二年，公元前127年移天下豪富实茂陵，董仲舒、司马谈等京官、游侠郭解均入籍茂陵。是年司马迁在茂陵见郭解，第二年元朔三年二十壮游江南。上推二十年，司马迁生于公元前145年，十九岁入籍茂陵见郭解，十九岁之前耕牧河山之阳。若晚生十年在公元前135年，则司马迁是九岁见郭解，九岁之前耕牧河山之阳，显然不合理。理清了历史公案，对现实韦民安与李伯勋之争洞若观火，成竹在胸。

六人小组的收官讨论，并列了三种意见，提供领导参考。两人意见定性为剽窃；三人意见认为剽窃太重，有抄袭嫌疑，属于学风不正；我的意见，淡化学术结论，折中为双赢，工资的遗留问题，实事求是解决。唐少卿把会议记录向辛校长作了汇报。辛校长指示：调查组必须提供一个六人一致赞同的结论性意见，并指定由我来执笔。其他几位教师都巴不得脱身，一致推举我写评审决议，表示一致赞成。

我写的评审决议，详细罗列了韦民安、李伯勋双方的论点、论据，综合六人小组研讨的情况，把两造的文章内容各自概括为三个方面，洋洋近万言，有理有据。结论是：李伯勋的文章，综述了50年代郭沫若、李长之等人的论点、论据，虽然没有提出新意，但是简洁概述了一派学术观点的要义，有参考的价值，而且文章是自己写的，不是抄袭，剽窃之说不能成立；韦民安的揭发举报，揭示李文的论点、论据皆袭自旧说，没有创新，没有新材料，也是事实，不是诬告，但韦文把综述说成剽窃，上纲太过，不能成立。评审小组建议《兰州大学学报》以编辑部名义，把党委转来的揭发信退还韦民安，欢迎韦民安写成文章来讨论。

学校党委、中文系总支、李伯勋、韦民安各方都接受六人学术调查组的评审决议。李伯勋、韦民安两人，各自拿着评审决议向支持他的人宣称赢得了胜利。李伯勋说，他没有剽窃，韦民安说，他没有诬告。当然，最后赢家还是韦民安，他从校长每年有千分之六的特批加薪名额中晋升一级工资，平了心头的积怨。一年后，李伯勋申请调离了兰州大学。

我在这场学术风波中，由于领导授予了特殊的角色，责任重大，对我个人是一场挑战和考验，我从中学习，受益匪浅。概括说有三大收获。我得到了文史两系各位教师的尊重，极大地增强了自信心，此其一。这场学术调查的压力转化成为了动力，催生了一系列《史记》论文的写作。我在起草评审决议中完成了《司马迁生卒年考辨辨》一文，1982 年收入甘肃省历史学会年会论文集中；《太史公释名考辨》、《史记断限考略》、《史记残缺与补窜考辨》、《史记续补与亡篇散论二题》等系列论文，由此事件引发而加速提上议事日程，此其二。文史两系六位教师，非常难得聚会在一起平等、自由、轻松地开展学术研讨，由于必须要在剽窃与诬告二者之间作抉择，而六人中又明显有两种对立的主张，形成了控方与被控方两造的辩论。我们各自充当对立的律师，对己方作无罪辩护，对彼方吹毛求疵，深化了研讨。写结论的时候，要有法官的立场，结论要有理有据，充分引录双方的说辞。推论要合乎逻辑。可以这样说：研究的过程是律师的立场，撰稿成文则是法官的立场。学术研究过程经历律师与法官的立场转换，写出文章就不会人云亦云。读书学习也应当是这样。比如，我们作《史记疏证》，疏证者要站在为司马迁辩护的律师立场，对梁玉绳的《史记志疑》、李人鉴的《太史公书校读记》，就是要吹毛求疵，一条一条去辩驳它，而不是随手引用，只有这样才能发现这些大家的纰漏。反过来，我要作“史记志疑”，律师的立场是为司马迁所载史事人物辩护，对司马迁吹毛求疵，专挑《史记》的毛病。成果表述要用法官写判词的立场，尊重事实，结论有法理依据。总括一句话：通过这次学术调查，获得了治学方法的某种体悟，此其三。本节之所以详述这场学术风波，因为亲历这一事件，恰好是在进行《史记》研究的关节点获得了加油，难以忘怀。

八

史学高原上的新绿

这句话是甘肃日报社记者许维先生在 1987 年对我作专访所发文章的标题。该文发表于 1987 年 6 月 19 日。文章中提到的两本《史记》研究专著，指《史记研究》和《史记论赞辑释》两本书。

1985 年评定技术职称恢复常态，兰州大学徐躬耦副校长主持评审工作。徐躬藕是一位有很高威望的老教授，早年留学英国的博士，他组织了高水平的学术评审委员会，并最大限度地发挥了评审委员会的作用，最公平公正地执行了评审工作。他是陕北人，说话带陕北方言："这次申请评定职称的，要拿出干货来。""干货"，指货真价实的好东西，就是陕北方言。申请评定职称的人要拿出干货，就是把科研成果、教学成绩摆出来。发表的论文、出版的论著、编写的讲义、上课的课程内容、课堂教学时填表陈列出来，放在各系的资料室展览，让全系教师参观。当时参评教授的"干货"标准，要拿出七件产品，即一类刊物七篇论文。当时没有核心刊物的名词，兰州大学提出的是一类刊物，包括国家级刊物、全国重点大学学报、中华书局的刊物、光明日报学术版的文章。《兰州大学学报》因是本校学报不计入。出版的学术专著、出版的教材、合作论著的第一主编，视为一篇一类刊物的论文，所以称为"七件"，不硬性规定为七篇论文。到 1985 年底，我发表的学术论文已逾 50 篇，符合兰大规定的一类刊物 15 篇，专著一种《史记研究》。讲义六种：《社会发展史》、《法家著作选读》、《史学入门与文史工具书》、《目录版本》、《中国历史文选》、《史记通论》。六种讲义，只陈列参观，不作评职依据。课堂教学时 1280 小时，任何一项指标的数量都名列全校文科参评老师的前茅。

于是出来了一种议论："五十岁以前不要轻言著述。三年打基础，五年发表一篇文章，那才叫认真、高水平。一年发表10篇文章，那不是抄书才怪。"1983年我发表《史记》系列论文13篇，前后三年总计26篇，于是引来了一些评头论足的议论。

众口铄金，但想要贬低我的人没有形成气场，不仅没有出现"众口铄金"的局面，反而引来了交口赞誉："就算是抄书，也得费多少工夫啊。"我是实干家，一般的名利不去争，因此我有一定的群众基础。当时的奖金很少，年终才有一二百元，每个教研室评出三个人多拿几十元奖金，一等奖一名，二等奖两名。按工作量我年年第一，兰州大学当时规定，发表一类刊物论文计五分，二类刊物，即各省《社会科学》与地方大学学报计三分，市地级三类刊物计二分，出版一部论著计六分。积二十分折算一个教师全年工作量，学校按这一标准给各系发放缺编教师的工资为全系的奖金。我每年的论文折分就超额达到了一个教师的全年工作量，年年应该拿头等奖，但我从来不拿头等奖，我只拿二等奖，让比我年长的教师拿头等奖。假如我年年拿了头等奖，那"众口铄金"的局面就有可能出现。我是历史系的分房委员，几次分房没有给自己争房，1985年我还住在筒子楼。群众的议论，对于评定职称一般不起多大作用，但舆论的力量仍要对评审委员起一些作用。群众支持我申请破格。

1986年作者在兰州大学校门留影

论文审查，申请人可以向学校提出专家人选供评审委员会参考，校内两人，外校两人。我提出了四个都是外校的全国知名教授。他们是北京大学历史系邓广铭教授、田余庆教授，北京师范大学历史所白寿彝教授，天津南开大学历史系杨翼骧教授。我毕业于北京大学中文系，回避了自己的老师。教务长李希同志对我说：“你把审稿人都提得这么高，就不怕通不过吗?”我回答说：“我申请破格提职，主要目的是借此对自己学术成果、科研与教学的劳动作一个鉴定，高标准严要求更好找差距。”我心里想的是：按逻辑推理，只有高水平的专家名家才能公平公正鉴定高水平的论文，全国一流专家做出的结论，想要推翻它可就不那么容易。

当时大学校长每年有提薪千分之六的权力。副系主任动员我撤回破格教授的申请，可以给我加一级工资，提前分配一套三室一厅的住房，如果破格落空，这一次副教授也不能提。副系主任还说：“我认为你够了任职教授，不过人们还有些习惯思想影响。媳妇还没当几年就要当婆婆，这都是落后的面子思想作祟，你要理解，晚两年有何关系呢?”副系主任说到这份上，算是推心置腹，还说是校领导的意见。教务长李希就直接对我说：“历史系两个教授指标，老教师已有三个人申请，你说把哪一个拉下来呢?”我回答说：“历史系申请的三个人，是我老师辈，个个都够格，我不拉任何一个人，我只要求对我作一个鉴定。”李希教务长说：“你申请，指标不够怎么办?”我说：“指标是你们校领导的事，我无权参与讨论。”

论文评审的几位导师很给力。田余庆教授在美国讲学没有评审意见。邓广铭、杨翼骧、白寿彝三位教授都给出了评审意见。邓广铭教授写了长篇的评审意见书，高度评价《史记研究》的学术水平，认为该书运用了马克思历史唯物主义的理论，采用宏观与微观结合的方法，开拓了《史记》研究的新领域。兰州大学理工科的学术委员占 2/3，他们一致支持邓广铭先生的评审意见，文科委员只占 1/3，即便是文人相轻，也无碍大局。1985 年兰州大学评审委员会通过了我的破格晋职教授。

1987 年，甘肃省委宣传部成立甘肃省中青年历史学会，成立大会推选我任会长，因此《甘肃日报》社对我做了专访。下面引录这篇专访全文为本章收束。

史学高原上的新缘

——访兰州大学历史系教授张大可

许 维

人们心目中的教授，都以为是须眉皆白，老态龙钟的长者。我面前的这位教授却是一位风度翩翩的中年人。他叫张大可，兰州大学历史系教授、中国历史文献研究会理事。他今年才46岁，就已经出版了两本关于《史记》研究的专著，发表了70篇近70万字的学术论文。由他与重庆师范学院徐景重主编的《中国历史文选》，也将由甘肃人民出版社出版，作为全国35所高等院校历史文选课的新编教材。

《史记》是我国史学史上的一座丰碑。历代研究它的人不可胜数，著述有几百种之多。新中国成立后，学术界对《史记》的研究更加活跃，有近百家的学术刊物发表了约300万字的研究论文。而张大可，这个涉史不久的晚辈后生——1966年毕业于北京大学中文系，1968年分配来到甘肃，先是下乡当农民，后是进厂当工人，直到1973年才被调到兰州大学历史系担任历史文选课教师。从他在《历史研究》上发表第一篇论文《论文景之治》到现在，也才短短七八年时间，竟然在《史记》研究上后来居上，引起史记学界的瞩目。这里面，有什么奥秘吗？当我提及这个问题时，他沉思片刻，说："奥秘吗？要说有，怕就是执著的追求。上大学时，我就对《史记》比较爱好，觉得它是一部杰出的历史和文学巨著。临毕业时，正值十年动乱，感到前路迷茫，把所有的书籍都当做废纸卖掉了，只有这部《史记》，一直带在身边。我舍不得丢掉它，要学习，要研究。"说着，他从书架上取下一本《史记》。我接在手里一看，书页已经翻得很旧了，随口问道："这部书，你通读过几遍？"

"在大学时通读过一遍，以后，时常读。"他微微一笑，说："实在说不上几遍了。其实，我并没有什么天分，只是靠勤奋，抓紧一切时间都用在读书上。"张大可教授治学扎实，把一切时间用于读书。他不但熟读了《史记》，还翻阅了历代学者和建国30年来关于《史记》研究的重要论著。在细心融会前人研究成果的基础上，坚持马克思主义的唯物史观的方法论，考论相结合，研究《史记》，开拓了《史记》研究的新领域。一些史学界的前辈称赞他的文章和他的议论都非常平实可喜，既无华而不实之失，也无哗众取宠之病，每个论点都能有确凿的论据，贯串证发，左右逢源，尤其是对司马迁"究天人之际，通古今之变，成一家之言"的解释，明晰正确，表现了高度的概括力。还有一些评论文章，称赞他的专著《史记研究》是建国以来第一部系统地研究司马迁思想和《史记》编纂学的论集，《史记论赞辑释》角度新颖，见解深刻，论证科学，是一部使人开窍的书。这样的评价，对一个中年学者来说，已经很不容易了；可是，大可教授并不以此为满足，他还在孜孜不倦，攀援求索，准备写一部历史和文学并重的《司马迁评传》，让更多的人了解《史记》，了解司马迁。

"除了对《史记》和司马迁的研究之外，你还有什么打算?"我说。

"我想致力于秦汉史的研究，《史记》研究只是其中的一部分。去年开始，我着手研究《三国志》，写出了约30万字的三国史研究的论文集，已被甘肃人民出版社列入出版计划。我还配合文选课的教学，正在组织、主编一套《二十四史选注讲丛书》的大型丛书。"大可教授说着，从桌子上拿起一份材料，我看时，是"关于二十四史选注讲丛书的组织和出版计划"。大可教授接着说："这套丛书设想为12卷，它不同于目前能看到的任何注本和选本，将力图在选目的编排组织和讲析中突出各卷主题，表现各史特色，使读者在有限的篇幅中，对二十四史的规模有个概略的认识，对五千年的中华民族历史发展有个宏观的了解。目前，《史记卷》和《三国志卷》已交出版社，其中《三国志卷》将在年内出版。其他各卷正在按计划进行编纂。"说到这里，他笑了，我也笑了。我希望这套丛书早日问世，更希望这已经春意盎然的史学高原上开出更加夺目的奇葩。

第十章　教材编写

把课堂教学的内容条理化，落实在文字上，供编写者个人使用叫做讲义，公开发表、出版供公众使用就是教材。本章所说："教材编写"，包括讲义。我主编的高校教材，出版了三种：《中国历史文选》、《中国历史文献学》、《史记教程》。这三种教材的前言及目录，以及相关资料概括了这三种教材的内容和体制，附编在文集第十卷《中国文献学》之后，这里不再重复，本章补充编写过程，说明这一工作的价值和意义以资讨论。

一

教材编写的价值

"编写教材"，指成果，本章所讲"教材编写"，指工作过程。我的体会是，教材编写，对于履行一个大学教师的职责，具有举足轻重的作用。如果把大学教师职责所系的工作比作一个系统工程，教材编写这一环处于系统工程的枢纽地位，换句话说，教材编写是联系课堂教学与学术研究二者的桥梁。教材编写中的讲义，是落实课堂教学的基础，讲义升华成为教材，或为论文、论著，其成果就是学术研究。本人收录的十卷本文集，除第一卷收录的散论文章之外，其他九卷均为教学讲义的升华和扩展，已述于各卷的内容提要中。我个人就是把教材编写作为履行教师职责的枢纽工程，一贯坚守，终生不辍，已退休多年，至今仍在继续。

我在兰州大学工作期间，听到了两种声音。有的老教师说："现在的一些青年教师，好高骛远，整天盘算着发表文章，不务正业，坚守教师职责的，就靠我们这帮老家伙了。”这是两个老教师对话时说的话。另一种声音则说：“大学教师对科学文化，要做总结和积淀的工作，这也是责任，不能一辈子只做一个教书匠。”前者讲的是课堂教学，后者讲的是学术研究。这两者的关系是对立的呢，还是相辅相成呢，它不是一个理论问题，而是每一个大学教师直面的实际问题，协调好了相辅相成，协调不好就是对立的。

时间对于每一个人都是一个恒定的常数，一天二十四小时。做好课堂教学要花费大量时间备课，发表学术论文，写一本学术论著，更要花大量的时间。许多大学教师，一生只写了一本书，或只发表了几篇文章，有的终生没有留下一个铅字，是不是他们就是最尽教师职责的园丁呢？未必是。兰州大学赵俪生先生，擅长演讲，课堂教学一流，同时也是著名学者，著作等身。由此看来，课堂教学与学术研究两者不是对立的，而应是相辅相成。一个著作等身的著名学者，他的课堂教学质量不可能不高；反过来，一生不留下一个铅字的教师，无论他多么擅长演讲，他的课堂教学不可能有创新。人人都希望协调好二者的关系，使之相辅相成，获得教学与科研的双丰收。但在实际工作中协调好二者的关系，确实不是一件容易的事，经常出现两者争时间，顾了这头，顾不了那头的事情发生。我的个人经验，如果把时间当做一块“耕地”，把课堂教学与学术研究，当做是耕耘的“庄稼”，要高产，就必须把多种作物套种在一块耕地上。如何在时间耕地上套种多种作物，具体作法就是把多项工作穿插形成一条鞭，环环相扣，周密地安排时间，并提高单位时间的效率，这样才能获得教学与科研的双丰收。达到这一境界，要把握好两个关键环节，一是要协调好教学与科研方向一致；二是要抓住教材编写这一枢纽环节。细说于后。

教学工作是教师首先要做好的本职工作，当然要投入大量的时间。领导交给的教学任务，无法改变，你就要定下心来，调整自己的科研方向，把教学与科研两者统一起来。我原本想搞秦汉史，讲中国古代史的课，但领导交给了我讲《中国历史文选》，怎么办？起初我计划两条腿走路，课堂教学当做是完成领导交的任务，学术研究是搞自己爱好的秦汉史。1979 年到 1981 年，我连续发表了几篇西汉时期人物史事的学术论文，表面上像是获得了成功，实际上自身的感受是教学与科研脱离形成两张皮，出现了二者争时间的尴尬局面。1982 年我立即刹车，调整规划，决定停止主攻秦汉史的研究，改为以文献研究为主导方向的秦汉三国史的研究，即以专书研究为主，秦汉史为辅的研究方法，分阶段抓两个重点。1982 年到 1985 年全力以赴作《史记》研究，发表系列论文，结集出版，目标是夺取 1985 年破格晋职教授。第二个重点，就是当第一个目标实现以后，集中一段时间搞三国史研究，了却一个心愿，用自身的研究来验证 1950 年代末的曹操翻案。搞这两个研究方向，我就可以开设《史记》研究与三国史研究的选修课。讲课内容以疏解《史记》和《三国志》原著若干篇目为基础，编写讲义为原典注解和讲析，可以说这就是《中国历史文选》课程的扩展，编写讲义既为课堂教学，也为学术研究打下扎实的基础。把教学与科研统一起来，可以提高单位时间的工作效率。

大学讲台的课堂教学并非是教师单向的授业解惑，同时也是培植教师提高修养的舞台，也就是常说的教学相长。单向的学术研究，没有客观压力，搞不下去，写不出论文，拉倒就是。课堂教学，一旦决定了，下不了马，有了客观压力，你必须花大力气去备课，解决疑难问题，或者提出问题，可以与大学生共同讨论。把备课的劳动转化为学术成果，就要深入研究，升华讲义。于是就有了一系列的工作：编写讲义、发表论文、形成专著。要一步一步实现你的目标，就必须对时间的运用做出长计划，短安排，周密规划，课以日程。大体上，教学时间，主要指编写讲义，占 1/3；升华讲义，转化为论文、论著，占 2/3。

二

《法家著作选读》的编写

在编写《法家著作讲义》之前，编写了《社会发展史》讲义，那只是临时的政治任务，一个学期过后，课程寿终正寝，讲义扔进了垃圾桶。所以《法家著作选读》是第一部讲义。

1973年全国批林批孔，在高校称评法批儒。在这一背景下，用《法家著作选读》取代《中国历史文选》，不知是上级指示，还是兰州大学历史系的独创。系主任亲自交代的任务，我遵照执行。我也与系主任提出了商讨："单一的法家著作，怎么代替综合型的历史文选?"系主任说："都是古文，能解决之乎者也就行了。"系主任的话值得玩味，可以理解为《法家著作选读》的实质，还是要解决"之乎者也"，不必去多管法家、儒家的思想分歧。也可以说是用新瓶装旧酒。《法家著作选读》的标准范文是当时报纸杂志公布的法家文选，系主任的指示只是一个原则，落实还靠我自己裁夺。我从报刊上选了二十余篇，自己新增了十余篇，合计三十余篇。增加的文章有唐陆贽为德宗皇帝起草的《兴元大赦诏》，南宋文天祥的《指南录后序》、谢翱《登西台恸哭记》，明朱元璋发布的《北伐檄文》、张居正的《辛未会试程策》、张溥的《五人墓碑记》，清龚自珍的《送钦差大臣候官林公序》等。新增的文章自己作注，从报刊选录的文章对注文重新料理一番，保留字面意义的注释，思想方面的发挥予以删削，"题解"推倒重写。我编选的这本《法家著作选读》，就是一部普通的古代文选，儒法斗争的痕迹可以说荡然无存，只剩下"法家著作选读"六字僵尸。第一，我根本就不赞同"四人帮"的提法与批判；第二，我借此提升自己的古文水平，逐字逐句推敲先是自己过文字关；第三，我认为站大学讲台，应该讲一点自己的体会，要有点新义。基于这些认识理念，我乐于花大力气拿出自己的创造。我很满意自己编选的《法家著作选读》。经系主任批准，1974年初，由兰州大学印刷厂铅印1000册，一直用到1978年废止，还余有500多册送了造纸厂。

1985年评定职称，有一条不成文的规定，在"文化大革命"中紧跟"四人帮"的，评定职称靠后，灵活掌握。我把《法家著作选读》交给系评审委员说："你们从书中找出半个字的'四人帮'影子，本人的破格申请无效。"这是向评审委员之一，也是参评教授的申请人叫板，此人在批林批孔中大出风头，在兰州市若干单位作了多场评法批儒的报告。我并不是去抓他的小辫子，意思是提醒他说话要留点余地，也是对自己工作的自信心表现。

为了解决“之乎者也”，我编写了《史学入门与文史工具书》、《目录版本》两本讲义作为《法家著作选读》的辅助教材，单列开课讲授。1986 年，《史学入门与文史工具书》经过充实约 37 万字作为一本知识性专书在青海人民出版社出版。我邀请学界朋友陕西师大历史系徐兴海先生参与《史学入门与文史工具书》的编写，他补充了 10 余万字，联名出版，徐兴海先生 1987 年破格晋职副教授。《目录版本》纳入了后来编写的《中国文献学》教材中。《法家著作选读》则为《中国历史文选》教材的编写，奠定了坚实的基础。

三

主编《中国历史文选》

《中国历史文选》是高校历史系为本科生开设的一门专业基础课，已有近一百年的历史，历经了三个历史发展阶段。第一阶段叫“史学名著选讲”，从 20 世纪 20 年代到新中国成立，历经近 30 年。提出并率先开设此课的是著名的国学大师、教育家、历史学家陈垣先生。“五四”运动，白话文兴起，文言文废止，古书被束之高阁，搞中国历史不能不读古书，这是开设“史学名著选讲”的意义。第二阶段，新中国成立之后 20 世纪 50 年代至 70 年代 30 年，基本思路，即教材类型是“中国历史要籍介绍及选读”，以历史要籍介绍为纲，选读文选为辅，张舜徽先生直接分开为两门课程即“中国历史要籍介绍”、“中国历史文选”。1960 年代初，国家教委委托复旦大学周予同教授主编《中国历史文选》作为高校统编教材，影响了整整一代人。周本教材依时间为序，选编历史要籍，定名为《中国历史文选》，初具规范。第三阶段，20 世纪 80 年代以来 30 年，《中国历史文选》教材呈百花齐放态势，截止到 2009 年，出版了近 40 种。但各种新编本，大多仍是周本文选的改良。可喜的是革新型的单元制《中国历史文选》，品种已占 1/4，而且呈现出强劲的优势。

兰州大学张孟伦先生主讲《中国历史文选》采用周本教材。1978 年废止《法家著作选读》，恢复使用了周本教材。周本依时间顺序选文，开篇就是甲骨文，不符教学先易后难的原则，更为主要的是缺失作为一门学科建设的理论基础，仿佛是“中国通史”教学的资料选编，被学术界戏称为“豆芽菜”。我在选用周本教材的同时，就着手思考予以革新，摸索该课程的理论基础。首先，我打破依时间顺序选讲文选，改为按类重点选讲，首先是纪传史选讲，《史记》、《汉书》、《后汉书》、《三国志》为重点。其次，打破历史要籍介绍的模式，改为四部典籍介绍，我撰写的《纪传史简论》就是为纪传史选讲作铺垫。第三，穿插讲一点古汉语知识，文献学知识为通论。第四，确定《中国历史文选》为四部目录中的总集文选，选文应当是突出史部典籍，经史子集皆备，分类贯通古今。至此，找到了《中国历史文选》的理论基础应当是中国的四部目录分类理论，再加汉字构成理论。因为《中国历史文选》要解决“之乎者也”，过文字关，所以汉字构成理论也应当是《中国历史文选》的基础理论。革新型单元制《中国历史文选》教材，开篇设立一个单元《序篇》，选讲《四部目录提要》的《史部总序》和《说文解字叙》两篇文选。典籍概述为《史部典籍概述》；通论有二，《目录》、《汉字》。《序篇》提供《中国历史文选》教材的理论框架。

说起来容易，做起来难，上述的革新思路经过几年的摸索才逐渐形成了清晰的思维。1986 年正式把《中国历史文选》的教材建设提上议事日程。从 1974 年讲授《法家著作选读》算起，已历经了十四年。

四

创立教材建设多层次院校协作攻关的模式

教材建设与学术论著两者有区别，而又相通。学术论著是阐释个人研究心得的一家之言，突出个性；教材是总结和传播基本定型的知识，突出共性，即普遍性，也就是教材编写要尽可能吸纳当前前沿阵地的成果，采众家之长，这是二者的区别。两者都是推动学术发展，要不断创新，这是二者的共同点，其实两者是不可以截然区分的。作为教材建设，要吸纳众家之长，最有效的办法是联合多家高校现任《中国历史文选》授课教师协作攻关。协作攻关与个人编写相比，协作攻关有着两大明显的优势：第一，集思广益，弥补个人的不足；第二，个人的创新思维，经过大家的修正认可，有利于推广，加速学科建设。我的这一想法得到兰州大学校长胡之德教授的支持。胡之德校长说："教材建设联合多所高校协作攻关，这个思路很好，联合高校越多越好，形成集团效应。有什么需要，我全力支持。"

1986 年 4 月我致函重庆师范学院历史系主讲《中国历史文选》课教师徐景重先生，由兰州大学与重庆师范学院联合发起向兄弟院校发出协作新编单元制《中国历史文选》教材的倡议书，把我设想的框架公之于众，志同道合者与会。发出倡议书之前，先在小范围讨论，有的赞成，有的反对。单元制把周本教材开篇所讲的甲骨文，扩展为"考古文献选读"，包括甲骨文、金文、碑刻、简牍、古文书、档案，置于全书之末为最后一个单元，反对者认为此乃冒天下之大不韪，由此可见周本依时间顺序选文已成思维定式。但是我与徐景重的倡议书得到了热烈的响应，1986 年 10 月中旬，革新本单元制《中国历史文选》教材定稿会在重庆教育学院召开，与会者达到 35 所高校，为了纪念协作攻关的成功，称为 35 院校本。1988 年 3 月 35 院校本在甘肃人民出版社出版，当年获得了全国优秀教材三等奖。

1980 年出版的高振铎本《中国历史文选》教材，率先创立了多所高校协作攻关的模式，高本有 13 所高校协作。中国历史文献研究会就是 1979 年在高本文选召开的定稿会上成立的。35 院校本创立了多层次院校协作攻关的模式。1980 年代初，不同类型高校对《中国历史文选》课的课堂教学时发生了很大的差别，仍有两年制的教学，但周四小时减为周三小时，或两小时；多数为一年制，有周四小时，或周三小时；最短的为一学期，周四小时。“文化大革命”前，周本文选的教学一律为两年制，周四小时。为了适应教学小时的各种变化，《中国历史文选》教材也出现了多种类型，有普通高等院校本、有电视大学本、有专科师院本、有民族院校本。35 院校本邀请了五个层次的高等院校协作，有综合大学 11 所，师院 17 所，教育学院 2 所，民族学院 2 所，师范专科 2 所。教材篇幅与内容囊括各个层次院校皆可适用的新编本。

1987 年 4 月全国首届“中国历史文选”学术研讨会在武汉江汉大学召开，有两天的会议专门讨论教材建设，有十三部《中国历史文选》主编次第发言，国家教委高教一司，即教材司司长田珏教授主持。当时革新型单元制文选尚未出版，也没有书面文字介绍，我口头介绍了 35 院校本的革新思路，内容体制，理论基础，引起了田珏教授的高度重视。当晚，田珏教授找我谈话，进一步了解 35 院校本文选教材的编制过程。田珏当即指示，35 院校本教材出版后，在兰州大学举办全国《中国历史文选》中青年师资讲习班，由兰州大学申报，国家教委出资资助。兰州大学胡之德校长兑现承诺，热情支持。1988 年全国首届《中国历史文选》中青年师资讲习班暑期在兰州大学举办，为期一月，有 48 所高校 50 余位中青年教师参加了讲习班。还有多部《中国历史文选》主编和十余位中老年文选教师与会，研讨了教学大纲。这一期讲习班和教学大纲研讨，对于推广单元制文选有积极的意义，随后有多种单元制文选教材问世。

甘肃日报

省民盟首次召开统战理论研讨会

最近，省民盟在兰州召开了首次统战理论讨论会。会议收到了三十一篇论文。与会者就新时期的统一战线工作、民主党派在社会主义初级阶段的任务和作用、发展和完善共产党领导下的多党合作与协商制度等问题，进行了热烈讨论和大胆探索。

随着改革开放和社会主义民主政治建设的发展，在民盟成员中，社会主义政治热情不断高涨，民主意识、政党意识、自主意识和竞争意识日益增强。在社会主义初级阶段，民盟如何为完善和发展多党合作与协商制度作贡献，并更好地发挥自身政党的作用，是这次会议的热门话题。社会主义初级阶段理论的提出和初级阶段基本路线的确定，为民盟的工作提供了根本依据和明确的方向。会议还正式成立了民盟甘肃省统战理论研究会。（陈利民）

首届中国历史文选教学大纲学术研讨会
高校中国历史文选暑期师资讲习班
在兰大结束

为了提高中国历史文选课中青年教师科研水平和交流中国历史文选课教学经验，国家教委借兰州大学举办“中国历史文选教学大纲学术研讨会”的同时，于7月19日至8月7日，在兰大举办了“高校中国历史文选暑期师资讲习班”。开办高校中国历史文选教学大纲学术研讨会，在我国高等院校都是首次，这是我国史学界的一件盛事。我国46所高等院校的一些著名学者、专家、教授和从事历史文选教学的同行50多人，聚集在兰州大学，研讨和讲习自己的科研成果，促进学术交流。通过研讨和讲习活动，深化了中国历史文选课程的建设

兰州晚报

兰大举办「中国历史文选」教学大纲研讨会
阴法鲁教授参加并讲学

本报讯 7月24日上午，来自国内15所大专院校的一批知名学者在兰州大学参加“中国历史文选”教学大纲学术研讨会。73岁高龄的北京大学中文系教授阴法鲁不辞劳苦，千里迢迢赶来参加。

“中国历史文选”分上下两册，由兰州大学历史系教授张大可、重庆师范学院副教授徐景重主编，全国35所高等院校联合编写，是高等院校历史系（科）的基础课教材，目的是培养学生阅读和使用我国古代文献典籍的能力。上月底，这本书被评为中国优秀教育图书三等奖。

研讨会期间，学者们对这本教材的教学大纲进行论证。国家教委获悉兰大主办这次研讨会的信息后，特意委托兰大举办“高校中国历史文选暑期师资讲习班”。参加研讨会的学者应邀担任授课老师。7月20日和21日，阴法鲁教授亲自为来自各地高校 [illegible]

陈坪乡采取措施扶持生产
蔬菜种植面积扩大产量逐年增长

本报讯 [illegible] 西固区陈坪乡采取积极措施扶持蔬菜生产，近年来蔬菜种植面积和上市蔬菜逐年增长。[illegible]

媒体对全国首届《中国历史文选》中青年师资讲习班的报道

1998 年 4 月有 45 所高校《中国历史文选》课现任教师聚会广州师院，有多部《中国历史文选》主编与会，一致赞同以 35 院校本《中国历史文选》

教材为基础，修订为新版，称45院校本，此为第二版，当年在陕西人民教育出版社出版。2006年，45院校本经专家评审定为普通高等教育“十一五”国家级规划教材，由商务印书馆在2007年出版，称为商务本，此为第三版。2008年，商务本《中国历史文选》被教育部高教司评为精品教材。2009年4月，由北京师范大学与商务印书馆联合举办全国第六届“中国历史文选”学术研讨会在北京师范大学召开，研讨教学改革与教材建设两个主题。教材建设研讨精品教材的打造与实施。会后，商务印书馆与《中国历史文选》教材编委会联合发出通知，再用三年时间，进行两次修订完善精品教材，使之名实相符。2010年4月和2012年5月，商务版《中国历史文选》参编作者分别在云南红河学院和杭州师大按修订计划召开了学术研讨会，精益求精，打造精品。在2010年4月红河学院召开的学术研讨修订会议上，定稿了《中国历史文选导读》，2012年商务印书馆出版，并于5月在杭州师大召开的学术研讨修订会上首发。杭州会议还讨论了“大历史文选”的编纂计划，进一步充实提高单元制《中国历史文选》，使之成为一部填补中国至今尚无中国历史学典籍选本的空白，追步古代的《昭明文选》，此计划正在实施中。

商务版《中国历史文选》

单元制《中国历史文选》教材，凝聚了近百年教学三代人共同努力的结晶，打造一部精品教材，多么的不易。

五

主编《中国历史文献学》

《中国历史文献学》是继《中国历史文选》主编的第二部高

校教材，1988 年启动，有 25 所高校应邀协作攻关。西北民族大学王继光教授全力支持，共任该书主编。

作为高校课程设置，《中国历史文献学》是《中国历史文选》课程的延伸，为长期教学《中国历史文选》的教师设置学科点，招收研究生。《中国历史文选》是一门工具课，无法设置学科点，招收研究生。因此参与《中国文献学》编写的教师，基本上是各高校主讲《中国历史文选》课程的教师，大家都没有教学实践经验，共同探索学科建构。1986 年启动《中国历史文选》教材编写时就开始了酝酿《中国历史文献学》的架构。1988 年暑期兰州大学举办“高校中国历史文选中青年师资讲习班”，受邀参加“中国历史文选教学大纲研讨会”的教师为参编的基本成员。初步讨论了《中国历史文献学》的编写提纲，会后散发给参编的 25 所高校教师，分头撰稿。1989 年 9 月在重庆师范学院召开了定稿会，1991 年陕西人民教育出版社出版。参编高校相继开出了《中国历史文献学》课程，有的在 1988 年编写过程中就开出了文献学或文献学专题的课程。可以说 25 院校本《中国历史文献学》教材编写，培养了一批《中国文献学》教师。

25 院校本《中国历史文献学》对于学科建设的最大贡献是率先重新定义了“文献”的概念，提出：“一切人类社会实践活动的史实和经验，通过某种载体表现的文字资料、图物资料、音像资料等，均为文献。”依照这一定义，一切图书、期刊、报纸、图画、谱表、有历史价值的符号、文物，以及各种视听资料如胶片、胶卷、录音带、录像带、幻灯片、影片、磁带、电脑等，它们都是人类知识的记录，只不过是形式与载体不同而已，都应当是文献。这是广义的“文献”含义。据此，文物、历史遗存都应纳入文献学的研究范围。还破除了文献学只应以文言文记录的图书为限的狭隘观念，文献学对于文献工作的理论概括不应止步于“五四”运动以前，而应贯通古今。

《中国历史文献学》用编、章、节、目的章节体结构，把文献学研究的范围和内容分为四大块：文献载体、文献类别、文献的整理与检索、文献学的历史发展。本书的理论建构有缺陷，四大块的并列主次不明，作为教材，篇幅过大，49 万字。2004 年，我作了重新建构，改为常用的章节体，压缩了 40%的篇幅，增强了个性思维的色彩，更名为《中国文献学》，2005 年福建人民出版社出版，仍作为高校教材推出。截止 2008 年，四年间三次重印，受到社会关注。

六

主编《史记教程》

《史记》是中国古典文史名著，一部国学根底书。20 世纪初倡导新史学的思想大家梁启超就提出《史记》应该进入高校讲堂，倡议开设《史记》研究课，梁氏的倡议直到 20 世纪 80 年代才得以实现。1981 年，我在兰州大学开设《史记》选修课，编写的讲义分为《史记通论》、《史记选讲》两个部分，以个人的《史记》规划为主导，不适宜作为公用教材。北京师范大学韩兆琦教授、安徽师范大学袁传璋教授、吉林师范学院宋嗣廉教授，他们都是当代著名的《史记》研究专家，各自开设了《史记》研究选修课，当然也是以个人规划的《史记》研究为主导，形成自己的学术论著，也不适宜作公用教材。2001 年 4 月，中国史记研究会成立，在学会成立之际就规划了《史记教程》的编写，目的就是为高等院校开设《史记》课提供公用教材。参编高校 28 所，参编作者 31 人。全书两个部分：上编《史记通论》十章，系统介绍和评析《史记》作者司马迁及其《史记》一书的内容和价值；下编《史记选读》节选《史记》名篇共 25 篇的精彩段落，本纪、年表、八书、世家、列传五体皆备。2002 年华文出版社出版，十年间重印三次。2011 年，该书经过修订，由商务印书馆正式以普通高校文科教材出版。全书约 40 万字，篇幅适中，是目前不可取代的开设《史记》课的公用教材。提纲和定稿由我一手完成，所以全书行文一致，而又融汇了参编作者的研究成果，吸收了众家之长，因此有较高的学术价值。《史记教程》是一部学术论著型教材，可供广大自修《史记》者作导读。

七

以文会友，以友辅仁

《论语·颜渊》篇载曾子之言："君子以文会友，以友辅仁。"这是说一个有道德修养的人，用文章学问来聚会朋友，用朋友来帮助自己培养仁德。教材编写，协作攻关，可以说是"以文会友，以友辅仁"的一种模式，达到交流学术，增进友谊的目的。参编《中国历史文选》的高校45所，作者56人；参编《中国历史文献学》的高校25所，作者26人；参编《史记教程》的高校28所，作者31人。累计参编三种教材协作攻关的高校98所，作者113人，遍及全国，累计召开的学术研讨会议6次。第一次：1986年在重庆教育学院召开《中国历史文选》35院校本定稿会；第二次，1988年在兰州大学召开《中国历史文选》教学大纲研讨会；第三次，1989年在重庆师范学院召开《中国历史文献学》定稿会；第四次，1998年在广州师范学院召开《中国历史文选》45院校本定稿会；第五次，2010年，在云南红河学院召开《中国历史文选》商务本精品教材第一次修订会，暨《中国历史文选导读》定稿会；第六次，2012年在杭州师大召开《中国历史文选》商务本精品教材第二次修订会暨《大历史文选》编纂研讨会。《史记教程》组稿、定稿研讨会随中国史记研究会年会活动进行，没有统计在内。时间跨越从1986年的第一次学术研讨会到2012年第六次学术研讨会，历经27年，整整一代人。追溯到1974年编写《法家著作选读》算起，我个人从事《中国历史文选》教材建设历经39年，贯穿了一生的学术研究。此外，我开设《史记》研究课与三国史研究课，编写《史记选讲》与《三国志选讲》两种讲义，奠定了这两个领域学术研究的基础。在我的实践中，课堂教学与学术研究两者相辅相成，构成互动的良性循环，协调二者的纽带就是教材编写。我调离兰州大学，工作岗位离开了普通高校教学课堂，而教材编写的工作并未停止，这也是联系我个人的学术活动没有离开普通高校学术圈的一条纽带。为此专设一章，略述过程，与读者分享。

第十一章 十年华章

20 世纪 80 年代，简称 1980 年代，即从 1981 到 1989 年底我调离兰州大学，这十年是我生命的黄金时段，恰值从不惑之年到知天命之年，人到中年 40 岁到 50 岁的鼎盛阶段。十卷文集，70%的成果结晶于这十年间的劳动，至今仍有代表性的两部学术论著《史记研究》、《三国史研究》，以及主编的两部高校教材《中国历史文选》、《中国历史文献学》都完成于 1980 年代。无论教学，还是学术研究，都是个人最辉煌的十年，最值得追忆的一段时光。

一

抓住机遇，突飞猛进

1980 年代，正值改革开放初期，社会气氛宽松，人称科学春天的来临，天时、地利、人和有利于各行各业的人奋发图强。所以，1980 年代是中青年出彩的好时机，老一代人也焕发了青春。

1973 年我调入兰州大学，比我同龄的“文革”一代提早数年回归高校。当 1980 年代来临，我已积淀了七八年的教学经历，蓄聚能量，伴随改革开放脚步起飞，抓住了时机，集中时间，集中精力，按预定目标，攻克一个一个重点。十年时间，用于《史记》研究七年，用于三国史研究两年，统稿两部教材用时一年，其间穿插一些短平快的项目，都按既定方针执行。在教学上，完成了对基础课《中国历史文选》的教材建设，获得了兰州大学 1989 年度优秀教学成果二等奖。在科研上，发表学术论文 70 余篇，70 余万字，结集成两本学术专著《史记研究》和《三国史研究》，获得兰州大学 1983—1984 年度教师科研工作优秀奖，为 1985 年破格晋职教授奠定了决定性的基础。

1980年代十年间，出版的学术论著，个人学术论著3部，古籍整理1部，主编高校教材2种，其他读物14种，总计20部，800余万字，个人撰稿430万字，过总量之半。其中有五种学术论著获全国及省部级优秀图书奖。目录如次：

1.《史记研究》论文集，36万字，甘肃人民出版社1985年4月出版。1986年获甘肃省政府奖。

2.《史记论赞辑释》，37万字，陕西人民出版社1986年8月出版。

3.《三国史研究》论文集，37万字，甘肃人民出版社1988年5月出版。1990年获甘肃省社科优秀图书二等奖。

4.《史记全本新注》古籍整理，200万字，陕西三秦出版社1990年6月出版。1992年获第二届全国古籍优秀图书二等奖；北京市高等学校第二届社科中青年优秀成果奖。

以上四种为个人学术论著，学术专著三种，110万字，古籍整理一种，200万字。

5.《三国志卷》古籍选本（主编），26万字，陕西人民出版社1989年7月出版。

6.《史记选注讲》古籍选本（主编），74万字，山东教育出版社1989年12月出版。

7. 高校教材《中国历史文选》35院校本（主编），62万字，甘肃人民出版社1988年3月出版。当年获全国优秀教材三等奖。

8. 高校教材《中国历史文献学》（主编），49万字，陕西人民教育出版社1991年2月出版。1994年获北京市第三届社科优秀图书奖。

9.《历史与现实》论文集（主编），20万字，陕西三秦出版社1989年7月出版。

10.《史学入门与文史工具书》（合著），37万字，青海人民出版社1989年12月出版。

11. 主编《中国历史人物评传》丛书，历史类普及读物，规划20种，500万字，作为工作调节的短平快节目穿插进行，成书1册出1种。第一种《三国人物》在陕西三秦出版社出版，其后由甘肃人民出版社接续出版全书规划，但只完成了一半，调离兰州大学以后，此规划寿终正寝。已出版的10种，250万字，书目为：断代人物评传五种即《战国风云》、《楚汉春秋》、《西汉盛世》、《三国人物》、《瓦岗英雄与隋唐》；贯通类传人物评传五种即《开国之君与亡国之主》、《五雄主评传》、《五太后评传》、《中国十大名伎》、《历代宦官》。

以上16种主编的学术论著及普及读物，共计约520万字，个人撰稿大体占1/5强，120万字。

此外，《史记》选修课的通论部分，1999年以《史记文献研究》之名出版，一字未改，保持了当年讲义的原生态，完成于1980年。十卷文集中的《司马迁评传》、《史记精言妙语》、《中国文献学》，其实是1980年代学术论著的转换与再创作，也是在十年辉煌期间打下的基础。

二

周密计划，运用于心

中国世界乒乓球冠军容国团有一句著名的格言："人生能有几回搏"。盲目的搏，即使拼了老命，也不能叫搏，充其量只能叫做"逞匹夫之勇"。真正的"搏"，要有周密的计划，在有限的时间内夺取既定目标的胜利，赢得胜利方可称之为搏。周密的计划，包括两个方面。第一，做好准备，迎接机遇。机遇就是夺取先机。第二，锁定目标制定周密的计划创造夺取目标赢得胜利的条件，这就是搏了。"周密"二字的核心，指的是时间安排，要做的事，限定时间，课以日程。若执行计划，与实际脱节，要立即调整，不要浪费一寸光阴。这要有坚定的信念，良好的心态，才能做到。

当1980年，兰州大学考虑要不要给1966届定职讲师的时候，我已经瞄向了1985年破格晋职教授的目标。尽管当时评定职称是按资排辈，我认为这大概是对被"文化大革命"延误的一代人作补偿，它不符合历史的进步，不可能持久。"破格"二字是口头语言，评职文件称"个别突出"。兰州大学青年教师1966届60

余人，在1980年有过半数34人获得讲师职称，已经突破了按资排辈的习惯势力。到了1982年，当全国高校所有在编教师都完成了一轮的职称评定，国家教委果然宣布暂停职称评级，完善条例，到1985年恢复制度化常态评定职称，按资排辈让位于条件优先。

我在学界有一位朋友，他就是徐州师范学院中文系的吴汝煜先生。吴汝煜先生是一位青年才俊，他是江苏省的先进教师。吴先生与我同龄，1940年3月生，大我9个月份。1983年他到敦煌参观，路过兰州，我们第一次晤面，相谈就很投缘。吴汝煜先生对人生与事业直言不讳，他说："四十岁以前搞地位，五十岁以后做学问。"吴汝煜先生治学极为勤奋。1985年吴先生参加在南京大学召开的中国历史研究会年会，他没有去参观考察，一头扎进南京大学的图书馆。很可惜，吴汝煜先生在二十年前53岁时作古，我少了一个请益的朋友。我赞同吴汝煜先生的那两句话，我们要的所谓地位，其实要的是治学条件。如果一个大学教师的工作条件，不与级别挂钩，人们就不会太看重虚名了。

要在1985年实现破格目标，必须在五年之内开设新的课程，积累足够的课堂教学时，在科研上拿出拳头产品，不仅要发表系列的学术论文，而且要有重量级的学术论著出版。1979至1981年，我上课讲《中国历史文选》，科研搞秦汉史研究，教学与科研脱节，不仅工作效率不高，而且潜在树敌，这是不容忽视的一个客观形势。因为我写秦汉史论文，科班出身的人就要患感冒，我越是发表重头文章，对方的感冒就要发高烧，以至于《历史研究》发表了《论文景之治》被讥为大批判专栏。从1982年起，我果断地作了调整，把学术研究与教学内容统一为一个方向，集中全力突击《史记》研究，发表系列《史记》论文，1985年结集出版了《史记研究》，达到了预期的目标。1982年，个人规划的调整具有战略意义。秦汉史范围相对过大，即使写出了数十篇论文，要结集出版也是困难的。《史记》专书研究，范围小，专题性强，学术价值高。《史记》是一个热门课题，掌握了宏观概括的要领，从热门阵线突破就站在了时代的前列。周密计划，要选择适宜于个人的选项，这也是取得成功的一个要素。

三

率先开设选修课

1980年代，我在兰州大学历史系先后开设了两门选修课：《史记选讲》、《三国志选讲》。《史记》课在1981年率先开出。

1980年春季开学，兰州大学历史系开了一次专门会议，系领导动员老师开设选修课，口头上议论了实行学分制的前景。开设选修课的条件，教师具有讲师职称，在开设的课程领域发表了两篇学术论文的，即有资格开设，学生报名选修十人以上就可开课。我当时还未获得讲师职称，但可以申报选修课目，先行备课给予支持。由于当时是按资排辈评定技术职称，未能调动起广大教师的积极性，开设选修课的热情不高。我的性格就是一个闲不住的人，我的理念是，一个人能力有大小，只要充分发挥不留遗憾就是好样的，无论是为了个人生活还是为社会服务，都要发挥最大的能动性，我打心眼瞧不起那些懒惰的人。开设选修课正好提供了用武之地。时乎时，不再来。我立即抓住这一机遇，当系领导开过吹风会后，我申请开设《史记》选修课的报告就呈送到领导的面前。事不过夜，制定讲义大纲，并从系资料室借走我需要的书。系资料室有一部《史记会注考证》，我借到家里，十年后我调离兰州大学才归还。这是系资料室给全系教师提供的支持，能够买到的就多买几部，只有一部，谁借走归谁保管，别人要看这部书，找个人去借。

1980年暑假，我出差北京用了近一个月的时间在北京图书馆，即今国家图书馆查阅资料，按照讲义大纲摘抄与复印相关资料。当时复印一张A4纸要四角钱，一部梁玉绳的《史记志疑》1500余页，近800张，全部复印要花300元，这在当时是一个天文学数字。当时讲师的工资，兰州地区每月72元，一部书要花四个半月工资，令人咋舌。复印资料可以报销，但即便是公家付款，我也舍不得。所以查阅资料以抄为主，复印为辅。当时兰州大学大力支持教师参与全国的学术活动，购买教学用书，包括复印资料。教师认为对于教学有用的图书，直接购买，开具发票回校在系资料室或学校图书馆报销，所购图书，包括复印资料交系资料室或图书馆注册、登记、编号，教师就可以借走使用。教师还可替学校图书馆购置公用图书。1981年暑假，我在北京琉璃厂古旧书店发现了一套线装书《古今图书集成》两千余元，给校图书馆打了一个电话就买了下来。我岳父岳母居家北京，我的长女1974年出生，也生活在北京。我每年暑假探亲，到北京图书馆查阅资料，学校给予出差报销，公私兼顾，这就是综合大学的气度。学校对教师工作的支持是极大的鼓舞。

1960年代初，我在北京大学上学期间自学《史记》所写札记，以及对《史记》字数调查的数据，在编写《史记选讲》的讲义中派上了用场。讲义分为两个部分。第一部分《史记文献研究》约20万字，分为八章，章节结构，涵盖了所要深入研究的课题，展开这些课题形成系列《史记》论文。通论内容主要是排列摘抄的文献资料，评论观点以按语形式写入。讲义的第二部分，是选录的《史记》名篇，计本纪六篇、年表序五篇、书三篇、世家五篇、列传二十四篇、五体皆备，共四十三篇，占《史记》全书1/3。讲义用蜡纸刻印三大册，第一册《史记文献研究》，第二、第三两册《史记》选文，三册讲义发给选修课的学生人手一套。

1980年底，《史记》选修课的讲义基本编定，讲师职称也得以落实，于是1981年我在历史系率先开出了《史记选讲》课。由于没有其他课可选，《史记选讲》具有一花独放的优势，第一期选修的逾一百人，还有十来个中文系的学生。由于惯性效应，连续数年选修的学生都是近一百人。

我抓住了机遇，抢得了先机。

四

课堂教学与学术研究相辅相成

《史记选讲》的教学与学术研究形成连环的三个步骤。第一步，编写讲义，定位学术研究的框架，确切地说是初步的学术研究。第二步，改编讲义为课堂讲稿，其实是学术论文和学术论著的初稿。第三步升华课堂讲稿为论文发表。《史记选讲》的教学过程，实际就是学术研究逐步深入的过程，所以两者相辅相成。《史记》选修课，课表称为“史记选讲”，口头叫“史记研究”。

授课时间，为一学期 17 周，每周 4 小时，总计 68 小时。通论八章授课 16 小时，每章一讲 2 小时。课堂讲稿，一半为知识性介绍，一半为专题探讨，这一部分升华后即为《史记》论文发表。文章选讲总课时 52 小时，略讲文章 2 小时一篇，精讲文章或长篇纪传，4 小时一篇，总计可讲 15 到 20 篇选文，占讲义选文的 40%，其余文章自学，并布置为作业做练习。其中有 10 篇选文为每期（班）必讲，其余为分期（班）选讲，三期（班）过后，讲义所选文章全部讲完。文章讲授内容，一是文字疏通，二是课文讲析，大体上时间各半。两小时讲完一篇的选文，第一节课文字疏通，第二节课讲析课文。备课讲稿就是一篇一篇作新注。因此连续数年的《史记选讲》，同步完成了数十篇《史记》论文的发表，以及《史记选注讲》的完成。1988、1989 两年，集中补齐《史记》全书的新注，这就是 1990 年出版的《史记全本新注》，完成了一部名著《史记》的古籍整理。

综上所述，1980 年代，以开设《史记选讲》课带动学术研究，集中七年时间完成了《史记研究》、《史记论赞辑释》、《史记文献研究》、《史记全本新注》等一系列学术论著的出版，这就是在第十章第一节中所讲的，把多种学术作物套种在时间耕地上，一定可以获得丰收。《史记》研究的规划与实施，是一个生动的实例。

以课堂教学带动科研，以科研代替单一备课，两者紧密结合形成良性循环，不仅大大提高单位时间的效率，而且胜于个人关门科研，有三大优势。第一，面对学生讲授，一字一句马虎不得，这就有了压力，有了压力就是动力。第二，师生交流，教学相长。一些创新的学术见解，课堂就是实验基地，先接受青年学子的检验。我考试时用高分征求学生的批驳意见，只要言之成理，有论有据，90 分。布置学生作业，他们总计完成了 150 篇报刊论文的提要，以及若干篇《史记》文章的讲析。我 1981 年底完成的《史记论赞辑释》交给部分学生阅读，提意见。在该书出版前言中记录了赵国华、刘长林、徐日辉、崔宪涛、张学谦五位学生为本书抄缮的纪录。如今多位已是知名学者，其中赵国华、刘长林还是博士生导师，已青出于蓝了。第三，课堂的气场往往激发思维能力的爆发。下面试举一个实例。

在我的《史记研究》论文集中有一篇论文，《司马迁的历史观》，发表于《兰州大学学报》1984 年第 3 期。这篇论题原本是我计划《史记》系列论文的第一篇，时间表列在 1981 年底，基本内容写司马迁的两颂两立。两颂：一颂货殖，二颂游使。两立：一为后王立法，二为人伦立准则。但我还没有两颂两立的概念。将要动笔时，我查阅资料，看到了杨向奎先生发表在《中国史研究》1979 年第 1 期上的《司马迁的历史哲学》一文，杨先生明确提出了两颂两立的概念，并作了精彩的阐释，我感到再写司马迁的历史观一文无从下手。《史记》是文史名著，但司马迁第一是历史学家，第二才是文学家，如果缺失了对司马迁历史观的阐释，我规划的《史记研究》学术论著是不完整的。思考了两年没有找到切入点。1984 年春开设《史记》课，讲《五帝本纪》一文，课堂外搞基建的打夯机轰隆轰隆地闹，动力机突突突地叫。为了盖住从窗外传入的机械嘈杂声，我不得不提高嗓门，两节课下来，声音嘶哑了。但在奋力讲课声中，得到了意外收获。黄帝、颛顼、帝喾、唐尧、虞舜，五帝禅让相继，颛顼、帝喾两人是过渡人物，黄帝、唐尧、虞舜三人，他们理政爱民，身体力行，而叙事套路十分雷同，若不深入思考，就会觉得《五帝本纪》重复累赘。第一节课文字疏通，没有兴奋点。第二节课，机器轰鸣，与之比赛音高，又作的是课文讲析，逐渐有了兴奋点。讲析重点是比较司马迁记叙黄帝、唐尧、虞舜的写法，三人事迹层层递进，一个比一个详细。黄帝时，国家草创，辅佐数人；唐尧时，国家机构日渐复杂；虞舜时，国家机构完善，辅臣二十二人。司马迁收笔为“天下明德自虞舜始”，这一句是点睛之笔。儒家颂扬大道之行始于尧，而司马迁认为虞舜才跨入了文明的大门，从国家建制上写得具体而微。五帝相继，写出了国家草创的一步步演进，这不就是司马迁发展、进化、变革的历史观吗！《五帝本纪》是全书的开篇，有发凡起例的作用，司马迁写三千年历史，“通古今之变”，阐释的是发展、进化、变革的历史观点，而不是循环论、天命论。我找到了阐释司马迁历史观的切入点，当晚挑灯夜战，一气呵成了《司马迁的历史观》一文的初稿，一万余字。写完最后一个字，东方既白，兴犹未已。此文搁置了数月，再来自审，觉得没有什么要补充的，稍作修饰，投给了《兰州大学学报》，立即发表。这篇论文是得益于课堂教学的生动例证。

五

出版《史记研究》论文集

1981 年底我已完成了《史记论赞辑释》一书，致函陕西人民出版社联系出版，因陕西人民出版社规划了出版研究汉唐的系列学术论著，于是打算到那里碰一碰运气。1982 年 3 月发出信函，半月后，陕西人民出版社文史编辑主任回了署名信函，他们组稿方针是教授级老专家的名人论著，给我泼了一瓢冷水。我一点也不气馁，认为这很正常，无名到有名必须有一个过程，但有名是从无名来，多发几篇论文不就有名了吗。但是东一榔头，西一榔头的学术论文只是数量的积累，如果不能结集出版，形成拳头产品，仍然是无意义的。《史记论赞辑释》受冷落，客观地说这只是一部一般性学术论著，学术含量不够拳头产品的档次，不必为它的出版再分心。我要找到一个既是自己专长，又能把数量、质量、时效三者兼顾的专题，这就是前文说的集中全力作《史记》研究。至于出版单位，我改变主意，不找陕西人民出版社，决定叩开甘肃人民出版社的大门。我不直接投稿，也不登门找熟人，采取了一个迂回战术，在兰州大造声势。1982 年发表了 6 篇《史记》论文，先做一个铺垫，1983 年集中发表了 13 篇，而且精心策划全面占有甘肃的学术阵地。1983 年春，我准备了 10 篇未发的《史记》论文，分成了两个档次，认为质量高的有 5 篇列为第一档，其余的列为第二档。兰州地区有五家学术刊物，《兰州大学学报》、《西北师院学报》（1978 年甘肃师大改回原名）、《西北民族大学学报》、《甘肃社会科学》、《兰州学刊》。我把最长的稿件给《兰州大学学报》，《司马迁评传》一文 3 万字，《兰州大学学报》1983 年元月号的专刊全文刊出，当年第 6 期又刊载了《史记体制义例》一万余字。我把万字以内的第一档《史记》论文集中投向兰州地区其他四家学术刊物，我当时没有名气，料定十之八九不是压稿就是退稿，不如来一个首先声明，如不宜在贵刊发表，希望在一个月左右退稿或告知。目的有二：其一，引起对方重视；其二，不要压稿。果不出所料，四家刊物都客气地退了稿，免不了有一句客套话，欢迎继续来稿支持本刊。我立即转投省外刊物，过了一段时间，把第二档论文稿又集中地投向了兰州的四家刊物，此时外地刊物不断发表我的《史记》论文，已有了一定的名气，四家刊物不好意思连续退稿，又不出所料，全都发表了，《西北师院学报》、《兰州学刊》均在 1983 年第 3 期发表了我的《史记》论文，《甘肃社会科学》在 1983 年第 5 期发表，《西北民族大学学报》稍晚一些，在 1984 年第 1 期发表。这样，造成甘肃地区各家刊物都刊载我的论文，戏称排炮齐轰甘肃出版社的城门，还真见了效果，也是碰巧赶上了时机。甘肃人民出版社在 1984 年初提出规划，出版一批学术论著参加 1985 年在香港举办的国际书展，派出编辑向兰州大学、西北师院、西北民族大学的知名教授约稿，书稿截至 1984 年底。社长曹克己派文史编辑室编辑黎尚诚到兰州大学向赵俪生、黄伯荣两位教授约稿，顺便拜访我摸一摸情况。黎尚诚叩门作了自我介绍，说明了来意，我向他介绍了我已准备就绪的《史记论赞辑释》和可以在 1984 年底结集的《史记研究》论文集。黎先生选择了《史记论赞辑释》，但我极力自我推荐的是《史记研究》论文集。我说："《史记论赞辑释》是提职副教授的书，《史记研究》是提职正教授的书，最适宜参加香港的国际书展。"黎尚诚回社汇报，社长曹克己一锤定音，把我的《史记研究》论文集列入了出版计划。《史记论赞辑释》搁置一年后，也于 1984 年夏送陕西人民出版社，该书一直到 1986 年才出版，这一戏剧性变化，将在后面提及。

1984 年底，我结集《史记研究》共 24 篇论文，30 余万字。当时的稿酬标准，甘肃出版社执行每千字 6 元至 8 元，一般的人按 6 元，甘肃省名家赵俪生、金宝祥给 7 元，外省名家给 8 元。黎尚诚说："张先生，我们只能按规定给你 6 元。"我回答很干脆："我不计较稿酬标准，我要求编辑规格要高档，第一，加书楣，第二，出几百本精装，这个费用扣我的稿费。"黎尚诚和他的编辑室的人认为我很通达，乐意与我合作，给《史记研究》加了书楣，印了 300 本精装书。书出后，据说西北师院某教授很生气，他的《唐史研究》论文集没有加书楣，没有精装，打电话质问责编："小毛头的书加了书楣，有精装，为何我的书出得这么糟。"黎先生告诉我，某教授不接受千字 7 元的稿酬，他不是嫌稿酬低，而是要最高档，编辑室的人不痛快。黎先生还说："学术著作只印三千册，《史记研究》征订破例达到六千册，实印了七千册，曹社长指示给你发稿酬按最高档。"《史记研究》出版后，甘肃人民出版社评为学术论文集畅销书，还给我申请了甘肃省人民政府奖。曹克己社长接见我，提出一个要求说："张先生，你的著作不要出境甘肃，你有多少，我社出多少。"其后，我的《三国史研究》论文集，《中国历史文选》教材，中国历史人物评传第一至第十册，其中九册都在甘肃人民出版社次第出版，曹社长给我开了绿灯。

1985 年版《史记研究》书影

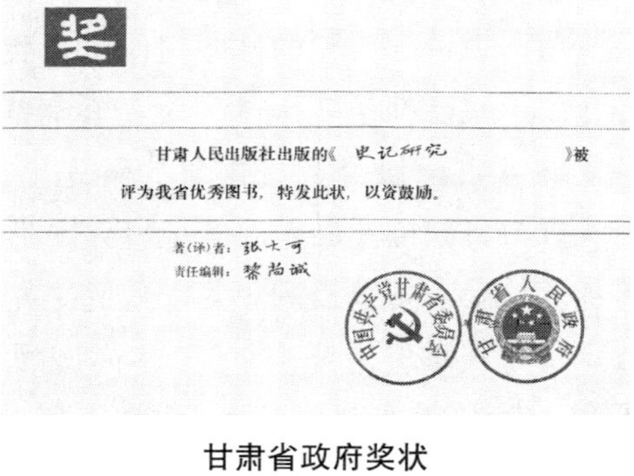
奖

甘肃人民出版社出版的《史记研究》被评为我省优秀图书，特发此状，以资鼓励。

著(译)者：张大可
责任编辑：黎尚诚

甘肃省政府奖状

六

出版《史记论赞辑释》

本书是《史记》研究出版的第二部学术论著，成书早于《史记研究》论文集，出版却滞后一年，在出版过程中有一个有趣的花絮值得一说。

本书阐释司马迁的史论“太史公曰”。我在1960年代初自学《史记》时，对刘知几《史通》中的一些评论颇不以为然。刘知几扬班抑马，在《史记研究》中已有详说。刘知几批评“太史公曰”为画蛇添足，这是刘氏史学理论的缺陷，所以持论偏颇。刘知几主张，历史著作要客观叙事，史家不能有感情的寄托和理论的评说。依刘氏之见，将缺失史家的是非观点和理论的注入，这样的历史著作只能叫“实录”，或者叫“文献学”，而不是“历史学”。历史学应当是饱含史家是非观点的“一家之言”。按照我的这一见解，“太史公曰”正是《史记》一书的血气，是司马迁直接表述的史学理论，应该作专题研究。1965年我就完成了对《太史公自序》和《报仁安书》的注译。1981年伴随《史记》课的开设，《史记论赞辑释》的课题提上议事日程，把它定格为第一部《史记》论著，1981年底杀青。如前文所说，1982年3月我决定投稿给陕西人民出版社，遭遇冷落。与之同时，1983年3月我投给了陕西《人文杂志》一篇论文，题目《太史公释名考辨》。半月后收到了《人文杂志》社编辑王果先生的回函，抬头称“张老”，他们误认为我是兰州大学的老年教授，向我咨询如何弘扬司马迁，怎样在《人文杂志》上办好“史记与司马迁研究”专栏。回函称《太史公释名考辨》尽快安排在第3期发表。我不假思索地回了一封长信，约4000字。所谓“不假思索”，就是没有直接按对方的提问回信，而是把我自己的一套想法和盘托出。我认为宏扬司马迁，作为司马迁故里的陕西地方要有积极性，走在全国的前面。在“文化大革命”之前，山东《文史哲》一家杂志就登载了八篇大块的《史记》论文，而整个陕西学术界总共发表了五篇小文章，这个局面必须改变。我提出如下意见：

> 成立一个《史记》研究中心，组织全国力量，通盘考虑，改善研究条件，培养专精队伍，有计划地开展工作，分工合作，是十分必要的，也是有条件的。我们希望作为司马迁故乡的陕西对《史记》研究应予以特殊的重视，并作出积极的贡献，以推进《史记》研究尽快出现一个新局面。

这段话见于《人文杂志》1983年第6期发表的拙作《三十年来史记研究述评》一文中，这就是我回函《人文杂志》的中心思想。《人文杂志》开办了一个专栏无疑是好消息，但远远不够。陕西的出版界、学术界、地方政府要共同努力，成立学会，建立资料中心，作出版规划等。《人文杂志》把我的回信，转呈陕西省委，陕西省委以文件方式下发陕西人民出版社、韩城县人民政府。1983年5月我出差北京，路过西安走访《人文杂志》见到了王果，以及专栏负责人王增浦两位先生。王果原在陕西省委政策研究室工作，当时任陕西省社会科学院的院长点名调王果主持《人文杂志》工作。新任院长原任陕西省委常委，是一位知识型的领导干部，复旦大学毕业，弘扬司马迁就是新任院长提出的，在《人文杂志》开辟"史记与司马迁研究"专栏也是新任院长的主意。此时《人文杂志》收到我的《太史公释名考辨》，误认为只有老先生才写考辨文章，于是出现了向我咨询的事。二王盛情款待，他们都是50多岁，比我年长，不因为我年轻而怠慢，我们成了好朋友。二王给我出了一个题目：《三十年来史记研究述评》，把我给他们的回信要点纳入述评，这就是当年《人文杂志》第6期发表述评的缘起。

我回函《人文杂志》的余波还未了结。我离开西安取道韩城，第一次访问司马迁故里，参观司马迁祠。我住在县人民政府招待所。韩城县民盟正在办书法展，我参观了书法展。得知韩城县刚开完为期两天的县、公社、大队三级干部会，简称三干会，陕西省委转发我那封信的文件在三干会上专门做了学习讨论，以

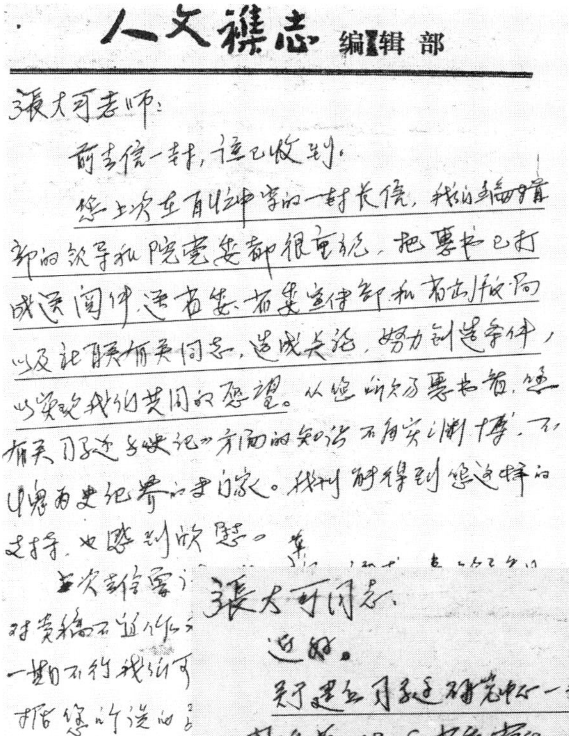
人文雜志 编辑部

張大可老师：

前寄信一封，谅已收到。

您上次在百忙中写的一封长信，我们编辑部的领导和院党委都很重视，把惠书已打成送阅件，送省委、省委宣传部和出版局以及社联有关领导，造成舆论，努力创造条件，以实现我们共同的愿望。

您上次在百忙中写的一封长信，我们编辑部的领导和院党委都很重视，把惠书已打成送阅件，送省委、省委宣传部和出版局以及社联有关领导，造成舆论，努力创造条件，以实现我们共同的愿望。

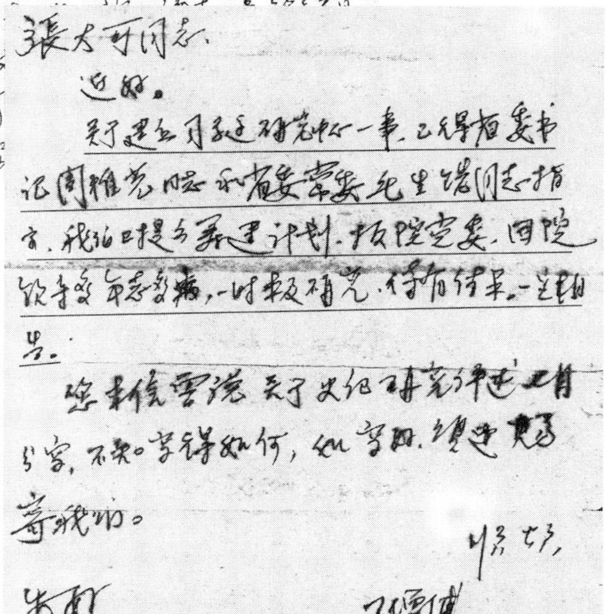
張大可同志：

近好。

关于建立司马迁研究中心一事，已得省委书记周雅光同志和省委常委毛生皓同志指示，我们已提出筹建计划，报院党委，因院领导多年老多病，一时未及研究，待有结果，一定相告。

1985.7.28.

关于建立司马迁研究中心一事，已得省委书记周雅光同志和省委常委毛生皓同志指示，我们已提出筹建计划，报院党委，因院领导多年老多病，一时未及研究，待有结果，一定相告。

《人文杂志》落实作者建议的回函

民盟牵头成立了韩城司马迁学会筹委会。1985 年韩城县设市，韩城市司马迁学会正式成立，韩城市建立了司马迁图书馆。1983 年，交通还不发达，从韩城到司马迁祠 9 公里距离，没有交通车，用一元钱向饭店租自行车去参观。这次我在韩城盘桓了两天，拜访了韩城县 70 余岁的名宿樊仰山，我们作了深夜长谈。樊仰山解放前任西安的《京西晨报》主编，他当时写了八幕眉户剧《司马迁》在渭市地区演出。樊先生执著地认为，《史记》副本藏之名山，不是埋在禹门口，就一定是埋在华山。理由是，藏在禹门口，是司马迁的故里，藏在华山是华阴杨氏，也就是司马迁外孙杨恽秘藏的。当然，这只是樊先生的个人理念。

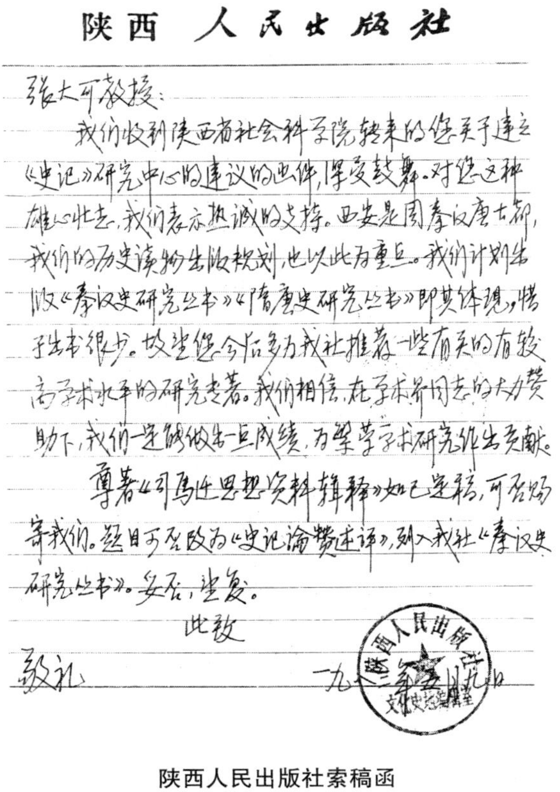
陕西 人民出版社

张大可教授：

我们收到陕西省社会科学院转来的您关于建立《史记》研究中心的建议的函件，深受鼓舞。对您这种雄心壮志，我们表示热诚的支持。西安是周秦汉唐古都，我们的历史读物出版规划，也以此为重点。我们计划出版《秦汉史研究丛书》《隋唐史研究丛书》即其体现，惜乎出书很少。故望您今后多为我社推荐一些有关的有较高学术水平的研究专著。我们相信，在学术界同志的大力赞助下，我们一定能做出一点成绩，为繁荣学术研究作出贡献。

尊著《司马迁思想资料辑释》如已定稿，可否赐寄我们。题目可否改为《史记论赞述评》，列入我社《秦汉史研究丛书》。妥否，望复。

此致

敬礼

一九八三年五月九日

陕西人民出版社索稿函

我这次出差，从北京返回兰州，收到陕西人民出版社索要头一年我投稿信提到的《史记论赞辑释》。这是一封公函，由陕西人民出版社文史编辑室发出，这也是陕西人民出版社对省委转发我那封信的文件的回应。1983 年 6 月，我把书稿邮寄到陕西人民出版社，一年多后石沉大海没有消息。1985 年 8 月初，我出差途径西安，拜访了陕西人民出版社文史编辑室，杨建禧主任接待了我，说明了原因。我的书稿由一位姓辛的青年编辑看稿，这位编辑因为考研，稿子看得很慢。1984 年，辛同志考上了研究生走了，书稿还未看完，就撂下了。现在书稿已转到了另一个编辑手中，杨主任介绍了这位编辑，他就是周鹏飞。周鹏飞 1982 年考入杭州大学历史系黎子跃门下做研究生，1985 年毕业刚回到出版社，接手的第一部书稿就是《史记论赞辑释》。他还没有把书稿看完，但认为已达到出版水平。这本书终于在 1986 年 8 月出版。我发函联系出版在 1982 年 3 月，到 1986 年 8 月出版，前后四年半，几经周折，这叫“好事多磨”。《史记研究》从交稿到出版，不到四个月。一本图书的出版，出版社约稿与个人投稿，出版周期的时间差是一比十，终于出版，还算幸运。

七

出版《史记选注讲》

这是我主编的一部大型《史记》选本。新中国成立以来，学术界推出了多种《史记》选本，最有名的是王伯祥的《史记选》、郑权中的《史记选讲》。各种《史记》选本大都侧重于文学性强的纪传篇目，五体不备。我开《史记》课选编的讲义，选文 43 篇，五体皆备，计划为两用。一用作为选本出版，二用作为《史记全本新注》的组成部分。1983 年 10 月，中国历史文献研究会在郑州召开年会，学会组织集体项目，于是我申报了《史记选注讲》这个课题。讲义所选 43 篇文章，我已完成了 2/3 以上 30 余篇的新注，心中有底。我提交给学会作为若干所高等院校同仁之间的协作，以文会友，等于是课堂教学的一种开放，也借此征集我所创立的《史记》新注体例的社会反映。我任该书主编，山东教育出版社承担出版。参加协作的高校 25 所，参编教师 30 人。

选本的新注体例有六个事项：书前序论、五体说明，是为总论；单篇注释有题解、白文简注、段意、讲析四项。白文简注，继承传统的微观研究，疏解字词、掌故、职官、地理等内容，使用白话文，解说字面意义，不作繁琐考证，故称白文简注。其他等项皆为宏观研究，对史文内涵作疏解。序论是对全书的导读，五体说明解析《史记》结构。题解、段意、讲析是对单篇人物、史事的疏解。这是我规划的《史记全本新注》的体例，先试用于选本中，得到参编同仁学者的一致认可，增强了我的自信心。大家相约，1984 年底完稿，主编集中统稿，不迟于 1985 年 5 月 1 日将齐清定书稿寄往出版社。每个环节都按约定日期以邮戳为凭寄出。逾期者视为自动退出。本书作者全都按期完成，没有一个退出。

1985 年 4 月 25 日，本书的齐清定书稿寄往山东教育出版社。出版社特聘山东大学教授审稿，认为达到了出版水平，但征订不理想，新华书店回报的数字只有 600 册。由于本书如约交稿，出版社不便退稿，推延了数年，终于在 1989 年出版，这也是山东教育出版社对《史记》大型选本的支持。

有的集体项目，由于一两个作者延误交稿，主编碍于情面又不督促，结果全书泡了汤。本书组稿以文件方式发出共同的约定，以邮戳为凭，逾期交稿者主编不拆封退回，保证了全体作者的诚实守信，也促成出版社兑现承诺。本书出版的这一细节，特地写出，与大家共勉。

八

出版《三国史研究》

《史记》研究是我个人的学术重镇，是一生都做不完的工作。从 1981 年到 1985 年，我集中了五年的时间全力突击《史记》研究，达到了预定的目标后，暂告一段落。1986 年我转入三国史研究，实现我在二十年前在北京大学开展不赞同替曹操翻案的那场大学生学术研讨会的宿愿，现在有时间有能力来做这一件工作了。时不我待，穿插在《史记》研究中进行，阐释我对中国历史三国时期的历史观点。当我开始发表三国史论文时，系主任给我开玩笑，“《史记》油榨干了”，不无揶揄之意。学无止境，《史记》研究永无穷期。系主任是局外人，焉知我的鸿鹄之思。

1988 年甘肃人民出版社版《三国史研究》

我研究三国史的套路完全按《史记》研究模式，以教学带动学术研究。我在甘肃版《史记研究》的《后记》中写了这样一句：“兰州大学历史系党政领导给予了热情的支持和关怀，为本书的研究提供了讲台。”这不是一句客套语，是我的工作总结。1986 年我编写了《三国志选讲》的讲义，摘选《三国志》25 篇传文，刻印发给选修的学生人手一册。注释、讲析为备课讲稿。在讲课行进中按规划的专题升华讲稿形成论文发表。总体规划了三年到四年完成三个项目的时间表。第一项，出版《三国史研究》论文集；第二项，出版一部《三国史》；第三项，出版《三国人物新传》通俗读物，普及三国史。1986、1987 两年，一切按计划进行，完成了《三国史研究》论文集的写作，1988 年甘肃人民出版社出版。

《三国志选讲》的选题也开放为以文会友，约请西北民族学院王继光教授共同主编，规划了《二十四史选注丛书》，以《三国志》选注为开卷之作，题名为《三国志卷》，注讲传文 20 篇，1989 年 7 月在陕西人民出版社出版。书前导论《三国鼎立形成的历史原因》，也同时是《三国史研究》论文集的主题。

正当我着手《三国史》写作的时候，三秦出版社社长周鹏飞向我咨询出版十大史学名著古籍整理丛书，请我给他开一个书目。周鹏飞 1986 年还在陕西人民出版社当副主任编辑，前文提到他就是拙作《史记论赞辑释》的责编。1987 年周鹏飞调任三秦出版社当社长。三秦出版社是陕西省古籍整理专业出版社，周鹏飞一上任就着手制定大项目古籍整理规划，由于我们有过合作的关系，所以他来向我咨询。当时以“十”为一编的大小丛书十分盛行。我经过仔细研究以后，建议改十大史学名著丛书为六大史学名著丛书。六大名著为前四史《史记》、《汉书》、《后汉书》、《三国志》，加《左传》、《资治通鉴》。周鹏飞社长欣然采纳，并邀请我率先完成《史记新注》为示范，并建议改名为《史记全本新注》，避免误认为又是一种《史记》新注选本。《史记全本新注》是我《史记》研究中的一环，包括《史记》会注，现称《史记疏证》都在规划之中，但没有安排它的完成时间表。周鹏飞的约稿，于是我调整计划，中断了三国史的研究，工作重心又转入了《史记》研究。个人计划要适应时势，机会来了及时抓住，比起个人创造条件要顺畅得多。

未完成的《三国史》计划成了我的一个心结。我进京以后，零零碎碎写了《三国史》、《话说三国》、《三国十二帝》，以及主编《三国人物新传》几本通俗读物，时过境迁，没有了课堂教学的气场，三国史研究没有达到预期的最高境界，特别是《三国史》没有达到断代史的要求，只能留下遗憾。但失之东隅，收之桑榆，《史记全本新注》出版的提速，是一个意外收获，对其后的《史记》研究有重大影响。

九

出版《史记全本新注》

本书1990年6月，由陕西三秦出版社出版，这要归功于三秦出版社社长周鹏飞出版古籍整理的规划，使本书的出版提速。

《史记全本新注》1988年初上马，计划用两年时间完成，穿插主编的《中国历史文献学》教材一并完成。《中国历史文选》教材，已在1987年完成，书稿已送出版社。为了提高工作效率，必须集中时间，集中精力，全力以赴，课以日程。这两年谢绝了一切邀请，杂志约稿，予以谢绝。1988年，夫人调入北京，带走小女，我没有一同入京，独自在兰州生活了三年，母亲伴我，料理家务，一天有十四五个小时伏案工作，旁无杂务，这是当时非常有利的条件。

周鹏飞社长给我提供了工作便利，我不用向出版社交齐清定的书稿，完全信任，允许我在兰州新华印刷厂排版，二校以后的清样稿提供三秦出版社审稿，由三秦出版社发行科长到兰州来取稿，这大大节省了我的时间。《史记全本新注》，包括原文，控制在 200 万字左右，抄一遍也要几个月时间，不采取特殊手段，难以完成。

我购置了中华书局点校本《史记》两套，以一册为一个单元，点校本共十册，也就是十个单元。点校本直行排版，我用剪子剪下横贴在稿纸上方，依据正文的难度，估计注释的条目，难度大，注释条目多，一页稿纸上方贴二三行；难度小，注释条目少，一页稿纸上方贴七八行。稿纸一格一字，也可两格写三字，稿纸下方还可粘贴加长稿纸的长度。也就是说，一页稿纸的上方粘贴《史记》原文，下方撰写注文，正文与注文同页，做起来极其简单。吴汝煜参加《史记选注讲》承担《高祖本纪》的注释，我告诉他此法，他说两小时以后就掌握了。其他的人始终掌握不好。那时候，电脑不普及，也没有网络可下载《史记》原文，唯有用剪贴方法避免抄书，而且没有错别字。

一个单元两册点校本的书作一气剪贴，需要一天半到两天时间。注释完一个单元，即完成一本，再剪贴下一本。点校本十册《史记》总计用时约二十天。把复杂的繁体字改成简体字，大约也用相同的时间。也就是说，用一个月多一点的时间把《史记》全书剪贴在稿纸上并改繁为简，等于是抄完了全本史记，包括标点符号总计 60 余万字。

1990 年版《史记全本新注》书影

《史记全本新注》的序论、主体说明，作《史记选注讲》时已经完成。《史记》单篇新注的内容包括题解、注文、段意、简论四项。《史记全本新注》不作讲析，改为简论，有论则说，无话则省，只有40余篇有简论。做这一调整有两个原因。一是减缩篇幅。周鹏飞社长要求全书篇幅控制为75个大32开版面的印张，也就是新注的文字总字数控制在150万字以内。二是还未深透解读的篇目不做简论，节省时间，不求整齐划一。调整以后，150万字的篇幅，每天课以日程，以5000字为额度，计算下来十个月就可以完成。加上剪贴原文、改繁为简的一个多月时间，全书的完成一年可毕，两年时间绰有余裕，穿插《中国历史文献学》完全可行。这还有一个前提，150万字只写一遍，不抄稿，不改稿，这需要新华印刷厂排字工人的配合。当时是铅字排版，很笨重，150万字的注文加原文共二百万的铅字版，堆积像一座小山。我注完一篇，就往工厂送一篇，我利用一校、二校作修改，修改中有的条目推倒重写，修改量比一般书稿要大、增加了排版工人的负担，节省了我的时间。我亲自下到工厂与排字车间的工人打成一片，十分亲切。我点名要了几个高水平的工人排版，其中一人自学成才，具有大专水平。他读《左传》，读《论语》、《孟子》，还要我给他讲解《论语》。这位师傅给我总把关，他随身备有《新华字典》，还有旧版《康熙字典》，我写的一些错别字他给予了纠正。

我的这一方法，别人无法借用。因为我本人在底层摸爬滚打过，能与工人打成一片，别的人做不到。工人师傅的劳动必须尊重，其实很简单，尊称他们一声师傅，就能赢得他们的热心肠。一些细节很重要，要能和他们坐一条板凳，共同吃一顿饭，一起聊天，没有这些举动，工人对你就冷漠。兰州大学中文系某教授，他的一部书稿在兰州新华印刷厂排版，他要赶一个会议，想快一点。他也到了新华印刷厂，他首先找厂长，厂长引导他找车间主任，车间主任带他到排字工人师傅前，让他做些交代。他两手叉腰，说话指指点点，不坐工人师傅让座的板凳，不饮车间的开水，一副高高在上的派头。他不到现场打一个电话给厂领导，也许还快一些，他到了现场督促，人一走，工人师傅把他的活扔到一边，还嘟囔一句：“一边凉快去。”

我规划两年完成《史记全本新注》，与我亲近的同事和朋友讲述，他们都认为是天方夜谭，他们说，没有四五年，哪能完得了。实际上我提前了半年，一年半就完成了。我记述这一事件过程，目的就是要说明，只要计划周密，算清了账，课以日程，一般认为不可能的事，在你的不懈努力下就可以变成现实。当然，这要创造一些条件，采取一些非常规手段，要有多方面的配合。如果三秦出版社不同意在兰州排版，按常规交齐清楚的书稿，即便我请人抄写，自己先要定稿，还要校对，至少多花一年的时间。

1990 年我已决定调到北京，暑假就可以办手续了，我借口还有些遗留的事，拖到年底办了调离手续，而离开兰州大学直到 1991 年的春节之后。1990 年我已转入《司马迁评传》的写作，还有《史记精言妙语》的词条收录。《司马迁评传》是 1989 年就敲定了的项目，是兰州大学校长辛安亭向南京大学校长匡亚明推荐的，《司马迁评传》纳入了南京大学匡亚明主编的 200 部《中国思想家评传丛书》中，1994 年出版。《史记精言妙语》，是我在注释《史记全本新注》过程中，时时被《史记》的格言警句扣动心弦，于是产生了摘选司马迁语录的想法。与《史记全本新注》上马的同时，《资治通鉴新注》也上马，1988 年秋周鹏飞在陕西临潼召集编委开了编务会，通过了凡例和样稿。本书部头大，由我邀请全国学者协作，有 15 所高校 20 余位作者加盟，作者中有多位老一辈的教授，辽宁大学著名的《资治通鉴》专家陈光崇也名列其中。凡例、样稿都由我制定，因我最年轻，以召集人的名义任实际主编。我计划《资治通鉴新注》完成，也摘选一本《资治通鉴精言妙语》。1989 年我致函中州古籍出版社陈协琹先生，与他们的想法不谋而合，于是《史记精言妙语》、《资治通鉴精言妙语》纳入了中州古籍出版社的《中国古代文史名著精言妙语》丛书中。《史记精言妙语》66 万字，按中州古籍出版社的整体计划，1999 年出版，而 1993 年已交稿，陈协琹写的前言，落款

1993年10月，我写的题记落款1993年4月。说明该书交稿在1993年4月，陈先生审读完成于10月。1990年，我在兰州大学没有了教学任务，集中时间对这几个学术项目做奠基性的工作。回忆这段往事，再次说明多个项目同时穿插进行，也就是把多项学术作物套种在时间耕地上，只要计划周密，全力以赴，是完全可行的。

第十二章　叶落京师

1991年初，我调离兰州大学，叶落京师。到了新环境，中断了原来的工作节奏。时间稍一放松，日月如梭，年历翻到了2012年底，转眼二十二年。先在北京外国语大学工作四年，1955年初转到中央社会主义学院，于2001年退休。这两所大学属于各自独立的系统，与普通高校不相联系，但二十二年来，我的学术活动始终没有脱离普通高校的学术圈，还能得到这个学术圈同仁的认可，其中一个重要的原因，大家共同对《史记》的关注成为了一条维系同仁的纽带。因此，本章将以谈说《史记》的话题为重点收官《七十述怀》。

一

游子叶落京师

中华民族传统习俗，讲究“落叶归根”，要魂归故土。一个人离开故里，称为游子。1980年代，我有两次机会可以落叶归根，回到家乡工作。1986年《中国历史文选》教材在重庆教育学院召开定稿会，这是重庆师院历史系徐景重教授联系的。徐先生建议我“落叶归根”，可否考虑到重庆师院工作，共同建立“中国史学史”学科点，他愿意配合我工作，还说重庆师院有可能安排我兼任副院长。与之同时，我大学时的好友黄葵先生致函邀我到四川省巴蜀书社配合他工作。黄葵是北京大学中文系古文献专业1959级，高我两届，是师兄，他1984年调入巴蜀书社当总编。我还有一位师弟叫杜自南，他是1962级，当时在四川大学图书馆工作，后来调到四川电视大学，以便于安置夫人的工作。

北大校友“三剑客”留影

（左起：黄葵、张大可、杜自南）

在北京大学，黄葵、我、杜自南三人经常聚在一起聊天，谈论《史记》的学术问题，自号“三剑客”。人生难遇知己，我无论到重庆师院，还是到巴蜀书社，都可能是不错的选择。一是夫人坚决反对，她一心要回北京；二是我已死心塌地终老在兰州大学。我的个人最高理想是在北京大学任教，1982年老师阴法鲁邀请，这是唯一的机会，错过了这个机会，再也没有做过回到北京的梦。兰州市依山傍水，坐落在黄河两岸一个狭长的沙滩盆地上，冬天四周高地极其寒冷，而兰州市白天很少有零下的温度，夏天凉爽，不用电扇。冬暖夏凉，一年四季都是能舒心工作的日子。兰州市区号称150万人口，而狭长的城关区只有几十万人口，中等城市规模，政府各级机关、媒体、几所大学、中科院所属的几个研究所、甘肃省图书馆、甘肃出版社，相距都不远，办起事来很方便。1987年，甘肃省成立中青年历史学会，我勉为其难，忝列会长之职。会员112人，2/3出自兰州大学、西北师院、西北民族学院三大学院，许多40岁以下的会员分布在各机关、媒体成为中层骨干。1988年暑假，我在兰州大学举办中青年《中国历史文选》教师讲习班，甘肃省电视台、甘肃日报社、兰州晚报，这些媒体主动来参加开幕式，免费报道，不用说他们都是甘肃省中青年历史学会的会员。天时、地利、人和，我都不宜离开兰州，我本人也不愿离开兰州。留在兰州大学，顺理成章建设“文

1986 年作者一家合影

献学”或“中国史学史”博士点的工作提上议事日程。但世事难料，1988 年，夫人调离兰州，回到北京奉养老人，命运安排我最终居家北京，叶落京师。夫人原在煤炭部所属兰州市矿山机械厂任工程师，根据有关政策，在“文化大革命”中受到冲击的知识分子，年事已高，身边没有子女的，可从外地调回一个子女，如果子女已成家，全家户口指标可随同进京。我们一家，包括两个小孩共四个户口指标很顺利地办了下来。兰州大学得知情况，动员我夫人调入兰州大学，以兰州大学驻京办事处工作人员名义回到北京奉养老人，待老人百岁后再回到兰州大学安排工作。我觉得这是一个上佳的方法，但夫人不同意，她执意要回北京。我们商量了一个折中办法，夫人与小孩的户口迁到北京，我留在兰州大学工作，退休后再到北京。北京市人事局不同意，想把我安排到北京市西城区党校工作。如果我同意，承诺把夫人的工作安排在北京市汽车进出口总公司，那是一个令人羡慕的单位。我不想离开兰州，由兰州大学出具证明因工作暂不能离开。由于我没到北京，北京市人事局取消了对夫人的工作安排，让她自己找单位，自己找不下单位，户口指标年底作废。匆忙之中，夫人进了北京市空调机器厂，那是一个集体企业，业绩欠佳，以致夫人后来的退休待遇，一个高级工程师还低于正科级。由于我的固执和书呆子气，误了夫人的前程，对不起她。夫人很豁达，一点也不埋怨。1990 年，北京人事局通知，我的进京户口指标保留了三年，史无前例，1990 年底，户口指标将作废。考虑夫妻长期分居，不利于孩子的教育，我只好依依惜别了兰州。

二

慈母落叶归根

我们希望母亲有一个幸福的晚年，1975 年春节后，我把母亲从四川农村接到兰州与我们一起生活。1993 年春节后老人执意要回重庆，她做梦，梦见了多年前作古的亲人和熟人，年岁到了 73 岁的坎，要落叶归根。1982 年，我弟弟一家进了重庆市，经营小生意小有名气，生活比我还要富裕，母亲回重庆，吃家乡饭，人多热闹，比在北京更适合养老，我和夫人一百个放心，高兴地把母亲送回重庆。母亲身心快乐，与弟弟一家共同生活了十年，2003 年辞世。

1993 年作者与母亲合影

母亲在兰州生活了 16 年，在北京两年，完全脱离了乡村气息，修养成了一个有高雅气质的城市公民，给我们留下了许多美好的回忆。

我小女 1977 年出生，到 1993 年 15 岁，初中毕业，母亲把她从小带大，祖孙情深。母亲原来不识字，小孙女两岁时就开始认字，从玩具上的认字开始，成天找奶奶问字。祖孙二人共同认字。我母亲意志力很强，她暗自下决心要学在小孙女的前面，翻新华字典不离手。我每天用半小时教祖孙二人认字。等到小女七岁上小学时，母亲自学五年已能识字数千，能看报，能看小说，能读浅近文言，《再生缘》、《三言》、《二拍》都能读。看浅近文言小说上了瘾。母亲只能看短篇，白话《聊斋》读了一遍又一遍。像《三国演义》、《水浒传》长篇还是吃力，报纸天天都看。母亲自学有了小学或初中一年文化程度，艺术欣赏的追求也不一样。她最爱看的电视剧是历史题材的连续剧。当 50 集的《唐明皇》与《戏说乾隆》同时上映时，母亲选看《唐明皇》，不看

《戏说乾隆》。我问母亲，为什么看《唐明皇》，不看《戏说乾隆》。母亲说："《戏说乾隆》是看热闹，《唐明皇》是真人真事，看那些皇帝大臣都是怎么在做事，电视剧虽然添枝加叶，不会是全编的。"母亲的话对我很有感触，只有历史发生的真人真事，才能提供警示和借鉴，那些胡编乱造历史故事的人应该蒙羞。

母亲念旧。1988 年，我夫人和小女进京以后，只有母亲和我两人在兰州生活，相依为命。我的朋友来访，吃了母亲做的粗茶淡饭，都夸赞可口，羡慕我有一个好妈妈，母亲感到很自豪。晚上我们母子也时常看一些共同喜爱的电视节目，对剧中人物故事也作一些品头论足的交流。新闻联播天天必看，母亲从不落下，那几年吃饭显得有规律。晚上聊天，母亲经常谈到故乡某某人有哪些长处，告诫我不要忘记帮助过我们的那些亲朋好友和邻里。要我有机会回四川时一定去把某某看望一下。母亲在和我们一家生活期间，曾三次回到重庆与我的兄弟姐妹团聚，也看望她想念的故旧。1988 年，母亲第二次回到重庆看望亲朋旧故，想多住一些日子，弟弟一家也不想让母亲走，这时只有我一人在兰州，夫人和小孩进了北京，母亲担心我又匆匆忙忙回到兰州照顾我。

母亲到北京生活了两年多，到故宫，到天坛，到颐和园，到香山，还到潭柘寺，还有北京的其他风景名胜，八大处、长城、地宫都去参观，落落大方，一身朴素整洁，受人称赞。母亲参观文物，看得很仔细，专注讲解员的解说，要是没有听明白，她再等一轮，多听一次。故宫前后去了三次，一个殿一个殿听讲解。母亲参观，神情专注，默不作声，基本不说话，不向人发问。母亲认为东问西问，惹人烦，干扰别人的参观不礼貌，自己懂多少算多少。

我们在北京住在地安门西大街东官房临街的一个大杂院，院里住了四个老太太，母亲和其中两人关系最密切，三人在一起每天玩扑克、玩纸牌大约有几个小时。三个老太太用一个大笔筒装了几十枚硬币，每次玩牌给每人发若干枚硬币，每玩一把输赢一枚硬币，只管枚数，不管面值，今天你赢了若干枚，明天她赢了若干枚，还不时交流牌艺。赢了的高兴，输了也高兴。收局时，清点硬币，计算枚数，说两句笑话，把硬币一收，全数放回笔筒，第二天如法再玩。这两年是三个老太太最快乐的时光。她们一起逛街，一起上北海公园，一起在什刹海边漫步。大杂院是老太太和儿童的乐园，虽然嘈杂却有生气，左邻右舍拉家常，住在楼房，家里人都在忙工作，老人很孤单。母亲回到重庆后，东官房的那两个老太太没有了牌局，有些郁郁寡欢，不时问我："大可，你妈妈什么时候回来?"其实两位老太太知道我母亲不会回来了，只是拉两句话，抒发一下想念。我为了不扫兴，应付着说："过段时间，我有了空去接母亲。"1995 年，我调到中央社会主义学院，也搬出了这个大杂院，我有时进城，还去看望两位老太太，她们是我母亲晚年的朋友。两位老太太嘘寒问暖，托我带信祝福我母亲。大杂院也给我留下了许多美好的回忆。

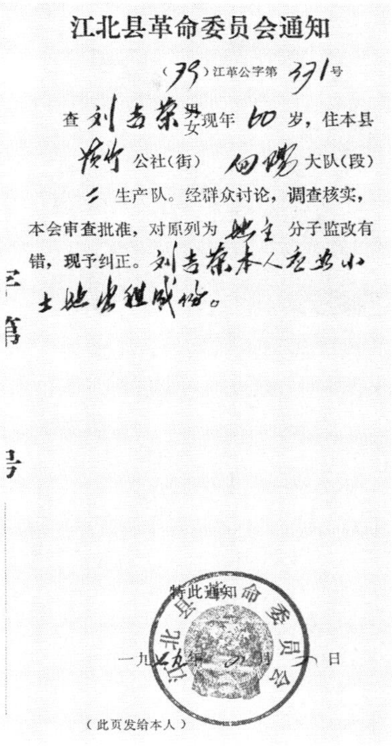

江北县革命委员会通知

（79）江革公字第 331 号

查 刘吉荣 男/女 现年 60 岁，住本县 茨竹 公社（街） 向阳 大队（段） 二 生产队。经群众讨论，调查核实，本会审查批准，对原列为 地主 分子监改有错，现予纠正。刘吉荣本人应为小土地出租成份。

特此通知

一九七九年 四 月 四 日

（此页发给本人）

刘吉云成份平反通知书

（云字误书为荣）

母亲晚年还有一件值得她快慰的大事，就是四川江北县人民政府革命委员会通过到原籍长寿县调查，在 1979 年 4 月 4 日通知给她的地主成份平了反，恢复小土地出租。我家的成份起起伏伏。1951 年土改划为小土地出租，1952 年复查补为地主成份。1955 年迁移，新居地江北县茨竹公社依据迁移的地方政府的证明按小土地出租对待，1965 年"四清"又补划为地主成份，小妹 15 岁正在茨竹公社小学念六年级被勒令退学不予毕业，我的入团

作者故里柏林村村长吴世全
与其子合影

遭遇卡壳。这些都翻过去了。一纸平反通知，对我们一家已经没有了实际价值，但在精神上，尤其是母亲视为无价之宝。伴随平反通知，母亲得到选民证，她十分珍惜这张选民证，亲自收藏，开选举人民代表的会议，比我们要积极。母亲背了近 30 年的沉重包袱，在有生之年看到了暴风雨之后的日出天晴，何等心情，只有当事人才能体会。土改时的村长吴世全是平反我家成份的关键人物，他的名字我们不会忘记。

母亲回到重庆，与弟弟一家生活。弟弟有一子两女，都是我母亲看着长大的，那正是“文化大革命”的年代，又在农村，生活比较艰苦，一家人患难相处，感情浓厚。母亲回到重庆，已经有了重孙女了，四世同堂。我的姐姐、两个妹妹，也都家居重庆，各有一大家子。2003 年母亲辞世，我们这几房合计 45 口，人丁兴旺，这是母亲最快慰心田的大事。母亲晚年快乐而满面春风，只是病魔缠身，受尽折磨。母亲年轻时长期体力透支，营养不良，老年哮喘，靠药物支撑，十有余年。这不单是母亲个人的遗憾，也是我们后辈的最大遗憾。母亲的病，是为我们付出而落下的，华佗难寻，言之伤怀。

母亲最大的愿望是要求土葬。母亲的寿木在 1975 年她到兰州之前已经备好，是最考究的笔直的半尺厚的方柏木。母亲的墓地占了三分农田，虽说是办了退耕还林的合法手续，还是不应当提倡。我和弟弟以及姐妹，了却母亲的心愿也是我们感情必须要做的。母亲为我们的付出太多太多，子女无以回报。弟弟委托了专人给母亲的墓地种树，经营了八年，小林子郁郁葱葱。2011 年农转非，国家已征用了土地，母亲的墓地将迁到非耕地的一处半山坡，那是自然林地。母亲叶落故土，回归自然，灵魂永久安宁，祝慈母地下安息。

显妣张母刘吉云老孺人之佳城

三

高处不胜寒

北京市人事局没有安排我夫人的工作，我也名正言顺提出，到党校工作不对口，只要工作安排与历史专业对口就行。1989 年北京市人事局与首都师大历史系协商，把我的《史记研究》、《三国史研究》送给首都师大分管人事的副校长，数月后得到回音："经历史系权威教授审阅，张某的正教授职称完全合格，就是年龄小了点，还不足 50 岁，首都师大还有 50 岁的讲师，落差太大，不好安排。"北京市所属还有两个单位，北京市社科院、北京市联合大学。北京市社科院历史所所长婉拒说："我们这里是搞北京市地方史，张某是搞全国的历史，工作不对口。"这位所长，现在已经是知名人物，做客中央电视台"百家讲坛"，所讲诸题没有一个是北京地方史，讲的也是全国历史，你不能说北京的故宫是北京的地方史吧！这位所长是正研究员，尚且如此，北京市联合大学历史系的领导还不是正教授级，可想而知。北京市文物管理所所长即将退休，北京市人事局征询我的意见，到文物管理所，接任所长。我本人不研究文物，到那里是外行，副所长也是北京大学毕业的，坐了多年冷板凳，我去抢她的位置不合适，我没有接受。北京市人事局看中我的，恰恰是中年正教授，要留我在北京市所属的单位，户口指标是北京市下达的；而北京市所属的这几个单位，恰恰不欢迎中年正教授。1990 年春北京市人事局对我说：

“北京市接受你的单位你不去，你想去的单位他们不愿意，你现在可以自行联系中央所属的单位，户口指标保留到1990年底。”

早在1987年我出差到北京，特意去北京大学拜访邓广铭教授，感谢他对我职称评定的提携。谈话间涉及到我的工作，1982年我有一次机会可以回到母校在北京大学谋得一教席，可惜机会丢了，鱼与熊掌不可兼得。邓广铭教授很直爽地说：“这个机会不会再有了。我现在主持的中古史研究室就可以进入，我也有力量把你调进来，但是你的职称太高了，不好安置。你的师兄某某在我的教研室，才刚提了讲师。你的老师吴某才解决了正教授职称，还是到中古史研究室解决的，你走在了他的前面。我个人很欢迎你，客观上摆不平。你的老师阴法鲁先生当年调你，你是讲师，你今天这样他也不好办。”邓广铭先生平易近人，我只见过他这一面，因为我是北大毕业的，有广义的师生关系，邓先生也确实把我当学生看待，所以谈话很自然，况且是无意之间谈及的话题，仿佛是在谈论第三者，当时我并没有调离兰州大学的想法。但邓先生的一席话是人间世情，普遍真理，所谓“高处不胜寒”，有了真切的体会。

1985年北京外国语大学（当时叫北京外国语学院），教中国语文的公共课教研室升级成立了中文系，前辈《史记》研究专家程金造先生在那里任教，因《史记》情缘，1983年我就与程先生相识而成为忘年交。由于程先生的关系，我认识了北外中文系的几位老年，中年教师。其中一位长者何建章先生是研究《战国策》的专家，搞文献研究，我们也是一见如故成了忘年交。1988年我主持陕西三秦出版社《资治通鉴新注》的工程，邀请何建章先生加盟，何先生承担《资治通鉴》中华书局点校本20册中第一册的注释，与他的《战国策》研究相结合。1990年，何建章先生以67岁高龄出任北外中文系主任，他也是唯一的教授，这时程金造先生已经作古。何先生邀我到北外工作，于是我进京到了北京外国语大学，校领导安排我兼任系副主任。1992年，还在中文系给我成立了古文献研究室。

北京外国语大学中文系课程主要有两项。第一，承担全校公共课，原有自编教材《中国古代诗文选》，主要由中老年教师承担。第二，给外国留学生开设汉语语言课，由中青年教师承担。

我加入了《中国古代诗文选》的教学行列，每周四小时。我加开了《古代汉语》选修课，用北京大学王力教授主编的《古代汉语》作教材，供准备考研究生的高年级大学生选修，授课一年，每周二小时，全校选修的人不多，约20来人，四年中只开了两次就停了。

1991到1994年，我在外国语大学工作了四年，完成了《司马迁评传》、《史记精言妙语》两书的编写，还完成了《资治通鉴新注》的主持与定稿工作，1993年交稿，副产品有《资治通鉴精言妙语》。这几项学术研究都是在兰州大学开了头的未竟工程，进京后没有开展新课题。

北京外国语大学的住房紧张，计划中的高职宿舍楼要到1999年竣工。我住在北京地安门西大街东官房夫人家的老宅，时代变迁四合院成了一个大杂院，到北外上班有十余公里，不方便。系里照顾，我每周只上班两天，讲课和处理行政事务，两天的时间也就差不多报销了。1994年中央社会主义学院招聘教授，我应聘到了中央社会主义学院，1995年举家搬到了中央社会主义学院，离开了大杂院的环境，这时才算真正安定下来。

在中央社院工作六年后于2001年退休，本职工作值得一提的是主编了一套《统一战线系列丛书》1—10卷，300余万字，对中国共产党统一战线工作，1921年至2000年八十年历程进行了全面的历史概括与理论总结。此课题也是中央社院立项招标为落实江泽民总书记“四个更”的指示项目。“四个更”出自1991年江泽民总书记在给中央社院建院36周年贺信中提出的。内容是：力争在20世纪末，“把中央社会主义学建设成为更富有自己特色的名副其实的党外代表人士和党的统一战线干部学习培训基地，使它在社会上享有更良好的声誉，在党外各界代表人士中更具有吸引力，在统一战线的学术研究方面达到更高的水平和应有的权威性。”“四个更”是刘延东同志的总结和概括。1996年中央社会主义学院挂牌“中华文化学院”，我主持了《中华文化概要》一书的组织与定稿工作。传统文化致力于普及工作，主编《爱国主义教育丛书》四卷、《史记故事丛书》1—5辑，《〈史记〉故事精选100篇》、《少年版史记》、《影响中国历史100名人》、《影响世界历史 100 名人》等。

四

《史记》情缘

1980 年代，《史记》研究成为一个热门课题，也是我在以文会友中谈论最多的话题。一部《史记》把学术界一茬又一茬的老中青三代学人串联起来，代代薪火相传。1980 年代初我是一位较为活跃的中年学者。老一代学者郑鹤声、程金造、吴中匡、王重九，中年学者宋嗣廉、韩兆琦、可永雪、杨燕起、施丁、吴汝煜，青年学者赵生群、张新科、俞樟华、陈曦等，我起了串联作用。如今我已步入了老年，又一茬老中青在中国史记研究会的组织下成为一支宏大的队伍。这里着重谈我们这一茬老中青三代学人的《史记》情缘。

程金造 河北高阳县人，1908 年生，比我年长 32 岁，是老前辈。我与程先生交往从 1983 年 7 月至 1986 年元月，只有两年半，因《史记》情缘却结下了深厚的情谊，成为莫逆的忘年之交。两年半我们互相通信 80 余封，我现在几经搬家还存下了程先生来信 42 封，时间记录如次：1983 年 7 封，7 月 20 日、8 月 16 日、8 月 24 日、9 月 8 日、秋（9 月）、11 月 12 日、12 月 18 日；1984 年 17 封，元月 5 日、元月 22 日、2 月 9 日、3 月 4 日、4 月 4 日、4 月 6 日、4 月 21 日、6 月 20 日、6 月 30 日、9 月 10 日、9 月 21 日、10 月 7 日、11 月 12 日上午、11 月 12 日下午、11 月 15 日、11 月 27 日、无日期一封，当在七八月；1985 年 17 封；元月 25、5 月 3 日、5 月 22 日、6 月 3 日、7 月 10 日、7 月 20 日、8 月 4 日、8 月 30 日、9 月 11 日、9 月 30 日、10 月 10 日、10 月 23 日、11 月 4 日、11 月 23 日、11 月 29 日、12 月 2 日、无日期一封；1986 年 1 封，元月 24 日。我详细做这一个日期记录，有两个意义，程金造先生一生压抑，寄情于《史记》，他的晚年身体不好，《史记》是他生命的支柱，他与我的通信谈的全是《史记》的话题。有时上午一信，意犹未尽，下午又一封。程先生因遇知音而快乐，执意兄弟相称为忘年之交，感人至深。第二，网上说程先生 1985 年病故，提早了一年，程先生病故于 1986 年。1985 年春一度病重，有数月未通信。

《史记》情缘把程金造先生与我两代人拉在了一起。1983 年《西北师院学报》第 3 期刊发我的论文《试司马迁的“一家之言”》，7 月目录见于《光明日报》。学报是季刊 8 月出版。程金造先生抗战时期在兰州西北师院工作过，他以为我是师北师院的教师，就致函《西北师院学报》编辑部与我沟通联系。机缘巧合的是西安《人文杂志》第 4 期，发表程先生《释太史公自叙成一家之言》的论文，杂志双月刊，也在 8 月出版。两家异地刊物，不约而同地在同一时间发表我和程先生研讨同一课题的《史记》论文，拉近了我们的距离。程先生给我的第一封信写于 1983 年 7 月 21 日，托《西北师院学报》编辑部转给我的。秋季开学后我出差去北京，第一次与程先生见面。通过程先生认识了北京外国语大学中文系的主任杨天戈、教授何建章，以及钟尚钧、宋柏年等先生。宋柏年原是北京大学中文系与我是同届校友，他学文学专业，不知道他在外国语大学工作，通过程先生我们联系上了。

开头六封信，程金造先生称呼我为“张大可先生”，以后他称我为“张大可兄”，他觉得称“先生”太客气，要兄弟相称，作一个完全的忘年交。程金造先生是前辈，我称他为“先生”也觉得有客气之嫌，我称程先生为“老师”，他坚决不接受，程先生说：“古人云，‘师何常，在明经’，我所学本不坚实，及今书本全忘，今后我们万勿再客气，我年长可作兄，此是正理，万勿再有可慌悚惊恐者可乎。”借此一端可见程先生的朴实、谦逊和待人的真诚。我与程先生无论是通信还是面谈，触及《史记》的话题，是则是，非则非，不求同解，只求切磋。比如《报任安书》，写作年代我与程先生有分歧，程先生让我把两人讨论的不同观点公之于众，他真正践行了蔡元培“学术贵歧”的主张，在程先生那一辈人中有如此开明气度实属难见。程先生是一位真正的学者，有海纳百川的胸怀。

程先生很关心我的学术论著出版，他为拙作《史记研究》题字。我的《史记论赞辑释》在陕西人民出版社出版，责任编辑周

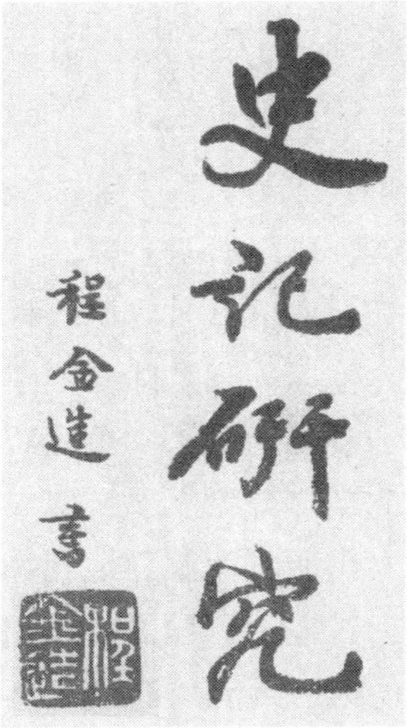

程先生为《史记研究》题字

鹏飞得知我与程先生有交往，他建议书稿让程先生看一看。我说试一试吧。我到北京与程先生一谈，程先生责备我：“这有什么商量的，为何不直接带过来。”我说：“先生很忙，身体要保重，所以先来看一看。”程先生拿起电话，对我说：“你给周鹏飞先生通电话，把书稿直接寄过来，抢一下时间。”那天是 1985 年的 8 月 5 日。就这样，我回到兰州不久，程先生在 8 月 30 日的来信中说他收到了四本书稿，请放心。又过了一个月，程先生在 9 月 30 日的来信称：第一、二两本没问题，第三、四两本有些小问题，他直接处理了，我不用再看，书稿已寄还陕西人民出版社。程先生还说给我写了一篇小序。程先生没有把序和书稿一起寄给出版社，他是说要给我写一篇小序，所以过了一段时间程先生在 11 月 29 日的信给我寄来一篇小序，而书稿出版社已经发给印刷厂了。那时我家里没装电话，程先生家装了电话也没法与我沟通，出版社又在西安，由于联络不便，所以程先生的序没有放在书上，留下遗憾。这里借《述怀》一角刊发此序以为弥补。

史记论赞辑释序

程金造

兰州大学张大可先生，愚常在书刊学报读其《史记》论文，钦其博识通达，能尽阅三十年来数百家有关《史记》撰著，极思一识其人而不可得。去（“去”字当为“前”字）年冬，张先生参开中国史学会后来京师，始得晤面，畅语移日，多及太史公书。其说皆宏通精核，而其人则年丰志勇，

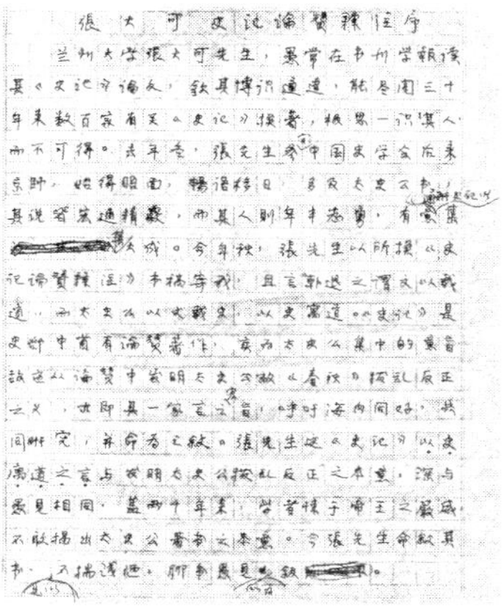

程序原件

有意通研《史记》集其大成。今年秋，张先生以所撰《史记论赞辑释》书稿寄我，且言：“韩退之谓文以载道，而太史公以文载史，以史寓道。”《史记》是史部中首有论赞著作，实为太史公集中的意旨，故应从论赞中发明太史公效《春秋》拨乱反正之义，亦即其一家言之宏旨，呼吁海内同好，共同研究，并命为之叙。张先生这《史记》**以史寓道之言**与发明太史公拨乱反正之本意，深与愚见相同，盖两千年来，学者怵于帝王之严威，不敢揭出太史公著书之本意。今张先生命余叙其书，是以不揣浅陋，聊书愚见以为叙。

我与程先生交往的话题还有很多，为省篇幅不再赘言。特录程先生信函书影以为收束。

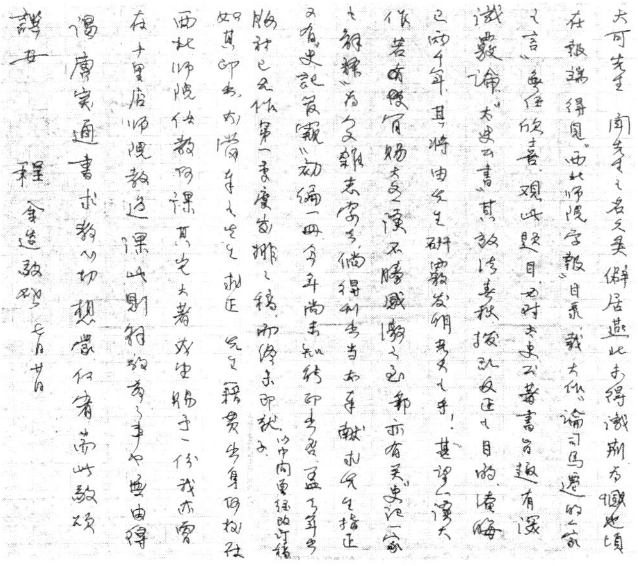

程先生给作者的第一封信（1983 年 7 月 20 日）

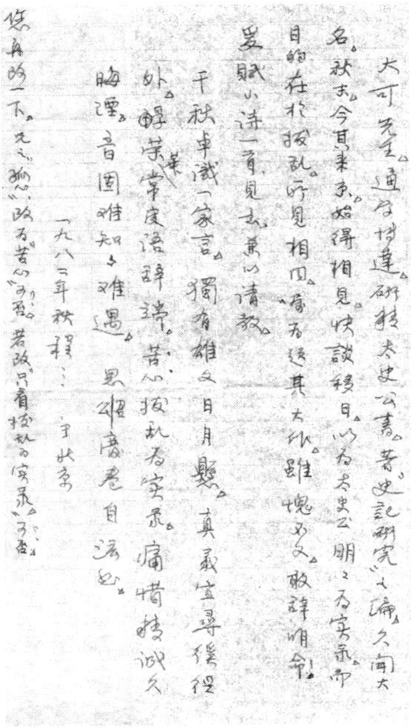

大可先生：通学博达，研精太史公书，著《史记研究》之论，久闻大名。秋末今冬来京，始得相见，快谈移日。以为太史公明之为实录，而目的在于拨乱，所见相同。属为述其大略，虽愧不文，敢辞明命！爰赋小诗一首见志，兼以请教。

千秋卓识一家言，独有雄文日月悬。真义宜寻绥理外，醇棠常度语辞端。苦心拨乱为实录，痛惜精诚久晦湮。音固难知今难遇，思烟庵卷自流连。

一九八二年秋　程□　手草

您再改一下。又："孤心"改为"苦心"可否？若改"只看拨乱为实录"可否？

程先生赠诗信

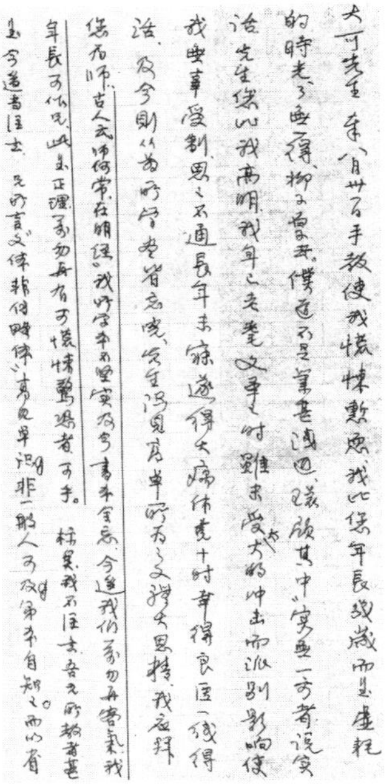

大可先生：来八月廿二日手教，使我惭悚，数感。我比您年长几岁而已，虚耗的时光多，无得。柳子厚云："仆道不笃，业甚浅近。"环顾其中，实无一可者。说实话，先生您比我高明，我年已老，耄文章之时，虽未受太大的冲击而派别影响，使我无章没割，思之不通，长年未窥，遂得大病，体质十时年得良医一线得活，及今则以为所学者皆忘，唯先生得见高卓，所为之文，详尽思精，我应拜您为师。古人云："师何常，在明经。"我所学本不坚实，及今书本全忘，今遂我们兄弟相称，勿再客气。我年长可作兄，此亦正理，勿再有所愧悚，惶恐者可乎。

程先生赠诗信

以兄弟相称示忘年交专函

程先生 **42** 封信函书影

韩兆琦 天津市静海人，1933年生，1959年北京师范大学毕业，1962年复旦大学研究生毕业，任教于北京师范大学中文系，博士生导师，兼系主任。韩先生是研究古典文学的名家，主要精力投入《史记》研究，蜚声中外，著作等身。韩先生性情直爽，外向，说话大嗓门，开门见山，从不绕弯子，完全是性情中人，可能司马迁当年的风采就是这样的吧。

我和韩先生交往已整三十年，我们还会继续到一了百了之时，在学术圈里是最弥久者，亦因《史记》情缘。

我和韩先生的神交早于程金造先生半年。1983年初，我接到韩先生来信，他的第一部《史记》论著《史记选注集说》于1982年11月在江西人民出版社出版，韩先生让我给他开一百个研究《史记》的学人，包括老中青，由他赠送。韩先生说："我这封信是不速之客，我希望通过赠书来加强联系。我们今天研究《史记》不为稻粱谋，为的是弘扬司马迁精神。司马迁为追求真理蒙受腐刑，我们研究司马迁的人得有一点奉献精神。"韩先生的信很简短，没有多余的客套，因是突然的第一次通信，所以称"不速之客"。韩先生的信使我很感动，给他开一百人的名单，表现了他的奉献和豪爽。韩先生对我如此的信任，完全是基于《史记》情缘的神交。当时我在兰州大学，但每年至少进京一次，从此以后我进京每次都到韩先生家做客。韩先生的夫人像嫂子一样接待，聊起话来很亲切。我和韩先生见面的共同语言就是谈论《史记》的长短，平时就不通信了。1987年春，接到韩先生第二封信，他说在北京师大召开一次小型的全国《史记》学人研讨会，规模20人左右，由我联络十个人把名单开给他，他再联络十个人。这次研讨会在5月召开，经费是韩先生个人负担，没有动用公款。韩先生说："小型会议，就不惊动公家了。"他当时是系主任，不必找学校在系里就能解决，但韩先生不用系里的钱，他这样做，再次表现了他的奉献精神。这次研讨会成立了《史记》联络组，由韩先生作召集人。截至1998年，成功地举办了1988年、1991年、1992年、1993年、1998年五次全国性的学术研讨会，加强了全国《史记》研究界学人之间的交流，在2001

年中国史记研究会的成立之前，韩先生与《史记》联络组发挥了重要作用。

1991年进京以后，我和韩先生的接触就更为紧密，有事直接用电话联系，过一些日子就面晤一次。我们都喜欢看电视围棋节目，于是见面也手谈几盘，一坐就是半日。我们两人都性急，双方落子如飞，差不多半小时，最多40分钟就下完一盘棋，我们没有时间探讨棋艺，完全是一种消遣、调节和感情倾泻。当然，我们每次会晤的中心还是探讨学术问题，大至一个专题，小至一个词语的解释。现在我们想要讨论一个问题，或者就是面晤聊天，用了一句话做代号，韩先生拿起电话拨通后对我说："忙什么呢？是不是该下一盘棋了。"

我和韩先生合作的最大项目是《资治通鉴》注译。2003年，台湾三民书局委托韩先生编著《资治通鉴》注译评，韩先生电话告我说明情况后，邀我为主，按中华书局点校本20册，他完成7册，我完成13册，韩先生问，"干不干"。我们之间的对话，像这样的重大问题就用一个短语作出结论，一个标点符号都不多余。"干不干"三个字，带有共同作出决定的意思，也充分展示了我们两人的个性与相知。一是《资治通鉴》部头大，二是两人的工作都很忙，这些都不需费词，讨论毫无意义，"干不干"，一锤定音。我们共同花了七年时间才完成了这一工程，进一步加深了我们的联系。人生知己，到达这一境界，我这一生，大概也就是得遇韩先生了。

我们两人虽然都是急性子，但谈吐、合作却十分对路。韩先生《史记笺证》完成，索要我给他作一篇序。韩先生也给我的书作书评，我们两人都是用心在写，这也是交流。韩先生对我主持的《史记研究集成》与《史记疏证》两个大项目的学术工程给予了全力支持。韩先生说，他的书都可以采用。如今韩先生最得力的弟子之一陈曦教授直接参与了《史记疏证》工程。陈曦是当前的中青年《史记》研究专家，是接力的下一茬中坚人物之一。韩先生桃李满天下，培养了一批《史记》研究接班人。

宋嗣廉　吉林省德惠人，1932 年生，长韩兆琦先生 1 岁，大我 9 岁。宋嗣廉先生是韩先生的密友，我第一次认识宋先生就是 1987 年 5 月韩兆琦先生邀请在北师大召开的小型全国《史记》研讨会上。我在发言中提及了宋先生的《史记艺术美研究》，这只是一本 12 万字的小册子，但开拓了“史记学”的新领域，并首次引入了“艺术辩证法”的概念，对于解决文史的统一，“实录”与“想象”的分寸，“真实”与“虚构”的界限，作出了理论的概括。宋先生当时是吉林师院院长，也是参加研讨会的最年长者，但宋先生非常谦逊而又有大家风度，像一个儒雅的长者，也像一个老大哥。晚宴上我和宋先生直面聊了几分钟。宋先生问我手中有没有《史记艺术美研究》一书，他可以给我邮寄一本，我说已经有了。我和宋先生第二次见面是在 1992 年 6 月下旬在陕西韩城市陕西省司马迁研究会成立大会期间，前后有四天时间，有多次交谈。宋嗣廉、韩兆琦和我，都应邀为陕西省司马迁研究会的顾问，所以 1995、2000 年陕西省司马迁研究会召开的《史记》国际学术研讨会我们都参加，每一次宋先生就像兄长一样关心我的工作，与我亲切交谈。平时，我们直接用电话沟通。有话直说，从不拐弯抹角。

陕西省司马迁研究会在 1992 年成立之初规划了一套《司马迁与华夏文化丛书》。张新科任学会秘书长，代表学会与学术界约了一批书稿。宋嗣廉先生恰好研究司马迁的兵学思想，正开花结果，所以第一个交了书稿。这套丛书落实在陕西人民教育出版社出版，由文史编辑室主任李宝生负责。李宝生和我是老朋友，1980 年代中他在陕西人民出版社当编辑时就认识。李宝生到了人民教育出版社独当一面，在 1991 年出版了我主编的《中国历史文献学》，李宝生任责编。我每当外出路过西安总要与李宝生见面吃一顿饭。1994 年我路过西安，李宝生找我征询出版《司马迁与华夏文化丛书》两件事。第一件，关于丛书规模与名称。我建议李宝生规划为 28 册，用“司马迁”三字打头 14 册，用“史记”二字打头 14 册。28 册之数取自《太史公自序》作三十世家之数，寓意“二十八宿环北辰”，统一用“司马迁”和“史记”打头，显得整齐、庄重、气派。李宝生采纳，把28个书题列于每册书的封皮后折口，实际执行有调整。第二件就是宋嗣廉先生的书稿，有30余万字，书题太长，结构也需调整。李宝生说，宋先生年龄大，删书稿下不了手，因丛书要求20万字为宜，有的还不到20万字，所以30余万字肯定不行。李宝生希望我代他作责编，并且说：“张先生，只有你适合作这一工作，你手快，与宋先生是好朋友，我们共同来维护宋先生的这部书稿，争取在1995年第一批推出。出版社讨论过了，不压缩到25万字以内就要退稿。我准备了两份清样稿，供你动手术。”我于是在西安留下来，整整用了两天时间调整了宋先生的书稿，定名为《司马迁兵学纵横》，合并了部分章节结构，压缩了约8万字，保留了25.6万字。由于别的原因，宋先生的书仍未未赶在1995年推出，拖到2006年才出版。宋嗣廉先生高风亮节，砍了他这么多字，他没有怨言，见面时，宋先生说了一句话：“你在《史记》这个圈，我们认可。”使我很感动。

2001年成立中国史记研究会，宋嗣廉先生坦诚地表达了他的意见，但他遵从众议，维护大局。学会章程没有设立“常务副会长”一职，宋先生在讨论时提出设立“常务副会长”，便于学会正常运转。宋先生以他任职行政院长的经验和对《史记》学术圈的了解，这一建议确是金口良言，表现了他对大局的维护。

赵生群 江苏宜兴人，1959年生，1981年南京师范大学中文系本科毕业留校任教。1995年提职教授，1998年获博士学位，现任博士生导师，文学院院长。

张新科 陕西眉县人，1959年生，1983年陕西师范大学中文系本科毕业，1986年获硕士学位留校任教，1996年同时获博士学位与教授职称。现任文学院院长、博士生导师，兼任国务院学位委员会中国语言文学学科评议组成员。

俞樟华 浙江临安人，1956年生，1982年浙江师范大学中文系毕业，留校任教，1996提职教授，现任浙江师大人文学院教授、硕士生导师，兼任学术期刊社社长。

我和赵生群、俞樟华两人第一次面晤是在1985年中国历史文献研究会在南京召开的年会上。这次年会纪念司马迁诞辰2030周年，我邀请了两人参加了小型的座谈会，《史记疏证》就是那次座谈会的中心议题。《史记疏证》当时的提法叫《史记集注》学术工程，但我与两位青年才俊的神交早于1985年。1983年陕西《人文杂志》第6期发表拙文《三十年来史记研究述评》，赵生群、俞樟华两人的名字就已经进入，他们刚刚脱下学生服换装教师服，就很快崭露了头角。

我与张新科的见面在1987年，大约是秋天，我出差路过西安留下来与三秦出版社社长周鹏飞商讨整理中国古代六大史学名著的事。我到陕西师大访友，张新科得知来见我，我已离校，张新科在校门外追上我，作了自我介绍，交给我一部打印书稿，他与俞樟华合作的《史记研究史略》，请我提意见。我连夜翻阅，让我吃惊，两位青年人的处女作填补了《史记》研究史的空白。我推荐给周鹏飞，说："陕西出版界不要流失了司马迁故里出来的创作者的作品。"两年后三秦出版社推出了这部书，引起学术界关注，宋嗣廉写了一篇书评，很给力，称"从最顽强的事实出发的一部力作"。

赵生群、张新科、俞樟华三位先生在当今都是各个高校的学术带头人，行政与学术双肩挑，在《史记》研究领域是响当当的中年骨干，赵生群承担了中华书局《史记》重新点校的任务，已经完成。他们十多年来，各自培养了一大批硕士生和博士生，遍及全国。中国史记研究会在2001年成立，三人是倡议者、推动者，没有他们的支持，中国史记研究会的成立不知要推迟多少年。当前他们是中国史记研究会的中坚，对于我主持学会工作以及学会规划的课题都是全力的支持。

我和赵生群也可以说是忘年交，我们之间的学术讨论也是直来直去，没有客套，我们之间有许多不同观点，但不影响友谊与交流，有疑互相请教，知无不言。例如，东汉桓谭《新论》说"太史公《三代世表》，旁行斜上"，我不明"旁行斜上"之义，询及赵生群，生群兄作书以答，影录之如下。

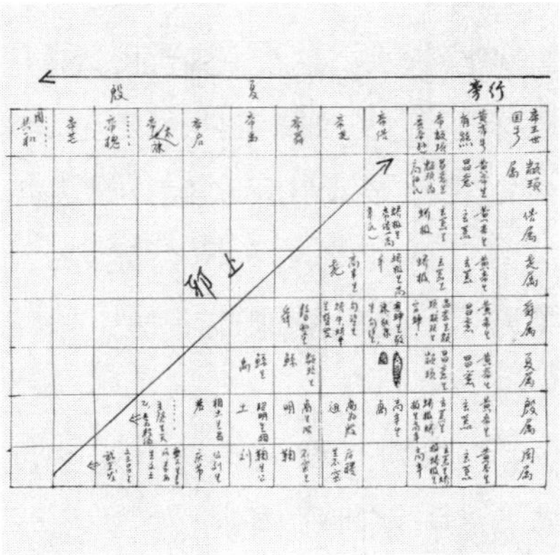

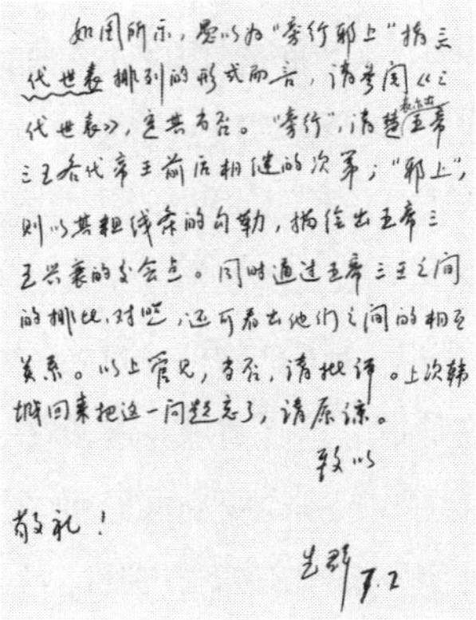

如图所示，愚以为"旁行邪上"指三代世表排列的形式而言，请参阅《三代世表》，看其当否。"旁行"，指五帝三王各代帝王前后相继的次第；"邪上"，则以其粗线条的勾勒，描绘出五帝三王世表的交会点。同时通过五帝三王之间的排比、对照，还可看出他们之间的相互关系。以上管见，当否，请批评。上次韩城回来把这一问题忘了，请原谅。

致以

敬礼！

生群 7.2

赵生群对问难"旁行斜上"的回函

如果说，程金造、韩兆琦、宋嗣廉是三老，赵生群、张新科、俞樟华则是三少，我忝列其中上下串联，喻之为当代《史记》七贤，不为之过。三老三少都在中文系，唯独我在历史系，我们七人的合作代表了当今《史记》研究的文史协作，亦一佳话。

还有一大批当代《史记》研究的时贤，年长的有施丁、杨燕起、吕锡生、可永雪，年差小者有张强、阎崇东、梁建邦、李少雍、赖长扬、徐日辉、田志勇、陈曦，以及一大批青年才俊，如康清莲、凌朝栋等，限于篇幅就不多说了。最后说一件《史记》情缘的花絮。

前文提到，1983 年《西北师院学报》第 3 期、《人文杂志》第 4 期，同时发表了我和程金造谈同一话题"司马迁一家言"的巧合，还有另一话题探讨《史记》断限的巧合。1983 年 3 月我写了一篇《史记断限考略》的文章投给了《西北大学学报》。我的投稿信刚发出，《兰州大学学报》收到赵生群的投稿，也是谈

《史记》断限的论文，题目叫《关于史记的两个断限》。当年凡投稿《兰州大学学报》关于《史记》的论文，学报编辑部交给我审定签发。我看到赵生群的文章很高兴，要有百花齐放，学术才能繁荣，我的论题有了呼应，我签署立即刊发。《兰州大学学报》在第 2 期发表了赵生群的文章，没有想到《西北大学学报》也立即发表了我的文章，也在第 2 期，这又是一个巧合。程金造、张大可、赵生群三人在 1980 年代是典型的老中青三代学人，因为共同的《史记》研究，在 1983 年的同一年份四家学术刊物上，分别在同一时间，发表了探讨同一课题的两组巧合文章，一下串联了我们的感情，这就是《史记》情缘。

国外学者，法籍华人学者左景权，著有《司马迁评传》。日本学者池田英雄，藤田胜久等亦因《史记》情缘互相通信、赠书。藤田多次来华参加学术会议，我们有过多次见面。附三人的来信书影，以为本题收束。

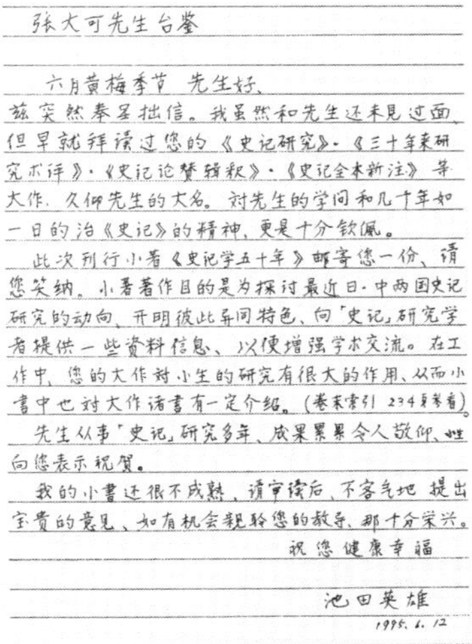

张大可先生台鉴

六月黄梅季节 先生好、
兹突然奉呈拙信。我虽然和先生还未見过面、但早就拜读过您的《史记研究》·《三十年来研究术评》·《史记论赞辑释》·《史记全本新注》等大作，久仰先生的大名。对先生的学问和几十年如一日的治《史记》的精神，更是十分钦佩。

此次刊行小著《史记学五十年》邮寄您一份、请您笑纳。小著著作目的是为探讨最近日·中两国史记研究的动向、开明彼此异同特色、向「史记」研究学者提供一些资料信息、以便增强学术交流。在工作中，您的大作对小生的研究有很大的作用、从而小書中也对大作诸書有一定介绍。(卷末索引 234 页参看)。

先生从事「史记」研究多年、成果累累令人敬仰、灶向您表示祝贺。

我的小書还很不成熟，请审读后、不客气地 提出宝贵的意見、如有机会親聆您的教导、那十分荣兴。

祝您健康幸福

池田英雄
1995. 6. 12

日本学者池田英雄信函

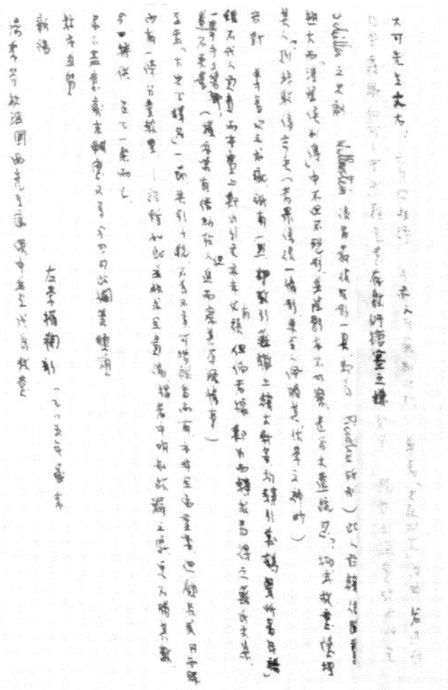

法籍华人学者左景权信函

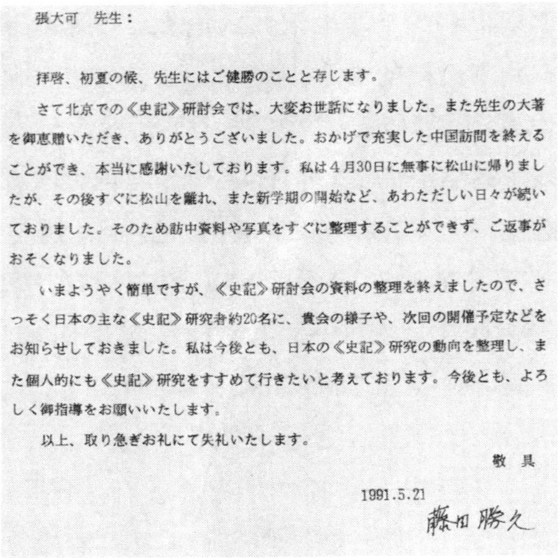

張大可　先生：

拝啓、初夏の候、先生にはご健勝のことと存じます。

さて北京での《史記》研討会では、大変お世話になりました。また先生の大著を御恵贈いただき、ありがとうございました。おかげで充実した中国訪問を終えることができ、本当に感謝いたしております。私は４月30日に無事に松山に帰りましたが、その後すぐに松山を離れ、また新学期の開始など、あわただしい日々が続いておりました。そのため訪中資料や写真をすぐに整理することができず、ご返事がおそくなりました。

いまようやく簡単ですが、《史記》研討会の資料の整理を終えましたので、さっそく日本の主な《史記》研究者約20名に、貴会の様子や、次回の開催予定などをお知らせしておきました。私は今後とも、日本の《史記》研究の動向を整理し、また個人的にも《史記》研究をすすめて行きたいと考えております。今後とも、よろしく御指導をお願いいたします。

以上、取り急ぎお礼にて失礼いたします。

敬　具

1991.5.21

藤田勝久

日本学者藤田胜久信函

五

中国史记研究会十年。

2011年5月中国史记研究会在苏州召开第十届年会，我作为学会常务副会长，以《中国史记研究会十年》为题，总结学会活动，纪念学会成立十周年，此文载于《史记论丛》第九集。中国史记研究会成立于2001年4月，它对于推动《史记》研究的深入发展，凝聚学术界《史记》研究同仁协作攻关，具有重大的意义。具体说，学会成立的宗旨和意义有三个方面。

中国史记研究会的第一个宗旨，开展学术活动，每年举办一届年会，为全国《史记》研究的学术交流提供平台。中国史记研究会年会有别于其他学会的独有特点，是在年会召开前一周就出版了当年年会交流的学术论文，年会召开时就人手一册拿到论文集。论文征稿的截止时间在年会召开之前两个月。具体说，在暑假七八月召开的年会，征稿截止于4月30日；在下半年开学后召开的年会，征稿截止于7月30日。也就是说，收齐论文稿件，一般在两个月之内出版，无疑是高效率的工作，产生巨大的凝聚力。中国史记研究会的学术活动，对社会产生较大影响的有三件事，值得一提。第一件，中国史记研究在无锡“211工程”的江南大学召开成立大会，启动了吴文化研究，如今吴文化在无锡发扬光大，江南大学也在承传和发扬太伯精神，开拓进取。吴文化研究，现已成为无锡地方年年举办的文化节活动，影响全国，及于海峡两岸。第二件，2006年中国史记研究会第五届年会在河南荥阳召开，与会学者联名发出保护成皋城的倡议，有62位学者签名。这一活动受到河南省委省政府的高度重视，省委书记徐学春、郑州市委书记王文超都作了重要批示，拨出专款，保护了成皋古城。第三件，2008年11月15日至18日中国史记研究会在安徽和县召开了项羽专题学术研讨会，中国历史文献研究会、安徽历史文化研究中心、安徽师范大学文学院、和县项羽与乌江文化研究室联合主办，这次研讨会论文结集出版了《史记论丛》第五集，特定专题为《乌江论坛》。这是新中国成立以来学术界不可多得的一本高水平的论战型论文集，中国史记研究会的学者以对历史负责的精神，组织专家学者查阅大量资料写出系列文章逐句批驳了某位红学专家发表的伪证文章，阻止了某些地方政府斥巨资大规模建造假文化遗迹的活动，捍卫了项羽悲剧英雄的形象。中国史记研究会还对项羽垓下突围南驰乌江路线做了全程考察。

中国史记研究会的第二个宗旨，宣传《史记》，宣传司马迁，向社会推广。王立群教授从公元2006年起，连续五年作客中央电视台《百家讲坛》主讲项羽、秦始皇、汉武帝、汉高祖等系列人物，获得广泛影响。公元2007年，韩兆琦教授作客北京电视台《中华文明大讲堂》，主讲《史记》系列专题。公元2010年张大可教授作客中国国家图书馆《中国典籍与文化》讲座，主讲《史记》系列“史记十五讲”，同年作客中国国际广播电台“孔子学堂”，主讲《史记》22个专题。公元2011年2月26日，张大可教授应邀“部级领导干部历史文化讲座”，主讲《史记》专题“司马迁笔下的明君贤臣与开明政治思想”。还有多位学者在高校讲台上的《史记》课讲座，都产生了普及与提高的双重效果。

中国史记研究会的第三个宗旨，组织学者协作攻关课题研究，推进"史记学"的发展，在国际舞台占有领先地位，十年之间有不俗的表现。已完成的集体项目有三项。第一项，学会编写了《史记教程》高校教材，对于推动《史记》课的教学产生了积极的影响。第二项，结集年会论文，定名《史记论丛》，已出版了九集，总计收文 800 余篇，600 余万字，平均每集 70 万字，精装出版，十分厚重。《史记论丛》的连续出版，已初具规模，在社会上产生了很好的影响。第三项，2005 年学会推出了《史记研究集成》大型学术论著丛书，为《史记疏证》学术工程奠基。《史记疏证》已启动数年，行程过半，正在进行中，下面还将作一个专题来谈。

中国史记研究会的成立，有几个人功不可没。远因，可以追溯到 1983 年我与《人文杂志》的通讯，前文第十一章提到的《人文杂志》编辑王果、王增浦的推动，《人文杂志》开辟"司马迁研究"专栏所起的宣传效应。1983 年 5 月我第一次造访司马迁故里，结识了韩城民盟主持常务工作的副主委张天恩先生，我们交换了如何加强《史记》研究同仁的联谊与交流的意见，谈到了由韩城率先成立司马迁学会给学术界搭建一个交流平台的议题。张天恩说，韩城文化界人士早有动议，刚开完的"三干会"讨论了省委宣传部转发的《人文杂志》的倡议信，这是吹来的东风，由民盟牵头成立了筹委会。1985 年，韩城县改市、韩城市司马迁学会正式成立，张天恩任副会长兼秘书长，主持学会工作。当年 9 月末中国历史文献研究会在南京召开年会，纪念司马迁诞辰 2130 周年，张天恩与会，我在宿舍约聚了七八位中青年学者坐谈，大家建议张天恩回到韩城，尽快向韩城市委报告，借纪念司马迁诞辰 2130 周年之际，在韩城市召开一次全国性的《史记》学术研讨会，规模为四五十人的中型会议，为成立全国性的史记研究会创造条件。张天恩满口应允，而且工作效率极高，在两个月的时间中完成了筹备工作。11 月底韩城司马迁学会发出了第一批邀请开会的信函，第二天正要发第二批邀请信时，事情突然生变，韩城市委王志伟书记考虑已到年底，气候寒冷，韩城市招待所没有暖气，决定会议缩小规模，还未发出的邀请信停发。于是参会的外地学者不足 20 人，加上韩城市当地学者 10 余人，合计 30 余人，会议两天，考察一天。尽管天气寒冷，而参会学者的热情很高，研讨热烈而有序。外地学者与当地学者进行了广泛深入的交流。韩城市委王志伟书记参加了开幕式致欢迎词，市长李录勋参加了研讨会。会后外地学者 10 余人冒着刺骨的寒风考察了太史公祠，还到司马迁出生地高门原徐村考察，与当地三位老人合影留念。当地冯同两姓均说是司马迁的后裔。

1985 年 12 月第一次全国《史记》学术研讨会在韩城召开，与会学者考察司马迁故里徐村留影

1985 年韩城《史记》学术研讨会，由于人数有限，没有把成立中国史记研究会的议题提上日程，但这次研讨会是新中国成立以来第一次全国《史记》学术研究会，并以韩城市司马迁学会名义召开，意义非凡，开了全国性《史记》研究学术交流的风气之先。随后 1987 年北京师范大学韩兆琦教授在北京召开了第二次全国《史记》学术研讨会，成立了《史记》联络组，组织了多次全国《史记》学术研讨会，已见前述。张天恩和韩兆琦两人对推动中国史记研究会的成立做出了积极的贡献。

近因，2000 年 9 月，陕西省司马迁研究会在西安召开“司马迁与《史记》国际学术研讨会”，在会外交流中，江南大学吕锡生教授、南京师大赵生群教授、陕西师大张新科教授、浙江师大俞樟华教授，他们提出成立全国性的中国史记研究会刻不容缓。赵生群、张新科、俞璋华，当时都是中年学者，代表了学术界的一批新秀。他们认为《说文解字》、《文心雕龙》、《三国演义》、《红楼梦》等等都有全国性的学会，而作为中国人人都应当必读的一部国学根底书《史记》没有全国性的学会来推动，与改革开放以来的形势很不相称。几位学者督促我来牵头。吕锡生教授说：“我可以在无锡筹办成立大会，以吴太伯奔吴为研讨会的主题，可以推动吴文化的研究，能得到政府的支持。”我 2001 年要退休，可以抽一些时间做一点公益事业，同时也是加强我个人与普通高校学术圈的联系，于是把这件事应承下来。

我是一个急性子，一旦决定了要办的事就立即提上议事日程，全力以赴。鉴于以往，要成立全国性的史记研究会，必须打破常规，要抓住关键的事，坐而论道空谈筹备意见很难统一。最关键的事，中国史记研究会要有一个权威的依托单位，挂靠在中国历史文献研究会为二级学会最恰当。因为全国研究《史记》的学者，高校教师，基本都是中国历史文献研究会的会员。北京师范大学古籍所邓瑞全先生担任了中国历史文献研究会十年的秘书长，不仅与我过从甚密，而且是个热心人，愿意为大家办事。当时中国历史文献研究会会长华中师大周国林教授、秘书长华中师大顾志华教授，副会长北京师大文献所周少川教授都表示支持，挂靠单位得到落实。

《史记》影响深远，弘扬“史记学”是全社会的责任，还要走出学术圈，取得社会人士的支持。在北京我走访了司马迁故里的革命老前辈，原全国政协副主席马文瑞马老，原中共七大代表、新中国成立之初建工部副部长、北京市人大副主任杨启茂杨老，毛主席秘书师哲之女师秋朗女士，他们认为很有意义，给予支持。10 月我还专程到南京拜访吴志坚老人，她是韩城市人，革命老干部，苏州铁道师院党委书记，退修后致力于要办一所民间的司马迁大学，在南京很有影响，江南大学党委书记简大钧也是吴老的朋友。我从南京返回北京后，用信函和电话与全国 60 余位有关人士沟通，所有人都表示热心的支持。一切就绪，2000 年 11 月 15 日，我以联系人的名义发出了关于成立跨省市司马迁研究会的通讯，发出通讯 60 余封，很快得到回应，95%的人都赞成，5%的人提出异议。持异者赞同成立全国性的学会，程序上先要搭建一个筹备班子。《通讯》明白无误说明“志同道合者与会共商”，持异议者可以把意见带到成立大会上讨论，随后东道主江南大学发出了会议邀请。

2001 年 4 月 8 日到 10 日，“全国太伯奔吴暨《史记》学术研讨会”在无锡江南大学召开，与会学者 52 人来自全国 14 个省，30 余所高校以及 10 余个研究单位和出版社，无锡当地人士 20 余人，总计 70 余人。4 月 8 日，“太伯奔吴”学术讨论会在无锡梅村太伯庙正式开幕。4 月 9 日正式成立了中国史记研究会，成立大会在江南大学大礼堂举行。中国史记研究会的成立，得到无锡市政府、无锡市委宣传部、无锡市政协、江南大学、无锡市文联、江南论坛、世界至德宗亲会、红豆集团公司等单位的支持，无锡市政府拨款一万元资助大会。东道主江南大学赠送与会代表的纪念品为陶都宜兴紫砂壶茶具一套，茶具上刻有会议名称及与会者姓名，可资收藏。

中国史记研究会成立，在江南大学召开太伯奔吴的学术研讨会，直接推动了无锡市吴文化的研究。江南大学为了纪念中国史记研究会在江南大学成立，于 2009 年在校园建立史记亭以资纪念。史记亭选址在江南大学的中心区，位于校图书馆西侧，濒临小蠡湖，紧邻太湖神鼋广场。史记亭为飞檐式六角亭，古朴大方而庄重。亭的正东为“史记亭”三字，副题为“中国史记研究会于二千又一年于江南大学成立纪念”，亭内上悬“万古流芳”四个大字，祝颂《史记》千秋万代为后人所景仰，预示司马迁的精神四处传扬。

中国史记研究会十年活动，在全国产生较大的影响，引起社会各界的关注与支持。现有会员 300 余人，遍及全国 100 多所高等院校及科研单位。会员主体是高等院校的教师、科研单位的研究人员，还有新闻出版单位的专家，政府机关干部，以及热爱和弘扬司马迁精神的社会贤达。中国史记研究会是一个干实事的高水平的学术团体，粗略统计，学会会员发表《史记》论文 1000 余篇，出版的学术论著 90 余部，成绩卓著。

江南大学校园史记亭

（纪念中国史记研究会成立）

我主持学会的常务工作，编辑《史记论丛》、组织协作项目，使我对《史记》的研究上升了一个平台。我调离兰州大学以来 20 余年，保持与高校学术圈的联系，以文会友的主要平台是《史记》研究。我社会兼职南京师范大学、广州师院、云南红河学院客座教授，主讲的基本都是《史记》的学术专题。中国史记研究会更加强化了学人之间的联系。对于我个人来说，中国史记研究会延长了我的学术生命，经常与全国学者交流，感到生活充实而有序，一种社会责任感驱动着我焕发了青春，中青年教师昂扬奋发的精神也给我增添了活力。我能为这个集体尽一点个人的绵薄之力是一种荣幸。

六

编纂《史记疏证》

1982 年日本东京大学敦煌学著名学者藤枝晃教授参观敦煌，路过兰州，在兰州大学作了一场敦煌学的讲座。藤枝晃教授在讲学中说："孔子在中国，儒学在日本；司马迁在中国，史记学在日本；敦煌在中国，敦煌学在日本。"有学生愤愤不平，想与之辩论。我在主持讲座，制止了尴尬局面的发生。按下藤枝晃先生说话的是与非，姑置不论，就"史记学"的话题，可以肯定两点。第一，藤枝晃教授把司马迁与孔子，把史记学与儒学，敦煌学相提并论，足以说明司马迁和《史记》在日本人心中的价值。第二，我们要折服对方的狂傲，最有效的办法是拿出我们的举头产品，把弘扬"史记学"的工作做好。日本学术界对《史记》的研究，确实成绩斐然。《史记》在隋朝传入日本，成为大和民族史学、文学的源头。日本"天皇"一词就是从《史记·秦始皇本纪》借用的。在很长的历史时期，《史记》都是日本皇室和大臣子弟的必读书。20世纪30年代，日本学术界推出了《史记会注考证》，是上承中国唐代形成的三家注之后又一部具有里程碑意义的"史记学"重要著作，这是日本学术界骄傲的资本。我们要急起直追超过去，我的这一观点得到学术界的赞同。

1985年中国历史文献研究会在南京召开年会，纪念司马迁诞辰2130周年，我与参会的部分中青年学者七八人开了一个小型的座谈会，提出在条件成熟的时候我们当代学者要通力合作，完成一部集大成的《史记》集注工程，与会者极为赞成。1991年韩兆琦教授在北京师大召开全国《史记》学术研讨会，在这次研讨会上，我再次议论此课题，决定第一步编纂《史记研究集成》，组织队伍，整理资料，为疏证工程打基础。由浙江师大俞樟华教授和我先列词条，然后召开编委会正式启动。1992年在北京外国语大学召开了编委会，按《史记》的语言、史学、文学、思想、人物、史事、历代研究家等做分类条目，论文论著索引收录到2000年。经过十年努力到2002年完成了14卷论著，总称《史记研究集成》丛书，2005年华文出版社出版。14卷的内容和目录如次：第一卷《司马迁评传》、第二卷《史记通论》、第三卷《史记题评与咏史记人物诗》、第四卷《史记论赞与世情研究》、第五卷《史记精言妙语》、第六卷《史记集评》、第七卷《史记人物与事件》、第八卷《史记史学研究》、第九卷《史记文学研究》、第十卷《司马迁思想研究》、第十一卷《史记文献与编纂学研究》、第十二卷《史记版本及三家注研究》、第十三卷《史记研究史及史记研究家》、第十四卷《史记论著提要与论文索引》。《史记研究集成》着重阐释《史记》的思想内涵，以及相关的资料整理，是宏观研究，其中一部分内容直接融入《史记疏证》中。

史记研究集成书影

2006年中国史记研究会在河南荥阳召开第五届年会，正式启动《史记疏证》工程。《史记疏证》的样稿《五帝本纪疏证》以及凡例在年会上讨论，样稿、凡例收入《史记论丛》第四集。

《史记疏证》定位为集《史记》研究大成的会注本，打破传统的注疏方法，把宏观研究与微观研究结合起来，一是集成，二是开拓，完成一项具有里程碑意义的传世会注本，全书规划1200万到1500万字。整体框架具有学术性、资料性、工具性、时代性、实用性五大特点。质量要求用三个字概括：高、精、尖。高，指最后成果的学术性达到高标准、高水平。精，资料搜集要做到全面性与系统性的统一，释义考证，要求精彩、精确、精练。尖，多学科协作攻关，当代研究前沿成果吸纳融会于本书中。工作方针："融汇古今研究成果于一编，凝聚当今时贤于一堂。"厚今薄古，突出时代性。凝聚当今时贤于一堂从两个方面来保证。一是今人论著是重点采入的资料，例如对《史记》原文的疏解，只集时贤新注，不集古注。今人韩兆琦、吴树平、王利器、张大可、杨燕起等人的今注是时贤的代表作要重点采入。二是凝聚当今《史记》研究专家与多学科学者结合，史学、文学、考古、文献、天文、地理等方面的学者协作攻关，作出我们这一代人应有的贡献。

《史记疏证》的体例，具体内容有八个方面：1. 题评；2. 分段疏解《史记》原文及三家住；3. 集校；4. 因事立目阐释思想内涵，有考辨、存疑、存异、研讨等；5. 图像，文物、遗迹、器物、图片酌量收录，《史记地图》绘制数百幅；6. 语译；7. 集评；8. 资料附录，有《史记地名汇释》、《论文论著索引》等。

《史记疏证》1986 年通过了古委会的评审立项，成为一项国家工程。商务印书馆列入“十二五”期间出版计划。目前长编工作大体完成。2012 年 7 月 24 至 26 日，中央社会主义学院资助在北京召开了《史记疏证》学术研讨会，总结前段工作，完善凡例，已进入审稿定稿阶段，预计在 2015 年全书完成。

中央社会主义学院副院长袁廷华在《史记疏证》学术研讨会上致欢迎词

《史记疏证》是我们这一代学人的追求，更是我个人一生的追求，可以说是数十年来运之于心。中国史记研究会的成立，有利于凝聚当今时贤的协作，大大推进了《史记疏证》工作的进展。可以预期，三年后，《史记疏证》圆满完成，对于中国史记研究会是一个阶段性的句号，对于我们这一代人是一个标志性的句号，对我个人是人生的总结句号。

七

结束语

幸运，
圆了少年时的梦。
尽职于一个普通的园丁，
自由地徜徉在蕙圃。

十卷文集，
留下，
平凡人生的足迹。

回首往事，
七十二个春秋，
未曾虚度而少遗憾。

虽然历经坎坷，
却也一帆风顺。

2012年12月8日文集校定

史事研讨五篇*

论“文景之治”

“文景之治”是个值得讨论的问题。本文所讨论的“文景之治”是以文景时期为重点，同时也包括汉初在内的整个西汉前期政治。

一、秦末农民战争后阶级斗争形势的转化

要科学地论证导致“文景之治”的政策，首先必须分析秦末农民战争后阶级斗争形势的转化。

秦末农民阶级斗争的特点是民心思乱，因为“天下苦秦久矣”①。

秦始皇刚统一天下的时候，“民莫不虚心而仰上”②，农民阶级要求和平和安定，是拥护皇权主义的。因为在战国的长期纷争

---

* 史事研讨五篇论文，写于1979年至1999年20年间不同环境中有感而作。

① 《史记》卷四八《陈涉世家》。

② 《新书·过秦论》。

中，人民饱尝战乱之苦。但是，秦始皇不给人民和平和安定。他“贪狼暴虐，残贼天下，穷困万民，以适其欲”①，对农民阶级施行了野蛮的政治压迫和经济剥削。秦二世、赵高篡权，变本加厉地压迫剥削农民，“赋敛愈重，戍徭无已”②，苦极了当时的劳动人民，成千上万的人被折磨而死。整个秦王朝的徭役极其沉重，“戍漕转作”经常征发农民二百万人以上，占当时全国总人口的百分之十。劳动力与生产资料脱节了，社会简单再生产都不能维持了。在这样的背景下，民心思乱，农民阶级要革命，秦末农民战争爆发了，并一举推倒了秦王朝。

秦末农民战争直接推翻了反动的秦王朝，创造了阶级斗争转化的特定历史条件。因为农民战争改变了土地的配置，提高了劳动者社会地位，特别是沉重地打击了整个地主阶级，使新王朝对农民控制的力量削弱了。在这种情势下，阶级斗争形势发生了急转，出现了汉初的民心思治。

所谓民心思治，就是农民阶级要求休养生息，安定社会，保有战争的胜利果实。农民希望回到田园恢复生产，要求新王朝废除暴政，减轻徭役赋税，这是在新形势下农民阶级斗争的内容。

由于秦王朝的残暴统治，严重地破坏了生产力。汉初人口死亡过半，土地荒芜，粮食腾贵，“人相食”。农民“聚保山泽”或漂流异乡，卖身为奴。国家控制的户口锐减，西汉王朝贫弱不堪。“自天子不能具醇驷，而将相或乘牛车”，“民无盖藏”（《食货志》）。经济崩溃了，人民力竭了，统治阶级想要增加剥削也几乎无所得。经济残破，危机四伏，这是汉初统治者面临的严竣形势。

汉高祖面对民心思治和经济残破的局面，命令陆贾总结“秦所以失天下，吾所以得之者”（《陆贾传》）的历史经验，寻求改变统治的策略。陆贾总结秦亡的教训是：秦代“事逾烦天下逾乱，法逾滋而奸逾炽，兵马益设而敌人逾多。秦非不欲为治，然失之

---

① 《汉书·贾山传》。下引《汉书》只注篇名，括注于行文中以省篇幅。

② 《史记》卷八七《李斯列传》。

者乃举措暴众而用刑太极故也。”①“举措暴众”、“用刑太极”八个字对秦王朝暴政的批判是一针见血的。针对秦政之失，汉王朝要做到徭役不烦、刑法不滥、兵马少设，减轻对农民的暴力镇压。陆贾的这一套不同于秦王朝的治国理论，刘邦“称善”，左右呼“万岁”，说明了地主阶级拥护汉初政策的转变。

到了文景时期，政论家贾谊、晁错等人更大胆地指出：农民破产，标志着国家的政治危机，不应当允许这种现象出现。晁错说，农民“卖田宅鬻子孙”是因为“急政暴赋，赋敛不时”以及五口之家“其服役者不下二人”（《食货志》）的沉重徭役负担造成的。贾谊针对这种情况大声疾呼：“失时不雨，民且狼顾；岁恶不入，请卖爵子，既闻耳矣，安有为天下阽危者若是而上不惊者。”贾谊甚至提出了这样的论点：若因“兵旱相乘，天下大屈”而造成社会动乱、人民流离失所，是“政治未毕通也”（《食货志》），不应当委罪于兵旱。

上述从陆贾到贾谊、晁错的政论都说明了汉初统治集团清醒地认识到了秦末农民战争后民心思治的形势。他们大谈农民问题，标志着汉初政策是以调整阶级关系为手段来重建封建秩序。这是秦末农民战争和汉初阶级斗争直接推动的结果。

二、汉初的调整政策和治国方针

刘邦入关，约法三章，表现了解民于倒悬的动向。于是天下归心，刘邦取得了胜利。

约法三章，只是一个序幕。序幕一开，秦民唯恐刘邦不为秦王。高帝二年（公元前205）还定三秦，立即颁布“故秦苑囿园池，令民得田之”（《高帝纪》）的法令。颜师古注：“田，谓耕作也。”刘邦承认农民占有土地。接着又在他所控制的蜀汉、关中地区颁布了免租、赐民爵以及减轻徭役的法令。

① 《新语·无为》。

高帝五年（公元前202）西汉统一，在全国范围内颁布了著名的以功劳行田宅和复故爵田宅诏（《高帝纪》）。一般的解释认为这个诏令是扶植地主阶级。我认为这样解释是片面的。近来有人解释这个诏令是刘邦替"整个地主阶级"对农民阶级的"全面地反攻倒算"。我不同意这种论点。

还是让我们来分析一下这个诏令的内容吧。

第一，"诸侯子在关中者复之十二岁，其归者半之"。诸侯子居留关中的受到加倍的优待，这是为了减轻安置和监护六国贵族后裔的阻力，不能说是扶植地主阶级。后来刘邦强徙六国贵族后裔于关中，以巩固汉王朝的统治。这条措施在客观上减轻了关东的地主阶级兼并势力，对农民是有好处的。

第二，"民前或相聚保山泽，不书名数，今天下已定，令各归其县，复故爵田宅，吏以文法教训辨告，勿笞辱"。陈涉起义之时，"楚兵数千人为聚者，不可胜数"[①]，可见"聚保山泽"之民，主要是农民的武装，当然也不排斥有地主的坞壁。即便是地主的武装，其基本队伍仍是依附的奴婢以及被裹胁的农民群众。刘邦用"复故爵田宅"的办法来分化瓦解"聚保山泽"之众，目的是对农民"书名数"。颜师古注："名数，谓户籍也。"所以诏令告诫地方官吏不要对回乡的农民"笞辱"。把招抚流亡、复故爵田宅解释为给"整个地主阶级"复故爵田宅是不妥当的。秦朝奖励耕战，大批国家佃农及自耕农也有爵有田宅。

第三，"民以饥饿自卖为人奴婢者，免为庶人"。这条法令是国家与地主争夺劳动力，增加国家的剥削对象。高帝七年下令："民产子，复勿事二岁。"（《高帝纪》）惠帝六年颁布"女子年十五以上至三十不嫁，五算"（《惠帝纪》）的法令。国家用惩奖结合的办法来鼓励人民生育。可见汉初在人死过半、土地荒芜的情况下，封建国家对于劳动力的迫切需要。因此，把释免奴婢看作是对农民的一纸虚恩的说法是没有根据的。

第四，遣散士兵归农，"以有功劳行田宅"。刘邦三令五申地

---

① 《史记》卷四八《陈涉世家》。

方官吏按爵级分给田宅，高爵者七级以上得食邑。诏令说：“吾于天下贤士功臣，可谓亡负矣。”这些高爵者的确可以直接转化成军功地主。但是我们要看到从军归农的大多数士兵仍是低爵。所以诏令规定大夫以下的进爵为大夫（五级爵）。这些人充其量只能成为一个自耕农。

第五，各地小吏趁战乱占夺了许多土地，也得到了诏令的承认。

根据上面的分析，高帝五年诏颁布了一系列调整阶级关系的政策，姑名之曰调整政策。这些政策扶植了一大批军功地主和官吏地主来扩大汉王朝的统治基础；但同时也承认了农民战争的胜利成果，让农民占有土地，产生了大量的国家佃农和自耕农。这样，在客观上缓和了阶级矛盾，安定了社会，对生产力的发展起了促进作用。

接着，刘邦又和他的创业之臣萧何、曹参、陈平、周勃等人提出了和亲、分封、与民休息的总的治国方针。和亲是对匈奴实行的“让步政策”，这对于大乱之后初建的西汉王朝是十分重要的。这个政策认真执行了七十年。这正是西汉由弱转强的七十年。

刘邦灭异姓王封同姓王屏卫京师，在当时条件下起了加强中央集权的作用。在经济上边郡封王使人民纳赋服役不远离乡土，有利于经济的恢复。故淮南之民“甚苦属汉而欲王”[①]。

与民休息是鉴于秦亡的教训，而实行的安定政策，即无为政治。所谓“无为”，就是约束君臣不要“举措暴众”、“用刑太极”，让农民能够在田园上生产。

三、“文景之治”的轻徭薄赋与约法省禁

“文景之治”，以农为本，是西汉经济恢复和发展的重要

① 《新书·属远》。

时期。

汉高祖制定了重农抑商的政策，不许商人衣丝、操兵器、乘车骑马，不许他们做官，加倍征收他们的算赋。但是商人囤积居奇，操纵物价，用高利贷盘剥农民，成了富人。他们用钱财结交王侯，抬高了社会地位。到了文帝时出现了“法律贱商人，商人已富贵矣；尊农夫，农夫已贫贱矣”（《食货志》）的严重局势。针对这种情况，文帝倡导以农为本，进一步推行“轻徭薄赋”和“约法省禁”的政策，给农民一些经济的实惠，减轻政治的压迫，增强农民阶级对抗土地兼并的能力，以保护封建的农业经济。

汉初的“轻徭薄赋”并不是在“民无盖藏”的情况下无可剥削才施行的。文景时期，仍认真推行“轻徭薄赋”政策，但这时农民已经“衣食滋殖”了。

文景时期的“轻徭薄赋”内容如下：

1. 减省皇宫厩马供驿站使用，开放山泽禁苑给贫民耕种。又减少地方的徭役、卫卒，停止郡国岁贡。为了减轻“吏卒给输费苦”，遣列侯就国。（《贾山传》和《文帝纪》）

2. 颁布振贷鳏寡孤独、尊礼高年的法令，朝廷派人督察地方执行。这条法令对养老抚孤，缺乏劳力的个体农民有重要意义，使他们免遭破产，不违农时，特“具为令”（《文帝纪》），成为制度。

3. 减免田租。文景把汉初田租十五税一减为三十税一，并一度免收田租十二年。在当时尚“未有兼并之害”（《食货志》）的情况下，对农民是有利的。

4. 文帝多次发布诏令劝农。具体办法是“驱民地著”，把农民强制在土地上，严格户籍制度，不许迁移。同时实行“贵粟”政策来打击商人、高利贷者对农业经济的破坏。所谓“贵粟”，就是国家用爵位来换取地主、富农的粮食，“使民以粟为赏罚”。

文帝施行的这些政策确实减轻了农民的负担，使农民得到了喘息的机会。就拿轻徭来说吧，秦民就因“戍漕转作”之苦而起义。汉初徭役甚轻，“岁漕关东谷四百万斛以给京师”不过“用卒六万”（《食货志》）。

汉文帝的“约法省禁”主要内容是两个方面。第一，废除一些严刑苛法，如诽谤妖言法、妻孥连坐法、断残肢体的肉刑，减轻笞刑，等等。第二，“赦罪人，平狱缓刑”（《贾山传》）。如大臣有罪，令自杀，不治狱受刑，以缓和统治阶级内部的矛盾。

但是“平狱缓刑”在客观上也有利于被压迫阶级。例如秦始皇弟长安君成蟜反，“死屯留，军吏皆斩死，迁其民于临洮”①。秦法严酷，导致成千上万的无辜百姓受株连。汉文帝治济北王刘兴居谋反案，只是“虏济北王兴居，自杀”，而“赦诸与兴居反者”，以及被“诖误吏民”（《文帝纪》）。因此，“平狱缓刑”的效果是，“刑轻于它时而犯法者寡”（《贾山传》），“断狱数百，几致刑错”（《文帝纪》）。这和秦王朝的“赭衣半道，断狱岁以千万数”（《食货志》），“而死人日成积于市”② 的惨酷景象形成了鲜明的对比。

根据上面的分析，文景时期的“轻徭薄赋”和“约法省禁”，进一步调整了阶级关系，使生产关系更趋于适应生产力，应该给予一定的肯定。但是，这些政策的实质是地主阶级国家在特定历史条件下对农民进行阶级斗争的一种形式，它是保护地主阶级利益的。“轻徭薄赋”的目的，不过是为了使农民“有能够维持它的奴隶般生存的条件”③，从而占有农民，进行剥削和压迫。但是，伴随封建经济的发展，对抗性的矛盾也日益尖锐起来。“轻徭薄赋”调节阶级关系的作用只是暂短的。

四、“文景之治”的开明政治巩固了地主阶级专政

怎样才能使地主阶级的专政长治久安，这是汉初统治者面临的重大课题。汉初无为政治对各种矛盾采取姑息的态度，因此它是一种消极的治国理论。“和亲”不能从根本上消除匈奴的侵扰；

① 《史记》卷六《秦始皇本纪》。
② 《史记》卷八七《李斯列传》。
③ 《共产党宣言》。

“分封”随着诸侯王坐大而产生离心作用，潜伏着割据战争的危机。因此，文帝即位，贾谊上《治安策》尖锐地批判“无为”，“可为长太息者此也”(《贾谊传》)。

贾谊在《治安策》中明确地提出了“建久安之势，成长治之业”的思想，表现了地主阶级在上升阶段的进取精神。文帝采纳了贾谊等人的献策，改造了汉初的“无为”政治，走上了大治的轨道。对匈奴实行了募民实边、屯粮塞下、开苑养马、增修武备等积极防御的政策。对诸侯王实行“众建诸侯而少其力”的政策，并调整疆界。景帝进一步采纳晁错的削藩策以弱小诸侯。坚决镇压七国叛乱，以维护中央的统一。

但是维护长治久安的最根本的措施是扩大统治阶级的政治基础，进一步缓和阶级矛盾，实行较为开明的政治，文帝时的政论家为此目的，在理论上发动了一场对秦王朝暴政的猛烈批判，以此来劝谏文帝。贾山的《至言》、贾谊的《过秦论》就是这方面的代表作。

“文景之治”本质不是对农民战争的消极让步，而是鉴于秦亡于政所作的积极有为的调整，实施较为开明的政治，以达到巩固专政的目的，它是地主阶级求长治久安的意志表现。贾谊说：“夫民为言萌也，萌之为言也盲也，故惟上所扶而以之，民无不化也。”又说：“民之治乱在于吏，国之安危在于政，是以明君在于政也”，“君明吏贤而民治矣。”① 可见，贾谊并没有真正认识人民的力量。他认为只要君明、吏贤，民就可以“治”，可以“化”。所谓“治”和“化”就是对农民阶级实行专政。

这场批判秦王朝暴政的思想运动对汉文帝产生了巨大的影响，使他战战兢兢，如临深渊，如履薄冰。汉文帝本人在边地做了七年代王，目睹了农村的荒残景象。他又是因诸吕之乱，大臣们“因天下之心”(《文帝纪》)而越封建之礼所迎立的皇帝。这些条件使汉文帝能够洞察民情，接受臣工劝谏。

举贤良方正也扩大了统治阶级的政治基础。

① 《新书·大政》。

文帝十五年（公元前165）举贤良文学，标准是：1. 明于国家之大体；2. 通于人事之终始；3. 能直言极谏者。文帝对策求言的内容是：1. 朕之不德；2. 吏之不平；3. 政之不宣；4. 民之不宁。这次对策，晁错得高第（《晁错传》）。

贾谊、晁错、贾山、袁盎等人都不是公卿大臣，但他们都能向文帝直言极谏。贾山“其言多激切”，而文帝“终不加罚，所以广谏争之路”（《贾山传》）。晁错上书言治，引传曰：“狂夫之言，而明主择焉。”文帝赐书褒奖：“今则不然，言者不狂，而择者不明。”（《晁错传》）从史书的这些记载，可以看出文帝君臣言“治”之切。君主望治国建久安之业，求贤相良策；而群臣匡扶，敢直言极谏，这就是“文景之治”时期地主阶级开明政治的特色。

秦王朝极端残忍的个人集权，闭塞言路的愚民政治导致了破家亡国。“文景之治”的开明政治，君主虚己纳谏，却进一步巩固了地主阶级专政。文景时期的政令得到了当时农民阶级的承认。“山东吏布诏令，民虽老羸癃疾，扶杖而往听之，愿少须臾而毋死，思见德化之成也。”（《贾山传》）

毛主席说：“人民，只有人民，才是创造世界历史的动力。”汉初七十年的和平安定，由于广大农民阶级的辛勤劳动创造了“文景之治”的经济、文化的繁荣。这就为汉武帝时期的辉煌发展奠定了政治的和物质的基础。

五、“反攻倒算论”值得商榷

“文景之治”，顾名思义，它是巩固地主阶级专政、发展封建经济的政治。“文景之治”的出现，说明了封建社会在其发展的上升时期，它的生产关系是基本适应生产力的。“文景之治”带来了社会的安定，它颁行的那些调整政策组织农民阶级与生产资料土地相结合，促进了生产力的发展，是应该肯定的。“让步政策”虽然提法不妥，但它研究和肯定这些政策的作用，有着可取的合理内核，不能全盘否定。

有的同志说，“文景之治”是地主阶级对农民起义的“反攻倒算”。他们说什么新王朝“更残酷”，根本不存在“‘轻徭薄赋’要好一些”。甚至说“所谓‘文景之治’、‘贞观之治’，纯粹是封建阶级的御用史学家制造出来的假相”，它“恰恰是农民阶级受苦受难的‘地狱’”，等等。照这样说来，秦王朝、隋王朝岂不是比汉初、唐初还要好些吗？那么秦末农民、隋末农民举行起义岂不是多余的吗？

就敌对的阶级斗争关系而言，“文景之治”并不符合农民阶级的根本利益，它巩固了地主阶级的专政。在这个意义上，也可以说“文景之治”是对农民阶级斗争的“反攻倒算”。

我们并不否认直接的“反攻倒算”，它是封建社会的阶级斗争的一般规律。东汉末年的黄巾大起义，唐朝末年的黄巢大起义，以及几百次大大小小的局部农民起义，因为没有推倒旧王朝，地主阶级一般搞直接的“反攻倒算”。但是，这样一来，也就没有封建社会的“治世”出现，社会生产力也长期处于停滞状态。

作为历史的客观存在，既有“让步”，也有“反攻倒算”，都应是历史学研究的对象。但夸大任何一个方面，说成是新王朝的既定“政策”，都是值得商榷的。对一定范围内的历史，应作具体的历史分析。在分析“文景之治”这个命题上，可以肯定“反攻倒算论”是错误的。“治”是要缓和阶级矛盾，才能巩固政权。“反攻倒算”只能加剧阶级矛盾，它怎能和“治”统一起来呢？

秦末农民战争直接推倒旧王朝，引起阶级关系发生重大变化。汉初将相多布衣之士，刘邦曾是农民起义的领袖。他们参加了反秦的斗争，在一定程度上能够了解民心向背的历史潮流。汉初政策承认农民占有土地，减轻徭役赋税，这是扩大了农民战争的成果，把它说成“反攻倒算”，是不符合历史事实的。

“文景之治”，君主无为、驱民归农，这和秦王朝君主贪欲、驱民戍边、筑长城、治宫室、修陵墓是不可同日而语的。因为驱民归农是“苦民而民益乐也”[①]；驱民服役，则“天下苦秦久矣”。

---

① 《新书·瑰玮》。

前者表明国家政权沿着生产力方向同一轨道运行，是进步的；后者表明国家政权阻滞生产力的发展，是反动的。而“反攻倒算论”不能分清进步与反动的界限。

“反攻倒算论”者有时也不得不承认汉初政策有进步意义，但在实际的论述中又否认它的真实存在，说什么是“口惠而实不至”，甚至说：“好的方面，不能引起斗争，从而不能形成历史运动。”他们把农民战争推动生产力解释为直接创造生产力。这就是“反攻倒算论”的理论基石。

毛主席说：“在中国封建社会里，只有这种农民的阶级斗争、农民的起义和农民的战争，才是历史发展的真正动力。因为每一次较大的农民起义和农民战争的结果，都打击了当时的封建统治，因而也就多少推动了社会生产力的发展。”又说：“人民，只有人民，才是创造世界历史的动力。”毛主席的论述具有严密的历史主义的逻辑，闪耀着辩证法的光辉。毛主席在“真正动力”之前并列了两个主语“农民的阶级斗争”和“农民的起义和农民的战争”，中间用了顿号。农民战争并不是阶级斗争的全部内容，它只是农民的阶级斗争不断地量变积累达到质变突发时的形式，所以毛主席并列了两个主语。但是，农民战争是农民阶级斗争的最高形式，它有着特殊的动力作用。毛主席紧接着解释了这一特殊动力作用，指出它“打击了当时的封建统治”。“当时的”这一定语非常重要，不可忽视。

从毛主席的理论中，我们得不出只有农民战争才是动力的结论，更得不出农民战争直接创造生产力的结论。毛主席说农民战争“推动”生产力，又说人民“创造”历史，内容不能等同的主语既不同，而谓语“推动”和“创造”也是两个不同的概念。

推动西汉“文景之治”的直接动力是农民的阶级斗争。秦末农民战争是阶级斗争，汉初民心思治也是阶级斗争。前者正是为后者创造转化的历史条件。一张一弛，是阶级斗争运动的规律。怎么能说只有“形成历史运动”的斗争才叫阶级斗争，才是动力呢？

秦末农民战争的真正动力作用就是打击了“当时的”秦王朝

的统治，扫除了生产力发展的障碍，改善了“文景之治”的前提条件。

当秦朝君臣秦始皇、秦二世、赵高等人野蛮地压迫剥削农民，激化阶级矛盾的时候，太子扶苏，丞相李斯、冯去疾，将军蒙恬、冯劫，司法大臣蒙毅以及秦之诸公子、宗室等劝谏无效，束手无策，引颈就戮。这说明封建统治集团腐朽力量一旦把国家机器开动起来阻碍生产力发展的时候，地主阶级不能依靠自身的力量来为本阶级的长远利益遏制它，只有秦末农民战争才割除了这个脓疮。在这个意义上，农民战争是“真正动力”。

当然，秦末农民战争的动力作用不限于推倒秦王朝，它最终要表现为推动生产力的发展。汉初及“文景之治”的那些调整政策，在法律上把秦末农民战争的成果肯定下来，调节了阶级关系，改善了西汉农民阶级的生产条件，再经过西汉农民阶级的辛勤劳动，即生产斗争，才使生产力得到了发展。所以毛主席说：“人民，只有人民，才是创造世界历史的动力。”可见，秦末农民战争与汉初生产力之间不能直接画等号。战争不等于生产力。因为前者是阶级斗争，后者是生产斗争。推动生产力与创造生产力是两个命题，不能混为一谈。

“反攻倒算论”者把秦末农民战争推动了封建生产关系的一些变化作为历史依据，用来推导战争直接创造生产力，这也是不妥当的。因为一场战争推动历史的惯性力量不可能是持久的。比如农民通过战争夺回了土地，既不能排除地主阶级的压迫剥削，也经不起自然灾害的打击和农民自发的兼并，将很快丧失土地。生产力不能在真空中发展，它只能在一定的生产关系中发展。秦末农民战争虽然推倒了秦王朝，但是农民阶级却提不出建立“农民共和国”的纲领。陈胜入陈建立反秦的革命政权，乃是召三老、豪杰计事，就说明了这个问题。因为当时封建制度的必然颠覆条件还没有到来，历史的局限注定了农民战争只能成为地主阶级改朝换代的工具。也就是说，农民起义是被迫的自发斗争，还不是自觉的反封建主义。这就是我们立论的基点。由于历史的局限，农民阶级未能建立农民政权来发展生产力。这样就使得秦末农民战争的动力作用，在表现为生产力的发展上走了一个曲折的“之”字道路，即通过“文景之治”表现出来，这就是历史的本来面貌。

我们这样论证，并不是宣扬什么二元论和双动力论。因为这里有主次之分和因果之别。秦末农民战争创造的历史前提条件是历史发展的因，“文景之治”是它的果。农民战争之因，是否能结出治世之果，新王朝的政策以及提出这些政策的杰出个人的历史作用，乃是必要的气候土壤条件，怎么能够一笔抹煞呢？

总之，“文景之治”是应该肯定的。肯定“文景之治”，不是美化地主阶级，而是充分肯定秦末农民战争直接推翻旧王朝的伟大历史功绩。归根结底，历史是阶级斗争直接推动的，是劳动人民创造的。总结“治世”的历史经验，评价“治世”的代表人物，肯定劳动人民的创造，尊重辩证法的历史发展，完全符合无产阶级的利益。因为“治世”总是中华民族发展史上的光辉时代，是培养我们爱国主义和民族自信心的宝贵文化遗产。

（原载《历史研究》1979年第7期，《新华月报》1979年第9期转载）

论“昭宣中兴”

西汉中期历经武、昭、宣三朝，凡 92 年。这是西汉政治、经济、军事、文化大发展的一个非常灿烂的时期，同时也是一个政治发生剧烈变革的历史时期，西汉王朝经历了由盛而衰，又由衰而中兴的历史演变。通过对昭宣时期的中兴治世的条件和原因的研究，可给我们以有益的启示。

一

汉初经过“文景之治”，国殷民富，雄才大略的汉武帝充分利用了这一有利条件，大兴文治武功把西汉推向了极盛。但是汉武帝长时期的兴师暴众和严刑峻法，使他在很大程度上重蹈了亡秦的覆辙，阶级矛盾日益尖锐，从而激化了各种社会矛盾，使西汉政权发生了政治危机。

武帝末年，阶级矛盾已很尖锐。武帝“征发烦数，百姓贫耗”[①]，史称“海内虚耗，户口减半”(《昭帝纪》)，经济残破，人民

① 《汉书·刑法志》，下引《汉书》，只在行文中括注篇名。

流离失所，处于水深火热之中。许多暴秦的酷法、苛政不仅恢复了，而且有所加强。诸如“首匿法”，“通行饮食法”，“沈命法”，“腹诽法”，等等，都是武帝加强镇压人民的新花招。法逾密而奸逾炽，道义无存，滥刑无辜，冤狱遍国中。河内太守王温舒，九月上任至十二月，诛杀千余家，“流血十余里”，“上闻之，以为能，迁为中尉”①。民不聊生，则“铤而走险”，农民起义的烽烟四处燃烧。南阳有梅免、白政，楚有殷中、杜少，齐有徐勃，燕赵之间有坚卢、范生等。起义农民大群至数千人，攻城邑，取库兵，释死罪，杀二千石；小群数百人，“掠卤乡里”，不可胜数。

其次是各种社会积弊泛滥。武帝滥用商贾为吏，甚至卖官，造成了社会风气败坏。官吏贪残，上下欺瞒，粉饰太平，报喜不报忧。武帝又好大喜功，志骄气溢，特别是后期日益脱离大臣，喜怒无常，以意为法，诛灭忠良。诏狱系二千石，“新故相因”以百数，乃至丞相多数死于非命。阿谀奸竖，乘势而起，加深了统治集团内部的分裂。征和二年（公元前91），祸起萧墙，巫蛊事件发生，太子冤死，国本动摇。后元元年（公元前88），马何罗兄弟政变，汉武帝几丧其元。

就在这民怨沸腾、众叛亲离的历史关头，汉武帝及时地下了轮台罪己之诏，明确指出：“当今务在禁苛暴，止（废除）擅赋，力本农，修马复（为国家养马之家免除徭役）令，以补缺、毋乏武备而已。”（《西域传》）表示与民更始。又任命赵过为搜粟都尉，行代田法，“用力少而得谷多”②。

汉武帝晚年看到了西汉政权的危机，认识到欲求统治绵延流长，不能单凭诉诸暴力，必须发展生产，与民休息。汉武帝不仅是一个雄主，而且是一个明君。但是岁月蹉跎，他已来不及亲手扭转乾坤。轮台诏下了才两年，他就病殁了。武帝临终“察群臣唯光任大重，可属社稷”（《霍光传》），托孤霍光。公元前87年，八岁的少子刘弗陵继位，这就是汉昭帝，政事壹决于光。西汉历

① 《史记·酷吏列传》

② 《资治通鉴》卷二二。

史进入了“昭宣中兴”的历史时期。

二

昭宣两代历时38年（公元前86—前49），是西汉历史的一个重要转折时期。霍光受托孤之重，拥昭立宣，摄政20年，遵循轮台诏令的政策转变，“知时务之要，轻徭薄赋，与民休息”，使“百姓充实”（《昭帝纪》），西汉经济获得了恢复和发展。宣帝刘询自幼生长民间，少时出入三辅，上下诸陵，“具知闾里奸邪，吏治得失”（《宣帝纪》），亲政18年，“厉精为治，五日一视事，自丞相以下各奉职而进”（《循吏传》），“吏称其职，民安其业”（《宣帝纪》），使一度萧条衰败、风雨飘摇的西汉王朝又兴盛强大起来，遂成中兴之业。

“昭宣中兴”，是以“问民疾苦”为其指归。颜师古注：“知所疾苦，则顺其意也”（《宣帝纪》及注）。也就是说要体察下情，革新政治。因此，霍光、宣帝面对武帝遗留的成堆问题，不是粉饰太平，而是面对现实，拨乱反正，除苛去酷。秦末汉初正反两方面的治政经验，给“昭宣中兴”提供了借鉴。汉文帝时的策略家贾谊在《新书·过秦论》中就曾指出：如果秦二世改弦易辙，“缟素而正先帝之过”，秦朝就不会亡。汉武帝后期的政治，大致与秦始皇相类。霍光竭尽全力恢复了汉初“与民休息”的传统政策，即“宜修孝文时政”。宣帝进一步改革弊政，澄清吏治。昭、宣四次派大臣巡行郡国问民疾苦。总之，这个时期所颁布的政策法令，大得人心。其主要内容有以下四个方面。

1. 平狱缓刑。武帝末期，冤狱遍地，民怨鼎沸，这是造成社会动荡、政治危机的直接原因。昭帝始元四年（公元前83）颁布特赦令，“辞讼在后二年前，皆勿听治”（《昭帝纪》），把武帝时期遗留的积案一次清理。对刘泽、燕王以及上官桀、桑弘羊等人的谋反大逆，也只诛首恶，不起大狱，避免株连无辜。这就改变了武帝时人人自危，大臣“安危不可知”的疑忌气氛，从而缓和了统治集团的内部矛盾，出现了较为安定的局面。宣帝亲政，进一步废除武帝时的许多酷法，如地节四年（公元前66）诏减“首匿法”，宣布“自今子首匿父母，妻匿夫，孙匿大父母，皆勿坐”（《宣帝纪》）。宣帝恢复了文景时期平狱缓刑的传统政策，把死囚权收归中央，“罪殊死，皆上请廷尉以闻”（《宣帝纪》）。宣帝特别设置了“廷尉平”官职四人，专助廷尉决疑案、平冤狱。又选拔宽明正直的于定国做廷尉，“其决疑平法，务在哀鳏寡，罪疑从轻，加审慎之心”。每岁平缓死囚一千余人，只诛一人，断足三人以示警戒。人民得到了舒缓，于定国可与文帝时廷尉张释之相媲美。史称“张释之为廷尉，天下无冤民；于定国为廷尉，民自以不冤。”（《于定国传》）

宣帝还颁布了几道平缓刑法的特别诏令。一是触犯他名讳的人免予刑事追究；二是诬告反坐，决不宽贷，八十以上老人也不赦免；三是对不恤人民，“增辞饰非，以成其罪”的奸吏，“二千石各察官属，勿用此人”；四是郡国囚徒系狱被笞死及病死者的籍贯、身份要上报朝廷备案，作为考核官吏好坏的一项内容（俱见《宣帝纪》）。这个时期，即便是三公九卿虐待、擅杀奴婢，也要坐法。京兆尹赵广汉、张敞因枉法杀人，假公济私，受到了严厉的制裁，赵广汉腰斩，张敞免职。

2. 整顿吏治。为了创造民安其业的政治局面，并保证政令贯彻始终，整顿吏治是举足轻重的一环。宣帝能够体察这一道理，是由于他长养民间，“知百姓苦吏急也”。他考试功能，严格选举，以奖拔良吏。补刺史、守、相，必由大臣推举，亲自召问治安之术。而朝廷公卿大臣则从有经验的地方官中按其治政的功绩依次递补。宣帝时的丞相、御史大夫、九卿等重臣，多数是从地方良吏中选拔上来的。班固评论这时的吏治说：“是时黜陟有序，众职修理，公卿多称其位”（《魏相传》）。

吏治清廉，在于赏罚严明。宣帝综核名实，政清者赏，政浊者罚，绝不假借。河内太守严延年专杀，人称“屠伯”，宣帝把他腰斩弃市。颍川太守黄霸，“养视鳏寡，赡助贫穷，狱或八年亡重罪囚”，于是下诏褒奖黄霸是“贤人君子”，秩二千石，赐爵关内侯（俱见《黄霸传》）。宣帝又规定，六百石以下的官才得举廉，百石以下的小吏增秩禄百分之五十。对这些直接与人民打交道的低级官吏，给予政治和物质的奖拔，推动他们为政清廉。由于这些行之有效的措施，使“汉世良吏，于是为盛，称中兴焉”（《循吏传》）。武帝时官民相逼，御史大夫张汤死，而“民不思”。宣帝时循吏大司农朱邑死，民“岁时祠祭”。南阳太守召信臣受到“吏民亲爱”，“号之曰‘召父’”（俱见《循吏传》），足见良吏使人民怀念。

社会安定，上下辑睦；法律诏令，取信于民，这就创造了经济恢复的政治前提。

3. 轻徭薄赋，发展生产。武帝横征暴赋，民穷财尽，封建经济濒临崩溃，动摇了西汉政权的基础。因此，“昭宣中兴”，安辑社会以后，集中力量发展生产是刻不容缓的。轻徭薄赋，安置流民，是休养百姓、立本于农的根本措施。昭、宣七次颁布减免田租、口赋及其他杂税的诏令，六次颁布赈贷种、食和“勿收责（债）”的诏令。对于农民历年积欠的更赋予以豁免。凡郡国遭受地震、水旱之灾，当年租赋徭役皆免，减少农民破产、流亡。由于实现了与匈奴的和亲，屯戍大减，京师漕卒也减省过半。宣帝时，民有祖父母及父母丧者，可免当年徭役。这些措施有利于农民安居乐业，对生产的恢复和发展起了积极的作用。

武帝时期，与民争利，有许多律外苛税。昭帝始元六年（公元前 81）颁布了著名的“令民得以律占租”的法令，废除了律外苛税。昭帝又罢酒榷，罢诸亭养母马，裁省乘舆马及苑马以补边郡和三辅的乘传，又因粮价贱而诏令关中农民“以菽粟当今年赋”。宣帝申令“勿行苛政”，减盐价，禁止官吏“擅兴繇役，饰厨传”等扰民的弊政，进一步减轻了农民的负担。

农民破产流亡，即为“失职不赡”。早在武帝元封四年（公元前 107），关东流民就达二百万人。这一严重问题，长期未得解决。宣帝把它列为人民的一项疾苦，当做亟待解决的事情来办。对流民归农，“假公田，贷种、食，且勿算事”（《宣帝纪》），并奖励地方官就地安置流民。仅胶东相王成就安置流民八万余人，这里即使有些虚报，但毕竟重视了流民的安置，受到了宣帝的下诏褒奖。封建国家控制编户齐民，是符合地主阶级整体利益的。对于长期流移的农民来说，也是幸事一件。

由于上述各项经济政策的实施，西汉面临崩溃的经济得到了迅速的恢复。农业生产日益发展，出现了“耕桑者益众”，“田野益辟”，“百姓充实”的殷富局面，国家也“颇有蓄积”。到宣帝时，谷价至石五钱。这说明粮食丰盈，人民生活必然有所改善。

4. 广开言路，贤良议政。举贤良是汉文帝革新政治的产物，其目的是广开言路，拔擢人才，在地主阶级内部扩大统治阶级的政治基础。昭宣时期，因国家“承孝武奢侈余敝师旅之后”，举贤良的宗旨是问民疾苦，“顺天心，悦民意”(《杜延年传》)。宣帝下诏：“举贤良方正以亲万姓”，“举贤良可亲民者”(《宣帝纪》)。其中影响最大的一次贤良议政是昭帝始元六年（公元前 81）“诏有司问郡国所举贤良文学民所疾苦”(《昭帝纪》)。因贤良文学建言罢盐铁，故史称盐铁会议。

盐铁会议从二月开始到七月结束，历时半年之久。从全国各地举来的贤良文学六十多人与丞相、御史大夫等朝廷大臣共聚一堂，反复诘难政治得失，是中国封建史上仅见的一次大型的问民疾苦的议政会议。会议抨击了武帝后期举措暴众、用刑太滥的政治，充分肯定了“文景之治”的民本政治。贤良、文学以正统儒家仁义理论为指导思想，畅所欲言，为民请命。这次会议开得生动、活泼，为“昭宣中兴”大造舆论，奠定了理论基础，起了积极的指导作用。曾参加议政会议的平陵贤良魏相，为茂陵令，茂陵大治。后来魏相成为辅佐宣帝中兴的著名贤相。

贤良议政是西汉统治阶级在本阶级内部实行的开明政治。这是吸取了秦末农民战争推翻暴秦统治的教训。成帝时梅福上书说：“至秦则不然，张诽谤之网，以为汉驱除”。他的结论是：“天下以言为戒，最国家之大患也”。皇帝好忠谏，悦至言，贤人乃出，众士归附。而国家“得士则重，失士则轻”(《梅福传》)。昭宣举贤良议政，正是在这样的思想指导下进行的。可见举贤良议政，问民疾苦，是巩固地主阶级专政的一项重要措施。

我们透过“昭宣中兴”政治的背后来看它的社会根源，阶级斗争是真正动力。武帝末年，农民起义四处兴起，社会的动乱反映到统治集团内部，引起了或加剧了政治派别的斗争，在一定历史条件下可以起到改革政治的作用，这也是阶级斗争的一种形式。由于汉初的“文景之治”，使汉家制度根植人心，西汉政权是不同于亡秦的。霍光粉碎了燕王、上官桀的叛乱，拥昭立宣，是主张政策转变而代表进步力量的一派，战胜了假借武帝旗号“摇动百姓”（《武五子传》）、“数以邪枉干辅政”（《昭帝纪》）而代表腐朽力量的一派，保证了“顺民之意”的治政方针有效推行。这些就是“昭宣中兴”得以实现的历史条件。从阶级本质来说，“昭宣中兴”重整了地主阶级专政的纲纪，这当然是不符合农民阶级的根本利益的。但是从历史主义的观点来看，在当时的条件下，一个稳定的巩固的封建政权是生产发展的必要条件。生产斗争是发展生产力的最终动力。“昭宣中兴”，使人民群众减轻疾苦，使汉政权再度巩固，推动了生产的发展，这是应当予以肯定的。

（原载《光明日报》“史学”专栏第146期，1979年10月2日）

论汉代的举贤良文学

1973年至1974年，“四人帮”为了篡党夺权的政治需要，发动了一场大规模的评法批儒运动。西汉的贤良文学也被列入批判对象。他们给贤良文学扣了许多政治帽子，什么“贤良文学是汉朝奴隶主残余势力的思想代表”，是“顽固党”和“保守复辟势力的代言人”，是霍光拉的山头，用来反对法家桑弘羊的“炮筒子”，等等。当时还出版了一批研究《盐铁论》的专著，带注释的小册子，报刊也发表了多篇论文，都异口同声地说什么“盐铁会议”是两条路线斗争，斥责贤良文学是“反动儒生”，而实际上对贤良文学的身份及其阶级基础并没有认真研究。“四人帮”被粉碎以后，学术界已经作了大量的拨乱反正的工作，因此，本文不纠缠于“四人帮”歪曲历史的那些谬论，而从当时的历史背景探讨“贤良文学”及其“盐铁会议”的历史意义，恢复历史的本来面目。这，就是本文的写作目的。

一、“贤良文学”释名

“贤良文学”是“贤良方正”和“贤良文学士”的统称，省称为“贤良”。“方正”与“文学”，二者合而为一，分而为二，其名虽异，其质实同。汉文帝前元二年（公元前178）创立举“贤良方正能直言极谏者”的选举制度。“贤良方正”是举士名称；“能直言极谏者”指的是入选条件。我们如果排比两《汉书》中的贤良文学资料，就会发现，“贤良方正”是举贤良最基本的一贯名称。“能直言极谏”是最基本的入选条件。西汉举“文学”，东汉举“至孝”，以及其他种种名称，都是某一时期为了政治需要而强调某一入选条件的权宜名称。例如汉元帝初元二年因地震求言，诏举“茂才异等直言极谏之士”；初元三年因风雨失调求言，诏举天下“明阴阳灾异者”；成帝河平四年因日食水灾求言，诏举“惇厚有行能直言之士”，等等，都可总称举贤良。

“方正”是指贤良的品德。吏民正直廉隅者叫做方正。晁错对策说：“五伯之佐之为人臣也，察身不敢诬，奉法令不容私，尽心力不敢矜，遭患难不避死。见贤不居其上，受禄不过其量，不以亡能居尊显之位。自行若此，可谓方正之士矣”①。东汉邓禹孙子邓康刚正不阿，直言极谏邓太后“宜崇公室”，谢病不朝，被邓太后削除属籍，史称邓康“有方正称，名重朝廷”②。简括地说，刚正直言的品德就是方正。所以贤良方正也称“直言士”或称省“直言”。

“文学”是指贤良的才学，具体的内容是明经博学。在西汉，“文学”与“经术”是同义语。汉武帝尊儒，史称“上方向文学”③。廷尉张汤决大狱，欲傅古义，乃请博士弟子治《尚书》、《春秋》者补廷尉史。撰写奏案，史称汤“依于文学之士”④。张贺辅导宣帝刘询读《诗》、《论语》，元康三年宣帝下报恩诏称：“故掖庭令张贺辅导朕躬，修文学经术，恩惠卓异，厥功茂焉”⑤。举贤良特用“文学”的名称是配合政治上的尊儒而设立的权宜名称。到了东汉，朝野早已是儒学一统天下，所以东汉只有“贤良

① 《汉书》卷四九《晁错传》，本文下引《汉书》只注篇名。
② 《后汉书》卷一六《邓禹传》。
③④ 《汉书》卷五九《张汤传》。
⑤ 《汉书》卷八《宣帝纪》。

方正”的名称，而没有“文学”的名称了。

汉文帝十五年再举贤良，全称是“贤良文学士”[①]，强调了“明于国家之大体，通于人事之终始”两个条件，所谓“明于国家之大体”，即是“达于政化”；“通于人事之终始”，即是“达古今”。这是东汉举贤良所强调的条件，已发端于汉文帝，可见这些内容即是“文学经术”，所以史称“至孝文时颇登用”“文学之士”[②]。

“贤良方正”与“贤良文学士”既可以称为“贤良”，又可通称。《武帝纪》载建元元年诏举“贤良方正”，而在《公孙弘传》则说：“武帝初即位，招贤良文学士，弘以贤良征为博士。”值得注意的是昭帝始元五年诏举贤良，第一次按地区分配名额，并明确区分“贤良”与“文学”的名称。诏令说：

> 其令三辅、太常举贤良各二人，郡国文学高第各一人。[③]

但是京师的“贤良”与郡国的“文学高第”二者并无本质区别，不仅《田千秋传》总称为“贤良文学士”，而且又可通称。如平陵人魏相，属京师地区，故本传称魏相为“贤良”，而在《韩延寿传》却称魏相的对策为“文学对策”。郡国举贤良特用“文学高第”的名称，不过是为了强调明经之士入选贤良罢了。

由上所述，有人认为“贤良刚取得功名”，“文学就是有点名气的地主阶级知识分子，连功名也没有”的说法是不够确切的。可以说是不懂历史掌故的望文生义，说苛刻点，此乃妄人妄议。“文学”是明经的贤良，同“方正”一样是被举出来议政的直言士。

二、举贤良制度创立的原因及其理论

举贤良制度创立在“文景之治”时代值得注意，它是汉文帝

① 《汉书》卷四九《晁错传》。
② 《汉书》卷八八《儒林传·序》。
③ 《汉书》卷七《昭帝纪》。此次所举贤良，即于第二年，始元六年在京召开盐铁会议的贤良。

革新政治的产物，也是时代提出的要求。

让我们先来分析一下汉文帝前元二年创立举贤良制度诏令的内容吧。

> 朕闻之，天生民，为之置君以养治之。人主不德，布政不均，则天示之灾以戒不治。乃十一月晦，日有食之，适见于天，灾孰大焉！朕下不能治育群生，上以累三光之明，其不德大矣。令至，其悉思朕之过失，乃知见所不及，匄以启告朕。及举贤正能直言极谏者，以匡朕之不逮。因各敕以职任，务省徭费以便民。[①]

这个诏令的主要内容有三点：1. 上天示诫、人君自责；2. 下诏求言，举贤良方正直言士；3. 普施恩惠，改善政治。综合这三点也就是创立举贤良的直接原因：因灾异求言，改善政治。杜佑指出："汉诸帝凡日蚀地震山崩川竭天地大变，皆天下郡国举贤良方正极言直谏之士，率以为常。"[②] 计两汉诏举贤良各十五次，总计三十次，其中有二十次直接因灾变求言。每次诏举贤良都要对策。《文心雕龙·议对》说："对策者，应诏而陈政也"。可见诏举贤良是封建国家广泛地征求地主阶级有识之士对政策的意见。这一制度表现了封建社会上升时期政治民主性精华，尤其是汉文、武、昭、宣时期，举贤良是生气勃勃的。

文帝十五年再举贤良，纳言和求才并重。制度亦臻完备。《汉书·晁错传》载诏策称："昔者大禹勤求贤士……以辅其不逮……是以大禹能亡失德，夏以长楙（美）。……故诏有司、诸侯王、三公、九卿及主郡吏（即郡守），各帅其志，以选贤良。"

文帝还规定了贤良对策议政的范围："（贤良）明于国家之大体，通于人事之终始，及能直言极谏者，各有人数。将以匡朕之不逮。二三大夫之行当此三道，朕甚嘉之，故登大夫于朝，亲谕

① 《汉书》卷四《文帝纪》。
② 《通典·选举一》。

朕志。大夫其上三道之要，及永惟朕之不德，吏之不平，政之不宣，民之不宁，四者之阙，悉陈其志，毋有所隐。”

所谓“朕之不德，吏之不平，政之不宣，民之不宁”，这四者都是贤良直言的范围。换句话说，贤良对策，直言极谏。抨击时政，为民请命，不仅合法，而且是贤良应尽的职责。这就是汉文帝开创的纳谏新风，并成为汉家制度。赵翼指出：“汉诏多惧词”，故“两汉之衰，但有庸主，而无暴君，亦家风使然也”①。所谓家风，就是仿效汉文帝纳言的开明风度。

汉文帝长期在边地太原做代王，目睹秦末战乱留下的荒残景象，他又是诸大臣“因天下之心”而迎立的皇帝，所以即位后锐意兴革，渴求深谋远虑的治国良策而虚己求言。但是这一制度的创立和坚持主要原因并不是帝王个人的意志，而是历史发展的必然要求。从理论上探源，灾异求言，这是正统儒家孟轲学派仁政学说的指导；从阶级斗争实践看，诏举贤良议政，是吸取了秦末农民起义推翻暴秦的经验教训。

孟轲宣扬仁政学说，以民为本。他称人民为“天民”②，兆众庶民都是上帝的子民。孟轲引《逸尚书》古文说：“天降下民，作之君，作之师，惟曰其助上帝宠之。”杨伯峻先生译文：“天降生了一般的人，也替他们降生了君主，也替他们降生了师傅，这些君主和师傅的唯一责任，是帮助上帝爱护人民。”③ 孟轲不说天为王生民，而说天是为民立王，用上帝的权威来限制法家宣扬的“绝对君权”，反映了正统儒家的开明色彩。天是爱护他的子民的，故天与民同心，民意即是天命，得民心者得天命，失民心者失天命。尧禅位与舜，舜禅位与禹，并不是上古帝王的私相授受，而是“天与之，人与之”④。天是不会说话的，而是靠民心的向背来观察天意。孟轲引《逸尚书·泰誓》说：“天视自我民视，天听自我民听。”⑤《孟子译注》语译这两句说：“百姓的眼睛就是天的眼睛，百姓的耳朵就是天的耳朵。”

① 《廿二史劄记》卷二。

②④⑤ 《孟子》卷九《万章上》

③ 《孟子》卷一《梁惠王上》。

汉文帝的举贤良诏，头一句就是："朕闻之，天生民，为之置君以养治之。"所谓"朕闻之"，闻于孟子也。诏令接着说："人主不德，布政不均，则天示之灾以戒不治。乃十一月晦，日有食之，适见于天，灾孰大焉！朕不能治育群生，上以累三光（日、月、星）之明，其不德大矣。"这是孟轲仁政学说合乎逻辑的推论。"民为贵，君为轻"，上天示警，人君自责。汉高祖时儒生陆贾作《新语》，在《明诫》篇里说："治道失天下，则天文度于上；恶政流于民，则虫灾生于地。"可见推衍灾异萌芽很早。汉文帝首次用于政治的改革，还给汉儒以极大的启示。董仲舒系统地阐发了天人感应学说，推衍灾异，使儒家学说蒙上宗教色彩，更有利于封建统治者加强对人民的愚弄和统治。但这只是问题的一个方面。我们要知道，汉初人民是在蒙受了秦朝的"绝对君权"的残酷压迫下付出了人死过半的高昂代价才实现了改朝换代的，故人心思治，渴望开明的政治。文帝即位，贾谊、贾山等人发动了对秦朝暴政的批判，为汉文帝的政治革新准备了思想条件。儒家宣扬人君的权力要服从民心的舆论是进步的历史潮流。但是他们运用上帝的权威来表达人民的意志，不仅为直言极谏者留下退路，也为君权的"绝对性"保留面子，汉儒是非常机智的，这是天人感应学说的另一面，在当时历史条件下具有民主性的一面。因此，从阶级实质上说，灾异求言举贤良，不过是愚弄人民以维护地主阶级的统治，并不是真正为人民着想。但是从历史观点来看，表明汉代君臣接受了儒家"民为邦本"的学说，努力改善政治。所以伴随举贤良，总要布施一点小恩小惠给人民，说一些同情人民疾苦的冠冕话，也就不难理解了。

三、举贤良制度的特点与两汉政治

举贤良制度是汉代最早创立的选举制度。它为地主阶级中下层官吏的超迁和士人的从政开拓了道路。在西汉前期，文、武、昭、宣时期，举贤良是重要的选举形式。许多地方良吏、耿直的公卿大臣，乃至著名的丞相、御史大夫，如晁错、公孙弘、魏相、黄霸等都起自贤良。从汉元帝以后。选举官吏逐步让位于举孝廉。东汉举孝廉成为最重要的选举形式，郡国按人口比例每二十万人每年举孝廉一人。但是举贤良和举孝廉的性质不同。举孝廉是汉武帝采纳贤良董仲舒的建言实行的，它由政府各部门按章选举，年年进行，主旨是选拔统治人才。举贤良是不定期诏举，破格超迁官爵，主旨是皇帝因灾异求言，举直言士对策议政，颇有一点“议会制度”的风采，这是我们研究的重心。当然这个加引号的“议会制度”只不过是形象的比喻而已。

《文献通考》的作者马端临评论汉代选举制度说：

> 按汉时诏郡国荐举人才，贤良方正与孝廉二科并行，然贤良一科，文帝与武帝时每对辄百余人，又征诣公车，上书自炫鬻者以千数。而孝廉之选，文帝之诏以为万家之县亡应令者，武帝之诏以为阖郡不荐一人。盖贤良则稍通文墨材学者可以充选，而孝廉则非有实行可见小容谬举故也。①

按马端临在排比两汉的选举资料时没有作综合的考察分析，不了解举贤良制度的特点，因此他的这条按语把贤良方正与孝廉的轻重次序恰恰搞颠倒了。贤良方正若干年诏举一次，全国一百余郡，每郡国平均不过一两人而已，何况昭帝定制后，举贤良只限于内郡国，每郡国又只限一人。孝廉每二十万人举一人，又年年进行，一百余万人的大郡每年荐举六、七人，比贤良方正人数多得多。垂名于两《汉书》列传的孝廉也比贤良多得多。郡国举孝廉不待诏举，不仅守相有荐举权，且令长也有荐举权。被举为贤良方正的人可以破格超迁为两千石的高级官吏，而孝廉则无。孝廉重品行，贤良方正亦是重品行，并不是稍通文墨材学之士就可充选。由于汉初选举较为严格，选举不实，举者连坐，故汉武帝元朔元年有诏议不举者罪。“阖郡不荐一人”，是说有的郡未能

① 《文献通考·选举七》。

做到年年荐举，并不能证明举孝廉比举贤良方正的条件高。汉文帝十二年诏所讲实际是指举贤良，当时并无孝廉科。旧版《辞海》未加考核而沿用马氏之说诠释“贤良方正”是不妥当的。新版《辞海》对“贤良方正”和“孝廉”的诠释比较贴切，这里附带论及，兹不赘引。

举贤良制度的特点是什么呢？它突出地表现为以下四点：1. 人君因灾异自责，举士求言；2. 贤良对策，直言极谏。这两个特点前面已经提及，它是举贤良制度的核心，对两汉政治有着巨大的影响；3. 特诏二千石以上的公卿大臣、郡国守相荐举；4. 公卿品评对策高低，最后由皇帝裁定，破格超迁人才。这两个特点集中表现了举贤良制度的阶级实质。

举贤良以皇帝名义下诏进行，目的是要在全国造成一种声势，引起强烈的政治反映，以收到人君贤明的宣传效果。规定二千石以上的公卿大臣、郡国守相才有权荐举，目的是要把选举权牢牢地控制在中央朝廷手里。公卿品评对策高低，最后由皇帝裁定也是这个目的。这就生动地说明了两汉由官府圈定的贤良议政，只在地主阶级内部进行。汉文帝创立的开明政治也是极其有限的。

我们如果综合地分析一下两《汉书》中的贤良文学资料，每次举贤良实际分为两层。京师所举贤良一般是公卿各官府的部属或故吏，多现任官，他们是贤良的上层，代表当权派的利益，是地主阶级上层利益的代表。郡国所举多布衣之士，他们是在野的地主阶级中下层利益代表。垂名于两《汉书》列传中的贤良，主要是上层贤良，西汉二十二人，东汉二十九人，百分之七十为京师所举。

西汉二十二人，京师所举贤良十五人：晁错、董仲舒、冯唐、魏相、黄霸、盖宽饶、孔光、朱云、谷永、杜钦、何武、陈咸、萧由、杜邺、申屠刚。地方所举贤良七人：辕固、严助、公孙弘、王吉、路温舒、朱邑、贡禹。

东汉二十九人，京师所举贤良二十一人：江革、鲁丕、李育、鲁恭、戴封、樊英（不就）、苏章、张楷（不就）、陈蕃（不就）、荀淑、刘矩、张奂、刘淑、爰延、刘瑜、荀爽、孔昱、檀敷、许劭（不就）、襄楷（不就）、郑玄（不就）。地方所举贤良八人：崔篆、李法、周燮（不就）、皇甫规、崔寔、刘焉、孙期（不就）、向栩（不就）。

京师所举贤良有许多并不是三辅及诸陵邑的人，而是各郡国的人。例如晁错是颍川人，董仲舒是广川人，等等。但他们在朝廷做官，居籍京师，为朝廷公卿大臣所举。因此上述五十一人，大多数是现任官。西汉只有公孙弘和严助两人是布衣。难怪赵翼说："汉时举贤良方正等人，大抵从布衣举者甚少"，"贤良方正茂材直言多举现任官"①。

但是赵翼的结论是不全面的。他没有注意到被埋名的下层贤良。纵观两汉举贤良，共计三十次，总数两千多人，绝大多数其名不显。两千多贤良，十之七八为郡国所举，两汉垂名于列传的反而只占十之二三，其原因地方郡国所举多布衣贤良。《盐铁论·刺复》篇说："招举贤良方正文学之士，超迁官爵。"贤良对策后授职，主要按原有资历，大约现任官越级迁官，一般布衣只是授爵。晁错以太子家令举贤良，原秩八百石，对策后迁中大夫，秩比二千石。董仲舒以博士举贤良，原秩比六百石，对策后迁江都相，秩二千石。魏相以三辅郡卒史举贤良，原秩二百石，对策后迁为茂陵令，秩一千石。盐铁会议后贤良文学，"咸取列大夫，辞丞相、御史"②。所谓"列大夫"大约是授予大夫以上的爵位③，所以他们要去辞丞相、御史。考《盐铁论》中的贤良茂陵唐生、文学鲁万生、九江祝生等人只有姓无名，又称之为"生"，自然是布衣。他们不过是郡国学校的高才生或者名儒大师的高足。朝廷举他们议政，只是议议而已，在政治上一般不容易发迹。桑弘

① 《廿二史劄记》卷三。

② 《盐铁论》卷七《击之》第四二。

③ 列大夫：指授予爵位从第五级至第九级，地位相当于古之上中下大夫，尊之也。秦汉二十级爵位，第五级大夫，第六级官大夫，第七级公大夫，第八级公乘，第九级五大夫。

羊嘲笑他们“发于畎亩，出于穷巷”①，“市褐不完，糟糠不饱”②，是“殊不足与言”的乡巴佬。霍光认为“诸生多窭人子”③，这说明参加盐铁会议的贤良文学多是地主阶级的下层以及自耕小农的上层政治代表。

个别的布衣贤良，对策高第也破格授职。公孙弘布衣举贤良，对策后授博士职，秩比六百石。布衣严助举贤良，汉武帝独善其对，擢为中大夫，秩比千石。不过这正是朝廷控制贤良议政的一种手段。公孙弘的对策并无卓尔异闻，但能阿意，太常奏为最下，汉武帝拔为高第就是鲜明的例证。

两汉统治者非常重视举贤良，封建史家视为大典，一一载入本纪。因为正如下面的分析，举贤良给人君装扮贤明的色彩而又实际牢牢地控制在朝廷手中。两汉最高统治者每当阶级矛盾上升，就下诏责己，举贤良议政，把它作为调整阶级关系的一根杠杆。同时又把举贤良作为提倡某种政治倾向的一种教化手段。汉武帝建元元年举贤良，下诏罢黜百家，独举文学士，即独尊儒术，这是历史上有名的事件。元光五年，布衣公孙弘再举贤良，授博士职，一岁中超迁为内史，数年后升为丞相，封平津侯。弘以儒术显，由是靡然向风，儒学大行于世。两汉举贤良不时改换名称，或者强调某种入选条件正是为了配合当时的政治需要而变化的。汉文帝实行的这一开明政治是最符合地主阶级长远利益的。

但是，举贤良议政，广开言路，也有积极的意义。贤良文学以郡国举来的又多布衣之士，他们广泛地接触了社会，所以能够言中时弊，对改善两汉的政治有很大的影响。“夫上好则下必甚”，人君因灾异自责，举士求言，影响两汉的士大夫修养气节，直言极谏，蔚成风气。两汉无暴君，权臣有畏惧。西汉外戚王氏，东汉外戚窦氏、梁氏，甚至包括横蛮的军阀董卓在内，尽管权势煊赫，炙手可热，但是他们仍然敬礼士人，辟举名儒，畏忌

① 《盐铁论》卷二《忧边》第一二。

② 《盐铁论》卷四《毁学》第一八。

③ 《汉书》卷六八《霍光传》。

清议。而且时时遭到士大夫的攻讦。西汉成帝，东汉桓帝、灵帝是两汉的昏庸之主，但毕竟还不是桀纣一类的暴君。他们经常受到耿直的公卿大臣和士人的直言极谏。所以赵翼说：“两汉之衰，但有庸主，而无暴君。”这话多少有些道理。

《汉书》留下的贤良对策，除公孙弘对策阿谀时主外，晁错、董仲舒对策对当时的政治有许多建树。董仲舒的天人三策最为有名，奠定了两汉官方哲学的基础。杜钦、谷永、杜邺的对策，对成帝提出了直言极谏的批评。特别是直言的提倡和影响积习渐染，至东汉一代达到高峰。东汉士大夫重气节，讲交谊，威武不屈，富贵不淫，贫贱不移。到了桓、灵之际，宦官掌权，纲纪颓弛，钩党狱起，屠戮士人，然而“匹夫抗愤，处士横议……品核公卿，裁量执政，婞直之风”[①] 激扬波荡于世。张纲埋车轮于洛阳都亭，张陵廷叱梁冀，忠臣思愤，权臣委顿。大臣李固、杜乔持义不移，杀身成仁。李膺抗命，舍生赴义，陈蕃不肯平署，刘陶犯颜上疏，范滂独行，母欢其义。朝野君子，依仁蹈义，舍命不渝，清风亮节，耿介独行，为中国二千年封建史上所罕见，其源盖出于汉文帝创立举贤良求直言制度的影响和儒学的育养。

马克思主义是尊重客观历史的实际的。两汉儒生绝不是什么“反动”的儒生。他们具有“方正”“直言”的品德，又有达政化、博古今的渊博知识，乃又是汉代开明的汉文帝最早请他们做了朝廷的座上宾，但汉文帝并不是尊儒的皇帝。这就生动地说明儒学成为地主阶级统治的指导思想是历史发展的必然。秦始皇焚书坑儒，不仅没有消灭儒学，而且迫使儒学在民间发展吸取了新的营养。孔子的八世孙孔鲋带头参加秦末农民起义，为陈王博士，战死陈下，就是这一倾向的反映。汉代儒生是伴随汉文帝励精治国而登上政治舞台的，他们没有辜负时代赋予的使命，敢于犯时主之威，为民请命，发扬了儒家学说民主性的成分，在某种意义上应当“归功”于秦始皇。两汉士大夫重气节的流风余韵对后世有很大影响。明末东林党人对阉宦魏忠贤的斗争可以说是两

① 《后汉书》卷六七《党锢列传·序》。

汉士风的再度崛起。东汉桓帝时刘陶上书说："臣敢吐不时之义于讳言之朝，犹冰霜见日。必至消灭。臣始悲天下之可悲，今天下亦悲臣之愚惑也"[①]。"臣始悲天下之可悲"就是范仲淹说的"先天下之忧而忧"的思想，所以他们能够抛头颅，洒热血，视死如归以扶危济世。虽然他们爱的是地主阶级之国，但这种"天下兴亡，匹夫有责"的献身精神，难道不是中华民族的可贵遗产吗？

四、盐铁会议是贤良议政，并非"桑霍政争"

昭帝始元六年，谏大夫杜延年建言，国家"承武帝奢侈师旅之后"，"宜修孝文时政，顺天心，悦民意"。大将军霍光采纳了他的建议，"举贤良议罢酒榷盐铁"[②]，这就是有名的盐铁会议。

这次会议是霍光遵循汉武帝轮台诏令的方针下诏召开的，是当时形势的需要。早在昭帝始元元年，霍光就派王平等五人"持节行郡国，举贤良，问民所疾苦、冤、失职者"[③]。始元五年六月再次举贤良，始元六年二月才召开贤良文学会议，原本宗旨是"问民所疾苦，教化之要"[④]。颜师古解释这八个字的意义是"总论政治得失"[⑤]。由于贤良文学建言罢盐铁，成了会议的中心议题，宣帝时汝南人桓宽又将会议记录推衍、增广整理成《盐铁论》，所以史称盐铁会议。

我们先来看看桑弘羊的言论。桑弘羊说：

圣主思念中国之未宁，北边之未安，故使廷尉评（按"评"当作"平"，即王平）等问人间所疾苦，拯恤贫贱，周

① 《后汉书》卷五七《刘陶传》。
② 《后汉书》卷六〇《杜延年传》。
③ 《汉书》卷七《昭帝纪》。
④ 《汉书》卷二四《食货志上》。
⑤ 《汉书》卷六六《田千秋传》。

赡不足。群臣所宣明王之德，安宇内者。未得其纪，故问诸生。诸生议不干天则入渊，乃欲以闾里之治而况国家之大事，亦不几矣！发于畎亩，出于穷巷，不知冰水之寒，若醉而新寤，殊不足与言也。[①]

桑弘羊还说：

丞史（指自己御史大夫的部属官员）器小，不足与谋。独郁大道，思睹文学，若俟周邵而望高子。御史案事郡国，察廉举贤才，岁不乏也。今贤良文学臻者六十余人，怀六艺之术，骋意极论，宜若开光发蒙；信往而乖于今，道古而不合于世务。意者不足以知士也？将多饰文诬能以乱实邪？何贤士之难睹也！[②]

我们不烦赘引桑弘羊在盐铁会议上指斥贤良文学的这两段话，因为它清楚地提供了盐铁会议的背景。桑弘羊说“廷尉评等问人间所疾苦”是召开盐铁会议的原因，不是正与杜延年的建言相吻合吗？桑弘羊指斥贤良文学智术短浅、迂阔，使他很失望，这不是很鲜明地说明了桑弘羊本人原来也赞成开盐铁会议的吗？桑弘羊抱有希望，“故问诸生”，而贤良文学的建言不合口味，所以才感到失望。尤其是桑弘羊身为御史大夫，“御史案事郡国，察廉举贤才”，所举贤良文学要经过他审查，怎么能说是霍光拉的山头呢？王平巡郡国督察举贤良，王平是不是霍光拉的一党呢？恰恰相反，元凤元年霍光治桑弘羊的叛国罪，王平因卷入庇护桑弘羊的儿子的案件中被霍光腰斩弃市，可见王平并不是霍光一党。[③] 盐铁会议是举贤良议政的传统活动，并不是“桑霍政争”，显而易见。

在政治观点上全力支持霍光的丞相田千秋主持了盐铁会议，

① 《盐铁论》卷二《忧边》第十二。
② 《盐铁论》卷二《刺复》第十。
③ 《汉书》卷六〇《杜延年传》。

在辩论中他和桑弘羊的立场是一致的，所以遭到了桓宽的讥评。桓宽说："车丞相即周鲁之列，当轴处中，括囊不言，容身而去，彼哉！彼哉！"① 我们再看霍光本人，并不是贤良文学的政治后台。他的侄孙霍山清楚地说了这一情况，他说："诸生多窭人子，远客饥寒，喜妄说狂言，不避忌讳，大将军常雠之。"② 贤良文学在盐铁会议上对霍光的执政曾提出了尖锐的批评，说："明主即位以来，六年于兹，公卿无请减除不急之官，省罢机利之人。人权悬太久，民良望于上。"③ 这是说霍光执政六年，因循弊政，不敢裁汰冗官污吏，使人民深深怨恨皇上，甚至贤良文学对霍光的地位和生活作风也进行了挖苦和讽刺。贤良文学说："故周德成而后封子孙，天下不以为党，周公功成而后受封，天下不以为贪。今则不然。亲戚相推，朋党相举，父尊于位，子溢于内，夫贵于朝，妻谒行于外。无周公之德而有其富，无管仲之功而有其侈，故编户跛夫而望疾步也。"④ 当时霍光正处于周公的地位，他在始元二年追认武帝遗诏自封为博陆侯，曾引起了一场风波。贤良文学发扬了举贤良直言极谏的传统对霍光进行了挖苦和讽刺，所以"大将军常雠之"。至于贤良文学的批评也暴露了他们的幼稚和迂阔，那是另一回事。

这里必须指出，贤良文学是总评公卿，包括桑弘羊在内的。特别是上引第二段话还包括上官桀在内。上官桀与霍光是长期共事的同僚，又是儿女亲家，在开盐铁会议时，这个关系还没有破裂。

霍光当时大权独揽，他可以行废立之事，拥昭立宣，但始终没有罢废盐铁官营，这就足以说明盐铁会议与所谓的"桑霍政争"没有直接的联系。

霍光之所以召开盐铁会议，他和汉文帝一样，是"知时务之要"的现实主义政治家。他为了扭转武帝末年"海内虚耗，户口减半"的残破局面，"顺天心，悦民意"而举贤良问民疾苦，从

① 《盐铁论》卷一〇《杂论》第六十。
② 《汉书》卷六八《霍光传》。
③ 《盐铁论》卷一《复古》第六。
④ 《盐铁论》卷二《刺权》第九。

而达到恢复汉初与民休息的传统政策。

在盐铁会议上有没有斗争呢？辩论是很激烈的。尤其是在治政的总方针上，桑弘羊扬法，贤良文学尊儒，盐铁会议的确表现了儒法斗争的色彩。但是儒法两家并不是两个阶级思想体系的对立斗争，至少西汉的儒法斗争是这样的。贤良文学与桑弘羊的论争是统治集团内部的策略论争。这种斗争在汉武帝时早就存在。卜式就曾与桑弘羊进行过斗争。在盐铁会议上，贤良文学要求政府保护土地所有者的权利，打击兼并之家。而桑弘羊的言论也恰恰是打击豪强商贾的理论。桑弘羊虽然出身大商贾，但他追随汉武帝五十多年，有效地执行了汉武帝打击大商贾的一系列经济政策，这表明他已经背叛了工商阶层的利益而站到了地主阶级的立场上来了。

贤良文学从小土地者的切身利益出发，指出盐铁官营，铁器苦恶，品色不全，价钱昂贵，又加重了对农民徭役的征发，真是坑了农民，妨碍了农业生产。这些都是当时急需解决的问题。

桑弘羊代表执政为盐铁官营辩护。他认为盐铁官营，在政治上打击豪强大商贾，加强了中央集权。在经济上供军国费用，还用来防备水旱。救济灾民，兴修水利，杜塞黄河缺堤，用途很广，得到了万民的仰戴，罢废它是不妥当的。至于盐铁官营中的弊病，桑弘羊表示政府将用整顿吏治的办法来加以改善。

无论是桑弘羊还是贤良文学，以及霍光都是封建制度的拥护者，他们不可能认识到封建制度的剥削压迫是“民所疾苦”的根本原因。贤良文学只看到了盐铁官营、榷酒、均输、平准等经济政策在执行过程中产生的流弊，他们认为这就是人民疾苦的根源。所以盐铁会议就成了评议汉武帝一代的政策会议。由于当时西汉王朝正在执行轮台诏令，所以这次会议的召开是符合进步的历史潮流的。

盐铁会议从始元六年二月开始到七月结束，历时半年之久。从全国各地举来的贤良文学六十多人与丞相、御史大夫等朝廷大臣共聚一堂，反复诘难政治得失，是中国封建史上的创举。同时，像这样大型的问民疾苦的议政会议，也是中国封建史上仅见的。会议抨击了武帝后期举措暴众、用刑太滥的政治，充分肯定了“文景之治”的民本政治。贤良文学以正统儒家仁义理论为指导思想，畅所欲言，为民请命。这次会议开得生动、活泼，为“昭宣中兴”大造舆论，奠定了理论基础，起了积极的指导作用。曾参加议政会议的平陵贤良魏相，为茂陵令，茂陵大治。后来魏相成为辅佐宣帝中兴的著名贤相。

霍光根据会议辩论总结的利弊，只罢了京师地区的铁官，决定盐铁继续官营，但改善它的经营，减低价格，罢酒榷利人民。同时颁布了著名的“令民得以律占租”的法令，废除了汉武帝与民争利的律外苛税。这些政策的调整是通过桑弘羊和田千秋一起制定出来的。这说明霍光、桑弘羊等人对召开盐铁会议的立场是基本一致的。正如桑弘羊所说：“群臣所宣明王之德，安宁内者，未得其纪，故问诸生。”

盐铁会议是辩论议政，它是由贤良对策议政发展而来的。如果没有举贤良制度，霍光召开这样的会议是不可思议的。但是这种辩论议政却是霍光的首创。以后宣帝地节三年三月举贤良对策，九月又诏贤良议政；成帝建始二年十二月举贤良对策，随后又于建始四年四月诏贤良白虎殿对策，议“当世之治何务”。这两次贤良议政是盐铁会议辩论议政的余波，是宣帝、成帝亲自主持召开的政策咨询会，为了“当世之治何务”而求言的。这正是西汉封建政治中的“民主性”精华，应该肯定。

所谓“桑霍政争”，《汉书》的《昭帝纪》、《武五子传》、《霍光传》、《外戚传》、《杜延年传》、《杨敞传》、《田千秋传》、《苏武传》、《食货志》等篇留下了大量史料，真实地记载了霍光“摧燕王、仆上官”、“拥昭立宣”的史实。燕王旦、上官桀才是霍光的主要政敌。桑弘羊只不过是被卷进去的政治失足者。

《昭帝纪》说，上官桀、安父子，以及桑弘羊“皆数以邪枉干辅政，大将军不听，而怀怨望，与燕王通谋”。这里说得很明白，首先起来反对霍光的是燕王刘旦，桑弘羊等是“与燕王通谋”。我们为了行文的方便，把这个“数以邪枉干辅政”的倒光集团姑名之曰“通谋集团”。

燕王刘旦是昭帝的哥哥，按照封建宗法应当是他当皇帝，因此他否认武帝遗诏，反对霍光辅政。燕王刘旦谋反失败后，改变策略勾结长公主妄图发动宫廷政变夺取政权。长公主即鄂邑盖主，是昭帝姐，在宫中扶养昭帝，有特殊的地位。长公主内行不修，要挟霍光为她的面首丁外人要官、要侯，霍光坚持不许，于是大怨望。同霍光受武帝遗诏辅政的还有金日磾、上官桀、田千秋、桑弘羊。金日磾死后，上官桀为次辅。但是上官桀不满意自己的地位。他在武帝时已为太仆九卿，位在霍光之上，昭帝即位又有“椒房中宫之重”，因此与霍光争权。桑弘羊自以为兴利有功，为子求官，霍光又不许。于是燕王、盖主、上官桀、桑弘羊四人为他们各自的私利而不满霍光，逐渐形成了一个倒光的“通谋集团”。上官桀利用次辅的地位，是这个“通谋集团”的谋首。

始元六年召开盐铁会议之际，这个“通谋集团”还未最后形成，至少还没有与霍光公开摊牌。在封建专制政体下，政治集团的派别斗争是明争暗斗，而以暗争为主。一旦公开破裂，就是你死我活的斗争。霍光召开盐铁会议那样漫长的激烈辩论来体现势不两立的两个集团的对抗根本是不可能的。倒光的“通谋集团”与霍光之间的公开摊牌是始元七年燕王旦上书诬告霍光谋反为其标志的。而这件事却是发生在盐铁会议之后。

诬告霍光谋反是上官桀和桑弘羊一手策划的假案。当时霍光推行新政，“知时务之要，轻徭薄赋，与民休息”，顺应了民心和历史的潮流，代表着进步力量。而桑弘羊等人打着“君薨，臣不变君之政；父没，则子不改父之道”[①] 的旗号，像秦二世那样借先帝旗号来谋私利，必然成为腐朽力量的代表。“通谋集团”不仅“数以邪枉干辅政”，在朝中争权，而且他们的宾客子弟横行京师、乡里，干扰霍光新政的执行。例如桑弘羊的宾客在茂陵“诈称御史止传”[②]，在地方上横行霸道，盖主的面首丁外人“骄恣”，为泄私愤，公然派刺客在光天化日之下刺杀故京兆尹樊福。渭城令胡建追捕杀刺客，上官桀竟然“多纵奴客往，奔射追吏”，

① 《盐铁论》卷二《忧边》第一二。

② 《汉书》卷七四《魏相传》。

并诬陷不敬长公主，下吏捕胡建，公开践踏封建国家的法制。[1]像这样胡作非为的“通谋集团”，难道不是腐朽势力的代表吗？

“通谋集团”一个个都是野心家，各怀鬼胎，同床异梦。燕王旦要想做皇帝，才曲意逢迎长公主。长公主要替面首争政治地位不惜背叛昭帝。上官桀的野心更大，他是利用盖主、燕王的特殊地位作为反对霍光的挡箭牌，他的计划是“诱征燕王至诛之，因废帝立桀”[2]。桑弘羊则是为子求官，并控制外朝，失足依附。他们仅仅是在倒光的共同点上才结成了叛国的同盟。假令这个叛国集团的阴谋一旦得逞，西汉中央政权就要瓦解，天下大乱，这是不符合当时人民的利益和历史发展的。霍光粉碎了这个叛国集团，恰恰是维护了西汉的中央集权，是真正忠于汉武帝的，代表进步力量战胜腐朽力量，为“昭宣中兴”创造了稳定的政治局面，是应当肯定的。

元凤元年九月，“通谋集团”策划由长公主出面宴请霍光，在宴席上杀光，然后废帝。这个阴谋暴露以后，霍光做出果断措施，一举粉碎了“通谋集团”。桑弘羊之死，实为罪有应得。

五、结论

“五四”运动，中国共产党人的先驱是喊着“打倒孔家店”冲向社会的。儒家学说在古代当时的历史条件下有其合理性，而在今天为实现四个现代化的历史进程中必须批判封建主义，肃清几千年封建社会留下的遗迹是刻不容缓的。但对在历史上曾经起过进步作用的儒家学说用简单的否定并不能代替历史的研究，也不能起到真正批判的作用。我们必须要还历史的本来面目，才能真正做到古为今用。

已故的当代杰出的马克思主义历史学家范文澜同志，早在他

① 《汉书》卷六七《胡建传》。
② 《汉书》卷九七上《外戚传》。

的名著《中国通史简编》中对儒家有精辟的论断。该书第二编第二章第九节对汉代经学的研究很有科学的价值。这里不妨引录几段来打开我们的情思，并作为本文的结语。

范老指出：

> 孔子首创儒学。儒学最根本的政治思想是德治（王道）。能行德治的人才能受天命为天子。天与民同心，天命是民心的反映。国君失民心就失天命而败亡，得民心就受天命而兴起。受天命者代替失天命者，最理想的方式是尧舜禅让，其次是汤武革命。这些根本观点，与道家、法家的主张法治（霸道）反对革命是对立的。孟子发挥孔子的统治思想，最为透彻，西汉以下儒学，基本上是孟子学说的衍变。①
>
> 道家和法家所谓黄老刑名之学只看对立方面，对人民进行绝对的压迫。这种学说到秦二世行督责时达到了顶点，秦朝很快被农民起义所推翻。……儒家与道墨不同，它主张用礼来节制对人民的剥削，借以和缓阶级间的斗争性，主张仁民爱物、尚德缓刑，借以扩大阶级间的同一性。儒家学说比起道墨两家来，较为接近对立统一的法则，也就是较为接近社会的实际。因之它成为汉以后长期封建社会的政治指导思想。没有一个学派或宗教能夺取它的正统地位。②
>
> 忠实于儒家学说的儒者，常为人民发出诉疾苦、申冤抑的言论，也常为人民做出去祸害、救灾难的事迹，甚至不惜破家杀身对君主犯颜直谏，要求改善政治。他们是封建统治阶级的忠臣。他们懂得"民惟邦本，本固邦宁"的意见，为爱邦而爱及邦本，也就真诚地成为人民的同情者和代言者。古代优秀的人民文化即多少带有民主性和革命性（反对残暴政治）的言和事迹，很大一部分是与儒家学说有关的。③

---

① 范文澜：《中国通史简编》修订本，第二编，人民出版社1965年版，第119页。

② 同上书，第118页。

③ 同上书，第118—119页。

范老的结论是：

> 清理中国古代的文化遗产，继承并发扬古代文化的优秀传统，主要应从研究儒家学说入手。[①]

当然，正如范老指出："儒家是为封建统治阶级服务的"，"他们同情人民疾苦，但着重在劝告朝廷，并不同情农民起义"。贤良文学同情人民是有限度的，拥护西汉的封建统治则是绝对的。因此，我们对于贤良文学为民请命的政治意义既不能美化，也不能作过高的评价。我们还应该一分为二来评价两汉的举贤良。第一，举贤良议政的选举制度本质上是为地主阶级专政服务的。第二，汉元帝以后这一制度日益演变成为巩固世族地主利益的工具，举贤良的阶级基础逐渐有所上升，西汉后期许多免职的高级官吏通过举贤良重新任职，实际是破坏了简拔中下级官吏的传统，东汉举贤良强调隐逸之士，他们多是讲学乡里的知名大儒，是世家大族的代表。第三，权臣控制选举，贤良趋炎附势。第四，东汉士风互相标榜，产生门户之见，增长浮华之气，丧失灵魂的假名士盗名欺世。第五，两汉儒学从两汉的推衍灾异到东汉的谶纬神学是向着反动的方向演进。以上所说的都是应该扬弃的封建糟粕。但是西汉儒学及举贤良议政的主流是进步的，应当认真研究，作为学术观点，范老的论述，仍然可以讨论。但我个人基本同意范老的论述。本文《试论贤良文学——兼评盐铁会议》，可以说就是对范老观点的一种注释。

（原题《试论贤良文学——兼评盐铁会议》，载《天水师专学报》1984 年第 1 期。本文作于 1980 年，其中第一节以《贤良文学释名》为题载于国家图书馆前身北京图书馆馆刊《文献》第 11 辑，1981 年 6 月出版）

---

① 范文澜：《中国通史简编》修订本，第二编，人民出版社 1965 年版，第 119 页。

论东汉钩党之狱

东汉后期于公元166年至184年，发生了一场遍及全国的大冤狱，史称钩党之狱，又称党锢之祸。这场冤狱，前后有三次高潮，为祸近二十年，其持续之久，规模之大，迫害之虐，都是前所未有的。虽然，钩党之狱的直接受害者是士大夫儒生阶层，但罹其祸毒者，皆“天下善士”，又浩劫全国，故造成了社会的大倒退，使贤愚错位，是非颠倒，法制瓦解，道德沦丧。老百姓也不可避免地承受了社会动乱的实际灾难，生产停滞，经济崩溃，从而激化了阶级矛盾，加速了东汉政权的灭亡。因此，研究钩党之狱，就成为中国古代史上一个引人注目的问题。

学术界研究钩党之狱，主要有以下几种观点：（1）钩党之狱是君子与小人之争，士大夫是君子，宦官是小人；（2）党祸是商贾市籍豪强与世家地主争夺参政权的斗争；（3）东汉党争是统治集团内部的派性斗争。这些观点都有它的合理性，各自从不同的侧面揭示了钩党之狱的一些现象。但这些观点都未能揭示钩党之狱的本质。试问：作为皇帝家奴的宦官，在士大夫眼里被视为刑余之人何以能专国？世家地主乃是东汉政权的基础，重农抑商又是两汉的国策，桓、灵二帝站在宦官一边，岂不是东汉皇帝成了商贾市籍豪强的代表来反对立国的基础吗？从理论上和实践上都是说不通的。说到派性斗争，离开真理就更加遥远。东汉士大夫多贤人君子，不避斧钺之诛以急国家之难，光明磊落，彪炳史册，而钩党之狱，却专事残害忠良，这又是为什么？所谓派性斗争论，是近年来提出的新观点，而这一新观点，恰恰是钩党之狱研究中的一种倒退。因此，关于东汉钩党之狱，还有重新讨论的必要。

钩党之狱的实质是一场集权运动，它是桓、灵二帝与宦官合谋发动的。桓、灵二帝相继以诸侯王入继大统，最初都受制于太后。宦官乘势诡称太后、朝官欲废帝，诳惑君主，加剧桓、灵二帝的猜忌之心以假权窃国。桓、灵二帝不仅依靠宦官之力杀逐外戚，而且还利用群小的无耻无行来排抑被猜忌的耿直大臣，以集中皇权。皇帝与宦官互相操纵和利用，为了集权而制造冤狱，这就是钩党之狱产生的直接原因。

论从史出，首先必须要把钩党之狱的经过、规模及其影响搞清楚。

第一次钩党之狱发生在桓帝延熹九年，即公元 166 年。它的导火线由三大案引发。(1) 汝南太守宗资任范滂为功曹，委以政事，滂外甥李颂素无行，范滂寝而不召。凡行违孝悌，不轨仁义者，范滂即逐斥之。郡中豪强莫不归怨范滂，于是编造谣言，煽动舆论说："汝南太守范孟博，南阳宗资主画诺。"[①] 并指范滂所用之人为"范党"。(2) 南阳太守成瑨，以岑晊为功曹，亦委以政事，宛有富商张汎，是桓帝美人外亲，赂遗中官，横行乡里。岑晊劝告成瑨捕拿张汎，诛杀其宾客二百余人。其时遇赦，晊先斩后奏。豪强贵戚造作飞语云："南阳太守岑公孝，弘农成瑨但坐啸。"[②] (3) 李膺为河南尹，河内张成善风角，因其推占当赦，教子杀人，其实是中官透露朝中消息，以显示张成之能。因张成不但交通宦竖，而且桓帝亦问其占。李膺收拿张成，既而果逢赦令，膺竟按杀之。

河南、南阳、汝南是三个大郡，东汉王朝的政治中枢地区。

---

①② 《后汉书》卷六七《党锢列传》，下引本传，不再注，以省篇幅。

河南是帝城，南阳是帝乡。皇宗贵戚，盘根错节，结纳宦竖，鱼肉百姓。李膺、范滂、岑晊等按治豪强，直接打击中官势力，并以直行触犯龙颜。其时又值太原太守刘锧捕讨小黄门晋阳赵津，锧为除“一县巨患”，“亦於赦后杀之”①；山阳太守翟超，籍没中常侍侯览“资财”；东海相黄浮收拿中常侍徐璜兄子下邳令徐宣，“案宣罪弃市，暴其尸”②。中官向桓帝诉冤，“帝大怒”③，刘锧、翟超、黄浮俱被捕拿，公卿大臣交章疏救，桓帝欲致极刑，苦其无辞。三大案发，于是中官讽张成弟子牢脩上书诬告李膺结纳朋党，“诽讪朝廷，疑乱风俗”。侯览又使张汎妻上书讼冤。这样一来，本不相干的三大案被中官串联起来，说成是朋党为奸，有意犯禁树威。桓帝震怒，大捕党人。宗资、成瑨下狱死，岑晊遁逃。李膺、范滂等二百余人下狱。这就是第一次钩党之狱。

中常侍王甫治党狱，给党人颈、手、脚加上“三木”的刑具，蒙头拷打，逼供牵引同党。“钩谓相牵引也”④，所以史称党人为“钩党”。可见它完全是宦官诬加给李膺、范滂等人的一顶莫须有的政治帽子。但是一经圣旨钦定，便成法律，以颠倒黑白之事实，“布告天下，使同忿疾”。李膺、范滂等人，既没有组织，也没有什么宣言和主张，“旷年拘录，事无效验”⑤。他们都是汉室忠臣。范滂临捕，对他的儿子说：“吾欲使汝为恶，则恶不可为；使汝为善，则我不为恶。”所谓钩党之狱，就是这样的一场忠直遭殃、邪曲嚣张的政治大冤狱。

但是，派性斗争论者认为，钩党之狱是由于党人行事操切激怒了皇帝，似乎是咎由自取，这是值得商榷的。

单从权力斗争的现象来看，钩党之狱是东汉政局长期动荡的总爆发。东汉政局不稳是由于外戚、宦官、士大夫三大势力互斗不已，水火不容。外戚借太后之力专国，宦官假皇权肆虐，士大夫标榜清流自重。所谓清流就是以儒学为正宗，凭着孝廉、征辟、策对的正途仕进。这三大势力实质上代表着太后、皇权、相

①②③ 《资治通鉴》卷五五。

④ 《后汉书》卷八《孝灵帝纪》注。

⑤ 《后汉书》卷六九《窦武传》。

权三种力量，它们之间的斗争，的确像是统治集团内部的派性斗争。但是历史研究绝不是历史现象的描述，而应深入地揭示历史发展的本质。东汉外戚、宦官、士大夫三种势力，由于所代表的社会阶层利益不同，因而各派掌权治国所影响的历史面貌也是不同的。派性斗争论不能说明这种区别，它抹煞正义与非正义之分，混淆进步与反动之别，这是本文所不能苟同的。

外戚是靠裙带关系专国，一心谋取的是皇亲国戚这个小集团的利益，所以窦宪、梁冀等专权误国，终被诛灭，无可非议。宦官本是一群不学无术的皇帝家奴，他们深居皇宫，与世隔绝，"不知稼穑之艰难，不恤征戍之劳苦"，至于治国良策更是茫然不知所以。宦官在宫廷糜烂生活和皇帝淫威的熏陶下，养成了阿谀皇帝、崇拜权势的品性。他们只争自己的权利得失，哪管什么国计民生，桓帝依靠中官单超、左悺、具瑗、徐璜、唐衡五人诛杀梁冀，同日封五人为侯，世谓之"五侯"。其后超死，四侯专横，民间语曰："左回天，具独坐，徐卧虎、唐两堕。"[①] 四侯皆竞起宅第，穷极壮丽。州郡牧守，率多宦官子弟姻戚。他们不仅"剥割萌黎，意恣奢欲"，而且"钩害明贤，专树党类"[②]，真是"穷暴极毒，莫敢谁何"[③]。也就是说，宦官专权，不仅广大劳动人民受到更沉重的剥削和压迫，而且统治阶级本身的大多数也遭受压迫，国家失去了组织生产、调节阶级矛盾的职能，只代表一小撮凶狡人的利益，成为他们专政的工具。正途仕进的士大夫为了维护整个地主阶级的长远利益，虽然从忠君的立场出发，却也忧国忧民。他们敢于置个人生死于度外，抗愤而起，排抑宦官，完全是正义的行为。由于宦官为祸全国，朝官士大夫在有限的权力下，迫不得已果断地采取了先斩后奏的激烈手段来打击宦官，表示正邪不两立，为国除奸，为民除害。"原其诚心，在乎去恶。"[④] 士大夫的行为是应该肯定的，也是值得肯定的。

---

① 《后汉书》卷七八《宦者列传·单超传》。
② 《后汉书》卷八七《宦者列传·序》。
③ 《廿二史劄记》卷五。
④ 《后汉书》卷八《孝灵帝纪》注。

正因为士大夫排抑宦官是正义的行为，所以被禁党人赢得了广泛的社会支持和民众的拥护。于是这次冤狱的严重后果，就造成了社会的大分裂。一是“自是正直废放，邪枉炽结”，宦官更加得意，“举动回山海，呼吸变霜露。阿旨曲求，则光宠三族”①，无耻之徒，竞相比附。南阳樊陵，“阿附宦官，致位太尉”；扶风孟佗，交结中常侍张让监奴，得凉州刺史。“州牧郡守，承顺风旨，辟召选举，释贤取愚。”② 法制瓦解，道德沦丧。二是“海内希风之流，遂共相标榜，指天下名士，为之称号”。全国有“三君”、“八俊”、“八顾”、“八及”、“八厨”等称号三十五人为学人士子公认的道德楷模。南阳太守王畅敢于纠发豪右；桓帝下令逮捕党人，太尉陈蕃不肯平署。于是王畅、陈蕃与李膺齐名。京师太学生三万余人与诸郡生徒结合成强大的在野舆论集团，转相传颂党人的品德节操，与宦官的“布告天下”唱对台戏！学中语曰：“天下楷模李元礼，不畏强御陈仲举，天下俊秀王叔茂。”范滂出狱南归，“始发京师，汝南、南阳士大夫迎之者数千辆”。李膺免归乡里，居阳城山中，“天下士大夫皆高尚其道，而污秽朝廷”。由此可见，宦官制造的这场冤狱，不但没有加重自己的权威，反而激发了正义。桓帝利用和支持宦官为虐，使他转化成黑暗势力的代表，而李膺等人的声名却日益高涨。这生动地说明，公道真理自在人心，至高无上的皇权也是不能强奸民意的。

第二次钩党之狱发生在灵帝建宁二年，即公元 169 年，这次勾连株及面进一步扩大，无辜受害者成千累万，遍及全国。这一波及全社会的事实曾被以往的研究者所忽略，这里应当评述。

中常侍侯览家在山阳防东，“贪侈奢纵”，“请夺人宅”③，“残暴百姓，所为不轨”。延熹九年，督邮张俭助太守翟超破览家宅，籍没资财，举劾览及母罪名，声名大振。建宁二年，侯览丧母还家，大起茔冢。“制度重深，僭类宫省”，“又豫作寿冢，石椁双阙……虏夺良人，妻略妇子”④。张俭具言罪状，再劾侯览，被览

① 《后汉书》卷七八《宦者列传·序》。
② 《后汉书》卷七八《宦者列传·曹节传》。
③④ 《后汉书》卷七八《宦者列传·侯览传》。

截留。侯览指使张俭乡人朱并诬告张俭连结钩党，谋大逆。“灵帝诏刊章捕俭等”。大长秋曹节讽有司奏捕前党，李膺、范滂等百余人“皆死狱中”。李膺被非法打死，“妻子徙边，门生、故吏及其父兄”均遭株连，“并被禁锢”。宦竖阉丑还肆意扩大打击面，凡“天下豪杰及儒学有行义者，宦官一切指为党人；有怨隙者，因相陷害，睚眦之忿，滥入党中。州郡承旨，或有未尝交送，亦罹祸毒，其死、徙废、禁者，又六七百人”[①]。这仅仅是京师诏狱拷治的人数。这次党狱波及全国，州郡被冤遭屠者不可胜数，“时诏书下举钩党，郡国所奏相连及者多至数百”[②]。青州六郡，五郡有党，“唯弼独无所上”。平原相史弼舍命保护，抗旨不报，“济活者千余人”[③]。由于民众保护党人，于是出现了“一人逃死，祸及万家”的惨况。“俭等亡命，经历之处，皆被收拷，辞所连引，布遍天下”，“其所经历，伏重诛者以十数，宗亲并皆殄灭，郡县为之残破”。宦官何以有这样大的能量，使全国成千累万的无辜者惨遭杀害呢？只因“诏书疾恶党人，旨意恳恻”[④]，整个国家机器以专制君主的名义被开动起来制造冤案，海内生灵，在劫难逃。

第一次钩党之狱，桓帝指名逮捕的只有李膺、范滂等二百余名士大夫上层人物。由于李膺等连引宦官子弟，宦官惧，“请帝以天时宜赦”，桓帝皇后父窦武亦上疏劝帝赦党人。公元167年，党人出狱，而党人之名，犹书王府，禁锢终身。所以钩党之狱又称党锢之祸。接着桓帝崩殂，十二岁的灵帝以诸侯王入继大统，窦太后临朝，窦武执政，起用党人，党禁之锢，无形自解。但是宦官却咬牙切齿，岂能容忍党人的东山再起，他们包围了灵帝，酝酿着更大规模的党锢之祸。陈蕃、窦武也在谋诛宦官。双方磨刀霍霍，都想一举歼灭对方，这就是第二次钩党之狱的背景。由于灵帝猜忌，又急于铲除外戚势力，夺取太后手中的政权，因而全力支持宦官制造冤狱，所以第二次钩党之狱，一爆发就以暴风

① 《资治通鉴》卷五六。

②③④ 《后汉书》卷六四《史弼传》。

雨之势，洒向人间都是怨。

第三次钩党之狱发生在灵帝熹平五年，即公元 176 年，这次是灵帝为了饰过而加重对钩党的迫害，株连党人的远亲旁支。学术界以往的论著一般称东汉两次钩党之狱，把第三次看作是前两次的余波，这是应当辨正的。这一次冤狱发生在灵帝加元服，即亲掌政权之后，分析它的内容，有助于我们对钩党之狱性质的认识和评述，因此是很重要的。

建宁四年，即公元 171 年，灵帝加元服，大赦天下，唯党人不赦。熹平五年，公元 176 年，永昌太守曹鸾上书，大讼党人，说他们有的年高德重，有的是治国人才，应该解除党禁，“股肱王室”。曹鸾质问说：“党人何罪，独不开恕乎?”[①] 曹鸾的方切直言恰恰触痛了灵帝的忌讳神经。灵帝览奏，勃然大怒，这是偏袒钩党，那还了得！“即诏司隶、益州槛车收鸾”，关押在槐里狱中，活活打死，“又诏州郡吏拷党人门生故吏父子兄弟，其在位者，免官禁锢，爰及五属”。

桓帝制造钩党之狱，造成了社会的大分裂，灵帝继位愈演愈烈，这是形势所逼，已非个人能力所能控制。但是历史背景并不能洗刷昏暴之君制造并扩大冤狱的责任。在专制政体下，掌握了国家权力的最高统治者皇帝，其个人的修养、品德将给历史打下善善恶恶的烙印，这是客观的存在。灵帝是比较聪明的，还懂一点文学，故其智更能饰诈拒谏。但他并无真才伟略，又是一个贪财鬼，所以与群阉小丑臭味相依，合伙经营西园卖官所。灵帝曾经宣言：“张常侍是我公，赵常侍是我母。”[②] 他纵放张让、赵忠等十二中常侍专国乱政，达到了顶点，史称灵帝是“以小人而乘君子之器”[③]。所以第二次党狱穷治，扩大成为全国性的大冤狱。曹鸾上书，道明真相，这无异于给专制的淫威火上加油，于是灵帝变本加厉地导演了株连五属的第三次钩党之狱。从公元 166 年到 176 年，十年之间，三次钩党之狱，浩劫全国。生灵涂炭，纲

① 《资治通鉴》卷五七。
② 《后汉书》卷七八《宦者列传·张让传》。
③ 《后汉书》卷八《孝灵帝纪》注。

纪荡然；是非颠倒，廉耻相冒；天下钳口，人心思乱。汉室江山，“气数”已尽。灵帝一再扩大冤狱，伴随着正义的被绞杀，他的威信也降到零点。于是中平元年，公元184年爆发了黄巾大起义，灵帝惧，“乃大赦党人，诛徙之家皆归故郡”。

以上就是东汉三次钩党之狱的始末。范晔评论称之为“主荒政谬”。无疑，范晔的观点是应该肯定的。但是，为什么桓、灵二帝相继演出钩党之祸？宦官为恶，二帝不是不知，尤其是十常侍与黄巾通谋，灵帝亦未加责罚而独独对于起而矫弊的士大夫横加屠戮呢？难道桓、灵二帝不想把江山传之万世，以至无穷吗？这才是问题的本质所在。

追本溯源，东汉钩党之狱是秦汉专制制度消极因素的必然发展。秦汉中央集权制度，在加强统一全国、发展经济和繁荣共同文化等方面发挥了巨大作用。但是家天下的中央集权是靠君主独裁政体的形式来维系的，它就不可避免地产生以意为法、权落群小的弊端。秦始皇集权，不辨赵高之奸，汉武帝集权，不明江充之佞，其结果都给国家带来了灾难。光武不悟个人过度集权之害，反其道而行之，致有外戚、宦官、士大夫之争愈演愈烈，而有钩党之狱，这是汉光武始料所不及之事。

太后、皇权、相权，这三权的鼎立是封建专制政体的必然产物。三种权力平衡，国家政局稳定；失去平衡，政局动荡。三种权力平衡的关键是加重相权，使皇帝、太后受到牵制，依照封建之法秉政。反之，削弱相权，皇权过分集中，皇帝为所欲为，就会形成以意为法的多中心权力结构，大权必然旁落群小。东汉政局不稳，主要是“危自上起”，其源盖出于汉光武集权过度，使帝相权力失去了平衡。东汉政论家仲长统早有极中肯的评论。其言曰：

光武皇帝愠数世之失权，忿强臣之窃命，矫枉过直，政不任下，虽置三公，事归台阁。自此以来，三公之职，备员而已。然政有不理，犹如谴责。而权移外戚之家，宠被近习之竖。亲其党类，用其私人。内充京师，外布列郡。颠倒贤愚，贸易选举。疲驽守境，贪残牧民，挠扰百姓，忿怒四夷，招致乖叛，乱离斯瘼，怨气并作。……此皆戚、宦之臣所致然也。[1]

但是，仲长统的议论也仍然只是表象。他只看到了光武的集权，却没有看到这是秦汉专制政体的必然发展。当然仲长统更看不到宦官之祸是封建专制政体不可能割除的肿瘤。因为宦官专政或群小误国，实质不过就是君主独裁的一种折光反射。割除这一肿瘤，岂不意味着君主独裁的终结！这是古代政论家不可能思议的，所以我们不能苛求前人。

秦汉初制，丞相权大，其职“掌丞天子助理万机”[2]，君权受到相权牵制，大权不得旁落群小。秦末赵高弄权，拥立二世，须得丞相李斯同意。西汉公卿操废立之权，当国统断续之际，大臣以社稷为重。所立之君既长且贤。周勃诛诸吕，迎立文帝，而有“文景之治”。霍光拥昭立宣，“摧燕王，仆上官，因权制敌，以成其忠”[3]，而有“昭宣中兴”。西汉前期没有宦官之祸。汉文帝与宦官赵谈同载，郎中袁盎变色；丞相申屠嘉责罚邓通，文帝改容谢过。汉武帝封禅改制，削夺相权，以侍中参议朝政，又设中书令出纳章奏，形成了皇帝近侍左右决策的机构，称为“中朝”。“中朝”直接代表皇帝，所以凌驾在以丞相为首的“外朝”之上，这就为宦竖阉丑的登台扫清了道路。光武中兴进一步削弱相权，废丞相，事归台阁。东汉三公只是荣衔，毫无实权。东汉三公诛一宦竖，须得请旨而行。故有陈蕃、窦武之谋泄，何进议诛宦官之败。但是朝廷有过，天象变异，却要策免三公。外朝大臣成了皇帝犯过的替罪羊。于是外戚、宦官乘隙而起。东汉皇帝废立操于外戚、宦官之手。太后贪权立幼，权落外家。幼帝长成与外戚争权，重用宦官。因此宫廷政变，迭次发生，造成了东汉政局长期动荡不稳。士大夫有感于此，激扬气节，以正色立于朝堂，外

① 《后汉书》卷四九《仲长统传》载《昌言·诫篇》。
② 《汉书》卷一九上《百官公卿表·序》
③ 《汉书》卷六八《霍光传》。

戚专权与外戚斗，宦官窃柄与宦官争。但是公卿无实权裁抑外戚和阉竖小丑，只能以气节相尚，争取舆论。舆论“污秽朝廷”，更加激起皇帝对外朝官僚的猜忌。因此，愈是清廉之人，就愈是罪尤之臣。皇帝要杀逐这些忠正清廉之臣以释猜忌，就要大兴冤狱，这就是钩党之狱产生的根本原因。

（原载西北师范大学《历史教学与研究》1983 年第 3 期）

论清雍正皇帝的“观风整俗”运动[①]

一、引言

《大义觉迷录》是一部奇书！它是怎样的一部奇书？有离奇的故事吗？没有。有精彩飞扬的文学吗？没有。有曲折的历史吗？没有。有高深的哲理吗？也没有。严格说，这并不是一部真正的有棱有角的书，它只是一个档案卷宗，一桩谋反案的卷宗。

一个档案卷宗，何奇之有？它奇就奇在这个档案卷宗，是清朝盛世雍正皇帝亲自编纂的为自己鸣冤的自白书，故本书破题为《雍正自白》。请听雍正自己怎么说的？雍正说：

> 朕之心可以对上天，可以对皇考，可以共白于天下之亿万臣民。[②]

---

① 本文系为《雍正自白》一书代写的导论，原题“卷头语”，文题为这次入集时所加。《雍正自白》是人民日报主任编辑王慧敏同志在1990年代末师从作者学习历史受命解读雍正皇帝编纂的《大义觉迷录》，破题为《雍正自白》一书，民族出版社1999年4月出版。此导论反映千年世纪之交时学术界对这一历史公案的清理，与本书收入的前后论文为一组，形成对照，有益于历史反思，特此收入，予以说明。

② 《大义觉迷录》卷一特谕二。

皇帝鸣冤，剖示心迹，告谕臣民。此第一奇也。

众所周知，雍正皇帝是康熙皇帝的第四皇子，名允禛，他不该得皇位。康熙晚年两度废皇太子允礽，形成皇储斗争。雍正机权干略，高人一筹，他收拾掉了允禩、允禟、允禵等几个争皇位的兄弟，才登上了宝座，乾纲独断，刚毅戾深，蜂目豺声，是标准版的秦始皇第二。史称秦始皇“天下之事无小大皆决于上，上至以衡石量书，日夜有呈，不中呈不得休息”。被骂为“贪于权势至如此”[①]。雍正皇帝朝乾夕惕，批览奏章，事无巨细，大权独揽，比起秦始皇有过之而无不及。雍正帝留下的满汉文朱批谕旨有几千万字，平均每天下笔七八千言，日理万机夜以继日，实实在在是累死的。当然这也是“贪于权势至如此”，不免落下骂名。雍正是一个改革的皇帝，即位伊始，雷厉风行，清查钱粮，改革积弊，耗羡归公，惩贪追赃，实行养廉银制度，摊丁入亩，打击不法绅衿，得罪了不少的人。雍正当世就落下骂名，被舆论说成是篡逆的伪君，不讲人伦的畜类，是一个凶残不仁的暴君。湖南落榜秀才曾静归纳条理成十大罪：害父、逼母、弑兄、屠弟、贪财、好杀、酗酒、淫色、诛忠、任佞。又说，满人夷狄，入主中原，得统不正，导致天怒人怨，天崩地塌，灾害不断，人民处于水深火热之中。因之曾静上书岳钟琪，策动造反，推翻清朝。曾静还说五星聚，黄河清，合该轮到他做皇帝。这是该当凌迟处斩、灭宗灭族的大逆之罪。雍正乾断结案，说什么曾静不是主犯，乃是上当受骗，可以赦免，揪出死了近半个世纪的浙江吕留良做垫背，说吕留良著书立说害死人，才是真正的罪魁。吕留良被开棺戮尸，满门抄斩。这桩由曾静造反案引出吕留良文字狱案，合称曾吕案，经过四年专案调查审讯，处理结果重吕轻曾，震骇王公大臣和天下臣民，雍正自称为“出奇料理”。真是帝王断案，与众不同，赦了主犯，灭门死人。此第二奇也。

秦始皇统一思想，焚书坑儒。雍正统一思想，搞全国运动，称为“观风整俗”。曾静谋反，著书立说，骂得雍正狗血淋头，

① 《史记》卷六《秦始皇本纪》。

雍正不怒不恼，说什么要对曾静实行思想改造，脱胎换骨，重做新人。死刑重犯，可以看中枢机密文件。审案不用刑逼，坚持说理，要求罪犯写检讨。皇恩沐浴，曾静在灵魂深处开刀，果然奇效，“昔日为禽兽，今日转人胎”，一个灭族重犯，居然脱胎换骨，成为吃皇粮的“观风整俗”的宣传人员。批判洗脑，改造灵魂，雍正特创。此第三奇也。

雍正自信，认为大义觉迷，真理化人，“无物不可化诲”。谋反谰言，不实之词，不必隐讳，布告天下，全国批判，可以化毒草为肥料。雍正特谕说：

> 着将吕留良、严鸿逵、曾静等悖逆之言及朕谕旨，一一刊刻，通行颁布天下各府州县远乡僻壤，俾读书士子及乡曲小民共知之。并令各贮一册于学宫之中，使将来后学新进之士，人人观览知悉。倘有未见此书、未闻朕旨者，经朕随时察出，定将该省学政及该县教官从重治罪。
>
> 特谕。

内容包括，雍正皇帝的十道上谕，曾静以罪犯被审讯的口供形式写出的检讨和读书体会，反映了这个造反重犯思想改造的全过程和改过方法，附录曾静的忏悔书《归仁说》。全书四卷，约十二万言。题名之义，上谕称：“特以天经地义、纲常伦理之大道，使愚昧无知、平日为邪说陷溺之人，豁然醒悟，不致遭天谴而罹法。”即用纲常伦理之大义，君臣之伦的天理，去排除无礼义廉耻之锢蔽，觉无父无君之愚蒙。通过刊布《大义觉迷录》，在全国范围宣讲，开展“观风整俗”的思想教育运动，以使大清之民，拥护清朝统治。这也是亘古以来未有，雍正皇帝的独家发明。此第四奇也。

雍正驾崩，儿子乾隆即位，还没有改年号，不到两个月，一切又翻了过来。乾隆圣谕，着将曾静、张熙凌迟处死，下令毁《大义觉迷录》，列为禁书。此第五奇也。

综上所述，《大义觉迷录》有五奇：皇帝受谤，自白辩诬，一奇；赦免造反重犯，拉个死人灭门，二奇；改造极刑重犯，脱胎换骨做新人，三奇；刊布谋反档案，开展批判运动，四奇；老子编的宝书，全国士子必读，儿子谕令禁毁，五奇。有此五奇，亘古罕闻，还不是一部奇书么？

雍正是一个临近近代门坎的封建皇帝，又是一个大有为之君。中国历史上有三大治世和盛世，西汉“文景之治”，唐代“贞观之治”，清代“康乾之治”。三大盛世以清代“康乾之治”最为持久。“康乾之治”实际上经历了三代皇帝，即康熙、雍正、乾隆。因此正确地完整地说，应称“康雍乾之治”。

康熙帝六十一年，雍正帝十三年，乾隆帝六十年，合计一百三十四年，恰好占了大清朝一代立国二百六十八年（公元1644—1911）之半，持续了一个世纪又三分之一世纪，如此长久承平，可谓盛况空前。清代盛世，改革最多，国力最强，版图最大，奠定了中国今日疆域和民族大家庭，是中国历史上最辉煌的篇章之一。雍正改革，承先启后，在康雍乾三帝中，执政最短而成绩最大。雍正处理政务，独出心裁，“出奇料理”曾吕案就是一个显例。康熙末国库储银才八百万两，雍正五年国库储银达五千万两。即此一端，可见政绩非凡，真是奇绝妙绝。

在政治斗争中，没有仁义可言。雍正夺嫡，虽是皇家自己家门事，但事关国体，论其中曲直是非，切要在国计民生上。民间传说，野史小说，大都贬斥雍正，最集中的是说他“改诏夺位”、“骨肉相残”、“不得善终”三大恶名。雍正不是样样都好，对待政敌残暴不仁，这正是他的成功秘诀，在朕即国家的时代，何可苛责，天下乌鸦均是一般黑。阿其那、塞思黑上台，未必对雍正就有仁慈之举。政治斗争如同战场厮杀，不是你死就是我亡，“兵者，诡道也”，哪有温良恭俭让可言？帝王的历史定评，最终要落实在兴国仁民这四字上。历史不诬古人。本书解读雍正皇帝的自白，领略他的治国手段、战斗奇招与帝王之术，可以增长见识，启迪思维，促进成熟，冷眼看世事，是很有意义的。雍正好与人斗，其乐无穷，总是手握胜券，其战斗艺术，令人拍案惊奇。雍正称思想改造为“大义觉迷”，本书提供了鲜活的榜样，将使你无尽叹惋！本书半文半白，不难读懂。人们看一看雍正是如何判一个走火入魔的古代知识分子，读一读这个脱了胎换了骨的书呆子的检讨、体会，会发现审讯口供及其过程都挺有意思的。我们深信这本记录一件全国大案、要案的实录，是能引人入胜、启迪思维的。

二、曾吕案始末

曾吕案是曾静投书策反案与吕留良文字狱案的合称。曾静案为起始，吕留良案为延伸，是牵引出的新案。曾静案始于清雍正六年（公元 1728）九月二十六日曾静所遣弟子张熙，化名张倬投书川陕总督岳钟琪，史称“张倬投书岳钟琪案”，档案资料汇编在《文献丛编》第一辑中。此案结束在清雍正十三年（公元 1735）十月初八日乾隆即位后斩杀曾静、张熙，历时七年。雍正审理此案长达四年，分两个阶段，两次判决，形成两个高潮。第一阶段，审理曾静案，从雍正六年九月案发到雍正七年九月结案，整整一年。第二阶段，批判吕留良，一是利用被赦宥的曾静、张熙在全国巡回演讲，宣扬大清德业之盛，现身说法，二是发布文告圣谕公开征求地方大员、绅衿给吕留良定罪的意见。雍正通过这两方面的工作，在全国掀起批判吕留良的思想运动。过了三年，至雍正十年十二月才最后判决，给吕留良案画上句号。曾吕案影响深远，它开启了乾隆朝大规模文字狱的到来，这是消极面。曾吕案批判华夷之分，宣传民族大一统，有利于多民族国家的统一和巩固，这是其积极面。下面分说原委。

1. 张熙投书

清雍正六年（公元 1728）九月二十六日，坐镇古城西安的川陕总督岳钟琪在上午十一时许，拜客回到总督府正要舒缓一口气的时候，守门戈什进来禀报，从南方远道而来的一个年青人，口称有要事当面呈报岳军门，奴才们阻挡不住，特来禀报大帅，见还是不见。岳钟琪皱了一下眉头说，传人进来，带到签押房见。

岳钟琪在总督府签押房接见张熙，宾主寒暄之后，张熙呈上一封书信。张熙三十上下，虽然旅途劳顿，但却精神焕发，虎虎有生气。张熙一路盘算，怎样才能见到声势显赫的岳大将军，想了各种方案，最冒险的方法是等岳钟琪出巡时拦路闯轿。张熙抱必死之心来投书，不见军门不死心。没想到顺利晋见。当日秋高气爽，是一个好天气。张熙在兴头上，显得神采飞扬。岳钟琪看在眼里，心里赞道："好一个英俊后生，不知是谁人荐来做幕宾，想来一定是颇有才干的。且看了来信再说。"岳钟琪不动声色，撕开张熙的投书，刚展开第一页信纸第一行抬头的称呼，就吓得岳钟琪心惊肉跳。他的眉头随即皱起。

> 南海无主游民夏靓顿首拜上宋鹏举鄂王岳元帅武穆少保之后天吏元帅东美将军麾下。

众所周知，宋鹏举岳元帅，就是南宋抗金英雄岳飞，字鹏举，他精忠报国，与金人誓不两立，在《满江红》述志词里发愿说：

> 靖康耻，犹未雪；臣子恨，何时灭？驾长车，踏破贺兰山缺。壮志饥餐胡虏肉，笑谈渴饮匈奴血。待从头，收拾旧山河，朝天阙。

岳飞尽忠尽孝，汉人气节，何等敞亮。此为劝说岳钟琪作铺垫。

投书内容很长，略可分三个部分。首先赞美岳飞抗金，百死不回，浩气贯长空，可恨为奸臣所害。假如宋高宗英明，力主决战，倾东南之力，尽岳武穆之才，百代之下哪来风波亭之遗恨？第二部分，内容最长，历数满人入关种种暴行，称夷狄为禽兽，《春秋》大义有夷狄之分，清朝得统不正，更加当今皇帝雍正继统不正，述其有十大罪：害父、逼母、弑兄、屠弟、贪财、好杀、酗酒、淫色、诛忠、任佞。如此失德暴君，人人得而诛之。

第三部分，说历代勋臣功高震主，绝无好下场。当代岳钟琪的前任年羹尧就是生动例证。劝岳钟琪不要愚忠，何况“夷夏之分大于君臣之伦”。今日之满，就是昔日的金，岳氏祖上之仇。从民族大义说，衣冠汉民不可为禽兽夷狄之臣民；从个人大义说，岳钟琪既为忠臣鄂王之后，就应替先祖报不共戴天之仇。投书的结尾描绘了岳钟琪如果高张义旗，复我汉家衣裳，身率十万健儿出三秦讨清，夏靓一呼可动员江西、湖南、广东、广西、贵州、云南六省响应，则陆沉百年之中原可以复苏，岳氏正位而为天下之君或为新朝功臣。孟子有言，五百年而有王者兴。自建炎以来至于今，适逢其会。天之所降大任就担在岳钟琪肩上。机不可失，时不再来。救亿万华夏儿女于涂炭，就看岳大将军的一念啊！书信的落款是：“南海无主游民夏靓遣张倬上书。”“无主游民”，即无皇上之民，寓意不承认清朝政权。

岳钟琪一目十行，匆匆扫视来书，越读心情越沉重，不知不觉头重脚轻，浑身起鸡皮疙瘩，直冒冷汗，颜面失色。岳钟琪心想，这夏靓是何等人，与我有何仇怨，分明是自己不要命，又用这等发昏的招数来陷害我！如今天下太平，江山稳固，劝我造反为何来！造反大逆，灭门之祸。他越想越生气，读完信往地上一掷，随即大喝一声：“狂徒大胆！”他又大叫一声：“来人！把这狂徒抓起来，重枷送入大牢。”

张熙顺利晋见，兀自高兴。瞬间他看到岳钟琪脸上的阴晴变化，立刻感到不妙，仿佛一股冷气穿透全身，直感到透心的冰凉。张熙是有备而来，曾静送行以荆轲刺秦作勉励。随着岳钟琪眉头越皱越紧，张熙的心情倒逐渐放开。当岳钟琪骂他大胆狂徒，喊人抓他时，他越是镇静下来，对岳钟琪说：“大人勿须动怒。你拿下我张倬可以到主子那里请赏。可恨大人利欲熏心，既为岳门不孝子孙，又忍睹亿万苍生倒悬，不是人，甘作夷狄。”张熙一面骂着，一面被人带走，下了大牢。回头来说岳钟琪。

岳钟琪，字东美，号容斋，四川成都人，出身将门。父岳昇龙，在康熙朝积功官至四川提督。昇龙原本甘肃临洮人，蒙恩入籍四川。岳钟琪于康熙五十年由捐纳同知改武职，授松潘镇游击。康熙末，率军入藏平乱。雍正初，随年羹尧破罗布藏丹津于青海。后又率军攻准噶尔部。岳钟琪官运亨通，步步高升。在短短的十二年中，由游击、参将、副将升川陕甘提督、甘肃巡抚，一直到顶替年羹尧升川陕总督加兵部尚书衔，任宁远大将军。岳钟琪以汉人握重兵，为清朝前期所罕见，可见其红得发紫，备受雍正信任。岳钟琪身位显赫，也成了众矢之的。有不少大员在雍正跟前告他的刁状，说他拥兵自重，培植私党，有的还说他有造反的迹象。民间传说他爱民，关心国事，敢直谏，触怒了雍正，地位已岌岌可危。曾静正是听到了这些传说，觉得可以利用，于是，派张熙化名张倬投书，策动造反。

在这关系微妙之际，冒出一个张倬投书，劝岳钟琪造反，这不正是把柄吗？岳钟琪当然很可恼。他觉得这事太重大。第二天立即去请陕西巡抚西琳、按察使硕色同审张倬。西琳在校场练兵没来，硕色过来一同审问张倬。无奈张倬十分顽强，动用大刑也不肯招供。承认张倬和老师夏靓都是化名，但真实姓名、家住何地，死也不说。为何要造反，因为老百姓太穷，贪官污吏太多，推翻满人政权，恢复汉人衣冠，救民于水火。张倬翻来覆去就是这些话。他被打得遍体鳞伤，昏死过去几次，横下心来，只等一死。

岳钟琪审不出结果，心中万分焦急。他只得把张倬收监，立即给雍正写了一份详细的奏折，张倬如何投书，自己与硕色如何会审，动了大刑他也死不招供等情由原原本本写出，最后请求皇上批准把张倬押送京城交刑部审理。岳钟琪想尽快推脱责任。奏折用驿站快马递送，四五天就来了回音。雍正亲批指示说：

> 朕真没想到天下竟有这样可笑、可恨、可恶的匪徒，在这太平盛世说胡话，一点也没看到朕这些年所施行的仁政。这件事你岳钟琪要认真审讯，不得有半点马虎，不得一推了事。你要动点脑筋，怎么能贸然用刑讯呢？逆贼敢来下书，早把生死置之度外，能用简单的办法审得结果吗？朕十分信任你，你就不能辜负了朕。你无论用什么手段，都要讨得实

情。你要慢慢讲道理，讲清朝立国之正，先帝六十多年文治武功之盛，讲朕的仁政恩德，再动之以情，劝导逆贼归化我朝，就学你岳钟琪的榜样，干一番事业。只要揭出后台，就可将功补罪，不要往死路上走。指派你投书的人，其实是害你的仇人。你岳钟琪还可以这样说：你张倬敢投书，犯大逆，真是一条好汉。你的老师夏靓更是非凡之人。你们师徒都是国家的栋梁之材，何不洗心革面，出来替国家做大事，留名青史呢？为什么要替别人当枪使，自己也死于草野，成为匪类没有葬身之地呢？总之你岳钟琪要给朕审清楚，这逆贼到底是哪里人？特别要深挖出后台来。

雍正的长长指示，显得出人意料地平静，做了出人意料的定调。雍正认为投书的张倬，指派的老师夏靓，都只是一杆枪，背后一定有后台，要岳钟琪从思想上、组织上深挖后台。办法不要用刑讯，要用高级的平和办法，可以不择手段。雍正在指示中充满了信任。这使得岳钟琪感激涕零，发誓一定要审出个结果。他苦思冥想，终于想出了一个屈尊诱骗的办法。他赶紧找来咸宁县县丞李元来商量。李元这人足智多谋，派他去亲近张倬，卧底察言观色，动之以情，不怕你张倬不上钩。计议已定，于是与李元立即密谋施行。

话说张熙被严刑拷打，皮开肉绽，几无完肤。身戴重枷，下在死囚牢里，又暗又湿，昏昏迷迷熬了一天一夜，几次差点儿进了阎王殿。第二天突然被去了枷锁，转移到了宽敞的宅院，一个温文尔雅的仆人侍奉饮食汤药，关怀备至，只是嘘寒问暖，态度极谦恭，绝口不提投书的事。这一翻天覆地的变化使张熙百思不得其解。他脑子里翻江倒海地沸腾起来，胡思乱想没个头绪。几天后张熙反而沉不住气，悄悄向李元打听岳钟琪的意向，为什么不审不管，只是好生待遇。起初李元还故作惊慌表示不敢多嘴。一个守口如瓶，一个更要急着问个水落石出。这样一来二去，两人感情接近起来。最后李元对张熙说："我家主人岳大将军，心里很赞成你老师在信中的主张。年羹尧就是前车之鉴，功高震主，岳大将军懂。但他不敢造反，听说你老师是个大能人，只要振臂一呼，南方六省响应，岳大将军是动心了。起初我主人刑讯你也是真的，见你宁死不屈，是个英雄，岳大将军才由恨到敬，认真考虑前途动了心。主人派我来伺候你，就是让我进一步摸你的实底，我家主人想和你结拜为盟兄弟哩!”张熙毕竟是个少见世面的书生，他见李元说得这般诚恳、坦率、也就信以为真。张熙让李元转告岳钟琪，他张熙愿意对天盟誓，披露心迹。张熙没有想到，他中了岳钟琪的圈套。

事不宜迟。当天夜里，岳钟琪设香案，在总督府与张熙对天盟誓，结为兄弟。为了光复汉人家业，矢心共讨清虏。生死同心，愿生生世世结为兄弟。如有背盟，天诛地灭，不得好死!

盟誓后，张熙暴露了真实身份。张倬是化名，真名叫张熙，湖南安仁县人，诸生，曾静的学生。张熙家世代务农，父亲叫张新华，原名张仕璜，有几亩薄田，曾读书为诸生，被除名。哥张照，随父在家务农。堂叔张堪，不识字，务农，家中贫寒。这次我说到西边办大事，给了他几两银子，陪我来西安，替我背包袱。他不知我干什么。我给大人投书的前两天，才对张堪说明了意图，吓得他当夜就逃走了，大概是回老家了，因此投书时只有我一个人。

张熙向岳钟琪讲了曾静派他投书的计划。夏靓是曾静的化名。曾静是湖南永兴人，秀才。现已过了知命之年。中年弃举业，教授生徒，人称“蒲潭先生”，极有学问，著有《知新录》、《知几录》，作为教学纲领，涵蕴夷夏之分的政治观点。平生膺服吕留良。

岳钟琪说，就凭你们师徒二人就能办大事吗?

张熙为了鼓动岳钟琪，大吹牛皮。张熙说，凭我老师的学识声望，他一呼可以动员江南数省人民响应，在书中已经写明。曾静何以有这么大的号召力?一来江西、湖南、广东、广西、贵州、云南六省连年水旱灾荒，官府压迫，百姓愁苦，流离逃窜，人心思动，家家欲为乱。二来老师曾静得到许多极有才学的人的辅佐。岳钟琪问都有些什么人呢?

张熙说，湖南有谯中翼、刘之珩，浙江有严赓臣、沈在宽、孙克用等。这些人都是当代豪杰，满腹经纶。还有许多俊杰，是我老师的朋友，以后合作起事，将军自然会知道的。

这对新结拜的盟兄弟谈得很投机，大有相恨何见之晚的感情。一直谈到深夜，张熙才意犹未尽地离开了岳钟琪。

2. 曾静落网

岳钟琪与张熙结拜，套出了口供，至为兴奋。他连夜给雍正写奏折，把迫不得已的情节也写进了奏折，表示自己尽心办事，为了皇上事业，不惜屈身辱志，与逆贼结拜，求皇上宽恕。岳钟琪在奏折中写完张熙、曾静一干人后，忽然觉得吕留良及其学生严赓臣是一个更重大的线索。严赓臣，字鸿逵，当世大名鼎鼎的人物，朝中大学士朱轼还曾推荐严鸿逵进国史馆修《明史》。严鸿逵抗旨不就。这些岳钟琪都是知道的。于是他才思横溢，伏案疾书，生发出了如下一段陈述和议论。岳钟琪写道：

> 吕留良值得注意。这人原是明朝的儒生，大清建立，他隐身民间，著书立说，批点时文，很有名气。曾静师徒，非常崇拜，私自奉为宗师，是他们谋划造反的一面大旗。“华夷之分大于君臣之伦”就是吕留良的治学纲领。著有《备忘录》藏匿其家，里面肯定充满了连篇累牍的黑话。说不定家中还有其他黑书。虽然吕留良已死了四十多年，为了肃清流毒，臣意以为应秘密派遣快捕，抄查其家，捉拿子孙、学生严加审问。对吕留良还要开棺戮尸，以正国法，灭其九族，斩草除根，才能消灭妖邪。皇上啊，愚臣深知您肚量广大，宏如天地，无所不容。您的指示，明如日月，无所不照。您的仁政，亿万人民荷恩。您勤劳政事，丰功伟绩万世不朽。可恨逆贼狂徒，不思称庆天恩，反而逆谋作乱，人心丧尽。愚臣为了查实反叛逆情，不得已与逆贼盟誓，幸亏我皇上洪福齐天，神威所至，保佑愚臣这招灵验，获得实情，功劳全应归于皇上。愚臣本是一颗野地小草，生逢得时，幸遇旷代明主，使岳门蒙受阳光雨露，感激无尽。愚臣发誓，要生生

世世地忠诚您、爱戴您、报答您！

岳钟琪很满意自己写的奏折，也果然得到雍正的嘉奖。雍正朱批回示说："岳卿忠诚之心，可比天日。朕看完卿的奏本，知道了事实真相，不禁泪流满面。张熙所投逆书，万般恶毒，朕做梦也想不到天下还有这样丧心病狂的人，逆情之大，匪夷所思。像曾静、张熙这等逆贼的暴露，说明皇天佑清，祖宗显灵，卿等努力。岳卿啊，朕对你的嘉许之情难于言表，朕与卿的君臣之义牢不可破。卿还要努力啊，好生看守张熙，等候处理。朕依卿之见，立即派得力人前往湖南、浙江等地缉拿案犯。"

随即雍正给和硕怡亲王允祥等亲信大臣发出谕旨：着副都统觉罗海兰为钦差大臣往湖南逮捕曾静等人；立即发出公文给浙江巡抚李卫，捉拿张熙所供从犯严鸿逵等一干人犯。特别是逆犯所举的旗帜吕留良要尽心抄查，还把岳钟琪上奏的奏折抄录一份给李卫，要他提高认识，不得漏网一人。

雍正十月十一日，特命钦差副都统觉罗海兰一行从京师出发，飞驰湖南长沙。湖南巡抚王国栋接读圣旨后，吓得直哆嗦，他的脑袋嗡的一声就大了，说话舌头都转不动。他在钦差面前只是唯唯诺诺，照着钦差的吩咐，在当天连夜派出多路人员，要把一个个罪犯加以专捕。分派如下：

长沙协副将周宝，会同永州知府姜邵湘，前往宁远捉拿刘之珩及其门人陈立安。

海兰随身守备韩祥，与抚标中军游击邬锦、署理郴州知州张明叙，前往永兴捉拿曾静。

长沙府知府孙元，前往安仁县捉拿张熙之父张新华、张熙之兄张照、张熙之叔张堪。

岳州府知府尹士份，前往华容县捉拿谯中翼。

钦差海兰与巡抚王国栋，严令受派各官务要多带兵丁，神速驰捕，务必一个不得漏网，如有失职，严惩不贷。

这突如其来的钦差要犯遍及湖南各地。事前巡抚王国栋一点也不知道。缉拿要犯的人马派出后，是否能顺利地把犯人抓到，还要牵连多少人，王国栋心里都没有底，越想越怕，坐卧不安，惶惶不可终日。正在这时，忽报又一个钦差大臣驾到。这个钦差是刑部左侍郎兼吏部尚书杭奕禄，手握重权的雍正新近大臣。海兰出发后，雍正不放心，又加派杭奕禄为钦差前往湖南会审曾静。杭奕禄带来雍正申斥王国栋的圣旨。雍正说："好你个王国栋！你在湖南当巡抚两年，是咋个搞的，出了弥天逆贼。你如果尽心宣扬圣恩法制，让愚民懂得道理，哪里就会出来这等逆案。你知罪吗？从此你要小心认真，尽职改过，靖安地方，严惩犯罪分子，再出问题，就拿你是问。"

王国栋接旨，伏地大哭，谢皇上隆恩，没有罢自己的官。他连夜给雍正写了一个"为敬复训旨事"的奏折，做了深刻检讨，表示要立功赎罪，竭心尽力配合钦差惩治罪犯，用以报答皇上的殊恩。末尾写上套语，祈求皇上给自己一个最严厉的处分，以为玩忽职守姑息养奸者警诫。

十一月初八，华容谯中翼被捕获归案。

十一月十二日，安仁县张新华、张照、张堪三犯被捕获归案。

可怜张堪风餐露宿，一路担惊受怕，十一月十一日逃回家，惊魂未定，第二天就被抓获。

十一月十五日，最主要钦犯永兴曾静被抓获归案。

过了几天，宁远刘之珩最后一个被抓获归案。

3. 审讯株连

钦差杭奕禄、海兰、巡抚王国栋三位大臣连夜提审各路案犯。所得供词如下：

谯中翼供：我今年七十二岁，是华容县学诸生。今年因病误了考期，被县学开除。我入学二十八年，一直是个穷书生，从没出过远门，平日只是坐馆教书，根本就不认识什么曾静、张熙。说起刘之珩，他是安乡县人，宁远县学教谕，平时以文会友认识这个人，我还替他的时文写过一篇序言。除此也没有其他关系。我一生谨小慎微，不知道犯了什么罪，稀里糊涂被抓到这里来，家也被抄了，没什么钱财，只有几本书，也带来了，大人查一查看有什么犯禁的吗？再说一遍，曾静、张熙我根本不认识。他们也不认识我。大人不信，找两个人与我混坐在一起，让曾静、张熙来认一认，看他们指出谁是谯中翼。这样真相就会大白，我的冤枉也就申明了。

张新华供：我叫张新华，原名张仕璜，今年六十岁。二十六岁进过学，考试不好被除名，从此一生务农。我有两个儿子，老大务农，老二张熙跟随永兴县秀才曾静念书。今年年初，他跑回家来要卖房屋田地，说是筹集路费到川陕干大事。现在才知道是去干这掉脑袋的蠢事。我没管教好儿子，让曾静教唆坏了，我罪该万死。

张照供：我叫张照，是张熙的哥。我不识字，只知下地干活。我兄弟这两年住在他老师曾静家里，很少回家。他在外面干什么，我一点也不知道。

张堪供：我叫张堪，是张熙的远房叔叔，家里很穷，今年五月，曾静打发他的大儿子和张熙来我家，给了我几两银子，要我陪张熙出趟远门，替他背包袱。见有银子，我也没问，就跟着张熙走了。到了西安，九月十四日，张熙才说他要去总督衙门上书，劝岳将军起兵反叛朝廷，当时把我吓坏了。我想这可是杀头的罪，当夜我就逃走回家，心想躲开就没事了。想不到回家的第二天，还是被你们抓来了。曾静支使张熙干的事，我一点都不知情，请大人饶了我吧。

曾静供：我叫曾静，今年五十岁，永兴县秀才，考试不好被革了功名。投书的事前几年我就定了目标，打算亲自去干。后来收了个学生张熙，他自告奋勇替老师去上书。家里钱不多，张熙就回家典当了房屋和水塘，凑足了路费，于今年五月初七起身出发的。背包袱的张堪是我花钱雇的，他不知内情。干这事很机密，只有我和张熙两人知道，张熙的父亲也不知道儿子出门干什么。我在永兴收的另一个学生廖易也不知道。永兴是个偏远穷苦的地方，我住在山里，没出过远门，一生到现在只到过县城和郴州，到过一次长沙，我这次被抓，才第二次到省城。我孤陋寡闻，根本没见过当世名人。我极佩服吕留良的学问，私自奉他为宗师。去年我派弟子张熙到浙江石门拜访吕家后人，访求吕宗师的书籍遗作，倒是张熙见了一回世面，交结了严鸿逵、沈在宽等人。谯中翼我确实不认识，读过他替老师刘之珩写的书序，极膺服他是一个很有学问的人。刘之珩今年六十多岁，他先前在永兴县当过教谕，我在他跟前念过书，是我的老师，极有学问，天文地理什么都懂。陈立安是刘之珩的得意门生。我上书的想法前两年曾给刘之珩老师讲过，被老师臭骂了一顿，所以这次上书没告诉他。现在他又不在永兴，在宁远县当教谕，什么也不知道。这些都是实情。总之，我一人做事一人当，不能诬报别人。张熙也是我指使的，当然他赞成我的主张。投书就是我们两人的事。请三位大人明察。

刘之珩供：我叫刘之珩，现在宁远县做教谕。我自幼学习《尚书》，略知一点星相图说的知识。我编的两本书《八阵握机图》和《格物集》，都是抄录朱熹的格言，加以申说，作为武秀才的教本，大人可查查，看有没有犯禁的地方。关于曾静上书的事，我压根不知道，可以当面对质。请三位大人给我洗刷冤情。

杭奕禄等人对主犯曾静及一干人多次进行刑讯，怎么也审不出更多的东西来。硬的不行来软的。又一次审讯，杭奕禄和颜悦色，面对曾静大讲清朝得统之正，天与人归。又说当今圣上无比圣明，仁政爱民，赈灾、惩贪，如今国泰民安，盛况空前。又说圣上慈悲为怀，只要你曾静知罪，把谋反后台及党羽都供出来，一定能得到宽大处理。坦白从宽，抗拒从严，顽固不化，死路一条。

曾静回答说：三位大人，苦口婆心，我能不老实交代吗？当初我派张熙上书，实实在在是我个人的主意，在我住的山村，文化多的人不多，哪来同党，哪来后台。张熙临走，我交代得明白，反复叮咛见机而作。要多方打听，岳钟琪是不是可以托大事的人，如果不是，赶快回来另作主张，切不可轻举妄动。不曾想张熙贸然投书，捅了娄子。事情就这么回事，要我们到哪里去找同党呢？这些我反复说过了，再无别话可说。

杭奕禄等仔细检索从曾静家抄来的书籍信札等物。有问题的是四本书。其中吕留良写的有两本：《春秋大义》、《吕子文集》；曾静写的有两本：《知新录》、《知几录》。此外还有张熙的投书底稿，以及张熙上书临走前举行祭神祭祖仪式的祭文等。在曾静的书中查到车鼎丰、车鼎贲、施虹玉、孙学颜、毛仪等人名，使得钦差大臣极为兴奋。于是再审曾静，曾静作了如下供词。

曾静说：《知新录》是我仿照张横渠先生"心有开明，即便札记"的宗旨，随时所见、所写的札记，用口语记载的读书心得。《知几录》是专写给张熙看的，无非是灌输投书内容的思想。这两本书都是我个人写的，没有什么同盟。书中随手记载的人名，车鼎丰、车鼎贲是严鸿逵、沈在宽的朋友，张熙去年去浙江路过结识的。施虹玉是个死人，要活着就有九十六岁了，江西徽州人。孙学颜是山西人，我只是在一本古文刻本上读过他的文章，文章写得好，极佩服，就记下他的名字。毛仪是陕西人，是一个很好学的人，听说他一次就从吕留良宗师那里买了八十两银子的书，出手很是豪爽。这四个人我都没见过面，都是听人说的，觉得他们很有学问，写书时就随手写上了。

杭奕禄等人施加刑讯，曾静再三如是说。于是只好将曾静收监，一面行文各处缉拿车鼎丰等人。行文陕西的公文，除缉拿毛仪外，并请岳钟琪解押张熙到湖南质对。办完这些，海兰和王国栋、杭奕禄分别给雍正写秘折，报告审问情况。杭奕禄等人的奏折内容如下：

> 臣等奉皇上圣旨到长沙办案，不敢有一点疏忽。查逆贼曾静即夏靓，生长在山野之中，因不明大义，秀才考了个五等被革除，于是怀恨在心，丧心病狂，宣扬无父无君邪说，进而诬蔑圣上。曾静他自知罪恶滔天，逮捕时他居然要自杀，后来在他衣衫上发现写有这样一句话："蒲潭先生卒于此"。看来他早做好了自杀的准备。幸亏皇上威德无比，震慑住了他，叫他自杀不成，束手就擒，以正国法。臣又经细心调查，曾静行为恶劣，在家乡名声很臭，因此他谋反的事，乡邻确实不知。跟着他干坏事的，也就张熙等几个人。

没发现其他同伙。从逆书中查出谯中翼、严鸿逵、沈在宽、车鼎丰、车鼎贲、孙克用、毛仪、施虹玉等人，据曾静交代只是他个人推崇的人，并没见过面。从审讯情况来看，曾静好像没有撒谎。臣已分别给浙江、江西、陕西等督抚大臣发出快信，火速缉拿一干案犯，并行文陕西解押张熙到湖南质对。臣待各案犯全部归案后，再行严审，从重处置，决不姑息。臣等愚蒙，还望皇上训示。

转眼腊月尽，新年至。钦差大臣杭奕禄、海兰等，因皇命在身，办案未结，没敢回京过年，就留在长沙过了个春节，等待皇上训示。正月朱批谕旨才到，雍正明示：

着将所有逆犯押解来京，一路好生宽慰带来，钦此！

杭奕禄、海兰、王国栋三人读罢圣旨，心都悬起来了，显然皇上不满意，几个月来，他们没有审出个水落石出。皇上要曾静的后台和同盟，这怎么办？三人坐下商议正没头绪时，接二连三传报进来。江西案犯车鼎丰、车鼎贲等解到，陕西案犯毛仪已死四五年，毛仪之子毛仍世、毛延世，连同张熙解到。接着驿站又传来兵部的火牌公文，是以怡亲王等军机大臣名义下发的。公文前头有一段皇上谕旨说：

先前，岳钟琪送来曾静所派弟子张熙上的逆书，朕看后不觉哑然失笑，全是无根无据荒诞离奇的谣言。可又一想，曾静写这种逆书，从哪里搜集的材料，不可能是杜撰，他背后一定有一股制造谣言的源头，这源头一定是唯恐天下不乱的恶势力。现在朕把曾静逆书上有关的名字都勾出来，着杭奕禄等重审曾静，一一回答朕标示的地方，录取口供回报。此外，曾静在逆书上的谣言，他是得之于道听途说，那么让曾静供出是谁说的，从哪里听来的，即使说不出名字，说清来龙去脉也好。这些地方杭奕禄等务必审问清楚，查出首犯与曾静等一并解押来京。杭奕禄和海兰两位钦差要亲自解押犯人，一路小心，必须安全到达。浙省犯人已解押到京，其他各省人犯押往湖南的，一并火速解京。钦此！

杭奕禄等不敢怠慢，接皇上训示，加紧命曾静及张熙等人，追查首犯。曾静等人供词如下。

曾静供：我在家乡官道旁一个叫蒲潭的地方开了一个书馆，所以称“蒲潭先生”。经常有过路人在书馆说三道四，也记不住他们的名字，不敢胡说。现在记起一件事，那是雍正元年四月二十日，有个外地人来到书馆，称名叫王澍，号茨山，是丙午科进士，他自称与皇上的弟弟一起念过书，儿子在川陕两省统领大军，我把王澍的这些话写在《知几录》内，心里猜度这个王澍莫非就是川陕总督岳钟琪的父亲，他化名王澍吧。五短身材，大约四五十岁，胖乎乎的，留着小胡子，江浙口音。别的说不上了。张熙当时也在场，不知他还记得不。

张熙供：我去西安投书是老师曾静指派的。但我一点也记不起王澍这个人，以及这件事。我知道的全部告诉了你们。去年我去浙江吕留良家买书，见到他家老九吕毅中，在交谈中说他父亲有个得意门生叫严鸿逵，是湖州人。我十分仰慕，就在回途中去湖州拜会了严鸿逵。又由严鸿逵介绍到江西车鼎丰、车鼎贲家会见严鸿逵的弟子沈在宽，当时沈在车家坐馆教书。车氏兄弟很好客，留我住了几天，还送我一两银子作路费。车氏兄弟介绍了孙克用，因我急着回家，没有与孙克用见面。我在去浙江的往返途中，从水路坐船时，一些客商闲谈，说了一些有关朝廷内幕和全国的事，逆书中有许多内容就从这道听途说来的。

车鼎丰、车鼎贲供：我们原籍湖广，后搬家江西，从前与曾静、张熙全无瓜葛。雍正五年八月，也就是去年八月，浙江严鸿逵，又叫严赓臣，介绍张熙来家，我们见到老乡，十分亲热，留他住了两三天，临走送了一两银子，其他事情一概不知。我们一家人书香门第，世受国恩。我们还有个侄儿叫车敏来，如今是朝廷命官，在山西省安邑县做知县。我们俩，一个是戊子科副榜，一个是监生，都知书达理，哪里知道张熙是个叛逆匪类。请三位大人给我们做主。

又提审孙克用、陈立安、廖易，以及牵连出来的曹珏、张孝先等，也没有什么名堂。毛仪是个贡生，陕西宝鸡人，买过吕留良的书是实，但死了五六年，两个儿子规规矩矩过日子，什么也不知道，审不出结果。抄家也没有什么违禁的东西。

杭奕禄、海兰、王国栋三位大人，从案犯身上再也榨不出油水，又怕刑讯整死了人不好交差。于是在雍正七年（公元 1729）三月初十日起解押一干犯人入京。晓行夜宿，一连走了三十多天，四月下旬到了北京。

4. 京师再审

曾静等案犯解押到京，雍正皇帝发下圣谕，着内阁九卿与刑部抓紧审理。雍正朱批一道又一道的圣谕，出奇料理，详情下一节细说。这里单说内阁九卿京师再审案情的扩大。

王澍与皇室有瓜葛，是一个重大线索。湖南没审出结果，京师再审，不料曾静翻了口供，说根本没王澍这个人，是吃刑不住胡乱编造的。王澍说的那些话，是一个发配去广西的官犯，路过湖南时说的。曾静在受审中又供出了几个传递消息的人。一个是安仁县生员何立忠，一个是茶陵州风水先生陈帝锡，一个是永兴县医生陈象侯。办案大臣如获至宝，一面向雍正奏报，一面行文广西、湖南、浙江各省抓新的案犯，调查发配广西的官犯。从五月至八月，又理出了一些情况。

湖南巡抚王国栋，缉捕陈象侯、何立忠、陈帝锡，以及又牵引出何献图、张继尧等案犯，这些人的审讯供词，王国栋奏报如下。

陈象侯供：我是个医生，永兴县人，四方行医。五年前曾给曾静的妻子看病，认识了曾静。前年到安仁行医，在何立忠家听他族人武生何献图讲，说朝廷有个大臣，上本谏奏，触怒了皇上。有一次给曾静说过这样的闲话。

何立忠供：我是安仁县的文生，女婿死了曾静来吊孝，说我女婿度量太小，遇事想不开就气死了，实在可惜。由此生出闲话，只有当今皇上度量大，朝廷有大臣不知忌讳，上奏折谏皇上，皇上没当一回事。这是我族人何献图讲的，原本是颂扬皇上的。

陈帝锡供：我是茶陵州的风水先生，前年十月我在何献图家看风水，听他的妹夫张继尧说。四川有个大老爷岳钟琪，给皇上奏谏本，劝皇上修德行仁，不要暴虐。张继尧还讲四川一处有座山滑坡，露出一块孔明碑，碑文上还有几句诗，诗文说：

孔汝仅留二八邦，花木流落在四方。
秦楚士卒千万丈，方外东郊荒又荒。
秦晋兵来燕赵地，秋后鸦鹊尽无粮。
四民遍地遭淹没，天下从此动刀枪。
若问人民太平日，除非山山口口藏。

这些话都是张继尧讲的。

王国栋抓来何献图，没抓到张继尧。何献图说，这些话是陈帝锡讲的，陈说是张继尧讲的，后来抓到张继尧对证，陈帝锡改了口供，说是在前年八月去衡州买柚子，走到磨堡司这个地方，在官道旁的凉亭里碰到四个穿马褂的人讲的。这些人说京话，像是当官的旗人。其中一个人说，岳老爷上了谏本，不知忌讳，怕要吃官司。另一个人说，不要紧的，皇上大度不会定他罪。第三个人说，皇上不但没怪罪岳老爷，还加了官哩。这是实情。关于孔明碑的事，也是前年，在九月里我去衡州买鼎锅，在同年桥那儿看到一群人围着一个白头发白胡子的道人讲故事。那道士约有九十多，招牌上写“云水道人，善观气色”八个字。他给人看相收八文钱，我也花了八文钱看相，与这道人交谈了几句，说是从四川来的。他讲了孔明碑的故事，还拿出一张告示贴在桥上。大家都不懂那几句诗是什么意思，我也给记下了。前几次咬定说是何献图和他妹夫张继尧讲的，因为我有一次病倒在何献图家，住了几天。何献图和他妹夫张继尧向我要钱，我没有钱，他们就用草席把我裹了扔出门外。我出于报复之心，就把什么事情都往他们郎舅身上推。这次说的全是真的。

关于调查官犯，王国栋也仅仅是查出了几个发配广西路过湖南的犯人，有马守柱、达哈琏、蔡登科、耿桑格、耿六格、霍成等人。说什么过境罪犯，一切按规矩办，有案可查。

王国栋审案没有什么突破，查官犯也没找到线索，雍正大为不满，在王国栋的奏章上作了多处批语，斥责说："你个王国栋，溺职之极！你身为地方大员，治下百姓风气如此之坏，出了这么大的问题没有发现，我派钦差办案，才把人犯抓住。有了新线索，着你逮捕，也没审出个结果，你一点也说不清这些逆犯狂言乱语的根源。你王国栋，可真是一个德才兼备忠诚任事的巡抚啊!"雍正的斥责颇带讥讽挖苦。不久就罢了王国栋的官，派赵弘恩去湖南做巡抚。王国栋是曾静案波及丢了乌纱帽的一个大员。

布政使、按察使也被罢了官，湖南省改组，由赵弘恩组建了新班子。

广西巡抚金铁很积极。他在七月二十一日、八月初一日、八月二十八日，连续三道奏章，将调查官犯情况奏报如下：

> 臣接军机处怡亲王等大臣的行文，调查雍正五年发配广西官犯改造情形，臣立即照办。臣不但要调查雍正五年发配来的官犯，还要把这几年充军到广西的犯人一个一个查清，若有再犯事的，要亲自审讯，速解赴京。现调查情况是这样的：雍正五年充军广西路经衡阳的犯人共五案八名：有马守柱、蔡登科、耿桑格、耿六格、吴守义、霍成、达哈琏及儿子达成德。其中蔡登科和耿桑格二人已死。剩下六名，经调查表现如下：
>
> 达哈琏，原皇宫茶叶库大使，非常安分守法，儿子达成德才六岁不懂事。
>
> 太监吴守义，也还老实，没什么言行。
>
> 太监霍成、马守柱二人极不老实，时常发牢骚，造谣惑众，讲朝廷坏话，已整理成单行材料上奏。

耿六格，三藩叛臣之一耿精忠孙子，曾充军到三姓地方，又转来广西，表现最恶劣的一个，心怀反叛，说朝廷坏话，真是恶贯满盈，罪不容诛。

此外，在雍正四年十二月间，充军来一名太监叫刘应试，在雍正五年十月间，充军来一名太监叫米儿。这两人都抗拒改造，经常骂不绝口，思想反动。也将整理成单行材料上报。

金铁的最后一次奏折，说他八月要主持广西乡试，不能亲自解押这些充军罪犯又犯新罪的人来京，委托按察司衙门具体办理。按察司将分别在八月初八日、八月初九日、八月初十日、八月十一日、八月十四日，把顽固罪犯解押送京。这些罪犯胡言乱语，胆大包天。臣敢断定，曾静逆贼的那些昏热胡话，无疑是马守柱、耿六格等发配重犯散布的。

雍正皇帝对广西巡抚金铁的奏报十分满意。通过对充军广西罪犯的审查，曾静逆书中的那些大逆不道之语，就找到了源头。

5. 乾断结案

曾静案经过了整整一年的审理，又大肆株连，但在湖南、广西、江西、安徽、浙江几个省的大搜捕，始终没有挖出曾静的直接后台，雍正皇帝的头脑才冷静下来，谕示内阁九卿拟请结案。雍正七年九月底，办案大臣上奏，以大逆罪拟判曾静、张熙凌迟处死，以正国法。

十月初七日，雍正皇帝在乾清宫召见内阁九卿及办案大臣，宣示对曾静的结案谕旨。雍正说：看了众卿的奏折，对曾静、张熙的量刑不为过分，凌迟处死都不足以抵偿罪责。但是朕以为曾静有可原之情。留下不杀为好。不妨说说朕的隐衷：

去年张熙给川陕总督岳钟琪投书，严刑拷打，罪犯都不招供，不吐真情。亏得岳爱卿一片忠心，与逆贼张熙盟神设誓，才套得实情，才能有今天的结果。当时我读了岳爱卿的奏章，感动得流泪。岳爱卿不愧是忠臣良将，不惜蒙羞冒风险与逆贼结盟。虽是假意，但结盟已成事实，神明面前有誓言。如果杀了曾静、张熙，将置岳爱卿于何地，难道能让岳爱卿永远蒙受失信负诺的名声吗？为了岳爱卿，不杀曾静、张熙，这是第一条。再说曾静，一个山村野叟，也居然想造反，他还搜罗了那么谣言，可见全国说坏话的人很多，众口铄金，这可是非常严重的局面，决不能掉以轻心，必须塞其源而断其流。现在查清了，恶言谤朕的罪魁是阿其那、塞思黑这些顽凶。他们的太监被发配到广西，沿途散布，引出了曾静。若无曾静案投书发生，朕永远不会知道民间有这么多恶言，更不会知道这些谣言的来源。没有曾静，也暴露不了吕留良的大恶。在这上面，曾静还是有功的。现在人家又认识了错误，诚心悔罪，写了《归仁说》，不必一棍子打死。这是不杀的第二条理由。皇考圣祖仁皇帝当年处理三藩叛乱，那么大的事，只要愿意改过的，也一律宽大。今天的曾静、张熙，严格说不是主犯，只是吕留良的从犯，算不上是首恶元凶，又老实彻底坦白了，为什么不可以从宽呢？曾静的恶言秽语，只辱及朕躬，因为全是无根无据的虚辞，所以我心里很坦荡，也就宽宥这逆贼了。众卿要理解朕，朕不是要博取宽大为怀的虚名，而是宽赦曾静有更大的用处。朕已决定，把审讯曾静案的全部供词，朕的有关谕旨，曾静的《归仁说》，合编成一本书。书的前面朕又写了两篇长文特谕，一并刊布，书名就叫《大义觉迷录》，让天下人都知道，让士子必读。曾静、张熙，随两路钦差，观风整俗，巡回演讲，现身说法。这比杀头好得多。

雍正的乾断，像惊天霹雳，使众大臣都懵了，真是太出人意料了。众大臣退朝后再度商议由雍正最亲信的和硕怡亲王允祥领衔再奏，疏请将曾静正法。疏称："曾静枭獍性成，阴谋不轨，诬谤悖逆，罪恶弥天"，查律属十恶不赦之罪，因此"仰祈皇上俯允臣等所请，敕下法司，将曾静、张熙按律处决，碎尸悬首。查其亲属逆党，尽与歼除。以明朝廷之宪章，慰臣民之公愤，臣等无任恳笃激切之至”[1]。雍正铁定了心，曾静、张熙就是不杀。又下一道谕旨，称“朕再四详慎，所降谕旨，俱已明晰，诸王大臣官员等不必再奏”[2]。雍正还敕令，外省官员上奏，通政司截留发还，皇上不用再看。

雍正八年正月二十三日，朝廷派出两路钦差带着两队人马威风凛凛从京师出发。一队沿着去江苏的官道出发，钦差还是那位刑部左侍郎杭奕禄。另一队沿着去西安的官道出发，钦差是户部尚书史贻直。两支钦差行列中各多了一个特殊人物，那就是曾静、张熙。曾静跟在杭奕禄队里，张熙跟在史贻直队里。现在他们已经不是钦定要犯，而是被雍正特赦后的观风整俗使成员。他们也穿戴整齐，骑上高头大马，穿上官服顶戴，与其他人没有两样。曾静和张熙的任务是巡回演说，现身说法，宣传《大义觉迷录》，替雍正呐喊，颂扬皇上圣德。东路曾静沿着江苏—浙江—江西—湖南一线宣讲，西路张熙在陕西等地宣讲，然后把他们送回原籍湖南。雍正还特别恩准曾静、张熙告假一年，回老家“归置田产”，假满回到巡抚衙门听从观风整俗使调用。

至此，曾静案告一段落。雍正皇帝的独出心裁，使得曾静、张熙两人做梦也没有想到，他们托了八辈子什么福分，居然活着风光体面地出京。曾静回到湖南，还掀起了一场余波。雍正八年八月，曾静、张熙被送回湖南，省城长沙炸开了锅，一下热闹起来。一夜之间，全城贴出了传单。传单说，八月十九日，要把曾静、张熙从官府里抢出来，沉到深潭里处死。由于雍正在特谕中已有指示：任何臣民，特别指出湖南士民不得擅自处死曾静。因此，长沙贴出传单要处死曾静的消息传来，巡抚赵弘恩紧张起来，赶紧找来布政使杨永斌、按察使张灿，还有湖南观风整俗使李徽，召开紧急会议，连夜抄成奏章报告雍正皇帝，打算把曾静、张熙送回京师。雍正朱批“知道了”，让曾静仍留在湖南。到底只是一场虚惊，没有出事。

雍正在结案曾静的同时，写了专题批判吕留良的上谕，并

---

①② 《大义觉迷录》卷三。

“着九卿翰詹科道会议，直省督抚、提督、两司，秉公各抒己见，详核定议具奏”[1]。如何处置吕留良，雍正皇帝表示不自专，交全体京师大臣和全国省级官员讨论定罪，把他重吕轻曾的乾断意志，以集体讨论的名义强加于臣下，这真是极高明的政治手腕。雍正八年（公元1730）十二月，刑部提出了结案意见，要点如次：

(1) 将吕留良及其长子吕葆中（二人已死），开棺戮尸。

(2) 没收吕氏家产。

(3) 把吕留良第九子吕毅中判处立斩决；其余吕氏成员全部按律坐罪，发配充军。

(4) 吕留良所著一切文集、诗集、日记列为禁书，民间所藏，收交焚毁，匿藏不交者从重处治。

雍正批示，说内心完全同意大臣们的议处，但是全国的读书人士子是否赞成？再听听他们的意见。烧尽吕留良的书，能否办得彻底是个问号。即使能烧光，后世的人也要说闲话，说不定吕留良的书真好哩，既然不好，干吗烧掉？那时要批判，也没了靶子。我圣朝丰功伟绩，如日月经天，光照大地，万古不朽，岂是吕留良所能否定的？因此朕决定把你们的拟处奏折印发全国，让所有读书人讨论，鼓励他们独抒己见，不要打击。吕留良的东西，也发下去作反面教材。实际上雍正这一招，是借题发挥，开展一场批判吕留良，肃清思想流毒的运动，配合曾静、张熙的宣讲。

按照这个谕旨，大学士朱轼等揣摩圣意，编写了驳斥吕留良的四书讲义、语录的书。

又经过了一年的全国讨论、批判，到了雍正十年十二月，正式断结吕留良案。雍正发下谕旨说：办案大臣联名陈奏，按大逆律治罪吕留良。朕为了做到秉公执法，下旨让各省学臣征求所有读书人的意见，讨论吕留良该不该判处大逆罪。至今已一年了，

① 《大义觉迷录》卷四。

据各省奏报，一致要求按大逆律处决吕留良，没有一个反对。既然天下公论如此，朕也不敢违背公议，这叫国法难容。吕留良等判决如下：

(1) 着将吕留良、吕葆中戮尸示众。

(2) 吕毅中立斩决。

(3) 抄没吕家财产上交国库。

(4) 吕氏满门男女发配新疆，给戍边将士作奴隶。

(5) 将吕留良的所有著作书稿，不必销毁，但严加封存。

(6) 将严鸿逵凌迟处死，新近已死，戮尸示众。

(7) 严家满门男十六以上立斩决，男十六以下及全体妇女押送北京，赏给功臣家做奴仆。

(8) 抄没严家财产上交国库。

(9) 将沈在宽凌迟处死，直系亲属按律治罪。

(10) 将车鼎丰、车鼎贲立斩决，车家直系亲属按律治罪。

其余人犯，均按律治罪，不得丝毫宽贷。

吕留良案涉及大批读书士人，一概从重治罪，与曾静案的处理形成鲜明对照。曾轻吕重，雍正皇帝的这一乾断，生动地表现了他的性格和独特的逻辑思维，即特别重视肃清思想流毒。

又过了三年，到了雍正十三年八月，雍正驾崩。皇太子弘历即位，这就是清高宗乾隆皇帝。

新皇帝上台两个月，就翻了雍正钦定的旧案。十月初八发出上谕，批判罪恶滔天的逆贼曾静、张熙，认为置之重刑不足以蔽其辜。乾隆解释说，父皇宽赦二人，因为二人没有诋毁圣祖仁皇帝，只诬谤先皇本人，先皇可以宽大，但如今我已继承皇位，怎么可以宽恕诬谤先皇的逆贼呢？先皇严惩吕留良，因吕留良诬及圣祖。我援引此例严惩诬谤先皇的人。着将曾静、张熙明正典刑，凌迟处死，千刀万剐。

至此，曾吕案落幕。

三、雍正皇帝重吕轻曾的“出奇料理”

曾静投书，策动大臣造反，这是十恶不赦的大逆之罪，本应灭族，却得到雍正特赦，脱胎换骨做了新人，旷古未有，此是一奇。吕留良已死多年，只是反满言论诉诸文字，生时未受惩治，现在却要开棺戮尸，一族门诛，何其残也，这又是一奇。雍正皇帝受谤，亲自批驳，特下谕旨为自白辩诬，此又一奇。刊刻大逆罪犯口供，编辑《大义觉迷录》为天下士子必读书，更是一奇。老子编的宝书，儿子禁毁，五奇。曾吕案有此五奇，使得《大义觉迷录》成了大清帝国一部极富神秘色彩的御制国书。总之，结案重吕轻曾，震动了内阁九卿，大出全国臣民意外，确实够出奇，亏雍正皇帝想得出，也做得出。

何以如此，《大义觉迷录》是否解得出，慢慢道来。

1. 案犯解京

曾静投书，只不过是两个山村腐儒的狂悖行为，着地方官审明案情，依律灭族可也，何须小题大做，皇帝亲审，造成全国纷纷扬扬。乃是割鸡焉用牛刀！

雍正自有他的道理。案发伊始，雍正就定下了“出奇料理”的方针，当然全盘计划并无周密细节，随案情的发展而调整。但利用曾静案小题大做，掀起一场揪后台、惩同党的全国整肃运动的方针明确地定了下来，并莫测高深地运之于心。这是有证可查的。雍正六年（公元1928）十月七日，在岳钟琪奏折上的批示就露出了端倪。雍正说：

> 朕览逆书，惊讶堕泪。览之，梦中亦未料天下有人如此论朕也，亦未料其逆情如此之大也。此等逆物，如此自首，非天而何？朕实感天祖之恩，昊天罔极矣。此书一无可隐讳

处，事情明白后，朕另有谕。[1]

这段朱批谕旨译成白话更明白，大意是：

朕看到逆书，十分震怒，以至于落泪。看着满纸呓语，荒谬而恶毒，做梦也想不到天下竟有这等卑下之人在暗中诅咒朕，也没想到叛逆情绪有这么大。这等叛逆东西，自己跳出来暴露了，莫不是天意。朕真诚地感谢皇天和祖宗之神的保佑，苍天真是太伟大了。逆书所言不必隐讳，等把事情弄明白了，朕另有指示处置。

这道朱批的精华及其所含的机权谋略就在最后一句："此书一无可隐讳处，事情明白后，朕另有谕。"你看雍正有多大气量，曾静骂他十大罪，他却说"此书一无可隐讳处"，已显示皇帝多么光明磊落。俗话说"为人莫做亏心事，不怕夜半鬼叫门"。雍正说他受到莫大冤枉，情不自禁伤心落泪，做梦都想不到。但这也是好事，逆贼自己跳出来，问他个水落石出，正可以利用洗刷冤情。雍正已经想到，要利用曾静案追后台，惩同党，最好是曾静出来反戈一击，现身说法，揭露政敌阿其那、塞思黑一伙，改变圣上形象，此是莫大天机。雍正已经是要小题大做了。"事情明白后，朕另有喻"，这闷葫芦当然只有雍正自己知道。

雍正亲自过问案件，派出两位钦差到湖南抓人、审讯，一个大案的声势在朝廷、在全国急急铺开了。

雍正要留下活口，生怕办案大臣急于求成，用刑过猛，灭了案犯。雍正特告杭奕禄审案要心平气和，要给案犯仁至义尽，诱出所需要的口供。雍正十分嘉奖岳钟琪与案犯张熙结拜诱供的方法。

几个月下来，三个办案大臣在湖南没有审理出雍正所需要的结果，决定案犯解京，雍正要亲自审理了。当然九五之尊不可面

① 《文献丛编》第一辑，《张倬投书岳钟琪案》，第4页。

对大逆，由怡亲王允祥及内阁九卿代审，所问条目均由雍正亲自阅读逆书写出。因此审问称“旨意问你”。

雍正指示，两位钦差杭奕禄、海兰要亲自解押案犯，一路慢慢行走，让案犯沿途参观，看大清天下的太平世面。要绝对保护案犯的安全，不要有皮肉之苦，表现皇上恩德仁政。

这是要钦差给案犯做思想工作。这还不奇吗？莫说细民不解，就是大臣也狐疑。雍正在给亲信大臣的奏折中不时作些透露。雍正七年四月十五日、五月二十一日，分别在给云南总督鄂尔泰、河南总督田文镜的奏折上朱批说：“遇此种怪物，不得不有一番出奇料理，倾耳以听可也。”你们伸长耳朵听消息，看朕的“出奇料理”吧！

“出奇料理”的核心是追后台，揪同党，深挖出允祀、允禟集团在幕后作孽。各级办案官员没有辜负雍正的信任，终于有了突破。审案过程，前节已有细述，这里再作逻辑回顾。曾静在京供出逆书中所写有关朝廷的消息是从安仁生员何立忠、永兴医生陈象侯那里听来的，陈象侯、何立忠又是从茶陵风水先生陈帝锡口里听到的，陈帝锡最后交代他是在去衡州路上听几个穿马褂的旗人说的。这些旗人讲官话，又顺藤摸瓜，牵引出流放广西的官犯，有允祀一党的太监，沿途大放厥词诅咒雍正。一路所经直隶、河南、湖北、湖南、广西，都调查这些案犯沿途说了些什么。湖南巡抚王国栋奏称对待过境官犯，一切按规矩办，什么也没调查出来，还振振有词，“有案可查”。王国栋没能力领会出雍正要锻炼成狱的旨意，老老实实奏报，遭到雍正的申斥。雍正说，把你个王国栋这么不中用！于是巡抚乌纱帽就这样丢了。湖南布政使、按察使的乌纱帽也统统丢了。湖南大换班子，省级班子改组，新任巡抚赵弘恩、新任布政使杨永斌、新任按察使张灿，齐心合力，很快就查清了逆案线索。新班子奏报说：允祀等人的太监在发配途中“沿途称冤，逢人讪谤，解送之兵役，住宿之店家共闻之”。这些人，“凡遇村店城市高声呼喊：你们都来听新皇帝的新闻，我们已受冤屈，要向你们告诉，好等你们向人传说”。这些人还说：“只好问我们的罪，岂能封我们的口。”[1] 又查出耿六格是清初叛乱的三藩之一的耿精忠的孙子，他被发往三姓地方，在那里与允祀党人允禩使用过的太监何玉柱等人交结，在八宝家中胡说八道，什么皇上改诏夺位、毒死康熙、逼死太后等等无耻谰言，就是他们说的。雍正很满意。广西巡抚金铁奏报流放到该省的人犯极不老实，制造流言，查系阿其那一系太监。雍正嘉许金铁“逐一密查，确有证据”[2]。河南总督田文镜也奏称据解守人员供报，充军广西的过境人犯达色、马守柱、蔡登科、耿桑格、耿六格、太监吴守义、霍成等有反动言论。雍正也朱批嘉奖。

最后雍正圣断，作出结论说：

> 允祀、允禟等人的奴隶、太监平日相助为虐者，多发遣黔粤烟瘴地方，故于经过之处，布散流言，而逆贼曾静等又素怀不臣之心，一经传闻，遂借以为蛊惑人心之具耳。[3]

这个结论，就是雍正及其办案大臣株连深挖的果实，达到了雍正预想的目的。至此可以给曾静结案。内阁九卿遵旨题奏，曾静谋反大逆，“虽寸磔族诛，不足以蔽其辜”，“臣等审讯之下，无不切齿恨愤，咸愿食肉寝皮”[4]。臣等按律议处如次：

> （1）将曾静凌迟处死。
>
> （2）曾静之祖父、父、子、孙、兄弟及伯叔父、兄弟之子，男十六以上，依律立斩决。
>
> （3）男十五以下，及母、女、妻、妾、姊、妹、子之妻妾，解送刑部发配功臣之家为奴。
>
> （4）抄没曾静所有财产，上交国库。

---

① 《大义觉迷录》卷三。
② 《上谕内阁》，七年九月初二日谕。
③ 《大义觉迷录》卷三上谕。
④ 《大义觉迷录》卷三。

没料到雍正连发特旨驳回内阁九卿凌迟处死曾静的题奏，赦宥曾静，反复强调，不可改变。雍正特谕抄录如下：一则曰：

今蒙上天皇考俯垂默佑，令神明驱使曾静自行投于总督岳钟琪之前，俾造书造谤之奸人一一呈露，朕方得知若辈残忍之情形，明目张胆将平日之居心行事，遍谕荒陬僻壤之民，而不为浮言所惑于万一。亦可知阿其那、塞思黑等蓄心之惨毒，不忠不孝，为天祖之所不容，国法之所难宥处。天下后世，亦得谅朕不得已之苦衷矣。此朕不幸之大幸，非人力之所能为者。即此则曾静不为无功，即此可以宽其诛矣。

再则曰：

除造作布散流言之逆党，另行审明正法外，著将曾静、张熙免罪释放，并将伊之逆书及前后审讯诘问之语，与伊口供，一一刊刻颁布，使天下人共知之。

三则曰：

曾静等系朕特旨赦宥之人，彼本地之人，若以其贻羞桑梓有嫉恶暗伤者，其治罪亦然。即朕之子孙，将来亦不得以其诋毁朕躬，而追究诛戮之。

赦宥曾静，雍正何以如此执著？细微分析当时的全国形势，雍正的苦心，不难理解。雍正沉稳有谋，机权干略胜人一筹。他在储位斗争中击败众阿哥，出人意外地入承大统，遭到允禩、允禟、允禵的强烈反抗。为了稳固地位，雍正不得已严厉打击，不惜以猪、以狗来侮辱兄弟，最后置之死地，难免有残暴之讥。惩治跋扈大臣年羹尧、隆科多，迭兴大狱，株连者多，也有屠功臣之嫌。雍正即位伊始，就锐意改革，铲除积弊，清查钱粮，实行耗羡归公和养廉银制度，整饬吏治，追赃、抄家、惩贪，打击不法绅衿，摊丁入亩等，大刀阔斧，雷厉风行，取得了一个又一个的胜利，政治稳定，经济繁荣，国库积蓄充盈。康熙晚年，国库只有八百万两银子的积蓄，国家几乎不能兴办大事。雍正五年，国库积银高达五千万两。雍正在政治上取得了全面胜利。但在短短的几年时间里，就完成了这一系列改革，成绩固然巨大，而打击面也显得过大，官僚、豪绅、士子等各阶层都有反对的人，因而雍正也落下了骂名，蒙受"操切"之讥。一方面改革成功，另一方面骂名也增高，舆论上对雍正不利。雍正被社会舆论描绘成篡逆的伪君，不讲人伦的畜类，凶恶不仁的暴君，希望他立即垮台，让有道明君治理。曾静逆书所列十大罪，不是一个山乡俗儒所能杜撰，正是社会舆论的归纳和反映。雍正很苦恼，却又发作不得。曾静出现，正是时机，没有引蛇，蛇就出了洞。雍正的"出奇料理"，就是要留下曾静作反面教员，改造曾静使之现身说法，翻转十大罪状为莫须有，全是政敌诽谤，达此目的，雍正即为当世明君。在曾静的处理上，贯彻了批判从严、处理从宽的方针，并顺藤摸瓜，揪出了后台，惩治了同党，引出吕留良案，掀起全国大批判，这一切都在雍正的导演下按部就班做到了。雍正驾驭政治的手腕，在历代帝王中，毫无疑义是第一流的。

2. 大义觉迷

曾静谋反，他提出的政治主张有三个方面，明白地写在逆书及其所作《知新录》、《知几录》内，在审讯供词中也作了交代。第一，主张"华夷之分大于君臣之伦"，反对清朝统治。投书岳钟琪策反，这是最基本的理论。第二，雍正是失德的暴君，继统不正，犯有十大罪。第三，贫富不均，推翻清朝，救民于水火。曾静向往孟子的井田之制，家家有百亩田，户户有饱暖之食。

雍正亲自撰写了两道长篇辩驳曾静政治观点的上谕，告白于天下。最核心的大义，就是清朝是否为正统的政权，满人该不该入主中原。曾静宗信吕留良阐发的《春秋大义》，认为"华夷之分大于君臣之伦"，满人是东土夷狄，夷狄为禽兽，入主中原为不正。雍正阐发"君臣之伦为五伦之首"，是天地间最大的大义，清朝列圣相承，一统天下，天与人归，是合法政权。雍正要用

"君臣大义"来开启曾静"华夷之分"的愚蒙，所以把这场辩论称为"大义觉迷"。

曾静在《知新录》中系统阐述了"华夷之分大于君臣之伦"的观点。他说：

> 君臣之义，一日不可无，天下岂有无君之国？但如何以人类中君臣之义，移向人与夷狄大分上用？管仲忘君事仇，孔子何故恕之，而反许以仁？盖以华夷之分，大于君臣之伦，华之与夷，乃人与物之分界，为域中第一义。所以圣人许管仲之功。

又云：

> 人与夷狄无君臣之分。①

曾静在审讯口供中称，他的观点来自吕留良。管仲九合诸侯，一匡天下，孔子许之以仁。别人解释都认为管仲辅桓公称霸，九合诸侯，不用兵车，乃仁的内涵。只有吕留良解释"仁在尊攘"，尊天子，攘夷狄，这才是孔子许管仲以仁的内涵。由此牵引出吕留良案。雍正特谕所批判的对象主要矛头是指向吕留良。

吕留良（1623—1683），号晚村，浙江崇德（今浙乡桐乡）人，明清之际思想家，与黄宗羲、高斗魁等友善。明亡，散家财结客，图谋复明，备尝艰苦。事败，家居授徒。清顺治十年（公元1653）应试中秀才。康熙六年（公元1667）应举落第，退出士林，悔恨猎取功名，从此思想大变，拒仕清朝，康熙十七年（公元1678）被荐应博学鸿词科，不就。康熙二十年（公元1681），地方举为山林隐逸高人，拒不接受，为表示决心，不仕新朝，剪发为僧，法号耐可。卒前作《祈死诗六首》以明志。学宗程朱，

① 《大义觉迷录》卷三，上谕及口供第七条。

特别发挥朱熹的种族思想，“华夷之分大于君臣之伦”即其核心思想，为曾静所宗奉。吕留良说：“德祐以后，天地大变，亘古未经，于今复见。”[①] 德祐，南宋恭宗年号。德祐二年（公元1276）二月，元军进临安，南宋灭亡，蒙古人建立元朝。吕留良认为中原陆沉，从古未有，天昏地暗。现在满人入关，建立清朝，是德祐以来复见，即第二次陆沉，汉人又蒙黑暗。吕留良怀念明朝，颂扬南明永历帝。他在所写书中说，永历帝朱由榔被从缅甸逮回国时，“满汉皆倾心”，向他下跪，被吴三桂处死时，“天地晦霾，日月失光”，百里以内的关帝庙都被雷击。意思很明显，对清朝政权，天怨人怒。吕留良拒不承认清朝，所以在著作中对清朝称呼为“彼中”、“燕”、“北”、“清”[②]，而不称“大清”、“国朝”、“圣朝”。吕留良的这一立场，加上他作为理学家的名声，在社会上有着相当大的影响。他批点时文刻印，既生财，又传名，人称“东海夫子”，就是当今孔子。史称“穷乡晚进有志之士，风闻而兴起者甚众”[③]。吕留良已死多年，而吕氏家族在浙江仍为显族，浙江总督李卫上任，也去拜望吕子宗祠。曾静僻处湖南山区，而私淑奉为宗师，足见其在全国的影响。

吕留良的门人严鸿逵，严鸿逵弟子沈在宽等继承吕氏思想，敌视清朝。大学士朱轼荐严鸿逵修《明史》，他在日记中说：“予意自定，当以死拒之耳。”严鸿逵希望天下大变，他说一日观天象，数年之内“吴越有兵起于市井之中”[④]。他把热河发大水，加以夸张，说淹死满人二万。沈在宽诗：“陆沉不必由洪水，谁为神州理旧疆?”还说“更无地著避秦人”。张熙到浙江吕留良家中购书，辗转认识严、沈，思想一致，恨相见之晚。

吕留良成为曾静造反高举的一面旗帜。当岳钟琪诱骗张熙的时候，张熙和盘托出。张熙说，他们师徒奉吕留良为宗师，他亲

① 《大义觉迷录》卷一，雍正特谕一所引。
② 以上所引见《大义觉迷录》卷四。
③ 《吕晚村文集》附录，吕葆中等撰《行略》。
④ 《大义觉迷录》卷四。

自去吕家求书，随身带有吕氏诗册。一一指点给岳钟琪。[1] 岳钟琪看不了这么深远，办案大臣也看不了这么深远，他们只看到的是曾静、张熙赤裸裸的造反，看不到已死了近半个世纪的吕留良，还能翻什么大浪！雍正居高临远，他认为清朝立国已近百年，天下承平，既然汉人还有如此强烈的反满情绪，千里之堤，溃于蚁穴，不可不防微杜渐。这防微杜渐，就是整肃思想，如何做去，非常艰难。秦始皇焚书，落下千载骂名，失败的教训，不可取法。开展批判，这是雍正的新思路，谁来主笔？雍正默数朝臣文官，似乎找不出一个食君之禄、替君分忧的大臣来，不免有些失望。看来这支批判的铁笔只有朕来亲自操劳。雍正真是精力过人，他调阅了所抄吕留良、曾静、严鸿逵等人的文集、日记、稿本等，把他们的“反动观点”一一勾出，条列成谕旨着办案大臣一一审问，自己着手写了几篇批驳上谕，务要诛心，从理论上打倒“华夷之分”，从思想上统一君臣之伦才是天地间第一大义。雍正驳辩的圣谕内容如下：

首先，雍正说“皇天无亲，唯德是辅”，这是《书经》上的话。清朝列圣相继。开创了大一统的太平盛世，顺天理民，“四方无事，百姓康乐，户口蕃庶”，田野日辟，为古代所无。清人承统义正理顺，有恩于天下，何负于汉人？

第二，清朝兴起于东土，与明为邻国。明朝政乱，亡于流寇，清人从李自成手中取天下，是替明朝报了仇。那些以复明为旗号反清的人，不仅是本朝的贼寇，而且也是明朝的仇敌。

第三，从天理来说，生民选择君王，只拥护有德者，而不是单纯拥护中土的人。既然天覆无私，唯德是辅，那么夷狄有德，亦可为大圣。舜为东夷之人，文王为西夷之人，这可是孟子讲的。“清之为满洲，犹中国之有籍贯”，故满人有德，可同虞舜、文王一样为天下圣君。华夷之分，没有道理。

第四，华夷之分无补于治道，既使汉人之君丧志，又激怒夷人之君，此等理论不过是奸邪小人造反的借口，侥幸万一，实为

① 《文献丛编》第一辑，《张倬投书岳钟琪案》，第2页。

万古之罪人。

第五，君臣之义为五伦之首，这是天地间最大之理，无父无君，才是真禽兽。清朝衣冠是上天命令来主宰中国的一种形式。“孔雀翎、马蹄袖，衣冠中禽兽”，这些话语是无知之人的诽谤。

雍正在华夷之辩中充满了自豪感。一是，列祖圣明，不像以往的朝代，只有一个两个开国明君，唯有大清“列圣相承”。太祖高皇帝努尔哈赤，“天锡神武，谋略盖世”，是以“统一诸国，创立帝业”；太宗文皇帝皇太极，“继位践祚，德望益隆，奄有三韩之地，抚绥蒙古，为诸国共主”；世祖章皇帝顺治福临，“帝驾入京师，安辑畿辅”；圣祖康熙皇帝玄烨，“在位六十一年，仁厚恭俭，勤政爱民”，而“文德武功，超越三代，历数绵长，亘古未有”；到了“朕承嗣鸿基，以敬天法祖为心，用人行政，无一不本于至诚”①，成就巨大，不但不是元朝所可比拟，而是“超越百王，亘古罕有”②。清代文治武功之盛，雍正时正处于极盛，有了本钱，说话自然气粗。二是清代大一统，非历代帝王可比。雍正说，南北朝时，君主只能统驭一方，地丑德齐，势均力敌，所以“北人诋南为岛夷，南人指北为索虏③，明朝朱元璋威德不足以抚绥蒙古，才兢兢于边防。这里雍正以清朝大一统，各民族在天覆之下为一大家庭的生动事实来说明华夷应无别，是颇为有力的。

雍正驳斥“夷狄异类，詈如禽兽”，认为说这种话的人，本身就是禽兽，连什么是禽兽，什么是人的分别都不懂。雍正说：“夫人之所以异于禽兽者几希，以其存心也。君子以仁存心，以义存心。”这些都是孟子的观点。中土有人有禽兽，夷狄有人有禽兽。人与禽兽的区别就在有无仁与义。那些偏处深山旷野的夷狄，不识纲维，不知礼法，或可说是禽兽，如今蒙古四十八旗，“尊君亲上，慎守法度，盗贼不兴，命案罕见”，怎能说是禽兽？至于大清，更是“存仁义之心，行仁义之政”，因此才所向无敌。

---

①④ 《大义觉迷录》卷一特谕中言。

② 《大义觉迷录》卷四上谕。

③ 《大义觉迷录》卷二。

太祖努尔哈赤，开创之初，甲兵才十三人，就统一了诸部。萨尔浒之战，太祖以九姓之师，败明军四路进攻。清人入关，众才十万而服十五省之天下，皆由于“道德感孚，为皇天眷顾，民心率从”④，大清之立，天与人归，不唯非夷狄，更是功过三代，德齐尧舜的至圣。总之，大清得统之正，因而“幅员最广，中外臣服”。普天之下的各族人民都在歌颂太平，只有曾静这等反叛逆贼，无君无父，才是真禽兽。

雍正自白，洋洋洒洒的驳辩，铿锵有力。他主张不分地域，以德为王，中土夷狄，天下一家，在理论和实践上，对于维护多民族国家的统一都具有重大的意义。雍正表白他以德抚民，问心无愧。

3. 曾静归仁

曾静之罪，不仅仅是策动岳钟琪谋反，更是自己梦想要做皇帝，这是十足的大逆不道，无可赦宥，故王公内阁九卿大臣两次题本上奏，拟将曾静明正典刑，处以凌迟。

曾静做皇帝梦有明证可查。他在《知新录》中提出了一个理论，皇帝应该由读书人来做。他说：“皇帝合该是吾学中儒者做，不该把世路上英雄做。周末局变，在位多不知学，尽是世路中英雄，甚至老奸巨猾，即谚所谓光棍也。”曾静认为合格的皇帝，春秋时应是孔子，战国时该是孟子，秦以后应为程颐、程颢、朱熹等人。“明末皇帝该是吕子做”①。现在该谁做皇帝呢？曾静有几段话明白表示该轮到他来做。其言如下：

> 敬卿、景叔西游，似亦不轻。那年二月初二是五星连珠，日月合璧，某等七月初即有是行，天上这个征兆不应则已，若应，此事必落于我辈之手。纵不能成于我手，亦必是我家眷属敬卿、景叔之手。②

① 《大义觉迷录》卷二，旨讯第四条引。

② 《大义觉迷录》卷二，旨讯第一条引。

又说：

以大事看来，五星聚，黄河清，某当此时，如何死得！天下欲开治则止，天欲开治，某当此机会，毕竟也算里面一个，求人于吴楚东南之隅，舍某其谁。[1]

孔子说过“学而优则仕”，士子读书，服务于帝王。曾静发挥为：“学而优则帝”，大言自己当应五星聚，是真人出世。敬卿、景叔是曾静的两个得意门生，敬卿就是张熙，景叔就是廖易。两人受曾静诱导，也是痴人说梦，吹捧曾静应当世大运之会，该做帝王。张熙西行投书岳钟琪策反，说是出门谋大事，就是要谋变天的事。《知新录》记载说：

敬卿、景叔语言文字推崇过量，把某看做莫大的人物。心心念念望世变事革，想某来复三代。

又说：

仰观三代，天亶聪明，乾位九五，圣位莫乖。[2]

曾静师徒可以说是狂热的书呆子，居于穷乡僻壤，不明世事，看到天上五星连珠，又受吕留良排满思想影响，再听到一些道听途说的流言飞语，就以为天下要变，自己做起皇帝梦来。如果曾静是一个草莽英雄，早就杀头灭族了，偏偏他是一个腐儒、说疯话的书呆子，写了几本书，提出系统的政治思想，敢把当今皇帝骂得狗血淋头。你说曾静是疯子，曾静却有系统的思想；你说曾静是个聪明人，他却又做出飞蛾扑火的蠢事。这本身就是一件奇事，雍正又视为奇货可居，要改造他做新人，在当时环境真

① 《大义觉迷录》卷一，旨讯第十二条引。

② 《大义觉迷录》卷二，旨讯第五条引。

是奇上加奇。雍正说，大义觉迷，“无物不可化诲”①。雍正要改造全世界，因此改造一个曾静，使之脱胎换骨有何不可。这可以说是雍正“出奇料理”曾静案的最妙杰作。

雍正是怎样改造曾静的呢？奇招迭出，美不胜收。

第一招，恩威并施，开示罪犯。曾静谋反，自知死罪难逃。他早有思想准备，事情一旦败露，就拼着一死。曾静穿的衣服，衣领内绣了一行字：“蒲潭先生卒于此。”初遭逮捕，咆哮公堂，如同一头猛兽，想用拒捕，蔑视审讯等办法激怒官差和办案官，动以重刑，以求速死。雍正特派两道钦差到湖南办案。副都统海兰先行，动之以威，给曾静以酷刑，让他遍体鳞伤，吃尽苦头，但以不得致死为限度。接着派出高级大员刑部侍郎杭奕禄施之以恩，只要曾静交代，还有生路。雍正给杭奕禄面授机宜说：“拘曾静到案，明白特谕，逐事开导，动以天良，祛其迷惑。”② 嘱杭奕禄审讯要和颜悦色。

第二招，解送到京，沿途观览。曾静逆书称，中原陆沉，夷狄乘虚，地塌天荒，八十多年来，人们生活在水深火热之中，到处是水旱之灾，真是天震地怒，鬼哭神号。雍正指示杭奕禄、海兰两位钦差亲自押送曾静等罪犯，从湖南往湖北、河南、直隶到北京，沿途慢慢走，一路参观乡、镇、城邑，看大清治下的富庶景象，人康物阜。一路好饭好菜，还嘱告钦差，勿使犯人受皮肉之苦。这一路走来，用了三十天。曾静等在囚车中，失去自由，外间人众，熙熙攘攘，是自由之身，强烈反差，使曾静身心受到震动。

第三招，优容宽待，促其反省。曾静到京，雍正令特置禁闭幽馆，四面宁静，是一个读书好环境，敕刑部给好衣好饭。曾静中暑，身体不适，命医调和，给予及时治疗。曾静还从没享受过这样的好生活。实是奇闻。雍正又下令，释放曾静老母幼子，动员家属做工作，又一奇招。

① 《大义觉迷录》卷四，上谕三。
② 《大义觉迷录》卷三，上谕。

第四招，重读逆书，思过检讨。雍正敕令，曾静自己所作的书，以及抄查吕留良、严鸿逵等人的文集、日记、诗册、手稿，都发放给曾静重读。一系列反动观点，雍正写成逐条审讯大纲，亲加批判，大臣开导，让曾静对照思想，在灵魂深处自我开刀。曾静的检讨，可不是闭门思过，写出来上交组织，他是一个囚犯，写好检讨，大堂过审，不深刻检讨能行吗？曾静在京受审，一方面交代罪行，供出同谋案犯，最主要的却是读书检讨，大堂审案，一条条说理批判。审问大臣，正襟危坐，威风凛凛，曾静囚犯，跪倒尘埃，一问一答，说理批判，此情此景，不时熏陶，日复一日，雍正又有耐心时间等待。曾静不脱胎不换骨那就怪了。

第五招，皇恩浩荡，赐读机密。雍正特赐曾静阅读机密文件，督抚奏折、朱批谕旨，赐给曾静阅读，这是皇帝在给曾静谈心，交流思想，洗涤大脑。这些机密文件有：

其一，着杭奕禄等选出朱批岳钟琪奏折有谕旨数十件，发给曾静、张熙看，让罪犯明白“朕与岳钟琪君臣之际，一德一心”。

其二，着杭奕禄等把山西总督奏报山西之民踊跃奉公，捐献军需物资的折子给曾静看，让曾静对照山西、湖南之民的不同表现，写出体会。着杭奕禄等把云贵总督、山东总督所奏祥瑞事实的折子给曾静看，为什么别省风调雨顺、百事祥和，而湖南连年受灾，让曾静写出体会。

其三，着杭奕禄等将皇上朱批，发往各省督抚大吏的奏折、谕旨数百件，宣示曾静知晓皇上如何励精图治，让曾静写出体会。

其四，着杭奕禄等将《大礼记注》宣示曾静，知道皇上是怎样操办康熙葬礼，尽心孝道的事实，让曾静写出体会。

其五，着杭奕禄等选出刑部秋审各地死囚案卷，皇上批示从宽等事实给曾静看，着曾静写出体会。

其六，着杭奕禄等将吕留良案卷及上谕，发给曾静看，由曾静写出读后的批判口供上奏。

曾静诬谤雍正十大罪，雍正说他“自古凶顽之徒，心怀悖逆，语涉诋诬者”，都没有像今日曾静这样“怪诞离奇，侜张为幻，实从古所未见”，宜为“人心之所共忿，国法之所断不可宽”①。但曾静所言“字字皆虚，与朕毫无干涉”，如同空山穷谷中的狗叫、猫头鹰唱歌，也就算不得诬谤。这是雍正赦宥曾静的说词，实际是雍正坚持以理服人，改造曾静，阅读机密文件，体会皇恩的理由。用今天的话说，连政治局的文件都给曾静看了，让这个山村腐儒开开眼界，看看真实。杭奕禄是办案主审大臣，各种文件，宣示曾静，当然在大堂之上，大臣宣读，曾静跪听，然后发给再读，写出沉痛检讨，算是体会，再上大堂，以口供形式备案上奏。这等方式领受皇恩可不轻松，检讨自然是深刻的，态度也是诚恳的，体会认识是不平常的。曾静四月解京到九月结案，经过了半年多的思想改造，确实发生了奇迹，曾静真个脱胎换骨了。曾静自称“昔日禽兽，今转人胎”。昨天的曾静是禽兽，今天的曾静变成人，曾静述说了他的转变过程。

曾静说他生在穷山僻壤，家事单寒，没有受过良好教育，没见过世面，思想幼稚，错解了经书，被吕留良蛊惑，受阿其那党人散布的流言欺骗，没看到皇上仁德，一步步走错，错到深谷，成了弥天重犯，直到被捕，才第一次到了省城，见了世面。三位办案大臣宣讲大清得统之正，从流寇手中夺得政权，不但不是明朝的仇人，而且是替明朝报了仇。大清列圣相承，是上天指示来到中土解救苍生黎明的圣贤。天与人归，世道承平。良心初次受到震动。一路解京，看到的升平局面，加强了初步认识的信念，“方知东海龙兴，列祖承继，不惟非汉、唐、宋、明所及，直迈三代、成周之盛”。曾静继续认识，到了京师，受到各种宽大，读了皇上圣谕，才知当今皇上是几百年、几千年天地孕育出生的光焰无际的天才明君，仁德睿智，超过了三代之王，可比尧舜。想曾静生在当世，何等幸福，原来是圣明天子的赤子。想到这里，后悔莫及，痛改前非，为时已晚，我是该千刀万剐了。就是千刀万剐，也要尽人子的孝心。我写了思想改造过程的《归仁

① 《大义觉迷录》卷三上谕一。

说》，交给皇上，告知天下臣民，以我为教训。倘若皇上宽宥，我曾静走遍天下，挨家挨户宣传皇上圣德。

《归仁说》就是曾静脱胎换骨后写出的一篇悔罪书。“归仁”二字，取义《论语·颜渊》“天下归仁”之义。雍正的思想改造使愚顽狂悖如曾静者都归仁了，天下何物不归仁。雍正非常高兴，着大臣在编纂《大义觉迷录》时，收入《归仁说》作为附录，让天下士子都阅读。

《归仁说》立论有三个主旨。第一主旨论证清人得统之正，曾静反戈一击批判“华夷之分”乃谬误之论。第二主旨颂扬雍正之治。为千古圣君，德眸二帝三王，是几百年几千年才出现的一个最最最天才圣君。第三主旨，自我忏悔，解剖脱胎换骨的过程，著《归仁说》宣扬圣德，以尽孝子忠臣之分。具体内容，请读《归仁说》，这里就不赘述了。

四、雍正自白

雍正的自白，虚虚实实。害父、逼母、弑兄、屠弟，雍正说全是莫须有。进药害死康熙、逼得母亲撞铁柱，这些传说兴许为谣言。雍正夺权篡位，激起众阿哥的愤怒，允祀、允禟、允禵都反对他，看来康熙遗诏传位靠不住。民间传说雍正“改诏夺位”，康熙遗诏“传位十四皇子”，雍正改为“传位于四皇子。”“十”改“于”字可说得去，“允禵”改“允禛”可就麻烦了。再说，清代礼制，册立皇太子用“金册”，遗诏也必用“金册”，不是临时可改作的。早在顺治时，册封定制用满、汉二体，汉字能改，满文却不好改，与其说雍正改遗诏，毋宁说雍正矫诏。又康熙崩，按雍正自己的说法，是在夜半，而雍正已于白天上午赶回请安，其时进康熙尚能言，“皇考告以症候日增之故”，何以此时康熙不言传位给他，岂非自相矛盾。雍正生母德妃在康熙死后，因其子允禵被囚，兄弟争夺，无力制止，“不饮不食”，不久死亡，虽不是雍正逼得撞铁柱，也因其残忍而气死。雍正自白称其母哀痛皇考从殉。又雍正自白说，允禵西征，是康熙“知允禵在京毫无用处，况秉性愚悍，素不安静，实借此驱逐之意也”。按此说来，康熙竟把西北平叛急务交给一个愚悍不懂事的儿子提任大将军之职，岂非儿戏。这显然不可信。康熙任命允禵为大将军，出兵仪式极其隆重，康熙“亲诣堂子行礼”，允许用“正黄旗纛，称大将军王”。两年内，康熙赏赐允禵物件食品达十六项之多，并对其子女百般照顾，带到热河“仁爱训育”，使他们“时常依绕皇祖前”。康熙很是赞赏允禵的军事才能，而谕蒙古亲王谨遵大将军王，“与我当面训示无异”。朝野均认为允禵为大将军是康熙立为皇太子的暗示。只是风云突变，康熙在冬至前夕病倒，命允禛代行南郊祭天大礼，允禛抓住这个机会，与隆科多等密谋矫诏夺位，继用严酷手段裁制众兄弟。雍正晚年亦受良心谴责，常说：“鬼神之事，即天地之理，不可以偶忽也，凡小而丘陵，大而川岳，莫不有神焉主之，故皆当敬信而尊事。”又说：“朕于天人感应之际，信之甚笃。”[1] 死后葬于西陵，而不归葬于东陵，大概是愧对康熙吧？乾隆即位说允祀、允禟“觊觎窥窃，诚所不免。及皇考诏登大宝，怨尤诽谤，亦情事所有，特未有显然悖逆之迹。皇考晚年屡向朕谕及，愀然不乐”。乾隆很快就为牵涉此案的各位叔叔、宗室及相关大臣平反。

此外，雍正好嗜酒，而自白喋喋不休说自己不喝酒。看来雍正是一个太好面子、太好强的人。雍正夺位，骨肉相残，是皇帝家门内之事，当然这事关国体，只要大节能兴国仁民，大可不必去苛责专制皇帝的自尊。封建专制制度，统治阶级为争夺权位而互相残杀，是司空见惯的事。如汉武帝杀太子，唐太宗逼父屠弟，武则天杀女、废子，这些不都是大有为之君么。一个有妇人之仁的昏庸之主，不仅于国无益，往往连自家生命都保不住。如明建文帝朱允炆就是适例。他赐令与叔父打仗的将军不得伤及燕王朱棣，故燕兵每打败仗，朱棣亲自断后，南兵莫奈他何，使得忠于建文帝的明军夺气。存则为王，败则为寇，在封建专制政体

① 《东华录》。

下，它是一条生存原则。

正由于上述原因，雍正对于民间传言，真真假假，他辩驳不得。恰在此时，曾静投书，被他抓住了。他对岳钟琪说，敌人跳出来，这是一件好事，他正愁找不着哩。随后雍正在给他的另一个亲信浙江总督李卫的朱批谕旨上也说：曾静的暴露是“天道昭彰，令自投首。静言思之，翻是感庆，借此表明天下后世，不使白璧蒙污，莫非上苍笃佑乎”？雍正把曾静谋反看作是天赐良机，经过他的“出奇料理”，把一个小小痴人说梦的政治案件，变成了全国大批判运动。雍正借曾静谋反案，锻炼成为乃政敌所为，旨在说明他继位合法，在思想界打一个大胜仗，改写历史，树立权威。在这个意义上，曾静案的“出奇料理”是嗣位斗争的继续。改造曾静，现身说法，可以起到任何人所不能起的作用，一个曾静可以发挥比一百座电台还要大的功率，因为背后有皇帝的威权，方圆自恣，这正是帝王之术。雍正显得比历来帝王都高明，他能“出奇”。这“奇”就在他能抓住曾静、吕留良的观点，敢于公开辩论，有能力驾驭全国运动，把敌人抛到社会上，这就是雍正的气魄，这就是雍正的手段。这等能人，在夺权斗争中能不取胜吗？能不狠毒吗？

雍正亲信鄂尔泰最能体察皇上的用心。他上奏说：“捧读上谕，坦然恻然，自问自慊，不为一曾静，而为千百亿万人，遍示臣民，布告中外，自非大光明、大智慧、无我无人，惟中惟正，固未有能几此者。”这真是说到了雍正的心坎上，也把“出奇料理”的曾静案挑明了，此是雍正的政治需要，用曾静来证明自己光明正大。

雍正驾崩，形势变化，乾隆即位，替允祀党人平反昭雪，曾静正法，《大义觉迷录》必然成为禁书，自在情理中。

雍正嗣位，是清代国史上永远不会解开的一个疑谜，今后还要争论下去。雍正严惩吕留良而开启乾隆一代严酷的文字狱，十足表明了清人入关的民族压迫与专制政体对民主的镇压。是是非非，只供人们茶余饭后闲说。但这无损于雍正的伟大。因为雍正治国十三年，巩固了国家的统一，促进了经济的发展，他所厉行的整顿改革，为以后乾隆朝的繁荣奠定了基础。

《大义觉迷录》是一个案件的真实记录，尤其是“出奇料理”案件的真实记录，也是一个重大历史事件的完整实录，是第一手的档案材料，但它不必是真实历史的记录，因为皇帝的自白真真假假，圣谕写的，如去句句落实，那就钻牛角尖了。雍正“出奇料理”的全过程，是帝王术的一次精彩表演，它能带给人们许多许多的遐思，读其文如身临其境，雍正会活现在你的眼前。

人物研讨七篇*

政论家贾谊

西汉杰出的政论家贾谊，是新兴地主阶级在创业时期涌现出来的先进代表。他不但深谋远虑及时地总结历史的经验和教训，而且以革新家的伟大气魄，勇敢地批评社会积弊，提出了一系列改革社会、巩固中央集权制度的治世方案。贾谊考虑问题既能从实际出发，又能分别轻重缓急。他提出的治世方案，始终针对现实，切合实际，所以大部分具有实践意义。贾谊的政论，不仅成为"文景之治"的指导思想，也为汉武帝的事业打下理论基础。贾谊对历史作出了卓越的贡献。因此贾谊思想是历史研究的重大课题，在今天，仍有值得我们总结和研究的价值。

贾谊的政论不同于一般的书生著作，都是上呈汉文帝的奏疏，一经采纳，便成为西汉中央王朝的政令。因此《汉书》大量辑入贾谊政论，这在二十四史中也是不多见的。由此可见贾谊思想对历史产生的重大影响。贾谊的代表作有《过秦》、《大政》、《治安策》、《积贮疏》等。前两篇收入《新书》。《过秦》又见于

---

* 七篇历史人物评论，与第一组史事研讨六篇论文，精神一致，也是贯通中国古代史上下两千年，选题中心表彰各时代尽瘁国事的先进英杰。

《史记》。《治安策》见《汉书·贾谊传》，《积贮疏》见《汉书·食货志》。《新书》是西汉刘向整理的贾谊政论专集，原有五十八篇，今存五十六篇，但有些篇章已残缺不全。研究贾谊思想当以上列代表作为主。其中《治安策》又称《陈政事疏》，题目均是后人所加，并非贾谊原题，也不是一篇奏议，班固云：“（贾谊）凡所著述五十八篇，缀其切于世事者著于传云。”[①] 也就是说《治安策》是班固剪裁汇辑的贾谊政论长编，所以与《新书》中的许多篇章文句雷同。

贾谊，洛阳人，生于汉高祖七年，卒于汉文帝十二年，即公元前200年到公元前1619年，享年仅三十三岁。贾谊的一生，虽然十分短暂，但他却是活动在历史发生重大转折的“文景之治”时期，恰值新兴地主阶级的上升世。汉文帝公元前179年即位，锐意兴革。第二年，即公元前178年，下诏“举贤良方正直言极谏者”，开发人才，听取社会舆论。文帝自称“不德”，自谦“布政不均”。他要求臣民“令至，其悉思朕之过失，及知见之所不及，匄以启告朕”[②]。接着汉文帝明确宣布废除“诽谤妖言法”，即废除秦朝以言论定罪的弊政，实行开明政治。贾谊思想就是在这样的政治气氛下产生的。

秦始皇建立中央集权制度，这是地主阶级夺取全国政权以后试图治平天下的一种尝试。秦始皇满怀信心要传之万世，想不到二世而亡。新制度受到了巨大的挑战。西汉王朝向何处去？这是统治阶级面临的一个重大课题。为了回答这一紧迫问题，贾谊首先向汉文帝上书《过秦》，通过总结秦王朝盛衰兴亡的历史经验教训，肯定了中央集权制度的进步性，同时又否定了个人过度集权的暴虐政治。贾谊指出：“今秦南面而王天下，是上有天子也。即元元之民冀得安其性命，莫不虚心而仰上。”中央集权制度，符合历史潮流，人心所向。那么秦朝为什么灭亡了呢？贾谊总结了三点原因，即《过秦》上、中、下三篇。

① 《汉书》卷四八《贾谊传》。

② 《汉书》卷四《文帝纪》。

1. “仁义不施，攻守之势异也”。

2. “危民易与为非”。

3. “壅蔽之伤国也”。

贾谊认为“并兼者高诈力，安危者贵顺权”，“取与守不同术也”。秦始皇用暴力统一天下，但不懂得用仁义治天下，而且变本加厉实行暴虐专政。秦二世因之不改，把全国人民推入火坑。所以陈涉起义，“而天下响应者，其民危也”。又由于秦朝“多忌讳之禁”，皇帝拒谏，没有人出来尽忠，秦朝也就不可避免地灭亡了。《过秦》是西汉时期人们评价秦朝政治得失的一篇定论之作，叙事论理堪称妙绝。其文气势磅礴，兴亡之理，对比强烈，分析透彻，论断明快，具有难以辩驳的逻辑力量，使人深信不疑。唐柳宗元作《封建论》，总结秦朝之亡，“失在于政，不在于制”，正是贾谊思想的阐发。

“明鉴所以照形也，往古所以知今也”[①]。贾谊鉴于秦王朝兴亡历史的教训，他设计了西汉王朝的大政。《定制度兴礼乐疏》和《大政》上下两篇就是新王朝大政的指导思想。《定制度兴礼乐疏》，请改正朔，易服色，定官名，兴礼乐，色尚黄，数用五，以立汉制。贾谊还亲自草具了仪法。这是加强中央集权的措施，后来为汉武帝一一施行，但是贾谊主张的中央集权重在定制，完善封建等级秩序的制度。贾谊说，只要制度完善，即使奉立一个小孩当皇帝，天下也是安定的。[②] 基于定制的思想，贾谊针对秦政之失，他发展了正统儒家“民贵君轻”的学说，明确地提出了民本政治，这就是《大政》上下两篇所阐述的思想。贾谊说：

> 闻之于政也，民无不为本也：国以为本，君以为本，吏以为本。故国以民为安危，君以民为威侮，吏以民为贵贱，此之谓民无不为本也。

① 《新书·胎教》。

② 《新书·五美》。

又说：

> 故夫灾与福也，非粹在天也，必在士民也。呜呼！戒之戒之！夫士民之志，不可不要也。呜呼！戒之戒之！

贾谊认为，国家的存亡，国君的明盲，官吏的贤愚，战争的胜败，一切都取决于人心的向背。他在《大政》中，凡用“戒之”十，“戒之哉”十五，“呜呼”十三，反复申诫，嗟叹连篇，使人如闻其声，如见其人。贾谊是用一种絮絮叨叨的笔调来表达他忧民之深，爱国之切的心情，感情抑扬，蓄积很深，充分表现了他对人民力量的认识。贾谊肯定地说：“自古至今，与民为仇者，或迟或速，而民必胜之。”得不到人民拥护的暴君，必将为人民所唾弃。“纣自谓天王也，桀自谓天子也，已灭之后，民以相骂也。”又说“夫民者，万世之本也，不可欺”。贾谊的这些论述，可以说是古代民主思想的光辉，显然这些思想是长期阶级斗争在贾谊头脑中的反映，更直接的是总结了秦末农民起义引出的教训。所以《大政》和《过秦》尽管笔调不同，而思想则是一脉相承的。

由上所述。贾谊所指的民，超出了地主阶级的范围，主要是指以农民为主体的劳动人民。因此贾谊论述的民本，并不是抽象的政治主张，而是与农本思想紧密相结合，主张“驱民归农”①。值得注意的是，贾谊主张的“驱民归农”，并不是单单用超经济的政治手段驱赶农民到土地上去进行劳役。贾谊强调了经济手段的重要性。他主张农民要得实惠，即进行“苦民而民益乐”的政治改革，抑制兼并，禁淫侈靡丽之俗，使末技之民皆著于本。贾谊的这些思想和晁错的贵粟政策是一致的。其目的是通过改善政治来发展生产，从经济上解决人民的吃饭问题。贾谊很清楚，人民没有衣穿，没有饭吃，国家政权就不会巩固，社会就不会稳定。他引管子的话说：“仓廪实而知礼节。”反之，他从历史兴亡

① 《新书·积贮疏》。

的考察中认识到“民不足而可治者，自古及今，未之尝闻”。贾谊甚至提出了这样的论点。若因“兵旱相乘，天下大屈”造成了社会的动乱，老弱易子而食，是“政治未毕通也”[①]，不应当委罪于兵旱。这正是贾谊的过人之处，他不只是看到事物的现象，更能深入分析触及本质，故能得出切合实际的解决方案。既然人民的贫困是由政治造成的，那么，要使人民有饭吃，国家有积蓄，根本的办法就是要革新政治，使国家发挥组织生产的作用，起调节社会矛盾的职能。这在古代，真是一种了不起的先进思想。

当时，汉兴已历三十年，天下初安，人民衣食滋殖。在这种情况下，治政大臣根本看不见，也想不到潜滋暗长的各种社会矛盾。丞相周勃是开国功臣之一，他和陈平等人诛除诸吕，又立了新功，掌握着实权，但是周勃粗重少文，长于马上打天下，疏于马下治天下，更是不懂知识文化对于治国的重要，“每召诸生说士，东向坐责之”[②]。十足的傲慢无知。功臣们居功骄傲，不肯学习长进，他们在汉文帝前大叫大嚷：“天下已治已安矣”，形势一片大好。贾谊毅然向汉文帝“陈治安之策”，猛烈抨击无为政治，给守旧派的已治已安者以当头棒喝。他尖锐地指出当时的现实是“抱火厝之积薪之下而寝其上”，“可为痛哭者一，可为流涕者二，可为长太息者六”。这仅仅是举其大端。其他社会积弊，“难遍以疏举”。因此贾谊一针见血地戳穿了“天下已治已安”的论调是“非愚则谀”[③]，完全是一派根本不懂治乱的阿谀谎言。

贾谊的呼喊是切中时弊的。他所痛哭、流涕、太息的内容，总括起来就是“本末舛逆，首尾衡决，国制抢攘”，即诸侯王僭拟、匈奴数侵边、制度疏阔三大社会问题。汉初全国六十二郡，朝廷直接控制的才十五个郡，诸侯王封地四十七郡……形成尾大不掉之势，伴随诸侯王日渐长大，必然引起地方和朝廷对立。西汉王朝像一个手脚得了肿胀病的人一样，小腿胀得差不多像腰一般壮，指头肿得差不多像腿一般粗，再不赶快医治，就要成为死

① 《新书·积贮疏》。
② 《汉书》卷四〇《周勃传》。
③ 《新书·治安策》。

疾，“可为痛哭者此病是也”。汉初和亲，每年向匈奴输纳大量财物委曲求和。但是匈奴百约百叛，贪婪无厌，连年侵边，弄得京师时常告警。贾谊批评“和亲”政策丧失国威，使天下形势如首尾倒悬。匈奴，足也，反居上；汉朝，首也，顾居下。这种局势，“妨害帝义”。影响中央政权的巩固，“可为流涕者此也”。最为严重的是，由于法制疏阔，权贵豪强、商人大贾势力膨胀、役财骄溢，兼并掠夺，农民失去土地，逃亡四方，国家无积蓄，齐民无盖藏，一遇水旱，民众就要卖爵鬻子，贾谊发出了大声的呐喊：“安有为天下阽危者若是而上不惊者”①，“可为长太息者此也”。由此可见，《治安策》对于西汉王朝在升平景象下潜伏着的社会矛盾和政治危机的分析是何等的深刻和具有远见。

但是，像贾谊这样的直言不讳之士，若不遇明君是非常危险的。这就要求一个杰出的思想家，不但有识，具有深刻的政治见解；而且还须有胆，具有大无畏的牺牲精神。贾谊具备了这一切条件。他十八岁就以能诵诗属文称于郡中，又是以务习法家学说、治平为天下第一的河南太守吴公的学生。就这样，贾谊熔儒法于一炉，博学多才，勇于探索，不株守教条。贾谊二十二岁被召为博士，他的才学勇气深得文帝赏识，不到一年就被破格提拔为太中大夫。风华正茂，血气方刚。为国展力的理想，为报汉文帝的知遇厚恩，都激发着这位青年思想家的热情。贾谊说：臣独曰“未安”，臣独曰“未治”，“恐逆意触死罪，虽然诚不安，诚不治，故不敢顾身，敢不昧死以闻”②。这种不敢顾身的大无畏献身精神，是值得后人景仰的。这种精神充分表现了封建社会上升时期先进思想家饱满的政治热情。

在社会矛盾还未充分暴露的情况下，贾谊能够见微知著，洞察到问题的严重性，是超越同代人的。他在《新书·连语》篇说：“善不可谓小而无益，不善不可谓小而无伤。”这种观察问题的方法具有辩证的目光。贾谊为了引起当政者的注意，他的政

① 《新书·积贮疏》。

② 《新书·数宁》。

论，慷慨激昂，锋芒毕露。但是，贾谊指陈时政，并非危言耸听，而是对现实的社会矛盾作出深刻的分析，旨在完善制度，“建久安之势，成长治之业”①，所以贾谊对国事忧心如焚，他痛哭、流涕、太息，故而为言，直抒己意，感情激荡，不避忌讳，其势如黄河之水天上来，居高临下，汹涌澎湃，响彻着雷鸣之声，唤醒了整个社会。贾谊所提出的具体治世方案，如“割地定制”，用“众建诸侯而少其力”的策略削弱诸侯王的势力；对外主张抗击匈奴，积贮御边，并设三表五饵以系单于；健全严格的等级制度，巩固封建秩序；平抑物价，打击豪强，国家铸铜钱以御轻重；驱民而归之农，皆著于本，等等。文帝、景帝、武帝相继施行。贾谊的这些主张，固然是为了维护汉王朝的长治久安，但在当时历史条件下，健全和巩固中央集权制度，削弱诸侯王，抗御外族入侵，要求改善政治，抑制豪强商贾，减轻对人民的剥削，无疑的是顺应了时代的要求，当然是进步的思想。

进步的思想，总是要触动权贵的利益，汉文帝要任贾谊以公卿之位，而“绛（周勃）、灌（灌婴）、东阳侯（张相如）、冯敬之属尽害之”。他们诬加给贾谊“专欲擅权，纷乱诸事”② 的罪名，将其排斥出朝廷，使这位革新家未尽其才，短命身亡。但是权贵的攻击，在今天看来，恰恰是贾谊革新精神的见证。贾谊的政论所表现出的革新思想、批判勇气、爱国忧民的感情、切合实际的治世方案、具有辩证思维的方法等，都是值得我们去研究的。贾谊应该得到他应有的历史地位。

（原载《甘肃省历史学会论文集》1982 年）

① 《新书·治安策》。

② 《汉书》卷四八《贾谊传》。

凿空西域的使者张骞

张骞，汉中城固（今陕西城固县）人，西汉杰出的外交家和大探险家，这是学术界公认的评价，张骞当之无愧。笔者认为，仅此评估还未准确地把握张骞的历史地位，因为它没有全面概括出张骞的活动事迹，以及凿空西域的历史背景。在准确的历史定位上，如何评价张骞，还须作一番再认识，本文试作疏理。

一、张骞行年事迹系年

为了行文简洁和有充足的历史依据，表列《史记》、《汉书》所载张骞行年事迹资料如下，以便评说。

编　年	事　迹	资　料　依　据
建元元年（公元前140）	张骞应征，年约二十岁。	“武帝彻即位，征天下举方正贤良文学材力之士，待以不次之位，四方士多上书言得失，自炫鬻者以千数，其不足采者辄报闻罢。”（《汉书·东方朔传》）

续表

编年	事迹	资料依据
建元二年（公元前139）	出仕为郎，汉代初为郎者多为郎中。	“张骞，汉中人，建元中为郎。”（《史记·大宛列传》及《汉书·张骞传》）
建元三年（公元前138）	张骞以郎应募为郎中将，率一百余人使团出使西域。	“是时天子问匈奴降者，皆言匈奴破月氏王，以其头为饮器，月氏遁逃而常怨仇匈奴，无与共击之。汉方欲事灭胡，闻此言，因欲通使。道必更匈奴中，乃募能使者。骞以郎应募，与堂邑氏胡奴甘父俱出陇西。”（《史记·大宛列传》）
建元三年至元光六年（公元前138—前129）	张骞被匈奴留阻十年，“然骞持汉节不失”。元光六年，张骞西入大宛。	张骞一行，“径匈奴，匈奴得之，传诣单于。单于曰：‘月氏在吾北，汉何以得往使？吾欲使越，汉肯听我乎？’留骞十余岁，予妻，有子，然骞持汉节不失。”（《汉书·张骞传》）。 其间，元光二年（公元前133），汉武帝设谋马邑，汉朝反击匈奴的战争正式爆发。元光六年，卫青等四将军出击匈奴。
元朔元年（公元前128）	张骞在西域，“身所至者，大宛、大月氏、大夏、康居，而传闻其旁大国五六”（《汉书·张骞传》）。	大宛为张骞“发导绎，抵康居，康居传致大月氏。大月氏王已为胡所杀，立其太子为王。既臣大夏而居，地肥饶，少寇，志安乐，又自以远汉，殊无报胡之心。骞从月氏至大夏，竟不能得月氏要领”（《史记·大宛列传》及《汉书·张骞传》）。
元朔二年（公元前127）	张骞从西域还，再次为匈奴所阻。	张骞在月氏，“留岁余，还，并南山，欲从羌中归，复为匈奴所得。留岁余，单于死，左谷蠡王攻其太子自立，国内乱，骞与胡妻及堂邑父俱亡归汉”（《史记·大宛列传》）。“初，骞行时百余人，去十三岁，唯二人得还”（《汉书·张骞传》）。
元朔三年（公元前126）	张骞与甘父二人还汉。“拜骞为太中大夫，堂邑父为奉使君”。	

续表

编年	事迹	资料依据
元朔五年（公元前124）	张骞为校尉，从大将军卫青出征。	张骞"以校尉数从大将军击匈奴，知道（导）水，及前使绝国大夏，侯。六年三月甲辰封"（《史记》、《汉书》两书功臣表）。 按，元朔六年三月无甲辰，甲辰，为四月二十二日。卫青元光六年（公元前129年）拜车骑将军，出上谷，一击匈奴；元朔元年（公元前128年）卫青出雁门再击匈奴；元朔二年（公元前127年）卫青出朔方，三击匈奴，收复河南地，置朔方郡，封长平侯；元朔五年，卫青出高阙，四击匈奴，深入破右贤王有功，拜大将军；元朔六年春、夏四月连续两次出击匈奴。张骞元朔三年返汉而"数从"大将军，是知在元朔五年、六年。
元朔六年（公元前123）	四月甲辰（二十二日）张骞封博望侯。	
元狩元年（公元前122）	汉武帝采纳张骞建言，再次通使西南夷。	"元狩元年，博望侯张骞使大夏时，见蜀布、邛竹杖，问所从来，曰：'从东南身毒国，可数千里，得蜀贾人市。'或闻邛西可二千里有身毒国。骞因盛言大夏在汉西南，慕中国，患匈奴隔其道，诚通蜀，身毒国道便近，又亡害。于是天子乃令王然于、柏始昌、吕越人等十余辈间出西南夷，指求身毒国。"（《史记》、《汉书》两书西南夷列传）
元狩二年（公元前121）	张骞与李广并将出右北平击匈奴，骞后期，当死，赎为庶人。	"将军去病、公孙敖出北地二千余里，过居延，斩首虏三万余级。遣卫尉张骞、郎中令李广皆出右北平。广杀匈奴三千余人，尽亡其军四千人，独身脱还，及公孙敖、张骞皆后期，当斩，赎为庶人。"（《汉书·武帝纪》） 按，是岁霍去病春出陇西，夏出北地，两击匈奴，大克获，拜骠骑将军。秋受降浑邪王，汉得河西地，元鼎二年以其地为武威、酒泉郡。
元狩三年（公元前120）	卫尉张骞（《汉书·百官公卿表》）。	按，元狩二年张骞以校尉升为将军，领卫尉，出军无功，免职，未几而复用。

续表

编　年	事　迹	资　料　依　据
元狩五年（公元前118）	张骞为中郎将，再使西域，率三百余人使团，通好乌孙。	“始张骞言乌孙本与大月氏共在敦煌间，今乌孙虽强大，可厚赂招，令东居故地，妻以公主，与为昆弟，以制匈奴。”（《汉书·西域传》）“天子以为然，拜骞为中郎将，将三百人，马各二匹，牛羊以万数，赍金币帛直数千钜万，多持节副使，道可便遣之旁国。骞既至乌孙，即分遣副使使大宛、康居、月氏、大夏。”（《汉书·张骞传》） 按《汉书·百官公卿表》元狩三年卫尉张骞，元狩五年为充国所代，是知张骞再使西域在元狩五年。
元鼎二年（公元前115）	“中郎将张骞为大行令”（《汉书·百官公卿表》）。	“乌孙发导译送骞还，骞与乌孙遣使数十人，马数十匹报谢，因令窥汉，知其广大。”“骞还到，拜为大行，列于九卿。”（《史记·大宛列传》）。大行，秦官典客，西汉景帝中六年更名大行令，“掌诸侯及四方归义蛮夷”（《后汉书·百官志》）。
元鼎三年（公元前114）	张骞审理常山王刘勃居丧不敬案。	常山王刘勃为常山宪王刘舜之子，居丧私奸，饮酒、博戏、击筑，废徙房陵。大行张骞奉令验问（《汉书·景十三王传》），此为大行兼掌诸侯王事务之一证。
元鼎四年（公元前113）	大行张骞卒，享年约47岁。	张骞为大行令第三年卒（《汉书·百官公卿表》），是知在元鼎四年。是年，“乌孙使既见汉人众富厚，归报其国，其国乃益重汉”。初，张骞至乌孙，贯彻“以义属之”的外交路线，“分遣副使使大宛、康居、大月氏、大夏、安息、身毒、于窴、扜罙及诸旁国”。此时相继返汉，“骞所遣使通大夏之属者皆颇与人俱来，于是西北国始通于汉矣。然张骞凿空，其后使往者皆称博望侯，以为质于外国，外国由此信之”（《史记·大宛传》及《汉书·张骞传》）。

续表

编年	事迹	资料依据
太初元年至四年（公元前101—前100）	汉武帝采张骞言，断匈奴右臂和取大宛汗血马而兵征大宛。	“大宛多善马。马汗血，言其先天马子也。张骞始为武帝言之，上遣使者持千金及金马，以请宛善马。宛王以汉绝远，大兵不能至，爱其宝马不肯与。汉使妄言，宛遂攻杀汉使，取其财物。于是天子遣贰师将军李广利将兵前后十余万人伐宛，连四年。宛人斩其王毋寡首，献马三千匹，汉军乃还。”（《汉书·西域传》及《张骞传》）

记载张骞最原始资料为《史记·大宛列传》，详载张骞通西域事迹，而张骞行年语焉不详，给后人留下许多疑案。《汉书》较为系统记载张骞行年事迹，资料分散，涉及《张骞传》、《武帝纪》、《景武昭宣元成功臣表》、《百官公卿表》、《景十三王传》、《李广传》、《卫青传》、《公孙弘卜式儿宽传》、《傅常郑甘陈段传》、《匈奴传》、《西南夷传》、《西域传》、《叙传》等十三个篇目。综合《史记》、《汉书》资料，互为补充，折衷排比，参之以当时背景，方能系统整理张骞行年。《资治通鉴》简括《史记》、《汉书》资料，载述张骞通西域事迹，大体不误；但对张骞行年的简括，不仅线索不明，而且删节有误。例如《资治通鉴》元朔三年载：“上募能通使月氏者。汉中张骞以郎应募，出陇西，经匈奴中。”而《史记》、《汉书》两书《张骞传》皆言“张骞，汉中人，建元中为郎”，而后说“骞以郎应募，使月氏”。“骞以郎应募，使月氏”，是说张骞出使前已经为郎，他是以郎官身份应募出使。参照唐蒙、司马相如出使西南夷为郎中将的身份核准，张骞为郎中，他出使为使团之长，亦应当为郎中将。《资治通鉴》记事太简，使这一层关系无法考据，而《史记》、《汉书》两书却有痕迹可寻。《资治通鉴》为第二手材料，只可作参考，而关节问题必须依据正史，张骞行年，即其适例。

二、张骞是汉武帝决策中枢的重要人物

准确地评价历史人物地位，必须放在当时的历史背景中，全面掌握人物的活动事迹，这是唯物认识路线的起点。依前节表列资料，公元前139年张骞二十二岁出仕为郎，到公元前113年死于大行令，任职二十六年。其中两次出使西域十七年，在宫廷为官九年，历郎官、太中大夫、卫尉、大行令，带兵出征为校尉、将军。郎官为皇帝侍从。太中大夫参决谋议，备顾问。卫尉、大行令位列九卿。卫尉，警卫宫殿。大行令，秦官为典客，掌蛮夷归义，相当于外交部长。西汉大行兼理诸侯王事务，相当于内政部长。张骞的任职，表明了他是汉武帝的亲信大臣，处于决策中枢，参与军国大政谋议。

汉文帝时贾谊上《治安策》，他痛哭、流涕、叹息的社会问题，总括起来是“本末舛逆，首尾衡决，国制抢攘”，即诸侯王僭拟，匈奴侵边，制度疏阔三大问题。汉武帝即位，诸侯王问题已基本解决，匈奴侵边是最主要矛盾。匈奴族是战国后期兴起于蒙古高原的强大游牧民族。匈奴人控制了东西数万里，南北纵深万里的广袤地区，有骑兵四十万。汉朝北方、西北方，东西万里疆域暴露在匈奴铁蹄之下。匈奴地势居高临下，游牧来去飘忽。汉族农业定居，有城郭、村落。匈奴骑兵扰边，汉族防御，总是被动挨打，所以秦人筑万里长城来加固边防。汉高祖七年（公元前200），刘邦亲率大军三十万征讨，被匈奴四十万骑兵围困于平城白登山（在今山西大同东南）七天七夜，几乎全军覆灭。从此，汉朝只能用和亲与大量赠礼来勉强维持和平。汉朝经过高惠文景近七十年的休养生息，汉政府已是“财阜有余，士马强盛”，加之汉武帝的雄才大略，汉匈决战不可避免。汉武帝即位伊始，就举贤良，罢黜百家，广招人才，作更制和反击匈奴的准备。张骞、桑弘羊、卫青、霍去病、张汤等一大批文武才士就是在这一背景下应运而生的。

举贤良文学，第一要有二千石高官推荐，第二有名额限制。西汉和东汉举贤良各有十五次，每次一百余人。为了网罗天下英才，汉武帝在诏书中要求才智之士可以自我推荐。桑弘羊，贾人子，年十三为侍中。东方朔年二十二自炫鬻，汉武帝用为待诏。张骞亦当是自炫鬻者，他和东方朔都出自寒门，所以《史记》、《汉书》对其家世及少年事迹不著一字。建元元年汉武帝十七岁，少年天子选侍从，自然为少年郎，我们假定张骞为二十岁，当无大误。汉武帝选拔英俊，大开自炫鬻之门，为寒门士子及武士提供晋升之路。严助、吾丘寿王、徐乐、严安、终军、东方朔等一大批才智之士先后集于宫廷。汉武帝太初元年置羽林郎，善骑射有军功者多选为羽林郎。所以建元元年所选郎官多为智谋之士及文学士。张骞不是武士，而是才俊之士。《汉书·张骞传》称“骞为人强力，宽大信人，蛮夷爱之”。颜师古注：“强力，言坚忍于事。”坚忍，指毅力，品格，即坚毅果敢。颜注点明张骞是一个具有“强力”的知识分子，而非武士。但这里应当是语义双关，“强力”与“宽大信人”相对，而蛮夷所钦佩的人，也必是孔武有力，能弯弓射雕者。所以张骞是一位文武双全，体魄健壮而坚毅果敢的俊士，这是他胜任出使的基本条件，故能应募入选，并深得汉武帝的喜爱。

历经文景升平之世的老一代臣民以及正统儒生，他们依恋和平，反对汉武帝大事兴为，时代变革的转轨，必然带来新旧势力的斗争，新时代的重任要由新一代的青年来肩负，这也是不依人的意志为转移的客观规律。窦太后出面干预政治，控制朝政，所以建元年间相安无事。建元六年窦太后死，汉武帝改元元光。元光二年，汉武帝就设谋马邑，拉开了汉朝反击匈奴的序幕。此后直到宣帝甘露三年，匈奴呼韩邪单于来朝，汉匈恢复和亲关系止，汉匈两大民族的战争状态长达八十三年之久（公元前133—前51）。元光二年，汉武帝二十四岁。随后起用的两位抗匈统帅，卫青与武帝同岁，元光二年二十四岁，霍去病此时只有六岁。桑弘羊小汉武帝四岁，元光二年才二十岁。卫青、霍去病主军事，桑弘羊理财，张骞办外交，张汤定法制，他们都是少壮青年，辅佐少壮皇帝，在历史上演出了生动的活剧。汉武帝时代的宰相及三公大臣，他们老年持重，汉武帝只是用他们组成看守内阁，奉命行事，唱喏画押，司马迁讥之为“娖廉谨，为丞相备员而已”[①]。当时最有权势的丞相公孙弘，汉武帝只让他在文教上发挥作用，军国大政，则不听公孙弘的。公孙弘反对伐匈奴及筑朔方城，汉武帝派太中大夫朱买臣驳斥他，使公孙弘折服。朝议，博士狄山指斥张汤，反对伐匈奴，汉武帝罚狄山去守边，让匈奴人斫了他的头，群臣不敢再谏。总之，军国大事，重大决策都在内朝文学侍从郎官以及太中大夫层中形成，外朝廷议只是走形式。汉武帝用内朝控制外朝，用少壮领导老年，这是一个雄才大略少壮皇帝的特殊作风。像李广老将，名震朝野，但给他带领的骑兵只有四五千骑，常为支军策应，不让他做主将。元狩二年，李广、张骞出右北平，就是掩护霍去病的主力西征。李广率四千骑，张骞晚辈却统带一万骑。由此可见，汉武帝对张骞的亲信程度，远在老将李广之上。因为张骞是决策中枢人物之一。

张骞参与影响全局的决策主要有三项：第一，提出断匈奴右臂，通使节和乌孙；第二，建言取大宛汗血马，改良中国马种；第三，倡言通身毒国而重开经营西南夷。断匈奴右臂的胆识，只有张骞身临西域，了解大世界，才有头脑提出。以上几项，都是带根本性的国策。张骞死后，西汉政府继续执行，平西南夷为郡县，兵征大宛，和亲乌孙，直到宣帝之世，全部实现张骞的战略理想。从决策角度考察，张骞不只是一个杰出的外交家，他还是一个胆识过人的政治家和战略决策人物。他对于历史的贡献和对西汉政治的影响，都要重新评价。

三、张骞在中西文化交流史上的地位

两汉历史家司马迁与班固，对张骞通西域不仅做了高度评

① 《史记》卷九六《张丞相列传》。

价，而且准确地放在历史定位之上，充分载述和评价了张骞对历史的贡献和影响，其角度之新和识见之精，两千年之后，仍凛然令人赞佩。司马迁把张骞传写入《大宛列传》中，开篇第一句说："大宛之迹，见自张骞"。意思很明显，大宛等国西方世界是张骞发现的。如果没有张骞通西域，《史记》中就不会有《大宛列传》，中国人对西方世界的认识将推迟不知几许年。有人认为司马迁没有给张骞立专传，是对张骞认识不够，这纯然是误解。

班固记载西汉一朝首尾历史，对张骞的影响看得更清楚，他运用历史比较法对张骞作了全面系统的评价，有关文字摘载疏解如下。

（1）"奉使则张骞、苏武。"（《公孙弘卜式儿宽传》）这里班固肯定张骞是一位杰出的外交家和爱国者，与苏武相提并论，并列举二人为一代伟人。

（2）"自张骞使大夏之后，穷河原，恶睹所谓昆仑者乎？"（《张骞传赞》）黄河是中华民族的摇篮，母亲河，在民族心目中有崇高的地位。张骞通西域，使汉人穷河原，又误认为发源于昆仑，在心理上启动汉人向西发展，无疑对西部国土的开拓有重要意义。

（3）"汉之号令班西域矣，始自张骞而成于郑吉。"又说："自元狩之际，张骞始通西域，至于地节，郑吉建都护之号，讫王莽世，凡十八人，皆以勇略选，然其有功迹者具此。"（《傅常郑甘陈段传赞》）班固将张骞与兵伐大宛的李广利合传，又将西汉后期郑吉等人建功西域与张骞联系起来，示意也极为明显，汉武帝兵伐大宛，汉朝开发西域都要追始于张骞。如果说汉朝奠定了中国今日之疆域，首次开拓西南夷及西域，包括今云、贵及甘、青、新疆等广大国土，张骞之功应推第一。班固的这一评价，表明他是一个伟大的历史家。

张骞通西域，《史记》、《汉书》均称为"凿空"。颜师古注："凿，开也。空，通也。骞始开通西域道也。"对阻路的大山，开凿通道，就叫凿空。张骞备受艰难险阻，首次由汉直通西域，故形象比喻为凿空，用今语言之，即为探险者、开拓者，所以称张骞为探险家、丝绸之路的开拓者，司马迁与班固，即以许之矣。

张骞出使，不是掠夺、占领，他没有带庞大武装，特别是第二次出使乌孙，当时匈奴势力已被逐出西域，东西交通畅通，张骞携带的是丝、缯、帛、金钱、货物等前往。张骞在西域活动，始终贯彻"以义属之"的和平外交路线，寻求友谊与合作。乌孙王昆弥倨傲无礼，张骞责以大义，讲求忠诚与信誉，受到西域各国的热情欢迎和接待。甚至张骞死后，汉使都要打博望侯的旗号，才能赢得西域各国人民的信任。张骞结盟大月氏夹击匈奴，以及招乌孙回故地，这一具体目的因客观原因没有实现，但不是外交的失败。张骞从长远战略目的出发，以和平友好使者身份传达友谊，沟通中西文化交流，从此中西使者、商队络绎不绝，获得了外交的极大成功。在公元前一二世纪，东西方文化各自达到了古代文明的高峰，西方有希腊、罗马文化，东方南亚有印度文化，东亚有中国秦汉文化。张骞通西域，在三大文化交流中作出了重要贡献，在世界文化史上写下了灿烂的一页，无疑地，张骞是一位世界文化名人。他的名字与丝绸之路是不可分割的。他是东西方文化的和平交流使者，有别于中世纪和近代那些以掠夺为目的的探险者、淘金者，这是中华民族的骄傲。

综上所述，张骞是公元前 2 世纪中叶，西汉极盛时期的大政治活动家和战略决策者，他对西汉的国土开发作出了巨大贡献。张骞通西域，开拓了丝绸之路，是古代东西方文化的和平交流使者，杰出的外交家。在中国对外文化交流史上，西汉的张骞不仅应与唐代的玄奘、明代的郑和相提并论，而且论对历史的贡献和影响，张骞应推第一。

（1988 年提交甘肃中青年历史学会年会论文）

西汉杰出的军事家赵充国

西汉宣帝甘露三年图画于麟麒阁的十一位中兴名臣中，有一位甘肃历史人物，他就是安羌的名将赵充国。

赵充国是一位行伍出身的将军，西汉杰出的军事家。宣帝神爵元年，他带兵安羌，不汲汲于一时的战功，力排众议，坚决贯彻以抚为主的安羌策略，取得了很大的成功。他品德高尚，又有远大的政治眼光，敢于坚持正确的意见，不谋私利，不计个人安危，一切以国家利益为重，十分难能可贵。

赵充国，字翁孙，生于公元前137年，卒于公元前52年，享年八十六岁。他原籍陇西上邽（今甘肃天水市西南）人，随武帝开发河西的事业而移居令居县。令居的位置，《中国历史地图集》标注在今甘肃永登县西北庄浪河右岸，这是一个冲要地方。汉朝在这里屯兵储粮，它既是支援河西的补给基地，又是控制湟水流域羌人的战略要地。匈奴联合羌人反汉就多次合约攻令居。公元前121年汉得河西地初置令居塞。从令居到酒泉，沿线千余里建置障塞亭燧，屏绝羌胡交通。公元前115年，汉武帝移民令居置县，以加强这里的形势。赵充国家大约在此时移居令居。这时赵充国二十三岁，投军为骑士。他骁勇善战，因“善骑射补羽林郎”，入卫京师。

杰出人物的产生，首先取决于社会的需要和条件。赵充国历事武、昭、宣三朝，正当西汉的鼎盛时期，也是汉匈斗争最严酷的历史时期。从公元前133到公元前51年，汉匈两族处于战争状态达八十三年之久。民族融合总是以民族斗争为前提的。西汉时期的汉匈斗争正为汉匈民族融合创造了条件。赵充国的一生恰与这场伟大的斗争相终始。令居又是一个控扼羌胡交通的要塞，它为赵充国的成长提供了理想的舞台。史称赵充国"为人沈勇有大略，少好将帅之节，而学兵法，通知四夷事"[①]。时代的需要和生活历练锻造了他的品德和才干。

武帝天汉二年（公元前99），赵充国为贰师将军李广利的部曲假司马，随贰师出酒泉击匈奴右贤王于天山。这是一支有三万之众的精良骑兵。他们打了胜仗，但在归途中被匈奴重兵包围，乏食数日，死伤十之六七，眼看就要全军覆没。在这千钧一发之际，高度的爱国热情使赵充国一身是胆。他振臂一呼，率敢死队一百余人，溃围陷阵，杀开了一条血路，贰师率大军继后，才突出了重围。赵充国的神勇果敢挽救了全军，但他却身被二十余创。汉武帝得了奏报，十分感慨，立即在行在所回中宫召见了赵充国，察看了他的伤势，立拜为中郎，回京后迁车骑将军长史。

庄周有言："风之积也不厚，则其负大翼也无力。"[②] 冲天的大鹏，有待扶摇直上的狂飙，它才能展翅九万里。一个杰出的历史人物，也只有占有相当地位时才能充分发挥他的才干。赵充国的溃围陷阵，使他名震匈奴，并充分显示了他的大将之才和勇挑重担的精神。汉武帝亲为一个低级军官视创，也是他一生中仅有的一次对有功将士的特殊恩遇。从此，赵充国的声威大显，他的智勇得到了朝廷的重视。昭帝末因屡立战功升至后将军。霍光拥立宣帝，赵充国赞助有力，封营平侯。宣帝亲政，每有军国大事都要和他商量。这时的赵充国，已经是历事三朝的元老重臣，国家倚为柱石。这些条件为他的安羌事业奠定了政治基础。

---

① 《汉书》卷六九《赵充国传》，下引本传不再注。

② 《庄子·逍遥游》。

羌人是游牧在青海高原上的一个强悍民族。匈奴以羌人为右臂，联合反汉，是西北的大患。汉武帝元鼎五年，匈奴入五原（今河套），西羌反汉围枹罕（今甘肃临夏），合约攻令居。汉朝派十余万步骑往讨，打了五六年的战争才平息了羌乱。这次战争西汉势力进入湟水流域，屏羌人于湟水南岸，有效地切断了羌胡交通，四十余年汉羌之间无战争。到了宣帝地节、元康年间，汉朝与匈奴为了争夺对西域的控制权而在车师（今新疆吐鲁番盆地）展开了角逐。元康三年（公元前63）斗争达到高潮。匈奴策动地处阳关西南的狼何种羌企图夹击敦煌、鄯善，切断通西域的道路。这一阴谋未能得逞。匈奴又通过狼何种羌与青海、湟水南的先零诸羌联合。诸羌各部解仇、交质、盟诅，打着畜牧空地的旗号强行进入湟水北岸，"意欲稍北迁，与匈奴合而为寇"[1]，切断走廊交通。护羌使者义渠安国不察其情，反而把羌人的要求向宣帝作了报告。赵充国立即觉察到这是羌人叛乱的先兆，劾义渠安国奉使不敬，并提出了加强战备，积谷二百万斛于金城的建议，但是没有引起朝廷的重视。果然不出赵充国所料，神爵元年（公元前61）羌人和匈奴采取了联合的军事行动扰乱汉边。匈奴虚闾权渠单于亲率十余万骑南旁塞，遥应羌乱。赵充国率四万骑屯沿边九郡，匈奴单于闻风丧胆，不战而退。但是进兵湟水的义渠安国带领的三千骑兵，在浩亹被羌人打败。赵充国还京，宣帝派御史大夫丙吉向他问计，谁可为将。赵充国当时已是七十六岁高龄的老人，但他不顾连续奔战的辛劳，毛遂自荐说"无踰于老臣者"，勇敢地挑起了安羌的重担。

赵充国是一个实干家，他出发京师时对宣帝说："兵难遥度，臣愿驰至金城，图上方略。"知彼知己，才能百战不殆。赵充国四月到金城，亲赴前线作了两个月的周密调查，然后制定了"全师保胜安边"的策略。六月，他才开始军事行动，带领一万骑兵，突进湟水流域。

赵充国的策略是用兵示威，立足于抚，力争不战安羌。他

① 《资治通鉴》卷二五胡注。

说："臣闻帝王士兵，以全取胜，是以贵谋而贱战。战而百胜，非善之善者也。"赵充国的使命是安羌弭乱。他不追求眼前的军功胜利，而要谋求长远的边境安宁，取得汉羌民族的和睦相处，这些正是他过人的地方。实践的策略就是"捐罕、开阇昧之过"而"先行先零之诛"，也就是用分化瓦解的方针计降罕、开，孤立打击先零，就有可能做到不战而胜，这就叫"全师保胜安边"的策略。

与赵充国截然对立的战略方针是朝廷的主剿方针。宣帝调集了六万多步骑于前线，计划用压倒的优势兵力进行主力速决战来解决羌祸。主剿的代表人物是酒泉太守辛武贤。他向宣帝提出了一个围剿的计划，由他带领一万二千河西骑兵，带三十日粮，从酒泉、张掖南越祁连，赵充国沿湟水西进，以七月上旬为期合击罕、开羌于鲜水上。鲜水即羌谷水，张掖河的上源，在青海西北祁连山南麓。如果抓不住羌人主力就"夺其畜产，虏其妻子"。那时统治阶级的一般思想是认为羌人"同之禽兽"[①]，只能剿，不能抚。辛武贤的战略，名为"先破罕、开，后图先零"，实质是不分青红皂白的凡羌皆击。朝廷上下一致支持辛武贤的战略方针。宣帝下诏征求赵充国的意见。赵充国认为："蛮夷习俗虽殊于礼义之国，然其欲避害就利，爱亲戚，畏死亡，一也。"也就是说广大羌族民众是不愿打仗的。与匈奴结约顽固反汉的只是先零羌，罕、开实持观望。先零反时，罕、开豪靡当儿就使其弟雕库来向都尉报告。因此辛武贤的凡羌皆击的镇压策略是错误的方针。赵充国还指出这一方针在军事上是冒险，在政治上是短视。因羌人"其兵长在山谷，短于平地"[②]，汉兵深入祁连山，是以短击长，依靠侥幸取胜，万一失败，则大损国威。又先击罕、开，先零必助，这是释有罪诛无辜，把广大被裹胁的羌人推向了叛羌，必然后果是"难久不解，繇役不息"，可能重演汉武帝时期的羌祸，十年、八年也平息不下去。从全国的局势来看，国家正处在休养生息时期，羌乱不止，不仅加重人民负担，又给匈奴犯边提供了可乘之机，尤其是河西走廊之兵不可抽空。赵充国的远

①② 《后汉书》卷八七《西羌传》。

人政治眼光始终注视着西汉的主要敌人——北方的匈奴。他从大局出发，以国事为重，不顾个人安危，抗旨上书条陈战抚利害，反对出击罕、开。

赵充国的第一次上奏被朝廷否决，宣帝下旨申斥赵充国畏战。宣帝还任命了辛武贤为破羌将军，用外戚许延寿为强弩将军监赵充国，并正式下达了七月二十二日出击的作战令。赵充国面临着严峻的考验。

以安羌弭乱为己任的赵充国，认为"将任兵在外，便宜有守，以安国家"。他把个人的委屈埋在心底，以大无畏的精神第二次抗旨上书条陈战抚利害。赵充国深有感情地说："臣得蒙天子厚恩，父子俱为显列。臣位至上卿，爵为列侯，犬马之齿七十六，为明诏填沟壑，死骨不朽，无所顾念。独思维兵利害至熟悉也，于臣之计，先诛先零已，则罕、开之属不烦兵而服矣。……以今进兵，诚不见其利，唯陛下裁察。"忠君爱国之情溢于言表。

赵充国的这次上奏震动了朝廷，魏相召开了紧急廷议。六月戊申（二十八日）上奏，七月甲寅（初五日）得玺书回报，前后只有七天，驿使来回千余里，可见朝廷是何等的重视。宣帝采纳了赵充国的安羌战略，收回了作战令。

赵充国"全师保胜安边"的策略，有以下四个方面的内容。

1. 神速推进，威谋靡亢

赵充国进兵湟水，他充分运用了骑兵的机动性，在金城衔枚夜渡，一日一夜行三百余里直取落都，接着又推进到西部都尉治所临羌（今青海湟源县南），出其不意地控制了整个湟水流域的战略要地、关隘、津渡。赵充国虽然快速推进，却十分老成持重，"遣骑候四望陿中无虏，夜引兵上至落都"。赵充国深知羌人"果于触突，以战死为吉利，病终为不祥"[①] 的习性，避免主力决斗，不打消耗战。他远斥候，坚营壁，注意休整，保持旺盛的士气待机而动。这时他的长子中郎将赵印率领的侧翼部队一万骑兵从令居南下浩亹，完成了对湟水北岸叛羌的包围。羌人求战不

① 《后汉书》卷八七《西羌传》。

得，惶惶不可终日。俘虏说："羌豪相数责曰：语汝无反，今天子遣赵将军来，年八九十矣，善为兵，今请欲一斗而死，可得邪！"时机成熟了，羌众离心离德。七月，赵充国引兵直趋先零所在，叛羌丢弃辎重畜产仓皇遁逃，争渡湟水，道阨狭，"虏赴水溺死者数百，降及斩首五百余人，卤马牛羊十万余头，车四千余辆"，而赵充国徐行驱之。"料敌制胜，威谋靡亢"，西汉扬雄的这两句评语十分贴切地概括了赵充国用兵的特点。这一仗只是示威性质，并未战斗。由于赵充国的神机妙算，心理上震慑了敌人，汉军几乎没有付出什么代价就获得了胜利。时间只有一个多月，叛羌就被逐出了湟水北岸。赵充国在羌人渡湟溃败处设置了破羌城，即今青海乐都东之老鸦城。

2. 宣传政策，瓦解敌人

赵充国明确宣布："大兵诛有罪者，明白自别，毋取并灭。"又说："天子告诸羌人，犯法者能相捕斩，除罪。"赵充国还派临众等人奉厚币抚循众羌，喻以明诏。为了取信诸羌，赵充国严肃军纪，"兵至罕地，令军毋燔聚落刍牧田中"。罕羌知道后，高兴地说："汉果不击我矣。"赵充国的分化政策和强大的政治攻势，在兵威配合下收到了预期的效果。罕羌"竟不烦兵而下"。

3. 宽待俘虏，以德抚羌

赵充国进兵之初，就释了雕库之囚，宣传天子至德。他又释放了七十多批俘虏，谕以汉羌和睦相处的政策。罕羌豪"靡忘来自归，充国赐饮食，遣还谕种人"。只要真诚归降，赵充国充分示信。他六月进兵，到秋才三个多月，就有一万零七百余羌来降。诸羌"可五万人军"，罕、幵已脱离了先零控制，遁逃南山的叛羌势力更孤弱了。赵充国把他的这一战术称之为"此坐肢解羌虏之具也"。

4. 屯田湟中，困迫叛羌

远遁南山和青海湖以西的叛羌守险相持。汉兵进山作战，兵少不能取胜，兵多因道路崎岖，运输困难，给养又成问题。自开战以来，调集前线的六万多汉军，月用粮十九万九千六百三十斛，盐千六百九十三斛，茭藁二十五万二百八十六石。张掖以东的粮价飞涨，粟一石价一百多钱，干草一捆也要几十钱，比丰年涨了好几倍。后方转输，关中骚扰。因此汉朝不可能长期地在边境屯聚大兵。叛羌侥幸汉朝大军撤走后再出来扰边。赵充国早已预料到这一着。他针对羌众虽然“堪耐寒苦”，但其习性“不能持久”的弱点，熟虑了一个罢骑屯田的困迫羌人的计划，以持久对持久，打破羌人的侥幸。他初进湟中时，就“部士入山，伐木大小六万余枚，皆在水次”，做了屯田的准备。按赵充国的计算，一个骑兵一月的支出等于一个步兵一年的费用。罢骑屯田，只留一万步兵于湟水河谷，一面驻守，一面垦荒，兼修整交通邮亭道桥，加强边防。一万屯兵每月用谷二万七千三百六十三斛，盐三百八斛，单是屯聚在前线的剩余军资就可供一年。到了第二年，垦田谷熟就可实现军粮自给，能够长期地坚持下去，使叛羌困窜于风寒之地，必不能久持而自行瓦解。

赵充国熟虑的计划还没有来得及上报，他就病倒了。于是朝廷上主剿派的呼声再度高涨起来。宣帝也下了最后的决心，他没有征询赵充国的意见就直下命令说：“将军年老加疾……留屯毋行，独遣破羌、强弩将军。”如果赵充国不言，那么他的抚羌计划就必然功亏一篑。他决心第三次抗旨上奏。这一次吓坏了他的儿子赵印，使客进谏，向赵充国陈说利害。客人说：“执行命令是将军的职责，即使是全军覆没也要服从。如果违抗了皇帝的旨意，逮下囚牢，将军性命难保，对国家又有什么好处呢?”心里只装有国家和人民的赵充国说：“这是不忠的言论。朝廷早用我的建议，加强金城战备，羌人也不至于反叛了。为了国家长远的利益，我拼着一死也要坚持到底，英明的皇上是听得进忠言的。”就这样，赵充国冒难而行，终于第三次抗旨条陈战抚利害，上了《屯田奏》。

汉宣帝不愧是一个中兴之主，丞相魏相也不愧是一个中兴的贤辅。明君贤相接受了赵充国的忠言，下旨询问屯田的具体计划。于是赵充国上了“屯田十二便”的条陈。魏相在廷议会上说：“臣愚不习兵事利害，后将军数画军册（策），其言常是，臣任其计可必用也。”丞相支持赵充国，朝廷舆论为之大变。“初是充国计者什三，中什五，最后什八。有诏诘前言不便者，皆顿首服。”汉宣帝批准了赵充国的屯田计划，但又两从其计，让辛武贤等对叛羌实行一次沉重的打击来支持赵充国。破羌将军辛武贤，强弩将军许延寿，中郎将赵印三将军于十二月出击。结果三将军共斩降羌人八千余级，而赵充国不出坐得降羌五千余人。

神爵二年五月，降羌已达三万一千二百人，溺河湟饥饿死者五六千人，斩首总计七千六百级，盘踞南山的残余叛羌只有四千多人了。赵充国认为对残余叛羌可以放心地交给已投诚的罕羌靡忘等去处置，于是上《请罢屯田奏》。宣帝可其奏，赵充国振旅而还。其秋，羌若零、靡忘等果然斩了先零大豪犹非、杨玉首，叛羌悉平。

这次羌乱只用了一年半的时间就平息下去了。从战争的全过程来看，赵充国兵不血刃，前后降羌三万余人，实现了“以全取胜”的预想。三将军的出击加速了羌人的瓦解，但朝廷的有识之士都认为，虏势穷困，“兵虽不出，必自服矣”。尤其是整个战局的发展，完全在赵充国的预料之中。时间之速，收效之大，计划之善，在历史上是罕见的。如果我们纵观一下两汉的羌乱，不能不惊叹赵充国的安羌艺术是空前绝后的。三国时蜀相诸葛亮进兵南中安抚西南夷的策略叫做攻心为上，攻城为下。他七擒七纵孟获的事迹深为后世史家所乐道。可以说诸葛亮的安抚南夷的策略就是赵充国安羌策略的继承和发展。在古代执行安抚策略以求边境久安、推进民族融合的历史人物中，赵充国是出类拔萃的。他置金城属国安抚降羌，是应该肯定的。

关于对赵充国的评价，总的说来学术界研究得还不够。以往的评价偏重于他的湟中屯田及其十二便的理论。其实屯田，中庸之才则能处之，有何杰出可言！有位老专家说，西汉屯田，“皆不及赵充国成绩之大”，是不妥当的。西汉王朝经过长期斗争，认识到屯田御边可以纾民力，足兵食，是对付游牧民族侵扰、巩固西北边防的良策。武、昭、宣三朝在河套、河西、西域各地都进行了大规模屯田，并移民实边。武帝移民西北的屯民多达六七十万人。他们安居边塞，寓兵于农，长期御敌，开发了朔方、河西走廊，成绩是显著的。赵充国的湟中屯田，只有一万步卒，不到一年就罢屯，怎么能说是“成绩最大”呢，赵充国“屯田十二便”的理论是值得肯定的。但不应把“屯田十二便”的理论看作是湟中屯田的总结，应该说是对西汉整个西北边地屯田的经验概括和运用，学术界已作了充分的评价，故本文从略。这里要指出的是，赵充国湟中屯田是安羌策略中的一个环节，只是作为困迫叛羌归降的一个战术原则来运用的，故羌降而罢屯，夸大赵充国湟中屯田的意义，反倒淹没了他的“全师保胜安边”的抚羌战略，不能正确认识他是一个杰出的军事家，故不可不辨正。

公元前51年，即宣帝甘露三年，匈奴呼韩邪单于来朝，汉匈恢复了和亲关系，结束了长达八十三年的战争，这是值得纪念的盛事。宣帝“思股肱之美”，图画十一位中兴名臣于麒麟阁，“法其形貌，署其官爵，姓名”[①]，赵充国名列第四。成帝时，西羌有警，朝廷思念良将，追美充国。成帝命大文学家杨雄在赵充国的图像上题词颂扬，特别表彰他“营平守节，屡奏封章”的大臣风节，发人深思。赵充国三次抗旨条陈战抚利害，冒难坚持正确的意见，一心公忠为国的高贵品德光昭千古。杨雄用“营平守节”四个闪光的字来评价他“屡奏封章”的高贵品德是完全正确的。明末清初的思想家王夫之甚至把国家的安危与赵充国的“守节”精神相联系。他说：“幸充国之坚持而不为动，不然，汉其危矣！”[②] 显然就事论事这个评价过了头。但是王夫之评价赵充国的哲学意义无疑地是正确的。赵充国勇挑重担，“年迈加疾”而始终如一地坚持正确的意见，这是一种什么精神？这就是伟大中华民族坚持真理的气质。国之兴亡，靠的就是人民的这股气质。因此赵充国的“守节”精神尤其应该得到高度的评价，引起人们的珍视。

赵充国是西汉杰出的军事家，他在史册中应占有光辉的一页。

（原载《西北史地》1981年第2期）

① 《汉书》卷五四《苏武传》。

② 《读通鉴论》卷四。

东汉时期的安羌名将

——凉州三明

《后汉书》卷六五《皇甫张段列传》[①]，记载了东汉时期的安羌三名将：皇甫规、张奂、段颎。皇甫规字威明，安定郡朝那人；张奂字然明，敦煌郡渊泉人；段颎字纪明，武威郡姑臧人。安定、敦煌、武威三郡均在今甘肃境内，汉代为凉州，三大将的表字都带一个“明”字，其年龄又在伯仲间，因此是并世齐名的安羌名将，所以世称“凉州三明”，《后汉书》写入合传。

一、凉州三明的身世及时代背景

凉州三明都出身于官宦世家。张奂然明，父惇，为汉阳太守。皇甫规威明，祖父棱，度辽将军，父旗，扶风都尉。段颎纪明，曾祖段会宗是西汉成帝时著名的西域都护。三明以张奂为最长，他死于灵帝光和四年，七十八岁，上推生年应为和帝永元十五年，即公元 103 年生，公元 181 年卒。皇甫规比张奂小一岁，生于和帝永元十六年，卒于灵帝熹平三年，即公元 104 年生，公

① 文中凡未注明出处的引文，皆引自本传。

元174年卒，享年七十一岁。段炯死于灵帝光和二年，终岁史籍失载。假定段炯的终岁为七十岁，上推生年是安帝永初三年。即段炯大约生于公元109年，死于公元179年。因此三明的成长年代，正当东羌暴动关西之时，他们的青少年时代是在硝烟弥漫的动乱岁月中度过的。三明目睹家乡战火飞扬，百姓流离，庐落邑里化为废墟，忧国忧民之心，油然而生。他们少立壮志，究心于经世致用之学，以安羌为己任，对于羌祸产生的根源和应变靖边的策略，谙熟于胸中。所以三明能在东汉政治暗淡的桓帝、灵帝时期为国效命，建立奇功。

既然凉州三明以安羌靖边而著称于世，因此要评价他们的历史地位，首先必须考察东汉的羌祸，看看他们所处的历史时代。

东汉时代的羌人，分为东羌和西羌两个部分。西羌即金城、陇西二郡塞外的羌人。东羌是西汉和东汉初徙居于凉州、并州及三辅的西羌。光武帝建武十一年（公元35），陇西太守马援击破先零羌，徙置天水、陇西、扶风。明帝永平元年（公元58），中郎将窦固、捕虏将军马武击破烧当羌豪滇吾，徙七千口降羌于三辅。永元十三年（公元101），护羌校尉侯霸又徙降羌六千余人于汉阳、安定、陇西诸地。这是几次大规模的移羌。其他还有许多。移羌人于内地，始于西汉赵充国。宣帝神爵元年（公元前61），赵充国平定了先零羌的扰乱，置金城属国安置降羌。东汉徙羌，就是效法赵充国的办法。统治者的主观动机认为羌人徙逐水草，与禽兽杂居，不知礼义，难于治理。移居内地，与汉人同处，通过汉文化改变其习俗，成为天子顺民。用今天的话说，就是实行民族融合的政策，这动机是好的。另外，西汉末年战乱，凉州、三辅有大片荒地，移置羌民，扩大剥削的源泉，这也是东汉移羌内郡的一个重要原因。但事与愿违，羌人内徙，在凉州、并州、三辅的肥沃土地上迅速繁衍起来，一旦暴动，祸起内地，为害滋大，成为东汉最头痛的政治问题。

东汉一代的羌祸可以划分为三个时期：其一，东汉前期的西羌扰边；其二，安、顺二帝时东羌暴动关西；其三，桓、灵时期凉州三明安羌。

凉州三明成长于第二时期，收功于第三时期。但羌祸的根源需要追溯到第一时期。

1. 东汉前期的西羌扰边

这一时期历光武帝、明帝、章帝、和帝四朝。绝对年代从光武帝建武九年（公元33）初置凉州护羌校尉起，至和帝永元十三年（公元101）金城太守侯霸（当年迁为护羌校尉）击败烧当羌豪迷唐止，共六十九年。为害地区主要在金城、陇西两个边郡。

羌人地处西垂，所以总称西羌。西羌以广阔的青海高原为活动舞台，北抵祁连，南达松潘草原，东至河、湟，西穷河原，在这纵横几千里的土地上逐水草而居，过着原始的牧猎生活。这一地理环境及生活习惯，锤炼了羌人的性情“坚刚勇猛”，“堪耐寒苦”[①]，善于山地战斗，长途奔袭。羌人被组织起来就是一支难于对付的劲旅。更由于羌人以广阔的青海高原作为回旋进退之地，胜则突入内地，败则退走高飞，所以在西汉时期，羌祸是一个长期不能解决的边患。

西羌犯边主要是沿着湟水、大河、洮河三条河谷侵扰金城、陇西两郡。湟水流域，史称湟中，形势险要，水草丰美，土地肥沃，气候温润，原本是羌人种落繁衍生息的一块宝地。湟水因北纳大通河，南入大河，故湟中地区偶尔也称三河。湟中羌人的文化比青海高原羌人高得多，早就是半牧半农的社会。西汉开拓湟中，设置金城郡，屏羌人于湟水流域之外，用以斩断匈奴右臂，确保河西交通安全、畅通。仰慕汉文化的羌人种落仍留居湟中。段炯安羌率领的骑兵以湟中羌人为基干力量，称湟中义从。但塞外的西羌念念不忘进入湟中，所以东汉西羌扰边，主要是在金城郡沿湟水、大河两岸展开角逐，尽管斗争很激烈，它仅仅是西陲疆土的一个边患，并未引起朝廷的重视。

2. 安、顺二帝时东羌暴动关西

起止年代从安帝永初元年（公元107）羌人大暴动起至冲帝永嘉元年（公元145）赵冲败没止，历时三十九年。这次羌祸乱

① 《后汉书》卷八七《西羌传》。

起内郡，整个关陇地区烽烟遍地，一度南及汉中、益州，东至河东、河内，京师告警，整个东汉的朝野都为之担忧，成为东汉羌祸最剧烈的时期。这一时期的羌祸有两次高潮。安帝永初至元初年间为第一次高潮，羌人出没河东、河内等郡，关中及河北平原筑坞壁一千余所，屯兵二十余万。朝廷派二十万大军往讨，覆军三次。其后汉用骑兵，又借南匈奴兵击羌，才扭转了败局。从公元 107 年至公元 118 年，连续十二年的战乱，用费二百四十亿。第二次高潮在顺帝永和、汉安年间，从公元 136 年至公元 144 年止，大乱九年，朝廷覆军两次，用费八十亿。总计安顺两朝，朝廷覆军五次，用费三百二十亿。人民的实际负担远远超过此数，并、凉两州破败不堪，边郡和内地兵民死亡无数，草原上白骨相望，人民蒙受了巨大的灾难。

朝廷五次覆军如下：

（1）安帝永初二年（公元 108），车骑将军邓骘往讨，率众五万，败于冀西，没千人；副将征西校尉任尚败于平襄，死者八千余人。汉冀县在今天水市西北，平襄在今通渭县西。

（2）安帝永初三年（公元 109），汉中太守郑勤败没于褒中，三千汉兵全军覆没，郑勤战死。

（3）安帝元初元年（公元 114），左冯翊司马钧行征西将军，督右扶风仲光、安定太守杜恢，北地太守盛包，众八千人；护羌校尉庞参亦率羌胡兵七千人，分路征讨东羌。庞参败于勇士东，司马钧败于丁奚城，没三千人，三太守仲光、杜恢、盛包均战死。勇士县在今榆中东，丁奚城在今宁夏青铜峡东。

（4）顺帝永和五年（公元 140），征西将军马贤率十万人讨东羌，于永和六年败没于射姑山，马贤及其二子均战死。射姑山在今天水市西。

（5）顺帝汉安三年（公元 144），即冲帝建康元年，护羌校尉赵冲败没于建成，赵冲战死。建成在今武都北。

汉军五败，主要原因是东汉政治腐败，将帅畏懦贪残，兵士被盘剥，口粮被侵夺，进不得力战，退不得温饱。尤其是邓骘、马贤这般贵戚大将，虽想趁机立功加封，但不懂得打仗，也不知体恤战士，他们打败仗是理所当然的，所以东羌久乱长期不得平定，正是东汉黑暗政治的一种表现。再看东羌暴动的导火线更是如此。安帝永初元年骑都尉王弘征发金城、陇西、汉阳等郡的羌骑征戍西域。羌人不愿远行，行到酒泉纷纷逃散。各郡发兵邀遮，甚至覆其庐落。于是各郡诸羌同时大举，揭竿而起，反抗东汉。羌人手无寸铁，“或持竹竿木枝以代戈矛，或负板案以为楯，或执铜镜以象兵”①。这说明羌人的暴动是被迫的，他们的反抗是正义的。

但是，事情并不如此简单，民族斗争并不是单纯的阶级斗争。东羌暴动本文仍称之为羌祸，而且为害很大，一个很重要的原因是西羌为其后援。降汉居住安定郡的羌豪麻奴就是东汉前期侵扰金城、陇西二郡的烧当羌的头领之一。永初元年，麻奴叛逃塞外勾引西羌。羌人寇乱三辅、汉中、河东、河内，主要力量是东羌引进的西羌。此外，还有民族败类和野心家趁机而起。汉阳人杜琦及弟杜季贡，同郡王信等与羌通谋，教唆羌人称天子，他们为将军丞相，妄图借用羌人搞割据。羌人暴动还带有很大的民族仇杀情绪，“攻没县邑，剽略人物”，甚至“发冢露尸，祸及生死”，破坏性很大。因此东汉的羌祸不能简单地用羌人起义来概括。事实上，东汉羌祸与东汉王朝兴衰相终始，连绵不断，本质上是西羌侵边造成的长期祸患。东汉王朝的政治腐败只不过加剧了羌祸而已。所以东汉安羌，也不能简单地归之于镇压。那些为保卫关陇人民的生存而血战沙场的立功将士，不能全盘否定。范文澜同志的《中国通史简编》只看到了东汉朝廷的黑暗面，片面地夸大阶级斗争的一面性，看不到民族斗争的复杂性，忽视西羌长期寇边的时代背景，因而把立有大功的段颎称为是“一个完全兽性”② 的人，这是有待商榷的。

3. 桓、灵时期凉州三明安羌

此问题是本文评述的重点，下面立专节论述。

---

① 《后汉书》卷八七《西羌传》。

② 范文澜：《中国通史简编》修订本，第二编，187 页。

二、凉州三明的安羌始末及其策略

三明中最早登入仕途的是皇甫规威明。顺帝永和元年（公元136），皇甫规三十三岁，东羌引纳西羌大寇三辅，围安定。永和五年，朝廷委派征西将军马贤督十万人往讨，皇甫规料定必败。他上书条陈方略，受到郡将的器重，委任为功曹。皇甫规率甲士八百，与羌交战，击退了羌人。于是安定郡拔用皇甫规为上计掾。上计掾是三年一次进京向朝廷报告户籍财税的官员。皇甫规到京以后多次上书朝廷，毛遂自荐。但是由于宦官当道，加之皇甫规人微言轻，顺帝没有采纳。

顺帝建康元年（公元144），皇甫规四十一岁，他被举为贤良方正。当时外戚大将军梁冀当朝，政治昏暗。皇甫规借用贤良对策讥刺梁冀专权乱政。梁冀怀恨在心，黜抑皇甫规为下第，拜郎中。皇甫规为了避祸，托疾致仕。他回到家乡朝那，以《诗》《易》教授门徒三百余人，一直度过了十四个春秋。就这样，梁冀还不断给地方官施加压力，迫害皇甫规，使他好几次差点死在贪吏之手。桓帝亲政，诛杀了梁冀。直到桓帝永寿四年（公元158），太山农民起义，朝廷不能讨，才起用皇甫规为太山太守。

张奂然明，是皇甫规的好朋友，年长一岁。早年，张奂游学京师，顺帝初师事太尉朱宠，学《欧阳尚书》，删《牟氏章句》四十五万言为九万言，以经学明通著称于世。后辟大将军梁冀府，称疾去官。桓帝永兴二年（公元154），张奂迁为安定属国都尉，他以二百人之众，团结了境内归附汉朝的东羌豪首，用计击溃了南下犯塞的南匈奴七千余众，知名当世。羌豪赠送张奂良马二十匹，金钟八枚，他拒不收受。张奂召集羌豪宴会，用酒浇地，发誓说："即使马多如羊，不让入我厩；即使金多如粟，不让入我怀。"张奂以前的八任都尉，全都是如狼似虎的贪吏。张奂这样清廉，深得羌人感戴，是以教令大行，境内安宁。

延熹元年（公元158），张奂五十五岁，为使匈奴中郎将，又击败了南下掠边的乌桓、鲜卑。正当张奂为国展力之时，他因是梁冀的故吏，于延熹二年梁冀伏诛时受连坐免官禁锢。梁冀辟张奂，他称疾归里，并没有同流合污。可是公卿大臣却没有人敢为张奂辩诬，只有皇甫规一人前后上七道奏章举荐张奂。四年以后，即延熹五年起为武威太守。张奂到郡，平均徭赋，整顿风俗，百姓感戴，生为立祠。张奂的一番整顿，巩固了河西边防。

延熹六年（公元163），皇甫规为度辽将军，他极力推举张奂代己，朝廷听之，以张奂为度辽将军，迁皇甫规为使匈奴中郎将。度辽将军屯五原，直备北边。张奂到任四年，幽、并清静。延熹九年（公元166），张奂被召回朝廷拜大司农。鲜卑、南匈奴、乌桓听到张奂还京的消息，立刻大举南下犯边，并招诱东羌反叛。一时间，上郡、安定、张掖、武威等缘边诸郡，大受其害。朝廷复拜张奂为护匈奴中郎将，以九卿秩督幽、并、凉三州军事。匈奴、乌桓闻风来降二十万口。张奂只诛首恶，余众抚慰安纳，北边复静。

段颎纪明，四十七岁登入仕途，于桓帝永寿元年（公元155）举孝廉，为宪陵令、阳陵令，迁辽东属国都尉。辽东属国驻屯地当今河北省昌黎县。鲜卑南下扰边，段颎迎击，恐敌人逃去，他设伏诱敌，假传皇帝命令退兵，鲜卑果然中计进入了伏击阵地，段颎大获全胜。由于假传诏书，段颎没得封赏，反而被罚作苦刑。但由此可见，段颎用兵，长于机变，智计不凡。东汉朝廷为了镇压太山郡的农民起义，不久又起用段颎为中郎将，赐封为列侯。

桓帝延熹二年（公元159），段颎五十一岁，皇甫规五十六岁，张奂五十七岁，凉州三明正当年富力强之时，政治经验和军事谋略都臻于成熟，东汉的羌祸从此发生了突变和转折。这一年段颎被拜为护羌校尉，这就是凉州三明安羌事业的起点，到灵帝建宁二年（公元169）段颎平定东羌为止，历时十一年。西羌、东羌都平定在段颎手里。皇甫规、张奂先后两次安定东羌，采用抚安的策略，有力地配合了段颎的军事活动。也就是说东汉王朝用三明安羌是采用软硬兼施，镇抚并举的策略平定了羌祸。但是东汉王朝库藏空虚，国力衰微，加上钩党之狱的浩劫，也临近了农民大起义的前夜。

西羌之祸拖垮了东汉王朝。

延熹二年（公元159），西羌烧当、烧何、当煎、勒姐等八种羌人大举侵扰陇西、金城。段熲在面临西羌大起的形势下就拜护羌校尉。护羌校尉驻屯临羌。临羌在今青海湟源县东湟水南岸。段熲将兵及湟中义从羌一万三千骑出湟谷，击破西羌，穷追至大河南，斩首二千级，俘虏万余人，余众奔散。

延熹三年（公元160）春，烧何羌进犯张掖，攻没钜鹿坞，东掠吏民。段熲奔救，下马大战，直杀至日中，刀折矢尽，才击退了羌众。段熲乘胜直追，边斗边行，昼夜攻战，割肉食雪四十余日，出塞二千余里，直追过赐支河曲到达了积石山，即今青海南部的阿尼玛卿山，斩首五千余人。另一路支军在石城（今青海化隆县南）也大败了羌人，斩首溺死者千六百人。段熲又击破屯聚陇西白石的杂种羌，首虏三千余人。当年冬天，段熲再次追击围攻允街的湟中羌。经过这一年的苦战，段熲沉重地打击了西羌，取得了基本的胜利。

延熹四年（公元161），正当段熲进军并、凉，打算一举安定东羌的时候，凉州刺史郭闳眼看段熲大功告成，居心贪冒其功。他故意稽留段熲进兵，迫使段熲所将湟中义从叛逃，然后加罪段熲，使熲坐罪下狱，被罚作苦役。朝廷改任济南相胡闳为护羌校尉，胡闳畏懦不敢前，西羌复叛，东羌炽盛。就这样，由于朝廷的错误处置，使段熲的安羌事业，功亏一篑。

东西羌趁段熲免职之机，汇合大起，抄掠陇西、关中，攻破营坞，凉州路断，长安告急。延熹五年（公元162），时任太山太守的皇甫规上书自荐，朝廷不得已举为中郎将，持节监关西军。皇甫规到凉，正值“军中大疫，死者十三四”。规“亲入菴庐，巡视将士，三军感悦”。于是一举击破东羌，羌人十余万众归降。皇甫规又先后奏免了刺史郭闳、安定太守孙儁，属国都尉李翕，督军御史张禀，汉阳太守赵熹等，大大小小贪虐暴吏一百多人被免职。羌人踊跃欢呼，又有十余万人相率来降，这才打通了凉州的道路，仅用费一千万，省费亿计。

但是，皇甫规的清廉却触怒了宦官和豪强。中常侍徐璜、左悺向规索取贿赂，规不理睬，宦官竟捏造罪名，诬称皇甫规用钱财收买羌人假降，欺骗朝廷，反下狱论罪，被判处在将作大匠府署罚作苦役。太学生张凤等三百余人到宫前请愿，替皇甫规鸣冤，他才得赦免归家。当时东汉的政治就是这样的黑暗。

段熲下狱后，凉州各郡吏民上千人赶到洛阳赴阙颂冤，朝廷不得已起熲于囚徒中，用为议郎，迁并州刺史。延熹六年（公元163），再拜段熲为护羌校尉。因皇甫规班师后，羌人复叛。段熲到任，重整队伍，发动了对西羌的进攻，“展转山谷间，自春及秋，无日不战”。经过了三年的战斗，才攻破了西羌，总计斩首二万三千级，获生口数万人，马牛羊八万头，降者万余落。永康元年（公元 167），段熲破斩侵扰武威的当煎羌三千余级，西羌弭定。

当段熲攻讨西羌的时候，永康元年春，东羌、先零五六千骑大掠关中，攻没汉兵两营，杀千余人。朝廷用张奂为中郎将，击破东羌，首虏万余人，并、凉、司隶三州清定。建宁元年（公元168），张奂振旅还京，汉兵刚走，东羌又叛。于是朝廷询问段熲安羌方略。段熲认为：皇甫规、张奂招降东羌，而仍有三万余落屯聚不散，这是长期坚持反叛的那一部分，应当给予坚决的打击，才能惩恶劝善。段熲要求骑五千，步兵一万，车三千辆，钱五十四亿，在三冬两夏中安定东羌。朝廷加封段熲为破羌将军安辑东羌。他经过两年的殊死战斗，凡百八十战，斩三万八千六百余级，获牛马羊骡驴骆驼四十二万七千五百余头，费用四十亿。段熲出征，率一万五千步骑，建宁三年（公元 170），当段熲凯旋还军时，将秦胡步骑五万余人，及汗血千里马，生口万余人。汉兵死者仅四百余人。段熲比预定计划提前一年，节省费用十亿，以最小的代价获得空前的最大胜利，在整个东汉一代二十二任护羌校尉中是首屈一指的。

以上就是凉州三明的安羌始末。皇甫规和张奂两人是采用只诛首恶，分化瓦解羌人，以清廉秉正的行动感召羌人，招抚投降，这是抚安的策略。段熲是用兵威坚决打击屯聚反汉的羌人，穷追到底以获全胜的策略。段熲主要是攻击西羌，他的策略无疑地是正确的。因为西羌凭恃青海高原，转斗山谷以弱汉兵，长期扰边，安抚的策略是不能奏效的。皇甫规、张奂主要是安辑东羌，而东羌在内地久与汉人杂处，由于贪官污吏所逼反，所以皇甫规、张奂的策略也是正确的。但是对于勾结西羌，长期叛汉，兵来即降，兵退即反的那一小部分种落，皇甫规、张奂的策略，却是收效不大的。所以最后还得由段熲来安辑。综观东汉一代的羌祸，凉州三明的两种策略，应该说是东汉长期和羌人斗争的经验总结，是最后成功的必然结果。要稳定地安辑羌人，这两种策略是缺一不可的。

三、应为凉州三明段熲恢复名誉

怎样评价凉州三明的历史地位，历来只肯定皇甫规和张奂，而对段熲颇多微词。皇甫规和张奂应该肯定，这是没有疑义的。众所周知，东汉桓、灵时期政治极端腐败昏暗，宦官专权，钩党之狱大兴。当时，是非颠倒，贤愚错位，在全国政治大动荡中，凉州三明都卷入了钩党之狱的政治漩涡中。建宁元年，张奂从凉州班师还洛阳，正碰上大将军窦武和太尉陈蕃谋诛宦官，事泄，双方在洛阳城中大战，宦官假传灵帝命令使张奂攻击窦武，结果宦官得势，窦、陈被诛，兴起了第二次钩党之狱。事后张奂得知宦官卖己，拒不接受封赏，于是被指目为党人，免官禁锢。张奂家居教授，生徒一千余人，至光和四年卒。皇甫规当时任弘农太守，他抗愤上书说："我曾经推荐过张奂，这是附党的表现；太学生张凤等曾上书讼臣，这又是为党人所附的表现，我应该连坐。"朝廷不问。后皇甫规迁护羌校尉，至熹平三年，才因病召还，卒于道中。段熲安羌后还京，增封食邑至一万四千户，历任河南尹、司隶校尉、颍川太守等职，曾两度为太尉。相比之下，凉州三明，皇甫规、张奂明朗地同宦官作斗争，段熲则依附宦官谋得高爵显位。因此从个人的政治品德上说，段颎比皇甫规和张奂都要低下，这是毋庸讳言的。

从风仪器度来看，皇甫规、张奂两人都是著名经学家。皇甫规家居教授三百人，著赋、铭、碑、赞、祷文、吊、章表、教令、书、檄、笺记，凡二十七篇行于世。张奂著《尚书记难》三十余万言，又删《牟氏章句》，著铭、颂、书、教、诫述、志、对策、章表二十四篇，家居教授千余人。因此，皇甫规、张奂两人都是文武双全的风流儒将。段颎的风仪迥然不同。他从小炼就骑马弯弓，能征惯战，办事勇猛粗豪，所以他在安羌中扮演了打硬仗取威的角色，杀人较多，这就是历来对他评价不高的原因。

但是我们从实际的效果来看，凉州三明以段颎的功劳为最大，西羌、东羌最后都是他平定安辑的。是的，段颎确实屠杀了六七万羌人，这是应该谴责的。但是，反过来说，段颎结束了一百多年来的羌祸，使并州、凉州数的以百万计的民众免离战乱之苦，这是功大于过的。羌人的仇杀行为，发冢露尸，祸及生死，凉州、并州、三辅的广大原野，尸骨累累，无辜而死者成千上万。这种凄凉景象比起段颎的战场所杀，孰轻孰重，是不待争辩的，这是段颎应该得到肯定的第一点。段颎所将骑兵，主要骨干是湟中义从羌，他所杀羌人是在战场上打歼灭战，属于战斗格杀，是无可厚非的。查历史记载，段颎并无杀降举动。他最后平定东羌，倒是收降了大批羌胡。比段颎稍后的曹操，作为一个逐鹿中原的政治家，多次屠城杀降，毒虐生民，施于同胞，而段颎却无此恶行。我们当代的众多历史家却千方百计去替曹操辩诬。一个公正的历史家何以要对此者厚而对彼者薄？这是应该肯定段颎的第二点。安顺时期，几十万大军讨羌，懦将贪吏克剥，大批兵士冻饿而死，枉死冤魂，号泣道路。段颎却是一个“尚游侠，轻财贿”的英雄，他“折节好古学”，很是体恤部下。他在战场上，总是身先士卒，或“下马大战”，或“身当矢石”，或“被甲先登”，所以“士卒无敢后者”。段颎深得凉州士众吏民的爱戴，是一员虎将，是从不打败仗的常胜将军，是无愧于国家的干城，这是应该肯定的第三点。段颎结束了羌祸，也就是结束了民族间的大规模仇杀行动，这对广大羌人也是有好处的。所以段颎在关西各民族中享有崇高的威望。《三国志》卷十《贾诩传》记载了这样一个故事。东汉末，贾诩与同行数十人在关西遇氐被俘，诩曰："我段公外孙也，汝别埋我，我家必厚赎之。"段公，即指段颎。贾诩遇急借段颎之名以相诈，氐人果与盟而送之，其余悉死。由此可见，段颎在关西少数民族中确实享有崇高的威望，这是应该肯定的第四点。据上述四点，我们应该替段颎恢复名誉。所以范文澜同志的《中国通史简编》指责段颎是"一个完全兽性"的人，他打羌人发了"大财"，是搞"突然袭击"，而且是袭击"降羌"，这一系列说法是从片面的阶级斗争理论中推演出来的，其实是找不到史实根据的，因此本文不能苟同。

光和二年，司隶校尉阳球奏诛王甫，连坐段颎，并于狱中鸩杀之。段颎家属徙边。后来中常侍吕强上疏，追讼段颎功劳，他的妻子才得到赦免，还归本郡。凉州三明，皇甫规、张奂虽然多次伸屈于宦官之手，终得善终。段颎依附宦官，横死狱中，可谓所附非人。榷而论之，凉州三明同传，并照丹青，是十分公允的。范晔具有良史之才，于此正是适例。

（原载《西北史地》1982 年第 2 期）

理财家刘晏

历事中唐肃宗、代宗、德宗三朝的理财家刘晏是一个值得纪念的历史人物，今年是他逝世的一千二百周年。

刘晏理财，勋劳卓著："广军国之用"而"未尝有搜求苛敛于民"[①]，为巩固李唐政权，作出了很大贡献，同代的人都称赞他的能干，把他与管仲、萧何相提并论。他的理财方针和用人原则是我国古代文化的一笔宝贵遗产。

刘晏，字士安，曹州南华（今山东省东明县）人，出身寒微，父祖不显。他曾长期做地方官，正直廉洁，能给老百姓办一些好事，"民皆刻石以传"[②]。刘晏的出身和经历，使他广泛地接触了社会，了解人民疾苦，对后来从事的理财活动有极大的影响。安史之乱后，经济萧条，人亡财空。在国家危难之际，刘晏受命为转运使，他知难而进。经过实地调查，他在给宰相元载写的报告中表示自己要竭尽心力来完成这一使命。刘晏说："见一水不通，愿荷锸而先往；见一粒不运，愿负米而先趋。焦心苦形，期报明主，丹诚未克，漕引多虞，屏营中流，掩泣献状。"[③]

---

① 《读通鉴论》卷二四。

② 《新唐书》卷一四九《刘晏传》。

③ 《旧唐书》卷一二三《刘晏传》。

充分表现了他忧国忧民的心情和勇于承担重任的献身精神。

刘晏的可贵精神，更突出地表现在他能做到身体力行，几十年如一日，孜孜不倦地工作。他上朝时骑在马上，心里还在筹算账目，退朝后在官署批阅文卷，常常是秉烛夜分。他饮食简素，空无媵婢，死时只留下两车书籍和几斛米麦。在官吏贪残的封建社会，一个理财大臣，两袖清风，寒贫如洗，实在难能可贵。刘晏理财，前后二十多年，有大功于唐王朝。当时的人没有一个不叹服他的廉正。但是在专制制度下，功高犯忌，廉洁遭妒，正直的人往往被屈死。公元779年，德宗即位，宰相杨炎用事，忌才害能，排挤刘晏。公元780年，刘晏被诬陷“谋反”赐死。

关于刘晏理财措施，学术界已有人作过总结，这里着重谈谈刘晏的理财方针和用人原则。

当时的一班所谓“理财家”都是些不管人民死活的聚敛之臣。他们的办法是巧立名目，尽取锱铢，一味地进行搜刮，造成了“科敛之名凡数百……百姓受命而供之，沥膏血，鬻亲爱，旬输月送无休息”[①]。人民被迫“或相聚为群盗，州县不能制”[②]。与这些豺虎贪吏相反，刘晏贯彻了完全不同的理财方针，这就是封建史家称誉的“故其理财，以爱民为先”。这个方针也就是安定社会，发展生产。

为了贯彻这一理财方针，刘晏认真地进行了赈济饥贫的活动。他认为消极的赈贷有两大弊端：第一，国家财源取之于民，赈贷少了不济事，赈贷多了国用不足，反过来又去搜刮人民，造成恶性循环；第二，赈贷由层层官僚机构发放，贪吏为奸，“强得之多，弱得之少”，即使用严刑峻法也禁止不了。刘晏不恤人言，坚持用平准均输的办法积极救灾，扶植生产。他在各道设置知院官，及时地掌握各地的雨雪丰歉实情，“丰则贵米，歉则贱粜”，防止谷贱伤农，水旱民散。同时又多购谷物菽粟运往歉收地区贱价出售，换取农民的土产杂物转卖丰处，这个办法既救了

① 《旧唐书》卷一一八《杨炎传》。

② 《资治通鉴》卷二二二，下引《资治通鉴》不再注。

灾，又不损国用，还起到了刺激生产的作用。刘晏从实践中总结了经验："王者爱人，不在赐与，当使之耕耘织纴，常岁平敛之，荒年国救之。"还认为"善治病者，不使至危惫；善救灾者，勿使至贱给"①。故刘晏救灾的原则是"应民之急"，而不是等到饥民困弊，饿殍载道，流亡成寇时才去赈贷。他在所辖各州县储粮三百万石，以作备灾备荒之用。

刘晏改革漕运，整顿盐法也与发展生产紧密配合。唐初漕运是国家用行政办法强迫地方负担，沉重的费用和徭役摊派在农民身上，"人不堪命，皆去为盗贼"②。唐初盐利任民自煮自售，每斗盐值十文钱。至德初，盐价暴涨了十倍，贫苦农民只好淡食。因此食盐销路不广，生产低落。正如王夫之所说，官卖食盐，"殃民已极"③。刘晏决心革除这些弊病，其办法是官办漕运，商卖食盐。政府拨出经费开办船厂，招募船工，组成专业运输船队，把农民从沉重的漕运徭役枷锁下解放出来以便生产。刘晏用盐利支持漕运，他不是高抬盐价获取生产利润，而是平抑盐价，扩大销路，扩大生产来获取生产利润。这个办法"官获其利，而民不乏盐。其始江淮盐利不过四十万缗。季年乃六百余万缗。由是国用充足而民不困弊"。

刘晏的理财方针，适应了唐朝残破的局面，使国家获得好处。他初受命为转运使，全国户口才二百万户。国家财政收入只有四百万缗，入不敷出。到了刘晏理财的季年，户口增加到三百余万户，财政收入达一千三百余万缗。其中盐利过半，而国家并没有增加农民的税收。刘晏是真正做到了"敛不及民而用度足"④。他的贡献是很大的。

办好事情，人是决定的因素。刘晏用人有着高度的原则性，有许多经验值得注意。

刘晏认为"办集众务，在于得人。故择通敏、精悍、廉勤之士而用之"，即精明能干，忠于职守，廉洁奉公，是用人的德才

① 《旧唐书》卷一二三《刘晏传》。
②④《新唐书》卷一四九《刘晏传》。
③ 《读通鉴论》卷二四。

标准。对于各部门的负责官吏要求更高，还必须具有声望。“其场院要剧之官，必尽一时之选”。管理盐场生产的场监和各地掌握经济情报的知院官等是刘晏理财系统中的各个神经节，要求必须是当时最孚众望的实干家。拿场监来说，不单是收购征税，还要钻研技术，指导盐户生产。刘晏本人也是这样要求自己的。他对煮盐、储运、铸钱、物资调剂、漕运组织、情报收集等的管理和技术，无不精通。他选用了各种专才和实干家分布在各部门以及各州县把关。史称：“积数百人，皆新进锐敏，尽当时之选，趣督倚办，故能成功。”① 这里“新进”二字尤其值得注意。要想建立一个有朝气的办事班子，不起用“新进”之士是办不到的。但在唐时，“惟晏能行之，他人不能也”②。刘晏理财，成绩很大，其秘奥之一就在于选拔人才，委用专家。这就是刘晏的用人原则。

当时有许多权贵请托，故旧亦要通融。因为封建社会官僚政治的痼疾是官官相护，朋党为奸。刘晏处在那样的时代，孤芳自赏必不能成功。所以他采取了“大器藏身，兼容周旋”的策略为国展力，不得不应付权贵。凡请托融通之人，“使俸给多少，迁次缓速，皆如其志，然无得亲职事”。刘晏宁可用优厚的待遇把他们养起来，也不让他们干预理财事务。至于“凡所任使”，则“多收后进有干能者”③，如韩洄、元琇、裴腆、李衡、包佶、卢徽、李若初等则大胆使用，必尽其器能，责其功效。“务乎急促”④，即课以行政效率。刘晏自己只是一个总指挥，起“趣督倚办”的作用。因此，“其属官虽居数千里外，奉教令如在目前，起居语言，无敢欺绐”。人人思进，成长了一大批理财专家。“故晏殁之后，掌财赋有声者，多晏之故吏也。”屏绝权贵干扰，坚持任才使能，这是刘晏贯彻用人原则、提高行政效率的一个有效措施。

刘晏常说：“论大计者固不可惜小费，凡事必为永久之虑”。

①② 《新唐书》卷一四九《刘晏传》。

③④ 《旧唐书》卷一二三《刘晏传》。

他在扬州开办造船厂，付给加倍的费用，务使船坚耐用。所以刘晏督造的船行用几十年也不坏。他死后五十年，继任者造船，不给羡余，“船益脆易坏”，于是漕运陷于瘫痪。刘晏用“厚直”招募“善走者”建立经济情报网，四方动静，莫不先知。因此，全国“食货轻重之权，悉制在掌握，国家获利而天下无甚贵甚贱之忧”。刘晏是用高报酬犒劳有所报，以物质的实惠使人尽其能。他付出了“厚直”，得到的是“船坚”、“善走者”和漕运效率的提高。同时刘晏又用名辅利，务使人不贪。他说：“吏虽洁廉，终无显荣，利重于名，故吏多贪污”，故必须“名重于利，故士多清修”。刘晏也以提倡名节，按功提拔，培养部属的事业心、上进心。这是刘晏贯彻用人原则、调动积极性的又一个有效的措施。因此，他指挥的庞大理财系统如臂使指，运动灵活自如，在封建国家的行政机构中是不多见的。

如上所述，刘晏是一个实干家。他固然才思敏捷，素有神童之称，但他的才能是在实干中学来的。这里必须指出，刘晏毕竟是一个地主阶级的理财家，他不可能是一个自觉的历史唯物主义者，他的忧国忧民实质爱的是李唐王朝。他的理财活动为的是巩固李唐政权。因此，他的“以爱民为先”的理财方针并不能从根本上解决人民的吃饭问题。我们之所以肯定他，是因为在中国封建史上，他竭尽个人的心力，对历史作出了超越前人的贡献。

（原载《光明日报》1980 年 9 月 24 日）

铁汉御史安维峻

——读《谏垣存稿》

《谏垣存稿》四卷，甘肃秦安人安维峻所著，1914年版印，今存甘肃省图书馆。这是一部爱国志士的谏草，正义垂千古，浩气贯长空，是值得一读的。

安维峻，字晓峰，号槃阿道人，《清史稿》卷四百四十五有传。他生于1854年，卒于1925年，享年七十二岁。安氏气质刚廉，品性孤直，故仕途不享。安维峻是光绪乙亥（公元1875）举人，用为七品小京官。庚辰（公元1880）成进士，改庶吉士，授编修，不阿权贵，不结朋党。直到光绪十九年（公元1893）十月，才迁都察院福建道监察御史，六品京官，历任只十四个月，于光绪二十年（公元1894）十二月初二贬戍军台，在张家口度过了五年的谪戍生活。光绪二十五年（公元1899）释还归里，三十四年（公元1908）起授内阁侍读，总纂《甘肃省新通志》，宣统二年（公元1910）充京师大学堂总教习，明年清亡，终老田园。

安维峻的著作，除《谏垣存稿》外，还有《望云山房诗集》一卷，《四书讲义》四卷。《望云山房诗集》，甘肃省馆有目无书，但另藏有《诗文杂集》一卷，有诗无文，大约就是《望云山房诗集》的手抄稿。诗集主要内容是作者贬戍张家口军台时期的唱和及述怀。诗句质朴，感情真挚，富有生活情趣。若干诗篇流露出隐逸情志，带有感伤语调。但忧国报主之情，亦时时溢于笔端，他并没有颓唐，刚正之气不为少衰。因此这卷诗集也是研究安维峻爱国思想的重要资料。《四书讲义》系作者 1910 年任京师大学堂总教习时所作，用以提倡“正学”，抵制革命，故其书不传，我们无从窥其豹斑。

安氏晚年以清室遗民自居，辛亥革命后归隐柏崖，闭门读书，抄录《桃花源记》高悬门楣，以明孤忠淡泊之志。他曾遗令子孙，他死后在墓前书一圆石曰：“大清孤臣安某之墓。”这说明安氏深受正统儒学思想影响，是一个旧时代的典型士大夫，因此他的名字日渐被人遗忘了。但是翻开近代史，在中国人民的反帝斗争史中，他是一个了不起的英雄人物。中日甲午战争爆发，清廷内部围绕主战与议和展开了激烈的帝后党争。光绪帝主战，慈禧太后主和。掌握军政外交大权的直隶总督兼北洋大臣李鸿章站在太后一边，是投降派的中坚人物。安维峻支持主战派，他勇敢地和主和投降派作斗争，显示了非凡的英雄气概。他利用考官的合法权利，敢于指责慈禧太后误国，提出杀李鸿章以振奋人心，表现了不畏强暴的大勇精神，恰如鲁迅所说，“是中国的脊梁”。《谏垣存稿》就是作者英雄行迹的见证。

《谏垣存稿》收存了作者在御史任上的全部奏折共六十五道，上呈光绪帝的有六十三道。《清史稿》本传称：“未一年，先后上六十余疏”，这是大略的说法。查《谏垣存稿》第一道《举人不得捐请疏》，上呈于光绪十九年十月二十日（公元 1893 年 11 月 27 日）；最后一道《请诛李鸿章疏》，上呈于光绪二十年十二月初二（公元 1894 年 12 月 28 日），前后相距十四月，正与《谏垣存稿自序》所说“窃计忝厕谏垣十四月”相合。在这么短的时间内，上呈六十余疏，单从数量上看，也是惊人的，它充分表现了作者履艰风霜之任的高度责任心和政治热情。从内容上看，《谏垣存稿》以光绪二十年六月十九日（公元 1894 年 7 月 19 日）为分界点可分为前后两个时期。第一时期八个月，共上二十四疏，主要是进言整顿吏治和革除科场积弊，这正是当时清朝政治腐败的焦点。后一时期六个月，所上四十一疏，全是关于甲午战争的条陈。由此可见，《谏垣存稿》所言均国家安危所系，没有一疏是阿谀应景之作。正如作者《自序》所说，谏垣并非求名，而是忧虑国事，“祇求于事有补无补”，此心可以“对天地，质鬼神”。翻开《谏垣存稿》，字字句句都可为证。这一点，伏羌人王权在《谏垣存稿序》中作了高度的评价。他说：

> 秦安晓峰御史，由词馆改补台职，掌福建道，在官仅一载，谏疏凡数十上。时海疆事棘，当路媕阿养乱，台谏莫敢一言。晓峰历劾其罪状，疏出读者皆为缩颈。亦有条陈事宜，语不及大局，而事后言验终为安危所系者；有专论一人一事而患祸所兆历久方见者……其所言利害祸福，当时或不谓然，迄今观之，则无一不验者。非诚至生明，洞见先几而能如是欤？

王权的评价是符合情理事实的。“诚至生明，洞见先几”，这八个字译成今语就是：由于有报国的忠心，才使他产生了智慧，因而能洞察潜伏的矛盾发展，也就是俗语常说的有胆有识。安维峻有一颗忧国报主的耿耿忠心，故能做到“凡所举劾，一秉大公”，绝不迴避权贵。总计《谏垣存稿》弹劾的大小臣僚，从朝廷大臣到地方疆臣督抚、学政、道员四十余人。其中有亲王二人，军机大臣五人，总督四人。这些都是当路大臣。礼亲王世铎主持中枢，贪赃枉法，安维峻疏斥之。李鸿章等大臣互相保举子侄窃取高官，结党营私，安维峻指陈其奸。新疆巡抚陶模为冒籍举人取保，甘督杨昌用官银六百两替顾佣枪手的舞弊举人付酬金，安维峻奏请朝廷革除。广东学政徐琪渎职，安维峻上疏请“明正其罪”。甲午战争爆发后李鸿章督办军务，节节败退，安维峻奏请诛逃将，查办叶志超、丁汝昌等等，无不是冒着风险，触动权奸。他在《劾疆臣欺饰疏》中说：“臣非不知今日之督抚权势重大，言之适以结怨。然不敢不言者，惧辜圣明之恩而蹈缄默之咎也。”换句话说，以国事利益为重，以个人利益为轻，这就是安维峻大勇精神产生的源泉。

光绪二十二年十二月初二，是安维峻一生中最不平凡的日子。这一天，人言籍籍，街巷上都在传说李鸿章勾结太监李莲英，运动慈禧太后明谕光绪帝议和。安维峻“闻之感愤填膺，痛不可忍”。这时，明朝爱国志士杨继盛的高大形象盘旋在他的脑际。杨继盛劾奏权奸严嵩犯忌讳，年四十斩首法场。杨继盛临刑赋诗曰：

浩气还太虚，丹心照千古。生平未报恩，留作忠魂补。

这浩气冲荡着宇宙，激发着后人。当时安维峻也正好四十整。在国难当头、民族兴亡之秋的关头，献身的时刻到了。安维峻把生死置之度外，他要大声斥责权奸，下定决心“以命拼一疏”。他连夜草奏，“迨缮真，夜已二鼓矣。即呼正阳门入趋上之”。只要能够挽回局势，力阻和议，“虽死无恨”。这就是震动中外的《请诛李鸿章疏》。安维峻公然斥责慈禧太后干预朝政。他说：

皇太后既归政皇上矣，若犹遇事牵制，将何以上对祖宗，下对天下臣民。至李莲英是何人斯，敢干预政事乎？如果属实，律以祖宗法制，李莲英岂复可容？

甲午年，时值慈禧太后六十寿辰，从正月起，提海军经费大修颐和园，在北京城内外大办点景，张灯结彩，准备举行万寿盛典，生怕战争冲击了她做寿，只要和解，不惜卖国。李鸿章忧虑他存放在日本的巨额赃款受到损失，更怕战争削弱了他的淮军和北洋海军，造成战后自己的地位下降，所以一味避战求和。在光绪帝的严旨切责下，李鸿章“明为主战，阴实议和”。开战以后，他还暗地里与日本通使往来，放走日本间谍船，甚至“接济倭贼煤、米、军火”，反而对“我军前敌粮饷火器，则故意勒措”。李鸿章“闻败则喜，闻胜则怒”，奖赏阵前逃将，惩罚抗敌将士，一意要把战争引向失败，用以压制主战派，为他的主和路线创造条件。安维峻对李鸿章的这一切倒行逆施，痛入骨髓。他在上呈的一系列言兵奏折中予以揭露和谴责。《请速决大计疏》指出："我师败绩"是由于李鸿章之"贻误"和"枢臣之尸素"。《请易督办军务大臣疏》劾奏李鸿章"年力已衰难期振作，恐误大局"，呈请光绪另派知兵大员督办军务，"以收战胙恢复之效"。《劾道员盛宣怀贪污不法疏》直斥李鸿章，"督办军务以来，调度乖方，丧师失律，虽妇孺之俦，莫不切齿痛恨"。但是，由于慈禧太后掣肘，光绪帝明知其误国，却不能更易。李鸿章导演了清军平壤战役、九连城战役、大连旅顺战役等一连串的溃败之后，主和派加紧了投降活动，议和之声，甚嚣尘上。慈禧太后只知听戏纵欲为乐，放手让李鸿章去卖国。当时群情激愤，有人在端门上大书对联一副云："万寿无疆，普天同庆；一筹莫展，割地求和。"[①]表达了人民的抗议和愤怒。这就是安维峻上奏《请诛李鸿章疏》的背景。疏文历陈李鸿章和倭卖国之种种事实后说：

惟冀皇上赫然震怒，明正李鸿章跋扈之罪，布告天下。如果将士有不奋兴，倭贼有不破灭。即请斩臣以正妄言之罪。

安维峻"披肝胆，冒斧锧，痛哭直陈"，如投枪、匕首刺中了投降派的要害。奏入，慈禧太后勃然大怒。光绪帝虽心善之，但莫能救。他害怕慈禧太后借此兴大狱，迫害主战派人士，以安维峻听凭传闻，"肆口妄言……恐开离间之端"为借口，特事先处分，当日革职，谪戍军台效力赎罪。

安维峻的这一爱国正义行动，获得了士大夫及人民群众的广泛支持和同情。《清史稿》本传称：

维峻以言获罪，直声震中外，人多荣之。访问者萃于

① 费行简：《慈禧传信录》。

门，饯送者塞于道，或赠以言，或资以赆，车马饮食，众皆为供应。抵戍所，都统以下皆敬以客礼。

临行，在京友好，特地选择了杨继盛的故宅松筠庵为安维峻饯行。士大夫纷纷赠诗送行。乌里雅苏台参赞大臣志锐特制“陇上铁汉”印章一枚相赠。京师大侠王五，能手订法律，约束河北、山东群盗，专事劫掠脏吏猾胥的不义之财。他闻知安维峻被贬谪，亲来保镖，馈赠车马行资。甘肃赴京会试举人侯乙青、李叔坚亲自护送安维峻直至张家口。时人深深叹婉说：“可见公道在人心，晓峰于此不朽矣！”①

光绪二十一年（公元 1895）九月，安维峻第三子诞生，他感怀光绪帝不杀之恩，取名塞生。此时，安维峻浮想联翩，百感交集，杨继盛的形象又跃入眼中。他拿起笔来，步和杨继盛的临刑诗二章以述怀。第一首表达了他坚持爱国的正义立场决不改变：

国贼讨未成，遗恨长终古。他生犹谏官，衮阙吾其补。

第二首寄语儿曹要永远继承他的遗志：

臣罪本当诛，旷典空前古。平生未报恩，付与儿曹补。

安维峻早在甲午年十一月二十九日（公元 1894 年 12 月 25）所上《力阻和议疏》中就指出，如果与日本议和，将滋长列强瓜分中国的野心。他沉痛地说：“至此以后，将赔兵费，割重地，视为救急之良图，无复自强之一日矣。”这一切不幸地被他言中了。甲午战后，列强掀起了瓜分中国的高潮，1897 年沙俄侵占了我旅顺大连，《中俄新约》使中国东三省成为沙俄的势力范围。安维峻在贬所张家口听到消息以后，夜不能寐。他在《次韵答钟

① 参见李鼎文：《评介甘肃举人〈请废马关条约呈文〉及其他》，载《西北师院学报》1963 年第 1 期。

愚公》诗中有“梦里狂言犹草疏”之句，并自注说：

> 闻中俄新约之夕，梦中呓语作不平声，室人初唤醒时犹曰：此疏终死必上。既而知是梦，付之长叹息而已。

可见安维峻自始至终是一个爱国志士，他不因自己遭放逐而消极颓唐，他念念不忘报国除奸。1896年丙申农历二月，他游元宝山，见浮云蔽日，感慨万端，记游诗云：“浮云蔽白日，扫除力未衰。誓将缚大帚，为天效一挥。”但是，安维峻的报国之志落空了。本来按清朝故事，贬戍军台三年释归。可是到了1898年，三年期满，朝廷又下谕旨，展延戍期。当年戊戌变法失败，光绪帝也成了笼中鸟。安维峻希望清室中兴的幻想破灭了，于是决心归隐田园以终身。

毋庸讳言，安维峻是一个清室忠臣，但是我们也不必苛责前人。安维峻能把忠臣的热情与爱国的热情统一起来，与误国权奸不两立，奋起抗争，激发人心的觉醒，对历史是有贡献的。所以他终能以一个小人物而彪炳史册，成为中国近代史上具有赫赫声名的人物，应该得到历史的肯定。安维峻无愧于“陇上铁汉”的称号，他与权奸英勇斗争的事迹，应与前敌作战血染黄海波涛的邓世昌一同永垂不朽！

（原载《西北师院学报》1982年第1期）

邓演达的历史地位

邓演达的个人业绩、先进思想的创始意义、人格修养的浩然正气、悲剧结局的警世意义，都对历史产生很大影响。具体说，邓演达具有较高的历史地位，有着三个方面的历史依据，也是我们评价邓演达历史地位的价值尺度。(1) 邓演达是彻底地反帝反封建的无畏斗士，他短暂一生却创造了非凡的业绩。(2) 邓演达超凡卓识的政治思想，站在时代的最前列。(3) 邓演达的人格魅力，可为世人楷模，已经积淀为一种民族精神遗产。下面分层次评说。

1. 邓演达短暂一生的业绩

邓演达的业绩主要有四个方面：其一，邓演达是大革命时期大无畏的反帝勇士；其二，邓演达是大革命时期彻底地反封建的斗士；其三，邓演达是优秀的军事家、军事教育家；其四，邓演达是“艰苦卓绝、忠勇奋发”的革命家。此外还应指出：单说邓演达是一个“革命家”是不够的，他首先是一个政治家，军事家还是其次。黄埔军校是国共两党合作的结晶，造就了一代革命军人，演出了轰轰烈烈的大革命活剧，邓演达是黄埔军校的创始人之一，他对黄埔军校的创立及建设作出了重大贡献。国民革命北伐战争的大革命时期，从 1926 年 7 月广东出师，到 1927 年 7 月宁汉合流，前后仅仅一年时间，国民革命军以弱胜强，以少胜众，扫荡军阀如摧枯拉朽，邓演达领导的总政治部工作起了重要的作用。[①] 两湖农民运动，河南农民运动如火如荼。武汉国民政府收回汉口和九江的英租界，写下了中国近代外交史上光辉的一页。这些成绩没有邓演达的推动是不可能的。中国人民在近代史上前赴后继的斗争，其宗旨是反帝反封建主义，这也是当时爱国主义的核心思想。邓演达是最彻底地反帝反封建的一员战将，他与蒋介石的斗争最能体现彻底地反帝反封建的革命精神，因而成为武汉国民政府的灵魂和支柱。而立之年的邓演达，没有什么凭借和背景，完全以他个人对革命的忠诚和非凡的才干，在武汉国民政府中身兼多种要职。邓演达是国民党的左派领袖和旗帜，许多活剧都是在邓演达推动下演出的。例如恢复党权运动与领导反蒋斗争。当时的目击者评论说：邓演达是“武汉政府的政治中心”，“武汉政府的重心”，“武汉政府最重要的一员”[②]。有的说：“在那个时候谁都深信，只有邓氏是武汉政府内部的柱石。他的实际势力也超乎汪精卫之上。”[③] 在“宁汉分裂之后，武汉是以邓择生为中心的”[④]。因此，“邓演达三字已经成了中国革命黄金时代的象征”[⑤]。这些评价，邓演达当之无愧。纵观中国历史上的创世人物，少壮有成如邓演达者实不多见。

2. 邓演达超凡卓识的政治思想

重视农民运动，实行土地革命，彻底铲锄封建势力，把农民从封建主义桎梏下解放出来，是邓演达政治思想的核心和精髓。邓演达在许多讲话和文章中阐明了他的土地革命思想。他明确而深刻地指出：“中国的国民革命，可以说就是农民革命。”“农民占全国人口百分之八十，也就是国民革命的主力军。”“农

① 1927年6月8日，《汉口民国日报》载文评述邓演达在第二次北伐战争中的政治工作，说：“总政治部邓主任率领全部人员，随军赴前方工作，于军事政治两方面之进展，卓著功绩。”

② 朱其华：《一九二七年底回忆》，新华出版社1933年。

③ 中村农夫：《故邓演达氏之回忆》（1932年），载《邓演达纪念集》。

④ 陈公博：《苦笑录》。

⑤ 北汉：《纪念邓演达先生》，载《邓演达纪念集》。

民问题是政治的中心。”① 邓演达认为，“要实现总理的三民主义，就要推翻整个封建制度”，实现这一目的，“发展农民运动，就是我们唯一的途径”②，因此，邓演达以极大的热情投入农民运动，在攻下武昌城的第二天，就及时地提出总政治部以后的工作应是偏重农民运动，并通知前方各军将缴获的敌人枪械，拨出一部分给各省农会，组织农民自卫军，支持农民建立自治的乡村政权，打倒土豪劣绅。邓演达出任武汉国民政府中央农民部部长，在武昌举办农民讲习所，自兼所长，特邀毛泽东任副所长，培训农运干部。邓演达对于国民党内外右派攻击农民运动是“痞子运动”、“过火”、“糟得很”的论调理直气壮地予以驳斥。他同毛泽东两人密切合作开展农民运动，在讨论土地问题时，意见完全一致。毛泽东后来曾赞扬邓演达说：“大革命时代作农民运动，陈独秀、彭述之不同我合作，倒是邓演达肯同我合作。”③

邓演达出生在农村，对农民的疾苦有深切的了解。因此，他对于农民运动的态度和土地革命的思想，站在了时代的最前列，与毛泽东达到了同一的思想境界，两人在行动和认识上保持一致。对于如何解决土地问题，邓演达也有着符合中国国情的深刻见解。他不同意按苏俄的方式，立即没收土地实行国有。他主张解决土地问题分两步走，第一步政治解决，农民不受压迫。这施行于革命政权尚未巩固的地区。第二步，经济解决，使农民“耕者有其田”。这施行于革命政权巩固、农民运动高涨的地区，当时指的是两湖地区。经济解决的办法是没收土豪劣绅及大地主的土地，保护中小地主及“革命军人”的土地，用赎买的办法征收土地，解决无地农民的土地问题。“耕者有其田”是最终实现社会主义土地国有的过渡阶段。邓演达的这些主张，既要革命政权立即解决农民的土地问题，又要尽力避免过激的对抗矛盾，分阶

① 《最近中国农民运动状况及国民党关于农运之计划》（1927年4月），载《邓演达文集》。

② 《党的根本问题》（1927年6月24日），载《邓演达文集》。

③ 萧三：《毛泽东同志在大革命时代》，载《晋察冀日报》1946年7月1日。

段推进，无疑是符合中国国情的。由于大革命的失败，邓演达的主张未及施行，但其思想光芒却是闪亮的。

3. 邓演达的人格魅力

所谓人格魅力，是指一个人的思想境界、品德修养以及行为风范，可为世人楷模。邓演达的人格魅力，已经积淀为一种民族精神遗产，宋庆龄和周恩来作了极精确而简洁的概括："艰苦卓绝，忠勇奋发"，"人格高尚"。这三句话是对邓演达正气精神的最高评价。下面作具体阐释。其一，艰苦卓绝，为革命事业献身。在战场上，邓演达身先士卒，不顾个人安危为全军表率。他奋战东江，亲临火线救护部属。他督战武昌城，飞弹从左肋下穿过而巍然屹立。在政务工作中，他忘我工作。日本新闻记者永井龙太郎回忆说，邓演达在武汉，"以不眠不休的精神，应付一切军事政治工作。当革命最高潮的时节，邓氏因过劳的结果，陷于极度的神经衰弱症。然犹不自爱惜，无日不蓬头垢面，乘着小汽车，东奔西走，为革命尽瘁。他的这种精神真令我们日本人也受了异常的感动，即帝国主义者也在暗暗的惊叹。"① 郭沫若也回忆说："择生的心脏不强，手足每每发冷发麻，但他平常是把这些置诸度外的，他的工作非常艰苦。"② 其二，忠勇奋发，对革命无限忠诚。邓演达追随孙中山，高举三民主义的大旗决不动摇。特别是在大革命后期尖锐复杂的斗争中，始终保持了一个革命者的坚定立场。他与蒋介石的决裂是基于对革命的忠诚。他说："我们要为保持总理三民主义的革命性而奋斗；我们要保持总理及革命党的使命；我们要贯彻三民主义的革命纲领而讨伐蒋介石及其他一切叛徒人。"③ 1932 年 1 月，胡汉民等登报发起追悼邓演达，称赞说："努力国民革命，艰苦卓绝，任劳任怨，始终为实现三民主义而奋斗。"④ 后来邓演达组织第三党，其思想理念仍然是忠

---

① 《追忆邓择生先生》(1932 年 11 月 15 日)，载《邓演达纪念集》。

② 郭沫若：《纪念邓择生先生》(1946 年 11 月 20 日)，载《中华论坛》1946 年第二卷第 7、8 期合刊。

③ 《我们现在应该注意什么呢》(1927 年 7 月 3 日)，《汉口民国日报》。

④ 天津《益世报》1932 年 1 月 3 日第 1 张第 2 版。

于孙中山的三民主义。其三，高风亮节，不为权势物欲所动。蒋介石非常器重邓演达的才干，北伐中，委以重任，如总司令部武汉行营主任，湖北省政务委员会主任等，并对邓极尽诱惑拉拢之能事。1927 年 3 月 17 日，蒋介石派黄埔军校同学秘书曾扩情、宣传科长余洒度到武昌游说邓演达与蒋介石合作，到南昌去就任总司令参谋长，遭到邓的严词拒绝。1931 年邓演达被捕，蒋介石软硬兼施，只要邓演达放弃自己的政治主张，宣布解散组织，就可获得高官厚禄，就任中央党部秘书长，或总参谋长，还提出由蒋任总司令，邓任副总司令，邓不为所动。蒋又托人劝说邓演达，让他出面调停宁粤分裂，或出国考察，甚至只要不写反蒋文章便可获释，也被邓顶了回去，说："我要为中华民族维护正气"，"我们的政治主张决不变更，个人更不苟且求活"。表现了决不妥协的凛然正气。对此，宋庆龄、周恩来有着高度的评价。宋庆龄说，邓演达"早置生死于度外"，"坚定忠实，绝不妥协，未曾有片刻为物欲所动摇，地位、权势和财富，只要他要，全十分容易获得，但他却轻蔑地对之不屑一顾"[①]。周恩来说："这人的人格很高尚，对蒋介石始终不低头。"[②]

孟子有言："富贵不能淫，贫贱不能移，威武不能屈，此之谓大丈夫。"试问古往今来，能有几人修身养志达到这样的境界？邓演达就是这样的一个大丈夫。孟子又说，人生品格修养的最高境界是养浩然之气。它"至大至刚"，"充塞于天地之间"，"配义与道"。"至大"，指人生大志有极伟大的目标，具有气吞宇宙、气贯长虹的气概。"至刚"，指坚忍不拔、百折不挠的执著精神，为实现"至大"的目标而奋斗，乃至知其不可而为之，杀身成仁，舍生取义。这就是积淀于中华民族的浩然正气，在邓演达身上得到淋漓尽致的反映。文天祥写《正气歌》，赴难于前，谭嗣同杀身成仁，邓演达倡平民革命，两人就义于后以唤醒民众，前仆后继，交相辉映，弘扬了中华民族浩然正气的遗产。邓演达永

① 《纪念邓演达》，载《华商报》1941 年 11 月 28 日。
② 《关于党的"六大"研究》，载《周恩来选集》，第 167 页。

垂不朽。

最后，谈一点邓演达正气的警世意义。国民党左派失败了，邓演达未能挽狂澜于既倒，原因是复杂的，多方面的。主观因素大于客观因素。中国长期的封建专制与传统的礼教文化，政治角逐的胜利者，表面上文质彬彬，衣冠华衮，而行动上却要讲权术势。韩非子早在战国时候就总结出来了。在中国封建社会，君子与小人斗，君子必败，小人常胜。曹操篡汉，奸险诈伪，无所不用其极，可是他胜利了。在专制政体下搞政治斗争，权术势，这是必备的素质。孙子说："兵者，诡道也。"政治斗争比军事斗争更为激烈复杂，更是一种诡道。刘备号称宽仁信义，但张裕为了一句玩笑话却丢了性命。刘备对诸葛亮说："芳兰生门，不得不锄。"蒋介石待人，满嘴礼义廉耻，手段残酷无情，可用人才，备极拉拢，而对于得不到的人才，尤其是自己的政敌，进行肉体消灭，毫不手软，多少英雄，死于其手。邓演达天真直率，疾恶如仇，"在军政两方面全树了不少的仇敌"，而又以一片赤子之心待人，竟至于被捕之后拒绝了押送队长的释放义举，看来是要学范滂的模样，继谭嗣同的豪迈，视死如归了。在民主政体下，邓演达与蒋介石竞选，邓演达必胜，蒋介石必败；而在半殖民地半封建的中国，邓演达的悲剧不可避免。欲要中国社会升平，防止邓演达悲剧的重演，必须根除封建主义，铲除专制政体，才能有人才的公平竞争。这是邓演达悲剧给予人们的第一个警世意义。

邓演达在大革命的失败之前，他甘居辅佐地位，从不争权，用他的话说："我是来革命的，不是来做官的。"邓演达虔诚地拥护孙中山，也真心诚意襄助蒋介石和汪精卫，蒋汪背叛革命才坚决与之决裂。邓在权力面前总是退让为先，尤其是不抓军权以表现他对革命赤子般的忠诚，结果铸成了大错。邓演达筹办黄埔，他可以居于副校长的位置；北伐战争完全可以自率一军；特别是在1927年武汉国民政府发布"讨蒋通电"、罢免蒋介石总司令的时候，邓演达有资格出任总司令，至少可以任前敌总指挥或总参谋长的角色。深切了解邓演达为人的郭沫若就说："在后期武汉政府时代，他是可以有带兵的机会的，我们劝过他自己领率一军以作为革命的保障，他不肯听从。”“为着这件事情，我始终替他可惜。”① 由于邓演达没有军权，行政上又居于汪精卫等人之下，他的许多正确意见得不到贯彻。例如派第四军去南京监视蒋介石的正确方略就受到挫折。在大敌当前的时候，邓演达的赤诚与退让，可以产生伟大的凝聚力，个人才智也能发挥出最大的潜能。大革命的高潮时期，也是邓演达的黄金时代，因为对付共同敌人的历史舞台为他施展革命提供了方便条件。但是一旦外敌消失或压力减轻，革命队伍内部发生分裂，邓演达所处的地位以及思想准备都不足以挽救危局，只有愤然辞职一路可走了。当汪精卫背叛革命以后，邓演达苦口婆心地劝说也不能影响张发奎就是显明例证。武汉政府时期，邓演达也未能得到共产党的有力支持。周恩来后来沉痛地回顾：“在武汉时，若以邓演达为中心，不以汪精卫为中心，会更好些。而当时我们不重视他。”② 周恩来的话意味深长。这是邓演达悲剧的第二个警世意义，只有满腔的革命热情和远大的目标，没有相应的权力就会力不从心。

大革命时代，邓演达本可以有更多的权力，尤其对于军权，他是有条件去抓的，但是邓演达没有去抓，其中有多个原因。主要原因是他阅世尚浅，革命思想太单纯，认为只要全心全意辅佐认定的革命先行者就可以完成革命，个人没有逐鹿中原之志，故丧失了许多机会。

以上是邓演达悲剧的主观原因。当邓演达从大革命失败的沉痛中猛醒，挺身而出组织第三党时，时局已发生了巨变。大地主大资产阶级投向了国民党，工农大众拥护共产党，邓演达倡导的平民革命只剩下了小资产阶级，所以中间道路行不通。这是邓演达悲剧的第三个警世意义。

悲剧是把美好的事物毁灭给人们看，具有最大的震憾力。艰

---

① 郭沫若：《纪念邓择生先生》（1946 年 11 月 20 日），载《中华论坛》1946 年第 2 卷第 7、8 期合刊。

② 《关于党的“六大”研究》，载《周恩来选集》，第 167 页。

苦卓绝、忠勇奋发的民主革命家邓演达英年早殇，毁于反动派的毒荼，它给予人们的反思和启迪是巨大的财富。纪念邓演达，就要学习邓演达，弘扬邓演达精神，树立人生正气，敢于坚持真理，勇于为革命事业而献身，为中华民族的崛起和腾飞而尽绵薄之力。

（原载《中央社会主义学院学报》2000 年第 12 期）

考　辨 四篇*

董仲舒天人三策应作于建元元年

董仲舒在汉代为群儒之首，他的天人三策奠定了西汉王朝加强中央集权的理论基础，考订它的写作时间是一个重大问题。《资治通鉴》编年在建元元年，而《汉书·武帝纪》载元光元年五月贤良诏策后说："于是董仲舒、公孙弘出焉。"这就布下了疑团。后世学者又提出了建元五年说，元光元年二月说等。1947 年 9 月 1 日《天津民国日报》刊载了史念海先生的考证文章，主建元元年说，标题为《董仲舒天人三策不作于武帝元光元年辩》。1980 年《社会科学辑刊》第二期发表了施丁同志的《董仲舒天人三策作于元光元年辩》，驳建元元年说。施文辩证了建元五年说、元光元年二月说之非，议论精审，本文不再赘述。但施文主张的元光元年五月说及其论证方法还可以讨论。本文申证董仲舒天人三策应作于建元元年，敬请施丁同志批评指正。

---

* 四篇考辨论文为偶然接触的课题，不从时论而穷究探源的一家之言。

一、司马光立说有据，而元光元年五月说却缺乏史实根据

《资治通鉴》编年，司马光在《汉纪》建元元年条下编录了董仲舒的天人三策。胡三省注引《通鉴考异》云：

> 《汉书·武纪》："元光元年五月，诏举贤良，董仲舒、公孙弘出焉。"《仲舒传》曰："仲舒对册，推明孔氏，抑黜百家。立学校之官，州县举茂才、孝廉，皆自仲舒发之。"今举孝廉在元光元年十一月，若对策在下五月，则不得云自仲舒发之，盖《武纪》误也。然仲舒对策，不知果在何时；元光元年以前，唯今举贤良见于《纪》。三年，闽越、东瓯相攻，庄助已为中大夫，故皆著之于此。

胡三省对此不作任何辨正，说明他是同意司马光的论据的。这里，司马光提出了三条论据。(1) 董仲舒对策云"臣愚以为使诸列侯、郡守、二千石各择其吏民之贤者，岁贡各二人以给宿卫，且以观大臣之能，所贡贤者有赏，所贡不肖者有罚"。元光元年十一月举孝廉本此。不言而喻，天人三策应作于举孝廉之前，而不应是在这之后的元光元年五月。汉初以十月为岁首，故十一月在五月之前。(2) 元光元年以前只有建元元年举贤良。(3)《董仲舒传》载："武帝即位，举贤良文学之士前后百数，而仲舒以贤良对策焉。"这"武帝即位"是指的哪一年呢？司马光根据严助（按：严助即庄助，东汉避显宗刘庄讳，以"严"为"庄"）对策为中大夫，其活动事迹已见于建元三年，从逻辑上推论，严助和董仲舒均是对策"百数"之中的贤良，二人互为旁证，可知天人三策作于建元元年。

司马光立论不仅逻辑严密，而且三条论据也是很坚实的。否认董仲舒对策在建元元年，就必须推倒司马光提出的这三条论

据。可是要推倒这些论据是不容易的。所以从南宋至清，否定建元元年说的学者没有一个对司马光的论据作直接的辩驳，只是提出了一些似是而非的所谓新论据来立异。现在让我们来剖析那些反对建元元年说的学者们的论据吧。

发难者南宋洪迈在《容斋续笔》卷六“汉举贤良”条指出：

> 《资治通鉴》书仲舒所对为建元。按策问中云“朕亲耕籍田，劝孝弟，崇有德，使者冠盖相望，问勤劳，恤孤独，尽思极神”，对策曰：“阴阳错谬，氛气充塞，群生寡遂，黎民未济”，必非即位之始年也。

按，皇帝“亲耕籍田”始于汉文帝前元二年。“劝孝弟，崇有德”，以及遣使存问孤独，等等，是西汉一朝经常性的公事，尤其是新君即位之初总是例行这一套政治仪式来笼络天下臣民。西汉以孝治天下，继位之君当年不改先君纪年。汉景帝于景帝后元三年（公元前139）正月甲子（二十七日）驾崩，当天汉武帝继皇帝位。所以建元元年实际是汉武帝继位的第二年了，因此洪迈揭示“必非即位之始年”与史实并不矛盾。又建元元年春二月、夏四月汉武帝连续发布“劝孝弟”、“崇有德”的政令，虽在举贤良之后数月，而这一工作当在即位之年早已施行。举贤良本身就是“崇有德”。可见洪迈的举证不足以动摇天人三策作于建元元年说。至于对策中有“阴阳错谬，氛气充塞”等语，乃是承转诏策中的武帝自谦之词，并未指实，更不能成为推翻建元元年说的证据。须知，汉代流行天人感应学说，贤良议政是借天立言，这是众所周知的常识。

南宋另一位学者王益之在《西汉年纪》卷十一中另举了两条证据。他说：

> 今以仲舒策考之，移于元年（指建元元年）与当时事势殊不合。仲舒曰：“今临政而愿治七十余岁矣”，汉兴至建元元年方六十七年，不应以为七十余岁矣；至元光之元乃七十

三年，故可云尔。又曰："并有天下，海内莫不率服，夜郎康居，殊方万里，说德归谊"。武帝建元之初，亦无通夜郎之事。考《地理志》，建元六年开犍为郡，即夜郎也。夜郎以建元六年通，故次年对策及此也。然则《汉书》纪载于元光元年得之矣。

按，王氏主张元光元年二月说，提出非难建元元年说有两条论据。(1) 今临政而愿治七十余岁矣"，与武帝即位距汉之建国只有六十七年不符，这是一个矛盾。(2) 以建元六年开犍为郡来附会"夜郎说德归谊"，这两条论据，第一条有些道理，第二条根本就不能成立，分述于下。

不错，六十七只应说六十余，而不应说七十余，这就有十年之差。造成这一错误的原因，可能有两个：一是后人据《武帝纪》载元光元年诏举贤良，并有"于是董仲舒、公孙弘出焉"一语而妄改；再就是"六"与"七"两字在流传中发生了笔误。这在史籍中不乏例证。例如《史记》卷三二《礼书》就把景帝三年吴楚七国之乱，记载为"六国叛逆"，"七"讹为"六"。又《三国志》卷三五《诸葛亮传》裴注《后出师表》载赵云卒于蜀建兴六年，而《赵云传》载为建兴七年，据史实考证，建兴七年为误载，显系"六"讹为"七"。以上两例是"六"与"七"互讹的例证。因此董仲舒对策中"今临政而愿治七十余岁"的"七"字应是"六"字之误。但是，我们还拿不出版本根据，所以说王益之的这条论据还有些道理。本文提出的间接论证的结论还只是一种假说。不过我们不必等到地下材料来证明，也未必有地下材料来证明。其实天人三策本身的内容就是证明这一假说的绝好材料。制诏及对策洋洋八千余言，正如班固所概括的，主旨是"推明孔氏，抑黜百家"，以及建"立学校之官，州郡举茂材孝廉"之言，其文具在，读者可按查。再从政治形势来考察，武帝即位，立即起用儒者赵绾、王臧等，锐意兴革，遭到爱好黄老之言的窦太后的反击，斗争很激烈，天人三策由是应运而生。《史记·封禅书》就明确记载汉武帝初即位之建元元年举贤良，以赵绾、王臧等文学为公卿，欲议古立明堂城南，草巡狩封禅改历服色之事，因遭窦太后的反对而未果。其实，早在汉文帝元年（公元前197）贾谊就“以为汉兴二十余年，天下和洽，宜当改正朔，易服色制度，定官名，兴礼乐”，上《定制度兴礼乐疏》，只是“文帝谦让未皇也”①。可见武帝好儒，意欲封禅改正朔，乃是时代潮流的推动。罢黜百家，独尊儒术，可以说是汉武帝及其大臣的既定方针，而通过举贤良制造舆论。天人三策以罢黜百家作结。董仲舒说：

> 《春秋》大一统者，天地之常经，古今之通谊也。今师异道，人异论，百家殊方，指意不同，是以上亡（无）以持一统；法制数变，下不知所守。臣愚以为诸不在六艺之科孔子之术者，皆绝其道，勿使并进。邪辟之说灭息，然后统纪可一而法度可明，民知所从矣。②

于是丞相卫绾奏：

> 所举贤良，或治申、商、韩非、苏秦、张仪之言，乱国政，请皆罢。

武帝立即批准：

> 奏可。③

十分清楚，天人三策是在汉武帝即位施行新政这一背景下应运而生，它为新政提供理论基础。史念海先生说，丞相卫绾以军功进，才能平庸，建罢黜百家之言，“似不能即有此超人之主张”。又说：“意者或仲舒于是时对策，深为武帝所激赏，卫绾知

---

① 《汉书》卷四八《贾谊传》。
② 《汉书》卷五六《董仲舒传》。
③ 《汉书》卷六《武帝纪》。

其旨意，因而陈奏，故即得允可。”史文的这些议论是切合当时背景的。

但是施文认为“皆自仲舒发之”的“发”字应解释为“发挥、发表议论之意”。抽象地看，这样解释未尝不可。但施文的字义辨析是用来驳司马光的论据，认为“发”字不能解作“启发”、“发起”，那就值得商榷了。如上所说，天人三策本身的内容生动地证明，它并不是对已然之事“发挥、发表议论”，而是对即将兴革的事物描绘了必然发生、发展的轮廓，实实在在具有“启发”和“发起”的理论意义。到了元光元年，百家已经罢黜，五经博士已立，郡国孝廉已举，董仲舒对策岂不是无的放矢？本文在后面还将论证武帝在元光元年并未举贤良。若推迟到元光五年，汉匈战争已爆发，对策内容更与形势不符。总之，以对策内容考之，可证“七”为“六”字之讹，对策只能作于建元元年。

王益之举证的第二条，以建元六年开犍为郡来附会“夜郎说德归谊”是根本不能成立的断章取义。请看对策原文：

> 今陛下并有天下，海内莫不率服，广览兼听，极群下之知，尽天下之美，至德昭然，施于方外。夜郎、康居，殊方万里，说德归宜，此太平之致也。

很显然，这一段话不过是颂美汉家经过“文景之治”后出现繁荣景象的泛泛之词。若要牵强附会，“并有天下，海内莫不率服”并“施于方外”倒有点像元封元年的形势，大概不会有人据此说董仲舒对策在元封元年吧。此其一。细玩文义，“施于方外”，“殊方万里”云云，乃是荒外向义之义，并不是指内附为郡。康居远在巴尔喀什湖之西，是在元、成之时才遣子入侍，从未内附为郡。所谓“施于方外”，不过是指汉文化影响所及，绝域物产辗转到中国，天下太平之意。因为按儒家理论，天下太平才能封禅改制，建元初年已历文景时期的长期安定，也可以说称得上天下太平。而建元六年开犍为郡，引起了巴蜀人民的骚动，大行王恢又击东粤，倒是与对策所云“海内莫不率服”，“殊方万里，说德归谊”大相径庭，此其二。又，据《汉书·地理志》，犍为郡“武帝建元六年开”；牂牁郡“武帝元鼎六年开”。牂牁郡才是古夜郎国之地，主要地域在今贵州境内以及云南东部。犍为郡主要地域在今四川宜宾以南广大地区。《史记·西南夷列传》和《汉书·西南夷两粤朝鲜传》都作了明确记载，建元六年唐蒙通西南夷所置犍为郡乃是“夜郎旁小邑”，当时称“除中”。这时夜郎恰恰没有悦德归义，直到元鼎五六年还阻止巴蜀兵南下番禺，促成了汉武帝征略夜郎的决定。此其三。以上三点足证建元六年开犍为郡与“夜郎说德归义”是风马牛不相及的。此外，我们从史料角度来看，“康居归谊，于史无征”①，而“夜郎康居”四个字也许是后人窜入。但是王先谦囿于王益之的谬证，又作了如此推论：“康居或于其时一至中国，史官失载”，则大悖史实。故史念海先生驳之曰：“此为王氏想当然之辞，殊不可为训。若武帝初年果有一使人，先张骞而至西域，且能令康居报聘中国，则其人当已先张骞而享大名，何至史书不着一笔，而埋没数千年不为后人所知耶?”

通过上述的对比论证，可以看出，司马光立说有据，下笔谨慎。相映成趣的是，主元光元年说的学者们，恰恰是既抛开了对策内容，又脱离建元初年武帝欲封禅改制的政治形势，寻章摘句，标立异说，真可谓明察秋毫而不见泰山，倒是使人惊异的。

二、司马光主建元元年说的三条论据并未被施文推倒

施丁同志的文章第一次直接辨证了司马光的论据，但是并未推倒它。这可从三个方面来论证。从史实和两汉举贤良制度上考察，汉武帝元光元年未举贤良；董仲舒建元元年为江都相有直接的史实证据；从《史记》书法看，“初即位”不能理解为“即位

① 王先谦语，见《汉书补注》卷五六。

之后”。分述于下。

（一）《汉书》中有汉武帝“屡举贤良”和“前后百数”的话头，这都是用来描绘武帝开拓人才的盛况，不能钻牛角。《汉书》卷六四《严朱吾丘主父徐严终王贾传》中人物，正式举贤良的只严助一人，其后得的朱买臣、吾丘寿王、司马相如、主父偃、徐乐、严安、东方朔、枚皋、胶仓、终军、严葱奇等均属上书言得失和自衒鬻者，这些都可目为广义的贤良，也就是“屡举”“前后”所指的内容。所以《东方朔传》云：

> 武帝初即位，征天下举方正贤良文学材力之士，待以不次之位，四方士多上书言得失，自衒鬻者以千数，其不足采者报闻罢。

武帝一朝，正式诏举贤良只有两次，第一次是建元元年，第二次是元光元年，元光元年根本就没有举贤良。汉武帝第二次诏举贤良，《汉书·武帝纪》编年系于元光元年五月，乃是元光五年之误，司马光在《通鉴考异》中早已指出：“盖武纪误也。”司马光的这一论断，可以得到从史实上和两汉举贤良制度上的双重证明。

从史实上看，武帝一朝所举贤良垂名于列传中者有董仲舒、冯唐、辕固生、严助、公孙弘五人。根据《史记》、《汉书》两书的《儒林传》及各本传来考察，五人均于汉武帝初即位的建元元年举贤良。董仲舒为江都相，严助用为中大夫，冯唐、辕固生老免，公孙弘不称职免，于元光五年再举贤良为举首。也就是说从本传考察，没有任何一人在元光元年举贤良。

又，再考《武帝纪》元光元年五月所载举贤良诏与天人三策中所载诏文内容不同，可见二者不能混同。相反，元光元年五月诏与公孙弘元光五年对策诏内容是完全一致的。可证这两次诏举贤良，实际是一次。公孙弘元光五年再举贤良，不仅本传言之确凿，而且还可由《汉书·百官公卿表》所列公孙弘官职得到证明，因此，二者必有一误，只能是《武帝纪》所载时间有误。

我们再进一步看，“于是董仲舒、公孙弘出焉”这句话，正如王先谦所说：“特史家综述此举得人之盛，非谓董与公孙皆出是年。”[①]但是王先谦所谓“是年”系指元光元年，可谓只知其一，不知其二。不错，“于是董仲舒、公孙弘出焉”这句话是班固总结汉武帝举贤良得到了人才，不必是同一年。但是元光五年所举贤良公孙弘怎能提前写到元光元年呢？总结性的话只能写在最后。所以，建元元年举的贤良董仲舒可以写到元光元年中，而决不能将元光五年所举的贤良公孙弘前置于元光元年中，这一矛盾可以说是给予元光元年五月说者一个致命伤，这是不言而喻的。

从制度上考察，诏举贤良是两汉的国家大政。诏策要布告天下。一方面是宣扬人君亲贤纳谏，另一方面是作为提倡某种政治倾向的一种教化手段。汉武帝罢黜百家，独尊儒术，就是通过举贤良来贯彻的。所以封建史家把每一次诏举贤良都一一载入本纪。《武帝纪》只记载了两次举贤良。但是按照施文的论证，假如董仲舒元光元年五月举贤良，这样武帝一朝至少就有三次举贤良，这是不符史实的。

总之，由上述史实和对举贤良制度的考察，可证司马光说“盖武纪误也”的结论是正确的。汉武帝元光元年五月根本就未举贤良，《武帝纪》的记载是元光五年之误，当然董仲舒天人三策作于元光元年五月说就不能成立了。

最后，读者要问，《武帝纪》的记载是怎么失误的呢？我们认为这是沿袭了《史记·封禅书》之误。《封禅书》中有这样一段话：“今天子初即位，尤敬鬼神之祀。元年，汉兴已六十余岁矣……后六年，窦太后崩。其明年，征文学之士公孙弘等。”

“今天子初即位”之元年，即建元元年。“后六年”窦太后崩，即建元六年。“其明年”就是元光元年。如果董仲舒是元光元年举贤良，为什么这里却说“征文学之士公孙弘等”呢？《史记·平津侯主父列传》明文记载公孙弘元光五年再举贤良，武帝拔擢为第一，可见《封禅书》有误，而《武帝纪》即沿此而

① 《汉书补注》卷五六。

致误。

（二）董仲舒对策为江都相，其时在建元元年，有着直接的史实证据。请先对照一下《史记·儒林传》与《汉书·董仲舒传》关于董仲舒推衍阴阳灾异这一事件的异同。

《史记·儒林传》云：

> 董仲舒，广川人也……中废，为中大夫，居舍，著《灾异之记》，是时辽东高庙灾，主父偃疾之，取其书奏之天子。天子诏诸生示其书，有刺讥。董仲舒弟子吕步舒不知其师书，以为下愚。于是下董仲舒吏，当死，诏赦之。于是董仲舒竟不敢复言言灾异。

《汉书·董仲舒传》云：

> 武帝即位，举贤良文学之士前后百数，而仲舒以贤良对策焉。……对既毕，天子以仲舒为江都相，事易王。……中废，为中大夫。先是辽东高庙、长陵高园殿灾，仲舒推说其意草稿未上。主父偃候仲舒，私见嫉之，窃其书而奏焉。

《史记》、《汉书》两书都清楚地记载了武帝即位，董仲舒对策为江都相，而后征还京师为中大夫。建元六年春二月辽东高庙灾。夏四月高园便殿火（见《武帝纪》），董仲舒在家推衍阴阳灾异，其书被主父偃所窃。主父偃是元光元年西入长安，元朔元年上书言事为武帝所赏识的。董仲舒在何时推衍阴阳灾异呢？《史记》明确记载“是时辽东高庙灾”，说明董仲舒著书在建元六年，也就是他做江都相在建元六年之前。《汉书》记载着重在说董仲舒之书其后被主父偃所窃取，故云“先是辽东高庙、长陵高园殿灾”。主父偃窃取董仲舒之书应在元朔元年，所以班固又作了“仲舒推说其意草稿未上”这一句交代。可见《史记》、《汉书》两书记载上的差异，不仅不矛盾，而且互文相补，证明董仲舒著书在建元六年。我们通过《史记》、《汉书》两书的对照，初步考证了董仲舒为江都相应在建元元年，此其一证。

其次，从《史记·儒林传》所载西汉儒学发展的两次高潮，可证董仲舒与公孙弘两人兴起不在同时。第一次是建元元年举贤良独尊儒术，罢黜百家，推动了《诗》、《尚书》、《礼》、《易》、《春秋》等五经各家大师的兴起。建元五年置五经博士，不能等闲视之。汉初博士，百家杂陈。五经博士之立，正式推重儒学为“经”，五经配齐，儒学独尊。其中传《春秋》学者有胡毋生、董仲舒两家。其后窦太后死，武安侯田蚡为相，大力提倡儒学。到了公孙弘以一介布衣治《春秋》而登丞相之位，于是“天下之学士靡然向风矣”，这是儒学大兴的第二次高潮。这里前后顺序是十分清楚的，董仲舒的《春秋》学是在建元元年举贤良的第一次兴起儒学的高潮中大行于世的，可证董仲舒对策为江都相是在建元元年，此其二证。

再看《汉书·吾丘寿王传》。其中有言云：

> 吾丘，字子赣，赵人也，年少，以善格五召待诏。诏使从中大夫董仲舒受《春秋》，高材通明。

据《汉书·东方朔传》，建元三年吾丘寿王为中大夫。可见吾丘寿王在建元三年之前向中大夫董仲舒学《春秋》，即是董仲舒在建元三年之前征还京师。这是董仲舒在建元元年为江都相的一条铁证，此其三证。

诏举贤良，每次多达百余人，都是一个诏策，董仲舒却连对三策，这是怎么回事呢？《董仲舒传》所载第一策文有这么一段话值得注意：

> 今子大夫裒然为举首，朕其嘉之。子大夫其精心致思，朕垂听问焉。

对策第一就称为“举首”。《公孙弘传》云，“弘自见为举首，起徒步，数年至宰相封侯”，指的就是元光五年对策被汉武帝拔擢为第一的事。建元元年举贤良，汉武帝很喜欢严助的对策，“独擢助为中大夫”[①]。因布衣举贤良一般为博士，秩比六百石。博士举贤良才为中大夫，秩比千石。严助以布衣举贤良对策为中大夫，所以班固特大书一笔以记其事。但是汉武帝并没有以严助为“举首”，就因为董仲舒是“举首”的缘故。假如董仲舒是元光元年五月贤良对策的“举首”，严助就应当是建元元年贤良的“举首”。从严助不为“举首”的事实来看，元光元年并未举贤良，董仲舒对策为江都相应在建元元年无疑，这也是一条铁证，此其四证。

再推敲一下“朕垂听而问焉”，这句话的语气很特别。统观两《汉书》所载其他举贤良策文，一般的套语是“朕将亲览”，这里却说“朕垂听而问焉”，又连对三策，最后以罢黜百家，统一思想作结。这些事实说明，董仲舒对策为“举首”后，汉武帝又特别连发三诏策，启发再三，让著名的《春秋》学大儒董仲舒从理论上来阐明罢黜百家，独尊儒术的意义，然后丞相卫绾奏免非儒贤良。这和前面论证的“天人三策是在汉武帝即位施行新政这一背景下应运而生”吻合起来，这是董仲舒建元元年对策为江都相的内证，此其五证。

以上五证足以说明董仲舒对策为江都相只能在建元元年，也就是说天人三策作于建元元年是不容置疑的。

（三）《史记》书法“初即位”的时间概念。施文辨证说：“有的应理解为即位之元年”，有的则是“泛指汉武帝在位之初期”，原则上是这样。司马光也注意了这一点，所以他审慎地说：“然仲舒对策，不知在何时”，可见司马光不是凭据“今上即位，为江都相”这一孤证来定董仲舒对策在建元元年。“即位”的时间概念到底为“即位之元年”，还是为“在位之初期”，不能从文句上推求，而应用旁证材料来充实，这是立论的原则。司马光也正是这样论证的，他用元光以前只有建元元年举贤良和严助对策为中大夫其活动事迹已见于建元三年，这样两个证据来充实“今

① 《汉书》卷六四上《严助传》。

上即位”为建元元年的。但施文把“即位”和“初即位”又解释为“即位之后”，“自初即位之后”，实质上抽掉了“初”字的概念，不符《史记》书法的原则。因为“即位为在位之初期”，虽然不是指“元年”，但它却是以“即位为元年”这一时间概念为内核、为出发点的。也就是说，“即位为在位之初期”的内涵是包容了“即位为元年”的概念的。但是，“即位”、“初即位”作“即位之后”，“自初即位之后”来理解，它就排斥了“即位之元年”。不特如此，施文还进一步推论出“司马迁在其著作中用‘即位’这个词并不十分严格”，这就不符史实了。考《史记》书法，“即位”和“初即位”，在指具体事件时，时间概念明确是指“即位之元年”，如果概括某种形势的发展和变化时，才是指“即位之初期”。同时，在这种场合，“即位之初期”的时间概念，第一包容了“即位为元年”，第二不需要指出它的绝对年代。“即位”一词的这两种用法，贯穿上下文的具体内容是不会发生混淆的。施文中所举的例子无不如此。例如施文所举《封禅书》中“今天子初即位，尤敬鬼神之祀”这句话，其含义是突出汉武帝敬礼鬼神的活动及其程度超过了乃父乃祖，“从即位之年就开始了敬祀鬼神”，而不能如施文理解为“自初即位之后”的数十年内的敬礼鬼神活动。限于篇幅，施文所举其他例证不一一辨析。

综上所述，汉武帝元光元年未举贤良，董仲舒为江都相在建元元年有大量史实旁证，《史记》书“即位”、“初即位”绝不作“即位之后”理解，因此“今上即位，为江都相”这一句话的“即位”明确无误是指建元元年。这一系列论证充分证明了董仲舒天人三策作于建元元年，董仲舒作为“罢黜百家，独尊儒术”的创始人地位，也就是不容置疑的了。

（原载《兰州大学学报》1987年第4期）

卫青、霍去病生年试探

一、霍去病卒年二十四岁说值得商榷

研究汉史的中外学者一致认为霍去病卒年只有二十四岁。个人认为这一结论是由于错断了《史记·卫将军骠骑列传》的句逗得出来的，值得商榷。《史记》原文：

> 是岁也，大将军姊子霍去病年十八，幸，为天子侍中。善骑射，再从大将军，受诏与壮士，为骠姚校尉，与轻骑八百直弃大军数百里赴利，斩捕首虏过当。……再冠军，以千六百户封去病为冠军侯。

这是中华书局点校本的句逗，也是传统的断法。通贯上下文，“年十八，幸，为天子侍中”应是一句补充插入语，正确的标点应是：

> 是岁也，大将军姊子霍去病，年十八，幸，为天子侍中，善骑射，再从大将军……再冠军，以千六百户封去病为

冠军侯。

“是岁也”是承上启下的话，指的是元朔六年霍去病为骠姚校尉，第二次从卫青出击匈奴，再次功冠全军，封为冠军侯。由于霍去病是皇后姊子，大将军之甥，因此“年十八，幸，为天子侍中”。这一句补充插入语是介绍霍去病不平凡的身份，并非指他封侯之年为十八岁。霍去病死于元狩六年，上距元朔六年整六年。汉史研究者误断《史记》标点，认为霍去病元朔六年十八岁封侯，下推六年得出了卒年二十四岁的结论。再用这一错误的结论上推霍去病的生年为汉武帝建元元年。中国学者和日本学者都是这样推算的，以讹传讹，贻误至今。

又大将军卫青元朔五年、六年连续两次出击匈奴。元朔六年春出定襄，未遇匈奴主力，佯退待敌，月余复出定襄，这算是一次出征。因此霍去病“再从大将军”是元朔六年，而他首从大将军是元朔五年。也就是说他年十八年为侍中在元朔五年之前。这也从事实上证明了“十八岁封侯”说是不能成立的。

对照《汉书·卫青霍去病传》的内容就更清楚了。《汉书》行文：

> 是岁也，霍去病始侯。
>
> 霍去病，大将军青姊少儿子也。其父霍仲孺先与少儿通，生去病。及卫皇后尊，少儿更为詹事陈掌妻。去病以后姊子，年十八为侍中。善骑射，再从大将军……再冠军，以二千五百户封去病为冠军侯。

《汉书》叙完卫青元朔六年的军功以后，用“是岁也，霍去病始侯”引出霍去病。然后从头介绍他的出身、背景。加重点号的那一段话明显地是倒叙霍去病身世的补充插入语。又《史记·骠骑传》云：

> 骠骑将军为少言不泄，有气敢任。天子尝欲教之孙吴兵

法，对曰："顾方略何如耳，不至学古兵法。"天子为治第，令骠骑视之，对曰："匈奴未灭，无以家为也"。由此上益重爱之，然少而侍中，贵，不省士。其从军，天子为遣太官赍数十乘，既还，重车余弃粱肉，而士有饥者。

这段话是概述霍去病的生活作风和思想志趣。武帝为霍去病治第是奖励他的军功，显然是他为骠骑将军之后的事。而武帝教去病学兵法是他为侍中时之事。"然少而侍中，贵，不省士。"正说的是霍去病从军之前长期为侍中，养成了贵族习气。这都从事实上证明了"年十八封侯"说不能成立。他的生年应当重新探讨。

二、卫青、霍去病生年的考证

根据《史记》、《汉书》两书的《卫霍传》、《外戚传》以及《霍光传》，卫氏一家由卑到贵的发迹史给我们提供了一个推定卫、霍生年的线索。卫少儿私通霍仲孺是卑贱时之所为。霍去病年十八为侍中，是卫子夫尊贵时之事。尊卑之间的历史演变关联着人物之间的许多史实，而兄弟姐妹之间又有着互相的年龄制约关系。结合这两者，给我们提供了考证的资料。

下面据《汉书》列出卫氏世系及发迹史简表，以资分析。

卫媪是平阳侯曹寿的"家僮"。曹寿尚平阳公主，移居京师，卫氏一家也就跟随主人从河东平阳邑到了京师。平阳公主是汉武帝大姐，原为阳信公主。阳信侯吕善，死于孝景中二年。[1] 平阳公主献卫子夫入宫在建元二年春。也就是说曹寿尚平阳公主是在景帝中三年之后，武帝建元元年之前，这八年之间，即公元前147至公元前140年之间。卫青、霍去病均生在平阳，卫青少时曾"归其父牧羊"，而霍去病则与生父"绝不相闻"。因卫氏一家

① 《汉书》卷一六《高惠高后文功臣表》。

随曹寿移居京师时，霍去病甚幼，才与生父“绝不相闻”，而卫青已在生父家度过了他的童年，由此可以初步推定，卫青的生年必须在景帝中三年之前若干年，而霍去病的生年应接近景帝中三年，而必须在建元元年之前。

- 卫媪（平阳侯家僮）
  - 与卫氏夫（生三女一男）
    - 卫君孺——建元六年“君孺为太仆公孙贺妻”（《卫青传》及《百官公卿表》）。
    - 卫少儿——与平阳县吏霍仲孺私通而生霍去病。其后在京师与陈掌通，建元四年汉武帝“召贵掌”，为詹事。（《卫青传》）按：霍去病成长于京师，与其父“绝不相闻”（《霍光传》）。后“以皇后姊子，年十八为侍中”（《霍去病传》）。
    - 卫长君——建元四年为侍中。汉匈战争爆发时，“卫长君已死，乃以青为将军”（《卫青传》及《外戚传》）。
    - 卫子夫——“建元二年春，青姊子夫得入宫幸上。”（《卫青传》）子夫“生三女，元朔元年生男据，遂立为皇后”（《外戚传》）。
  - 与郑季通（生两男，冒姓卫氏）
    - 卫青——生于（?）年，“青为侯家人，少时归其父，父使牧羊……青壮，为侯家骑，从平阳主”。建元四年，“子夫为夫人，青为太中大夫”（《卫青传》）。
    - 卫步广——其事迹史籍不载，应是早夭。

再看卫青、霍去病生年的绝对年代。

卫青的生年与卫子夫的年岁互相制约，可由汉武帝的生年大略推得。汉武帝生于景帝元年[①]，即公元前156年。建元二年春，汉武帝虚岁年十八。卫子夫是汉武帝亲自选中的。汉武帝是少年皇帝选妃，非老年皇帝可比，卫子夫的年龄应与汉武帝相当或稍大，这才合符情理。又，建元二年汉武帝选妃时，卫青已壮，为平阳公主家骑，年龄至少应有十六七。卫子夫是卫青姐应大于卫青，而又应与汉武帝年龄大体相当。这样，由于三人的年龄互相

① 汉武帝生于景帝元年，公元前156年，见《汉书》卷九七上《外戚传》。

制约关系，可以推定卫青的年龄约小于汉武帝或等于汉武帝。我们取高限，卫青的最大年龄与汉武帝相等，即生年同岁，约出生在景帝元年，公元前 156 年。

霍去病的生年，由于有“去病以皇后姊子，年十八为侍中”的可靠记载，比较能够准确地推证出来。卫子夫元朔元年生子刘据，这是一件大喜事。汉武帝“年二十九乃得太子，甚喜”[①]，卫子夫立即被尊为皇后。按照惯例，宫妃立为皇后，要加恩外戚，所以霍去病贵幸为侍中似应在元朔元年。这一年霍去病十八岁，上推生年是景帝中五年，即公元前 145 年。

上述卫青、霍去病生年的推证还可从两个方面来验证。

第一，史实的验证。卫青生于景帝元年，至景帝中三年是十岁，正是牧童年龄，归其生父家牧羊。其后曹寿尚平阳公主，卫氏一家随主人移居京师，此时卫青已壮为侯家骑，与《史记》、《汉书》各传所载史实相符合。霍去病生于景帝中五年，与前述曹寿尚平阳公主的史实考证推导出“霍去病的生年应接近景帝中三年，而必须在建元元年之前”的结论相吻合。

第二，卫氏世系表人物之间年龄制约关系的验证。卫媪多子女，这就必须出现兄弟姐妹之间的年龄互相制约的关系。因其兄弟姐妹多，则其互相间的岁差不应过大，这是不言而喻的。但卫青排行第五与排行第二的卫少儿之间相隔兄姐二人，因此两人之间的岁差至少有六、七岁。卫青约生于景帝元年，加上六、七年岁差，即卫少儿之生年约在汉文帝后元元年或二年之间。也就是说卫少儿在景帝中三年孕育霍去病之时年已十七八，具有生育能力，也是符合情理的。

综上所述，卫青约于生公元前 156 年，虽是间接的推证，但是绝无大误。霍去病生于公元前 145 年则没有疑义。卫、霍的卒年，《史记》、《汉书》两书均有明确记载。霍去病卒于元狩六年（公元前 117），应享年二十九岁。卫青卒于元封五年（公元前 106），约享年五十二岁。卫青比霍去病大十一岁，当时也是个青

① 《汉书·武五子传》。

年将军。公元前133年汉武帝设谋马邑，时年二十四岁。年青有为的皇帝，敢于破格提拔年青有为的将军，为中华民族的历史谱写了新声，这的确是值得认真研究的历史现象。尤其霍去病年十八为侍中，被学术界误认为年十八立功封侯，从而缩短了霍去病的五岁生年，恰好就是砍掉了他在武帝身边接受指导、学习兵法的五年，那么霍去病崭露头角的军事天才就成了不可思议的事了。同时由于误推霍去病的生年，使得《霍去病》一书（中华书局历史小丛书），在史实叙述上出现了许多矛盾。所以霍去病的五岁生年之差，就更值得一争了。

（原载《甘肃社会科学》1982年第1期）

两汉金城郡治允吾位置的考察

关于两汉金城郡治允吾的位置，学术界有各种说法，争论较大。(1) 1975 年出版的《中国历史地图集》标注允吾的位置在今甘肃永靖县西北的湟水南岸。(2) 1978 年《地震战线》第 3 期刊载的《赞张衡的地动仪》一文认为在今青海民和县。(3) 随后 1978 年《历史研究》第 10 期发表了王仁康同志的考证文章《东汉金城郡治地理位置考》(简称《位置考》)认为允吾在今"大通河以东，庄浪河以西甘肃境内湟水入黄河处，即永靖县北"。(4) 1979年《兰州大学学报》(哲学社会科学版) 第 2 期登载了刘满同志的《汉代金城郡治允吾位置的初步探讨》(简称《探讨》)，对王仁康同志的说法提出商榷，认为允吾在"今青海民和下川口附近"。由于兰州市在两汉属金城郡地，因此关于金城郡治允吾位置的争论很自然地引起了我们的重视。寒假期中，我们考察组的几位同志[①]，对金城郡治允吾的位置进行了初步的地理考察。

1980 年 2 月 5 日，考察组的同志冒着凛冽的寒风驱车深入湟水河谷，从湟水入黄河处的焦家川以西直到上川口(即青海民和县)

---

① 考察组由《兰州大学学报》牵头，地理系冯绳武教授带队，成员有历史系讲师张大可、中文系讲师刘满、《兰州大学学报》主编唐少卿等同志组成。本文由张大可执笔写成，《兰州大学学报》刊发。

的湟水南岸是重点考察的地段，约六十华里。不通公路的地方就跋涉步行，沿途访问当地老人，寻访古迹，考察陵谷变迁，分析地貌结构，用五万分之一的地形图核对山川形胜。我们从东西南北的交通，水道津渡、地形地势、水源农田、古迹传说等各方面来分析每一地段在不同时期可能建立城邑的条件。下面就是初步考察的情况。

一 庄浪河不可能入湟

《汉书·地理志》和《水经注·河水注》都有乌亭逆水入湟的记载。《地理志》对涧水只说入郑伯津，未说入湟还是入河。《水经注》记述涧水在乌亭逆水之西，明确记载入湟。王仁康同志的《位置考》认为“汉代涧水即今庄浪河”。刘满同志的《探讨》则认为“今庄浪河是逆水，不是涧水”。庄浪河究竟是涧水还是逆水，姑置不论。古文献记载如前所述涧水和逆水都入湟，而今庄浪河则是入河，如果它们是同一条河这是一个矛盾。刘满同志在《探讨》一文中为了解决这个矛盾，他引证了《汉书地理志补注》和《水经注图》的说法，认为庄浪河即是入湟的逆水，后来入河是由于陵谷“微有变迁”。对这个问题我们认真考察了河口两岸的地势和地貌结构。庄浪河西岸是山地、黄土原，基底为中生代的白垩纪地层，河床距离原面的相对高度在二百米以上，被黄河切割形成山崖对峙，八盘峡峭壁陡悬。湟水入河口在峡西，庄浪河入河口在峡东，相距约十公里，这样的地形结构决定了庄浪河是不可能逆行入湟的。庄浪河的上游距湟水越来越远，山势更加高大，更无改道的可能。因此，《汉书地理志补注》和《水经注图》的“陵谷变迁”说，是不能成立的。

二 湟水南岸下川口以东没有适宜建置城邑的地理条件

湟水下游河谷南岸地势高峻，北岸低平，现代交通的铁路、公路及人行大道都在北岸。我们是逆湟水上行，首先观察了湟水入河处南岸的地势，即王仁康在《位置考》一文中所标注的允吾位置的地势，湟水和黄河交汇处山势高峻，从湟水北岸遥望，像是一道峡关，也就是说湟水与黄河交汇处的河谷地面狭窄。只有一个小村庄叫焦家村。在焦家村西南半山坡有宽阔的马兰期黄土台地，谷名黑（下）原，实即黄土区通称的二道原，在五万分之一的地形图上还标注出上有村庄，看来这里是可建置城邑的地方，但是经过实地考察、从交通、水源、农田等方面来看，是不适宜建立城邑的。这里的东西交通被崇山峻岭所阻断。南面可通永靖、临夏，但渡过湟水北面有山，东西有八盘峡的阻碍，只有向西的交通，因此南北交通也不畅通，在军事上是一个死角。这块黄土台地高出黄河河岸达一百二十米，原上无水，因之解放前是荒无人迹的不毛之地。原上现今的村落，都是刘家峡水电站建成后安置的水库区移民，靠水库引水灌溉，新垦辟成的良田还不到二十年的历史。即使汉代气候较今温湿，但交通不便，没有水源，也无建置城邑的地理条件。

从湟水入河口沿北岸河谷逆行约四十公里直到下川口的对岸，可以清楚地看到这一段湟水南岸都是重岩叠嶂，山峦起伏，东西南三面交通阻绝，村落很少。相反，湟水北岸，地势开阔平坦，村落密布，阡陌连绵。总之，从山川形势、交通、农田来看，湟水北南岸在下川口以东没有建置城邑的地理条件。因此《中国历史地图集》和王仁康同志的《位置考》对汉代允吾位置的说法都是没有地理条件的。

三　上川口和下川口之间的地理条件

湟水南岸上川口以东至下川口间的距离约二十公里，这一段有简易公路可通，给我们的考察提供了极大的方便。

上川口即青海民和县城，坐落在巴州沟与湟水交汇处，地势平缓开阔，四周形势险要，又是南北东西的交通孔道，东面有平坦的河谷台地俗名东原，宜于农耕，水源方便，是湟水下游南岸最适宜建置城邑的理想地方。单从地理形势来看，《赞张衡的地动仪》一文认为允吾位置在民和的说法是有道理的。

从上川口往东直达汉水沟口约十公里长的地段，有着开阔的河谷阶地，宽约二至四公里不等。从汉水沟口再往东直到下川口这一段距离也有十公里左右，没有开阔的河谷阶地，部分山势高峻，阻断了从上川口到下川口之间的东西交通。刘满在《探讨》一文中说："据调查，自上川口以东至下川口一带的湟水南岸，地势高峻，紧靠湟水，没有适宜设立郡治的地方。唯有下川口附近，北枕湟水，开阔低平……"这一说法与我们的实地考察不相符合，即开阔的河谷阶地紧接上川口，而不是紧接下川口。

从上川口到汉水沟口之间的这一片河谷阶地又可分为西段和东段两个部分。西段就是紧接上川口的东原，是较高的三级阶地，它的北缘河岸陡峭，不宜津渡。东段是较低的二级阶地，今名马集垣（原），平坦宽畅，位置正处于大通河与湟水江合口以东的下游，湟水两岸低平，皆宜津渡。沿湟水河岸分布着五、六个大村庄，马集垣公社所在地也在这里。因此马集垣有建置城邑的地理条件。但是考察组在宽平的正原上访问老乡没有发现古城遗迹。倒是接近汉水沟的出口处，即马集垣的东端，老乡说有古城遗迹。可是这里的河谷地较狭窄，往东的交通也被山崖阻绝，传说的古城遗迹可能是一个哨卡或控制渡口的小城。

最后，我们详细考察了下川口的地理形势。这里是龙支沟和湟水的交汇处，冲积成一片扇形三角洲，洲上遍植果木，土地肥沃，灌溉便利，宜牧宜农。这里湟水河岸低平。津渡便利，是南北的交通孔道。下川口的对岸即湟水北岸有红古城，而在下川口则有龙支城遗迹。两座古城，夹河斜对，在古代可能是一个军事冲要地。我们访问了当地老人杨长庚、王福来、武长丰等人。他们说：夹河的两座古城都是土筑城墙，在 1960 年才被拆毁，做了肥料。下川口的古城，父老相传是唐代的龙支城，因龙支沟而得名。古城坐落在下川口龙支沟两岸阶地上，由于受地形限制，古城是一个南北狭长的长厅形，南偏西四五十度。城墙基部厚度约四至五米，墙高约八至九米。城墙结构如图所示，由南向北分为三个部分：偏城、大城、新城。共有四个木结构的城门，门上有楼。根据步测，城东西宽 140 步，城南北长 330 步，即城宽约 100 米，城长约 220 米。

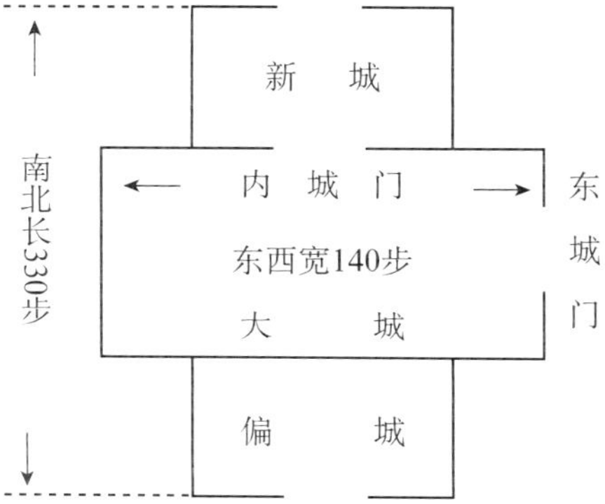

综合地理条件，下川口比不上上川口，但这里也有建置城邑的地理条件，并有相传的唐代古城遗迹，湟水也适宜津渡。但是，郑伯津究竟在马集垣至下川口之间哪一地段尚待深入调查，还需要古文献的证明。

四 从地理条件来看金城郡治允吾城的可能位置

综上所述，考察情况可以概括为如下三点：

1. 入湟的逆水因陵谷变迁而入河的说法不能成立。地理条件决定庄浪河不可能入湟，只能入河。

2. 湟水南岸下川口以东没有适宜建置城邑的地理条件。

3. 上川口、下川口以及之间的马集垣具有设置城邑的地理条件。

地理环境是人类活动的舞台，城邑建置是需要适宜的地理条件的。从这个意义上说，《赞张衡的地动仪》和刘满的《探讨》这两篇文章对允吾位置的说法具有较大的参考价值。但允吾的位置究竟在哪里？单凭地理条件的考察也是不能作出结论的。研究历史地理沿革，古文献的记载和实地考察二者不可偏废。有时更要依赖于地下的发掘。本文地理条件的考察仅供讨论研究允吾位置的同志们作参考。

（本文原题《关于两汉金城郡治允吾位置的地理的初步考察》，载《兰州大学学报》1980年第3期）

西安古都与中国历史发展

一个朝代的定都，一个国家的都城建设，是举国轻重的大事，因此都城发展史是一个值得研究的历史课题。考察古都遗址，复原古都建制，也是考古学的重要内容之一。本文就西安古都在中国历史发展史上的地位略说一点浅见，以供讨论。

一、研究都城发展的意义

中华民族有五千年悠久的文化历史，它以黄河中下游流贯的中原地区为摇篮，伴随时间的推移，不断向四周扩展，时分时合，走向大一统。在今天中国疆域之内，历代王朝和列国故都，仅《水经注》记载的就有约一百八十处，加上北魏以后的历代都城，总数在二百以上，世界上再没有第二个国家可以相比。因此，可以说中国都城发展规模之宏伟、数量之多、内涵文化之丰富多彩，在世界历史上举世无双，也是人类历史上最伟大的创造之一，是中华民族的骄傲。

作为一朝一国都城的选择，要受政治、经济、军事、地理、历史等多种因素的制约，古今中外，概莫例外。英国地理学家柯立希（Cornish）在《大国都》（*Great Capitals*）一书中提出了建都三个必备的条件：岔路口；谷仓；要塞。岔路口，指交通便利之地理；谷仓，指都城附近地区有丰富的食粮及其他生活物资的充足供应；要塞，指形势险固，易守难攻。这三个条件，讲到了地理、经济、军事几个方面，但还不够，政治的，历史的条件也很重要。从地理条件说，国都选址，不仅要交通便利，还应与国境四至大体均衡，即国都应处于全国地理的中心地区，以利对地方的联系与控制。从经济条件说，都城附近应是一片广阔富饶的农业地区，足以就近供给京师对粮食和生活资料的需求。从军事条件说，都城所在地形胜险固，既便于制内，镇压地方的反叛，又便于御外，抗拒外敌入侵。从政治、文化渊源说，要使统治集团在国都地区有稳固的阶级基础。在具体历史环境中，各个因素并不是平均起作用的，有的起重要主导作用，有的起辅助作用。在我国历史上，各种条件都十分优越，达到很理想的程度的国都地址，并不存在。我国正统王朝的七大国都：安阳、西安、洛阳、开封、南京、杭州、北京，只有西安条件最好，成为周、秦、汉、隋、唐五大最盛强朝代的都城，决不是偶然的。西周都镐，秦都咸阳，西汉、隋、唐都长安，均为西安地区。关于西安的地理形势，本文后面还要详论。

由于具有各种优越条件的理想都城难选择，所以每个王朝首都的选择，总是由当时主要矛盾决定的，是历史发展的必然产物。因研究都城发展史，可以生动地勾画出中华民族五千年文化发展的轮廓。反过来看，一代王朝的都城一旦选定，它不仅影响着当代的政治、经济、文化的发展，而且成为历史文化的沉淀，影响后世深远。因此，研究都城发展历史，仅具有说明或反映历史的意义，而且具有总结历史经验，预测或规划历史发展趋势的现实意义。也就是说，都城发展的研究，是一个具有深广历史意义与现实意义的课题，值得学术界深入探讨。

二、中国都城位置的选择与发展走向

文献记载，中国都城有过多种名称。称京、称都、称邑、称国、称国都、称京师。京师之别称有京辇、京城、京华、京阙、京畿等。《诗·大雅·公刘》中有“京师之野，于时处处”。京师之名始此。其后“京师”用于国都的称呼，最广泛，也最长久，从东周至民国初年，一直沿用。新中国定都北京市，通称首都，为全国第一都城之义，与“京师”之义相通。

《释名》：“都者，国君所居，人所都会也；邑，犹俋，聚会之称也。”《左传》隐公元年林尧叟注：“凡邑有宗庙先君之主曰都，无曰邑。”据此，人口聚居之所曰邑，即今语所言城镇，凡国君所居与宗庙所在之邑称都，又称国，称国都。“京”字，甲骨文作“侖”、“侖”，为一高台上的房屋，且高台有方有圆。《尔雅·释丘》：“绝高为之京”。邢昺疏：“卓绝高大如丘，而人力作之者名京。”《公羊传》桓公九年传：“京师者何，天子之居也。京者何，大也。师者何，众也。天子之居，必为众大之辞言之。”综括起来，凡天子所居之城邑，要求高大人众，为全国第一，这就是中国文明发展史上建国建都的观念。秦都咸阳、汉隋唐都长安，就是当时一国之中最大的城邑。秦汉时，关中人口不稠，秦汉大量移民充实京师，务必达到天子所居之邑高大人众。秦始皇营建咸阳最为典型。《史记·秦始皇本纪》载：“徙天下豪富于咸阳十二万户。诸庙及章台、上林皆在渭南。秦每破诸侯，写放其宫室；作之咸阳北阪上，南临渭；自雍门以东至泾、渭，殿屋复道周阁相属。”秦孝公初营咸阳，以泾渭之交，因其位置在九嵕山南，渭水北，山南曰阳，水北曰阳，咸阳所在山水俱阳，故名咸阳。随着秦王朝势力的扩展，咸阳规模扩大，跨越渭水两岸。秦始皇修阿房宫和信宫、兴乐宫就在渭水南，离宫别馆遍布渭南。汉都长安就是在秦咸阳渭南离宫别馆的基础上修建的。秦始皇统一六国，图画六国宫室，以关中八百里秦川为京畿地区，

"咸阳其旁二百里内，宫观二百七十"。《长安志》卷一引古本《三辅黄图》说："始皇表河以为秦东门，表汧以为秦西门"。今本《三辅黄图》载："咸阳北至九嵕、甘泉，南至户、杜，东至河，西至汧渭之交，东西八百里，南北四百里，离宫别馆，相望连属。"秦始皇陵的建筑，也应当看作是都城建设相关的工程。仅仅一个兵马俑坑的发掘就被誉为世界上第八大人工工程。从秦始皇营建咸阳都城及皇陵的规模体制，可以洞察中国古代王朝都城建设与选址的观念，"高大人众"这一条就要求京畿地区有足够的经济力量能够支撑。在各种条件之中，经济实力是最主要的条件。古代社会，农业是国民经济的命脉，京畿必须是农业富庶的地区，这是最基本的条件。

春秋以前的都城，主要是政治中心和军事重镇。从战国开始，都城也是经济中心，出现了集中的工商业区，即"市"。秦都咸阳，汉都长安，都有发达的市。《史记·货殖列传》记载，大一统的西汉王朝，全国兴起几十座城市，它们都是区域经济的发展中心。京师长安是整个西部中国的经济中心，其南有巴蜀，其北有戎翟之畜，其西有羌中之利，关中、陇东物产，都以京师为集散地，"故关中之地，于天下三分之一，而人众不过什三；然量其富，什居其六"。城市规制，唐以前都城居民区的里坊有墙垣封闭，宋、元、明、清时代的都城，居民区成为开放式的街道，商店沿街开放，都城的经济作用更为突出。研究中国封建社会的都城发展史，经济的因素是一条贯穿始终的红线。

从经济观点看中国都城选址的走向，学术界有两种代表性的观点。谭其骧先生在《中国历史上的七大首都》[①] 一文中，分为中原期和东移近海期。中原期有四大首都，为殷（邺城）、长安、洛阳、开封，因均在中原地区，故称中原期。东移近海期有三大首都，为杭州、南京、北京，在前期四大首都之东，距海不远，所以叫东移近海期。北宋、南宋为前后期的分界。刘武君先生在

① 载《历史教学问题》1982年第3期。

《中国历史都址变迁与经济重心转移》[①] 一文中，分为四个时期。其一，关中时期，丰镐、咸阳、长安；其二，关东时期，洛阳、开封；其三，北方时期，北京；其四，南方时期，南京和南京作为陪都的时期。谭、刘两家观点相通，刘氏只不过是将谭氏的分期再一分为二，将中原期分为关中、关东两期，将东移近海期分为北方、南方两期。刘氏分期更细，但反映经济制约都城的轮廓反倒模糊。拿关中、关东两期来说，西汉长安，东汉洛阳，南北朝时期，长安、洛阳并存，隋代长安、洛阳并都，唐朝都长安，洛阳为陪都，并称两京。由此可见，将谭氏的中原期分为关中、关东两个时期，时代分界不清。北方、南方两个时期，不具有典型意义。南京为九朝都会，除民国时期，其他皆为偏安之朝。元、明、清选都北京，最突出的是历史及军事的因素，因中国自唐代安史之乱以来，经济重心南移，当今中国经济重心仍在南方，而国都选在北方，这是经济以外的因素起了主要作用。因此，从经济观点来看，谭氏的分期最为恰当。但制约都城选址的因素有多种原因，所以刘氏的分期仍有参考价值，下面从宏观角度，再作综合阐述。

从殷周至隋唐，黄河中下游流贯的中原地区，是全国经济最发达的地区，又接近于华夏文化发达区域版图的中心。掌握了中原地区，就掌握了全国。群雄纷争，逐鹿中原，原因在此。洛阳为中原的中心，长安有关中形胜，居高临下，所以，长安、洛阳为雄踞中原两个最佳定都点。北宋东移开封，因燕云十六州为北方大辽所有，定都开封便于正面拒敌，也便于运河漕运江南物资。当时开封是北方的水运枢纽。

魏晋南北朝时期，由于孙吴在江南立国，随后东晋南渡，南北分裂，南方经济迅速发展，南京形胜地成为立国江南的首都。唐朝后期，经济重心已经南移，北宋建国，幽燕丧失，经济重心彻底南移，南重北轻已成定局。宋室南渡，南北再次分裂，运河淤废，无论是经济、交通，还是政治、军事，中原已经丧失了优

① 载《城市问题》1983 年第 4 期。

势。所以，自北宋以后，我国都城位置的变化，主要成为东移近海的南北迁移，首都再也回不到中原地区，西安古都必然冷落。

元代统治者，来自北方荒原游牧民族，主要着眼于政治军事，不愿离开本民族的根据地太远，所以定都北京。清代统治者，来自关外，定都北京，与元代统治者出于同一考虑。单从都城选址与经济重心来看，元代、清代定都北京，犯了以轻御重的错误。中国历史上的南北分裂，总是北方战胜南方；元朝与清朝的覆灭，都是南方战胜北方。但从维护中国版图的大一统，政治军事的因素应重于经济的因素。以明朝为例，朱元璋定都南京，反映了全国政治、经济发展的趋势。但军事上，主敌在漠北，因此驻重兵于北平，诸侯重于中央，成尾大不掉之势，造成明成祖夺权，王室北迁，不得不以北京为首都，以便于御外。孙中山领导辛亥革命成功，考虑到北京是元明清三代六百余年封建势力的中心，而江南经济发达，江浙兴起近代工业，南京受新兴资产阶级民主思想的影响比较大，所以选址南京，有利于避开北方的封建势力，加速国家发展。20 世纪 30 年代，北洋军阀覆灭，国民党统一中国，假如迁都北京，那么日本发动九一八事变，国民政府从生存考虑，也不会轻易丢失东北三省。从中国大一统疆域的态势来看，地理形胜，西北高，东南低，祖国西南疆域有大山脉为屏障，东面有辽阔海疆，这是大自然造就的万里长城。尽管近代资本主义列强用坚船利炮从海上打开了门户，在沿海地区划分了势力范围，但最后中国不失一寸土地。从古以来，中国的外敌来自漠北，人工万里长城早已进入了历史博物馆，而且早已不是中国的边塞，近一个世纪多来，中国丧失大片北疆领土，从政治稳固和国防考虑，中国都城只能在北方而不应在南方。南方的人文地理，偏于保守和向海外发展，必然疏远北方事务。国都偏离主敌所在的北方边疆，必然削弱国防力量。这就是自元明清以来定都北京的历史原因。北京的地理位置，“左环沧海，右拥太行、北枕居庸、南襟河济”，形势险要，又位于中原、蒙古高原和东北这三大地理单元的交汇点，是联络关内与关外的咽喉要地，自古就是北方重镇。汉族统一中原，重兵坐镇北京，扼守长城，政权才巩固，唐朝的卢龙范阳节度是最大的军事重镇。北宋丧失燕云，积贫积弱百余年。少数民族入主中原，定都北京，背靠故里，面向中原，可以长保政权，元朝、清朝是其例。北魏迁都洛阳，推进民族融合，是历史的进步，魏孝文帝不愧为英主。但从元魏政权角度看，远离故土，不久沦丧。国都的选择，影响政权，关系至巨。

新中国定都北京，仍着重政治、文化、历史背景以及革命传统的考虑，经济的考虑在其次。定都以来，大力发展京都经济，不惜破坏古城风貌，拆毁城墙，建成今天的现代化大都市，再现京师重地“高大人众”的景观，同时也带来了交通拥挤、水资源困乏、能源不足、人口膨胀过快等消极结果。建国半个世纪以来，北京经济腾飞，可以象征新中国政治经济的腾飞，而国家改革开放的优惠政策偏重沿海，这与国都偏离东面近海不无关系。

三、西安古都在中国历史发展史上的地位

中国今日疆域，奠定于汉唐，稳固于清朝。汉唐两个象征中华民族极盛的王朝，均定都于关中。我们讨论的西安古都，包括西周丰镐与秦都咸阳，地处泾渭之交，南北有山有水有平原。西安古都是以整个肥沃的关中平原八百里秦川为依托的。关中地势高亢，最合于“京”字之义，它在广阔的黄土高原上，为中国东西交通与中西交通之咽喉，其地理形胜成为民族交叉融合的大舞台。关中东临中原，居高临下。占有关中，必有中原；退守中原，关中不保。定都关中，是中华民族兴旺发达的风水宝地，故周秦汉唐定都关中，或传世久远，或盛大莫比。东移中原，则王气黯然。君不见，光武帝定都洛阳，西羌为祸伴随东汉王朝始终；明朝东移北京，西疆以嘉峪关为限；北宋都开封，陇右、河套腹地沦为敌国。从关中为京都，统治者的眼光则面向西域，放眼博大的世界以求发展。西周都丰镐，有周穆王西征见王母的传说，而周宣王中兴，北逐戎狄，平王东迁，周室名存实亡。西汉

都关中，而后有汉武帝伐匈奴，开通西域之举，这是古代东方农耕文化与游牧文化两大民族的一次决定命运的大决战。假如西汉都洛阳，这是不可想象的。唐朝都关中，以博大的胸怀对西域进行开发。如果没有汉唐定都长安，放眼向西域的扩张，不可能有今日中国疆域之奠定。汉唐王朝将中原文化普及于西域，产生了深远的历史影响。元朝、清朝的经营西域，因为它们本来兴起于关外、漠北，游牧民族东西万里驰骋，经营西域有内在联系；而汉人主政中原不都关中，是一种先天的退缩战略。项羽背关怀楚，不仅是他个人失败的重要原因，也代表了一切保守帝王的狭隘胸襟。登高才能望远，雄略之主立足关中才能放眼四外。中华民族五千年的演进历史，反复证明了这一条历史经验，这就是西安古都在中国历史发展史上所起的重要作用和无与伦比的地位。

西安古都给中华民族的发展谱写了辉煌篇章，原因是它所在的关中地区具有得天独厚的地理形胜，不仅山川雄伟壮丽已如前述，而且正处于中国疆域的心脏位置。人类依托大地而生存，因此影响人类社会发展最根本的因素是地理环境。经济从地利中出，所以经济因素一半是自然地理，一半是人为。我们沿海经济发达，自然地理起了至关重要的作用。先进的制度文化，可以模仿、交流、学习，或者通过一场革命来改进，而大自然的地理环境，却不是简单的人定胜天。在生产力不发达的古代，人类受自然地理的制约比率与今天相比不知大多少倍。学术界曾经批判过历史发展的地理因素决定论，如果认为地理因素决定一切，当然不对；反过来否定或不重视地理因素，可以说更加愚昧。中国五千年的历史发展，离开地理因素，许多问题解释不圆通。例如南北分裂对峙，长江天堑就起了重要作用。

关中地理形胜影响中国历史发展起了巨大作用，秦汉之际，人们对此有着深刻的认识。司马迁在《史记·六国年表序》中说："今秦杂戎翟之俗，先暴戾，后仁义"，"论秦之德义不如鲁卫之暴戾者，量秦之兵不如三晋之强也，然卒并天下，非必险固便形势利也，盖若天所助焉"。这段话表达了司马迁颇具辩证的观点，一方面他承认了秦据关中地理形胜的重大作用，另一方面他批判了地理形胜决定一切的片面观点，“非必”二字，表示了秦并天下不一定取决于地理形胜，还有“天”的作用。“天”是怎样助秦的呢？司马迁引“或曰”说：“或曰‘东方物所始生，西方物之成熟’。夫作事者必于东南，收功实者常于西北。故禹兴于西羌，汤起于亳，周之王也以丰镐伐殷，秦之帝用雍州兴，汉之兴自蜀汉。”《集解》引徐广注“汤起于亳”，谓“京兆杜县有亳亭”，即殷汤亦从关中兴起。夏、商、周、秦、汉，司马迁以前的所有王朝，都从关中及以西地域兴起，地理形胜的因素十分明显。当然，地理形胜不是唯一的因素，司马迁认识至此，是高于他人的卓识远见。由于司马迁还不能运用阶级斗争形势来说明朝代兴亡的历史，而假托于“天”，并用“盖若”、“或曰”的字眼，表现了历史家的困惑。但明显所见的地理形胜，司马迁有着充分的注意，详细记载了西汉建国定都的争论，重温这段历史，必将启迪我们深思。

《史记·高祖本纪》载：“高祖欲长都洛阳，齐人刘敬说，及留侯劝上入都关中，高祖是日驾，入都关中。”刘敬，即娄敬，因定策都关中，及与匈奴和亲而赐姓刘。《史记》刘敬本传和留侯张良本传，对高祖入都关中以及与群臣的辩论作了生动的记载。

齐人娄敬于汉高祖五年（公元前202），征戍陇西，路过洛阳，通过乡人虞将军引荐，劝说高祖都关中。娄敬分析关中形胜说：

> 且夫秦地被山带河，四塞以为固，卒然有急，百万之众可具也。因秦之故，资甚美膏腴之地，此所谓天府者也。陛下入关而都之，山东虽乱，秦之故地可全而有也。夫与人斗，不搤其亢，拊其背，未能全其胜也。今陛下入关而都，案秦之故地，此亦搤天下之亢而拊其背也。[①]

① 娄敬迁都之说，见《史记》卷九九《刘敬叔孙通列传》。

高祖问群臣，群臣皆山东人，争言“周王数百年，秦二世即亡，不如都周”。娄敬对此驳斥说：汉之得天下“与周异”，周灭殷是“积德累善十有余世”，诸侯归服，周营建洛阳为天下之中，便于诸侯纳贡道里均。但洛阳形势稍弱，“有德易以为王，无德则易以亡”。刘邦得天下，“起丰沛，卷蜀汉，定三秦，与项羽战荥阳，争成皋之口，大战七十，小战四十，使天下之民肝脑涂地，父子暴骨中野，不可胜数，哭泣之声未绝，伤痍者未起，而欲比隆于成康之时，臣窃以为不侔也”[①]。娄敬认为，高祖以暴力取天下于马背，守天下必据形胜。群臣又说：“洛阳东有成皋，西有肴黾，倍河，向伊洛，其固亦是恃。”[②] 刘邦疑不能决，再问张良。张良说：“洛阳虽有此固，其中小，不过数百里，田地薄，四面受敌，此用武之国也。”至于关中，张良说：

> 夫关中左殽函，右陇蜀，沃野千里，南有巴蜀之饶，北有胡苑之利，阻三面而守，独以一面东制诸侯。诸侯安定，河渭漕輓天下，西给京师；诸侯有变，顺流而下，足以委输。此所谓金城千里，天府之国也，刘敬说是也。[③]

于是高帝即日驾，西都关中。高祖六年，田肯称驾定都关中，说得更为直率亲切。田肯说：

> 秦，形胜之国，带河山之险，悬隔千里，持戟百万，秦得百二焉。地势便利，其以下兵于诸侯，譬犹居高屋之上建瓴水也。

田肯称驾，载《史记·高祖本纪》。《集解》注引应劭曰：“河山之险，与诸侯相悬隔千里，持戟百万，秦得百二焉。”苏林曰：“得百中之二焉。秦地险固，二万人足当诸侯百万人也。”关

---

① 娄敬迁都之说，见《史记》卷九九《刘敬叔孙通列传》。

②③ 群臣与张良之言，见《史记》卷五五《留侯世家》。

中形势险固，可当千里之地，一夫当关，万夫莫开，二万人守险，可挡百万大军。这显然有夸张，但把关中形胜对巩固政权的意义却说得十分透彻明白。高帝察纳雅言，当机立断，当天就迁都起程，入都关中。高帝如此急迫，这显然也是文学之笔，但把抓住时机的道理却表达得淋漓尽致。司马迁锐敏地感到西汉定都关中，将对历史产生深远影响，所以把高帝选都这一历史事件记述得神采飞扬。当然，司马迁更是从汉武帝建树的功业中认识到关中地理形胜的历史作用，才能升华出卓越的史识。而司马迁的记述，又恰恰是历史的证明。

（原载《陕西历史博物馆馆刊》第三集，三秦出版社 1996 年出版）

书　　序十九篇*

历史与现实（代序）

一

回顾历史就可以知道，中国历史上的学术发展，大都在一个新兴王朝的第二代、第三代人身上。我们的祖国自建立社会主义的人民共和国以来，已经历了整整一代人。共和国的第一代经历了许多曲折和坎坷，却为我们第二代铺垫了道路，这是我们不能忘怀的。就像历史上的周期重演一样，我们第二代正好赶上了共和国进行改革与开放的新世纪，展望前景，大有作为。就目前史学界的情况来看，科研队伍迅速壮大，一代新人在崛起，研究成果不断涌现，每年新出版的史学论著和在报刊发表的史学论文难以计数。毫不夸张地说，近几年来，史学研究出现了空前繁荣的

---

* 书序十九篇，均系作者任主编的书目所写序言。《历史与现实》是一篇同题书名的代序，作于作者任甘肃省中青年历史学会会长期间组织的一次学术讨论之后，表达对 20 世纪 80 年代中出现的所谓“史学危机思潮”的关注。其他十八篇书序皆为作者致力于普及历史中级读物的记录。中华民族有五千年的悠久文明史，这是全体中国人的骄傲，也应是全体中国人都要学一点历史的义务。读史书，懂历史，长知识，增智慧，善谋略，养正气，这是作者寄语国人的感悟。

局面。但是就在这繁荣的背后，许多人感到了“史学危机”，不仅仅是出书难，而且是对史学的价值提出了疑问。历史究竟有什么用？历史的出路在哪里？一个人一辈子陷在故纸堆中究竟有什么价值？带着这些问题和迷惑，甘肃省中青年史学工作者在 1986 年 7 月进行了一次学术讨论。在讨论会上成立了甘肃省中青年历史学会。这本论文集就是甘肃省中青年历史学会组织会员所写的，三分之二出自青年作者之手。尽管一些文章的论证，还显得有些稚嫩，但表述都带有强烈的现实感，不乏新鲜气息，值得一读。

二

当今中国，正面临着一场变革。社会经济发生了重大的变化。经济基础的变革，必然要引起上层建筑领域的动荡与变革，要求上层建筑与之相适应。史学是上层建筑的一个重要组成部分，所谓“史学危机”，正是这种变化的客观反映。近几年来史学的繁荣，在很大程度上仍然是一个自我封闭的小圈子的自我欣赏，其表现是：研究领域狭窄，课题陈旧，研究方法保守单调，研究成果与社会需要脱节，表述语言不通俗，因而史学成果不能在社会上广泛传播。要打破这种封闭局面，史学必须创新，创新则必须面向社会，面向现实。

三

“历史研究必须为现实服务”，这本来是中国史学的一个优秀传统。孔子修《春秋》，目的在于为后王立法，为人伦立准则，善善恶恶，贤贤贱不肖，使乱臣贼子惧。司马迁作《史记》，为的是“志古自镜”。刘知几在《史通》中说，《史记》、《汉书》被[illegible]为五经之亚。司马光修编年史，宋神宗赐名“资治通鉴”。历代封建王朝十分重视修史。宫廷有女官写帝王起居注，朝廷有史馆修实录、修前代历史，地方修方志。这是因为历史有资于借鉴，这是它不可磨灭的价值。

但是，“历史为现实服务”在共和国第一代人的实践中，由于受极“左”思潮的干扰，变得十分庸俗，史学成了政治的婢女，特别是在“文化大革命”中，“四人帮”篡改历史，大搞“影射史学”，不仅在思想上造成了极大的混乱，而且在实践中带来了极大的危害。“四人帮”倒台以后，学术界批判“影射史学”，又一度出现“为历史而历史”的倾向，甚至有人主张回到乾嘉史学中去。随着社会改革的深入，这种思想倾向还没有形成气候就被“史学危机”的呼声冲消了。因为脱离现实的史学研究是没有出路的。所谓“史学危机”，并不是说史学没有用，它只是对脱离现实的所谓纯粹史学的挑战。一方面我们反对用历史图解现实，另一方面我们又要反对历史脱离现实，即历史既要为现实服务，又不能等同现实。那么这两者的关系如何界定呢？

历史与现实，这二者是对立的统一，互为因果，互相渗透，互相影响。过去的历史包含着产生现实的条件，而现实不仅烙有过去历史的痕迹，而且今天的现实，就是明天的历史。李大钊就说过：“无限的‘过去’都以现在为归宿，无限的未来都以现在为渊源。”[①] 换句话说，历史是过去的现实，现实将转化为历史。但并不是说，历史就是现实，现实就是历史。“四人帮”“影射史学”的罪责正在于此。他们讲“儒法斗争”，讲“两条路线”，就是要混淆历史与现实的界限，说什么全部中国历史就是一部儒法斗争的历史，儒法贯通古今，秦始皇是大法家，秦始皇的暴虐不能批判，相反的“愈是清官愈要批判”，真是荒谬之极。现实的颠倒，导致了历史的颠倒。否定历史与现实的区别，如同割断历史与现实的联系一样，同样要受到历史的惩罚。历史的发展，不仅有形式上时间上的区分，而且在不同时代有着不同的具体内容。这些不同的具体内容构成了历史发展的阶段性。历史的阶段

---

① 《李大钊选集》，第 94 页。

性反映了历史与现实的区别。因此，我们讲历史与现实，既不能割断二者的联系，也不能混同二者，把“历史研究为现实服务”变成“历史研究为现实的政治图解”。如何处理好二者的关系，不仅仅是一个理论问题，更是一个实践问题。面对今天改革与开放的宏伟新时代，历史研究为现实服务又该如何实践呢？

四

历史如何为现实服务，甘肃省中青年史学会成立之时就此主题进行了热烈的讨论。我借这个机会把讨论的要点概括如下：

第一，历史研究应当对现实开放。提出这一问题，目的是要摆正历史与现实、史学与现实的关系，让史学能够适应时代的需要，在现实生活中发挥出应有的作用。过去的历史，虽然已随时间逝去，但它的痕迹还保留在物质生产过程中，保留在社会关系、政治生活、思想意识中，保留在艺术作品和风俗习惯中，还在以种种方式或明或暗或强或弱地影响现实，在现实中顽强地表现自己的力量。就以当前的改革来说，它激发起千百万炎黄子孙的爱国主义情怀。“振兴中华”的口号响彻云霄。然而改革的步履甚是艰难，踟蹰不前，这就有着中国传统文化的深刻的历史原因。封建社会沉重的历史包袱仍然拖住了东方巨人前进的脚步！中国值得自傲的是她有着悠久的文明历史。在古代中世纪以前，中国在世界上一直处于领先地位。汉唐文化，光辉灿烂。早在战国时期，商品经济就十分发达。但中国没能以自身的动力进入资本主义，明清以降，逐步落伍了。中国封建社会长期停滞不前，这是什么原因，应当反思，应当重新考察我们民族的历史，考察前贤对这个历史的认识，甩掉羁绊，代之以新的、充满理性和科学光芒的思想。对历史的反思是提出新思想的前提，而提出新思想则又是抛弃传统文化糟粕的前提。不要一提“丑陋的中国人”就跳将起来。一个人认识自己的丑陋，恰恰是走上进步的新起点。如果一个人，一个民族，一个国家，连自己的美与丑都认识不清，谈何创新！

第二，历史研究应向人类全部历史活动开放。提出这一问题，就是要开拓历史研究的新领域，研究新问题，中国传统文化凝结成为文献成果，分为经、史、子、集四大部类，史部居于第二位，内涵是十分丰富的。但传统史学载述和研究的领域基本上局限在王朝政治史的范围内。史学三大体，纪传体史丛书，编年体史丛书，纪事本末体史丛书，无不着眼于治乱兴衰四个字。随着近代革命的兴起，随着马克思主义的传入，史学研究在深度和广度上都有了质的飞跃。但是我们并没有建立起真正的马克思主义的史学体系，不仅理论的研究薄弱，而且在实践中建树的成果少得可怜。共和国第一代人的实践在不停顿的批判中走完了一生，所谓五朵金花的研究，建树的成果在哪里呢？举例对农民战争的研究来说吧。传统史学观点认为，在阶级社会，推动历史前进的唯一动力就是阶级斗争，而在封建社会，阶级斗争的最高形式就是农民战争。中国封建社会爆发了大大小小数百次农民战争，它不但没有把中国封建社会推进到资本主义，倒是锻炼得中国封建社会更加专制和稳固，使它百炼成钢。农民战争规模一次比一次威武雄壮，中国封建王朝专制政体则愈来愈固若金汤，形成了恶性循环。传统史学观点又认为：农民战争瓦解旧王朝，扫荡了大批地主分子，使封建社会的锁链松弛，从而推进了社会向前发展。因此，每一次大规模的农民战争过后就要出现一个新兴的封建王朝，带来短暂的太平盛世。但无情的历史事实却是：军阀混战、腐朽王朝的内部倾轧，也照样瓦解旧王朝，也照样打杀大批地主分子；而且对于生产力的破坏，无论农民战争、还是军阀混战都起同样的破坏作用。由此可见，传统史学观点对农民战争历史作用的分析从理论到实际都违反了逻辑，超出了常人的智力理解范围，把复杂的历史简单化。于是对农民战争历史作用的分析出现了地主阶级让步政策说与反攻倒算说两种学术观点。到底如何从宏观的角度贯通地看待中国农民战争的历史作用，值得用新的方法重新研究。开拓历史研究新领域，首先必须是研究方法的开放。司马迁创造纪传体，不仅仅是编纂体例的创新，更重要的是历史方法的创新。司马迁的方法是以人为中心来研究和贯穿历史。《史记》中的人物传记，用今天的话来概括，可以说它是全方位干预社会生活的报告文学，所以内容丰富多彩，读来扣人心弦。我们现代人修的章节体通史和断代史庄严肃穆，瘦骨嶙嶙，入目的是一副板块理论的框架，没有社会生活的血肉，很难说是成功的。

“工欲善其事，必先利其器。”对于史学工作者来说，这个“器”就是研究方法。新中国成立后，史学工作者用历史唯物论研究史学取得了很大的成绩和突破，这是主要方面。但是有意识有目的的方法论研究仍重视不够，从而把唯物辩证法、阶级分析方法、五种生产方式等方法论当作了教条，成了模式，甚至排斥一般的最新史学方法，使史学走上了僵化。一个人从事史学研究应当有多种手段，多种方法。史学方法是历史学的工具，它随历史学的发展而不断更新和发展。近年来史学界对方法论的讨论十分活跃，这是史学即将有飞跃发展的一个前兆。所谓“史学危机”，它只是传统史学的危机。所谓传统史学，有两个方面的传统。乾嘉考据是微观史学的传统，它是中国固有的。以阶级斗争为纲，视全部人类历史为一部阶级斗争史是宏观的抽象的唯物论史学的传统。单纯的微观研究或单纯的宏观研究都不会再有什么创新。将两个传统综合，把微观的研究与宏观的研究结合起来，同时吸收一切先进的方法，引进其他学科的研究方法，才能创新。历史研究的方法应是多层次的。历史唯物主义是历史学的高超层次，历史研究应在历史唯物主义的指导下进行。但历史唯物主义并不是教条和板块，对具体历史的研究需要基础层次的具体的方法，尤其需要新的方法。例如，对封建国家机器的研究，如果只停留在阶级分析上，仅仅揭露其阶级压迫的本质就很不够。如果引进自然科学的系统论和控制论，从整体上去研究国家机构的系统、结构、功能、机制、程序、效率及其演变，就可以使我们对封建国家机器的认识更加具体、准确、深刻，并给人有一个全方位的立体认识。再如，传统史学对历史事件大多停留在一般的描述和定性的水平上，缺乏定量的分析。如果引进计量的方法，借助现代计算机和数理统计理论，史学家就可以把大量历史档案中的“死”数字变成有价值的“活”材料，从量的规定性上去说明历史事件，其结论就更加可靠和令人信服。

至于开拓新的研究领域，也不应限于狭义历史学自身的范围，而应当通过多学科的交叉渗透来实现。当前许多新兴边缘学科的兴起，填补了传统学科之间的许多空白。例如人口学、社会学、民俗学、心理历史学，等等，许多在我们传统史学中都是空白，而在西方早有长足的发展，我们应当迎头赶上。总之，历史研究如向人类全部历史活动开放，建立新史学的宏大体系，史学危机将自然消解。

第三，历史研究的成果应向整个社会开放。历史学要取得蓬勃发展，它的成果必须在社会中广泛传播。要做到这一点就必须改进我们的研究方法和成果的表述形式。首先，史学体裁要丰富多样，其次，表述语言要生动流畅，最后，对具体的历史对象的研究应进行多层次表述。高层次的史学论著主要在史学界内部传播，这个圈子虽然小，但它起指导的作用。中级的和普及的读物则在广大群众中传播，史学要新生，必须要占领这个读者层，史学也只有进入了广大群众中才能发挥最高的效益。因此普及史学的工作在我们这一代人肩上，应当是迫在眉睫的任务。

以上三点，凝练成一句话就是：开放，就是史学的出路。在甘肃省中青年历史学会成立时的学术讨论中，这是一个中心议题，表现了新一代的青年对历史学如何发展进行了深刻的探索。西北师范学院王三北同志，就用《开放，史学的出路》为题发表了专论，引人注目。

历史如何为现实服务，正如本文前面所说，它主要不是一个理论问题，而是一个实践的问题。如何实践，本文提出问题只是引起一个话头，让我们共同在实践中来回答吧。

仅以上文字为代序。

（原载《历史与现实》论文集，为该书序言，陕西三秦出版社 1989 年出版）

《爱国主义教育丛书》序[①]

爱国主义历来是动员和鼓舞中国人民团结奋斗的一面旗帜，是推动我国社会历史前进的巨大力量，是全国各族人民共同的精神支柱。千百年来，在爱国主义精神的激励下，一代又一代的炎黄儿女，为着中华民族的生存和发展，为着国家的独立、统一、尊严和富强，前仆后继，奋斗不息，用鲜血和生命描绘出充满英雄气概和不屈精神的辉煌历史画卷，用刀矛笔墨谱写了惊天地泣鬼神的壮丽诗篇。

我们伟大的祖国已经进入了一个新的历史发展时期。在新的历史条件下。爱国主义依然是振奋民族精神，增强民众凝聚力，团结全国各族人民，为建设有中国特色社会主义的宏伟事业而奋斗的强大精神支柱。

为贯彻落实中共中央印发的《爱国主义教育实施纲要》，进一步宏扬爱国主义精神，传播中华民族优秀文化的精华，我们组

---

① 《爱国主义教育丛书》，主持人张大可教授应中央党校出版社之邀编纂，有四个分册。第一册《热血忠魂》，选古今中华英杰 100 人，组织 15 位作者撰写人物新传。第二册《千古绝唱》，选诗歌 140 首。第三册《气贯长虹》，选散文 50 篇。第四册《情思缕缕》，选家书 80 封。这三册书的所有选文，由主持人作简明的解读，内容包括作者小传、题解、简注三项。该丛书选文宏扬爱国主义精神，故题为《爱国主义教育丛书》。中央党校出版社 1995 年出版。

织有关专家学者编写了这套《爱国主义教育丛书》。

《爱国主义教育丛书》首批推出四本：

《热血忠魂——英杰传》，精选了从黄帝、大禹到雷锋、王进喜、焦裕禄、蒋筑英等中国历代一百位杰出爱国者，浓墨重彩地突出反映他们爱国壮举中最为感人肺腑的事迹和可歌可泣的精神。这些爱国英杰，有的披荆斩棘，开拓进取，为中华民族的生存和发展建立了不朽的功勋；有的毁家纾难，慷慨就义，在反抗外敌入侵和推翻黑暗统治的斗争中献出了宝贵的生命；有的锐意革新，无私奉献，为祖国的繁荣昌盛鞠躬尽瘁，死而后已。他们的言行，展示了中华民族爱国主义精神的丰富内涵，生动形象地树立起一面面爱国主义的光辉旗帜，为学习和发扬爱国主义精神提供了闪光的典范。

《千古绝唱——诗歌选》、《气贯长虹——散文选》、《情思缕缕——书信选》，则是从浩瀚的中华民族文化宝库中采撷出来的闪动着爱国主义精神的文学、文献精品。其中，有劳动人民心血的结晶，有历代名家的传世佳作，有爱国志士的壮怀绝唱，有革命英烈的宝贵遗墨。这些题材不同、表现各异的精品，虽不可避免地要受时代和阶级的局限，但都饱含着激越的感情、崇高的品德、纯真的节操和优美动人的辞章，都具有永恒的艺术魅力和催人奋发的精神力量，都是久经历史检验的不朽之作。为帮助读者阅读，凡入选的作品，均按作者、原文、题解、注释四个层次予以介绍和阐释。本丛书各册作品均依时间顺序排列，内容相近的适当集中，清晰地展现出源远流长的中华民族爱国主义精神的发展轨迹。

我们衷心希望这套丛书的出版，能够为宏扬爱国主义精神，传播传统文化精华作出有益的贡献。我们相信，广大党员干部、人民群众特别是广大青少年，一定能够从中受到爱国主义精神的熏陶、启迪和教育。

（本序原题《出版说明》，中央党校出版社，1995 年出版）

《影响中国历史 100 名人》导论

本书《影响中国历史 100 名人》，是集中华民族五千年悠久历史文化中一百名历史伟人于一堂来排名定位，评说高下，启人深思。中国古典小说《水浒传》首创给人物排名定位的先例，将梁山一百零八位好汉排座次，称为英雄聚义。给小说人物排名次，由于小说人物是作家创作的，人物贡献可以因文生事，较易排定。而历史人物，贡献大小，是历史造成，历史家不能因文生事，最多只能以文运事，排名次就困难得多。正由于此，中国历史家，从未有人想过要给中国影响历史进程的人物排名次。美国学者迈克尔·H. 哈特 1977 年出版了《历史上最有影响的 100 人》，从全世界全人类中精心挑选一百人加以评长论短，排名定位，用这种方法来表述作者的一种历史观，简明生动，极富哲理，风靡全世界。1988 年中国湖北教育出版社翻译出版了这本书，备受中国读者的欢迎。随后出版界着手出版中国历史上最有影响的一百人，有的独出心裁，如"一百个最有影响的男人"，"一百个最有影响的女人"，等等，但大多依样画葫芦，了无新意，于是有了本书的编选。毫不讳言，本书是在哈特思维方式影响下运作的，但又继承了中国的文化传统，构建了一种新体系，这是本书值得自豪的。100 人如何选定？为什么只选 100 人？排名定位按什么标准？编选本书有何意义？如此等等的问题，读者可以无尽提出，这样就会引起我们的无限反思，探索历史发展的轨迹和动力，启迪思维。本书宗旨，略述如次。

1 中国是人物传记的故乡，美国大百科全书就把世界上最早的传记作家选列在中国，司马迁第一，刘向第二。中国现代评述人物的传记著作落后于西方，不过近年来大有发展，至于古代则有悠久的历史传统。中国正史以人物为中心，称纪传史。我国历代蝉联而下的纪传史，积数有 26 种，4042 卷，洋洋 4500 余万言，按各史朝代序列完整无缺地保存下来，举世无双，故学术界有“全史”之称，记事起于黄帝，讫于清末，中华五千年文化发展规模体制，载述毕于此编。纪传体正史是以人物为中心叙事，它创始于《史记》，帝王称“本纪”，大臣称“列传”。司马迁这一创造，活生生地展示了社会各色人物的活动，它不仅是历史内容的创新，而且也是历史方法的创新。从内容上说，《史记》人物传记，可以说是全方位干预社会生活的纪实文字，它既是历史，也是文学，还蕴涵着深厚的哲理，所以内容丰富多彩，引人入胜，读来扣人心弦。从方法论上说，以人为中心叙述历史，在古代是一种进步的历史观，它是对神意史观的一种否定。总上两点，以人为本位叙述历史，生动活泼，说理形象，有血有肉，易于普及，启人深思，在今天仍有意义，仍可借鉴。本书的编纂，正是基于这一思考原则，以人物评传形式普及历史知识，启迪多元思维，是非常有意义的。

一部纪传史，所选人物，或多或少，本无定数。入传标准，随史家观点而不尽相同，这都是很正常的。一部二十四史，每一史有一史的义例，但就入传人数，入选标准，很难理出规范义例，似乎多数正史，并无谨严义例。就当前学术界所出版的各种人物传记，也很难规范出严格义例。其实义例就是编纂者的一家之言，总是带有或轻或重的主观色彩。当然义例主要是客观的反映，单一思维认为，客观才是规律，主观就是唯心，实际上纯客观也就无义例。义例是主观对客观的条理或系统反映。例如自成一家之言的《史记》，全书一百三十篇，分为五体，各体数目均寓有义例。如十二本纪，像一年有十二月，八书为四季之倍，三十世家像一月有三旬，七十列传为七十二之成数，七十二像周天三百六十度的五分之一，五行哲学每行为七十二，合五行为三百六十。十表之十为数之极。《史记》五体的数目安排，象征天道运行，寓意天人和谐，所以是一个人工精意制作的系统工程。五体数目既定，入传人物就要受到限制，如此必然产生严格义例。本书选定一百人，以这数目作为限定值，本身就是一个义例。单就一百数目而言，是一个随意数值，由笔者参与编选的海南出版社 1993 年出版的《影响中国历史进程的人物》就选编了 200 人。历史伟人成千累万，选编 200 人、300 人或更多的人，未始不可。但是太多、太随意，就无义例。数目过小，易失偏颇，数目过大，必流于随意。我觉得哈特限定的 100 人，恰到好处，数目不大不小，极好做文章。100 是一个整数，它是人们常用来表示比较完满的数目，例如百分比，百分制，等等。100 数目，可以再下分 10 组整数，10 也是一个整数，在中国传统文化中被称为数之极。所以本书也选定 100，并安排 10×10 的谨严义例来排定人物，勾画中国历史的五千年，评说 100 历史人物的影响，安排他们的序列，指出他们的独特创造，这就不能是随意的了。单个的人好比是一个电子元件，容易评论是非，如果把 100 人组合起来推演历史棋局，就好比是由集成电路组装的电器，它将显示无限的神力，产生系统效应，表达种种思想。这效应、这思想就是作者个性思维的学术体系。每个读者可以再创造，可作新的排列组合，无疑是特具神韵的。

2 历史人物有正面，有反面，他们对历史的进程都产生了或大或小的影响，都可以说是英杰人物。有时正面、反面并不是绝对的，有的人物正反皆备，可以称作双重性格的历史人物。往往最杰出的人物都具有双重性格。古人云：才过百人谓之杰，智过万人谓之英。[①] 本书正编 100 正面人物，附录 10 个反面人物，是遵循中国历史传统的。中国传统史学惩恶劝善，历史记

① 《礼记·礼运》注及《淮南子·泰族训》。

载总以正面英雄为主。唐代史学评论家刘知几做了如下的理论概括：

> 夫天下善人少而恶人多，其书名竹帛者，盖唯记善而已。故太史公有云："自获麟以来四百余年，明主贤君忠臣死义之士，废而不载，余甚惧焉。"即其义也。至如四凶列于《尚书》，三叛见于《春秋》，西汉之记江充、石显，东京之载梁冀、董卓，此皆干纪乱常，存灭兴亡所系，既有关时政，故不可阙书。[①]

可见惩恶劝善是我国古代史家的一个优秀传统。演说故事，反面人物的情节更为生动。惩恶劝善，不能不以正面人物为主。影响历史进程自然也是以正面人物为主。本书入选有反面人物，而主要以正面人物为主体内容，这不仅符合我们民族文化的传统，而且也是符合历史进程的。不过从辩证法的角度来审视，正面反面都不要绝对化。绝对化往往走向单一思维，好就是好，坏就是坏。其实对于伟大的历史人物不能从简单的好坏二字定评，也不能搞什么三七开或四六分，而应当是功过毕书，留待读者去评说。古代的封建帝王，尤其是雄主，一般都是双重性格，简言之有大功亦有大过，或者说既伟大而又渺小。伟大是他的超人举动；渺小则是他有同凡人的血肉之躯的正常表现。由于环境地位不同，留下许多折光。所以我们要用多维思考去审视历史人物，既把握主流，也不要增饰或掩恶，这是本书力求要做到的一点。读者也应从这一原则在阅读中进行再创造，智者见智，仁者见仁，不必求定论，不必求答案，方能获得更多的启迪。人物分正反，也是一种从俗的习惯，因此，对明显的正面、反面人物分了正编与附录加以区别，反面人物不计入"影响中国历史 100 名人"之列，更符合中国人的传统思维方式。故全书 110 人，标题

① 《史通》卷八《人物》。

为100人，特为之说明。[1]

我们几十年来评价历史人物，专门性的理论文章不少，提出了许多评判标准，但最终跳不出用百分法作评价、鉴定的标准，即用三七开、四六分或对半分来界定。例如对曹操的评论，一般看法也以三七开表述为功大于过而作结。有人对曹操作功过参半的界定，被讥为形而上学。其实功过参半的分析方法，并不是简单的五五分，其意义在于功过都不应忘记，应该说这才是一种科学的分析法。所谓三七开或四六分，往往因界定功大于过而无过，或过大于功而失功，可见用百分法作结论在理论上和实践上都是有害的。那么如何评价历史人物呢？我们认为用纵横比较法，可以大致得其平。横的比较，是看他的时代性，他在自身所处时代里，做了他人做不到的事；纵的比较，是看他的创造性，他所取得的功业，是否承先启后，在某些方面超越了前人，流风余韵馨及后世，由此在历史函数的坐标上，对每个人的长短高下、功过是非，就能有一个清晰的脉络。像孙权，前期英武有为，后期昏聩暴虐，可以说三国史上有两个孙权。这里不存在有三七开、四六分，前期之功不能掩后期之过，后期之过不能抹煞前期之功，只有将功与过分开，探讨其功与过各对历史产生什么影响，这样才能符合历史的本来面目。

3 入选本书的人物，我们有以下几个方面的思考：其一，贡献大小；其二，口碑影响；其三，浩然正气；其四，创始影响；其五，警世取喻。贡献大小，不言而喻，这是最基本的原则。但就是这一最基本的原则，在理论上争议却最大。不同的历史观点对同一人事的看法却有天差地别。秦始皇、汉武帝贡献大，没有争议，而曹操的贡献就有争议了。李自成、洪秀全他们的贡献就更有争议了。这仅仅是就同一类型的人物比较。如果跨类来看，那就更成问题。发明造纸术的蔡伦，贡献是大还是小？如何把蔡伦与秦始皇、汉武帝相提并论呢？从现代科技日新月异

① 《影响中国历史100名人》，民族出版社1999年第一版附录收入十大昏暴奸佞历史人物，为省篇幅，以后各版删略。

的变化来看，文化的积累，一代一代经验的沉淀，对于历史的影响无可估量。在这个意义上，蔡伦对于历史的贡献比任何帝王都要大。一般来说，帝王影响主要就是生前那么几年或几十年。他所建立的国家，缔造的制度，影响几百年或几千年都只是个别的。而这一个别的，也可以说是从某一个侧面所作的相对立论。例如说秦始皇开创的中央集权制度影响中国两千年，也就是这样的相对意义。而科学技术的发明，可以有无限的影响，几十年，几百年，几千几万年都无法作尺度。人类社会进入蒸汽机时代到电子时代，突飞猛进的速度何止是几百年几千年？当我们在电视机前看马戏团的动物作高难度动作表演，或看“动物世界”中大千世界的斗智斗勇，假如动物也有语言能够传递和积累一辈又一辈个别动物先辈的生活经验，我们人类还能主宰这个星球吗？成语中有“狼狈为奸”，那狼，那狈，无论多么狡狯，始终处于最原始的个体生态环境中，所以它们不能进步。人类如果没有语言，也许至今仍处于原始状态。如果没有仓颉造字和蔡伦发明造纸术来传播语言，打破时间、空间的界限，那么人类也许至今还处于青铜与铁器的时代。因此，发明语言的，发明文字的，发明造纸的，发明印刷的，等等，而推及于一切科技、文化的发明者、创造者，他们的贡献都应大于帝王。本书入选了文化科技人物过半数，达 57 人，政治军事人物 43 人，正是基于这一考虑。中国历史上曾经有过光辉灿烂的时代，不仅有伟大的帝王，更有伟大的科技文化伟人。今日中国的落后，原因之一不正是封建帝王们的阻滞文化科技而带来的吗？中华民族既有悠久的文明历史，必将有奋起之日，绝不逊于任何民族，而立于世界之林。我们正在奋起直追，缅怀先人，是可以受到鼓舞的。

历史人物，对于历史的贡献和影响是多侧面的。例如范蠡经商，过去只是把它作为隐身避祸的美谈，以今日观点来看，他应是追求个人价值的最大表现。当他在政治上不能发展，甚而有祸时，便功成身退，另谋出路。西汉留侯张良隐退避祸，导引辟谷，只不过是苟延天年，而范蠡则是另寻人生的创造，张良不可与之同日而语。当然两人的历史条件不同，范蠡处于列国纷争之际，本国不容，可到他国去发展，去经商，去从政，都是可以的。张良生活在大一统时代，他隐退避祸，似乎只有导引辟谷，苟延天年一途可走。我们既作比较，而又不作机械比较，才能公允论人。当然在100人的限数内，无论范蠡，还是张良，都进不了这一个圈子。但创始人物，其流风余韵馨及后世，那又另当别论。如黄道婆，名不见经传，但她推广棉纺技术，影响人们生活已近千年，本书选入了她。如齐宣王尊重知识，开一代自由学风，在中国封建社会唯此一人，有如此气魄，如此雅量，而秦始皇则视知识如洪水猛兽，焚书坑儒，两人比较不待评说而高下自见。当然秦始皇对历史的全面影响又是齐宣王不能望其项背的。又如赵武灵王胡服骑射，也具有改变军备与兵制的创始意义。重视创始性，而使本书出现一些陌生人物，这正是一种新的视角。有的人生前显赫，死后默默无闻；有的人生前无名，死后却流芳百世。

4 以人物为中心叙述历史，所选人物既是本身又不是本身，它是各类人物的代表。司马迁首创人物传记，其所选人物皆为典型，组成一盘推演历史兴亡的棋局，其入选人物皆各有指归，而非以地位资望为唯一条件。本书100人，贯通五千年，每个人物都应放在这个大历史背景中来考察，这样就不会孤立地去评论人物的长短。因此对于每个人物的写法，不是记流水账的功劳簿，而是取其一点、两点，足以表现他有别于他人的创造作特写。每个人物采用双重标题，副题在前，正题在后。正题一律标列本人姓名，以实人物的特征。副题举其常用的表字与徽号，加上一个历史烙印的定语，点示他的突出之点是什么！例如“千古帝王秦始皇”，这个副题包含“秦始皇”这个习见的皇帝称号，“千古帝王”这个定语揭示他所创制度贯通中国两千年。当然这个定语换一个角度标为“统一六国的”字样，那意义就小得多。正题就是“嬴政”，正题之下括注生卒。生卒展示时代，正题表示个体某某，副题在前标示某某在五千年文化史上的地位、独特贡献与影响。副题前标示100人物的序号，也就是在本书中的排序。为什么某人有某号，难道前一个序号人物就一定比后一个序号人物影响大？那就很难判断。但人物总是要有序号，这当然是一种主观的色彩，也就是一家之言。一家之言反映了客观实际，才有价值，才能获得公认。每一个读者都可以一试身手，在这100个人物的名单中进行增减排序，总数以100人为限，按每个读者的增减从100人的总数中平衡，那么保留下来的人，就是读者心目中的百分比。每个读者都试试看，都来给本书打分。能保留60人，就是60分，可以及格了。保留80人，得80分，已经是良好了。保留90人，得90分，那就是优秀了。百分之百的保留不可能。每一个读者的这种打分都是一家之言，本书编选者也是一家之言。凡事都不要人云亦云，都来个一家之言，这就是创造。

5 本书100人的排序，充分运用纵横比较法，具体落实为八个字："以类相从，时代为序。"就总体而言，在这个框架下又略有变通，既立例又破例。立例是条理，没有条理就没有理论；破例是变通，历史是复杂的，不变通不足以反映复杂性。哈特在他的书中，是对所选100人物逐个排名定位，如同水浒梁山的英雄聚义，这是朝会式的排座位，君臣次位分明，比较严肃，难于把握。本书将100人按类分编为10组，好比是宴会，10人为一桌，即一编人物，以编为序，范围较大，比较活泼，易于把握。按类入编，纵向线索分明，单看一个类，入选10人是否是某个领域的划时代顶尖人物，读者也易于判断。本书为10×10的排序结构，思路如次：第一编10人为贡献最大的历史人物，本书用一句话来定位标目称之为"民族之魂"。他们是中华民族的精神、精灵，是对五千年悠久文化作出最大贡献的10个代表人物。黄帝，人文始祖。仓颉，代表语言文字的创造。蔡伦，纸的发明人。孔子，开私人讲学之风，打破贵族垄断文化，智慧普及，这也是孔子之所以成为万世师表的最伟大创造。徐光启是第一个接受西学的中国人，思想境界超前林则徐200余年，这是他进入前10名的理由。大禹是家天下的奠基人，治水英雄。秦始皇开创中央集权，千古一帝，影响历史数千年。汉武帝把西汉推向极盛，巩固了大一统的中央集权制度，奠定了中华民族为汉人称谓的基础，与秦始皇并称为秦皇汉武，理应在其他帝王之上，而列入前十名。毛泽东是新中国的缔造者。邓小平是中国改革开放的总设计师。以上 10 人的贡献都是划时代的，影响既深又广，绵延无穷。10 人作为一个总体为前 10 名，不再逐个排序，按自然的时代为序，以下各编类推。最后一编 10 人为贴近民众，在老百姓心中影响最大的人物，有的就是人民英雄，如陈胜，就是作为历代反暴的代表人物入选的。蔡元培，现代教育的先驱者，他兼容并包，开自由风气的学风，唯他为代表。蔡氏列为本书殿卷人物，寓意深远。从第二编到第九编八组人物，“类”的意义其味更为强烈。第二编 10 人是统一中国的列朝开创者和政治领袖。这 10 人构成了中华民族统一体不断发展的历程。前八位是统一王朝的帝王，后两位是近现代创兴民国的人。孙中山推翻帝制，蒋介石统一群雄，中国人民的八年抗日，在世界上争回大国地位。所以孙中山、蒋介石列入第二编。第三编是大思想家和宗教家，稍逊于孔子的人类灵魂工程师。第七编是杰出的思想家与第三编人物同类而稍逊，所以序列靠后。第四编是文史大家。第五编是杰出的科技人物。第八编是杰出的文献、数学、文史、艺术家。第四、五、八三编总类为文化科技人物而按贡献、影响排序有前有后。第六编是改革家和经济家。第九编是稍逊于第二编的杰出的军事家和政治思想家人物。

6 按类排序比单个排序简明且更准确，显而易见。全书 100 人，分为 10 个类列，每列表现纵向历史发展的脉络与阶梯，非常清晰。比如第二列（编）是历代帝王人物，纵向勾勒中国历史统一王朝的序列发展，线索分明。由于类下以时代为序排列，横向也就较为明晰地表现了人物的时代性。例如横向第十人的序列为：邓小平、蒋介石、胡适、鲁迅、袁隆平、张謇、陈独秀、郭沫若、张学良、蔡元培。将本书所选 100 人排写成两个方阵，每一方阵 50 人，即将 100 人分为两个等级序列加以比较（见本文第九节），每个人物的位置就是历史坐标的位置，既可作纵向比较，又可作横向比较。读者可以从纵横两个方向导入未入选本书的历史人物，再作细密比较，就可推知入选人物的贡献和时代性，这比哈特单个人物排序要丰富多彩。但是类列也有它的局限性，一是历史内容丰富多彩，不能简单以类条列；二是许多人物为全能型，如司马迁、梁启超、郭沫若，既是文学、史学大家，又是思想家、政治家。一言以蔽之，人物千差万别，不可能用几个类列囊括无遗。所以分类只是相对的，可以视为若明若暗的比较线索，不可偏执。对于全能人物，以他最杰出的某一方面的创造而影响绵延久远者入选某一类。例如司马迁是纪传史的奠基人，梁启超是新史学理论的奠基人，鲁迅是新文学的旗手，郭沫若是马克思主义史学的奠基人和文学大家，这些创造具有划时代意义而又绵延久远，所以把他们归入史学文学大家的历史轴线上。当然，这只是本书编选者的一家之言。其余类推。

7 本书入选人物的行文体例，由四个部分构成。第一个部分标题，正题为人名，副题为一句提示定语，正题下括注生卒，显示时代性。标题构思的意义，参阅本文前第四节的说明。第二个部分小传，简述入选人物的事迹。第三个部分夹叙夹议评说入选人物最突出的贡献之点。第四个部分余论，或补充内容，或揭示，或点评。本书入选人物的独特排序与行文层次，构成纵横比较品评历史人物的独特内容，也是独具思维建构的体系。这是在哈特人物排序评说思维基础上的创新和发展，切合中国传统文化的特点，符合中国人的思维方式。这是我们认为胜出哈特思维的地方，也是推出这本书的理由。

8 对本书正编 100 人物，作纵横的数量统计分析，给我们以何种启示呢？第一，从纵向的时代划分，大体分为八个历史段落，如次：

（1）夏商周，约 1500 年，5 人。

（2）春秋战国，约 550 年，14 人。

（3）秦汉，约 400 年，12 人。

（4）魏晋南北朝，约 360 年，10 人。

（5）隋唐五代，约 380 年，11 人。

（6）宋辽金元，约 400 年，11 人。

（7）明清，约 470 年，16 人。

（8）近现当代，160 年，21 人。

三代为中华文明的开端，历史发展缓慢，只有 5 人；近现当代，中西文化碰撞，历史发生巨变，人才辈出，达 21 人。中间六段时间，无论统一盛世如秦汉、隋唐、明清，还是相对的分裂时期，如春秋战国、魏晋南北朝、宋辽金元，在封闭的中国封建社会中，改朝换代只是历史的循环，在一个较长的历史段落中，人才的产生，大体相对均衡。它给我们的启迪是，民族要发展，文化要先进，不能搞封闭，而要四面开放，进行文化交流，吸纳新鲜血液，社会肌体才更健康。中国古代分裂时期的春秋战国，由于各国吸引人才，开放吸纳，出现百家争鸣的局面，思想活跃，人才辈出，中国的圣人、大思想家，都产生在这一时代。而中国近现代虽然是经济落后、遭受列强侵侮的时期，但由于中西文化碰撞与交流，人民奋发革命，所以人才辈出，为中华民族的腾飞奠定了基础，也为改革开放积累了经验。中华文化的发展，是民族的，大众的，多元的，走向世界的，这也是不可阻挡的历史潮流。

第二，从横向作地域统计，大体表列如次：

地域、人数	分　析
河南省，12 人 陕西省，10 人 山东省，9 人 河北省，9 人 山西省，3 人	黄河中下游五省区，古代的中原文化区，总人数 43 人，占 2/5 强。
江苏省，8 人 浙江省，8 人 安徽省，7 人	江、浙、皖三省，长江下游沿海地区，隋唐以后，经济文化发展跃升，人才也迅猛产生，可与豫、陕、鲁三省相颉颃，总 23 人。
四川省，5 人 湖南省，5 人 广东省，5 人	湘、粤两省 10 人，近、现、当代占 7 人之多，民国北伐，以粤省为基地，湖南人民革命运动最高涨，岂非偶然。
其他 10 个省区，19 人	其他 10 省区共 19 人，为前 10 省区的 1/4 弱，有的省区无。

其他10省区中，江西3人，福建3人，湖北2人，甘肃2人，内蒙古2人，吉林1人，辽宁1人，青海1人，西藏1人，云南1人，海南1人，未定地域1人。边远地区封闭，人才寡少，自然之理。

以上纵横两个方向的分析，最后都在封闭与开放的纽结点上达到交叉。这给我们的启迪，不无深意。

9 《影响中国历史100名人》方阵目录，表列如次：

影响中国历史100名人				
第一编 001—010	第二编 011—020	第三编 021—030	第四编 031—040	第五编 041—050
001 黄　帝	011 姬　发	021 李　耳	031 屈　原	041 公输般
002 仓　颉	012 刘　邦	022 孟　轲	032 司马迁	042 李　冰
003 大　禹	013 杨　坚	023 庄　周	033 李　白	043 张　衡
004 孔　丘	014 李世民	024 荀　况	034 杜　甫	044 张仲景
005 嬴　政	015 赵匡胤	025 韩　非	035 杜　佑	045 贾思勰
006 刘　彻	016 忽必烈	026 玄　奘	036 韩　愈	046 黄道婆
007 蔡　伦	017 朱元璋	027 慧　能	037 司马光	047 郑　和
008 徐光启	018 玄　烨	028 宗喀巴	038 苏　轼	048 李时珍
009 毛泽东	019 孙中山	029 康有为	039 梁启超	049 竺可桢
010 邓小平	020 蒋介石	030 胡　适	040 鲁　迅	050 袁隆平
第六编 051—060	第七编 061—070	第八编 071—080	第九编 081—090	第十编 091—100
051 管　仲	061 董仲舒	071 张　骞	081 孙　武	091 姬　旦
052 商　鞅	062 王　充	072 刘　向	082 曹　操	092 陈　胜
053 田辟疆	063 朱　熹	073 刘　徽	083 孙　权	093 关　羽
054 赵　雍	064 王守仁	074 祖冲之	084 武则天	094 诸葛亮
055 松赞干布	065 顾炎武	075 王羲之	085 成吉思汗	095 包　拯
056 元　宏	066 王夫之	076 顾恺之	086 戚继光	096 岳　飞
057 杨　炎	067 黄宗羲	077 关汉卿	087 郑成功	097 文天祥
058 王安石	068 谭嗣同	078 曹雪芹	088 蔡　锷	098 海　瑞
059 李鸿章	069 严　复	079 纪　昀	089 邓演达	099 林则徐
060 张　謇	070 陈独秀	080 郭沫若	090 张学良	100 蔡元培

10 开展传统文化研究，对于社会主义精神文明建设有很重要的意义。中华五千年悠久文化的宝贵遗产是培养民族自信

心和爱国主义精神的源泉，因此是建设具有中国特色的社会主义新文化来源之一。当前宏扬中国传统文化，还有更现实的意义。江泽民同志 1995 年 1 月 30 日在新春茶话会上发表重要讲话，提出“为促进祖国统一大业的完成而继续奋斗”的八点主张，其中第六点说：“中华各族儿女共同创造的五千年灿烂文化，始终是维系全体中国人的精神纽带，也就是实现和平统一的一个重要基础。两岸同胞要共同继承和发扬中华文化的优秀传统。”江泽民的这一讲话，把宏扬中华民族传统文化的现实意义，从理论上作了精辟的概括，对深入开展海外统一战线工作，对推动祖国和平统一，指明了方向。本书属于传统文化研究的一个课题，具体说就是对历史人物作集群的排列组合研究，体现纵横比较的评论方法，生发启迪意义。这仅仅是一个尝试，成败是非，留给读者去评判吧！

（本文为《影响中国历史 100 名人》序论，民族出版社 1999 年初版）

《中华五千年名人传记丛书》序

【说明】本套丛书十二册，每册20—25万字，全套丛书约266万字，华文出版社2004年出版。这套丛书的前身是20世纪80年代甘肃人民出版社推出的《中国历史人物评传丛书》，共十册，华文版更名，增加《宋元明清人物》和《智慧与谋略人物》两册，使总数为十二册。书目如下：

（一）断代人物传六种：《春秋战国人物》、《楚汉相争人物》、《西汉盛世人物》、《三国英雄人物》、《隋唐之际人物》、《宋元明清人物》。

（二）贯通人物传六种：《开国之君与亡国之主》、《五雄主的晚景》、《五太后轶事》、《智慧与谋略人物》、《历代十大名伎》、《历代宦官》。

每册书前有一篇标题序论，阐释选编宗旨。其中《三国英雄人物》、《智慧与谋略人物》两书序论内容与文集有关专题论述重复，兹从略。其他十本书的序论集中选录为一组，总称《中华五千名人传记丛书序》，以资评说。

一、从剧烈动荡走向统一的春秋战国时代

中国古代史上的春秋战国时代是一个由剧烈动荡走向统一的新时代。春秋时期起周平王东迁（公元前770）至周敬王四十四年（公元前476），凡295年。战国时期起周元王元年（公元前475），讫秦二世之灭（公元前207），凡269年。由于秦朝短暂，秦末大动乱，所以司马迁作战国年表，讫于秦二世。若下限以公元前221年秦始皇统一六国止，则战国之世为254年。司马光《资治通鉴》，以周威烈王23年，即公元前403年三晋始为诸侯之年为战国时代之始年，并从这一年起始叙史。按这一断限，则战国时代为182年。当然，还有其他的断限方法，但大体战国时代为两个世纪。春秋战国合计约五百多年。这是大动荡、大发展和民族大融合的时代，人才辈出，政治家、军事家、思想家都产生了巨星，特别是思想文化领域产生了诸子百家，出现了一个黄金时代。本书所选，正是这一伟大时代的风云人物。战国时代更是评说的重点。春秋人物约占三成，战国人物占七成。

战国时代的特点，就在于连年大战。《史记》完备地记载了春秋战国至秦汉之际的大大小小战争。以大战役而论，春秋时期8次，战国时期42次，秦汉之际8次。战国时期的42次大战役从公元前369年的魏韩马陵之战到公元前221年秦灭齐之战，共149年。在这么短的时间内，进行了这么多的大战役，真是名副其实的战国时代。《六国年表》记载的战国时期的战役，共196次，都是比较大的战役。

《史记》载重大战争，年表载其目，纪、传、世家载其事。战国时期的大战役已经达到了惊世骇俗的规模。秦赵长平之战、秦灭楚之战，双方动员的直接参战的兵力逾一百万人，往往相斗数月乃至经年，在中外战争史上都可叹为奇观。长平之战从公元前264年秦攻韩到公元前257年邯郸保卫战结束止，前后历时八年。公元前260年的决战从四月至九月，历时半年。秦国“发年

十五以上悉诣长平”[1]，进行了全国总动员，倾国远斗，秦胜赵败，“前后斩首虏四十五万人”[2]。秦卒多于赵卒，双方在第一线的兵力就超过一百万人。秦灭楚之战，秦方出动的兵力就达六十万人。当时七国总人口才二千多万人，一国人口四五百万人，一场大战的动员就达五六十万人，占人口的1/10～2/10。因此，战国时代是全民皆兵，大战来临，全民动员，十五岁以上的男子都要参战，战争是何等之惨烈，简直不敢想象。

战国时代的战争又极为残酷。秦军出战尤为暴虐。《史记》记载秦军攻伐斩首若干，就是用以批评“秦取天下多暴”的。从公元前364年的秦魏石门之战起，到公元前234年的秦赵平阳之战止，130年中，秦军斩杀六国士卒167万人，单是白起一人攻战就斩首坑杀了92万人。秦将白起最为野蛮，公元前293年伊阙之战，他斩杀韩魏士卒24万人；公元前273年华阳之战，杀魏卒13万人，沉赵卒2万人于河；公元前280年的光狼之战和公元前264年的陉之战，两役斩杀赵韩士卒8万人；公元前260年长平之战，坑杀赵降卒40余万人，此役前后总计斩杀坑降卒共45万人。史称秦为“虎狼之国”[3]，称白起、王翦为“豺狼之徒”[4]。像这样残暴的战争，人民怎么会欢迎呢？所以六国义士誓不帝秦，合纵抗秦，他们的业绩是值得歌颂的。但是秦战胜六国，夷灭侯王，客观上是在“平乱世”，所以得到了司马迁的肯定。他说：“秦起襄公，章于文、缪，献、孝之后，稍以蚕食六国，百有余载，至始皇乃能并冠带之伦，以德若彼，用力如此，盖一统若斯之难也。”[5] 正如列宁所指出：“历史上常有这样的战争，它们虽然和一切战争一样不可避免地带来种种惨祸、暴行、灾难和痛苦，但是它们仍然是进步的战争，也就是说，它们有利于人类的发展，有助于破坏特别有害的和反动的制度。”[6] 在这个意义上，

①② 《史记》卷七三《白起王翦列传》。

③ 《史记》卷六九《苏秦列传》。

④ 《汉书·刑法志》。

⑤ 《史记》卷一六《秦楚之际月表》。

⑥ 《社会主义与战争》，载《列宁选集》第2卷，第668页。

秦用暴力统一六国，结束了侯王的林立混战，是一种进步的战争。因此战国时代是一个进步的时代，它是在剧烈变动中走向统一。

战争频仍，发展起来了战争学，涌现了一大批军事家和战争统帅。吴起、孙膑、乐毅、田单、廉颇、赵奢、李牧、司马错、樗里子、魏冉、白起、王翦等都是著名的兵家和统帅。战国七雄不是由一个统一的国家分裂出来的，它是从西周、春秋时期的万国林立，经过六七百年的聚合兼并形成的，人民打了几百年的战争，所以各国军事力量都很强。兵家人物就是在这一历史背景下产生的。他们发展了战争艺术，引导历史走向统一，是伟大的历史人物，值得研究和评述。但是战争这个怪物，杀人灭财，任何人都不愿意蒙受其灾难。战国时大思想家孟轲就强烈谴责战争。他说："争地以战，杀人盈野；争城以战，杀人盈城。此所谓率土地而食人肉，罪不容于死。"① 这位思想家还主张"善战者服上刑"②。谁善于打仗，就处谁以死刑。孟轲认为这样就可以制止战争。这当然是一种十分迂腐的观点。墨家主张"兼爱"、"非攻"，自然也没有实际效果。战国时的百家争鸣，就是围绕如何制止战争，使社会和平而发表各自治世良方。当时关于人性之争，目的也在于探索战争的根源，以制止战争。性善论者认为战争与人类的性本善不相容，所以"善战者服上刑"，这是儒家的主张，与他们宣扬的仁政学说相统一。反对这一学说的法家则认为人性恶，生来好斗，要"以战去战"③。所以兵、法家实为一家。法家人物多为兵家，如商鞅就善于打仗。兵法人物也多是法家和改革家，如吴起、乐毅、赵奢等。以今天的历史观点和阶级观点来看，战争是人类社会阶级斗争的最高形式，它是剥削制度的产物。法家提出的人性恶，生来好战的理论是站不住脚的。但他们提出"以战去战"的办法，研究战争，善于战争，具有实践意义，还是可取的。因此本书选列了众多的兵家人物传。

①② 《孟子》卷七《离娄上》。

③ 《商君书·画策》。

战争是政治、经济、军事综合力的较量。春秋时期的八次大战役有齐桓公伐楚的召陵之战，楚败宋的泓水之战，晋败楚的城濮之战，晋败秦的崤之战，楚败晋的邲之战，晋败齐的鞍之战，晋败楚的鄢陵之战，吴破楚的郢之战。当然，春秋末吴越相并及先后称霸的各次战役规模也是较大的。但吴越争霸，影响面不是很大，不去讨论。春秋时期最后的一次大战役——吴破楚的郢之战，发生在公元前506年。战国时期的首次大战——魏败韩的马陵之战发生在公元前369年。这两次战争之间的时距为138年。战国的起始年代，或为公元前475年，或为公元前453年（三家分晋，灭智伯），或为公元前403年，下距公元前369年也有几十年乃至一百余年的相对平静时期。从春秋末至战国初的这一百多年，乃是各国变法，积聚力量的时期。魏文侯率先变法，赵主父相继于后，齐、楚、燕、韩各国都有不同程度的改革。改革带来了经济活力，增强了国力，所以才有战国中、后期的大战役。秦国改革最晚，也因此较为彻底，所以后来居上，国力最强。秦国地处关中，居高临下以争天下，进可攻，退可守，也是它取胜的一个重要原因。关中地区，沃野千里，在古代称为上田。关中南通巴、蜀，西通陇右，北有戎翟之畜，所以富甲天下。[①] 这些都是秦国胜利的优势条件。战国时各国要富强，要打仗，所以争人口，争人才。当时人才皆可游说自荐，从布衣可直取卿相。各国招徕人口，都有“优惠政策”。所以战国时代，人口、人才经常流动，商业发达，思想活跃，人才得以尽其能。秦国地偏西陲，文化落后，人才缺乏，这一严峻现实，使得秦国实行了重用客卿人才的优惠政策，东方六国的许多干才都跑到秦国去了。商鞅，卫人；张仪、范雎，魏人；甘茂、李斯，楚人。这些人对秦国的政治、经济、外交各方面的改革和政策制定起了重要作用。秦人与戎翟杂处，生来好兵，产生了像白起、王翦这样的著名军事家和战将。古语有：“山西出将，山东出相。”秦在山西有将，优惠政策又吸引了山东之相才，因而将、相齐全，人才济济，怎能不

① 《史记》卷一二九《货殖列传》。

打胜仗！所以秦取天下多暴，然而获得成功，还是有原因的。

本书所选春秋战国时代政治、经济、军事各色人物 46 人，分为八编：第一编，春秋五霸，他们开启了一个新时代，代替周王室发号施令，以尊王攘夷的旗号进行征伐会盟；第二编，改革家，是他们把时代进一步引向了一个新方向，富国强兵，蓄聚统一兼并的力量；第三编，先秦诸子百家，展现自由学风下的哲人风采；第四编，春秋战国名将义士，反映秦发动统一战争与六国抗秦斗争，以及涌现的一批杰出军事家与反暴的义士；第五编，六国国君，有英主，更多的是昏主，以见秦并六国之原因；第六编，战国四公子，反映当时各国招揽人才以及游侠尚义之风；第七编，纵横家，展示战国时代的外交斗争；第八编，统一六国人物，写秦国人物如何把历史推向统一。

以上是为序论。

（本文为《春秋战国人物》序论）

二、重建大一统王朝

楚汉春秋，是指汉高祖刘邦与西楚霸王项羽争天下的故事，历史上又称为楚汉相争，或称刘项相争。司马迁写《史记》，称这一段历史为“秦楚之际”，著有《秦楚之际月表》，起陈涉发难，讫刘邦称帝，即公元前 209 至前 202 年，共八年的历史。从秦亡至西汉统一，即刘项相争是五年，但月表溯及陈涉发难，共为八年。

在秦汉之际的八年动乱中，历史分为三个阶段。第一阶段是陈胜、吴广起义，陈胜建立张楚政权。第二阶段是项羽战败秦军主力，入关分封十八王。第三阶段是刘项相争，刘邦统一天下。《秦楚之际月表》按月记载这一时期的历史事变，由秦表和楚表两部分组成，故称秦楚之际。秦表部分以秦历纪年，楚表部分以楚历纪年。司马迁作了一个表序，概述秦楚之际政治形势的特点，即陈涉发难，项羽灭秦，刘邦称帝，谓之“天下三嬗”。虞夏商周秦五代迭兴，经历了几千年，而秦楚之际“天下三嬗”，却在短暂的时间里发生，说明这是一个剧烈的变革时代。刘邦起于布衣，“无土而王”，这是值得认真总结的历史经验。司马迁以“秦楚之际”为题作表，而不用“秦汉之际”为题，但在表序中却又盛赞汉高祖刘邦成就帝业的功绩，称之为“大圣”，这一扑朔迷离的笔法是十分引人深思的。

司马迁用“秦楚之际”为题作表，就是旨在突出陈涉发难，项羽灭秦之功。陈涉号张楚，项羽称西楚，两王皆以“楚”为名。西汉初陆贾所作《楚汉春秋》，突出刘邦得天下，而用“楚汉”之名。本书人物评传，着重评述汉初人物，总结刘邦重建大一统王朝的历史经验，因此沿用陆贾“楚汉”之名以题本书曰“楚汉相争人物”。

楚汉相争的实质是重建统一的封建王朝，它的意义极为重大。秦帝国的统一，是在春秋战国几百年的长期战乱中建立的。但秦帝国很快瓦解了，如果没有一个新秩序的统一王朝来巩固大一统心理观念和大一统的实际秩序，历史再回到纷争的局面，那么统一的中华民族的形成，不知道要延缓多少年。西周封建一统，范围只限于黄河流域的狭小疆域，而且是万国林立。随着农耕经济的发展，各国政治、军事、经济力量的增强，必然打破万国林立的封建割据格局，从而爆发无休无止的兼并战争。几百年的长期战乱，给社会给人民带来深重的灾难。人民厌战，渴求统一，这是历史的潮流。秦始皇统一中国，尽管军事镇压的手段极其残暴，仍然得到了人民的拥护。西汉政论家贾谊指出：“今秦南面而王天下，是上有天子也。即元元之民冀得安其性命，莫不虚心而仰上。”（《过秦论》）由于秦王朝是经过长期严酷的军事镇压统一天下的，因此统一王朝的政治极为严酷。经过长期战乱的社会需要休养生息，而秦始皇却利用统一天下而形成的权威，大肆滥用民力，秦二世因之不改，把全国人民推入火坑，所以陈涉发难，天下云集响应，秦帝国很快土崩瓦解了。由于秦王朝统一不久，六国之后裔时时梦想复辟，重建失去的天堂。全国人民承受了统一的重压，似乎也依恋各自的旧国故主。所以在反秦斗争中，很快形成了六国的建制。项羽在吴中曾见过秦始皇出巡的排场，感叹过“彼可取而代也”的豪言，他并非不想做皇帝。项羽谋臣范增，处心积虑要诛杀刘邦，目的是要削除争天下的对手。可见楚国君臣仍是想重建统一的王朝。但是项羽年纪轻，阅历不够，他没有处理复杂局面的政治谋略和能力，他用分封18王的格局来对抗刘邦，结果事与愿违，走向了他主观意志的反面，立刻爆发了群雄战争。群雄为项羽所树立，因此群雄战争一爆发，就成了对项羽权威的否定，连他的亲信九江王黥布都反叛了他。这样，就给刘邦带来了统一的机会。项羽的失误，给刘邦带来了经验。所以当楚汉在成皋相持不下之际，刘邦也想封六国之后来对抗项羽，被张良谏止了。如果没有项羽的失误，刘邦封六国之后的行动就未必不能实施。不管主观意志如何，凡分封群王，就是一种历史的倒退，它就注定要被历史所否定。

楚汉相争，是刘邦发起的。项羽所封18王，最不满意的有两王，一是刘邦，二是山东齐王田荣。此外还有两位未封王的英雄，一为陈余，二为彭越。这四人反叛项羽，刘邦在西，田荣在东，陈余、彭越居中，这一地理上的反叛格局使项羽处于东西应敌被夹攻，而且中心又被开花，战争一起就狼狈不堪，疲于四面应敌。田荣首先反抗项羽，因为项羽另封齐王，剥夺了他的地盘。项羽刚愎自用，不封齐王田荣，是政治上的一大失策。但田荣的力量与项羽对抗如以卵击石，是不足以动摇项羽的分封格局的。可是却给刘邦带来了机会。刘邦及时发难，趁项羽进兵山东之时，不失时机夺了关中，处居高临下以争天下之势，在地理形胜上占了主动地位。在古代生产力落后的情况下，地理因素对历史进程有重大影响。秦统一天下就得力于地理形胜。司马迁总结项羽失败的原因，说他退出关中是失策之一，是正确的。刘邦不仅及时夺取关中，而且不失时机打出关中，在成皋建立了扼制项羽西进的防线。假如刘邦不是抓住战机发动楚汉战争，放手让项羽平定山东，那么18王分封的格局将会稳定下来，中国历史又将陷于长期的分裂格局，统一的中华民族的形成和统一国家的巩固与形成不知要推迟多少年。在这个意义上，刘邦发动楚汉战争，不仅奠定了自己的胜利形势，而且也是进步的。也是在这个意义上，可以说田荣发动的反叛项羽的战争也是进步的。

在反秦斗争中，西汉历史家司马迁首肯的是两个人，一是陈涉发难，二是项羽灭秦。尽管刘邦先入关中，但司马迁并未把灭秦之功算在刘邦账上，这是符合历史实际的。“初作难，发于陈涉”；“虐戾灭秦自项氏”，这就是司马迁的结论。刘邦之功是“拨乱诛暴，平定海内，卒践帝祚，成于汉家”①。“拨乱”是指扫灭群雄，“诛暴”是指灭亡项羽；“卒践帝祚”，则是指重建统一的帝国。在灭秦战争中，刘邦军所过“毋得掠虏，秦人喜，秦军解”。刘邦入关后，封府库，约法三章，秦人大喜，“唯恐沛公不为秦王”。这说明刘邦深得民心。相反，项羽西进，“夜击坑秦卒二十余万人于新安城南”。入关后，“屠咸阳，杀秦降王子婴，烧秦宫室，火三月不灭”。项羽大失民心，众叛亲离。所以韩信亡楚归汉，论项羽必败。其言曰：“项王所过无不残灭者，天下多怨，百姓不亲附，特劫于威强耳。名虽为霸，实失天下心，故曰其强易弱。”时势一步步按着韩信的预言演进，楚亡汉兴，民心向背起了决定性的作用。司马迁肯定陈涉、项羽反暴秦，又肯定刘邦诛除暴虐的项羽，立场观点是一致的，即肯定人民的反暴斗争，赞美革命行动。所谓革命，即革膺天命，有道伐无道。秦楚之际的“三嬗”，乃有道胜无道。有道与无道，在不同的历史形势下有不同的含义。项羽之暴，在反秦时是合理的，在楚汉相争时，则转化成了反面。明白了这一历史过程，就可知本书所选历史人物，都是可歌可泣的，都是那个时代的英雄。楚国君臣，在楚汉战争中是被消灭的一方，他们失败了，但他们在反秦斗争中的功绩是不能磨灭的。楚汉相争，刘邦代表了进步和历史潮流，所以汉初开国功臣都是值得歌颂的。因此本书入选秦汉之际历史人物，过半数为汉家开国人物，也就不难理解了。

本书共选秦汉之际 36 个历史人物，写成 32 篇评传，其中 4

① 《史记·秦楚之际月表序》。

篇两人合传。全书分为四编，第一编，秦末英雄，写反秦的发难人物。陈胜、吴广、周章、吕臣是农民起义领袖，张耳、陈余是士大夫阶层的代表，魏豹、田横是六国旧贵族的代表。山东田氏发难者为田儋，《史记》有传。本书不选田儋而选田横，着重表现田横之高节。第二编楚国君臣，共选 9 人，《史记》中只有项羽、黥布两人有传，而且黥布归汉。黥布虽然归汉，而又反汉，他光辉的事迹主要在灭秦，所以本书入于楚臣。项羽是怎么兴灭的，不扩大范围是不能说明的。例如项羽叔父项伯就是一个举足轻重的人物。项羽的许多失策都是项伯引导的。他是一个内奸，后来改姓了刘。在项羽的事业上，他是一个反面人物，所以也把他入选了。第三编，汉王刘邦及其智囊，第四编，西汉开国功臣，分别评述西汉的文武功臣。智囊人物亦是开国功臣，其功不在攻城野战之下，专分一编，突出人谋的作用。刘邦自己总结楚亡汉兴的教训就说："夫运筹策帷帐之中，决胜于千里之外，吾不如子房。镇国家，抚百姓，给馈饷，不绝粮道，吾不如萧何。连百万之军，战必胜，攻必取，吾不如韩信。此三者，皆人杰也，吾能用之，此吾所以取天下也。项羽有一范增而不能用，此其所以为我擒也。"（《高祖本纪》）这是刘邦亲身实践的经验之谈，无疑是正确的。

重建大一统王朝的汉家功臣是值得肯定的。

（本文为《楚汉相争人物》序论）

三、巩固大一统中央集权的新世纪

秦汉大一统是中国古代历史发展的一个重要时期。秦始皇建立了大一统的中央集权制度，这是新兴地主阶级夺取全国政权以后试图治平天下的一种尝试。秦始皇满怀信心要传之万世，想不到二世而亡。新制度受到了巨大的挑战。西汉王朝向何处去？这是统治阶级面临的重大课题。汉初陆贾作《新语》，总结秦亡汉兴的历史经验，就试图回答这一问题。但陆贾没有能够从理论上解决，他只总结了秦施暴政而亡，要求汉初的统治者无为，给人民休养生息。无为、休养生息，是客观的形势。这只是施政之标，还不是长治久安之本。理论上的总结，在贾谊手中完成。汉武帝时，大思想家董仲舒，提出了一整套大一统的理论，建立了三纲五常学说，影响中国封建社会几千年，众所周知，兹不赘述。这里着重谈一谈西汉初的思想政治理论家的先驱者贾谊的思想。

汉文帝时，西汉政权已经稳固，人民生活粗安，正向小康之世发展。秦汉对照，有了正反两方面的经验。西汉向何处去，贾谊作出了理论的回答。他向汉文帝上书《过秦》，通过总结秦王朝盛衰兴亡的历史经验教训，肯定了中央集权制度的进步性，同时否定了个人过度集权的暴虐政治。贾谊指出："今南面而王天下，是上有天子也。即元元之民冀得安其性命，莫不虚心而仰上。"中央集权制度，符合历史潮流，人心所向。那么秦朝为什么灭亡了呢？贾谊总结了三点原因。即《过秦》上、中、下三篇。"仁义不施，攻守之势异也"；"危民易与为非"；"壅蔽之伤国也"。贾谊认为"并兼者高诈力，安危者贵顺权"，"取与守不同术也"。秦始皇用暴力统一天下，但不懂得用仁义治天下，而且变本加厉实行暴虐专政，秦二世因之不改，把全国人民推入火坑。所以陈涉起义，"而天下响应者，其民危也"。又由于秦朝"多忌讳之禁"，皇帝拒谏，没有人出来尽忠，秦朝也就不可避免地灭亡了。《过秦》是西汉时代理论界评价秦朝政治得失的一篇定论之作，兴亡之理，分析透彻，具有不可辩驳的力量，使人深信不疑。唐柳宗元作《封建论》，总结秦朝之亡，"失在于政，不在于制"，正是贾谊思想的阐发。

贾谊的论断，统一了人们的思想。要想长治久安，必须加强中央集权统一制度，同时改善政治，使人民安居乐业。从历史观点来看，秦始皇建立的大一统中央集权新制度，是在西汉盛世下巩固的。所以西汉盛世，不仅仅是中国历史上的一个盛大王朝，而且是一个完善和巩固新制度的新纪元，它对于形成大一统的中华民族和中国传统优秀文化都有重要的意义。我们今天来评价西汉盛世，当然不是赞美独裁专制，而是从历史观点的角度赞美这一个巩固的大一统中央集权的新世纪。西汉盛世之所以能够出现，不是由于它的独裁专制，而恰恰是在大一统制度下的开明政治取得的。从文景之治经武帝独裁到“昭宣中兴”，西汉盛世呈现马鞍形发展，不就生动地说明了这样的问题么！

本书所选43个西汉盛世人物，分为五编和一个附录，包括的时限起于文景之治，讫于“昭宣中兴”，为西汉的前期和中期，具体时间段为汉文帝元年至汉宣帝黄龙元年，共历文、景、武、昭、宣五帝，131年，即公元前179至前49年。这一百多年的历史，尽管呈马鞍形的发展，但具体形势，在中国古代史上是一个辉煌灿烂的时期，出现了文景之治和“昭宣中兴”两个治世，中间的汉武帝时期既光辉灿烂而又苍凉悲惋，一方面是帝业鼎盛，另一方面是经济崩溃。汉武帝之所以没有步秦始皇的后尘，导致国家崩溃，有两大原因。其一，主观原因，西汉盛世产生三大贤君：汉文帝、汉武帝、汉宣帝，他们都是这个伟大时代的代表，也是历史上著名的开明君主。汉武帝既是铁腕人物，也是开明之君，他任用酷吏是历史使然，个人素质上并无暴虐劣行。其二，客观原因，汉武帝所进行的事业，是率领全民族的御侮斗争，这一场斗争付出了沉重的代价，但推进了历史的大一统，它是一场进步的运动。汉武帝的严酷统治，意在进行全民总动员抗击匈奴，这和秦始皇、秦二世把全国人民推入火坑，修骊山陵、建阿房宫，有着本质的不同，所以容易转弯。“昭宣中兴”自上而下调整安民政策，而不是自下而上的革故鼎新，也就容易理解。这样一个伟大的时代，出现了一系列伟大的历史人物，是值得纪念和评述的。

是为序论。

（本文为《西汉盛世人物》序论，原独立成文，涉及文景之治、武帝伐匈奴、“昭宣中兴”等内容，这些已有专论，收入文集第二卷《史记研究》中，故本文入集大多删略，只存梗概。）

四、隋唐之际的风云突变

在中国古代史上，有两个盛大的朝代：一是汉朝，二是唐朝。汉代大一统，由秦奠其基；唐代大一统，由隋奠其基。秦、隋两朝，都是二世而亡。隋唐之际与秦汉之际仿佛是一个历史周期的重演。唐代史家在总结隋亡唐兴的历史经验的时候，就把隋秦做了比较，并得出这样的结论：

> 其隋之得失存亡，大较与秦相类。始皇并吞六国，高祖统一九州，二世虐用威刑，炀帝肆行猜毒，皆祸起于群盗，而身殒于匹夫。原始要终，若合符契矣。[①]

所谓“群盗”，是对农民大起义的贬称。秦、隋两代，都是用武力削平长期分裂割据的纷乱之世，不仅武力强大，而且甚得民和。秦二世与隋炀帝，蒙故业，践丕基，自矜天命在躬，忽王业之艰难，不务仁道以恤众，外征内作，虐用其民，倏忽之间，天翻地覆，“率土分崩”，“子孙殄灭”，载舟之水，覆了水上之舟。为何历史有这样的重演，值得人们深思！

唐代史臣，还把隋朝自身的两代皇帝做了对比。隋文帝开皇之初，只据有北方半个中国，户三百零三万；炀帝继位的大业之初，隋混一戎夏，户八百九十万，号称盛强。前后相较，“度土地之广狭，料户口之众寡，算甲兵之多少，校仓廪之虚实”，真是不可同日而语。“高祖扫江南以清六合”，一战平陈；“炀帝事辽东而丧天下”，三征高丽而折兵。论敌之实力，高丽不强于陈国，而事势何以有如此不同的结果？唐代史臣的答卷认为：“所为之迹同，所用之心异也”。这就是说，隋文帝用兵，进行的是统一战争，故“十有余载，戎车屡动，民亦劳止，不为无事。然

① 《隋书》卷七〇《史论》。下引本篇不再注。

其动也，思以安之，其劳也，思以逸之。是以民致时雍，师无怨讟，诚在于爱利，故其兴也勃焉。”至于隋炀帝，穷兵黩武，则是另一回事。他“嗣承平之基，守已安之业，肆其淫放，虐用其民，视亿兆如草芥，顾群臣如寇仇，劳近以事远，求名而丧实。兵缠魏阙，阽危弗图，围解雁门，慢游不息。天夺之魄，人益其灾，群盗并兴，百殃俱起，自绝民神之望，故其亡也忽焉。”唐代史臣所总结的“高祖之所以兴、而炀帝之所以灭”的这些原因，在今天看来也是十分中肯的。这是因为以魏徵为首的修《隋书》的史臣亲身经历了隋唐之际的大变化，又亲身参与了兴唐的治理恢复实践，故所言皆中的。

秦亡于横征暴敛，戍徭无已。而隋炀帝的横征暴敛，较之秦朝，有过之而无不及。大业元年（公元605），隋炀帝即位伊始，就营建东都、开运河，两大工程同时并举。营建东都，务求宏大而督役严急，每月役丁二百万。死者什四五，有司以车载死丁，东至城皋，北至河阳，相望于道。隋炀帝开运河，第一期工程挖通济渠就征河南民夫一百万，两千余里，宽四十余步的大运河，督期五个月完成。筑京师，修运河，对于巩固统一的中央王朝和便利交通都是必要的，但如此不惜民力，用集权的主观意志盲目督期工程，那就是一场社会灾难。秦朝如是，隋朝如是，历代集权之主皆如是，这就不难理解隋唐之际的风云突变为重演秦汉之际的历史活剧的内在原因了。

如果说筑京师、修运河还有历史进步意义的话，那么隋炀帝三征高丽，三游江都，发动更大的征役，可以说纯是专制肆虐了。隋炀帝三次畅游江都（今扬州），每次数千艘的船队，舳舻相接，绵延二百余里，耗费不赀；他为了进攻高丽，先限期在东莱（今山东掖县）督造大船三百艘。民夫日夜劳作于水下，腰下腐烂生蛆，死者十之三四；后又调拨江淮船只，将洛东仓米经永济渠转运涿郡，数十万民夫昼夜辗转于运粮路上；同时调发全国青壮年，集中涿郡作为兵员。大业八年进攻高丽时，出兵一百一十三万多人，加上转运粮饷的民夫，三四百万人。繁重的兵役、徭役和经济上的横征暴敛，永济渠沿岸居民，几乎找不到男丁，劳力缺乏，田园荒芜，再加上一场洪水，粮价上涨，百姓只有靠野菜树皮来艰难度日。齐郡邹平人王薄不堪隋朝统治者的残酷压迫，首义于长白山（今山东章丘），从此拉开了隋末农民大起义的序幕。紧接着全国各地到处响起了烽火之警，起义农民军达一百多支，参加者数百万之多，“大则跨州连郡，称帝称王，小则千百为群，攻剽城邑”。就这样，隋朝不久就土崩瓦解了！

唐代史臣，究隋之亡，归咎隋炀帝昏暴，但并未至此止步。《隋书》卷二《高祖纪》的史论指出：“迹其衰怠之源，稽其乱亡之兆，起自高祖，成于炀帝，所由来远矣，非一朝一夕。”这一看法，把隋唐之际风云突变的历史根源推向了深层。隋文帝号称节俭，可是曾几何时，大肆奢华，所有王子，无不争相效法，太子勇及秦王、蜀王、汉王诸子无不以骄奢败。至于炀帝艳淫，更加变本加厉。隋朝权臣之贪婪，也是骇人听闻的。《隋书》记载杨素，计其大端，有公田一百三十顷，宅二区，邑一万七千户，家储黄金一百四十斤，钱二百万，马七百匹，家僮数千，后庭姬妾以千数。隋朝立国不久，君臣上下，全面腐败。以节俭标榜的隋文帝，何以在不长的时间，把个国体弄得如此之糟，这也是发人深省的。

有昏暴腐败的亡国之君，就自然有他的对立面，即有所谓的“开明治世的贤圣之主”，以“救民于水火”。唐太宗削平群雄，统一天下，创造了盛唐的贞观之治。正如唐代史臣在《隋书》卷六十六史论中所说：“大厦云构，非一木之枝，帝王之功，非一士之略。长短殊用，大小异宜，榕棁栋梁，莫可弃也。”辅佐唐太宗兴唐的元老、宿将有一大批，其中如李勣、秦琼、程知节等都来自瓦岗英雄。唐初君臣，身经磨难，知稼穑之艰难，明创业之不易，与民休息，创造了“贞观之治”的盛世。唐太宗以及兴唐文臣武将，是值得肯定的。但也必须指出，就是这位出生入死在马背上取天下的唐太宗，时常与大臣、史臣讨论隋亡唐兴的历史经验，但仍然在他的晚年也发生太子争立之事，差点儿步隋朝的后尘。他本人也骄恣自矜起来，不大听谏臣的逆耳之言，捕风捉影妄杀李君羡，也未能能阻止后来武则天的干政。高宗受父遗命，尊礼辅政大臣，不久就驱逐并害死褚遂良、长孙无忌等。高宗号称仁弱，但在感情的驱使下一点儿也不仁弱。封建君主，也和常人一样，乃血肉之躯，有儿女柔情。由于君权在握，理智的纳谏在喜怒之间，而情感的冲动则时常爆发，加之后宫、群小的包围，所以很难将理智贯彻终身。这就是隋文帝与唐太宗也难免走上奢侈骄恣之途的原因。

本书选列隋唐之际历史人物 30 人，分为五编。第一编，隋朝君臣 5 人；第二编，瓦岗英雄与河、淮义军首领 5 人；第三编，隋末军阀 7 人；第四编，开国唐主及辅政大臣 7 人；第五编，兴唐功臣 7 人。可以说隋唐之际的风云突变，是一轴广阔无尽的历史画卷。因隋之亡与秦大较相类；而唐之盛，则又与汉之兴大较相似，所以推开去看看这历史的循环是很有意思的。因此本书集中选列隋唐之际的风云人物，旨在实显隋唐之际与秦汉之际的对照，激发人们的反思。

是为序。

（本文为《隋唐之际人物》序论）

五、中国封建社会的中晚期

中国封建社会若从西周算起，经历了三千多年，秦始皇建立的集权专制制度绵延了两千多年。以皇帝制度的历史演变为历史分期，以秦汉魏晋南北朝为前期，隋唐两宋为中期，明清为晚期。宋元明清，约居历史之半，是中国封建社会的中晚期，是一个较长时段的大的历史时期。表面看，中国封建制度似乎固若金汤，特别是明清统治，中央集权走向顶峰。而社会内质却在发生急剧的变化，专制制度受到挑战，黄宗羲的批判，给它敲响了丧钟。

社会形态的变化，着重说两点。

首先，汉族主体文化受到冲击，最主要的标志是中央政权愈是集权，愈是脆弱，中原王朝已无力阻挡北方少数民族入主中原，北宋政权积贫积弱，在辽、金、西夏的进逼中覆亡，南宋偏安，终亡于蒙元。明朝算是汉族的复兴，但朱元璋闭关，已示弱于外，明成祖迁都北京，加强了北疆的防御，却始终处于守势。而后满人入关，明亡于清。试想，南北朝时期，汉族政权还能保有半壁江山，而宋元明清，汉族王朝，只能是一再覆亡。这说明专制统治政治受到挑战，日薄西山不可逆转，尽管明清强化了中央集权，那也只是一种回光返照，专制政体的没落是必然的，只不过形式上表现为北方少数民族入主中原罢了。因为北方少数民族入主中原，带来了生机，但它不是先进文化的代表，而后湮没于传统文化之中，所以不能出现盛世。

其次，经济发展增长了新因素。北宋、南宋商品经济有相当的发展，出现了资本主义的萌芽，明清更有加强，冲击着传统的自然经济。于是清朝闭关，立海禁，但最终没能阻挡住西方文化的东渐和列强的侵入，中国沦为了半殖民地半封建社会。有识之士向西方寻找真理，始有洋务运动，继而维新运动，都归于失败。于是有孙中山出，倡兴民国，主张革命，推翻清朝。辛亥革命的成功，中国结束帝制，进入共和，翻开了新纪元。

宋元明清，也是民族大融合的一个新时期，中华民族大家庭，五十六个民族欢聚一堂，共同拥有一个大中国，这个民族大家庭就是在这一时期形成。所以本书人物，第一编各朝开国君主，象征民族会聚；第五编，以洋务与维新结束，象征历史的转折，新的曙光就要出现。全书五编，共选 44 位历史人物。第二、三、四编分别为：名臣将相、思想家、文化与科技人物。各编有一简短说明，点示入选人物的原则与主题，是为序论之补充。

宋元明清，时期长，跨度大，变动剧烈，本应分为几个断代专书，由于晚近世人们较为熟悉，也为了不使丛书部头过大，于是并为一段，集中在一本书中。因为在一本书中来概括几个朝代，所选人物受到篇幅限制，只得精而又精，所以本书人物，一个个都是大才，随着时代变迁，个性鲜明，时代思想突出，精彩纷呈，可补人数限制的部分遗憾。而大跨度的浓缩对照，反映历史变动更为明显，可以说是意外的收获。

以上寥寥数语，提示本书主题，展现中国封建社会下半段中晚期各色人物的风采，看看他们是怎样影响历史进程的，怎样在历史变动中立身，贡献着自己的才华，抒写人生！

权为序论，以开本书之卷。

（本文为《宋元明清人物》序论）

六、天翻地覆话沧桑

改朝换代是天翻地覆的变化，无论是革命的变革，还是姓氏的改变，都是一场可歌可泣的活剧。因为改朝换代，总是社会的大动荡，置身于这一时代的千千万万的人民群众，都在大潮的席卷下升沉浮降，人生所遇悲欢离合无法用语言来形容。当然，在这种变革时代，最重要的是旧王朝的解体，承当旧王朝解体的亡国之君将成为人们千古评说的话题。伴随旧王朝的解体，必然产生新王朝，于是在千百万人牺牲的尸骨堆上涌现出来一批英雄人物。作为新王朝英雄群体代表的开国之君，自然是名载史册的豪杰。这一兴一亡之国君，形成强烈反差，若将他们对比研究，将给人们提供更深刻的反思。这就是本书写作的缘起。

我国从远古传说中的三皇五帝，到近代伪满洲国的溥仪，以及那些大大小小占山称王的人，据粗略统计，近八百人。在这众多的称君称王的人主中，从地域看，有的统治全国，有的偏于一隅或盘踞一座山头；从时间看，有的在位仅一天，坐不暖席，有的却君临天下达半个世纪之久；从才干看，有的昏聩无能，平庸一生，有的雄才大略，英名传世；从行为看，有的穷奢极欲，祸国殃民，有的勤政爱民，富国强兵。因此，历代史家便给他们冠以“明君”、“圣主”或“暴君”、“庸主”的名号，加以类分。而其中的开国之君和亡国之主则是泾渭分明的两大类。

中国五千年历史，从黄帝征伐统一天下，草创国家，到夏禹正式建立王朝，历经多少改朝换代的沧桑呢？按中国正史系统的记载，以正统观念列数的王朝从夏到清，历经二十六朝，计有：

夏、商、周、秦、西汉、新莽、东汉、魏（三国）、西晋、东晋、宋、齐、梁、陈、隋、唐、梁、唐、晋、汉、周、北宋、南宋、元、明、清。本书从传说的黄帝至清初的世祖，共选了九对十八位君主，对照加以评述，以展现新旧王朝或时代交替之际的社会变革，以及新、旧君主的素质、秉性、才能和言行对历史所产生的影响和作用。九对开亡之主列为三编。第一编，五帝三代时期的兴替：黄帝与蚩尤；商汤王与夏桀王；周武王与殷纣王。第二编，汉唐明主与亡国暴君：汉高祖与秦二世；光武帝与王莽；唐太宗与隋炀帝。第三编，宋元明清的兴亡之君：宋太祖与周恭帝；明太祖与元顺帝；顺治与崇祯。

当然，一个朝代或者一个时代的开始和结束，是由当时的政治、经济、军事、民族关系等诸多因素相互作用而发生的。要以某一二人的生平事迹来展现那一剧烈的变动是困难的，说某人亡国，某人开国，在严格意义上也是不准确的。此外，将黄帝和蚩尤也列入君王，更不妥当。我们只是沿袭了传统的提法，闲话沧桑，供人评说。

众所周知，人民群众是历史的主人。然而，在专制制度下，人民总是处于被支配、被奴役的地位，除了在起义那一短暂的时刻里他们能当家做主外，在其余的漫长岁月中，他们根本无法掌握自己的命运。而专制君王，则享有至高无上的权力，掌握着生杀予夺大权，主宰着人民群众的命运，可以“一言以兴邦，一言以丧邦”。因而，手握国家大权的君主，往往对历史的进程起着很大的作用，有时甚至起决定性的作用。

在同一历史环境中，君主自身的素质不同，才干不同，他们使用权力所产生的效果就不同。隋唐之际，隋炀帝杨广淫乐无度，耗费无数金钱和人民血汗，穷兵黩武，大兴土木，把王朝推向了绝路。而李世民勤政纳谏，选贤任能，称帝后轻徭薄赋，开创了“路不拾遗，夜不闭户”的“贞观之治”。元末，朱元璋以一贫僧起事而终登帝位，掌国家权柄后，他奖励农耕，抑制豪强，惩治贪污，使残破的社会经济得到恢复和发展。君主个人在历史上的正反作用，都是不容否定的。

综观历史，开国之君在素质和才能上总有很多超出常人之处，他们是历史上杰出的人物；而亡国之主多数则昏庸无能，贪图享乐，暴虐成性，他们或因穷兵黩武，或因横征暴敛，或因纵欲挥霍，或兼而有之，导致国破身亡。君主的贤明与昏庸，关系着民族的命运，国家的兴亡。

君主因权力至高无上而在历史上的作用是惊人的，但并不是无限的。任何君主在历史上的作用都要受到种种制约。人民，是各种制约力中最主要的，“得民心者得天下，失民心者失天下”。很多亡国之主就是因其倒行逆施，激起人民的反抗，使载舟之柔水变成覆舟之怒涛，将其吞没。秦二世、王莽、隋炀帝等人，尽皆如此。而很多开国之君则是在人民革命风暴摧毁旧王朝之时，乘势崛起，得以黄袍加身的。汉高祖刘邦、光武帝刘秀、唐太宗李世民、明太祖朱元璋等，无一例外。人民对帝王的制约力很微弱，但在被逼得生路断绝时，会团结奋起，爆发出排山倒海的力量。这也是历史事实，不容否定。

中国历史上的改朝换代，化为简单的数学公式，可以说就是以君主为代表的统治力量与人民群众的被统治力量的互动以至循环反复的结果。本书虽然只选入了九对开亡之君，实乃贯穿历史的长链。它可以使读者从中得到历史知识，从中受到启发和教育。其中唐太宗、宋太祖、明太祖、隋炀帝几位帝王在丛书中重复出现，角度不同。在断代中略述其一生事迹，在本书中做对照评述、对照取鉴，这一定是很有意义的。丛书编委会在雄主的晚景中，着重评述晚年，从多方面供人评说，这就是本书编选的价值。

（本文为《开国之君与亡国之主》序论）

七、雄主的双重共性

中国封建社会长达两千余年，先后历经几十个王朝，数百名帝王。这数百名帝王中，英武之君实不多见。本书中的五位帝王——秦始皇、汉武帝、唐太宗、明太祖、清圣祖可算得上是千古雄主了。

他们或武功卓著，或治绩辉煌，或锐意开拓，或心志高远，抱大有作为之志，怀利国济世之心，其业绩至今犹为人们所称道。所谓“贞观之治”、“康乾盛世”几乎人所共知；秦始皇统一中国于纷乱之际，明太祖创基业于草莽之中，汉武、康熙开拓疆界，平定“四夷”，唐太宗任贤纳谏，都常常为史家所论及。这些在中国历史上作出过杰出贡献的帝王，人们自然是不会遗忘的。

但是，本书不是全面评述五位雄主的传记，因为丛书的其他专题，已收了五位雄主的传记，所以本书对五雄主一生事业不展开全面记述，而主要是考察其晚年的功过得失。之所以这样安排，乃是因为：雄主之雄，各有不同，他们所处时代各异，因缘际会，遂成就了他们各不相同的事业；不过，其功业虽各有差异，但几乎都按照相同的轨迹发展、演变，其晚年的思想、作为有许多共性。或者换句话说，雄主们在不同时期、不同地点，演出了各具特色的、多姿多彩的历史活剧之后，总是“殊途同归”，其晚年又演出了几乎雷同的悲剧。本书重点评述其晚年事迹，目的在于通过他们的演变过程，探索支配这些明君英主的内在力量。为此，书名题为“五雄主的晚景”。

从中国封建社会五位雄主的传记中大致可以看到，他们晚年都写出了与他们的雄才大略和丰功伟绩很不相称的另一部历史。我们可以从几个方面来观察：

一曰好大喜功，老而愈甚。庸劣之主本无远图，不追求功业，也无所谓早期与晚年。英武之君则不然，他们总想立不世之勋，成尧舜之君，功垂千古。愈到晚年，这种好大喜功的心理便愈是强烈。但因客观规律的支配，精力衰退在所难免，加之头脑膨胀，已不具有往昔冷静分析的能力，客观上也不具有以往的条件，只是凭着他们的巨大权力和主观愿望一意孤行，于是，雄主的晚年总是走上“好大”而得小，“喜功”而无功的失败之路。秦始皇征调大量民力，筑长城、修驰道、建宫殿、封禅泰山、巡幸天下，并派遣大军北逐匈奴，南戍五岭，弄得生民凋敝，民怨鼎沸，人心离散。汉武帝晚年劳师动众，两次派军队攻伐大宛，数百万牲畜被征发，数万名将士死于征途，造成了全国“骚动”的混乱局面。在他当政期间，天下户口减半，实在是一场巨大的灾难。被称为千古英主的唐太宗当政后，经过十几年的努力，天下富足，士马强盛，便以为自己大军所到，无坚不摧，于是自贞观十八年到临死前（贞观二十二年）的四五年间，出兵朝鲜，连年用兵，劳民伤财。他们的行为，对巩固新生政权、消除外患、拓展疆土有积极的社会意义，但征伐过度，役民过甚，反倒引发了社会不安定。

二曰迷信权力，高度集权。中国封建社会本来是君主专制的集权社会，帝王大权独揽似乎是千古如一的现象。但人们大约也可看到一个事实：帝王们集权的程度并不一样，这除了历史时期不同这个客观因素之外，在相同的历史条件下，主要取决于帝王自身的因素。越是英主，其集权倾向越是明显。秦始皇首先开创了集大权于一身的先例。《史记·秦始皇本纪》中记载了侯生、卢生两个儒生对他的评价，说：

> 始皇为人，天性刚戾自用，起自诸侯，并天下，意得欲从，以为自古莫及己……博士虽七十人，特备员弗用；丞相诸大臣皆受成事，倚办于上……天下之事无大小，皆决于上，上至于衡石量书，日夜有呈，不中呈，不得休息，贪于权势至此。

这里大抵道出了秦始皇晚年独裁、集大权于个人的事实。这不仅是秦始皇一人如此，即如汉武帝而言，他生当分权时代，其时朝廷之三公、地方之郡守都有很大自主权，这是汉初的制度，即所谓“祖宗之法”，但在汉武帝晚年，集权倾向十分明显，朝廷之丞相被分为左、右两职，以分其权（事在征和二年，即公元前 91 年，武帝时年 64 岁），内廷之尚书渐掌重权，监察机构增加到五种之多（御史中丞、司隶校尉、丞相下属之司直、部刺史、尚书），都直接对皇帝一人负责，以加强其独裁专制之权。武帝虽不像秦始皇那样专断，但在汉代那样的环境中，他做到了他的前几位皇帝所没有做到的事，可谓独创。史称具有“聪明神武之资”的明太祖朱元璋对权力的重视与专擅更胜于其他帝王，他五十岁以后，体力衰退，喜怒无常，对权力就更加迷信，将军政大权全部集中到自己手上。洪武十三年，他废丞相一职，下诏说：

> 秦置丞相，不旋踵而亡；汉唐虽多贤相，然其中多小人，专权乱政。今废丞相，设五府、六部、都察院、通政司、大理寺等衙门，分理天下庶务，事皆朝廷总之，以后嗣君，毋得议立丞相，臣下敢以此请者，置之重典。①

在中央，朱元璋废中书省，不设丞相，以六部长官直接对他负责，即所谓“朝廷总之”，实是他一人“总之”；在地方，布政使无任何自主权，受制于中央的户部，事事须请命，布政司成了户部的派出机关及具体执行机构。对于揽大权，朱元璋当然更加注重，也采取了一系列集权措施，《明史·兵志序》中说：

> 自京师达于郡县，皆立卫、所，外统之都司，内统于五军都督府……征伐则命将充总兵官，调卫所军领之，既旋，则将上所配印，官军各回卫所。

就是说，任何将领手中都没有兵权，以往各王朝统兵之机构被一分为五，各不统属，对皇帝一人负责，将帅只有在战事期间临时授以兵卒，战事一结束，立即交还兵权。这样，他又把军权控制到自己手中。

三曰任用亲信，群小窃权。君主们集大权于一身，但天下事千头万绪，纷纭复杂，以一人之力，办无数之事，纵然三头六臂也无法做到，所以，他们还须假手于他人。这类被帝王寄予心腹

---

① 《明太祖实录》卷二三九。

之任的角色要具备什么条件呢？帝王既然是从权力的角度来思考，那么所谓才干品质自有他的特殊标尺，这就是：一要亲近，二要顺从。亲近利于控制，顺从利于贯彻其意图。这也就是人们常说的“忠顺”。只有惟忠惟顺，才能得到帝王的信赖和倚重。这样，像武则天时的宰相苏味道那样“办事不欲明白，模棱持两端”，便不会与帝王意见有任何冲突，就会被认为是“忠”、“顺”，就常得信用，视为良臣；清代的康熙大帝就明白无误地训示臣下“多一事不如少一事”，一切只能恭听上命，以帝王之是非为是非。于是，就出现了乾嘉时期的大学士曹振镛那样的“良臣”，只知“多磕头少说话”；极而言之，像宋代权臣高俅、童贯之流那样，陪皇帝玩乐，帮皇家搜罗奇花异石都可以得到信任，被委以军国重任。因此，一批工于心计的“宵小”纷纷得志，阿谀逢迎，唯唯诺诺，投其所好的人都受到帝王们的特别赏识而付以权柄，群小乱政之局难以避免。

或曰：这大抵是庸主当政时期的现象，雄主们在位时是不会出现这类事的。其实，这不过是人们将雄主过分理想化了，往往因他们在历史上的功绩而忽视了他们的这个侧面。雄主们因对权力过分重视，更易造成上述现象，晚年而尤不免。秦始皇临死时，将策立太子的遗诏交给了赵高，这表明赵高已经受到了这位雄主的特殊信任。汉武帝信胡巫，晚年任用江充这样的“反复小人”为特使，付之以治巫蛊的全权，致使皇后、太子无法自保，丞相、御史大夫因此被杀，武帝对他的信任程度当在皇后、太子及三公等重臣之上。朱元璋晚年大兴党狱及文字狱，任用一批和尚、宦官为耳目，进行明察暗访，他还得意洋洋地说：“譬如人家养了恶狗，则别人就害怕。”他重用这批特务、宦官乃是为了让大臣惧怕，他对这类角色的信赖又在朝臣之上。正是这位雄主开了有明一代特务横行、宦官专权、群小乱政的先河。

四曰猜忌贤能，杀逐重臣。从推理看，明君英主都希望重用贤能，所以，选贤举能应是其共同特点。不过，一般说来，这大抵只反映了雄主们在开国定天下过程中的实际，一旦天下已定，大权在握，特别是到了晚年，他们同贤能之臣总是水火不容，总是要以各种借口将才智之士清而除之。因为贤能之士在开拓时、建功立业时才有大用，当江山坐稳之后，其任务是保住权力，巩固权力，雄主们总是担心有人动而摇之，窃而夺之。这样，首先被帝王们当做危险因素的便是那些有才干的臣僚，一则因为这些人掌握了各种权力，有可能与帝王分庭抗礼，二则他们才干出众，文能运筹，武可统兵，其危险性就更大。因此，这些经过实际考验的才干之臣便总是要受到帝王怀疑、猜忌，早在两千多年前就有人看清了这个实质。谋士蒯通就曾对韩信说过“权威震主”、“功高不赏”的话[①]。汉武帝晚年任用文武全才的公孙贺为丞相，公孙贺“不受印绶，顿首涕泣”，坚决推辞，伏在地上不肯起来。许多人都不理解，就私下问他，他说：“主上贤明，臣不足以称，恐负重责，从是殆矣。”[②] 他们都看得很透彻，都懂得贤明之君与才干之士不相容。这大约是一个规律。

即以唐太宗而论，多年来他一直被后世当做任用贤士的典型。他晚年也曾责备大臣长孙无忌等人不能荐贤，他不是很重贤才吗？但是，在同魏徵议论人才问题时却认为：“今欲求人，必须审访其行……设令此人不能济事，只是才力不足，不为大害。”(《贞观政要·择官》) 他所谓的“贤才”，首先是德行，而不是“才力”。这两个事例从不同侧面反映了一个事实：从雄主一方看，官员无才或“才力不足”倒是他们需要的“人才”，至少“不为大害”；从臣下一面看，有了才干，深知处于雄主手下十分危险。这不正说明了雄主和才智之士不相容的关系么？

既不相容，就要杀之逐之。秦始皇执行“愚黔首”的政策，儒生们说三道四，于是，他便将那些“为妖言惑乱黔首”的儒生“皆坑之咸阳”，其长子扶苏劝阻，始皇大怒，连父子之情也不顾，将扶苏派到边界之地的上郡去打匈奴。

汉武帝早年任用了一些才智之士，但到垂暮之岁，有才干而能保住首领的寥寥无几，丞相李蔡、庄青翟、赵周“坐罪死”，

---

① 《史记》卷九二《淮阴侯列传》。

② 《汉书》卷六六《公孙贺传》。

"石庆虽以谨得终，然数被谴"，公孙贺死狱中，刘屈氂被腰斩，多名丞相除石庆之外，无一幸免。连其太子刘据也因猜疑而被迫走上了绝路。

朱元璋的晚年疑心病更为加重，动辄杀戮大臣。太子朱标以为朱元璋太过分，"恐伤和气"，朱元璋说："我所杀的都是天下的坏人，内部整顿清楚了，你才能当这个家。""杀坏人"似乎不应指责，但问题在于何谓"坏人"。朱元璋自洪武十三年到二十六年两次兴大狱，杀功臣宿将三万五千余人。这些人中，个别野心家诚或不免，但多数人追随朱元璋南征北讨，累立战功，如何成了"坏人"？其实，朱元璋只不过是出于对这些才干之士的惧怕，由惧而生疑，由疑而大开杀戒，他唯恐自己的子孙无法驾驭这些才干之臣，所以必欲杀之而后安。这些文才盖世、武功卓绝的功臣就被他杀戮一空了。

以上这类现象是雄主们晚年所共有的。这同他们的功业、贡献又是密切相关的。其功业越是显赫，这类"老年病"又总是表现得越为明显。所以，这些病根不是由于所谓"天性"、"天资"，而是随其事业的成功而不断滋长起来的。秦在统一六国时曾重用客卿，委以军国大政，付以征伐之权，其时的嬴政并未集大权于一身，及"并天下，意得欲从，以为自古莫及己"，患起了"大头症"。汉武帝也是如此，解除了匈奴几百年的威胁之后，自以为功德无量，所向无敌，竟征发全国十数万之众，数百万牲畜，西伐大宛。作为一代英主的唐太宗，同样被唐初的赫赫战功所醉，以为大军所到无坚不摧，区区朝鲜不在话下。所以他曾说："今天下大定，惟辽东未宾……朕自取之，不遗后世忧。"① 这难道不是自我迷信、自我膨胀的"大头症"么！因此，帝王们晚年的这些举动都与他们的功业相关，或者说他们的"老年病"乃是在早年辉煌事业的基础上出现的，所以，他们能做到庸主们所无法做到的事。

当然，从本质上说，雄主们这种演变乃是封建专制制度下的

① 《新唐书》卷二二〇《高丽传》。

必然结果。这除了他们的阶级性之外，还在于那种权力结构。众所周知，中国封建社会是人治社会，所谓“人治”，乃是帝王之治，是寡头政治，这种政治的极端形式乃是帝王主宰一切，帝王的意志决定一切。因为帝王们掌握着巨大的权力，而这种权力又是不受任何制约的。越是雄主，其权力就越大，外界的制约力就越小，其个人统治效能就越高。当代西方有位名人曾从另一方面指出：权力是一种腐蚀剂。西方资本主义制度下是如此，中国封建时代就更是如此。任何帝王，不管他如何英明，主观上是如何想治好天下，一旦身居权力的顶峰，就难免不任意使用权力，尤其是雄主，总以为自己是正确的代表，真理的化身，功过尧舜，前无古人，任意使用手中的权力就更不免。因此，杀逐功臣良辅乃是“清除坏人”，安定江山；穷兵黩武乃是“建不世之业”、“不遗子孙忧”；任用奸佞、培植特务、扶植宦官势力乃是因其忠心不二，如此等等，一部与其功业很不相称的晚年史就这样写成。

我们编这本书，正是为了帮助人们加深对中国封建专制制度的感性认识，由此也可以通过具体的历史事实，自然地得出结论：根除中国封建专制社会的弊病，只有在今天人民真正享受民主权利的社会主义时代才有可能。

（本文为《雄主的晚景》序论）

八、女主干政的代价

本书题名“五太后轶事”，顾名思义，她们都是皇太后。这五位太后是：西汉吕太后、北魏胡太后、大唐武太后、辽国萧太后、大清西太后。这五位太后是我国古代封建社会先后出现的女强人，她们都是实际上的女皇帝，其中唐武太后即武则天是真正的女皇帝，她称帝二十余年，建国号周。在封建社会中，男尊女卑，因此这几个女强人，做了那个时代不是女人应该做的事，也做了一般女人不能做的事。她们临朝称制，让堂堂须眉男子顶礼膜拜，山呼万岁，抖一抖女人颐指气使的威风，何等畅快！武则天则更是饱尝了坐龙椅的滋味。在封建社会，她们可谓是叛逆的女性。她们在权力欲的驱使下，成了向封建礼教、“三纲五常”挑战的急先锋。

按照唯物史观，评价历史人物，应该把所评的人物放到一定的历史范围之内。这五个女强人，贯通整个中国古代封建社会。汉、唐、清是三个盛大的王朝，北魏、辽是两个北方民族建立的北方政权。因此，我们选的这五位太后代表了各个历史时期以及汉族、少数民族，又贯通了古代，具有典型性。本书的写作意图，就是选取这五个典型的皇太后，叙述她们干预朝政的始末，从一个侧面来探索封建专制政体的某些规律。因此，本书的写作目的不在评价具体的历史人物，即不是为评价而评价，目的不在于褒或贬。无论是褒或是贬，都本着作者一家之言的认识，不加拘束地写出来。我们不求一律，不求一致，文字尽可能通俗，但不定死框框。一人一传，合起来成为一个整体，不由一人撰写，集众思以成一虑，再贯通起来看，或许反映得更客观。我们的目的是否达到，请读者来评论。

一再重演的历史串起来就是规律。以男性为中心的封建社会，采用种种方法来防止女主干政和宦官擅权，然而太后称制和宦官擅权却一再重演，这真应了“客观规律不以人的主观意志为转移”这句至理名言。从吕太后到西太后，贯穿起来看，女主干政有哪些共同的东西，再加以反思，实有滋味，也非常有教益。在封建史家的笔下，女人干政，基本上被否定。早在周武王伐纣时，周军在牧野誓师，就列举殷纣王罪恶，其中一条大罪就是“惟妇言是用”，当时就有“牝鸡之晨，惟家之索”的谚语或格言。母鸡叫鸣，这个家庭就要离散。推而广之，女人干政，这个王朝就要灭亡。周武王牧野誓师就是这个逻辑。所以在旧史中充斥着女孽祸国的记载，什么殷纣以妲己亡，周幽以褒姒乱！把男人为中心的国家政体的衰败责任推给女人来承担，这自然是不公允的，也可以说是颠倒了历史。中华人民共和国成立以后，一些史学工作者，似乎要把颠倒的历史再颠倒过来，认为男女平等，男人能当皇帝，女人为什么不能！男性皇帝可以有三宫六院，女性皇帝为何不能有几个面首！与封建史家对着干，大唱女性皇帝的赞歌，例如大肆美化武则天就是生动的例证，把贞观美政的延续也归到武则天账上，并标榜这就是马列主义，是唯物史观！简单的对着干实质是形而上学，与求实求真的马列主义唯物史观毫不沾边。

历史是不能篡改的。维护封建制度的封建史家，不愿触及历史的本质，只在历史的表象上发议论，他们的立场、观点应予以否定。他们颠倒历史，只是观点的颠倒，并不是他们记录了颠倒的历史。历史既然不能篡改，自然也不能颠倒。一部二十四史，记载了中国古代五千年文明，记载了成千上万的大大小小的历史人物。这些历史人物都用自己的行为写下了自己的历史。这些历史被封建旧史家记录下来，历经历史的考验流传下来，一般地说是不能篡改的。秦桧就是秦桧，岳飞就是岳飞，无论怎样装扮起来的时髦理论都不能改变这两个人物自己写下的历史。例如曹操杀人，不能因为他统一了北方就可以原谅他的杀人。企图用现代人的观念去涂抹历史的翻案文章，无论写得多么漂亮，终究是过眼云烟，无损于二十四史所载史实的毫末！妇女平等是20世纪五四运动以后的观念，用此等观念去赞美古代的女主女皇，只会把历史写得更加糊涂！我们认为前些年对武则天的过分赞颂就是如此！

女性占人口的一半，俗称“半边天”。女人同男子一样富有创造力。男人能干的事，女人也能做到！五太后之擅权就生动地证明了这一点。男人能当皇帝，女人也能当皇帝。女人弄权不比男人逊色。在这个意义上，五太后是女中豪杰，她们为女人争了一口气，也可以说出了一口气。以男性为中心的封建社会，用封建礼教束缚妇女，这是不公平的，应该批判的。从五太后生活的表现，足可以否定封建史家笔下列女传所颂贞节的虚伪！但这只是历史的一个侧面。从历史的另一侧面来看，正因为专制政体是以男性的一家一姓为代表的，所以干政不是女人应做的事。女人不传代，女人当皇帝岂不与家天下的政体大相径庭！武则天就碰到了这个棘手的问题，她最后不得不回到李氏的宗祠上来享受李姓子孙的血食香火。这就是说，在封建专制政体下女人干政是非法的。正由于此，女人要把非法变合法，她就要比男人付出更大的代价，玩弄权术也比男人更要十倍、百倍的狡诈、凶残！而且女人凭借的资本也有限，无不借用本人的天生丽质，自然在其成功的道路上不能不付出损身损德的代价。所以在这些干政的女强人的观念上不知道德信义为何物，这是客观使然，历史使然。再从政治斗争的实践来看，女人干政就意味着外戚专权，或男宠乱政，而这实质就是加剧了统治阶级内部的分裂和斗争，从而造成社会动乱。西汉的诸吕之变，北魏末年的河阴之役，继武则天之后的韦后之乱，西太后扼杀维新的戊戌政变，都是如此。唯一的则天皇帝竟被五王政变推下台，得了现世之报，更具典型意义。这样看来，“牝鸡之晨，惟家之索”，也是一种历史的经验。所以汉武帝立太子刘弗陵，将其母赐死，北魏皇后生太子，最后都要被赐死，就是为了防止女人干政，避免导致外戚专横或男宠擅权，这都是大家所熟知的常识。

明白了上述历史原因，就不难理解从吕太后到西太后，为什么一个一个太后都那么残忍。吕太后逼死、气死了自己独生子惠帝；胡太后毒杀了自己的独生子肃宗皇帝；武则天扼死了自己的女儿，又杀了自己的儿子太子李贤；西太后也迫使自己的独生子同治皇帝早夭，又暧昧不明地害死自己亲手培养的大统继承者光绪皇帝；萧太后之所以未杀害自己的儿子辽圣宗，是因为圣宗自我韬晦，如同白痴，才免了一死，实属万幸。女人干政，为了固权，不得不残害自己的骨血，几乎具有共同性，这难道不能发人深省吗？

封建社会的女主干政就如同宦官擅权一样，无论怎么防范都一再重演，这是更值得深思的一个问题。让我们来剖析一下武则天。因为武则天称帝，更具典型意义。她之所以能称帝，原因是唐高宗长期患病，个性又柔弱，武则天假借皇权长期预政，培植了死党。唐高宗的大权长期旁落是一个偶然因素，似乎武则天的成功只是偶然。其实这偶然是专制政体的必然结果。皇帝本来就和常人一样，而且多数守成之君由于身居深宫，环境所限，不仅不知稼穑之艰难，而且智力发育不健全，平均达不到中智水平，人性往往被扭曲，怪僻冥顽，而封建制度又使这样的愚人集权力于一身，他还要用大量时间来尽情享乐，所以大权就必然旁落在身边的女人、小人身上。这就是封建社会女人专国与宦官为祸总是无法防范的原因。从根本上来说，不论是女人，还是男人，是宦官，还是外戚，他们都假借皇权以肆虐。既然皇权是一家一姓的私产，又是神圣的绝对的，自然近水楼台先得月，皇帝身边的女人、小人就得以施其计了。旧时代的封建史家不从根本上去推寻治乱之源，只在历史的表象上去责怪昏君，谴责女祸，可以说是给历史拉上了一道模糊不清的帷幕。唯物史观应揭去这道帷幕，显现历史的真面目，而不是只在历史的表象上对着干。简单的对着干，恰好在封建史家模糊不清的帷幕上又盖上了一层形而上学的帷障，使历史的真实更加隐在幕后，不能不辨。无论是对男性的独裁者，还是对女性的独裁者，为褒贬而褒贬的或褒或贬都毫无意义。本书五太后轶事，似乎贬多于褒，仿佛回到了封建史家的立场，如果这样看权且当做一场文字游戏，消遣杂谈。智者见智，仁者见仁，读者评论也是一种再创造。我们写五太后轶事的目的是原始察终，评述她们登上历史舞台的始末因果，提供人们反思。本书的作者在写作这本书时都是中青年，脑中最无框框，大家都凭直感写出，各自褒贬的感情色彩有浓有淡，但都力求本着历史事实来叙述，尽管形式通俗，而立说皆有根据，读者可以剔除作者的褒贬色彩去独立思考。

中国的封建制度早已被推翻，妇女从社会底层翻了身，现在男女平等，妇女的杰出才干得到了解放，她们从政也不需要付出特殊的代价。从世界范围来看，妇女成为国家元首也不值得惊怪，但是在封建社会却是另一码事。五太后之残忍是她们从政必须施出的手段，这手段应该看做是她们的悲剧！我们不应当去洗刷这一悲剧，而应当如实反映这一悲剧，使人们透过这折光反射的残忍悲剧去认识封建专制社会的本质。说到五太后的个人才干，她们都是了不起的人物。她们不用千军万马就征服了男性中心的整个社会，这还简单吗！她们如何靠近皇权而玩弄皇权，是一门艺术。她们也是历史上的双重人物，既对历史做出了杰出的贡献，同时又对历史犯下罪行。吕太后佐刘邦屠功臣，在巩固西汉政权中立下汗马功劳；萧太后跨马出征，驰骋疆场；武则天拔举寒庶，多所兴革，这些就是她们的贡献。把北魏引向灭亡的胡太后也有不少政绩。至于西太后，她把风雨飘摇的大清帝国维持了近半个世纪之久，这也不简单。是褒是贬，她们都是显赫的历史人物！无论怎么看，她们是值得大书一笔的。为了行文通俗，评传立说不做大量引证，议论轻快，随笔畅谈，可视为轶事以助谈资，因之题名《五太后轶事》。但创作者的态度是十分谨严的，因此，《五太后轶事》这本书是值得一读的。

（本文《五太后轶事》序论）

九、自古红颜多薄命

人生莫作妇人身，百年苦乐由他人。

——唐·白居易

本书所选历代十大名伎为南齐苏小小，唐薛涛，北宋李师师，明王翠翘、李香君、陈圆圆，清初董小宛、柳如是，清末赛金花，民国小凤仙。

在中国封建社会，妇女处于社会的最底层，她们在蒙受政权、神权、族权的压迫下，还要蒙受夫权的压迫。在某种意义上，夫权的压迫最深重。圣人的典训，已经给妇人定了性，孔子是这样说的："惟女子与小人为难养也，近之则不逊，远之则怨。"① 据说孔夫子在不惑之年，即四十岁上，把妻子休了。这一说无从考证，但这位圣人对妇女有偏见，则大概可以成定论。周武王说，他有十个治国能臣，孔子说："有妇人焉，九人而已。"②

① 《论语》第一七《阳货》。

② 《论语》第八《泰伯》。

在封建伦理道德中，对妇女的要求甚为苛刻。三从四德就是紧箍咒。《仪礼·丧服传》："妇人有三从之义，无专用之道；故未嫁从父，既嫁从夫，夫死从子。"这就是三从，即妇女从生到死，一生都要依从男性，她们没有个人的意志和自由，她们只是男性泄欲和生儿育女的工具。所谓四德，指"妇德，妇言，妇容，妇功。"《周礼·天官·九嫔》注云："妇德谓贞顺，妇言谓辞令，妇容谓婉娩，妇功谓丝枲。"说明白点，就是妇人对男性，第一要忠贞，第二说话谦恭，第三仪态装束要端庄温柔，第四做好针线茶饭的服务。一句话，妇人的视听言动都要围绕着男性。四德之中，妇德一条最为严酷，特别是宋明理学大兴以后，所谓"饿死事小，失节事大"，更把妇女打入十八层地狱。反之，男性则可为所欲为，三妻四妾，名正言顺，为的是人丁兴旺，多育子女。至于统治阶级，更是荒淫无比。子烝父妾，侄妻姑氏，兄纳姊妹，父霸儿媳，史不绝书。男性对女性严厉如此，而对自己放纵如彼，这就是红颜薄命的社会总根源。

少女少妇，谓之红颜。"红颜多薄命"，有广狭两个概念。泛言之，妇女命皆苦；析言之，越是漂亮的妇女命越苦。因为妇女只是男性的附属物，是私有财产。色艺双全的少女少妇，如同价值连城的珍珠宝贝，成为男性注目的中心，成为掠夺的对象，所以命运多变故。在封建意识桎梏下的妇女，尤其是"红颜"，也把自身视为一种稀世之宝，待价而沽，名伎的纵欲放诞，不就是一种自我拍卖吗？由此可见，妇女在封建社会所受的深重压迫。我们研究妇女史，研究封建社会下红颜多薄命这一社会现象，从意识形态上消除红颜多薄命的心态，可以说是妇女解放运动的课题之一。在这个意义上，选择红颜多薄命的典型——名伎，剖析其生活及心态，是十分有意义的。

提起"妓女"，人们大都深恶痛绝，在今天更是明正典刑的打击对象，有什么好写的，还能为她们树碑立传么！"妓女"不仅伤风败俗，而且传播性病，污染社会。尽管妓女的产生和存在，有其罪恶的社会根源；但反过来，妓女存在的本身，却又是加剧社会罪恶的一个因素。因此，从根本上讲，妓女不可书，不可传。但是妓女又是一个由来已久的社会存在，妓女业是人类社会的一个组成部分，构成了社会生活史的一个侧面。而且，在中国长期的封建社会中，由于官妓私娼的合法存在，由于那个时代嫖娼宿妓之风的盛行，妓女对文学、艺术、音乐、舞蹈以及政治、军事、经济各个方面都有一定的影响，从而在许多领域打上妓女的烙印。例如，在中国文学史上，著名的诗词曲大家，如白居易、元稹、苏轼、柳永、关汉卿等人，就从妓女身上获取了艺术营养。而落拓词人柳永连死后也是妓女凑钱埋葬的。本书所收十大名伎，有的是文学家，如苏小小、薛涛、柳如是；有的是艺术家，如李师师、李香君、董小宛；有的与国家兴亡的重大政治发生联系，如王翠翘、陈圆圆、赛金花、小凤仙等。因此，可以说不研究妓女的历史，就不能完整地认识社会生活，尤其是不能完整地认识中国妇女的历史。且妓女是在私有制中罪恶面的沃土中盛开的一束罂粟花，私有制不灭，妓女不绝。不让它开在地上，它就要伏在地下。妓女问题，是不能回避的。所以从历史的角度，而不是从单纯的文化角度来评述妓女，认识产生妓女的社会根源，也是很有意义的。

如果说“红颜多薄命”，那么，沦为妓女的红颜，就是薄命中的薄命者，她们的悲苦不可胜言。就本书中所写的十大名伎看，当她们走红时，也是千人呼，万人拥，富比封君，势夺王侯，可称得上是“红颜素封”。达官贵人与之相结，文人名士争相趋承。但她们卑微的社会地位，被人们视为“祸水”的社会心态，已把她们打入了万劫不复的地狱。她们要追求正常人的生活多半不可能。尤其是渴求得到真正的爱情，恰如俗话所说，势如登天摘星星，下海捞月亮，不过是一场春梦而已。苏小小被欺骗，抑郁而死；薛涛多才多艺，却终身孤独；李师师欲委身周邦彦，周氏避之犹恐不及。妓女从良，她们要付出何等艰难的代价啊！从董小宛和柳如是的百折不挠的追求中，可以看出她们的辛酸。董小宛和柳如是幸遇冒襄和钱谦益这两位开通的名士，反了封建礼教的潮流，使她们成为风尘女子中的幸运者。但这所谓“幸运”，也只不过是做人妾，而最后的结局也是一个悲剧。

并非所有的妓女对自己的命运都逆来顺受，她们抗争，她们呼喊。尤为难得的是有些苦命红颜对国家兴亡的关心、对气节的坚守，一点儿也不减须眉男子。李香君拒收杨文骢所送阮大铖的妆奁，怒斥奸党，凛凛正气，使得复社名士侯朝宗自愧不如。清兵破南京，柳如是欲殉国难，羞煞食君之禄的须眉名士钱谦益。柳氏死时嘱子女"悬棺而葬"，表示死后灵魂不践清朝土地，何等的节烈！王翠翘劝海盗受降，身为朝廷命官的胡总督，不但不赏，还加以羞辱，视为俘虏，王翠翘以死抗争，演出了一幕悲壮的活剧。贱娼俗妓赛金花，为了钱去卖身，还做鸨母去祸害清白女子；但在八国联军破京都的国难之时，她没有去发国难财，她牺牲自己去解救同胞，堪称中国的"羊脂球"。

妓女的不幸，不光在于自身，更重要的在于社会对她们的不公。宋徽宗自个扮演了风流天子的角色，当他玩够了李师师，面对国破家亡，倒打一耙，说李师师误国，把个明天子狐媚了。吴三桂降清，开门揖盗，实为罪尤，但在封建文人笔下，却是"冲冠一怒为红颜"。妓女的青春和才艺，在被蹂躏中作出了沉重的奉献，等到年老色衰，大都露尸街头，填于沟壑。而社会心态把她们视为"祸水"，这是对历史的扭曲。在这种心态下，人们对美女的贬义代称就是"狐媚"、"尤物"、"妖精"。其实美女并非天生的祸水，人人都爱美：女人希望自己美，男人希望女人美。只有爱美，才能创造艺术；而一切艺术都是美的。貌美与"祸水"之间并没有必然的联系。本书所选十大名伎，不但人体美，才艺美，而且不乏精神美、情操美的闪光。读者看了这十大名伎传，对扭曲历史的传统观念，或许会得到一些纠正。这也是本书作者的一个目的。

这里顺带说明一下董小宛的结局。本书"董小宛评传"作者主要依据《如皋县志》和冒辟疆的《影梅庵忆语》，取董小宛病死说。但许多野史，如《清朝野史大观·清宫遗闻》、《清代轶闻》、《满清宫闱十三朝秘史》以及苏若海《董小宛别传》，都说董小宛被奸臣洪承畴掳掠献给顺治帝，后被迫遁入空门，顺治因之而放弃帝位也出家了。这就是董小宛的入宫说。冒辟疆为了避祸，以病死说来了结，而却在《影梅庵忆语》的结尾时假托做梦，董小宛被抢来暗示真迹。我们认为这些悬而未决的历史问题可以并存，可以百家争鸣，故在此特作交待。本书采病死说。

作为名伎，天生丽质是先决条件，自不待言。但名妓绝非仅仅以色事人，她们必须有很高的文化素养，或能歌善舞，或精于丝竹管弦，或擅长侑酒行令、赋诗酬对。她们既是绝代佳人，又是在某方面有造诣的艺术家，如薛涛就是名传古今的诗人和文学家。唐宋以来入乐籍、妓籍的妓女，都以卖艺为生，兼卖淫。这和“土娼”“私寮子”专以色相事人的低级妓女是不同的。所以本书用“伎”字题名，就是要突出名伎的“伎乐”之长，以免引起误解。名伎亦是妓，这一本质又不可改变，故行文“伎”、“妓”兼用（这两个字古代也通用）。

本书作者多半以实录笔法论述名妓之花的产生与凋谢，留给读者去评价，去思考，这一精神，不失为谨慎。当然各位作者，力图写活名伎的风姿，写好名伎的生活，写出名伎的成就，写透名伎的心态，反映名伎所处时代的风俗，鞭笞产生名伎的社会土壤，还历史名伎的本来面目，这又是严肃的。本书作者，都是搞历史研究的，本书写的是历史，而非风月小说。通过名伎人物传来反映封建社会底层妇女的生活，并从一个侧面展示封建社会的一角或一个层面。所以传主事迹皆持之有故，评说皆言之有据，行文所书重事实不作虚构。如传说的李师师之骂贼自尽，小凤仙之自杀殉情，等等，旧时皆盛传于人口，作为小说家言不失为神来的情节，但因非史实而被作者们否定了。在写法上为了通俗、流畅，有的也采用了小说笔法，有的采用了铺陈的演义语言，但在大要关节上不失历史之真。所以本书是一部名与实相符的人物评传，一部风尘血泪书，是值得一读的。

以上说明著述之旨，是为代序。

（本文为《历代十大名伎》序论）

十、宦官是封建集权制度的肿瘤

（一）

宦官是中国封建集权制度的肿瘤，它始终伴随着封建王朝的兴衰更替而周期性地为祸社会，流毒全国，给当时的政治带来危害，给当时的人民带来灾难。但宦官中也不乏个别有识之士和杰出人物。在秦国发展史上有推荐商鞅变法的伯乐式宦官景监；西汉有大音乐家李延年；东汉有经学家郑众、改进造纸术的蔡伦、支持清流派朝官与十常侍作斗争的吕强；五代时后唐宦官张承业是一个辅弼贤臣；北宋宦官多有功于边陲，张崇贵、王中正、李宪都建功于西北，还有水利专家程昉；至于明代航海家郑和，七次下西洋的壮举和赫赫功业，更是青史垂名，光照千古。宦官不是一个阶级，它只是皇帝的家奴，宦官本身有压迫者和被压迫者。专权乱政的宦官只是宦官中的上层。宦官下层更遭受多重压迫。所以在清代竟发生了宦官参加天理教，有刘得财、杨进忠、王福禄、刘金等人起义反抗朝廷。入宫为宦官的人，情况也极为复杂。不少人怀有野心，自阉入宫，此类宦官既有野心，亦善权术，大多擅权乱政。更多的人是家贫为阉寺，或犯罪被阉发落为宦官，如专秦政的赵高就是一个罪犯。在乱世时代，战俘年轻秀俊者有许多被处置为宦官。所以被迫为宦官的人，其遭遇本是可怜可悯。例如西汉伟大史学家司马迁就因祸被阉，汉武帝用为中谒者令，被司马迁视为奇耻大辱。不过就宦官的总体而论，百分之七八十乃至更多的宦官，都是自幼被阉。他们作为刑余之人，身心遭受了严重的摧残。阉寺处在深宫之中，目睹皇上和嫔妃花天酒地的豪奢生活和不可一世的权势，日久天长，怎不染上权力之欲。皇室生活的奢侈，使宦竖们不知稼穑之艰难，他们哪能体恤人民疾苦。阉宦不知书，如明代大宦官魏忠贤就目不识丁。在这种氛围之下的宦官，一旦擅权，十之八九皆为祸患。所以，个别宦官的贤明，不能改变整体宦官的卑污。宦官的身份是奴才，他们掌权本来不合法，而是假借皇帝之权以肆虐，如同狗仗人势。大多宦官奴性十足，是十足的“狗奴才”。尽管宦官多数遭遇可悯，但他们“狗奴才”之本性，也由其遭遇和地位所铸成，无法为他们唱赞歌。

（二）

一言以蔽之：“宦官是皇帝的家奴。”宦官的这一历史地位，决定了宦官奴性十足！鲁迅先生说过：中国历史上有两大陋习，一是女人缠足，一是宦官。宦官的存在，本身是陋规陋习，是一种丑恶。这种丑恶，是封建制度的产物。

宦官制度的产生，要追溯于古代的宫刑。

何谓宫刑？《白虎通》说：“女子淫，执置宫中不得出。丈夫淫，割其势也。”淫指不正当的两性关系，势指男子的生殖器。《尚书·吕刑》把宫刑称作“椓刑”。“椓”是用木棍击刺女子下身，破坏性功能。这说明，最早的宫刑，对女子亦施肉刑，后来才改为幽闭。据历史考察，宫刑产生于传说的尧舜时代。当时正是母系氏族向父系氏族过渡的历史时期。宫刑是为了巩固父系一夫一妻制而产生的。宫刑的目的是不允许淫乱之人“谬种”流传，即不允许有后代。这样，宫刑就带来了副产品：男子被割势，丧失性功能，为宫廷制度所利用，于是产生了宦官制度。

何谓宦官？宦官之名，产生于春秋战国之时。当时天文学已经很发达。人们观察星空，为了区别星座，给星星取名字。人间帝王称天子。人民都是上帝创造的。孟子就说：天生众民，然后天又为管理人民降生了君主和老师。统治者用天命来加强统治地位，于是就把人间制度搬到天上，把星空众星赋予等级名称。所以称天文为天官。“宦”就是一个星座的名称，在帝星之侧。那么侍奉帝王的家奴即在帝侧，故而被称为宦官。

中国从夏朝开始，建立了国家，有了国王。国王打破一夫一妻制，有众多的嫔妃。富贵人家有三妻四妾，侍奉这些妻妾的女侍称为丫鬟。《周礼·天官》有"奚三百人"，东汉郑玄注："奚，宦女。""奚"为周代宦官的名称，东汉郑玄用"宦女"来解释，说明"奚"为女性，职能为"宦"。早期三代王室中大量使用女奴。

解放前达官贵人的家庭，管内侍用女仆，而治外事为男仆。不可想象，一个大户人家，除户主男性外，全为女性。那么，一个王室，更不能除国王外，全为女性。所以王室中必须要使用大量男仆。如果用健全的男性，就会淫乱宫室。帝王为了杜绝宫室淫乱，于是把宫刑施之于宫中男仆身上，从而制造了无性功能的宫中男性奴仆，这就是宦官。所以宦官伴随着家天下的王朝而产生。在夏、商、周三代就有了宦官。卜辞和青铜铭文中，记载商代有"小臣"、"卜"、"尹"、"宰"等；《周礼》记载周代有"宫人"、"内宰"、"寺人"、"阍人"等，他们就是宦官。

历史记载有名有姓的宦官活动，春秋时齐国有竖刁，晋国有寺人披，楚国有管苏，宋国有伊戾等。这些宦官参与了政治。寺人披告密救了晋文公，管苏进谏楚共王，是两个比较好的宦官。竖刁乱齐，伊戾祸宋，是两个坏的宦官。

大规模的宦官是秦建立中央集权制度以后产生的。秦始皇建立中央集权制度，皇帝权力至高无上，大修宫室，在全国范围选美。皇宫中的嫔妃女仆，少者数千，多者上万。管理皇宫，维护宫室，都需要大批的宦官，少者几百人，多者数千人。宦者人数众多，本身成为官署衙门，等级森严。秦汉宦官有"中书谒者"、"中黄门"、"中常侍"等，隶属九卿之一少府统管。隋、唐、宋几代宦官属内侍省，上层宦官又称太监。明代宦官机构更大，设有十二监、四司、八局，统称二十四衙门。宦官提督东厂、西厂、锦衣卫等特务机构。清代大小宦官统称太监。清朝覆灭，结束了宦官制度。伪满洲国建立，宦官又死灰复燃。1945年，伪满洲国被推翻，宦官才随着中国末代皇帝的新生，最后退出了历史舞台。

由此可见，宦官这一丑恶陋习，是封建王朝制度机体的一个组成部分。只要有王权，就有宦官；只要还有皇帝存在，即使末代皇帝，也必有宦官存在。因此，宦官是专制制度的必然产物。要研究历史，深入认识封建专制制度，研究宦官的历史，是必不可少的一个侧面。

（三）

本书所收宦官三十六人，分为四编。第一编：秦汉宦官；第二编：北魏及唐代宦官；第三编：五代宋元宦官；第四编：明清宦官。起于秦，迄于清，把二千多年封建专制社会分为四个时期。中国历史上的宦官为祸有三次高潮。一为东汉时期，有党锢之祸；二为唐代宦官之祸；三为明代宦官之祸。五代宋元是宦官之祸处于低潮时期。根据宦祸的这一周期特点，划为四个时期，分为四编。入选人物，重点在东汉、唐代、明代三个时期，以反映宦官为祸的总体。宦官产生积极作用的方面，也选了一些代表人物，如蔡伦、张承业、程昉等。由于宦官的积极作用不是主流，所以入选人物不能过多。各个时期，也不能平均用笔。例如魏晋南北朝这一段，本书只选了两个北魏宦官，以概其余。

秦始皇建立封建的中央集权制度，伴随着宦官为祸加剧。在始皇一朝，就前有嫪毐，后有赵高。始皇集权，欲传之万世，结果二世而亡。权力过分集中，就必然旁落群小，这是秦始皇始料不及的。赵高为祸，其特点是内外朝勾结，发动宫廷政变。最后，必然是内外朝的分裂，由于宦官靠近皇权，所以内外朝的斗争，外朝总是处于劣势。一旦宦官控制了外朝，这时候皇权本身将皇帝异化为对立物，皇帝被假有皇权的宦官所控制。几次宦官为祸的高潮，充分说明了这一点。

东汉宦官之祸。东汉政治的特点，是外戚、宦官轮流执政，外戚、宦官、朝官三股势力，交叉斗争。东汉光武中兴，鉴于王莽篡权之祸，严厉抑制外戚，但外戚却假手太后垂帘控制朝政。东汉皇帝多短命，前后五太后临朝，桓帝、灵帝相继都以诸侯入继大统。皇帝与太后争权，联合宦官，形成宦官与外戚的激烈斗争，东汉经学发达，出身清流的朝官，从正统立场出发，既反对外戚，又深恶宦官。朝官与外戚斗，外戚胜，因外戚靠近皇权。外戚与宦官斗，宦官胜，因宦官直接为皇帝所亲用。在三股势力斗争中，朝官占有道义，他们以维护皇室正统和大局利益出发，很得人心。但朝官距离皇权较远，总是处于劣势。最后，朝官与外戚联合对抗宦官，导致党锢之祸，外戚、朝官均告失败。从而矛盾激化不可调和，终于有袁绍尽诛宦官。宦官陷入灭顶之灾，东汉随即灭亡。

魏晋南北朝时期长期分裂，皇权相对削弱，宦官为祸就少。

隋唐大一统，中央专制集权加强，宦官为祸再次高涨。

唐代武则天称制以后，为了对付反对派，宦官势力迅速增长，到中宗神龙时期，宫中宦官增至三千余人，其中授予七品以上官阶的达一千多人，然五品以上的尚寡。到玄宗天宝时期，情况又发生了急剧变化，宫中宦官人数增多，且稍有称旨者，即授三品大员。之后李辅国从幸灵武，程元振翼卫代宗，乃至守三公、封王爵，干预国政。如代宗时鱼朝恩任观军容宣慰使，由此，宦官得以监军。从德宗开始，宦官更掌握了禁军，窦文场、霍仙鸣分提禁兵，是以威柄下移，政在宦人，举手伸缩，便有轻重，不仅巨镇强藩，争出其门，连皇帝的废立也由宦官决定。王室颓丧，党类歼灭，四海崩离，唐由是而亡。

唐末朱全忠大杀宦官，唐王室与宦官同归于尽，可以说是东汉宦祸的一次重演。宋元时，吸取唐代宦官擅自废立，乃至诛杀皇帝之教训，对宦官实行严格的限制，宦官之害相对减轻。但北宋末年六贼之祸，核心仍是宦官。

明代初年，朱元璋鉴于宦官干政的前代之失，加强了对宦官的管理。起初只设十二监和司局，稍备其员，宦官不及百人。同时规定宦官“不得兼外位文武衔，不得御外位冠服，官无过四品，月米一石，衣食内廷”，不许读书识字，并立铁碑于宫门曰：“内臣不得干预政事，预者斩。”比如侍奉朱元璋多年的老太监，一日语及政事，朱元璋得知后，立即怒斥还乡，毫不留情。

燕王朱棣起兵北京，在夺取帝位的过程中，明室宦官多逃入其军，透露朝廷虚实，多有战功。故朱棣即位后，一改祖制，对宦官委以重任。明代从永乐朝开始，先后派太监李兴出使暹(xiān)罗国(今泰国)，郑和下西洋，亦失哈到东北巡边，马显出使乌斯藏，马骐镇守交趾，他们宣扬友好，宣扬国威，都是作出过贡献的。其间，郑和的贡献尤为突出，故将郑和特收入丛书第六卷《宋元明清人物》中，本书不录。

永乐十八年(公元1420)，明成祖置东厂，令太监主其事。同时，又命亲信宦官监军、分镇，由此，宦官执掌了出使、监军、专征、刺探臣民隐私诸大权。明宣宗时，再改祖制，在宫内设书堂，选小内侍入堂，令大学士陈山教授小太监识字习文，并为定制。由是，宦者多通文墨、晓古今，贤良者，有补于明廷，不肖者，逞其智巧，逢君作奸，陷害忠良，祸国殃民，成为中国历史上继东汉、唐代之后的又一个宦官为祸最烈的朝代。

明英宗朱祁镇九岁即位，宦官王振为司礼监太监，并提领厂卫，掌握着章奏、代替皇帝拟谕旨的权力，位在内阁之上。故有"势成积重，始于王振"之说。之后，明代皇帝大都不理政事，宦官得以窃取权柄，恣意横行，祸害天下。

清初鉴于明代宦官之祸，在前期防范较严。清改明代宦官机构二十四衙门为十三衙门，人数大大减少。清宦官由特简大臣任总管的内务府管理，最高官阶不得过四品。宦官只是供役洒扫，不得交结满汉官，擅奏外事。但到咸丰皇帝即位之十余年，特别是他病逝之后，这种"祖制"就全被删改了。慈禧太后与恭亲王奕䜣互相勾结，阴谋诛杀八位辅政大臣夺取政权，他们起用太监安德海穿针引线于北京、承德之间，发动了"辛酉政变"，实现了慈禧太后的垂帘听政。安德海因在"辛酉政变"中建功受宠，升官晋位，显赫一时。由此慈禧太后与宦官狼狈为奸，互为利用，继安德海之后，又有慈禧太后的梳头太监李莲英，每天下厨给慈禧太后炒菜的太监小德张。他们先后聚集在慈禧太后麾下，骄纵无法，冒名钦差，横行朝野，较之前代，亦不逊色。

综观整个中国封建王朝的宦官之祸，它总是与皇权纠结在一起。防范愈烈，为害愈大。个人集权愈是加强，宦官为祸就愈是剧烈。宦官为害总是与暴君、昏君、太后干政连在一起，这就最充分地暴露了个人集权政治的弊端。暴君是集权政治的特腕人物，宦官假暴君之手，自然为祸兹大。昏君，大权旁落，受宦官控制；太后干政，必假外戚与宦官；而帝后斗争，必由宦官推波助澜。宦官是皇权的一个赘生物，如同肿瘤一样，愈割愈扩散，直到主体的死亡，宦官才能随之灭亡。

是为序论。

（本文为《历代宦官》序论）

《史记故事丛书》序

【说明】本套丛书为五个分册：第一册《治国理民故事》、第二册《军事外交故事》、第三册《才略志向故事》、第四册《思想品德故事》、第五册《社会生活故事》。这是一套普及文史名著《史记》的中级读物，共精选具有故事情节的篇章段落170篇，加以注释、语译和评介，再每篇加题目，分编分组编撰，用以反映古代社会生活的方方面面。第二册军事与外交是两个主题，分写两个导论。因此这套丛书五册却有六篇导论，集中选录为一组，总题《〈史记故事丛书〉序》。

一、明君贤臣的智谋

本编十则帝王将相人物故事，题名为“治国理民故事”，所选人物都是中国古代政治上的风云人物，对中国历史进程发生过重大的影响。评说他们的历史功过，总结他们治国理民的智慧谋略，是很有现实意义的。

1936年毛泽东写过一首《沁园春·雪》的词。该词下阕这样说：

江山如此多娇，
引无数英雄竞折腰。
惜秦皇汉武，
略输文采；
唐宗宋祖，
稍逊风骚。
一代天骄
成吉思汗，
只识弯弓射大雕。
俱往矣，
数风流人物，
还看今朝。

祖国山河雄伟壮丽，引得历史上无数英雄人物争相为之倾倒。中国古代叱咤风云的帝王，秦始皇、汉武帝、唐太宗、宋太祖以至成吉思汗等代表人物，在他们各自的时代都作出过统一中国、壮大边防、抵御外侮、开疆拓土的不同贡献，他们都以文治武功著称，建立过强大的封建帝国而在历史上显赫一时。五千年历史从头评说，过去的帝王是封建统治阶级中的代表人物，他们的本质是剥削压迫劳动人民，所以根本无法与代表老百姓当家做主的人民领袖相比肩。毛泽东用“昔”、“略输”、“稍逊”、“只识”等委婉用语，给予革命的批判。过去的历史已经过去，数风流人物，还看当代英雄，当代人民的创造。意思是人民，只有人民，才是真正的历史主人，历史的创造者。中国五千年悠久文化，归根结底是人民创造的，帝王将相的作用是有限的，但这并不是否定帝王将相作为历史代表人物的作用。阅读本书帝王将相人物的故事，应该有这样的历史唯物主义观点。

书归正传，回到我们的人物评说正题。历史人物有正面，有反面。正面人物是明君贤臣，反面人物是暴君奸臣。无论正面人物，还是反面人物，他们都对历史产生过影响。古人说：“才过百人谓之杰，智过万人谓之英”[1]。暴君殷纣王就具有多方面的才能，北宋亡国之君宋徽宗，是第一流的书画家。评说历史，讲正面，也要讲反面，这才是全貌。本书不是全面评论历史、评价人物，因此只选正面人物的某些事迹片断，欣赏他们的聪明才智，领略他们的智慧谋略，所以只以明君贤臣为限，暴君奸臣不入选。其实正面反面也不能截然分开。“郑庄公驱逐叛弟”、“石碏大义灭亲”，就涉及反面人物，而且雄才大略的君主，大多是双重性人物，正面反面集于一身，例如秦始皇、曹操就是这类人物的典型。秦始皇统一六国，建立中央集权制度，功盖三皇五帝，被誉为千古一帝，但秦始皇又暴虐无比，所建立的秦朝历两代而亡国。三国时曹操，文武兼备，是那个时代第一流的政治家、军事家，还是一个诗人。他统一北方，清吏治，抑豪强，整齐风俗，使残破的北方日渐恢复，奠定了北方统一南方的各项基础，在历史上作出重大贡献。但是曹操奸险诈伪，残忍好杀，也冠绝一时，历史又论定他是一个反面教员。由此看来，对于历史伟人，不能简单化用一个“好”字或是“坏”字来作定评。同时也不能用什么三七开，或四六分来划分好坏的百分比。正确的态度，应当是功过毕书，留待读者去评说。封建社会的明君贤臣，越是伟大的人物，往往越是双重性的人物，简言之有大功亦有大过，或者说既伟大、又渺小。伟大是指他们的超凡举动，渺小则是指他们有同凡人的血肉之躯的正常表现。由于环境不同，留下许多折光，所以我们要用多维思考去审视历史人物，既把握主流，也不要增饰或掩恶，有些事件，也可以说善恶难以划分，说他善或恶，只是代表不同的人群利益或角度。例如隋文帝与宋太祖两人都是从孤儿寡妇手中夺取政权，从丧失政权一边来看，隋文帝与宋太祖的举动就是恶；但从历史发展角度看，他们是贤者能者，得了政权，统一天下，对人民有利，应当是善。如果在民主制度下，孤儿寡妇当不了国家的统治者，隋文帝、宋太祖也不用卑劣手段夺权，而堂堂正正被社会推举，谁能说不善？所以评

① 《礼记·礼运》注及《淮南子·泰族训》。

价历史人物很难，要按历史唯物主义的观点，要有正确的角度，好像照相一样，距离、光圈都要掌握好，照出的像才不会走形。

中国历史有一个优良传统，叫做“惩恶劝善”，历史的记载中，正面人物与反面人物都已被记载，一个人善恶必书，以使后人劝善而戒恶。但是历史记载不能说不带有片面性，总是以正面和善为主的，以此为统治阶级服务，不过史书中也客观地记载了许多有作为的君主和贤臣的“为善之道”，这也是中华民族的遗产。唐代历史学评论家刘知几说：“夫善人少而恶人多，其书名竹帛者，盖唯记善而已。”意思是说，统治阶级掌权人物，好人少而恶人多，历史记载主要是记善。因为历史的借鉴教训要总结，而记功劝善应该是主流，给人们留下效法的榜样，更有积极意义。本书集中描写明君贤臣智慧的片断，也正是这个意义。这篇序论，旨在说明如何评价历史人物，怎样看待中国古代的封建帝王将相，要有一个正确的观点。但本书不是全面介绍历史人物，也不是全面评价历史人物，所选故事中涉及的帝王将相，并不是全貌，只是智慧谋略片断，这里特作交待，读者不至于认为帝王将相原来就是这个样子。书中所选的各个故事，读者可以进行再创造，智者见智，仁者见仁，领略其中滋味。

（本文为丛书第一册《治国理民故事》序论）

二、善战将帅的智谋

在我国古代漫长的军事史上，无年不战、无岁不争的历史时期，主要有两个段落，一个是春秋战国时期，一个是三国鼎立时期。反映这两个大动荡时代的演义小说，前者是《东周列国志》，后者是《三国演义》，极其生动地展现了这两个历史时期无数惊心动魄的战争场面，塑造了众多的栩栩如生的善战将帅的英姿形象，流传甚广，几乎家喻户晓。中国两千多年的封建社会，改朝换代数十次，农民起义发动的战争大大小小几百次。战争带来破坏，生产萎缩，民生凋敝；但另一方面，则是旧秩序的分崩离析，保守的传统观念受到猛烈冲击，战争推动着历史前进。战争要求发展军事理论，同时也为军事理论的发展提供材料。春秋战国和三国这两个时期，提供了丰富的战争实践，由此也造成了这两个时期军事理论的繁荣，尤其是春秋战国时代的兵法家，在当时社会的变革中最为显赫，许多军事经典著作，如《孙子》、《吴子》、《司马法》等就产生在这一时期。本书所选十个战例，春秋战国时期选了三例，占三分之一，原因在此。

战争，就是人群之间的互相厮杀，它是人类阶级社会的斗争形式，是剥削制度的产物。“争地以战，杀人盈野；争城以战，杀人盈城，此所谓率土地而食人肉，罪不容于死。”这段话见于《孟子·离娄上》，是先秦大儒孟轲对于战争的谴责，他还主张谁最会打仗，就判他的死刑，孟轲认为这样就可以制止战争了。这当然是十分可笑的迂腐观点，但是，孟轲对于战争的谴责确是一个发人深省的问题。由于春秋战国的动乱长达五六百年，只有十八万字的《左传》，就记载了春秋二百四十二年中的动乱及战争五百五十余次。春秋之后是战国，接着又是秦楚之际的大动乱，不仅战争规模越来越大，而且战争也越来越激烈，死人如乱麻。如春秋时的大战役，晋楚城濮之战，齐晋鞌之战，双方只是出动兵车一二千乘，士卒数万人，胜负几个时辰便见分晓。这些大战役，放到战国时代，简直是小巫见大巫。战国时秦赵长平之战，秦灭楚之战，双方动员军队超过一百万人，主要形式是阵地战、攻坚战、步骑配合，后勤支援，往往相斗数月，乃至经年。如长平之战从公元前 264 年秦攻韩之战起，至公元前 257 年邯郸解围止，前后历时八年。秦赵主力决战在秦昭王四十七年（公元前 260）从四月至九月，历时半年。秦国全面总动员，全国十五岁以上的男子都要上战场，倾国远斗，秦兵多于赵兵。秦胜赵败，前后俘虏斩杀赵兵四十五万人，双方参战兵力一百余万人。公元前 223 年秦楚之战，秦兵一方就出动六十万人，楚国集中全国之兵对抗，双方参战兵力也是一百多万人，相持一年才决出胜负。像这样的大战役为害是多么惨重。长平之战，秦兵活埋赵国俘虏四十余万人。所以孟子对战争发出了强烈谴责，诸子百家都在思考，具有道德理性的人类，为什么要爆发战争？怎样去制止战争？墨家主张“兼爱”和“非攻”，提倡以普遍的人性爱来制止战争。法家主张富国强兵，以法为教，商鞅就提出了“以战去战”的理论，即用战争制止战争，走兼并统一的道路。兵家适应法家的主张，致力于研究怎样打胜仗，保存自己，消灭敌人，发展了治兵置阵的兵学。《孙子兵法》就是一部经典性的军事理论著作。

发展兵学，目的是总结经验，怎样打胜仗，但必须回答为什么打仗这一理论问题，否则像儒家、墨家一样，思想糊涂，怎能发展兵学？《孙子兵法》说，战争的目的就是“掠乡分众，廓地分利”，这两句话见《孙子·军争》篇。打仗就是为了抢夺土地、人口，这正是孟子所批判的。为什么要抢夺别人的土地、人口？法家的回答是人性恶，为满足私欲而战。儒家反对战争，提出人性善，认为打仗只是几个好战分子发动起来的，所以孟轲主张杀掉会打仗的人就可制止战争了。商鞅提出“以战去战”，无疑是一个巨大的进步，它朦胧地提出战争有正义与非正义的概念，不然怎么会用战争去制止战争呢？全面给战争下定义的人是西汉历史学家司马迁。他在《史记·律书序》中说：“兵者，圣人所以讨强暴、平乱世、夷险阻、救危殆。”意思是说，战争，是圣人用来讨伐强暴，平定乱世，铲除险阻，挽救危殆的工具。这个定义比孙子的“掠乡分众，廓地分利”大大前进了一步，提出战争是诛暴救危的工具，是兴邦治国必备的东西，给予战争以合理的地位。司马迁还有系列的言论，提出战争有正义与非正义之分。从前引的话中可知，“诛暴、平乱、夷险、救危”，这四个方面的战争是正义的，反之是非正义的。司马迁颂扬正义战争，反对非正义战争。他举出例证，黄帝有逐鹿之战，灭蚩尤，定火灾；颛顼有共工之阵，灭共工，除水害；商汤有南巢之战，灭夏桀。这些战争是正义的战争。又举出夏桀王、殷纣王、秦二世等暴君穷兵黩武，是非正义的战争。此外，司马迁还颂扬统一的战争，肯定秦朝灭六国归一统之功，反对分裂割据的战争，谴责汉初诸侯王叛乱。最后结论，战争可以兴邦，也可以丧邦，有国有家者必须慎用。

战争不可避免，是立国的工具，因此兴邦治国的人就要了解战争，研究战争，重视战争。怎样才能打胜仗？《孙子兵法》开卷第一篇《计篇》说："兵者，诡道也；多算胜，少算不胜。"意思是说：用兵打仗是一种诡诈的行为，计谋高明的打胜仗，计谋少的打败仗。俗话说："兵不厌诈。"诡道就是奇计诈谋，多算胜敌，少算败亡。战争是你死我活的斗争，"诡道"是智慧的代名词。《孙子兵法·势篇》说："凡战者，以正合，以奇胜。"意思是作战总是用正兵挡敌，用奇兵取胜。所谓"正"，就是打堂堂的攻守战，攻则无坚不摧，守则坚如磐石，这拼的是兵锐将勇。所谓"奇"，就是不依正轨，不行常道，用奇谋智计取胜，斗的是兵略权谋。兵锐将勇，是战争取胜最基本的要素。兵略权谋，是常胜的决定因素。两者相辅为用。百战百胜的将军总是智勇兼备，用兵置阵，正奇相依，变化无穷。田单用火牛破燕，以五千之众胜数十万燕军，全靠奇谋取胜。井陉之战，赵国成安君陈余不用广武君李左车奇计，结果兵败身死为天下笑。宋楚泓水之战，宋襄公不用"诡道"，打堂堂之战，结果兵败身受重伤，这种死板的仁义道德，显得荒唐可笑，当时就受到司马子鱼的批判。无论是正面还是反面的战例，都说明战争既是斗勇、更是斗智的一门谋略艺术，多算胜少算是永恒的法则。

两大国交兵，一战之得失并不能决定全局的胜败。因为战争胜败乃兵家之常，而战争总是实力的较量，不但是军力和经济力的对比，而且是人力和人心的对比。这是指战争双方的全局，总体实力单说战场上的决斗、战争的巧与拙，全军统帅起决定性的作用，所以要打胜仗，必须慎择良将，即所谓千军易得，一将难求。本书所选十个战例，就是按这一原则来编写的，突出了善战将军的奇谋妙计，所以本编定为"克敌制胜——善战将帅的智谋"。前文已经提及，兵锐将勇，奇谋善计，是打胜仗的两个基本条件，即善战将军，应该是智勇双全的。秦赵之战，赵奢说："两军相斗，譬之如两鼠斗于穴中，将勇者胜。"赵军如鹰击狡兔，迅猛而又出其不意地直趋秦军，获得了全胜。巨鹿之战，项羽破釜沉舟，勇往直前，以泰山压顶之势冲击秦军，赢得了大胜。彭城之战，项羽以三万轻骑击溃刘邦五十多万大军。这些战例，都是主将勇猛，全军整肃，一鼓作气取得的胜仗。但两军对抗，有勇无谋者，多为败军之将，因为多算胜少算，最终还是智者胜。凡善战者是斗智而不斗力，不战而屈人之兵是最高级的谋略。例如吕蒙偷袭荆州，擒杀关羽就是很好的战例。有拔山盖世之雄的项羽终于败在刘邦手下，可见智胜勇。垓下之战，韩信指挥三十万大军与项羽的十万军队作战，尽管数量占绝对优势，但韩信仍用智取，先用正兵挡敌，伪作败退，让左右两翼的费将军、孔将军冲断项羽军，分割包围，把项羽团团围在垓下，又四面楚歌，一战定乾坤，更是智胜勇。当然智胜勇，这是相对而言。如果智与勇，二者不可兼得，取智而舍勇。凡常胜将军，应是智勇兼备。如韩信破赵的井陉之战，韩信不单用智，而且置背水阵斗勇。凡奇谋善计，以勇为基础，那才是完善的，如果离开了勇，再说奇谋善斗，那就是残缺的。本书所选十个战例，除个别战例别有主题外，绝大多数的战例，主将都是智勇双全的将军。大战役，如文中所提及的长平之战、巨鹿之战等，人所共知，故本书限于篇幅未选，即所选战例不限于大战役，而以突出智勇双全者为优，贯通上下近三千年的历史，用以表现奇谋善计。而奇谋善计，均体现智勇相济的特点，这里就不作一一复述了。

（本文为丛书第二册《军事外交故事》序论一）

三、外交行人的智谋

外交，有广狭两义。广义的外交，包括一切机关、团体以及人们之间的交际。狭义的外交，专指国与国之间的交往，它是国家实现对外政策的重要手段。现代国家的外交方式多种多样，有国家元首、政府首脑以及各种级别的外交使团或社团、代表互访，互派大使，有外交部专门管理外交。国家之间的交涉、谈判、缔约或发出外交文件，都有一定的礼仪形式，外交人员有豁免权，人身安全受到保障。古代国家之间的外交还不健全，外交人员人身安全没有保障。虽然有“两国交兵，不斩来使”的约定俗成，而事实远非如此。例如汉朝与匈奴的交往，经常互扣大使作为人质。苏武牧羊于北海十九年持汉节不屈，这是家喻户晓的故事。北海，就是现在俄罗斯西伯利亚的贝加尔湖，古代寒冷荒凉。苏武为汉使，被匈奴扣留为人质，流放贝加尔湖。战国时秦昭王与楚怀王约会，秦王竟然扣留楚国国君楚怀王为人质，最后楚怀王客死于秦国。楚汉相争，齐王田广曾把刘邦的使者郦食其下了油锅。在这样的背景下，古代外交人员孤身在外，情况又经常变化，难以预测，轻者受辱，重者身死，执行外交使命，往往不是美差，而是充满了艰辛危险，非大智大勇之人不能胜此重任。

中国古代外交，产生于春秋战国之际，诸侯林立，列国纷争，必然产生外交。春秋时，外交人员称行人，表示风餐露宿，奔波于外。战国时，各国要富国强兵，招揽人才，特别是合纵连横的需要，产生了一个策士阶层，这是一大批贵族沦落为寒士的知识分子，也有的人是苦读自学成才。他们周游列国，出谋献策游说国君，所以称为策士。以苏秦为代表，主张六国联合抗秦，称为合纵。以张仪为代表，替秦国游说六国，与秦结盟，称为连横。两派策士，争强斗胜，凭三寸不烂之舌取富贵，有的出半策而得赏钱万金，有的出一谋获取高官。苏秦原是东周一布衣，最后拜六国宰相，显名诸侯，群士效慕，游说钓利成为一种风气。

游说之士的纵横捭阖，成为外交的代名词，而古代外交家又称为行人。因此本书所选古代外交故事，定名为：纵横捭阖——外交行人的智谋。

外交人员执行国家或政治集团的对外政策，最基本的要求是：要维护国家的尊严，维护国家利益，保护个人安全。没有机敏的头脑和能言善辩的口才，是不能胜任的。所以，无论是奉命出使的外交人员，还是受命接待来访的外交人员，没有机智过人的才能是不能胜任的。当国家关系和睦时，外交人员温文尔雅，手捧鲜花，共叙友情，追溯过去，展望未来。当国家关系紧张时，外交辩论常常是唇枪舌剑，互不相让。有的是军事斗争的补充，战场得不到的东西，通过外交斗争来取得；有的是求助于人，通过外交改善处境，获得外援；有的是依附于人，通过外交求得生存；有的是以大欺小，以强凌弱，通过外交使人屈服。总之，外交人员肩负着国家的重托，民族的期望，还有个人的荣辱信誉。外交人员在谈判中，无不使出浑身解数，口若悬河，文饰言词。所以外交辞令与外交辩论，色彩纷呈，闪耀着迷人的光辉，特具机敏性、灵活性、逻辑性和艺术性。本编所选的十七则外交故事，就具有这些特色。这些外交故事，一定会启迪你的多维思考，增强你随机应变的才干，提高你的品格修养。晏子使楚，他是怎样随机应变解除国辱的？烛之武退秦师、子贡救鲁、毛遂自荐等故事，是怎样向强者求助，打破困境的？吴蜀和好，邓芝不卑不亢，赢得孙权的尊敬；张温妄自尊大反取其辱，不是可以提供人生品格修养的借鉴吗？外交使者，自卑使人看不起，骄傲则引起别人的反感，唯有不卑不亢才受人尊敬，推而广之，这也是做人的基本原则。外交行人的机敏言辞，应付险恶环境的灵活手腕，口若悬河的论辩艺术，都闪耀着智慧的光芒。欣赏外交故事，将使你置身于智慧的海洋，获得无穷的艺术享受。

（本文为丛书第二册《军事外交故事》序论二）

四、少小立志与动心忍性

本书讲述了才略志向故事二十八篇，看看古人的成才道路，对照个人的思想状态，不能说不受启迪。这些故事的主人公，选自《史记》所载春秋战国与秦汉之际这两个历史段落的大变动时代。

时势、社会、人生，这三者是每一个人生存于人世间的主客观世界，也是一个人立德、立功、立言的条件。每当社会大变动的时势，就把这三者推向交融的顶端，从而产生各色历史人物。

"时势造英雄"说的就是这个道理。孟子有言："故天将降大任于斯人也，必先苦其心志，劳其筋骨，饿其体肤，空乏其身，行拂乱其所为，所以动心忍性，曾益其所不能。"① 人处逆境，不甘命运，奋起抗争，人才脱颖而出。苏秦总结他的成功，说，假如他有两顷上等田，不愁吃，不愁穿，可能没有勇气游说诸侯。张仪游楚被打得遍体鳞伤，对老婆说："只要舌头还在，不愁没有发迹之时。"失败了再干，受了屈辱雪恨奋起，范雎之入秦，勾践之报吴，这些英杰人物都是在动心忍性中成长。孟子的哲言，从历史生活中概括出来，永远闪射着思想光芒。

春秋战国，秦汉之际，武帝伐匈奴，时势风云突变，社会激烈抗争，而动心忍性的风云人物就在这激烈抗争中孕育而出。又有一句话叫"乱世出英雄"。因为激烈抗争的社会是锤炼人才的大熔炉。汉初布衣为天子，布衣为将相，开天下布衣将相之局，没有秦汉之际的社会大动荡，没有激烈的社会抗争大熔炉，是不可能的。

杰出人物为什么多产生在激烈的群体运动中呢？因为动荡的社会个人运动融于群体之中。他的成就是集思广益的结晶。太平盛世，人们安居，社会平静，个人在一定的生活之规中活动，实践在有限的群体范围之中，所以就个人而言，盛世人才大多碌碌无为。盛世时期，国家政治稳定，制度已成定格，统治者要的是率由旧章，依循祖宗之法，不需要英雄出世，网络规矩，压抑人才。动乱之世，全社会的人都被推到风头浪尖上，仅仅为了生存也需要顽强拼搏，"时势"提供了人才成长的客观条件和诸多机遇。在乱世，社会呼唤英雄，"君择臣，臣亦择君"，人人都在寻找光明出路，在激烈的风浪中搏击，优胜劣汰，幸存者自然就是佼佼者。秦王朝积数百年文治武功的经验才成一统之局，政治力、经济力、军事力、思想钳制力都极为强大，形态外表巍峨壮观，坚如磐石，可是转眼之间毁于一旦，这如同大火山、大地震的爆发，产生山崩地裂的大振荡吞噬上千万人的生命，才在幸存者中产生了一批重建国家社会的杰出历史人物。也可以说，乱世

① 《孟子》卷一二《告子下》。

英雄的经验和才智，就是上千万人付出生命的代价获得的结晶。太平时，陈涉才能不及中人，为人佣耕，由于他有鸿鹄壮志，才能抓住机遇，与时推移，成为可与汤武并举的历史英雄。春秋战国，以及汉初灿若群星的英杰人物，尤其是西汉的开国将相，如陈平、郦生、陆贾、萧何、随何、刘敬、曹参、樊哙、灌婴、周勃、彭越、黥布等，无一不是陈涉这样的为时势所造的英雄。英雄为时势所造，英雄又创造了时势，二者相辅相成。西晋阮籍登广武山，观楚汉战场，发出感叹说："时无英雄，使竖子成名"①。阮籍藐视布衣刘邦，只不过是书生之见。西汉布衣天子，布衣将相，在排山倒海的群体中产生，他们击败了力拔山兮气盖世的项羽，成就了四百年汉家基业，非英雄而何？阮籍的慨叹，亦不可全盘否定。在拼搏中，的确往往竖子成名。但这只是表象。而成名的竖子，必有它的过人之处，那就是顽强拼搏，不甘命运，这一精神往往表现为少小立志。古诗云："少小不努力，老大徒伤悲。"司马迁热衷记载少小立志的人物故事，因为这是拼搏精神最耀眼的体现。一个人少小混混，长大碌碌，当然一事无成。有的智慧早开，有的大器晚成，无论哪种成才，离开个人拼争，是绝不能成器的。

乱世出英雄，盛世也造就杰出人才，由于时势各异，盛世与乱世英雄，类型不同，数量不等罢了。盛世多产文人学士，科技艺术，如唐宋八大家，乱世多产文武将相，韬略策士，社会实践不同，结果自然不一样。盛世与乱世，在某种意义上也是相对而言。激烈抗争，不等于就是群雄割据，干戈相争。当今社会，市场是大舞台，一切生活都显现出快节奏。当今世界，日新月异，人才辈出，知识爆炸，现代生活的竞争是以往任何时代所不可比拟的。假如人为扼杀竞争，规范计划，取消市场，养成全社会的懒惰，当然就要落后。这已为历史所检验。本书演绎的古代故事，人才成长，所提示的哲理，通古贯今，亦有味哉！

（本文为丛书第三册《才略志向故事》序论）

① 《晋书》卷四九《阮籍传》。

五、人生百态性有善恶

本书八组故事共40篇，分为爱国、廉直、处世、交谊、恭谨、趋炎、昏暴、奸佞等类型，虽然不能包容人生百态，但大体概括了人伦品格的几个重要方面。《史记》百科全书，记载历史全方位反映社会生活，塑造各色人物典型，大自帝王将相，小到细民俗子，洪纤靡失。细民有侠客、医卜、商贾、俳优、博徒、渔夫、妇女、姬妾，乃至鸡鸣狗盗之徒。司马迁创作《史记》虽然以帝王将相为中心，但它扩大范围，包容了全社会，描写了各种类型，各个阶级阶层的典型人物，凡对历史起过作用的人物都叙入史中。本辑"史记故事丛书"五本书共收故事170篇，基本上再现了《史记》所描写的人生百态，各种典型事件都有入选，并且加大了细民百姓的故事内容。

本辑故事在第一册卷头语即序论"明君贤臣的智谋"中作了说明，历史人物有正面，有反面，他们都可说是英杰人物。他们都对历史产生重大影响，中国传统史学惩恶劝善，历史记载总以正面英雄为主，而演说故事，反面人物的情节更为生动。但惩恶劝善不能不以正面人物为主。影响历史进程，亦以正面人物为大。唐代史学评论家刘知几说"善人少而恶人多"[①]，是指当权者，他们作威作福，无有顾忌，所以显得"善人少而恶人多"，尤其帝王史书中更是如此，雄略之君就多暴虐。就社会整体而言，善人多而恶人少，为恶者只是一小撮。本辑所收故事170篇，百分之九十以上为正面人物，只在本册"人生百态"中选取了"昏暴"与"奸佞"两组评说反面人物的故事，共12篇，以示宏扬传统史学的惩恶劝善。对于双重性的伟大历史人物，也要善恶毕书才完整。例如秦始皇有统一六国之大功，亦有焚书坑儒之大恶，我们在《治国理民故事》中讲了他亲政除奸统一六国之

① 《史通》卷八《人物》。

大功，在本册《思想品德故事》中又讲了他焚书坑儒的大恶，这就叫善恶毕书，留给读者去评说。人生百态，性有善恶，一个人为善为恶，自己写就，不能不毕书，留给读者，智者见智，仁者见仁，在阅读中进行再创造，不必求定论，不必求答案，方能获得更多的启迪。本书写作者的感情倾向，也只是一种观点，不是定论，不是答案。有的人生品格，善恶交融，说善是善，说恶是恶，好比清浊二水流入一池，分不开了，只有留待历史来澄清，可以引为善，可以引为恶。本书所选恭谨故事，像万石君之为人，目不识丁，身体力行，对长上敬，对人和，对己严，纯谨道德，完美无缺。直不疑受枉不自明，宽厚得可以。设若社会，人人皆效法如此，不可想象社会还能前进，历史还能进步。万石君之恭谨，其人性已被当时制度所异化，全无机灵人性，作为榜样，在某种意义上已是一种恶。战国时代百家争鸣，诸子辩论人性善恶，至今谁也说不清，人是性本善，还是性本恶。我们本着不必求定论，不必求答案的思维方式，笼统说性有善恶，指其行为有善有恶，不抽象思辨，只揭其事实，作为史鉴，留为思考，更有实际意义吧。

水火、冰炭、黑白不可并容。人的善恶也有绝对的界限。爱国、廉直可以说是绝对的善；暴虐、奸佞，可以说是绝对的恶；恭谨、趋炎，介于二者之间。本书八组故事，如此安排，形成强烈反差，供人评说。

（本文为丛书第四册《思想品德故事》序论）

六、仓廪实而知礼节

本册书编选 40 则故事，分为货殖、治生、节俭、侠义、报恩、淑女、才女、滑稽等八组，展现古代社会各色人物的活动，反映人际生活的方方面面，鉴往知今，陶冶情操，以备消闲，亦助谈资。

《管子》曰：“仓廪实而知礼节，衣食足而知荣辱。”司马迁发挥说："礼生于有而废于无，故君子富，好行其德，人富而仁义附焉。"秦末战乱，天子不能具钧驷，人相食，何来礼义。汉文帝躬耕籍田，劝农兴业，民殷国富。六七十老翁，游敖嬉戏如小儿状，一片和乐，返老还童。苏秦发迹，遍报有恩者。这些就是君子富，好行其德，人富而仁义附，国富而社会安乐。武帝征伐，府库空虚，官职耗乱。上下争利，社会又陷入了混乱。由此可见，社会安定，道德发展，经济是基础，治国者应放手人民生产，鼓励人民治生，至于工商货殖，也要因势利导，不应遏制。

本书故事，以货殖居首，在发展商品经济的今天，重温古人的货殖观念，十分有趣。货殖就是资本增值，今日叫投资，古人称货殖。货殖是怎样产生的呢？司马迁写了一篇《货殖列传》，作了那个时代的理论探讨。本书凝缩为一句话，叫做"逐利求富人之所欲"，作为开篇故事，介绍古人的认识，对照现实人们"姓资姓无"的争论，可以说饶有趣味。《货殖列传》开篇论证，人性发展之势，人俗变迁之理，就是人生有欲。耳朵喜欢听悦耳的声音，眼睛喜欢看悦目的色彩，嘴巴喜欢吃可口的滋味，身体喜欢安适，心头喜欢荣耀。一句话，人性欲财，有财能适欲，这是与生俱来、不学而能的共性。所谓欲望，就是人体感官对物质利益的追求，这是活生生的存在，不须争辩的事实。司马迁循此考察，他说：神农以前的事我不知道，但《诗》《书》记载以来的历史，人们就是这个样子，而且欲望越来越刺激，任何清心寡欲的理论，进行挨家挨户说教都是徒劳的。

司马迁的前辈，战国时代百家争鸣，诸子发起人性大辩论，企图在性善性恶中求得解答。各家各派都把欲望归之为人性，而且都视之为洪水猛兽，采用不同的主张挞伐人欲。道家主张绝圣弃智，即灭欲，老子说："罪莫大于可欲。"[①] 法家主张用刑赏制欲。儒家主张用礼义节欲。孔子教育学生的口头禅就是"君子喻于义，小人喻于利"[②]。孟子倡导养心节欲，他说："养心莫善于

① 《老子》第四六章。

② 《论语》卷四《里仁》第一六章。

寡欲”[1]。总之，诸子百家莫不承认人人有欲，但都主张遏制欲望，统治阶级要维护其剥削利益，从而视人的欲望为洪水猛兽。西汉统治阶级鉴于秦末农民战争的风暴，更是不遗余力地大造舆论，挞伐人欲。例如贾谊就说：“其慈子嗜利，不同禽兽者亡几耳。”（《汉书·贾谊传》）司马迁的老师董仲舒替统治阶级完成了一套防范人欲的理论，提出用三纲五常的道德礼教来陶冶人欲。他说：

> 夫万民之从利也，如水之走下，不以教化提防之，不能止也。是故教化立而奸邪皆止者，其堤防完也；教化废而奸邪并出，刑罚不能胜者，其堤防坏也。古之王者明于此，是故南面而治天下，莫不以教化为大。[2]

司马迁在统治阶级提倡礼义堤防遏制人欲的时代，不同凡俗自成一格，奏出了透视人欲的异响，认为逐利求富是人所共有的天性，不是什么邪恶。社会生产的发展，恰是人欲的推动。山林川泽的开发，商贾周流，就是满足人们的生活需求，于是推进了社会分工，农工商虞，各业发展起来。农工商虞的分工越发达，则财富越增殖，民富而国强。本末俱利，越国称霸，勾践报吴，靠的是生产发展，实业兴国。司马迁不仅肯定人欲，而且探求人欲是动力，不应遏制而要引导，这是他不同凡响的独到见识。

司马迁看到逐利会产生许多弊端，引发社会犯罪。如“掘冢铸币”，“攻剽椎埋”，“博戏驰逐”，“舞文弄法”，仕女“不择老少”。但这都是末节，富国富家，岂能因噎废食。

司马迁对古代商品经济带来的社会生态，观察细致入微。吕不韦投资奇货可居，可以说是中国历史上第一例钱权交易，吕不韦运作得那样从容不迫，机智权变，玩弄一国之君于掌上，达到个人的目的欲望，到头来竹篮打水一场空，最后落得悲剧下场。

---

① 《孟子》卷一四《尽心下》第三五章。

② 《汉书》卷五六《董仲舒传》。

吕不韦的投机，是成功的榜样，还是修身的鉴戒，无法断然说清，理不断，剪还乱。吕不韦离我们那样久远，蓦然回首，仿佛就在今天，就在身边。

生活美好，是七色阳光；生活是万花筒，变幻无穷。人间社会有许多温暖，许多情趣，许多智慧。西门豹治邺的故事，晏子节俭的故事，萧何治家的态度，渔夫不图报的侠义，贯高的忠义，食马人与从史的报恩，淑女才女的故事，滑稽幽默的侏儒，这些故事，以及故事中的人物，构成了古代的多彩世界，连接起来是一幅五彩缤纷的生活画卷，它不在遥远的古代，而就在你的身边。这些故事闪射的智慧火花，烙下的道德印记，在你欣赏评说中，我们深信将会给你潜移默化的力量。历史知识是启蒙的老师。前人的业绩榜样，不只是你修身的参照，它使你开阔眼界，解放思想，提供思考的参照，使你在评说历史故事中汲取智慧火花，变得聪明睿智起来。历史给你独立思考的力量和源泉，不妨试试看。

（本文为丛书第五册《社会生活故事》序论）

书 评五篇*

一本独具特色的太平天国史论集

邢凤麟、邹身城两人合作的《天国史事释论》（学林出版社1984年出版）是一本独具特色的太平天国史论集，值得一读。论集收文二十六篇，邢著十篇，邹著十六篇，洋洋三十余万言。两位作者在思想上和实践上都力图把太平天国史研究中的宏观研究与微观研究结合起来，这就是本书最突出的特色。大体说来，邢著偏重于宏观研究，有深厚的理论基础；邹著偏重于微观研究，有扎实的文献功力，当然这也是相对而言。两位作者努力发挥各自的优势，取得了可喜的收获。一加一大于二，在这里得到了生动的体现，为学术研究的切磋提高、协同攻关，提供了一个很好的范例。

以马列主义的理论作指导，对历史作宏观的研究，清晰地阐明历史事件的必然性和本质，这是本书突出的一大特色。邢凤麟对太平天国的反满斗争、太平天国与土客问题、杨秀清的传言、石达开的悲剧等问题的研究，邹身城对洪秀全早期宗教思想的研究，都鲜明地表现了这一特色，写出了有理论、有学术，因而具

* 书评五篇，应各书作者之邀，命题作文，也是一种学习。

有相当说服力的论文。

太平天国的反满斗争是一个很复杂的问题。有的人不承认太平天国有反满斗争，把阶级斗争任意扩大，从而否认了清朝的民族压迫。反之，有的人用单纯的考据论证太平天国的反满斗争，又忽视和掩盖了阶级斗争，结果把太平天国的反满斗争和地主阶级的反满派以及资产阶级反满派混同起来，把太平天国革命说成是“反对异族统治的民族运动”，是“反侵略”。邢著《试论太平天国革命中的满族问题》对这两种观点作了辩证。作者认为，由于清政府推行民族隔离和民族压迫政策，太平天国革命具有反满斗争的民族内容，但不是反对异族统治“。太平天国的反满问题，是国内的民族问题，国内的民族斗争，不具有侵略反侵略的性质”。太平天国反满斗争的实质是反对清朝的封建统治，即“为了打倒清朝，而不是杀绝满人”。

太平天国与土客问题，一般的论点认为，客家人在土客械斗失败以后发动和领导了太平天国的金田起义。邢著《论太平天国与土客问题》一文，细致地分析了土客斗争的历史内容和洪秀全解决这一问题的主张，指出过去的观点是一种片面的观点。作者认为，土客斗争包含了民族斗争的内容，也有清政府的挑拨，同时还有因人口的增殖而引起的土地的争夺，加剧了这一斗争。但是最深刻的社会根源是清政府残酷的阶级压迫和阶级剥削。土客人民虽有矛盾，但都是受害者，根本利益是一致的。在阶级斗争激化的条件下，乡土观念、土客界限都是可以打破的。洪秀全深刻地认识到了这一社会危机，所以他提出了“真主为王事事公，客家本地总相同”的思想主张，清除土客界限。拜上帝会在受压迫最深的客家人中发展，同时吸收土人入会。事实上，太平天国金田起义是土客人民共同参加和发动的。作者的论述，无疑地深化了对土客斗争问题的认识，揭示了历史的本质。

杨秀清代天父传言，是出于对革命的诚心还是野心？是革命的武器还是争权的工具？它在太平天国革命运动中起了积极作用还是消极破坏作用？这种宗教形式的特点及其产生的根源是什么？这一系列问题，邢凤麟同志没有作简单化的一刀切。他在

《关于杨秀清假托天父附身传言的若干问题》一文中，系统地考察和分析了杨秀清在不同时期传言的意义和作用，指出传言虽然是导源于浔州一带流行的“降僮”迷信，但不是简单的袭用和翻版。传言这种宗教迷信的作用，是当时阶级关系和经济关系在革命新形势下的产物，不能简单地说成是杨秀清个人的思想冲动下的产物。杨秀清在太平天国中的领袖地位，既是革命的斗争的需要，也是他本人在实际斗争中显示的杰出作用而为革命群众所拥戴的。杨秀清利用传言逼封万岁，争夺权力，这是定都南京以后农民革命逐渐封建化的结果。总之，传言在不同的时期，具有不同的作用和效果。在定都南京以前，传言主要是作为拜上帝会的一种重要的教育方式，有利于组织和团结会众，对革命事业起了积极的作用。但在定都南京以后，传言日益冲淡和模糊了革命目标和敌我界线，表现出了它的虚伪性、欺骗性和压迫性，变成了杨秀清手中争权夺利的工具，成了“天京事变”的“一个诱因和导火线，起了危害革命事业的消极作用”。作者的结论是：“定都南京以前，‘传言’是真戏假做，杨秀清充当了革命高潮的英雄；定都南京以后，‘传言’是假戏真做，杨秀清扮演了历史悲剧角色。”

石达开在大渡河的悲剧，一般只看到天时和地利的不利因素，或者说是策略上的失误。但是这些因素不能从根本上说明曾经叱咤风云的英雄石达开是怎样扮演了悲剧角色的。邢著《石达开的“爱民”与大渡河的悲剧》从人心向背这一根本问题上分析，令人信服地揭示了石达开扮演悲剧角色的原因。作者认为，由于石达开的大汉族主义和单纯借道入川的思想，使他未能提出正确的民族政策，没有去组织和联合西南各族人民反对共同的敌人，所以才在大渡河陷入重围，被彝、藏等族土练配合清军消灭的。作者断言，假如没有彝、藏等族的土练配合，清军当时是消灭不了石达开的。

邹身城的《劝世良言与洪秀全早期的宗教思想》也是一篇理论性和学术性较强的论文。作者认为，洪秀全受基督传道书《劝世良言》的强烈影响而虔诚地信奉上帝，自认为受命于天，肩负着救世济民的使命，但这种异端思想，并不是革命的思想。洪秀全的早期著作是缺乏革命意识的。可以说，“在 1847 年以前，在洪秀全身上只能看到宗教的虔诚，还看不出农民领袖的特征”。这时的洪秀全，“只是一个宗教家，而不是一个革命家。”但是，洪秀全作为一个虔诚的宗教徒，却并没有成为基督教和西洋传教士的奴仆。“洪秀全的皈依上帝，实质上是期望真有一位‘无所不知，无所不能，无所不在’的独一真神来为自己的事业出力”。1848 年以后，由于客观的阶级斗争的需要，才把洪秀全推向革命的舞台，“才开始以宗教为武器，进行起义的组织工作”。但是，“敏感的洪秀全只是作为一个卷入革命风暴中心同情被压迫者的宗教领袖，自然而然地体现和吸收了广大农民的斗争要求。他并未意识到自己把人的因素不断地灌输到宗教中去。因此，当他看到部下的太平军取得迅速而巨大的胜利，反而越发迷信当年的梦和书所给予的‘神的启示’，越发迷信神的巨大权能，越发虔诚地信奉宗教，这必致在胜利的环境中脱离群众，走向了反面”。联系洪秀全定都南京以后的行事，特别是晚年的作为，不能不叹服作者的这些论述是十分公允的。

此外，邹身诚对太平天国的法制、物价以及对游民的改造等问题的研究，也都具有独到的见解。

重视考据，论从史出，这是本书的第二个特色。邢凤麟同志在论集的开篇《太平天国史的宏观研究和微观研究》中指出：“从战略观点上看，进一步提高马列主义水平，加强辩证唯物主义和历史唯物主义的学习和运用，指导太平天国史研究工作的深入与提高，则是更为重要，甚至可以说是带根本性的工作。”从两位作者所取得的具有突破性的成果来看，可以说这段话是他们的切身体会。邢文对那种所谓就“实”避“虚”而重考据、轻马列的倾向所作的有理有据的分析，具有普遍的指导意义。但是，作者反对的只是纯学术的单纯考据，而并不反对运用唯物史观指导下的科学的考据。邢文指出：“肯定和重视考据的科学方法，不仅能帮助我们把太平天国的研究工作建立在扎实的基础上，而且有利于形式逻辑的正确思维的运用和发展，从而为应用辩证法和历史唯物主义指导太平天国史的研究工作，创造更为有利的条件。”这两个方面总括起来说，就是要在马列主义理论指导下，占有详细的资料，坚持论从史出，把太平天国史的宏观研究与微观研究辩证地统一起来。两位作者都是身体力行的。

邹身城同志擅长于考证，对珍贵的史料具有特殊的敏感力。他在《胡以晃并非死于天京内讧》、《论天京事变中的关键人物陈承镕》、《陈承镕问题续篇》等文中，运用考据，坚持论从史出，提出了一系列新颖的见解，重新引起了人们对天京事变的思考。关于天京事变的原因，作者指出：“洪秀全的猜忌、多疑、暴烈、偏信，杨秀清的跋扈、粗暴、骄傲、麻痹，韦昌辉的阴险、毒辣、残暴、野心，秦日纲的盲从、愚蠢、逞性、派性，陈承镕的奸巧、伪善、阴险、狠毒，善于玩弄两面手法、借刀杀人之计，都是构成这场悲剧的因素。”作者还替蒙不白之冤的石达开、胡以晃两位太平天国领袖洗刷了污点。石达开是这场内乱的受害者，而不是密谋首事者。胡以晃毕生忠于太平天国事业，直到临死前还抱病坚持对清军作战，他并未卷入天京内讧惨案中，“他的死是光明磊落的”。学术界在以往的研究中，使胡以晃蒙受污垢，却漏掉了大奸似忠的陈承镕。邹身城翻了这个案，可以说是天京事变研究取得的重大突破。

根据邹身城的考证，陈承镕是天京事变中的一个告密者，是他向洪秀全密告了杨秀清，又是他参与并布置了诛杨的大屠杀惨案。这个大奸似忠的人物体现了游民在农民政权中所起的消极作用。原来陈承镕少时就是一个恶棍，好赌好色，不务正业。他因赌输与人争执，在当市大街上被人用鞋底掌脸，又被人夺走了烧饭锅，然后杀人在逃，继而参加了太平军的。作者对这些细节的考证不是为了猎奇，而是运用了阶级分析的方法，使问题的论述具有浓厚的理论色彩，发人深思。在这里，作者有一段很出色的分析，引录如下：

> 当他（指陈承镕）被别人打嘴巴时他不反抗，当他被别人夺走烧饭锅子时也不争夺，让对方以为自己懦怯而丧失警

惕；然后乘人不备突然袭击，杀害对方于睡梦之中。他后来的杀害东王杨秀清恰恰是一次历史的重演——挨东王屈打时，表示认罪；屈打后小心谨慎表示老实；一旦时机成熟，用借刀杀人之计，杀害东王于睡梦之中。

最后，作者在结论中认为陈承镕是天京事变内讧的罪魁祸首，似可商榷。大奸似忠的陈承镕对内讧确实起了推波助澜的作用，但不能说他是一个导演者。

邢凤麟与邢凤梧合作的《论冯云山》一文也是一篇具有真知灼见的力作。作者对冯的"家道殷实"作了正确的考释，指出冯的家庭出身是一个中农。关于冯云山在紫荆山创建拜上帝会，他对太平军制的贡献都有精当的考释和论述。作者肯定了冯云山在太平天国立国创制上的重大作用，但反对夸大个人的作用。有人认为，如果冯云山不早死，就可以扭转太平天国失败的命运，作者认为这种观点是荒谬的。冯云山也不是没有缺点的英雄，他身上除了农民阶级的阶级局限性外，还有明显的儒家思想烙印，反映到《太平礼制》等著作中，为后来农民政权的蜕变，起了"一定的催化作用"。

还应一提的是邹身城的《戈登发迹史剖视》一文，作者以丰富的史料作根据，把一个西方资本主义恶棍在东方的发迹史生动地再现了出来。作者是在与华尔、白齐文等侵略分子的比较中揭露戈登的反动本性的，入木三分。全文寓论于史，引人入胜。

本书第三个鲜明的特色是，作者亲身调查、搜集口碑传闻以及地方史料，并善于运用方志史乘，整理、提供了研究太平天国历史的新资料，澄清了许多重大的历史事实。这方面，邹身城同志用力最勤，积累了较丰富的资料，取得了不少独具见解的学术成果。《莲蓬党响应太平天国革命史事考》、《越难志考跋》、《太平辛壬寇纪考跋》等文就是作者运用地方史料研究太平天国史的力作。这组文章对于太平天国后期开辟浙东战场，汇合浙东莲蓬党发动的农民起义打击中外反动派的史事，作了比较全面而详细的论述，缜密而细致的考释，辨正了一系列重大的史实。作者考释莲蓬党，调查研究了莲蓬党党牌，指出这个党名的取意是“穷苦农民联合起来”的意思。因莲蓬党创始人为何文庆，“何”与“荷”同音，莲蓬之“莲”与联合起来的“联”字同音，蓬字表示兴旺。所以莲蓬党党牌正面是一株莲蓬图案，背面中心隐一“何”字。这一考释揭示了莲蓬党的宗旨和形成过程的历史背景，有重大意义。有的学术论文将莲蓬党之“蓬”字误作帆篷之“篷”字，真是失之毫厘，差以千里。尤其值得一提的是，作者在考释中对1862年慈溪之战中太平军击毙洋枪队头目——美国刽子手华尔的事实恢复了历史的本来面貌。这一震惊中外的历史大事件，过去学术界据不完全的清方记录归功于加入太平军的广东天地会部众，此非信史。击毙华尔的英雄部队原来是加入太平军的莲蓬党和十八局的革命军。英雄的代表，应归功于黄呈忠、何文庆，而不是那个曾做过海盗、后来投降清军又反正的布兴有。此外，莲蓬党首领何文庆之子何长龄是叛徒而不是英雄。这些重大史实的澄清，对于正确阐述太平军开辟的浙东战场的历史无疑具有重大意义。

作者邹身城是一位方志学专家，他对地方史乘的历史记载不仅有特殊的敏感，而且脚踏实地作艰苦的调查。1958年，他亲赴浙东地区调查，多方搜集史料，收得有关莲蓬党和十八局的史料二十四种，《莲蓬党史料辑录》就是作者在这些众多地方史乘中经过细致考释，去伪存真整理出来的。历史研究要具有真知灼见，不仅来自实践，来自亲身调查的第一手资料，更来自作者的史识和历史唯物主义的理论水平。邹著《绍兴太平天国壁画辨疑》一文推翻了《历史研究》1956年发表的《绍兴太平天国壁画调查记》的结论，就是一个生动的例证。调查记作者经过十多天的现场调查，近两年的研究，认为太平天国壁画不绘人物，从而否定了绍兴大量的太平天国壁画，把革命文物说成是“地主阶级的东西”。邹身城同志根据《越难志》提供的目击者的记述和他亲历浙东调查的实感，在文章中指出，太平天国壁画的攻战图、人物图反映了当时的斗争生活，“才是真正的革命艺术的主流”，肯定了有人物图的绍兴壁画是太平天国壁画。在最近出版的《太平天国壁画》一书中，作者的考释得到了承认。

邢凤麟同志也出色地运用了地方史料。他在《论太平天国与土客问题》一文中，正是运用了扎实的地方史料，才使他的论述具有坚实的逻辑力量。两位作者，一在浙江，一在广西，各自充分利用所在的地利，发掘和运用地方史乘充实学术研究，可以说是为学术研究的深入开辟了一个新的途径，具有广泛的启发意义。

科学研究领域的探索是无止境的，我们祝愿两位作者将有更多的新成果问世！

（本文应邹身城教授之邀所写评论，以史鉴之笔名与王静合署，原载《社会科学评论》1985 年第 1 期）

《汉简研究文集》评介

由甘肃省文物工作队、甘肃省博物馆编，甘肃人民出版社1984年9月出版的《汉简研究文集》，是建国以来第一本甘肃汉简研究文集。

甘肃是我国发现汉简的重要地区。解放前敦煌、居延等地发现和出土汉简一万余枚，引起了中外学者的注目，汉简研究成为国内外学术界一个新的研究领域。解放前出版的《居延汉简》、《敦煌汉简》、《流沙坠简》，以及劳干的《居延汉简考释》，奠定了国内汉简学研究的基础。解放后，出土了《云梦秦简》和山东《银雀山汉简》，进一步推动了简牍学的研究和发展。但是甘肃汉简的发掘和研究仍占主要地位。从1959年到1981年，甘肃先后在武威、甘谷、居延、酒泉、玉门、敦煌等地发现和发掘了六批汉简，总计两万一千零八十枚。本书辑录了居延、敦煌马圈湾两地汉代烽燧遗址发掘简报，发表了额济纳河下游汉代烽燧遗址调查报告。首次发表和考释了《武威汉简》、《甘谷汉简》、《酒泉汉简》、敦煌《酥油土汉简》等二百二十六枚。横衬简牍实物照片八张。发表的专题论文有初师宾的《汉代边塞守御器备考略》、《居延烽火考述》，吴礽骧的《汉代蓬火制度探索》，徐乐尧的《居延汉简所见的边亭》，薛英群的《汉代官文书考略》，任步云的《甲渠候官汉简年号朔闰表》，黎泉的《汉简书体浅析》，何双全的《敦煌汉简释文补正》等文。本书所载，据编者《后记》只是近年来甘肃汉简研究新成果的一部分，但已很可观，无疑地代表了甘肃汉简的发掘、整理和研究的新水平。

新旧汉简，以屯戍简为大宗。初师宾、吴礽骧两人的三篇文章集中研究了屯戍简，大大丰富和补正了前辈学者王国维、劳干等人的考释，为我们描述了汉代西北塞防系统和烽火制度比较清晰的轮廓。

我国古时的军事器用，早在先秦春秋战国之际就被军事家们规范为攻、守两类。墨家的墨翟、禽滑釐就是以善守知名的兵学家。《墨子》书中对城防守御制度和器备有系统的记载和论述。随着北方游牧民族的兴起南下侵扰加剧，墨家的城防守御之术，转而用于边防。汉代的塞防和守御制度，奠定于文、武，完备于昭、宣，在我国古代军事史、军事学上占有重要地位。但是由于封建王朝把兵法攻守之术视为禁忌，故当时发达而完备的守御之术世间不传，文献不备，至汉末魏晋已鲜为人所知。初师宾的《汉边塞守御器备考略》在前人研究的基础上，进一步系统地考述了汉代塞防的守御制度及器备，扩展了对古代守御军事学的研究。初文着重考证了汉代昭、宣帝至东汉建武初百余年间塞防守御器备的种类和用途。初文考释的器备一百零七种，作了比较科学的分类、分组。大类分为十二类：（一）警备食用类；（二）取火发火器物类；（三）烽火信号用具类；（四）司时号令用具类；（五）防攻斗具器物类；（六）备用兵器附件类；（七）坞候射击观察装置类；（八）侦迹设施类；（九）守护安全设施类；（十）戍务与维修工具类；（十一）杂用类；（十二）其他。类下再按器备功用分组。然后逐一地对器备的名称、形制、装备、功效、使用等作具体而详细的考释，加深了我们对汉代塞防系统的认识。

及时而准确地发出烽火警号是汉代塞防系统的主要职能。初师宾的《居延烽火考述》和吴礽骧的《汉代蓬火制度探索》两文对汉代烽号种类和使用方法作了系统的探索。初文认为，汉代烽火信号，大略言之，分为五类：烽、表、烟、苣火、积薪。“烽是草编或木框架上蒙覆布帛的笼形物；表是布帛旗帜；烟是烟灶高囱所升烟柱。以上三种主昼。苣火，乃举燃苇束火把，主夜。积薪为巨大草垛，昼燃视其浓烟，夜则熊熊大火，日夜兼用。”初文对烽的考释纠正了《汉书》颜注“烽燃火而燧为烟”之说，证实了《汉书》注引的张晏之说：“昼举烽，夜燔燧。”颜注以唐代的烽火制度误释汉代的烽火制度，魏人张晏之说才符合实际。烽是不燃之物，用于昼举。吴文亦主是说。初、吴两文对汉代烽号系统的考释，似可驱散学术界长期聚凝在这个问题上的一些迷雾。

对于烽号的运用与传递，烽燧戍卒是按照细密的品约制度执行的。吴文认为，汉代边塞烽火制度，由中央、郡、部都尉等三级逐级颁发。“中央颁发者，称‘品’，郡、都尉颁发者，称‘品约’。”郡的“烽火品约”，则根据其辖境范围、隶属单位和地望条件，补充规定具体的实施细则。因此，各部都尉府颁发之烽火品约，其内容有很大的差别。吴文还考证了汉代烽火视敌情大小分为五级五品施行的细则，列表说明，一目了然。初文对居延边塞烽火的运行方向归纳为：定向传递、单向传递、多向传递、无向不传递和往复流动传递。烽火的传递速度，初文考证一昼夜行一千八百汉里，约合今一千三、四百里。从居延到京师，两昼一夜（三十六小时）可达。总之，初、吴两文对汉代烽火通信体系细致而有独到的研究，进一步开拓了人们对汉代烽火制度认识的视野。

关于汉代亭的性质与职能，长期以来在国内外史学界均存在不同的认识与理解。解放后，王毓铨、朱绍侯、高敏等人论证汉代的亭是独立于乡里之外的专门治安机构与邮驿。徐乐尧的《居延汉简所见的边亭》引证了二百五十一条汉简资料，对汉代边塞的亭制系统作了深入的剖析，进一步考证了汉代的亭，“并非单一的治安机构”，而是“兼有传烽报警、邮驿、治安与经济管理等多种职能机构”。拿居延的边亭来说，设置相当广泛，“有主候望的隧亭；掌传递文书的邮亭；负责屯田事宜的农亭，接待官吏使者的都亭与乡亭；管理集市贸易的市亭；守护城门及里门的门亭等等，其性质与职能是多种多样的”。徐文考证，各种性质与职能的亭，“均是各个系统的基层组织”，因此，“亭长的地位与级别是较低的，有的则在乡吏之下”。这一结论，修正了学术界认为亭长级别高于乡吏，而与县吏相等的说法。

薛英群的《汉简官文书考略》一文，对两汉官文书的性质、种类、格式进行了全面而系统的考证，开创了汉代官文书尤其是地方官文书专题研究的先河。薛文不仅填补了一项学术研究空白，而且也开拓了汉简研究的新领域。所谓官文书，即历代官方使用的文书，分中央和地方两大类。两汉中央官文书包括策书、制书、诏书、敕书四种，见于汉简者有制书、诏书、敕书三种。薛文据汉简考证，两汉中央官文书一般由三部分内容构成，开头一部分称“奏”，是书奏报下诏的部门及主要官吏姓名；第二部分是诏书正文；第三部分是下行文书，即诏书下行于内外官署的例文。两汉中央官文书的下达程序，“没有严格规定，而以诏书的内容及所涉及的部门等具体情况而定”。正史等文献典籍所载制书、诏书、敕书均删去首尾，仅节录其正文的主要内容，使后世读者不能了解这类官文书的完整格式和下达程序。至于两汉的地方官文书，“多数与史无征”，更“难察其详”。薛文着重考证了地方系统的官文书，有府书、应书、牒书、爰书、举书、遣书、报书、病书、治所书、别书、吏宁书、行亭书、变事书、过书、免书、兵书、治书、莫书、次书、赦书、余责书、赋书、官书等等。薛文的详尽考证，即使不是汇释了两汉官文书的大全，搜罗也是相当完备的。薛文引证经、史、子、集近二十种典籍文献与汉简文书印证，澄清了过去史籍中一些地方官文书的概念，简要地说明了各种地方官文书的性质、使用方式及其范围，可补史书缺佚，对于研究两汉历史及阅读史籍，具有重要意义。

在研究方法上，各篇论文作者都力图运用汉简材料，阐述、论证一些重要的史实与社会问题，引出一些具有规律性的东西，这是解放前汉简研究大都局限于简文字句的考证、订误及烦琐的排比，所不能比拟的。同时，各篇论文作者在引用简文时，不论是新简，还是旧简，都严格注意到简的出土地点、层位、时间以及准确的断代，从而提高了论文的科学性和论据的准确性。初师宾对所运用的专题文书还做了文献分类概述，尤具特色。他对居延汉简所载守御器备资料分为五类：守御装备档案文簿、关于戍务装备失误的司法文簿、吏卒功过劳绩的考课文簿、财物出入统计文簿和其他文簿。对居延汉简烽火文书分为四类：督行烽火的诏檄类、烽火戍务记录簿类、烽火司法文书类和烽火律令章奏类。

汉简文书是汉代当时、当地、当事人的最原始的文字记录，可以补充、纠正、深化以往史书的记载。任步云的《甲渠候官汉简年号朔闰表》所排列的简文资料，对补充、订正史籍纪年的缺、误，对“长历”、“纪年编”、“朔闰表”等的研究提供了新资料。《武威汉简·王杖诏令册》，对研究汉代养老扶弱制度是非常珍贵的资料。千百年来，史学界围绕两汉“年七十赐王杖”所产生的许多疑问，得到了澄清。《酒泉汉简·武帝丙寅遗诏》，揭示了西汉武帝末昭帝初关于嗣君问题的一桩重大政治事件，弥补了史书记载的不足。《甘谷汉简·桓帝延熹二年诏令》反映了东汉后期皇室宗族与地方官吏的斗争，曲折地反映了广大农民和封建地主阶级的矛盾。敦煌马圈湾出土的关于王莽新朝与西域关系的汉简，记录了王莽遣使贬西域各国之“王”为“亡”，贬称匈奴为“共奴”或“恭奴”的事实，印证了《汉书·王莽传》的记载。总之，新获汉简的内容极为丰富，对于加深研究汉代政治、经济、军事、文化、吏民生活等各个方面，都具有重要的价值。本书考释发表的只是其中的一小部分。新获汉简全部考释发表出来，一定会把汉简学的研究推向一个新的高峰。

本书在文章的编排上有可商榷之处。编者按文类分为两组，第一组为调查报告和新简考释，第二组为专题论文。居延—敦煌两篇发掘简报对读者具有提示性，因已刊于杂志而辑录重印，列于书后，拟作附录，未必妥当。专题论文不按内容编列，而是平衡人名排座位。由于编排不当，使连贯的内容不能连成一气，给阅读带来不便。由于初师宾有两文，而在内容上蝉联互补，有意识地分割排列，显系庸人自扰。从科学的编纂学考虑，本集十五篇文章，在先新后旧的前提下，应按时间序列和合理分类的原则编列，似应作如下四组排列较为妥当。居延、敦煌两篇发掘简报和额河烽燧遗址调查报告三文为第一组，考释新获汉简的四文按时间序列为第二组；专题文章，初、吴、徐三人的四文为第三组：薛、任、黎、何四文为第四组。这样编排不仅只是形式上的条理化，而且必定会给习惯上顺次而读的广大读者带来方便。按类选读也连贯而集中。又，术语不统一。烽，即是蓬。吴礽骧文称烽为蓬，学术无误，但这种标新，造成学术用语的人为淆乱，似无必要。论文的科学性和价值，在于内容的分析和新颖，不在术语标新。当然重大术语或概念的订正自当在外。此外，如果专题论文再附上一些说明性、指示性的图示，就更能方便读者。对于汉简学，我是门外汉，这些意见见未必妥当，即或有取，所提问题也只是本论集的大醇小疵。

（原载《社会科学评论》1985 年第 9 期《新华文摘》全文转载）

一部历史人物传记的典范力作

——《武侯春秋》评介

1998 年 9 月，由团结出版社推出的《武侯春秋》，是一部以人物演史的典范力作，它熔铸史学、文学于一炉，既是总结诸葛亮研究成果的一部人物评传，也是展示蜀汉政权从兴起、发展到衰落过程的历史画卷，引人注目。作者为中国社会科学院著名学者、魏晋南北朝史专家朱大渭研究员和他的高足梁满仓副研究员。思想深邃、考证精严、功底厚实，这是朱先生的造诣；巧于构思、铺陈描写，语言新颖，应是梁满仓的强项。两代学人，新老结合，师生合璧，这些是《武侯春秋》取得成功的重要条件。记述史传，中国有悠久的传统，而评传体是现代新型人物传记，广阔描写社会生活，反映历史大势，浓缩人生哲理，具有更高的境界，受到了大众的欢迎。《武侯春秋》给我们带来了什么？为何说它是一部典范力作？本文以《武侯春秋》的创作实践为主线试做评析，向读者推荐。

一、以史带传，以传演史，珠联璧合

《武侯春秋》最显著的特色是构架宏大，内容丰富，史与传交融。从四个方面来谈。

1. 以史带传，结构宏大

这里所说的“史”，指历史背景、人生社会，广义的历史；所说的“传”，指人物事迹，狭义的个人之史。专业型人物传记，因个人之史影响社会有限，传记突显的是个人事迹，一般只在开篇写一章时代背景，交待传主生活的社会，它给予传主什么烙印，也就够了。以史带传，反说就是以传演史，人物事迹与整个社会演进的历史，两者交融为一体，这种构思适宜写创业型人物的大传，或一个时代的整体群英事迹，如同司马迁创作的《史记》那样，非大手笔莫能属。以史带传，如何定位人物于史中，写出层次，个人史与时代史，两者有别而不可分，是写好创业人物传记的关键。诸葛亮是蜀汉政权的创业人物，三国时期第一流的政治家和军事家之一。可以说，没有诸葛亮，就没有蜀汉政权。而诸葛亮又是时代造就的英才。没有汉末动乱与蜀汉政权，也就没有诸葛亮。那么，是英雄造时势，还是时势造英雄？具体到诸葛亮这一具体人物，两者难解难分。创作者可以不回答这一问题，但把握不好这一问题，要写好、写活、写深、写透诸葛亮是不可能的。《武侯春秋》的作者游刃有余地把握好了这一关节，书题“春秋”，不用“评传”、“新传”之名，又未在开篇写一章时代背景，就充分地显示了这一点。作者洞察了三国时代的历史大势，宏观把握了诸葛亮与蜀汉政权血肉相连的关系，将传主置于历史演进的滚滚洪流中沉浮进退，全书都是历史背景，“史”与“传”交融，一支笔既写出了诸葛亮的一生事迹，同时又展现了蜀汉政权的兴衰轨迹。《武侯春秋》的谋篇布局与全书的章节题名、内容提炼，有机地把“史”与“传”交融起来，匠心独运。全书十二个章题，五十二个节目，全用四字标题，犹如古典四言诗句，简洁、厚重、典雅、深沉。这显然是作者的精意编织。

全书十二章，从第一章至第九章，按历史进程，有头有尾地评述了诸葛亮的一生事功，传主事迹呈直线编年安排，没有倒叙、插叙，也没有专章思想评论，但了无编年痕迹，这正是史与传交融的妙处。诸葛亮被置于历史事势发展的大背景中，全书内容好似次第展开的历史画卷，丰富多彩，一部三国史的横断面与蜀汉史的兴衰历程清晰地展现在读者脑海中。“宏图初展”、“霸业刍成”、“得益失荆”、“梦断夷陵”等章题，语意双关，既写诸葛亮，又写蜀汉，就像一杯层次分明的鸡尾酒，一个层面是诸葛亮的人物史，一个层面是蜀汉政权的兴衰史、三国历史的演进史。两者珠联璧合，融为一体，又恰似血与肉共生。司马迁所写《秦始皇本纪》、《项羽本纪》、《高祖本纪》、《李斯列传》、《淮阴侯列传》，把英雄业绩与时代风云融为一体，正是这样的一种境界。

最后三章补写按编年顺序不便与时势融合的内容，结构巧妙。最后一章呼应全书。

《武侯春秋》作者对全书所写历史内容的取舍与轻重安排，极为精当。诸葛亮一生事功有两个阶段，可以说他半生在荆州，半生在益州。《武侯春秋》分上下两卷，恰好就是按诸葛亮活动的历史阶段来划分，上卷写荆州，下卷写益州。诸葛亮在荆州，规划三分，提出隆中路线；诸葛亮在益州，一切都是为了北伐，最后殉职于军中，是执行隆中路线。隆中路线是贯穿全书的红线。就诸葛亮个人事功而言，在益州的贡献大于在荆州。但就宏观的历史把握，写荆州是重中之重，几乎占了整个上卷，用了五个章节，篇幅为全书之半。因为三国历史，半部活剧在荆州上演，三国鼎立的形成过程，从赤壁之战到夷陵之战，恰好就是曹孙刘三家争夺荆州的始末。《武侯春秋》作者准确地抓住了三国时代历史演进的这一特色，巧妙地史传交融，构思波澜壮阔，行文词采流丽，没有积厚的史学修养和独具慧眼的史识，不能有此。

此外，章题与节目也体现了作者的精意推敲。如第一章标题“沂水龙吟”，写诸葛亮生于乱世，少年蒙受流离，揭开汉末大乱的背景。乱世思英才，真龙出世收拾山河。“沂水龙吟”标示诸葛亮出世，极有深味。第二章标题“十年砥砺”，这“砥砺”二字闪射出唯物史观的光芒。作者未用“十年修养”、“隆中待时”的字眼，因为“修养”、“待时”表述的是静态的和被动的意义，“砥砺”二字表述的是动态的激进的意义，表明诸葛亮在隆中，砥砺成才，有如张良在下邳，十年磨炼成帝王师。第九章写诸葛亮北伐，章题未用“北伐中原”、“北伐曹魏”的字眼，独出心裁用“殚精竭智”四字作章题，精妙绝伦。它有三层新意：第一，“殚精竭智”指诸葛亮竭尽了人力，抱恨殉职于军中；第二，明知山有虎，偏向虎山行，弱蜀抗强魏，自强不息；第三，突显诸葛亮一颗忠心，鞠躬尽瘁，死而后已。此外，“殚精竭智”还隐含作者的新观点，因为作者认为诸葛亮出师，不是北定中原，而是蚕食曹魏，取陇右以固蜀疆，当然不用“北伐中原”来标题了。

2. 求真、求实，写活人物，深化历史内容

《武侯春秋》作者在《引言》中坚定地宣称，要“写出一部真实可靠的、有血有肉的”“新的诸葛亮传记”，还原传主本来的历史面目。如何才能达到这一境界？作者指出：“只有去掉对诸葛亮神化的光环，撩开对诸葛亮艺术化的轻纱，走出对诸葛亮理想化的幻影，抛开对诸葛亮政治伦理化的标准，摒弃对诸葛亮贬低、丑化的轻率和狂妄态度，我们才能全面地了解和认识真实的诸葛亮。”这是作者在研究和创作实践中升华出的理论，即传主无论多么伟大和头戴光环，首先是把他当作一个与平凡人一样的活生生的历史人物来把握。“因为诸葛亮是一个实实在在的历史人物”。这话说起来容易，做起来难。因为它不只是一个理论问题，更主要的是一个实践的问题。从理论上说，什么是历史的真实？从实践上说，怎样写出历史的真实？请看《武侯春秋》作者的认识与实践。

作者的认知见解，在《引言》中做了理论性的提示，有三个层面。第一是总体把握，给诸葛亮定位。《武侯春秋》定位诸葛亮是著名的“政治家”、“军事家”，这是作者塑造人物形象的基准点。第二，在记述每一个历史事件中，或下每一个结论时，都力求做到翔实可靠，引据历史资料和今人的研究成果。第三，深挖人物内心深处的思想活动，揣度人物的生活感情，入情合理的细节描写，以及符合历史逻辑的推理。作者认为，只有这样，才能再现一个真实可靠的诸葛亮，带给读者一个鲜活生动的人物形象，并在创作实践中作了“大胆而又谨慎的尝试”（作者《引言》）

关键是实践，作者是怎样创作的呢？

（1）准确把握诸葛亮的定位。作者对诸葛亮形象的总体刻画，从隆中对策到病逝五丈原，传主运筹帷幄，参决军机，或坐镇后方，足食足兵，或内理蜀汉，外结孙吴，或南抚夷越，北伐曹魏，都紧紧扣准“政治家”、“军事家”的定位展开描写。特别是每一个历史转折关头，如规划三分、赤壁决战、进兵益州、兴建蜀汉、临危授命辅孤，诸葛亮都起了力挽狂澜的作用。由于作者对诸葛亮的定位认知明确，刻画的分寸把握极为恰当，一代贤相和蜀汉开创者的形象，鲜活地展现出来。

（2）深挖历史资料，丰富历史内容。作者广泛的搜集和利用诸葛亮的资料，堪称宏富。资料大类有三个方面。第一，古代文献。第二，考古资料。第三，古今人研究成果。凡有价值者，细大不捐。从该书脚注和行文叙述粗略统计，作者引用的文献、碑文、考古资料有数百条之多，鲜为人知的材料占有相当比重。作者还善于运用资料，取舍精当。例如第一章“流离生活”一节，作者引据《三国志》裴注关于诸葛玄任豫章太守始末的相反记载，参以《后汉书》和《资治通鉴》的相关记载，揆以情理，周密考索，得出了诸葛玄送诸葛亮等人入荆州，而自己留在西城为叛民所杀的结论。这一考证，揭示了诸葛亮十五岁就寄寓荆州，成为一家之主，流离生活促使传主过早地成熟，对其一生的思想政治追求产生重大影响。再如第三章“山雨欲来”一节，作者考察荆州集团内部有三大矛盾：宗室争嗣矛盾、抗曹与迎降派别的矛盾，刘表与刘备的主客矛盾，从而揭示荆州“是一座矛盾重重，千疮百孔，摇摇欲塌的危楼”，难怪曹操铁骑南下，兵不血刃淹有荆州。作者辨析引据了大量的历史资料，脚注达 32 条之多。本章“三分荆州”一节，材料引据 22 条，“五载经营”一节，材料引据 29 条。这些均是作者深挖历史资料，丰富了历史内容。诸葛亮形象鲜活生动地再现，并不是小说情节的虚构，而恰恰是依托于有根有据生动的历史内容。

（3）考信与入情合理的揣度相结合，再现历史真实。什么是历史真实？信史、实录自然是历史真实，而根据各史之间的内在联系，深刻揭示历史发展的客观进程、历史人物的内心活动，不仅是历史的真实，而且是更高境界的再现真实历史。因为历史的本来面目是龙腾虎跃、生动活泼、精彩绝伦的。历史文献记载的历史，最大的真实充其量不过是如同照相机拍摄的人物面相，它只是静态的、片断的摹写，并非是真实的人物，因为真实的人物是有血有肉的极具个性特色的形体。对着相片，遥想人物的音容笑貌，一个鲜活的人物形象才能在脑海中浮现。已经逝去的历史，既不能还原，也不能做模型实验，它只能依靠历史家通过历史文献的记载来重新组合、摹写与描述，才能再现历史。可以说，只会堆积历史文献的历史家，他写出的历史，不过是一张历史照片，实而不真，这叫文献学，不是历史学。只有将历史文献进行重组与描述，并赋予思想，这样写出的历史，才能再现历史的真与实，或者说更高境界的历史真实，也就是历史学。历史学是创作。人物传记更具有创作空间。如果写人物传记，只是复述文献资料，那不仅只是苍白的，而且是模糊的，不知所云。作者在《引言》中举了一个生动的例证。诸葛亮在隆中的十载磨练，《三国志》本传只有这样几句话："诸葛玄死后，诸葛亮亲自在田野耕种，喜欢唱《梁父吟》这首歌。他身高八尺，常常把自己比作管仲、乐毅，当时人都不同意这种说法。"仅此而已。《武侯春秋》写了一章，再现了历史真实，诸葛亮高大伟岸的形象才站了起来。

3.《武侯春秋》作者合理增饰人物形象的艺术手法

《武侯春秋》作者是怎样将考信与揣度相结合，还原生动的历史呢？择其要者，略述体现作者风格的几种手法。

（1）合理想象，描述情景。如第 73 页描写诸葛亮送孟建北上的情景，212 页描写诸葛亮送刘备船队入蜀的情景，合情合理，无臆造之嫌。

（2）合理想象，描述情节。如 435 页描写诸葛亮延请杜微的情节，是根据《三国志·蜀书》杜微本传进行发挥的，有根有据，不虚构，不失实，而入情描写再现其真，加入对话，使行文更加生动可读。

（3）描写人物的内心活动。如 41 页对诸葛亮失去叔父后的悲恸及未来打算的心态描写，精彩逼真。"蓄志待时"、"鱼水相求”、“规划三分”三节对诸葛亮隐居隆中，既养志待时，又切盼得遇明主建功立业，两者心理冲撞的描写，更衬映出诸葛亮的人格魅力。再如，“沉思之后”一节对诸葛亮反思的内心活动的描写，“上表披心”一节对诸葛亮忧心、关心、苦心、忠心、壮心、信心等心态的挖掘与描写，既合情又合理，符合历史真实，人物也有了精神。

4.《武侯春秋》的语言艺术

锤炼语言，增饰文采与情思，《武侯春秋》运用极为成功。章学诚指出：“史所载者事也，事必藉文而传。”又说：“史之赖于文也，犹衣之需乎彩，食之需乎味。”（《文史通义·史德》）语言锤炼，是文学的最基本要求，同时也是深邃思想的结晶表述。《武侯春秋》的语言博雅弘辨，朴直而清新，描述而事核，作者下了很大的功夫。详加说明。

（1）场景描写。如 22 页写诸葛亮兄弟姊妹到达荆州的情景：“碧绿的江水，在船舷边激起欢腾的浪花，笑迎着远道而来的一叶小舟。青青的岘岭，敞开它宽广的胸怀，拥抱着风尘仆仆的他乡游子。”荆州是诸葛亮的第二故乡，他在这里成长、腾飞、构划三分，生活了二十年，这段场景描写寓意深刻。

（2）比兴引喻。50 页写诸葛亮躬耕地隆中的清晨：“月落星稀，东方渐渐发亮，晨曦微露，引来雄鸡长鸣。”这清幽的环境寓意诸葛亮学习、养志的优越条件。133 页写曹操冒进赤壁：“近十年来，曹操讨黄巾、打徐州、诛吕布、破袁绍、斩袁谭、征乌丸，一杯又一杯地畅饮着胜利这坛醇酒，他的心态由清而蒙，由蒙而飘，由飘而乱，由乱而昏。”比喻贴切新颖。曹操听不进谋士贾诩、程昱的良言，刚愎自用，因为他的头脑被胜利冲昏了。

（3）解题式语言，蕴涵哲理。198 页说：“机会是什么？机会是一种只能自然遇到，不能人为创造的外部条件。机会有很强的时效性，他永远朝着一维方向运动，一旦逝去，就永远不会再有。”有人称此为破译典故，实质是浓缩生活而升华的哲理，《武侯春秋》一书有数十处，体现了作者的思想深邃。

（4）排比重沓，加重氛围与肯定。109 页写荆州集团三种矛盾交织的离心影响："三种矛盾，彼中有此，此中有彼，理不开斩不断。三种矛盾，造成的巨大离心力把荆州搞得四分五裂。三种矛盾，从不同方向内耗着荆州的防卫力量。"208页写刘备不忍暗算刘璋，放弃了庞统建议取益州的上策："刘璋的诚，刘璋的软，刘璋的弱，对于刘备的道德观念来说，都是一条难以逾越的鸿沟，一座难以攻克的堡垒。"

（5）每章每节的开头与结尾，语言极具匠心。开头切入语言多起论式，结尾收束常留有悬念，上下节目，衔接紧密，语言特色带说书味，这无疑增强了行文的生动性与可读性。此外，心态描写语言、说理辨析语言，也很有特色。这些，读者展卷即得，本文限于篇幅，不具引。

历史的科学性不允许虚构和夸张，而文学的形象性则要求丰满与典型，两者有很大的区别，但二者并非水火不容，而是可以相通，可以交融的。历史的本质是记事，文学的本质是抒情，情与事都是人的活动，特别是写人物传记，历史与文学的统一不仅有极大的空间，而且是必然的要求。入情合理的揣度、语言锤炼是造就历史与文学统一的最基本手法。入情合理揣度，不是小说虚构。钱鍾书在《管锥篇》中做了精彩的理论概括。钱氏云："史家追述真人真事，每需遥体人情，悬想事势，设身局中，潜心腔内，忖之度之，以揣以摩，庶几入情合理，盖与小说、院本之臆造人物、虚构境地，不尽同而可相通。"两者的区别，用清代著名文学点评家金圣叹的话说，就是"以文运事"者写真，"因文生事"者虚构。把握好二者的分寸，创作者既要有很深的史学修养，还要有很深的文学修养，二者缺一不可。

二、评与传结合，开拓境界，翻新历史意境

从深沉的历史思考中，引申出具有导向性的价值评价，是一部优秀人物传记不可缺少的重要因素。20世纪90年代，我国学

术界兴起了“评传热”，有多家出版社推出了各种类型的评传丛书，规模宏大，佳作迭出。南京大学出版社从 1990 年起推出的 200 部《中国思想家评传丛书》影响最大，其特点是评传结合，以评带传，评多于传，突显历史人物思想主线。关于诸葛亮的新传，1996 年、1997 年、1998 年三年中，连年推出达三种之多。分别是余明侠著《诸葛亮评传》，纳入南京大学出版社《中国思想家评传》中。柳春藩著《诸葛亮评传》，中国青年出版社推出的通俗史传，以及本书朱大渭、梁满仓合著的《武侯春秋》。三部新传，各有特色，余氏本以评带传，突出思想主线，柳氏本叙述史传，勾画人物事迹，朱梁合著本以史带传，在广阔的历史背景上，塑造人物，叙议交融，寓评于传，是独具特色的人物评传。柳氏本题名“评传”而“评”不显，是叙述史传。朱梁本未提“评传”之名，却属评传型，兼有余柳二氏之长，可谓后出者胜。实践表明，撰写创业型伟人，以史带传，寓评于传，更具典范意义。《武侯春秋》，以史带传，同时又吸收了评传体的手法，在行文中叙议交融，开拓境界，翻新了历史内容，带给了我们多方面的实践经验。本文重点评说以下五个方面。

1. 新意迭出

第二章“蓄志待时”一节，作者评述诸葛亮修身养志的人文与社会基础，具体入微，提出了“儒家熏陶是诸葛亮政治理想确立的文化基础，忠君思想正统观念是社会历史基础，那么救民于水火则是现实基础”的新见解。第三章“五载经营”，通过评与叙，即理与据的结合，全面考察了诸葛亮为巩固荆州做了五个方面的工作，充实了历史内容，发前人之所未发。第四章“进兵益州”一节，评述了诸葛亮在取益中的重大作用：抓住机会，争取张松；为进兵益州做好人事安排；协助刘备制定重兵守荆，轻军进益的方针。本章“天府沃野”与“跨有荆益”两节，前后呼应，从隆中对的战略高度分析了益州对蜀汉全局的重要，揭示了蜀汉政治中心由荆州转向益州的必然性。因为，“益州有四塞险固的地理环境，益州有富饶的自然资源，益州有令人瞩目的经济发展水平，益州有延绵不绝的政治历史，益州有醇厚的人文传统，益州有独特的宗教文化，益州有浓郁的儒学风气。”作者全面系统的评说，大大充实了“天府”的历史内容，深化了隆中对路线的意境。第六章“隆中对析”一节，作者的评说，深刻地揭示了隆中对的预见性、科学性、系统性、策略性、思想性五大特点，还从地理、经济、文化、政治多角度分析了隆中对“跨有荆益”方针的天然缺陷，揭示了隆中对与夷陵之战失败的内部联系。以上各例，笔触细致，思路明晰，语言简洁，是《武侯春秋》中的精彩段落。

2. 寓论断于叙事

在叙事中带出具有思想性的理论观点，是述史中的生花妙笔，此是师法太史公笔法，缺乏高明史识者不可效仿。《武侯春秋》作者，运用自如，贯通全书。第三章“山雨欲来”一节，分析荆州地理形胜是一块兵家必争之地，得出“荆州只能在乱世中获得安宁”的结论。这句话是典型的寓论断于叙事，它回答了为什么群雄纷争，中原逐鹿，刘表能安坐荆州二十年，而统一趋势出现，荆州则成了“一座矛盾重重，千疮百孔，摇摇欲塌的危楼”。第一章“流离生活”一节，夹叙夹议评说乱世烙印对诸葛亮成长的影响：“三年辗转流离的生活，两次长途跋涉的辛苦，战火烽烟的弥漫，给少年诸葛亮心灵以深刻影响，使他由此萌生了报效国家、拯救时弊的宏愿。”第二章“躬耕苦学”一节，评说荆州的优越条件，这里是乱世宁州，荟萃了众多的学识渊博的人，对诸葛亮的成长有重要意义。作者夹叙夹议，画龙点睛说：“优越条件所起的作用总是因人而异，他对于庸人是惰性的温床，对天才却是腾飞的翅膀。”这也是典型的寓论断于叙事，还带几分哲理。弦外之音，诸葛亮是天才，又勤奋上进，向师友学习，向社会学习，他将在这里腾飞。本节结尾，作者用悬念之笔评说：“诸葛亮并不想做一个学富五车的学者，不想当一个皓首穷经的儒生。他有更加远大的志向，他有更高的人生目标追求。”诸葛亮蓄志待时的意境，通过评说跃然纸上。前引曹操冒进赤壁，以胜利喻醇酒，它冲昏了曹操的头脑，至含妙论却诙谐而轻快，是寓论断于叙事的效果。

3. 纵横比较

此为《武侯春秋》的显著特色。第七章“政通人和”一节，写诸葛亮是大政治家，将蜀汉政治与曹魏、孙吴政治做比较，诸葛亮远出曹操、曹丕、曹睿、孙权之上，这是横向比较，反映三国政治的横断面。第八章“南抚夷越”，写诸葛亮南征，一举两得，一得国力增强，二得南中开发。论述笔触，上及秦汉，下连两晋，这是纵向比较。第九章“上表披心”一节，写诸葛亮出师时的形势与心态，与武王伐纣、韩信东征、刘备入蜀做了对照，指出诸葛亮出师，“没有韩信东进的单一，没有武王伐纣的轻松，没有刘备入蜀的踏实”，把诸葛亮北伐的艰辛与尽瘁人为的用心活脱脱地展示出来。第十二章“源远流长”三个节目，“钟灵毓秀”、“诸葛家风”、“千秋景仰”，置诸葛亮于中华民族文化发展的悠久长河中，纵横评说，突显诸葛亮的品格和人格精神。作者概括诸葛亮立身行事体现了三种民族精神：“修身养德、虚心纳谏、以身作则、一身正气的典范精神；忠于国家、忠于民族、鞠躬尽瘁、死而后已的献身精神；忠顺勤劳、尽职尽责、自强不息、百折不挠的进取精神。”这三种精神不仅是诸葛亮生命的三大支柱，也是中华民族精神的宝贵财富。诸葛亮的人格魅力，更超过了他兴业蜀汉的事功。《武侯春秋》末章，在塑造诸葛亮人物形象的最高境界中结束，夹叙夹议也达到了高潮，使读者掩卷长思，激动唏嘘。

4. 熔本义、他义、我义于一炉

熔“三义”于一炉，既是高水平的学术境界，也是一种写作方法，其实质是传统学术要素词章、义理、考据三者合一的翻新与扩展。“三义”即本义、他义、我义。本义是传主的本来面目，具体表现为对原始资料依据的筛选、考证以及准确释义。本义还包括对时代背景的深刻揭示。他义是后人对传主的研究成果。有种种不同的甚至相反的观点。我义是作者站在新时代的认知高度，运用自己的研究手段和思维方式所阐释出的独到见解，注入传主以新的时代精神。熔“三义”于一炉的归宿点，是在论从史出的基础上推出新意，创新是第一位的。这一理论的提出，是

1985 年 5 月南京大学《中国思想家评传丛书》召开工作会议，众多学者在讨论中提出的，它是新型评传创作实践的结晶。《武侯春秋》也鲜明地展示了这一特色，也是本文称它为评传型史传的理由之一。探究本义，推出新义，是三义融合的基础，即常说的论从史出。第 21 页写诸葛亮少小蒙受流离，从而“使他由此萌生了报效国家，拯救时弊的宏愿”。55 至 59 页写诸葛亮十年砥砺，确立政治思想的人文社会基础。第 140 页写江陵之战，主力是刘备，孙刘两家既联合又斗争。319～320 页写诸葛亮赞同伐吴。第 309 页写诸葛亮拥戴刘备称帝，具有深远的政治目光。518 至 520 页写诸葛亮南征分为两个阶段：粗定纲纪与安定开发。642 至 653 页写诸葛亮军事思想超越前贤有四个方面：军队作用、战争胜负观、治军思想、指挥原则。上述例证，均是作者旁征博引，在探究本义的基础上引申出的新义，有理有据。592 至 593 页写诸葛亮北伐意义有三：第一，它关系到蜀汉国力能否进一步壮大；第二，它是为北进中原、兴复汉室打基础；第三，它关系到能否与孙吴一起建立新的钳形攻曹态势。这是在辨析“以攻为守”、“北进中原”的他义中重出己义。《武侯春秋》引证、辨析、认同古今人的研究成果，用以证成己义或演绎己义，推陈出新，不胜枚举。

5. 形势分析

对历史的人和事，探究本义的核心是透视历史背景。透视历史背景，就是形势分析。“隆中对析”揭示了隆中对的预见性、科学性、系统性、策略性、思想性五大特点，就是作者从地理、经济、文化、政治多角度透视历史背景，做了全方位的分析得出的结论。隆中对“跨有荆益”存在着天然的缺陷，它导致了蜀汉集团“荆州不可得而全力去争；关陇可得而又错过了时机，这就必然使诸葛亮的钳形计划最后破灭”（第 592 页），议论风发，精妙别致，正是从形势分析中推导出的。形势分析，是高屋建瓴的观察。诸葛亮提出隆中路线，就是诸葛亮基于形势分析提出的规划三分的蓝图。古人做形势分析，把握天时、地利、人和三要素。做历史研究，必须把握形势分析，今天的思维方式大大超越于古人。《武侯春秋》的行文用于形势分析的文字占了相当的比重，处处闪射出作者思想的光芒，读者展卷，即能亲切体味，不一一具例。

历史人物千差万别，术业各有专攻，人物传记类型，应该是多种多样。一部好的受读者欢迎的传记，“应该既有深沉的历史思考，有导向的价值评价，又能以生动的语言、文学的手法描写人物、叙述历史。”（赵吉惠：《如何写好历史名人评传》）。《武侯春秋》就是这样一部受读者欢迎的评传型诸葛亮新传。该传以人物演史，展现了三国时代的横断面，广泛引证历史资料，但不是烦琐的堆积，而是有着明快的提炼、揭示与发挥，升华出启迪新思维的历史哲学，从而极大地提高读者对社会历史的人生价值的认知水平，传主的人格魅力也得到了淋漓尽致的发挥，所以《武侯春秋》是一部典范的名人传记。笔者认为，《武侯春秋》可与40年代朱东润先生所作《张居正大传》媲美，两朱氏一文一史，在写人物传记上达到了契合。这一偶然契合，却昭示了一条创作规范，那就是典范的人物传记，既有评有传，又文史交融。在文史交融上，史为基础，为内核，文为载体，为采饰。朱东润先生称，他提供给读者的，“是一种有来历，有证据，不忌繁琐，不事颂扬的作品”（《张居正大传》序文）。这个标准为《武侯春秋》所继承，而又有发展。朱梁氏要带给读者的，是“一部真实可靠的、有血有肉的、活生生的、有思想高度的、新的诸葛亮传记”（《武侯春秋引言》）。两朱氏之作，所写传主为同一类型，均为一代贤相，一个创业，一个改革，给予历史以重大影响。两部传记，体式相同，都是成功的典范力作，前后辉映，随着历史的推移将成为二十世纪中国现代传记文学史上长明天空的双星。

三、值得再推敲的某些论点

评价一部好书，不能只是专扬其长，不道其短。因为金无足赤，人无完人，更何况学术观点，智者见智，仁者见仁。书评要有新思路，一是在书评中要总结作者的创作理论与实践经验，再是引入争鸣与作者切磋学术，给读者多一些启发性思考，不无裨益。基于这一认识，择取《武侯春秋》中值得再推敲的某些观点与作者切磋，深化认识。

其一，如何理解诸葛亮“好为《梁父吟》”？作者的观点认为：“诸葛亮是肯定晏婴的。他反复吟唱这首流传已久的《梁父吟》，就是在缅怀晏婴为国除乱的功绩。”红花要绿叶扶持。诸葛亮志安天下，他“好为《梁父吟》”，如同刘邦起舞“大风歌”，是思得良材为助，警示自己一旦为相，不要犯晏婴杀良的错误。《武侯春秋》作者反解了《梁父吟》，与诸葛亮的蓄志修养不协调。

先说《梁父吟》的本义。诸葛亮“好为《梁父吟》”，历来争议颇多，长话短说不具引，这里以唐代《艺文类聚》所载歌词来讨论，与作者的认知一致。其词十二句：

步出齐城门，遥望荡阴里。
里中有三坟，累累正相似。
问是谁家冢，田疆古冶子。
力能排南山，文能绝地纪。
一朝被谗言，二桃杀三士。
谁能为此谋，国相齐晏子。

《梁父吟》是流传已久的齐地挽歌，是人们歌颂怀念齐国三勇士公孙接、田开疆、古治子的。因为三勇士是国之栋梁，国之长城，“力能排南山、文能绝地纪”，却被国相晏婴进谗言害死，是非鲜明，语言明白，不应曲解。民间歌谣，情感都是直率的。三勇士文武双全，知耻知勇，只有国相晏婴才有用二桃杀三勇士的智慧与影响力。由于三勇士慢待了晏婴，晏婴怀恨诛贤，可以说是智者千虑之一失，绝顶聪明人犯了大错误，好人杀了好人，其悲剧意义就更为深沉，所以格调慷慨悲凉。《武侯春秋》作者拘泥于晏婴是贤相而为之曲说，反解《梁父吟》，此三勇士喻乱国贼子，这就和三勇士争桃知耻而死的勇者精神不和谐。因为乱国贼子都是不知耻的小人。三勇士奋气争功未必不为君子，例如廉颇与蔺相如争功，是对自己权利的捍卫，对不公的抗议，一旦明了大义则知过能改，负荆请罪。齐国三勇士争功分桃，而后知耻以死，可以说具有廉颇之风。在人治社会，有如晏婴之贤而犯一时之大错，并不足怪。刘备之诛张裕，法正之报私仇就是显证。古往今来凡雄主与能臣挟私愤犯大错误的事并不为鲜，不必为贤者讳。

再看注解《梁父吟》的权威他义。裴松之引《魏略》说诸葛亮好为《梁父吟》，“常抱膝长啸”，并加长篇按语发挥。裴氏谓诸葛亮既“智”且“明”，在隆中是“高吟俟时”，其志略高于同辈石广元、徐元直、孟公威等人，石、徐、孟等人北投曹操，只能为官一方，成为地方社会贤达，而诸葛亮自比管仲，乐毅，要遇明主干事业，一匡天下，以兴微继绝为己任。

诸葛亮“好为《梁父吟》”与“自比于管仲、乐毅”是一致的精神情操，是借古人以自励。管仲辅佐齐桓公尊王攘夷，九合诸侯，一匡天下。乐毅辅弱燕报强齐，一举下齐七十余城，几乎灭了齐国。诸葛亮要干一番事业，自比管仲、乐毅，不仅表明他兼有将相之才，而且表现了他不苟且许身的抱负与情操，如裴氏所言，即兴复汉室为己任。可是现在呢？他只能在隆中“抱膝长啸”，吟咏《梁父吟》来寄托情思。《梁父吟》是齐地之歌，诸葛亮咏此，寄托思乡、思亲之情而厌恶乱世，立志要平清天下。诸葛亮越是思乡，就越是思遇明主，思得三勇士为辅，一腔忧国忧民，壮志未酬的情怀跃然纸上。刘邦作《大风歌》，“安得猛士兮守四方”，是他在屠杀功匠之后的一种反思与悲叹，诸葛亮“好为《梁父吟》”，则是感叹“安得猛士兮平乱邦”。这里诸葛亮所抒之情，所寄之志，与人民悲怀三勇士的感情是一致的。同时也是对齐晏子气量狭小，挟私毁长城的批判，诸葛亮咏此，引为教训，警示自己，这才是昂扬向上的情操。论从史出，要符合逻辑。这里所说的逻辑，就是事理圆通，与文献资料所含本义要契合。《武侯春秋》作者反解《梁父吟》，主观上并不是要为贤者讳，大概是感情上为古之大贤所淹，不自觉地钻了牛角，可以想象作者在反解《梁父吟》时，一定费了不少周折。

其二，第三章“南下铁骑”一节，作者认为：“刘备的长坂之战，是一次在错误战略、错误战术指导下的战斗，固而其失败是必然的。”整个荆州都不足以与曹操抗衡，刘备失败是必然的，这一点不必讨论。刘备长坂之败犯了战略、战术错误，值得商榷。作者所指，刘备的战略失误是进军江陵，因江陵重镇地理重要，又有军实，是诱使曹操拼力来争；战术失误是当阳分兵，刘备力量更加削弱。按作者的论述，刘备不应走江陵，不与曹军交锋，保存实力直走江夏，靠近孙权，联合抗曹。

曹军南下，诸葛亮劝刘备夺襄阳，城守以抗曹军，刘备没有采纳，而是走江陵，守要害，依军实，划江以抗曹操，无疑是最正确的战略决策。长坂之败，寡不敌众，而义感三军，虽败犹荣。刘备虽败，更显他是荆州人民所向的旗帜，此乃联吴资本。若刘备直走江夏，不战避曹，旗帜的作用也就失掉，还会反遭孙权的白眼，未必有利于联合。说到刘备的战术之失，不应是当阳分兵，而是低估了曹操争江陵的决心，分兵过迟。设若刘备在襄阳就分兵，令赵云这样的智勇之将，轻骑进江陵，令关羽、张飞断后阻击，迟滞曹军，自己率军民加快前行，或许避免野战失败。刘备一旦据有江陵，曹军绝不可指日以克，孙刘联合将是另一番景象。曹操人杰，智过刘备，亲统轻骑，闪电式追击，刘备措乎不及，焉能不败。历史不能假设，据实评价，刘备长坂之败显出人主本色，为民所敬，这才有向江夏的进军。

其三，第六章“隆中对析”一节，前文已引述，此节为作者的精彩之笔，作者高屋建瓴分析了隆中对的预见性、科学性、系统性、策略性、思想性五大特点，还揭示隆中对“跨有荆益”的方针具有天然的战略缺陷，这些都是精到的新思想。但作者把“跨有荆益”在战略上的“天然缺陷”，说成是诸葛亮“跨有荆益”战略方针的失误，可以说失之毫厘，差以千里，值得商榷。

笔者认为，隆中对是诸葛亮洞察形势提出的“规划三分”战略，而并不是对历史必然结局的预见。预见历史，才能规划历史，所以规划中有预见。预见是历史发展的事势，是对历史已知条件的指导，规划则是要创造条件来影响历史事势的发展。诸葛亮规划三分时，统一的趋势大于三分，但由于孙氏据有江东，刘备亦为人主，长江天堑隔断半壁江山，具有三分天下的发展潜力，诸葛亮的规划就是发展三分天下的潜力以实现三分。此为刘备制定的发展方向，“跨有荆益”，事态的发展，也证明了隆中对的战略是正确的。如果没有“跨有荆益”的战略决策，就不会有刘备的开基立业。

历史不依人的主观意志为转移，在三分历史的演进中出现了诸葛亮未能预见的事势变化。第一，赤壁之战，刘备藉孙吴之力打败曹操，所以才有刘备借荆州之说，孙权理直气壮索荆州，衍生于赤壁之战，这种形势发展是诸葛亮不能预见的。第二，刘备与诸葛亮低估了孙权集团索取荆州的决心，“大意失荆州”。关羽北伐，江陵成了一座空城，刘备又调走驻守夷陵的孟达北进上庸，夷陵也成了一座空城。刘备、诸葛亮认为，以湘水为界，中分荆州，已经解决了荆州问题，所以对东吴不设防，导致了大错。第三，关羽藐视东吴，制造边境摩擦，被孙权视为眼中钉，增加了荆州的危局。

“跨有荆益”的天然缺陷，核心是地理态势，荆益之联系不如荆扬之联系。正如范文澜指出：“刘备取得益州以后，荆州成为孙权用全力来攻，刘备不能用全力来守的局面。”（《中国通史简编》第二编 202 页）。如果刘备全据荆州，《武侯春秋》的作者与范老的分析都是正确的。事实上，关羽北伐之时，蜀汉只占有荆州一角，即夷陵、江陵战略要地，地理形势与益州东疆重山相连接，易守难攻，不需全力来守。如果关羽不北伐，或关羽北伐而后防不虚，比如关羽出则赵云进荆，为羽后援。只要蜀汉有防吴准备，守险荆州一角，虽有十吕蒙也无能为也。《武侯春秋》作者与范文澜，未能把握时空环境，议论难免失于空泛。

刘备“大意失荆州”，不是隆中对“跨有荆益”的战略失误，根本原因是蜀汉集团未能在新形势下修正隆中路线，弥补“跨有荆益”的天然缺陷，反而在不利形势下冒进北上，可以说是在战略上违背了隆中路线。两路北伐的前提是和好孙权，东西并举，益州西路出兵。而关羽北进，是刘备称王汉中时的冒进，恰似曹操铁骑南下，得了荆州不加休整又冒进赤壁一样，犯了骄兵必败，欲速不达的错误。

其四，第七章“沉思之后”一节，作者写夷陵战后，诸葛亮沉思意识到隆中对战略的失误，修改战略，放弃荆州。第八章，“北伐战略”一节，作者写诸葛亮修改后的北伐战略，不是兴复汉室，统一中原，而是夺取陇右，固守蜀汉，为将来北伐奠基。这些，也是《武侯春秋》作者首发的新观点。夷陵战后，吴蜀和好，并不是诸葛亮修改隆中对的战略失误，放弃荆州，而是新形势的必然转轨。夷陵战后，魏强、蜀弱、吴孤，吴蜀再鹬蚌相争，将被曹魏各个击破，对此双方都有清醒的认识。夷陵战后，吴军主动收缩，主动求和，刘备临终订下了重修吴蜀之好的方针，两国使者有了初步接触，只是留待诸葛亮来完成罢了。此时，荆州归属已成定局，当务之急是鼎立自保。隆中路线兴复汉室的终极目标没有改变。所以邓芝使吴，孙权问：灭曹之后，吴蜀如何？邓芝答曰：双方重执战鼓罢了。因此诸葛亮北伐战略，仍是为兴复汉室争一线希望，《出师表》言之确凿。诸葛亮第一次北伐，欲平取陇右，蚕食魏境，壮大实力，只是战略步骤，并非战略方针只此而足。如果诸葛亮北伐只是夺取陇右以固蜀疆，那么作者对诸葛亮北伐意义的三点分析，只不过是对“以攻为守”的充实，而失去了新义的光芒，这也是失之毫厘而差以千里。

此外，诸葛亮第一次北伐，在有利形势下打了败仗，其失过于谨慎，救孟达不力，用人不当，丧失战机，陈寿评为“将略为短”，并不为过。所谓“将略为短”，相对而言，并不影响诸葛亮是第一流的军事家。以上均是智仁之见的观点，它不影响对《武侯春秋》的总体评价。作者的某些观点，即使是思虑未周，也是大醇小疵。

（本文前两部分原载《襄樊学院学报》2000年第3期）

“三趣”写活改革家

——《孙家鼐创办京师大学堂风云》[①] 读后感

《孙家鼐创办京师大学堂风云》是新锐文史学者、纪实文学作家余音的新作，写的是北京大学前身京师大学堂的创建历程，洋洋30万言，由人民出版社于2008年8月出版。京师大学堂创建于戊戌变法时期，此书在2008年隆重推出，是献给北京大学创建110周年的一份厚礼。

近年来，余音致力于倡导纪实文学。他在《孙家鼐创办京师大学堂风云》（简称《京师风云》）封底勒口的“内容简介”中称：“本书是孙家鼐的第一本传记。以作者所倡导的纪实文学‘三趣’（文趣、情趣、理趣）理论为指针，风追司马，回归‘现场’。”看来，《京师风云》是余音“三趣”文学理论的具体实践，而不仅仅是《京师风云》所述事件本身。阅读之后，我欣喜地发现，余音身体力行，《京师风云》成功地体现了其“三趣”文学理论，是一部耐读耐看、赏心悦目的史传文学，运用太史公笔法达到了得心应手的程度。

《京师风云》的内容和主题，概括在书名之中。《孙家鼐创办

① 《孙家鼐创办京师大学堂风云》，历史人物传记，人民出版社2008年出版。作者余音，《东北之窗》编辑，纪实文学研究者，提出“三趣”理论，本书出版，是其理论实践成功的范例。

京师大学堂风云》有三个关键词：孙家鼐、创办京师大学堂、风云。“风云”二字是“时代风云”的省说，即时代大背景。《京师风云》把孙家鼐创办京师大学堂，不仅放在戊戌变法的大背景下来描述，而且也写出了戊戌变法为何发生的时代契机。作者追述了太平军起义与捻军起义，特别是甲午战争与列强侵扰。这些时代风云，是通过一系列人物带出的。到了戊戌变法阶段，风云人物分为帝党与后党两派。帝党首领为翁同龢，后党的主要首领之一是李鸿章。两者不仅政治立场不同，而且有很深的个人恩怨。政治立场与个人恩怨形成的窝里斗，极大地影响了甲午战争与戊戌变法。翁同龢、孙家鼐同为光绪帝师。孙家鼐是帝党的二号人物，创办京师大学堂又是戊戌变法的“天字第一号”工程。翁同龢被罢官，创办京师大学堂的历史责任义不容辞地落在了孙家鼐的肩上。由于孙家鼐的老成持重与个人修养，与后党要员李鸿章、荣禄有很好的个人关系，慈禧太后也很器重孙家鼐，因此，戊戌变法虽然失败了，而变法的第一号成果——京师大学堂却得以保存，孙家鼐不一定是时代的主角，但他是创办京师大学堂的核心人物，也就是这一部传记的主人翁。而《京师风云》写孙家鼐的个人事迹及其创办京师大学堂的传奇故事，篇幅并不太多，却用较大篇幅浓墨重彩地描绘历史风云、政坛纷争。这一写法人事交融，立意高远，活脱脱地再现时代创造了孙家鼐，反过来又是孙家鼐创造了时代。也就是说，孙家鼐、京师大学堂、时代风云，三位一体，密不可分。时代大背景是绿叶，孙家鼐创办京师大学堂是红花。绿叶衬托红花，浑然一体。如何叙写枝繁叶茂，衬托一朵大红花，剪裁、布局、资料取舍，非大手笔莫能属。如此境界的史传文学，比一般的人物传记要难写得多。《京师风云》达到了典型化史传文学的境界，十分可喜可贺。

《京师风云》的表现形式，恰如作者自诩，“风追司马，回归‘现场’”。具体说来成就有四。其一，情节故事化。全书正文6章，47个节目，章与节都相对独立，是有头有尾的一个故事集群。但行文叙述是以“人”为中心，各派人物，个性鲜明，写人见事，而不是写事见人。历史事件是人的活动，是人物创造的。

人的个性、修养往往决定事业的成败与走向。例如康有为，他喊出了时代最强音，发动“公车上书”，宣传维新理论，推动了戊戌变法。但康有为却是一个怪人，爱国热情与个人私欲交织，作者笔下的康有为，活像一个近代的少正卯。从某种意义上来看，戊戌变法成也康有为，败也康有为。例如传主孙家鼐，作者只是集中写孙氏如何创办京师大学堂，并以此为中心选材，其余的个人生平事迹，从生到死，基本割舍，所以全书不是孙家鼐的全传，而是集中笔墨塑造孙家鼐怎样肩负历史使命创办京师大学堂，如同人吃甘蔗，砍去头尾，专吃中间那段，才显得格外甘甜。书中的其他人物，如光绪、慈禧、李鸿章、翁同龢、袁世凯、刚毅、荣禄，等等，作者未作刻意描写，更没有说教，而是在故事乃至生活轶事的描述中，寓论断于叙事，以细节折射出人物的个性性格。其二，古人云：“文章唯叙事最难。”余音学习司马迁，善叙事理，又发展为“三趣”，灵活地运用正叙、倒叙、插叙、补叙，不时点染讽喻、诙谐之语，精妙无比。如赞美孙家鼐一副对联点状元，在对联之后突然来了一句评论：“‘马屁’拍得如此艺术，咸丰帝岂能不击节赞赏?”一言胜过万语，使人忍俊不禁。其三，学习司马迁“尚奇”、“借较事出色”，写活人物。全书不少奇闻逸事、民间传说、生活细节，不仅增强了文学性，而且以小见大，丰富了历史真实。历史真实，就是历史人物的艺术真实，亦即事理真实，它高于生活真实。奇闻逸事、民间传说，有的是补充文献省略了的史实，有的是人物影响的遗存，有的是人们理想化的期望，这些都是塑造一个鲜活历史人物的“血肉”。但它毕竟与文献史实有较大距离，为了防止负面作用，在相关部分，余音都是用“据悉”或点出“民间传说”加以提醒，以提示读者正确区分史说与戏说之界限。其四，行文隽永，典雅流畅。余音在语言上下了很多功夫，对口语做了大量提炼，所引用、嵌入的诗词、对联、格言、警句，与全书风格融为一体，既通俗又典雅，文趣盎然，耐人寻味。描述语言的生动运用，是《京师风云》的又一大特色。

此外，作者学习太史公“发愤著书”，十分强调创作动机。

孙家鼐是戊戌变法中最成功的一位历史人物，也是中国改革家的杰出代表，他创办的京师大学堂是戊戌变法仅存的硕果，作用巨大，影响深远。过去，学术界不仅重视不够，而且歪曲了孙家鼐的本来面目，作者拍案而起，潜心研究十多年，创作《京师风云》为孙家鼐鸣不平，并艺术化地探索了戊戌变法的成败得失，成功塑造了中国改革家的艺术形象，具有积极的现实意义。

余音与笔者相识有年，余音倡导纪实“三趣”理论早已聆教，《京师风云》是他的一次有益“尝试”。这里借《京师风云》出版之机，谈一点个人的感悟，以期抛砖引玉，希望有更多的余音出现，推动史传文学的复兴。

（本文原载《东北之窗》2009年第2期）

历史的价值

——读薛俊华《〈史记〉〈汉书〉纵横谈》

山西大学崔凡芝教授向我推荐了一本山西一位领导干部的新作《读史论政——〈史记〉〈汉书〉纵横谈》，要我谈一谈读后感。写书的这位领导干部是山西省委宣传部原副部长薛俊华同志，一生笔耕不辍，可以说是领导兼作家、学者。已发表的主要著作有《山西历代纪事本末》、《山西文学大系》、《山西新世纪报告文学作品选》之《高风歌》、《大风歌》、《长风歌》等。作者1968年毕业于山西大学文学系，个性偏爱历史，于是有这本《读史论政——〈史记〉〈汉书〉纵横谈》（简称《读史论政》），三晋出版社2010年出版。薛俊华同志可以说是文史兼通，“从政”与“为学”两不误。在科举时代，不“为学”则不能“从政”，所以“从政”者都能“为学”。步入现代社会，科技文化日新月异，学校专业分门别类，培养各种人才。现代社会“从政”与“为学”难以兼任，鱼与熊掌不可得而兼。当然，任何时代都有特异人才，有通才大家，那毕竟是凤毛麟角。做到“从政”与“为学”两不误的人在当今社会是很不多见的。薛俊华同志做到了“从政”与“为学”两不误，还是文史兼通的作家、学者型的领导，实为难得。薛俊华同志成功的经验，这本新作的书名“读史论政”本能地透露了些许消息，作者是学以致用，不是为学习而学习，也不是泛泛地以学养心，提高个人修养。作者是“从政”的干部，操心的是大众民生，读史是为了搞好工作，作者论史，抒发的是人生感悟，所以题其书曰“读史论政”，现实性、功利性十分强烈，这是该书的特点。

由作者的书名，感悟到另一个老生常谈的话题：学习历史有什么用？换句话说：历史有什么价值？似乎人们的答案十分肯定：历史有借鉴的价值，宋人司马光写的一部古代编年体通史，宋神宗题名“资治通鉴”。“前事不忘，后事之师”，这也是一句古老的人生格言。可是在 20 世纪 80 年代中，曾经有过一阵“史学危机”的讨论，起因于大学历史系毕业生不好分配，各高校历史系的招生大幅度萎缩。作者恰是在这一背景下“从政”而不放弃“为学”，而且还迷上了史学，读《资治通鉴》，读《史记》，读《汉书》，心得感悟，发于笔端，积篇成册，而成煌煌大著。《读史论政》对历史的价值和功能提供了生动的例证，概括其内容，具体说，历史的价值有四个方面：其一，历史知识，提高修养；其二，智慧谋略，增长才干；其三，经验教训，警世取谕；其四，惩恶劝善，做人准则。《读史论政》全书 55 篇文章，篇篇精彩，有的放矢，闪射着思想的光芒，兼之文辞优美，感情真挚，读之如饮醇醪，不觉自醉。下面试作具体分析。

1. 传播历史知识。《读史论政》，顾名思义，写的是政论文，只是以史为载体。正因为是以史为载体的政论，伴随论题传播历史知识。作者用笔很活，有的论题像传记，如《项王悲歌》、《谈刘邦》；有的论题像纪事本末，如《长平之战遐想》；全书贯通，依时间顺序展开，像编年体。就全书总体风格，夹叙夹议，以叙为主，篇篇如同说书，以故事性展开，作者议论纵横驰骋，古今中外，全方位讲故事，说历史，落实在当今，读者仿佛是在听人讲身边的故事，潜移默化懂得了许多历史知识，提高了自身的素质修养。不须举例，篇篇都是饱含知识的故事。司马迁写《史记》，人物情节故事化，显然薛俊华同志是活用司马迁笔法，议论故事化，自然论从史出，不下大工夫，不能有此境界。

2. 启迪智慧谋略。历史沉淀各个时代英杰伟人的智慧谋略，那些大政治家、军事家、哲人智者创世的智慧，取得事业成功的谋略，是通过历史沉淀下来的。司马迁为商人立传，明确宣称："布衣匹夫之人，不害于政，不妨百姓，取与以时而息财富，智者有采焉。作《货殖列传》第六十九。"《读史论政》一书，非常重视对沉淀于历史中人类智慧谋略的总结。《大禹精神》总结了大禹、李冰、郑国、潘季驯等中国历代治水专家和劳动人民的智慧，升华为一种"精神"，作者称之为"大禹精神"，化为领导艺术。作者写道："领导在群众遇到危难的时候挺身而出，与群众同甘苦，共患难，身先士卒，沉着指挥，是一个领导人最起码的行为准则。"作者在沁源县任县委书记六年，遭受两次特大洪灾，领导置身于群众中一道抗击洪水，及时地消除洪水造成的损失。智慧从哪里来？智慧从群众中来，从实干中来。作者动情地写自己亲身与群众同甘苦的精神。作者说："在我参加工作之前，我已经是一个工、农、学、兵都干过，而且农业上犁、耧、耢、耙都能上手的劳动者。在公社当干部既包过村，也包过片。不管在哪里，我总和社员们一起风里来，雨里去，晴天一身土，雨天一身泥，和老百姓同吃同劳动。"有一年春耕下种，作者任职公社书记，一年之计在于春，作为公社第一把手不可以在春播时擅离岗位，这时家里小孩生病发高烧40度，作者心急如焚，硬是在大禹精神支撑下没有离开工作岗位。孩子的病终于好了，作者写《大禹精神》的文章时，心中还隐隐作痛，不无遗憾地说："我欠下了孩子一笔情感债。"

作者出身农民，小时候放过牛，打过工，掏过茅坑。大学毕业，插过队，在泥土地上摸爬滚打，从基层干部做起，历经公社书记、县长、县委书记，升到省委宣传部副部长，一个台阶一个台阶往上升，始终与群众打成一片，始终在学习历史与踏实工作中找智慧谋略，增长才干。《坎坷就叫人生》一文，文王拘而演《周易》，司马迁受宫刑发愤著书，作者从中体悟到"五彩斑斓的生活永远属于生活的强者，坎坷就是人生"。这人生就是："困境中懂得坚持，困境中敢于拼搏，困境中看到光明，困境中能够苦中寻乐。"

3. 警世取谕。历史是一面镜子！学习历史，最大的收益，最现实的效应，就是吸取经验教训。《领导学学秦穆公》，作者总结秦穆公治国有四大长处：第一，重用人才，第二，有国际头脑，第三，亲民爱民，第四，知过就改。秦穆公是春秋五霸之一，他是秦国发展史上的重要贤君，他当国君，拓展秦国领土，并国十二，疆域扩大几倍，使秦国从一个偏远的西方小国一跃而成为逐鹿中原的大国。秦穆公有许多缺点，犯过许多错误，他死后用一百多活人殉葬，历来受到尖锐批评。薛俊华抓住主流，正面总结秦穆公成功治理秦国的经验，化为人人可以运用的领导艺术，可以说这是善学历史者也。作者不是评价秦穆公，而是总结历史经验。历史的教训更有警示意义。《谗言置人死地》、《明君也有遗憾》、《当官的冷暖和扭曲》、《掌权人易受蒙蔽》、《景帝感情用事》等篇，作者从不同角度总结历史教训，一个领导者的视、听、言、动都要处处小心，一不留神就要犯大错误。楚平王误听费无忌的媚言、谗言，夺了太子的媳妇，导致楚国差点灭亡，不仅赔了一个儿子，害死忠正的大臣，自己死后还遭鞭尸。战国时实行胡服骑射富国强兵的赵武灵王、一代明君唐太宗、文景盛世的汉景帝，都是历史上著名的明君，只因感情用事，乱了家法，危害国家。赵武灵王宠信惠后，废长立幼，导致长子作乱，自己饿死沙丘宫。汉景帝感情用事，说了一句讨好母亲的戏言，“千秋之后传位梁王”，煽起弟弟梁王的嗣位野心，导致梁王僭越犯禁而忧死。在上位的领导者要慎言慎行，作者总结历史教训升华为哲理，又凝缩为文章标题：“掌权人易受蒙蔽”。说得何等之好！

4. 作人准则。历史实录，善恶必书，目的是惩恶劝善，学习历史，提高修养，端正做人准则。孔子写《春秋》为后王立法，为人伦立准则。司马迁效法《春秋》作《史记》，明确宣称《史记》是一部人伦道德教科书，《史记》每一篇传记都突出一个主题，写什么人像什么人，全方位展现社会各色人物的角色，为全社会各色人物树榜样，立训诫。读了《史记》，君知道怎样做君，臣知道怎样做臣，父知道怎样当父亲，做儿子的知道怎样做儿子，社会就和谐了。《读史论政》阐释做人准则，每篇有每一篇的主题，指导人们怎样为人处世，端正做人准则，思想鲜明，无论是正面人物，还是反面人物，作者都能体悟出新意。作者在《文帝的自律》一文中说他做人准则有两面镜子。一面镜子是20世纪60年代初河南兰考县县委书记焦裕禄，为了兰考人民脱贫致富，呕心沥血，死而后已。再一面镜子是唐太宗时谏官魏征写的《十思疏》，作者写在宣纸上挂在居室墙壁上作为座右铭，经常对照，用以检查工作。这两面镜子，一是人的行，一是人的言。焦裕禄的行，魏征的言，是两位楷模人物的言与行。作者举例的两人只是一个代表。扩展开来，所有历史人物的言与行，无论是正面人物还是反面人物，都可以作镜子。《周公的忠心》、《领导学学秦穆公》、《他们是成功者》、《文帝的自律》、《群星璀璨的时代》等文，作者讲述周公、秦穆公、齐桓公、晋文公、越王勾践、汉文帝、平民出身的抗匈大将卫青等历史人物的功绩、自律、奋斗，他们是作者学习的楷模，导人向上的镜子。《妲己、褒姒也有责任》，从反面人物引出正面教训，翻新出警世自律的镜子。传统史学观点，对殷纣王、周幽王也予以斥责鞭挞，但更多的是谴责妲己、褒姒误国，说她们是女孽，亡国祸水。作者批评这种观点不只是在为殷纣王、周幽王两位昏主开脱，也是“男尊女卑”的表现。这是比较中肯的评议。但作者并未止步，接着笔锋一转，指出妲己、褒姒并非“全无干系”。据史书记载，商纣王“爱妲己，妲己之言是从”，如果妲己尽一点劝谏的责任，纣王能不听吗？褒姒也无政治头脑，幽王为了博得她一笑，招致破家亡国的后果。作者由此联想到现在的领导，绝大多数的领导配偶是“贤内助”，“领导政绩的一半应该归功于配偶”，但是也有少数领导的配偶效法妲己、褒姒，不仅没有阻止贪污受贿，“而且参与其中”，致使双双锒铛入狱，当引以为戒。作者学习历史，把自己的体悟与夫人分享，于是在作者的“人生仕途中，从公社党委书记，到县委常委、组织部长，从县委副书记、县长到县委书记”，夫人总是经常提醒作者要自律，要“在领导岗位上为老百姓办点事，谋点利，体现自己的人生价值”。作者从政一生，几十年没有收过别人一分钱，作者十分动情地赞扬其夫人是“名副其实的廉洁夫人，贤内助”。

《读史论政》是一本使人开卷有益的书，谈工作，谈学习，讲人生，娓娓道来，如叙家常，做人道理，寓于史实故事中，不仅阅读轻松，而且是一种艺术享受。作者得益于学习历史，更得益于笔耕写作。作者把他的读书、写作融入生活之中。作者在《文帝的自律》一文中是这样总结的：

> 工作千头万绪，但我把读书当作休息、当作娱乐、当作享受、当作生活的调节。就像别人在业余时间打扑克，下象棋那样，完全是一种休闲活动。

作者说得这样轻松，因为读书、学习、写作，已经是作者生命的一部分。如果当今中国的所有领导都有这样一种学习态度，这样一种精神境界，那么影响所及，将是一种怎样的社会风景线，让我们期待着。

《读史论政》是作者解读《史记》、《汉书》的人生体悟，不着眼于学术研究，而是联系从政实践的纵横谈，有宏观，也有微观，从群众到个人，从国家到民族，从这朝到那朝，从古代到当今，从国内到国外，天南地北，任意驰骋，但绝不是信口开河，漫无边际，纵观全书极有章法，前面提到，55篇史论，按时间顺序排列，仿佛是一部古代记事的编年体。借用刘向评价《史记》的话来概括《读史论政》的文风和特点：“服其善序事理，辨而不华，质而不俚，其文直，其事核，不虚美，不隐恶，故谓之实录。”《读史论政》是作者人生体悟的实录，写的是真情实感，所以读来亲切，引人入胜。作者现已退休，有更多的时间来写他的人生体悟，我们期待着作者新的佳作问世。

（2012年8月28日于北京，原载《山西日报》2012年10月10日C3版，山西《前进》杂志2012年第10期转载。）

散　论六篇*

中国语言文字

语言是人们进行交际活动交流思想的工具，文字是记录语言的书写符号。语言不仅是人类区别于动物的重要标志之一，而且还是维系民族共同体的重要纽带，因而是民族的主要特征之一。中华民族大家庭使用多种语言和文字，但中国语言文字的主体是汉语汉字。限于篇幅，这里只简说汉语汉字。

【汉语】汉语是汉族的共同语，而今日益成为中华民族大家庭的共同语。现在部分满族、畲族完全使用汉语，其他各族兼通汉语，随着普通话的推广，汉语通行于全国各地。

汉语的特点与西方语言比较，汉语最基本的特点是简易。汉语是一种单音节占有优势的语言，一个音节就是一个单词，书写出来就是一个方块字。汉字合形、音、义于一体，极鲜明地体现了汉语简易的基本特点，其他许多特点由此生发而出。例如汉语的基本语言单位由简而获得灵活、能动的性质，它的大小和性质无一定之规，往往随上下文的声气、逻辑环境而自由运用。汉语

* 散论六篇，均为作者任职中央社会主义学院教授，参与各种社会活动，以及在新环境之下应邀命题作文，故题称“散论”，权作闲来之笔消遣。

词义功能可以活用，实词虚词可以转换，这些特点与西方语言词类凝固化的词形样态大相径庭。汉语一个个单词只要语义上能搭配，事理上明白，就可以粘连在一起，不受形态成分的约束。这在单音词占有绝对优势的古汉语中尤为明显。例如在《左传》中，单音词“雨”字，动词用法占有62%，名词用法只占有38%；“衣”字，动词用法占有61%，名词用法只占有39%；而“枕”字全为动词用法。凡名词作谓语，用在动词位置上就转化为动词用法。汉语词类的活用由此可见一般。汉语的虚词与实词可以转换，所以有“实字虚用”，“死字活用”之说。谢鼎卿《虚字阐义》说：“字之虚实有分而无分，本实字而止轻取其神，即为虚字；本虚字而特重按其理，即如实字。”汉语单词由单音词向双音词发展，在句子组合中，音节单复相配，句子长短相间，尽管句法简短而句子却变化无穷，于整齐中含铿锵，于参差中含自然，不仅可以造成多姿多彩的文章风格，而且文辞“掷地可作金石声”，极富神韵。

概括地说，汉语的特点，是一种以单音节词为基础的意态语言，语素在意会组合中形成丰富多彩的语汇。组词造句，利用单音节词与双音节词的弹性组合，灵活运用而成极富音韵的语句，表达事理随逻辑环境而自由运用，这就是汉语组词成句，运句行文的结构过程和特点。由于汉语句子采用音句铺排的形式，往往可以不用关联词而显示出关系来，音句的顿进将语气和语法脉络有机地结合在一起，可以获得“以神统形”，“以言得意”的神采，这在古典诗歌中的体现尤为鲜明。也可以说楚辞、汉赋、唐诗、宋词，这些文学精品是汉语特点的集中体现。每一个民族的语言都有自己独特的逻辑、组织、修辞方式和思维方式，以及美学价值，而汉语的以简驭繁，以神统形的特点，在世界上是举世无双的。集中体现汉语特点的中国古典诗词是人类文化的瑰宝。

汉语方言。方言是共同语的分支或变体，它由不同的地域环境与民族交往等因素形成。汉语有七大方言。一是北方方言，又称北方话、官话，是普通话的基础方言，以北京话为代表，通行全国各地，以北方地区为主。使用人口占有汉族70%以上。二是吴方言，以苏州话为代表，主要分布在江浙地区。使用人口占有汉族8.5%。三是湘方言，以长沙话为代表，分布在湖南省大部分地区。使用人口占有汉族5%左右。四是客家方言，以广东梅县话为代表，主要分布在广东东部、北部，广西南部，福建西部，江西南部。使用人口占有汉族4%左右。五是赣方言，以南昌话为代表，分布在江西省大部分地区。使用人口占有汉族2.5%左右。六是粤方言，以广州话为代表，主要分布在广东中部、西南部，广西东部、南部及港、澳地区。使用人口占有汉族5%。七是闽方言，主要分布在福建大部分地区，以及广东潮汕、海南岛、台湾省等。闽方言内部又可分为闽南、闽东、闽北三个区域方言。闽南方言以厦门话为代表，闽东方言以福州话为代表，闽北方言以建瓯话为代表。使用人口约占有汉族5%。

汉语普通话。普通话是现代汉民族的共同语，它以“北京语音为标准音，以北方话为基础方言，以典范的现代白话文著作为语法规范”。普通话与北方话不完全相同。两者均以北京话为基础。元明清首都在北京，旧时官府衙门办事多以北京话为交际语言，所以又称“官话”，推而广之，使用地域广泛。普通话则是将北方话作了规范，标准明确、科学。1955年10月召开了现代汉语规范化学术会议，从语音、词汇、语法三方面给普通话下了明确的定义，即上引的三句话。这个定义代表了现代汉语发展的主流和方向。在国际交往中，普通话是我国语言的代表。推广普通话的工具是汉语拼音方案，采用拉丁字母。

现代汉语各大方言之间，以及与普通话之间，最大差异是语音。如普通话标准音为四个声调，湘方言和客家方言有六个声调，吴方言、赣方言有七个声调，粤方言有九个声调。随着电子计算机的使用和技术发展，多种方言语音的并存，产生干扰、妨碍交流。因此，普通话的推广要极大地提高。

文言与白话。由于时代的差异，汉语有文言与白话之分。文言是古代的书面语，通称古文，白话是现当代书面语，通称白话文。文言与白话都是在口语基础上产生的，它是口语的凝炼升华与摘要，并用文字表达，与口语产生了差别。白话文以当今口语为基础，清楚明白，流畅如语，故称白话。由于古今口语有差别，古汉语单音词占优势，所以文言文与白话和口语的距离都很大。中国五千年优秀的传统文化典籍，除少量白话小说及通俗文学作品之外，文史科技典籍都是用文言文写的。研究传统文化，还必须学会读文言文。

【汉字】世界上目前正在使用的各种文字以汉字为最古老，存世的殷代甲骨文就有三千多年的历史。汉字是以象形为基础的意符字，属表意体系的文字，具有形、音、义三要素的结构。汉字在使用中规范化为方块形状，所以又称方块字。汉字一字一音成单词，因此成千累万，越积越多。今天的汉字估计有六七万之多，常用字三千多，一般用字七八千，要认识和记住这样多的汉字是不容易的，因此必须找出它的造型结构及表意规律，才可触类旁通。

汉字的结构即造字方法，古人归纳为六种，即传统的所谓“六书”。六书的内容是象形、指事、会意、形声、转注、假借。实际上，汉字的造字法只有四种，即象形、指事、会意、形声。转注和假借属于用字法，而不是造新字。

1. 象形字。象形就是指画具体事物的形状，一见其形就知道指的是什么，这种造字方式最古，接近于图画，这些字基本上是名词。

2. 指事字。指事就是用提示的方法来表示意义。指事字多为形容词、动词。抽象的概念无形可画，于是利用提示、指点的方法表意。例如：“刀”字加一点就是“刃”。“手”字加一点就是“寸”（即寸口，手腕脉搏处）。

3. 会意字。就是用两个或两个以上的义合成一个字，由它们的联系或配合来表示一种新的意义。例如：“从”由两个“人”字组成，表示两个人前后相随的意思；“休”由“人”和“木”两个字组成，表示一个人靠着树在休息。有些会意字是用相同的字组合而成的，如双“木”成“林”，三“人”为“众，三“石”为“磊”，三“木”为“森”等。

4. 形声字。大量汉字，是具有表声意义的形声字，占有汉字总数的百分之八十以上。“形”指形旁，也叫形符或意符，其作用是表示字的意义类属；“声”指声旁，也叫声符或音符，其作用是表示字的读音。形声字即由表意和表音两个部分合成，如江、河、湖、泊、海、泳、游等。

5. 通假字。通是通用，假是借用。古今字相通、同音或音近的字相假，合称通假。

6. 转注字。六书中转注最难理解，有多种说法。清代文字学家朱骏声著《说文通训定声》，以引申义为转注，最为中肯。他说：“转注者，体不改造，引意相受，令长是也。”令长互训，即是两字引申义的交叉。

汉字从象形图画到方块楷书，经历了甲骨文、金文、篆书、隶书、楷书的发展阶段。楷书的出现，标志了汉字的定型与成熟。汉字不仅保存了我国古代大量的典籍，而且打破方言隔阂，成为人们交际的书写语言工具，对传播中华文化有不可估量的意义。

汉字结构的人文精神。汉字历史悠久，它的产生和发展过程，从一个侧面反映了汉民族的文化观。汉字的结构与汉民族的文化意识有着不可分割的密切关系。

六书造字，以象形为基础。象形远取诸物，近取诸身，即取象于物与人。物是天地间的客观实体和人造器物，人是万物之灵。汉字以物我实体为基础，因而体现中国人的民族性格与思维方式，重实际、多想象，及理性思维与物我一体的精神，并以人体为本位。

象形字直接图画写实，指事、会意字间接写实，显而易见。取象自然物的字如日、月、山、川、虫、草、鱼、鹿等，取象人造常用器物的字如衣、食、车、玉、屋等，成为汉字的基础部分，并作为意符偏旁造出大量形声字。汉字产生于原始社会末期和夏商奴隶社会，这一时期主要社会生产为农业、家畜饲养和制陶、制铜。这些社会生产为写实精神的汉字所模写，大量反映在造字上。如田、禾等字，反映当时的农业，以田为偏旁的字有畴、甸、畜、男等，以禾为偏旁的字有黍、稷、稼、穑、秋、利等，均直接反映当时的农业条件。由此类推，牛、羊、豕（猪）、马、犬等，反映当时的家畜业；鬲、鼎、皿等字，反映当时的制陶业。

人体本位精神在汉字结构中更有鲜明的反映。按照中国古代人的观念，万物的存在与联系由人的感觉来反映，因此有相当大一部分汉字是取象于人来创造的。如人、身，取人的整体造字，又以人、身作偏旁造许多形声字。人的分体，如头部有页、首、面、目、鼻（自）、耳、眉、口等字，其他手、足、心、骨、肉等各部，以及动作、语言等都造出许许多多的汉字，又以这些字为偏旁造出更多形声字。

人体本位精神更多地表现在汉字结构表达的思维观念上。如安字，何为安，字形结构为屋里有女人则安，这说明古代汉族人认为，女人应主内，家庭的安稳靠女主人。再如婚字，表意兼形声，表示女子出嫁在黄昏时候。这一婚俗源于古代抢婚，因抢婚在黄昏时候，于是用女、昏二字合成婚字。

总之，汉字与中国传统文化及汉民族性格和思维有着久远而丰富的联系。进入计算机时代，人们已经解决了计算机汉字输入系统，其速度甚至超过拼音文字的输入，这给汉字注入了生机。我们深信，古老而优美的汉字，在高科技发展的今天一定会放射出更加绚丽的光彩，造福于人类。

（本文原题《汉语汉字》，是作者在中央社会主义学院为编写《中华文化概要》所作的演讲稿，载《中央社会主义学院学报》1996 年第 5 期）

周恩来首倡和平共处五项原则

第二次世界大战以后，形成东西方两大阵营的严重对峙，世界进入了冷战和霸权时代，严冬的风浪弥漫全球。中国政府和周恩来总理首倡和平共处五项原则，获得了国际社会的广泛支持，中国改善了周边关系，获得了外交成功。和平共处五项原则，经过亚非万隆会议的发扬，成为普遍赞赏的国家关系准则，犹如寒夜里的第一缕春风，给冷战时代带来了些许和煦的温暖。

一、周恩来首倡和平共处五项原则

和平共处五项原则的提出源于中国处理印度在西藏的特权问题。由于历史的原因，印度继承了英国在西藏的特权。这些特权包括：印度在西藏亚东和江孜等交通要地驻留军队；在拉萨、亚东、江孜以及噶大克等地派有政治代表、商业代表和贸易站；经营西藏的邮政、电报、电话，并在西藏设有几个驿站，还占据了中国部分领土。西藏解放后，中国政府是反对印度承袭这些特权的，但在做法上极为谨慎，允许暂时保留，寻求外交途径解决。1950 年 11 月 16 日，中国外交部致函印度驻华大使馆，在备忘录中指出："中印在西藏的外交、商业和文化关系，也可以循着正常的外交途径获得适当的、互利的解决。"印度政府也表示愿意同中国政府进行谈判。

1953年12月31日至1954年4月29日，中印两国在北京进行了关于中印两国在中国西藏地方的关系问题正式进行谈判。

周恩来总理在谈判开始的1953年12月31日接见印度代表团时，首次提出了按照五项原则处理两国关系的准则，那就是按照互相尊重领土主权、互不侵犯、互不干涉内政、平等互利、和平共处五项原则作为处理两国关系的原则。这次中印两国的谈判任务，就是遵循五项原则"解决两国间业已成熟的悬而未决的问题"。印度政府和代表在谈判中同意了这五项原则。

经过四个月的谈判和协商，1954年4月29日，中印双方签订了《中华人民共和国和印度共和国关于中国西藏地方和印度之间的通商和交通协定》，并互换照会。该协定在序言中有这样一段话：

> 中华人民共和国中央人民政府和印度共和国政府为了促进中国西藏地方和印度之间通商贸易和文化交流并便利两国人民互相朝圣和往来起见，双方同意基于（一）互相尊重领土主权、（二）互不侵犯、（三）互不干涉内政、（四）平等互利、（五）和平共处的原则，缔结本协定。

也就是，和平共处五项原则第一次被写进了国与国之间签署的正式文件中。这一协定公诸于世后，立即在国际社会引起强烈反响，得到国际舆论的高度评价。当时毛泽东也极为赞赏，评价说："五项原则是总理一句长话分成了五点。"

和平共处五项原则就这样诞生了，它是周恩来总理首倡的处理国际事务、解决争端的富有生命力的准则。

二、中印、中缅三国共同倡议和平共处五项原则

和平共处五项原则给新中国的外交带来了活力和成就，提高

了新中国的国际地位。首先中印两国和平解决了印度在西藏承袭英国特权的遗留问题。两国协定规定：中国在印度的新德里、加尔各答、噶伦堡设立商务代办处，印度在西藏的亚东、江孜、噶大克设立商务代办处；规定中国西藏某些地方和印度某些地方为贸易市场；规定两国香客朝圣事宜；规定双方商人和香客的出入和往来过境事宜等。中印两国在签署协定的当日，1954年4月29日，双方以互换照会的方式，互换了协定。按照协议的规定，印度政府将其驻在亚东和江孜的全部武装撤出；印度在中国西藏地方的邮政、电报和电话等企业及其设备和12个驿站全部移交给中国政府；换文还规定双方商务代理的某些职权互换有关双方商人香客的事项；等等。

中印两国和平解决历史遗留问题，显示了和平共处五项原则的巨大威力，中国在协定中基本上废除了印度继承英国在西藏拥有的特权。

不久，国际社会在日内瓦召开为和平解决朝鲜问题和恢复印度支那和平问题的会议。中国与苏、美、英、法并列为五大国出席会议。周恩来总理兼外交部长率中国代表团出席会议。在日内瓦会议上以及休会期间，周恩来总理以其卓越的外交才能和杰出的智慧就和平共处五项原则作了进一步的应用发挥，并与印度、缅甸领导人一起，共同倡议和平共处五项原则，谱写了新中国外交史上的新篇章，为新中国赢得了受人崇敬的地位。

中国与印度、缅甸三国共同倡议和平共处五项原则，是周恩来总理在日内瓦休会期间进行外交努力取得的硕果。

1954年6月25日至29日，日内瓦会议休会，在这期间周恩来应邀访问了中国友好邻邦印度和缅甸，三国领导人达成共识，共同在日内瓦会议上倡议和平共处五项原则。

周恩来的印度之行是印度参加日内瓦会议的代表，印度外交部长克里纳·梅农安排的。梅农为人热情，他对周恩来的人品和外交艺术十分佩服，为了促进中印两国关系的发展，梅农邀请周恩来访问印度，以使与印度总理尼赫鲁会晤，就国际局势和中印关系等问题深入交换意见。

周恩来率领中国代表团于6月25日到达印度首都新德里，受到印度总理尼赫鲁的热烈欢迎。27日，周恩来在新德里记者招待会上再次具体阐明和平共处五项原则的基本思想。周恩来说：

> 各国不分大小强弱，不论其社会制度如何，是可以和平共处的。各国人民的民族独立和自主权是必须得到尊重的。各国人民都应该有选择其国家制度和生活方式的权利，不应受到其他国家的干涉。革命是不能输出的，同时，一个国家内人民所表现的共同意志也不允许外来干涉。如果世界各国都根据这些原则处理它们相互间的关系，那么，这一国家对那一国家进行威胁和侵略的情况就不会发生，世界各国和平共处的可能，就会变成现实。

周恩来的话具有针对性。尼赫鲁在对华关系上一方面主张同中国发展友好关系，一方面又继承了英国在西藏的特权。随着中国在抗美援朝战争中的胜利，中国在国际上威望的增高，尼赫鲁对中国的态度既敬佩，又害怕。这种心理在缅甸等中国周边国家也存在。和平共处与革命输出两者是不相容的，革命输出就是干涉别国内政。因此周总理在阐释和平共处五项原则时，强调革命不能输出，中国不干涉别国内政，也不会搞革命输出，周边邻邦应该对中国放心。

记者向周恩来提问，其中提出和平共处五项原则是不是中国创造的。周恩来谦逊地说："和平共处五项原则是时代的需要和历史的需要，是世界人民的共同要求，起码有三个渊源。"

周恩来的话引起了波澜，大群的记者和听众听说端详。

周恩来说："第一个来源是17世纪以后出现的关于国家主权、国家平等和不干涉内政的思想，与资产阶级独立国家思想几乎同时提出。"

作为听众的尼赫鲁，惊叹周恩来的学识渊博，学贯中西，他钦佩地问："第二个渊源是什么？"

周恩来接着说："第二个渊源是十月革命胜利后，列宁提出的不同社会制度国家和平共处的思想。”

苏联记者听后眉飞色舞，紧接着问第三个渊源。

周恩来说：“第三个渊源是新中国建国时提出的，在平等、互利及互相尊重领土主权等项原则的基础上，同各国建立外交关系。”

说到这里，周恩来用手一指身边的尼赫鲁，发表了语惊四座的一段演说。周恩来说：这里也有尼赫鲁的远见卓识，我们共同看到，只有在现在，朝鲜战争已经停战，印度支那战争也即将停止，中国、印度、缅甸、印度尼西亚等独立国家确立了自己的地位，国家威望日益提高，我们作为一种新兴国家力量，将分散在国际关系中的这五项原则，加以汇集和大力倡导，一定会成为具有巨大感染力和生命力的国际指导原则。

周恩来精彩的回答赢得了人群长时间的热烈鼓掌。周恩来发出召唤，希望尼赫鲁等新独立的国家领导人共同倡导和平共处五项原则。尼赫鲁很受鼓舞，欣然同意与周恩来共同发表中印两国总理声明。声明重申中印“关于中国西藏地方和印度之间的通商和交通协定”，声明指出在中印两国协定中规定了指导两国关系的某些原则，这些原则是：“（一）互相尊重领土主权、（二）互不侵犯、（三）互不干涉内政、（四）平等互利、（五）和平共处”。声明又说：“两国总理重申这些原则，认为这些原则不仅适用于两国与亚洲以及世界其他国家的关系中，并且适用于一般国际关系中。”

周恩来在印度访问期间多次讲话都提到和平共处五项原则。6 月 28 日，周恩来总理乘飞机离开印度新德里到达缅甸首都仰光，受到缅甸总理吴努的热烈欢迎。6 月 29 日，中缅两国总理在仰光发表了联合声明，确定以和平共处五项原则作为处理两国关系的准则。声明指出：中印两国协议的指导两国关系的五项原则“也应该是指导中国和缅甸之间关系的原则”。声明还强调指出：“如果这些原则能为一切国家所遵守，则社会制度不同的国家的和平共处就有了保证，而侵略和干涉内政的威胁和对侵略和干涉内政的恐惧，将被安全感和信任感所代替。”

周恩来的这次印度、缅甸之行，大大推进了中国与印度、缅甸的两国关系的发展，特别是消除了缅甸人民对中国的恐惧和误会，中缅两国情好日深，这为后来互谅互让，合情合理地解决中缅边界问题奠定了良好的基础。最直接的收获，是中国提出的和平共处五项原则在中印、中缅的联合声明中确立下来，并由三国共同倡议，把它作为国家关系普遍原则施行于各国关系中，次年在印尼召开的亚非国家万隆会议，和平共处五项原则得到重视。从此，和平共处五项原则对亚洲和世界的国际关系产生了广泛的影响。

三、周恩来与万隆会议

由印度总理尼赫鲁牵头，有印度、缅甸、印度尼西亚、锡兰、巴基斯坦五国联合倡议，亚非国家在 1955 年 4 月 18 日至 24 日在印度尼西亚避暑胜地，风光明媚的小城万隆召开国际会议，称万隆会议，共有 29 个亚非国家参加。这是第二次世界大战以后亚非新兴国家的一项影响巨大的外交集会。中国政府第一次在世界各国面前全面而成功地阐述了以“和平共处五项原则”为核心的外交政策与策略。周恩来的风采展示在全世界人民面前，他获得了极大成功。新中国外交史，从万隆会议翻开了新页。

万隆会议前两周，周恩来患了急性阑尾炎，住院动了手术，能否参加万隆会议，必须尽快作出决定。刚一拆线，周恩来就宣布他做好准备参加会议。这一决定使美帝国主义和台湾当局万分惊恐，他们派遣特务要暗杀周恩来，阻止他参加万隆会议。1955 年 4 月 11 日，印度客机“克什米尔公主号”在香港启德机场加油后，按原定航线飞往印度尼西亚。机上乘客有中国和越南代表团成员以及随行记者十一人。飞机飞越北婆罗洲附近海面时，忽然间“轰”的一声在空中爆炸，机上乘员全部遇难。幸好，周恩来应缅甸总理吴努的邀请，从香港去了仰光以便先同几个主要参加国缅甸、印度、埃及等国首脑会晤，幸免于难。事后查明，在启德机场加油时，国民党特务在机翼轮舱安放了定时炸弹。

周恩来并未因这一突发事件改变行程。14 日他到达仰光，15 日与印度总理尼赫鲁、缅甸总理吴努、埃及总统纳赛尔等举行非正式六国会议。周恩来提出在亚非会议上不提共产主义问题，以免引起不必要的争论，致使会议无法取得成果。这个建议获得与会者的一致赞成。

4 月 18 日，亚非会议开幕，周恩来成了风云人物。当时的记者报道说："周恩来出现在哪里，哪里就有欢呼声和掌声。"当周恩来乘坐的飘扬着五星红旗的小汽车驶向大会会场时，街头群众冒雨踏着积水，发出了雷鸣般的欢呼。人们不顾警察的阻拦，从四面八方围上来，美国记者感叹说："人们都为他发疯了。"

参加万隆会议的 29 个亚非国家，当时只有 7 个国家与中国建立了外交关系。接受美援的国家有 22 个。许多国家对新中国不了解；有些国家受帝国主义的影响，对中国怀有恐惧甚至敌意。美国认为有把握破坏这个会议。会议一开始，有的国家代表就提出所谓"共产主义威胁"、"颠覆活动"等。菲律宾外长卡洛斯·罗慕洛诅咒共产帝国主义比资本帝国主义还要坏，并公然贬低中国为"克里姆林宫的一个傀儡"，会议气氛相当紧张。

会议的第二天 4 月 19 日下午，轮到中国代表发言。鉴于会议气氛不正常，周恩来临时决定把原来拟定的发言稿作为书面稿印发与会者，自己则利用午间短暂的休息，起草补充发言，以回答对中国的造谣中伤。他一边写，一边交给工作人员译成外文。

发言一开始，周恩来就有针对性地反驳菲律宾和泰国代表对中国的不友好发言，但周恩来用语极为巧妙，而且态度谦恭，表达了对所有亚非国家的友谊。周恩来说："中国代表团是来求团结而不是来吵架的。我们共产党人从不讳言我们相信共产主义和认为社会主义制度是好的。但是，在这个会议上用不着来宣传个人的思想意识和各国的政治制度，虽然这种不同在我们中间显然是存在的。"

周恩来紧接着说："中国代表团是来求同而不是来立异的。在我们中间有无求同的基础呢？有的。那就是亚非绝大多数国家和人民自近代以来都曾经受过、并且现在仍在受着殖民主义所造成的灾难和痛苦。这是我们大家都承认的。从解除殖民主义痛苦和灾难中找共同基础，我们就很容易互相了解和尊重、互相同情和支持，而不是互相疑虑和恐惧、互相排斥和对立。”

他说：“我们的会议应该求同而存异。”会议应该把“共同愿望和要求肯定下来”，“我们还应在共同的基础上来互相了解和重视彼此的不同见解”。周恩来还谈了不同的思想意识和社会制度问题，有无宗教信仰的问题，所谓颠覆活动的问题，并说：“中国俗话说‘百闻不如一见’，我们欢迎所有到会的各国代表到中国去参观，你们什么时候去都可以。我们没有竹幕，倒是别人要在我们之间施放烟幕。”

他在发言的最后说：“十六万万亚非人民期待着我们的会议成功。全世界愿意和平的国家和人民期待着我们的会议能为扩大和平区域和建立集体和平有所贡献。让我们亚非国家团结起来，为亚非会议的成功努力吧！”

周恩来的发言获得了与会代表普遍热烈的欢迎和赞扬，代表席上、来宾席上、记者席上响起了经久不息的掌声。当他回到自己的座位时，许多代表过来同他握手祝贺。缅甸总理说：“周恩来的演说是对打击中国的人一个很好的答复。”有些在会上发表过攻击中国的言论的代表也不得不承认：“这个演说是出色的，和解的，表现了民主精神。”周恩来的发言阐明了中国的外交政策，回击了某些反华势力的造谣诬蔑，使一些国家对中国的认识更清楚了。短短 18 分钟的发言，驱散了会场上的乌云，缓解了会场的紧张气氛，使会议回到正确的轨道上来。与会各国和整个世界进一步认识了新中国，认识了它的谦逊、诚恳、善意和对和平的真诚愿望。“求同存异”这个周恩来提出的方针，成了万隆会议的原则。

周恩来走出会议大厅时，当地民众再次聚拢过来，周恩来站在沸腾的人群中间，举起了右手，微笑着。很久，汽车才能从人群中开出去。

在周恩来原定的发言稿中，周恩来代表中国政府发表了一系列有关亚非国家关系和地区和平以至世界和平的观点。和平共处五项原则最引人注目。

发言稿指出："亚非两洲有这么多的国家在一起举行会议，这在历史上还是第一次。""现在亚非地区的面貌已经发生了巨大的变化……虽然如此，殖民主义在这个地区的统治并没有结束，而且新的殖民主义者正在谋取旧的殖民主义者的地位取而代之。"

发言稿对亚非地区所遭受的苦难进行了回顾，并分析了维护地区和世界和平的迫切性、可能性。"西方国家控制我们命运的时代已经过去了，亚非国家的命运应该由亚非各国人民自己掌握。""反对种族歧视，要求基本人权，反对殖民主义，要求民族独立，坚决维护自己国家的主权和领土完整，已经是觉醒了的亚非国家和人民的共同要求。""我们亚非国家需要在经济和文化上合作，以便有助于消除我们在殖民主义的长期掠夺和压迫下所造成的经济上和文化上的落后状态。"

发言稿重申了和平共处五项原则。周恩来说："根据互相尊重主权和领土完整，互不侵犯、互不干涉内政、平等互利的原则，社会制度不同的国家是可以实现和平共处的。在保证实施这些原则的基础上，国际间的争端没有理由不能够协商解决。"

在发言稿的最后，周恩来呼吁亚非国家友好合作，实现和平共处。"如果我们决心维护世界和平，就没有人能够把我们拖入战争；如果我们决心争取和维护民族独立，就没有人能够继续奴役我们；如果我们决心友好合作，就没有人能够分裂我们。"

4月22日，周恩来又在亚非会议上作简短发言，指出中国代表团不准备在这里参加关于意识形态的讨论，因为这不是会议的目的。23日他在大会上发言，批判了要以"实力政策"来代替和平共处的论调，阐述了对战争与和平的看法，并提出了中国代表团拟定的《和平宣言（草案）》。印度总理尼赫鲁随即发言说："中国总理今天的发言应受到最大的重视，他的讲话是权威的。"

尼赫鲁比周恩来年长9岁，他当时在世界上的联系比周恩来要广泛得多。尼赫鲁对周恩来极为敬佩，他赞同和平共处五项原则，在会议上像长兄一样紧随周恩来，像是保护人似的。其他代表注意到了这一微妙情况。尼赫鲁把周恩来的胜利看作是“他自己的胜利”。

在会议快结束时，有人在会上提起台湾问题。中立国从自己方面考虑，极力缓解中国同美国的争吵。周恩来说：“解放台湾是我国的内政，美国侵占台湾则是中美之间的国际问题。”周恩来郑重声明：“中国人民和美国人民是友好的。中国人民不要同美国打仗，中国政府愿意坐下来同美国政府谈判，讨论缓和远东紧张局势的问题，特别是缓和台湾地区的紧张局势问题。”

这个声明很重要，周恩来把几个中立国政府团结过来，不仅使某些人为破坏会议而设置的障碍不能得逞，并且促使它们压美国做出让步，从而促使当年8月1日在日内瓦中美大使级会谈得以进行。

周恩来声明的要点如下：

一、尊重基本人权、尊重联合国宪章的宗旨和原则。

二、尊重一切国家的主权和领土完整。

三、承认一切种族的平等、承认一切大小国家的平等。

四、不干预不干涉他国内政。

五、尊重每一国家按照联合国宪章单独地或集体地进行自卫的权利。

六、不使用集体防御的安排来为任何一个大国的特殊利益服务；任何国家不对其他国家施加压力。

七、不以侵略行为或侵略威胁或使用武力来侵犯任何国家的领土完整或政治独立。

八、按照联合国宪章，通过如谈判、调停、仲裁或司法解决等和平方法及有关方面自己选择的任何其他和平方法来解决一切国际争端。

九、促进相互的利益和合作。

十、尊重正义和国际义务。

会议期间，周恩来打破常规，同与会各国的代表，不论国家大小、建交与否，都积极主动地进行了广泛的接触，结交了很多朋友，增进了各国对中国的了解，为后来一些亚非国家同中国建立外交关系创造了条件，为进一步发展中国同广大亚非国家的友好关系打下了良好的基础。例如纳赛尔同周恩来谈话以后，埃及几个月后就承认了中华人民共和国。

周恩来顾全大局的崇高风格、平等待人的谦逊作风和作为政治家所具有的广阔胸怀，博得了与会代表一致的钦佩和赞扬。中国的保卫和平、反对战争和大力支持亚非国家正义斗争的严正立场，和“求同存异”，“协商一致”，不强加于人，摆事实，以理服人的态度，赢得了广大亚非国家的同情和支持。各国代表普遍肯定了周恩来对亚非会议所作的杰出贡献。著名黑人学者杜波依斯夫妇曾对王炳南说：“非洲大陆人民的解放事业受到国际广泛注意，正是周恩来总理在万隆会议上的精辟讲话所引起的。”

（本文为组织策划《共和国往事》一书代笔，写于 2000 年 10 月，该书中共党史出版社 2001 年 1 月出版）

乒乓外交与基辛格秘密访华

一、乒乓外交

20 世纪 70 年代，美国陷于越战泥潭不能自拔，它最大的对手苏联又在国际上向美国发起凌厉攻势，严重威胁美国的全球利益。美国由于越战的重负而只有招架之功，没有还手之力。中国此时的“文化大革命”亦日趋陷于困境，经济遭到严重破坏；在国际上西方大国的封锁依然没有放松，外交上与美、日、德等经济大国隔绝。珍宝岛战役后苏联重兵压境，两国边界气氛异常紧张，中国的国家安全受到来自北方的严重威胁。因此，对付苏联的共同国家利益使得中美两国有走到一起的必要与可能。1971 年 4 月的一个凌晨，毛泽东还在为写字台上的那份请示报告凝思。这份外交部和国家体委打来的关于不邀请美国乒乓球队访华的报告，周恩来已经写上“拟同意”三个字。本来一天前，毛泽东已经在看过报告后用笔作了圈阅，表达了赞同不邀请美国乒乓球队访华的意见。但事后想来，似有错失良机之虞。

根据最近几年的种种迹象表明，中美关系已经进入一个关键的转折关头。尼克松上台后，为了摆脱困境，开始着手调整美中关系。他感到美国在远东的力量不够，在中美苏三角关系中可以玩中国牌压苏联，所以连续作出同中国改善关系的试探。通过巴基斯坦渠道和罗马尼亚渠道传来美国方面想进一步与我们接触、对话的信息。几天前，在日本参加比赛的美国乒乓球队突然向我方领队表示想来华访问。面对这种种信号，毛泽东感到，他面临的将是一项重大的抉择，由于中苏关系紧张，我们也需要同美国改善关系。所以，一个民间团体的要求非小事，时机难逢，稍纵即逝，让美国乒乓球队打头阵有何不好？这也许是打开已结有20多年坚冰的中美关系的一个非常好的契机。

毛泽东经过彻夜的反复思考，毅然作出最后决定，立即邀请美国乒乓球队访华。中国的邀请一宣布，不仅把美国方面惊呆了，也把世界轰动了，成了举世瞩目的重大事件。尼克松得知消息，喜出望外，马上批准乒乓球队接受邀请。

1971年4月10日晚，以美国乒乓球协会主席格雷厄姆·斯廷霍文为团长的美国乒乓球代表团，在参加第31届世界乒乓球锦标赛以后，乘飞机抵达北京对我国进行友好访问。他们受到了中国方面的欢迎和友好的接待。中美两国运动员进行了热情友好的谈话。中国运动员说，中美两国人民和运动员之间是友好的，我们对你们的到来表示欢迎。美国运动员一再表示，他们很想来中国进行友好访问，现在来到了北京，心里感到很高兴。

中国人的主动行动，以美国人意想不到的方式进行着。这个行动包含着什么样的信息？美国应该作出什么样的反应？尼克松连夜召开了特别会议。乒乓球队访华后，美国政府怎么办？作为总统特别助理的基辛格博士感受到的震撼更为深沉、复杂，此刻他不能不惊叹中国人行动的高明。如果说，从1969年到1970年中美两国的外交小步舞，使他觉得对手也是懂外交的话，那么，毛泽东今天这一着使他隐隐约约地感到：他面对的是一个外交巨人。现在他才真正领悟到中国人的信息微妙，行动沉着，是善于分析国际形势的行家，懂得各种力量处于经常变动状态，必须随着情况的变化而不断进行调整。在这一场复杂的外交围棋赛中，他遇到了一个高手。那些庸俗、肤浅之辈是导演不出这样的外交杰作的。尼克松和基辛格现在才悟出毛泽东在1970年10月1日邀请斯诺夫妇在天安门城楼并排观看国庆典礼，并把照片发排在官方报纸头版头条，给予美国人的史无前例的外交礼遇的深意。基辛格说，我悟出来了，毛泽东这个人真不简单，他用他的语言讲出中美两国接触这件事本身的意义，它会改变世界格局，即使谈不成也是有意义的。此人气魄很大，是从大的全球战略上考虑问题的。

中美两国不但敌视了20余年，而且中美两国之间还有一个台湾问题。台湾的国民党政权打着中华民国的旗号，占据着联合国的席位，并且是五个常任理事国之一，得到美国朝野的支持，在世界上代表着中国，中美接触的最大障碍也是这一问题。美国右派势力支持台湾，当时在美国政府以及参、众两院都占主要地位。所以中美之间的往来不能不极其慎重，两大国都不能在世人面前丢面子，有损大国的尊严，更主要的是要避开障碍。当时中国乒乓球在世界很有名气，代表着国球，所以两国借以传达中美交往的信息。当美国乒乓球队来到中国的时候，意味着中国高层接触提上议事日程。尼克松决定派他的国家安全事务助理基辛格秘密访华，为此进行了极其周密的准备，可以称得上是20世纪外交史上的一大奇观和伟人杰作。

二、基辛格秘密访华

1971年6月30日，美国白宫新闻秘书在他例行的新闻发布会上发布了一条并不惹人注意的简短公告。公告说，美国总统尼克松将派他的国家安全事务助理基辛格博士于7月2日到5日前往越南南方进行一项调查任务，然后去法国巴黎与布鲁斯大使进行磋商。在基辛格前往巴黎途中，将到泰国、印度和巴基斯坦进行一系列的短暂访问与会谈。

这个并未引起世人注意的一般工作访问，实际上是美国外交史上执行代号为“波罗”的秘密访华活动。基辛格博士将从巴基斯坦进入中国，办法是到时基辛格突然得病，并闭门谢客，实际是利用这一时间秘访中国北京与周恩来会晤，其保密程度，连基辛格一行的特工人员都不全知道。

7月1日晚8时，基辛格一行按预定计划从美国安德鲁斯空军基地起飞，开始他的漫不经意而高度机密且非比寻常的万里飞行。基辛格为了掩人耳目，在沿途进行各种的外事活动。他在西贡活动了三天，然后在曼谷待了一天，在新德里停留了两天。基辛格这次旅行还是有些特别，他每到一地，寡言少语，十分平淡，使得新闻界对他的兴趣迅速降温，这正是基辛格所要的效果。7月8日，基辛格到达巴基斯坦的首都伊斯兰堡，此时新闻界十分冷淡。

为了“波罗”计划的万无一失，美国驻巴基斯坦大使法兰按预定计划于7月6日支开了大使馆的医生，并在7月2日和7日先后让美国开发计划署署长和使馆副馆长休假离开。在美国外交史上，一个驻外使馆的大使，由于总统的代表到来而把他的全部助手和要员赶出城去，这是没有先例的，也是不寻常的。

7月8日，基辛格抵达巴基斯坦。巴基斯坦外交国务秘书舒尔坦和美国驻巴大使法兰到机场迎接。为了不让记者打扰基辛格，巴政府采取了严格的保安措施。

这里一切由巴基斯坦总统叶海亚亲自安排。两人一见面，开门见山切入正题。基辛格迫不及待地询问秘密访华的安排怎么样？叶海亚诡谲而神气地说：“我今天亲自检查了秘密行程的每一个细节，保你万无一失。”当天傍晚，叶海亚总统在基辛格下榻的政府宾馆举行接风宴会，秘访计划就从这里开始。刚喝了一杯酒，基辛格就在主宾席上捂着肚子面显难受之状。叶海亚总统看在眼里，心领神会地探过身来询问，接着就站起来高声宣布：本来就要举行盛大国宴，为尊敬的客人基辛格博士接风洗尘，没想到博士连日奔波劳累，偶感风寒，身体欠佳，宴会只好抱歉改期。宴席上的宾客交头接耳，纷纷议论起来，几乎大家都认为基辛格在旅程中得了“德里痢疾”，或是别的什么病，谁都没有想到基辛格将从这里出发去访问中国。

一切依计划进行。叶海亚总统在环视大家议论、猜测后表情严肃地说："今天伊斯兰堡天气太热，会影响客人康复。我安排尊贵的客人到北边群山环绕的纳蒂亚加利总统别墅去休养。"基辛格佯装神态迟疑，表示不情愿，不愿给主人添麻烦，并表示真诚的感谢。叶海亚接着客人的话表示了主人的固执与盛情。叶海亚说："在一个穆斯林国家里，客人要由主人的意愿来安排，这叫客从主便。"基辛格见叶海亚说得如此恳切，只好恭敬不如从命，遵从主人的安排，还露出无可奈何的样子。

美国派出的随行特工人员，不知道基辛格和叶海亚两人在演戏，信以为真。为了保证基辛格安全，他们立即派出一个特工人员赶在基辛格的前头到了纳蒂亚加利。零点左右，那位先行的打电话回来，报告他的勘察情况，认为不宜于居住。基辛格听后，大骂那位特工人员是"混蛋"，并在电话里严厉训斥说："巴基斯坦总统都能住，为什么我不能住?"放下电话，基辛格要求巴方找借口把那位特工人员扣留起来，直到基辛格秘访北京归来。当然，基辛格并没有去北方总统别墅，而是留在伊斯兰堡，当夜，与中国迎宾代表团活动，于次日飞往中国。

当夜，基辛格心潮起伏，辗转反侧不能成寐。他不能想象明天就要到达北京，前途吉凶难料。他和总统尼克松精心设计的计划能否成功，中国的态度怎么样？这个自信心极强的外交家，第一次在与国内完全断绝联系的情况下独立处理重大的外交，而且是去一个从没去过的神秘国家执行重大的使命，基辛格似乎没有必胜的把握。

就在基辛格执行"波罗"计划的同时，作为接待基辛格到来的中国政府一方，各种准备工作，也按部就班地进行着。国务院总理周恩来和外交部领导商定，由外交部美国加拿大司司长章文晋、礼宾司司长王海容、翻译唐闻生和唐龙彬四人专程前往伊斯兰堡迎接基辛格一行来北京。按照分工，章文晋和唐闻生主要负责会议事务，王海容和唐龙彬负责日常生活和活动安排。

7 月 3 日，周恩来总理派出中国专机，将担任为基辛格专机领航的领队徐柏龄、领航员刘志义和报务员王今亮秘密送往伊斯兰堡。7月4日，中国领航小组在中国大使馆同巴方飞行员周密地研究了飞行计划。7月7日，一架涂有巴基斯坦国际航空公司标志的波音707叶海亚总统专机由专机飞行员驾驶试飞北京，在中方人员的领航下安全飞抵北京南苑军用机场。

安排基辛格下榻在钓鱼台国宾馆。周恩来总理亲自带领接待人员选定了较为僻静的五号楼作为客人的下榻处。接待班子设在附近的四号楼。按周恩来的指示，工作人员对五号楼的部分房间进行了粉刷，更换了家具，全面检查了空调，准备了美国客人喜欢吃的饮料、食品、海鲜。此外，在留给基辛格的客厅里，还增设了酒台，摆上各种中外名酒和香烟。

7月8日凌晨，能载客100多人的大型客机，只载了章文晋、王海容、唐闻生、唐龙彬四人抵达伊斯兰堡查克拉拉空军机场。中国驻巴大使张彤早已在机场等候。章文晋等人一下飞机，立即被大使请进使馆汽车直奔大使馆。晚上8点，他们和大使一起应邀赶往总统府参加叶海亚总统举行的小型宴会。巴方作陪的仅有外交部外事秘书舒尔坦一个。在晚宴上，叶海亚向中国客人介绍了他这次与基辛格共演双簧的安排。晚11时宴会结束。如前所述，基辛格是彻夜难眠。中国代表回到驻地，又紧张地开会商量次日的工作。那一夜，他们只休息了两个小时。

7月9日凌晨3点半，伊斯兰堡睡意正浓，天空漆黑。章文晋等四人驱车直达机场。4点20分，他们登上专机，就坐在舱门附近注视着外面。不一会儿基辛格一行也已赶到。尽管凌晨的街道很少行人和车辆，但为了防止基辛格偶然被行人认出，他接受法兰大使的建议，头上戴了一顶大檐帽，还配了一副墨镜。基辛格的随员有助手洛德、霍尔德里奇、斯迈泽以及两名特工人员，乘坐巴基斯坦军用车，在巴外交秘书舒尔坦陪同下驶往查克拉拉军用机场。

基辛格的助手和特工人员登上飞机，这才发现有4名中国人，几乎惊呆了，一时不知所措。特别是两名特工人员，如临大敌，迅速用手铐把自己的手锁在黑色文件包的提手上，作出要应付万一的样子。直到这时，他们才如梦初醒，明白了自己的上级，这一次要去的前方是伟大的中华人民共和国。

4点半，专机准时起飞。飞机升空，进入航道飞行后，基辛格为了打破双方的拘束气氛，招呼大家围坐到一张小桌旁，彼此仍然很紧张。基辛格风趣地说："我这次去中国十分秘密，谁都不知道。早上起床时连警卫都没告诉。再过一会儿他们找我，一定会急坏的，准以为我被绑架了。当然巴方人员会告诉我的警卫，说我到总统别墅去了。今天上午的巴基斯坦报纸还将登出我因病需要休息的消息。谁也不会料到我们一行正在飞往中国！哈哈！"基辛格的话引起了一阵笑声，客舱里的空气顿时轻松了下来。这时，天空已逐渐放亮，而伊斯兰堡却正在实施掩护计划。一队没有基辛格在内的迎送基辛格的车队，在摩托车队的护送下，于上午8时浩浩荡荡地驶出政府宾馆。车头上插着美巴两国国旗，引人注目地招摇过市，驶往50公里以外的纳蒂亚加利。为首的一辆车里坐着美国驻巴大使法兰和巴基斯坦外交国务秘书舒尔坦。

纳蒂亚加利到处是山间小别墅，有僻静曲折的车路相通，确实是实施掩护计划的合适场所。这天，舒尔坦还假戏真唱，他请了一位巴基斯坦大夫到别墅为假"基辛格"看病。事先，舒尔坦对那位大夫进行了反复的了解和询问，在断定他分辨不出基辛格和其他白种人以后才把他请来。那位看病的大夫还洋洋自得地认为他给基辛格看了病，其实他看的病人倒真是得了"德里痢疾"的一位美国特工人员。

为了不露破绽，叶海亚总统还授意组织了巴基斯坦陆军参谋长、国防部长以及其他20来个政府官员陆续不断地到纳蒂亚加利探望客人。舒尔坦则在客厅里装着十分抱歉地将他们一一挡驾，请他们喝咖啡，推说基辛格正在休息，不便打扰，而此时的基辛格，正在千里之外执行他的秘密使命。

北京时间中午12点15分，涂有巴基斯坦国际航空公司标志的707专机呼啸着在北京郊区的南苑军用机场降落。基辛格到达"波罗"之行的真正目的地——中国。到机场迎接的有中共中央军委副主席叶剑英，即将出使加拿大的黄华，外交部礼宾司司长韩叙及翻译冀朝铸。专机停稳后，基辛格首先走下飞机，叶剑英迎上前去热情地和他握手。随后，叶剑英陪同基辛格坐进宽大的红旗轿车，直奔钓鱼台国宾馆。沿途车队都把深色的窗帘放下，基辛格透过窗帘看到了宽阔整洁的街道。

到达钓鱼台五号楼后，基辛格才发现整座宾馆是那样的漂亮：每座宾馆都位于一个小的半岛上，用一座精巧的小桥与相邻的宾馆连接，假山玲珑，小径通幽，既有雄伟庄严的维多利亚式建筑，又有南国水乡的田园风光，花园的全貌给人以异常开阔的感觉。

当天下午 4 点半，周恩来总理来到了钓鱼台五号楼，基辛格带领美方人员在客厅门口迎候。没等周恩来走到跟前，基辛格就把手伸了出去。由于紧张，动作显得有点生硬。周恩来会意地微笑着，伸出那只不能扳直而有点弓曲的右手和基辛格握手，并友好地说："这是中美两国高级官员 20 多年来的第一次握手。"基辛格也不愧为一流外交家，他虽紧张却很幽默地说："而且，这还是一次不能马上松开的握手，否则，全世界都会震惊。"随后，基辛格向周恩来介绍他的随行人员。令人吃惊的是，周恩来对他的助手了如指掌。

周恩来的轻松言谈和惊人智慧征服了美国人，使美国人拘谨的神态很快就消失了。随后，中美双方在楼内的会议室举行了首次会谈。

为准备同基辛格乃至尼克松进行会晤，周恩来曾作了精心准备。除多次召开会议，分析形势和美国情况外，还对尼克松和基辛格本人的政治风格、个人经历、生活习惯以及兴趣爱好等都作了详细的了解。周恩来注意到，在基辛格访华途中，美国总统尼克松于 7 月 6 日发表了他的著名的关于"五极世界"的讲话。尼克松的讲话发表后，周恩来立即指示外交部把讲话印送有关领导，并以此为依据来研究美国的战略动态。

中美两国是由于某些共同利益才走到一起来谈判的，但是，要站在时代潮头，清醒地认识到这些利益并及时作出决断，却需要领导者的高度智慧，而周恩来和基辛格正是具有这种高度智慧的谈判者，他们懂得应当做些什么来利用历史所提供的机遇，打开两国和解的大门。

周恩来向基辛格表示：中美双方对一系列国际问题有不同的看法，但这并不妨碍两国寻求平等友好相处的途径。周恩来认为，中美关系首先要平等，换句话说叫对等，一切问题要从对等出发。

谈到台湾问题，周恩来向基辛格提出了要想改善中美两国关系的一些最低限度的要求，即美国必须承认台湾是中国的一个省，台湾问题是中国内政，不容外人干预，美国必须确定撤走驻台美军的期限，并废除美蒋《共同防御条约》。周恩来的这番话，既坚持了中国在这一问题上的原则立场，又充分考虑到了对方的困难，没有坚持要美国立即断绝同台湾"外交关系"。

基辛格认为，中国方面提出的改善两国关系的主张是有诚意的，他代表美国政府表示：第一，承认台湾属于中国，不再说"台湾地位未定"，不支持"台湾独立运动"，也不支持台湾当局"反攻"大陆，但希望台湾问题能和平解决；第二，美国不再与中国为敌，不再孤立中国，在联合国内将支持恢复中国的席位，但不支持驱逐蒋介石集团代表；第三，美国承认中华人民共和国政府为中国唯一的合法政府，但要等到尼克松总统第二届任期才能宣布；第四，美国准备在印度支那战争结束后一个规定的短时期内撤走其驻台美军的2/3，还准备随着中美关系的改善进一步减少其余的驻台美军。至于美蒋《共同防御条约》，美国认为历史可以解决这个问题。

美国方面的上述立场，虽然还没有完全满足中国方面的要求，但毕竟是作出了解决问题的积极姿态：明确承认台湾属于中国，并承诺了逐步撤军和最终承认中华人民共和国政府为中国唯一合法政府的诺言，这不能不说是一个重大的历史进步。

大体上说，周恩来和基辛格的会谈进行得还算顺利。双方虽有争论，却能开诚布公。会谈到了最后阶段，鉴于双方对谈判的进展基本上感到满意，周恩来建议，尼克松总统可于1972年夏季的某个时候访问中国。基辛格对中国方面提出了正式邀请感到欣慰，但他觉得，周恩来提出的访问日期离美国总统选举的时间太接近，这在美国容易引起误会，以至于会被一些人指责说尼克松政府是为了总统大选而利用对华政策的突破。为此，基辛格建议，尼克松的访问最好早于夏天并在美国总统候选人提名大会召开之前进行。对此，周恩来表示理解。双方最后商定，尼克松的访问可以在1972年5月以前进行。至此，美国总统的对华访问终于确定下来。

7月11日上午，在钓鱼台基辛格驻地举行了中美最后一轮会谈。这是在不可更改的、基辛格等人必须启程的最后时刻举行的会谈。基辛格看了中方改过的公告稿后，认为中方设身处地考虑了美方的意见，草稿和美方的要求异常接近，可以接受。双方商定，会谈公告将在四天之后由中美两国政府同时发表。

基辛格完成了密访使命，就要离去了。分手的时候，双方人员热情握手，颇有惜别之意。中方向美方赠送了一些工艺品和美方在北京留影的影集，基辛格还主动要了英文版的《毛泽东选集》和那两天的《人民日报》。北京时间12点20分，基辛格此次访华，在北京总共停留48小时，其中同周恩来的会谈用了17小时。从北京动身的当天下午，基辛格一行飞回到这次神秘旅行的出发地伊斯兰堡查克拉拉机场。为了继续做戏，基辛格在前来迎接的舒尔坦的陪同下，乘车绕了一个圈子，经过纳蒂亚加利别墅所在的穆里路折回伊斯兰堡。巴基斯坦官方则公布消息说，基辛格已恢复健康并于当天从纳蒂亚加利归来。

从秘密出发，到悄悄归来，整个行动安排得天衣无缝，没有引起任何人的怀疑。在见过叶海亚总统之后，基辛格于当晚公开登上他自己的那架飞机，前往巴黎。

基辛格完成了访华使命。本世纪两位外交伟人和中美两国最高首脑毛泽东和尼克松共同开启了中美全新交往的大门，历史意义与现实意义都十分重大，影响是深远的。中美关系正常化，大大提高了中国的国际地位，不久中国恢复了在联合国的席位。

（本文写于2000年10月，以史鉴笔名与贾春增合署，载《共和国往事》，中共党史出版社2001年1月出版）

周恩来怎样做文化人的联谊工作

许多雕像都是用金石铸造并置广场中央。周总理的雕像却矗立于每个中国人——尤其是知识分子的心中。他坚定而慈祥，能干而谦逊。他一生闯过多少大风大浪，在他自身难保时，还伸出双臂尽力拯救大家。他是位谁也不会忘记的中华民族的伟人。

——萧乾 1992 年 3 月 18 日

上引这段话，是作家萧乾为《周恩来与艺术家们》一书所写的题词，他用最朴实而精练的语言，写出了总理的伟大和付予人民的爱，以及人民对总理的回报，那就是无尽的思念与热爱。一句话，周总理永远活在人民的心中。《周恩来与艺术家们》这本书，是总理逝世 16 周年之后，由部分文艺家们缅怀总理所写的回忆文集。文章内容大都是回忆周总理与文艺家们交往的一些生活小事和片断，看来都很平凡，但总理的伟大正寓于这些平凡的故事之中。总理就像是正义和真理的化身，他像磁石一样，把千百万人民吸引和团结在党的周围，可以说在一言一笑中做好了党的统一战线工作，尤其是做好了文化人的工作。当前，我国社会主义现代化建设进入了一个新的时期，我们要完成统一祖国、振兴中华和加速社会主义现代化建设的艰巨历史任务，必须在党的领导下，在坚持在工农联盟的基础上，不断发展最广泛的爱国统一战线，把一切积极因素调动起来，实现空前的民族大团结。周总理是做统战工作的模范，尤其善于做好知识分子的工作。《周恩来和艺术家们》这本书，可以给我们以很多启示。下面摘述这本书中文艺家们所写的一些生活小事和片断，从中领略周总理伟大的人格和精神风采，学习他如何做文化人的统战工作，一定是很有裨益的。

一、赤诚相见，关怀备至

周总理待人，赤诚相见，关怀备至。凡是和总理有过接触的人，无不感到温暖和得到爱护。1941 年初，周总理安排一批重庆的文艺工作者和家属去延安，他们在重庆八路军办事处搭乘运货卡车。卡车分两批出发，搭乘人员也分两批，妇女儿童乘第一批卡车先走。卡车满载药品和物资，东西很多，把车厢装得满满的，搭车的妇女儿童，要一个一个爬上去，坐在物品箱子上。舒强的爱人熊焰，脚上生了一个大疮，正在化脓，疼得厉害，走动十分困难，爬车就更不容易了。但她还是咬着牙忍着痛，十分吃力地往上爬。正在非常困难的时候，周总理第一个发现了这一情况，他连忙跑到卡车跟前扶熊焰同志上了车。这件小事，使熊焰同志深受感动，铭刻在心。由于情况变化，第二批卡车没有去延安，4 年后，1944 年 4 月，舒强才去延安。熊焰兴高采烈地迎接自己的丈夫，她见面告诉舒强的第一件事就是周总理如何帮助她上车。熊焰说："周恩来真是太关心人了啊!"舒强听了也很感动。他想，周总理当时是中共南方局的领导人，高级干部，肩负着多少重任，可是对延安的一些普通群众妇女儿童，竟是如此的关心，亲自送行，亲自帮助力弱的同志，一点官架子也没有，这就是共产党的"官"，跟普通人一模一样。舒强想到这里，心一下子就跟共产党贴近了。

1960 年秋，舞剧演员赵青的膝盖在水泥地上磕坏了，总理从赵青的父亲赵丹口中知道了这个情况。总理找来文化部夏衍副部长和艺术局周巍峙局长，指示他们要关心舞剧演员的生活，并特派周巍峙去调查落实，经调查，中国芭蕾舞剧团和中国歌舞剧院宿舍楼都是水泥地板。不久，一位非洲国家元首来访，总理和中央许多首长都到机场迎接。外宾的专机还未到来，总理与周围的人谈笑、聊天。这时，他看到主演《天鹅湖》的芭蕾舞演员白淑湘在旁边，身体有些发胖，十分关切又带风趣地说："噢！天鹅来了，你们又在排演些什么剧目呀？跳芭蕾舞可不能发胖啊，不然飞不动了！听医生说喝豆浆比牛奶好，有劲儿又有营养，还不会发胖。"总理接着转过身对财政部部长李先念说："财神爷，他们舞蹈演员、武功演员，两条腿可是不得了，太重要了，你给他们拨些木头，铺在宿舍里保护关节，这是一辈子的事啊？"李先念诙谐地笑着说："总理的话，哪个敢违抗，一定照办。"不久，中央芭蕾舞剧团和中国歌剧舞剧院的宿舍楼地上，像人大会堂大宴会厅一样铺上了水曲柳木地板。从那以后，舞剧院食堂的早点，既有豆浆，又有牛奶。

20 世纪 60 年代初，全国处于困难时期，总理带头不吃肉，可他没有忘记东方歌舞团一些少数民族演员的生活。有一天，总理指示有关部门给维吾尔族舞蹈演员阿依吐拉送去六斤羊肉。当时买不到羊肉，民族演员腹内空空，馋得不行。阿依吐拉面对六斤羊肉，激动得流下热泪，这不是六斤肉，而是十亿人民的总理的一片心啊？她实在舍不得吃，当时又没有冰箱，就把肉切成块，晒干后吃了好多日子。后来商业部根据总理指示，每月给民族演员发六斤羊肉票，指定在西单菜市场购买。

1960 年，有一天总理在中南海紫光阁召开中央直属文艺院团及主要演员的座谈会，听取大家方方面面的意见。当有人汇报到芭蕾舞女演员在月经期间为了坚持演出，只好打针吃药强行"闭经"的时候，总理猛地把头往后一仰，脸上显出很痛苦的表情，喊了一声："哎呀！"总理的痛苦表情和这一声"哎呀"，震撼了在座的每一个人的心。尤其是女演员，更深切地体会到总理的父母情，只有父母疼爱自己的儿女的痛楚时，才会从内心发出来这样的声音。从那以后，中央文艺团体执行了一条没有成文的“决定”：舞蹈演员和歌唱演员，特别是女主角演员，演出时遇到经期可照例享受一天假日，不参加演出。总理说：“如遇到哪个团的领导不执行这个‘决定’，演员可以抵制，可以直接打电话给我。”

1962年开全国政协会议，周总理见到上海文艺界年迈的丰子恺先生，总理热情地说：“啊！老漫画家，久仰久仰。”接着问寒问暖，并关切地问到丰先生的老伴，一再关照丰先生和其他一些年迈的外地委员，下一次开会都把老伴带来，也好互相照顾。一年后，1963年再开全国政协会议，丰先生果然遵照总理的嘱咐，把老伴带到北京。当总理见到丰先生，第一句就问：“老爱人来了吗?”丰先生答：“这回来了。”总理说：“好好看看北京。”丰先生深受感动，总理不是随便说说，去年的话，一年了还记在心中。这件事过了十多年，1975年丰先生病重住院，常常心潮起伏，夜不能寐，老先生一遍又一遍对陪住的女儿一往情深地回忆周总理关怀他的这件往事。

周总理还十分关心作家的生活和工作。1956年春，总理听说作家稿酬偏低，而文化部还要取消印数稿酬。总理特地在中南海紫光阁召开了一个小型作家座谈会，郭老、老舍、曹禺、刘白羽、周立波、艾青、赵树理等知名作家应邀，还有刚崭露头角的青年作家李准。总理调查每一个作家的开支情况，先从老舍开头，总理算得很仔细，连茶叶、招待烟都算上了。轮到算李准的开销，总理问李准每月多少工资，够不够花。李准说，每月工资65元，有三个孩子，但妻子和孩子在农村当农民，所以也够花了。总理说：“李准，你这个没代表性。一个作家的生活标准，不能按农民算。作家的劳动是艰苦的劳动，应该有所照顾。”算到最后，大体上按当时的物价，作家每月开销定在300元左右，在当时算是高标准了，大家都十分欢欣雀跃。座谈会结束，总理请大家吃饭，总理说：“我没准备什么菜，请大家吃包子。”尽管没有山珍海味，一顿朴素的包子饭，作家们吃得津津有味，感觉味道好极了，个个沐浴在春风之中，因为作家们体会到，什么叫

"无微不至"，什么叫"如冬之阳，人赖之以温"。

二、平易近人，如沐春风

总理平易近人，像普通人一样与人交往。几十年如一日，保持了特有的周恩来风格，有许多感人的故事，把各方面的人团结在党的周围。

作曲家吴祖强少年时与总理有过一次奇遇。那大约是1945年的初春，重庆进步音乐界举办一场音乐会悼念人民音乐家冼星海逝世一周年。当时吴祖强是一个中学生，他和同学们想去参加却没有票，就找熟人把他们带进去，挤坐在第一排座位前临近台口中间的空地上。在这"地座"的后边，恰好是周恩来等几位中共领导人的座位。在周恩来后一排的座位是《新民报》记者高汾的座位。周恩来和高汾入场后，高汾发现了吴祖强，向他打招呼并介绍给周恩来。高汾说："这是祖光的六弟祖强。"剧作家吴祖光当时在重庆与周恩来和高汾等人有交往。周恩来马上与中学生吴祖强交谈起来，亲切地说："噢，你是祖光的弟弟，你哥哥的话剧《风雪夜归人》很不错啊，你看过了吗?"接下来又问了许多家常，问吴祖强有多少岁，在哪所中学读书，有什么爱好等。说话间，周恩来侧过身去朝坐在另一边的邓颖超打招呼，拿糖果来，请吴祖强和他的同伴吃糖。周恩来、邓颖超也各自剥开一块糖放进嘴里陪大伙一起吃。开头吴祖强很紧张，有些拘束，他只在新闻照片上见过周恩来这位共产党的大官，现在就在眼前，没想到这位大官向自己一个中学生问长问短，心里轻松了许多。当周恩来和大家一起吃糖时，吴祖强和他的同伴更加轻松活泼起来，心里想，共产党的领导人竟如此平易近人，没有架子，朴实可亲像慈父一般。周恩来和蔼亲切的普通人形象，一下子缩短了人民和共产党的距离。三年后，吴祖强在南京加入了中国共产党，周恩来请他吃糖成了他强烈追求进步的一个契机。

日历翻到了1950年，新中国已经诞生了。这年郭沫若为团长率领中国代表团参加世界和平理事大会。代表团年龄最小的是黄宗英，只有 25 岁，有些天真烂漫。10 月底，代表团载誉归来，住在北京饭店做总结。一天下午，黄宗英接到秘书组的通知，说有位中央首长要接见她。不一会儿接人的车子来了，黄宗英带上出国时人家送的满满一小箱礼物去见中央首长。当时黄宗英不知道是周总理接见，她只是随车不知不觉进了中南海，又走进了一间客厅。客厅没有什么特别，沙发套子都洗得泛白了。她坐在沙发上翻画报，屋里挺暖和。她在西伯利亚经过九天九夜的长途火车旅行，还没缓过劲儿来，不知不觉睡着了。当她醒来睁开眼睛时，一张熟悉的脸正看着她，她身上还披了一件大衣。黄宗英思索着边喊边站起来："咦——我认得你！我认得你！游行的时候，会场里头都有你的照片。"

这时公务员进来叫了一声"总理"。黄宗英还沉浸在思索中："我怎么见到了游行标语牌的人像，真有意思!"总理招呼她喝茶，她把杯子捂在手里转呀转的，还不住地念叨："有意思，好玩。"总理是管什么的，黄宗英当时还弄不明白，也跟着公务员一样叫开了总理。

总理请黄宗英讲故事，讲出国一路所见所闻。黄宗英无拘无束地讲起来，讲廖承志在西伯利亚列车上拉手风琴，唱《莫斯科郊外的晚上》，讲蔡廷锴将军在餐车联欢会上做游戏，讲莫斯科的红场、地铁，讲华沙的和平大会会场，讲代表团参观纳粹奥斯维辛集中营，巴金参观后半夜惊叫，讲开会时的种种见闻……黄宗英想到哪儿讲到哪儿，一会儿流出泪花，一会儿大笑，总理极其专注地听讲。时间飞快地过去了几个钟头，天暗下来了，公务员进来开灯、摆碟，邓颖超大姐也来了，她和总理陪黄宗英一起吃晚饭。这顿饭是薄饼卷肉丝绿豆芽，喝小米粥，黄宗英吃得很香。她在饭桌上又讲了苏联人、波兰人如何好客，讲中国代表团吃饭等故事。黄宗英只是随着公务员称呼总理，还不知道总理是什么意思，见总理和邓大姐和蔼可亲，把他们当作是一对慈祥好客的夫妇和主人。

"总理，邓大姐，我请你们欣赏人家送我的礼物。整个代表团除了团长郭沫若外，就属我礼物多。”黄宗英吃完饭对总理和邓颖超大姐这样说。她打开小箱子把礼物排列展示在长沙发上，自己坐在地毯上讲礼物的来源。礼品中有好些美丽的娃娃。黄宗英让总理猜哪个娃娃是哪个国家，哪个民族的。总理兴致勃勃猜对了好几个，使得黄宗英佩服总理的学问。这时秘书送进来一叠文件，黄宗英这才意识到该告辞了。她对总理和邓大姐说：“我送你们一人一个礼物，你们自己挑，可不许多拿。”黄宗英口里说着“自己挑”，可心里担心总理拿她的洋娃娃，这是她最心爱的礼物。还好，总理和邓大姐各自只拿了一枚波兰共青团的团徽。黄宗英觉得太薄，又有些过意不去，于是取了一对用呢料剪制的色彩斑斓的和平鸽别针，起来为他们一一别在胸前，这才告辞总理回到北京饭店。黄宗英向前来打问的同伴讲述她像在梦中的奇迹，这才知道自己是去了中南海西花厅，也才知道总理是除了国家主席外，统管全国的大事的。知道这一切，黄宗英难为情起来，“我怎么不懂礼貌，竟然在周总理接见时睡着了啊!”

以上两则是总理和青少年交往的故事，年轻人把总理看成是慈祥的老人和长辈。年长的人见了总理，亲切地把总理看成是知心朋友。1959 年初，辽宁人民艺术剧院来京参加全国首届话剧会演，会演后又留京作了三个月的公演。有一天总理来看演出，谢幕时演员发现了周总理在台下鼓掌。台上控制不住了，有的站起来，有的嚷出了声：“周总理！周总理!”司幕的同志也跑到了舞台上，大幕比往常至少晚闭 1 分钟。总理见演员这般激动，他留下来转到剧院左侧休息室接见全体演职员。休息室房间不大，沙发和座椅容纳不下全体演职员 30 余人。总理已先进了休息室，等待演职员鱼贯而入。每个人的心房被这突如其来的幸福冲击着，神情紧张，心律跳动加快，脚步轻轻，呼吸急促。总理看到了这一情景，他主动伸出手来和进屋的演员握手，一边握手，一边让大家坐下。总理说：“坐不下就坐在沙发扶手上，这样，一个沙发可以坐三个人。”一句话，逗得大家放声大笑，刚才的紧张气氛顿然消失，一个个都抢着往总理身边挤，有的坐沙发，有的坐扶手，完全忘记了跟前的人是总理，只觉得总理是个让人亲近，许久未见的朋友、长者。一刹那的人际关系的变化，深深地刻在了被接见人的心中。40年后，李默然说："一个大国的总理，待人是这般的亲切、慈祥，深深地留在了我的记忆中。周恩来是总理，更是朋友。"

大约是1965年的政协会议，有一天安排了京剧清唱晚会。程派京剧演员李世济和乐队准备坐电梯去三楼。打鼓的谭世秀同志刚刚前脚迈进电梯门，电梯服务员轻轻说："您稍等一会儿，总理来了。"谭世秀立刻把脚抽了回来。李世济跟在谭世秀身后，也立刻站定了。他俩一转身，果然看见总理就在几步之外走来。这时总理迅速走到电梯门口，脸上有些生气，批评电梯服务员："你为什么让别人退出来？"没等服务员回答，谭世秀立刻替服务员开脱："不赖他，是我看见您来了，想请您先上。"总理说："不可能！人的眼睛没长在背后。"接着又转向服务员说："要记住我们是共产党，不是国民党！我当总理，同样是为人民服务的，怎么能让别人给我让位子？"总理说着就转身向楼梯口走去，被李世济拉住了。这时，邓颖超大姐也走到了眼前，她轻声低气地指着总理说："你们知道吗？他的大名叫周恩来，小名才叫总理。共产党的总理是为人民服务的，不是骑在人民头上的老爷，就是不能他到了哪里，都叫老百姓躲开。"李世济及时提出了一个折中方案，大家挤乘这一趟电梯，总理、邓大姐欣然同意。于是每一个乘电梯的人都用力"提着气"，想的是让自己的身子"瘦"一些。就这样十几个人和总理、邓大姐一起紧紧挤在一间电梯里，心紧连着心，上升到了三楼。

这样的故事，不是亲身经历的人，简直不敢相信。但是和总理接触过的人，可以讲出很多这样的故事。总理以普通人的一员置身人民中间，可以说是习以为常了。1961年夏天，电影界在北京召开创作会议。七一前夕，总理亲自安排大家游香山散散心，共同欢庆党的生日。从1957年到1960年间，在"左"的思想干扰下，电影界历经"拔白旗"、"打擂台"、"反右倾"等政治性批判运动，人们的精神还有些紧张，所以在会议上有许多牢骚。总理安排大家游园，轻松轻松，非常有意义。人们漫步在空气清新的大自然里，心旷神怡，几年来的紧张不安的心情一下子松弛下来了。田华、赵丹、于蓝等人在一起散步谈心，总理在中间，一路笑语喧天。全国各地的演员难得在一起，田华提议照相留念。总理说："我也算一个。"大家高兴得又叫又跳，他们说总理读书时演过戏，当然是同行罗。说着话的当儿，人们把总理拥在前排的中心位置上，总理不答应，他说："今天你们是主角，我只是你们中间的一个！"温馨暖人的话语，使每一个人的心和总理靠得更近了，大家没有理由不听总理的话，听凭总理随意站了一个靠近的位置，摄影师及时摄下了电影史上这一珍贵的镜头，给每一个在场的人留下了永生难忘的纪念。

总理喜欢和知识分子交朋友，经常邀请作家、演员，老的、少的吃饭。总理请客，没有山珍海味，也没有大鱼大肉、十盘八碟，而是普通的家常饭。如本文前面讲到的，请郭沫若等作家吃包子，请黄宗英吃薄饼卷肉丝，喝小米粥。客人们吃得香甜可口，津津有味，胜似丰盛筵席。和总理吃饭，一团温馨，就像家人团聚，总理和邓大姐就像热情好客的普通百姓，与大家有说有笑。1960 年岁末，总理即将率领大型文艺代表团访问缅甸。全国各地的艺术家会聚京城。有一天，总理请上海来的张瑞芳、秦怡、王丹凤到家作客。总理笑着对大家说："你们几个来晚了，没赶上前天的宴请，今天我和邓大姐设家宴弥补。"总理的亲切话语，像一股暖流，深入心田。饭菜简朴，而宾主笑语喧天，洋溢着极其和谐的气氛，客人们感到好像回到了家里一样。

1954 年，剧作家吴祖光与评剧演员新凤霞结婚，总理因外事活动没能参加。过了几天，总理设宴请吴祖光夫妇，同时邀曹禺夫妇、老舍夫妇作陪。家宴只有四菜一汤，邓大姐亲自操办，总理也露了一手绝活，他下厨做了一道干丝汤。三对客人一对主人，正好八人一桌。大家边吃边谈，既谈文艺的问题，也谈家常。总理在谈话中称赞新凤霞与吴祖光的结合，因老舍是介绍人，总理说："你这个大媒做得好，这一对很美满。凤霞是民间艺人贫苦出身，祖光了解生活中的民间艺人，也很好；凤霞需要文化，能得到祖光的帮助，凤霞应当做个有文化有理想的新社会戏曲演员。”新凤霞沉浸在幸福之中，她牢牢地记住了总理的教导，把总理、邓大姐看做是两位可亲可敬的长辈，就像是父母对自己教导一样。从此她刻苦学习，从不识字到识字，从识字到写作，如今新凤霞已写了三百多万字的回忆录和文章，出了 13 本书，留下了可贵的历史资料。

老舍和夫人胡絜青是总理的亲密朋友，常常受到总理邀请赴宴作陪。有一次总理到老舍家找老舍谈话，时间是下午，一聊就四个小时，到了六点钟。总理说他要吃了饭才走，胡絜青没有思想准备，可慌神了，出了一头汗，只“抓”出了两样菜，一盘摊鸡蛋和一块蒸鱼，除此以外，没别的菜了。总理一看就乐了，他对胡絜青说：“你和小超一样，知识分子，不会做饭。”从无拘无束的交往中。胡絜青品出了总理请客吃饭的一些特别“味儿”来，那就是，总理身为国家领导人，但他总要想方设法把自己置身于这个身份之“外”，找机会生活在朋友中，按普通人的方式去交际。总理按照普通人的常规礼仪去款待人家，或答谢人家，他要把平等相待的做人原则贯注在交往中。总理的形象，平等待人的作风，沟通了党和人民的感情。吃饭、交谈、往来这些最简易的日常活动，也最能表现一个人的真情实感。总理与人善处，平易与平等的胸怀，真正是体现了巨人的风格。这一风格蕴藏了很深的统战哲学。

三、珍惜人才，培养人才，保护人才

珍惜人才，培养人才，保护人才，在周总理的统战思想中，这三者和谐的统一，并且一以贯之执行。做好这项工作，最使知识分子感动，也就最能团结知识分子和调动知识分子的积极性。因为知识分子的最大心愿，是聪明才智得到发挥，缺点错误有人指导，遭受挫折有人保护。周总理是这方面的最高的模范。

1956 年春夏之交，总理在中南海紫光阁设宴招待作家，征询意见。这次人多，共有七八十位，设了七桌。吃饭前先行座谈。

总理没有出题，也没有长篇大论，就像家庭团聚一样，亲切随意，话题随便，各种意见无拘无束地说了出来。总理像一个长辈，问长问短，从容不迫，照顾到每一个人。总理问冰心：“冰心同志，你身体好吗？”问巴金：“巴金同志，你生活怎样，每月开销多少？”总理看似在漫不经意地拉家常，其实他心中有数，把春风送到每一个人的心中。总理从几十人的介绍材料中得知臧克家：“臧克家同志，你是作家，怎么不在作家协会工作，而在人民出版社工作？”这突然的提问，大出臧克家的意外，先是一惊，随后又想，这是总理随便问问的吧，于是不在意地回答了一句：“在哪里工作都一样。”总理不再说什么，便去招呼别的客人。过了不多几天，中宣部周扬副部长找臧克家谈话，征询他的意见，把他调到作协书记处工作。又过了几天，《光明日报》发表了文化部的长篇工作总结，谈到臧克家同志的工作，其中有这样的话语：“把臧克家同志安排在人民出版社达七年之久，这是不应该的。”臧克家看到报纸，才恍然大悟。他心潮起伏，眼睛模糊，心里默念：“总理啊，你领导国务院工作是多么的深入和细微！”

总理十分注意人才培养，时时处处关心青年一代的成长，批评教育严厉而温和，有原则性而不武断，让受教育者慢慢体会，自觉接受，化为行动。这方面有许多生动的例子。1954年，中国音乐学院请了苏联声乐专家来教学，于是音乐界展开了“洋嗓子”与“土嗓子”之争。当时民族唱法的歌剧演员王昆已是名腕，《王二嫂过年》、《南泥湾》伴随她的嗓音红遍中国。王昆登台，唱一句一鼓掌，唱一段的间歇，一定有长时间的鼓掌。但是仍然被讥为没受过正规训练，是“土嗓子”。王昆本人想：“我总不能凭着爹妈给的一副好嗓子瞎唱瞎闯一辈子，我要不要学洋嗓子呢？”再加上专家、教授们断定“土嗓子”不科学，王昆心里很矛盾。最后她抱着试一试的心理，请求去天津中央音乐学院苏联专家班进修声乐，领导也批准了。总理知道后，郑重与王昆谈话。总理说：“你去学习是好事，但学归学，只能学好，不能学坏。什么叫好？就是你学完之后，不要叫我们再也认不出来你了，而是让我们觉得你比以前唱得更好了，王昆就是王昆，不能是别人。什么叫学坏了？那就是我们听不出是王昆，成了另外一个人了。”总理还举了两位民歌唱得很好、后来摆脱“土嗓子”，追求“理想的唱法”的例子。王昆从 1954 年到 1963 年，苦苦追求了八九年，结果唱中国民歌用“土嗓子”，唱外国歌曲用洋嗓子，两种方法“拉锯”、“不上不下”、“里出外进”，很是痛苦。1962 年 12 月 29 日，东方歌舞团在政协礼堂举办了一场十一大女高音的盛大独唱音乐会，王昆亮相用洋嗓子唱了维吾尔歌曲《解放的时代》和印度歌曲《摇篮曲》、《宝贝》。王昆自我感觉唱出的声音“忽忽悠悠”、“悬悬乎乎”，唱完之后，出了一身大汗，心里很难过。她等着挨总理的克。音乐会后联欢跳舞，总理一反常态，只和王玉珍、张权等人说说笑笑，和她们跳舞，不理睬王昆。后来王昆憋不住了，走到总理跟前。总理很严肃地批评说：“你终于学成了这个不洋不土的样子了，关于‘洋嗓子’和‘土嗓子’问题，你们音乐界什么时候才纠缠得清？你要走自己的路嘛！”王昆惭愧得几乎流出了眼泪，总理的批评，使她受到了极大的震动，这才决心把自己找回来。第二年 5 月初，也就是距离在政协礼堂独唱会四个多月以后，王昆在北京展览馆再次演出独唱节目，她特意请总理和邓大姐来看节目。演出在 5 月 7 日晚上进行，王昆用“土嗓子”唱了《夫妻识字》、《南泥湾》、《北风吹》、《扎红头绳》、《秋收》等歌曲。这次演唱很成功，落幕后，总理满脸兴奋，他和邓颖超上台祝贺。总理紧握住王昆的手说：“今天你唱得很好，我很高兴。”邓大姐也说：“你的歌声使我们今晚回到了延安。”

王昆走了很长的一段弯路，在总理教导下又重新找准了位置。

总理对干部要求很严格，但批评极有分寸，他是启发上进心，决不生硬，而且是鼓励多于责备。新中国成立后，总理调中南局搞文学批评的陈荒煤同志到文化部当电影局副局长，主管电影工作。他上任之后努力工作，干了几年很有成绩，但仍觉得自己是外行。或出于谦虚，或出于自我批评，他在一次向总理汇报工作中又说了这句话："我是外行。"总理就插话问："荒煤，你调到电影界有几年了？"陈荒煤回答："3 年了。"总理马上严肃地说："3 年了，你还外行！"这句带有感叹色彩的批评，给了荒煤同志很大的激励，从此对工作不敢有丝毫懈怠，再也不敢说"外行"两个字了。陈荒煤也真正成了专家。你看，总理的鞭策多有艺术性。

（原载《西安政协》1995 年第 11、12 期连载）

太伯、季札三让天下的思考

一、礼让是吴文化的精髓，应发扬光大

吴文化的源头起于太伯奔吴。太伯让国而来，吴人义之，立以为君，太伯传位至二十世，又有季札三让天下，继承了太伯精神的传统。太伯让国实有其事，至于三让则不明。季札排行第四，三次让天下于三位兄长，确确实实是三让，加上季札贤明而多才，又处在春秋纷争之世，因此季札让国加倍受到称赞，也发扬光大了太伯开创的礼让精神。今天，我们构建和谐社会，毫无疑义要发扬太伯礼让精神。太伯、季札受到历代人们的称赞，在今天亦应受到称赞。礼让是吴文化的精髓，宏扬吴文化，就要宏扬礼让精神。在人类社会承传中，礼让精神永远都不过时，这也是没有疑义的。不过宏扬礼让精神，是指其宏观而言，应只限于人际交往，国际外交事务中。礼让是一种彼此尊重的精神。至于个案的，具体的，涉及利益的归属，特别是让国这种大事，它应该是由更高的道德理念与利益分配原则所统属，不能简单地用礼让精神来处置。太伯让国是一特别事件，让国不是一般的礼让，它所体现的道德理念，比一般礼让更为博大精深，那么太伯精神

是什么呢？这是本文所要讨论的重心。

二、什么是三让？太伯让国有无其事

数词“三”，在古汉语中可以是实指，也可以是虚指。季札让国，三让其兄，是实指。吴王寿梦要季札继位，季札不受，这不叫让国，而是不接受继位。父亲让位做太上皇，如唐高祖，这才叫让国。太伯让国，《诗经》、《左传》、《竹书纪年》均有若明若暗的记载，最明白的是《论语·泰伯》记载孔子言论曰：“子曰：泰伯，其可谓至德也已矣！三以天下让，民无德而称焉。”孔子所言“三让”是虚指，谓多次让，意谓真心诚意的让。至于历代篡国者的禅让，做作三次礼让，完全是虚情假意的形式，与实际完全相反。如王莽篡国，三次上表辞让安汉公，曹操篡国，三次上表辞让魏公，就是如此。在有史可考的历史中，凡禅让都是血淋淋的，真心诚意的让国是没有的。有国不仅是有最高的权力，而且有国更是对天下黎民百姓的责任心，所以国不可让。匈奴冒顿单于，可以让出千里马，甚至可以让出爱妻，而国土一寸也不能让，就是生动的实例。

季札实实在在让国三次，太伯形式上的让国一次也没有。《史记》的记载是太伯奔吴，可以称之为逃位。太伯何以逃位？他秉承父意，让国于幼弟季历，实质也是让天下，而且是真心诚意的，所以孔子称赞太伯“三让”天下，道德至高至上，完美无比。

三、太伯与季札之“让国”义理不相容

太伯与季札之让有共同点和不同点。共同点皆为让国，不同点，太伯听父命而让，季札违父命而让，所以两者之让在义理上不兼容。我们紧紧地扣住“让国”二字立论，如果太伯让国是对

的，那么季札让国就为非，反之，季札让国是对的，那么太伯让国就为非，因为两者的让国不是一回事，单就听父命与违父命来说，用孝的标准来衡量，两者的义理就不兼容，显然季札的让国是不对的。但这还没有说到点子上，如果父命是逆理的，听了父命才是非，不听父命才是对的。孝道的人际关系范围太小，虽然家国一体，家不能统国，而国可以统家。太伯、季札两人都让的是国，而不是让家庭财产。让国涉及的不仅是自身，更重要的是社稷，是天下人民。所以用孝的标准不能裁判太伯、季札两人的是非。应当还有更高的标准，那是什么呢?

四、让国标准一是为公，二是让贤，二者缺一不可

已然发生的历史事实，与历史家、思想家通过历史事件升华的历史哲学理念，可以是一致的，也可以是不一致的。黄帝是中华民族的始祖，已经是一种理念，黄帝是人文始祖，至于黄帝是否真有其人已无关重要。同理，太伯奔吴这一历史事件，为司马迁所捕捉，他升华出一种“让国”理念。司马迁的“让国”理念，是这位历史家政治思想的一个组成部分。司马迁主张开明的政治，他颂扬圣君贤臣，政治的好坏，以民的喜怒来裁决。司马迁批评秦朝君臣不“振百姓之急”，而颂扬汉初君臣无为，“顺民之俗”。社稷、天下，应当是以“民”为中心的。《史记》五体，首篇均突出礼让精神。尧舜禅让为本纪之首，吴太伯让国为世家之首，伯夷、叔齐让国为列传之首。本纪、世家、列传，三体之首皆写让国，这绝不是巧合，而是独具匠心的安排。表的首篇，起于五帝，是突显禅让的，八书首篇起于礼，突出治国以礼。司马迁写让国，十分鲜明地交待了两个主题，一是为公，二是让贤。尧年老，不传儿子朱丹，而禅让舜，尧说：“不以天下之病而利一人。”尧的儿子朱丹不成才，众臣推举了贤明的舜为继承人。舜继承帝位，天下的人都得利，而朱丹一人受损害。如果朱丹继承帝位，则天下人都受害而朱丹一人得利。两相权衡，尧

说："不能让全天下的人受害而使一人得利。"禅让在这里是双美双绝。禅位者尧，是大公无私；受禅者舜是贤才，他嗣位是替老百姓做事。禅让双方都是以天下为公为己任，着眼点落实在老百姓身上。舜年老，禅位大禹，不传儿子商均。因为儿子不贤，大禹治水施惠百姓。舜禅位也说了尧的话："不以天下之病而利一人。"

吴太伯让国，已经是家天下的时代。这时宗法制度已根深蒂固。宗法制度是嫡长子继承制，立嫡不立庶，立长不立贤。嫡长子不贤也是合法的继承人。宗法制度，定下了继承人唯一，避免诸子争斗，有它合理的一面。但嫡子不贤，可能倾国败家，又如何避免呢？最好的办法就是嫡长子自动让国。吴太伯做出了榜样。

吴太伯奔吴而为君，并非平庸之人。但父亲古公亶父更看好小儿子季历的儿子姬昌，认为他是家族中的贤者，希望太子让国。吴太伯秉承父意，让国奔吴，是向贤者让位，这叫让贤。吴太伯的让国精神，是让贤，我们要发扬的是让贤精神，而不是让国精神。离开了让贤的让国是没有意义的，为让国而让国，是对国家，对人民不负责任，应予批判。"苟利国家生死以，岂因祸福避趋之"（林则徐语）。利国利民的事，不但不能让，而且是当仁不让。吴太伯奔吴，不是消极的让国，而是开拓了新地域，成为宗主国的领地，后来成了周朝的封国。实质吴太伯是避位，而不是让位，所以他的奔吴，又可以看做是开拓。

季札是如何让国的呢？父亲寿梦认为季札贤能，要他担任起治国的责任。季札不接受。当诸樊秉承父命让国季札，季札说："曹宣公之卒也，诸侯与曹人不义曹君，将立子臧，子臧去之，遂弗为也，以成曹君。君子曰'能守节'。君，义嗣也，谁敢干君。有国，非吾节也。扎虽不才，愿附于子臧，以无失节。"季札让国的理由是"有国，非吾节也"。这里所谓节，是指按宗法制度，要坚守庶子之位，不要觊觎君位。季札为了个人的名节而不承担国家的职责，至少也是关注者小而所失者大。特别是余眛让国，季札仍不接受，后来有阖闾弑吴王僚之祸。季札即使不愿任国君，至少应出来主持一个公道，当余昧死后，是由余昧的儿子吴王僚继位呢，还是由诸樊儿子公子光继位呢？此时季札，可以一言九鼎，但季札不说一句话，他只为个人避祸而听之任之，季札之让国实不可取。

季札自比子臧，理由并不成立。曹宣公死后，庶子负刍杀了太子而自立，应该是一个窃国大盗，国人不拥护是正义的立场。国人推举子臧，子臧自动流亡以成就曹君，君子还称赞他“守节”，如此是非不分，何为君子！季札自比子臧，亦非君子。再看季札劝告齐国晏婴，为了避祸，赶快辞职回家；劝告晋国叔向，为了避祸谨慎小心。当公子光弑杀吴王僚夺位，实属以下犯上的大逆之罪，季札一句批评的话都没有，他所做的就是就臣子之位。如此谨慎小心，完全是明哲保身。

五、宏扬太伯精神：让贤、开拓、尚德

宗法制度维护家天下，避免争斗，有积极的意义。但只有贤人才可治国，而嫡子如果不才，如同尧子朱丹、舜子商均，不只害民，亦是误国。中国历代封建王朝，继位国君总是一代不如一代，明显是宗法制度的负面影响，历代政治家岂能不知，但无力矫枉。因为宗法制度，不仅根深蒂固，而且只有宗法制度才能维护家天下，它是家天下的理论基础。汉景帝为了讨母亲窦太后的欢心，酒后说了一句，自己千秋之后传位弟弟梁王，立即遭到大臣窦婴的批评。窦婴说：“天下乃高皇帝之天下，陛下怎能私传梁王！”所以古代的政治家和历史家，想出补救的办法，一是禅让，二是无为。若果嫡子不贤，只要君主无为，大臣贤良，亦能保证贤者治国。但这些政治设计在实际操作中均不奏效。历史实际演出的禅让都是血淋淋的。汉景帝传贤，只好废杀太子刘荣，传位汉武帝，带来了西汉的极盛。寿梦传位选贤，是打破宗法制度的一种尝试，是进步的思想，季札反对，是落后的保守思想。但季札坚持的是宗法大义，寿梦无可奈何，他只好留下遗嘱，要

儿子们遵守，兄终弟及，轮流坐庄传给季札。由此可见，在宗法制度下，传贤是何等的无可奈何！

在中国历史上只有一次吴太伯式的让国，弟弟和平接班。这次让国事件，发生在中兴汉朝的光武帝一朝。光武帝更易太子，立贤不立长，用心良苦。皇太子刘强，并无过错，其母郭皇后亦贤良，光武帝无端废郭皇后，改立阴氏为皇后，为立庶子刘阳为皇太子扫清道路。刘阳聪明过人，年十二便精通吏事，识破南阳郡上计使者的讽谏，受到光武帝的器重。外戚阴氏兄弟阴识、阴兴亦贤良，大臣爱之。故光武帝更易太子没有什么阻力，摆出一种架势，让太子刘强自己觉悟，主动提出辞让，光武帝表面还不允许。刘强让国，是三让太子之位，然后，光武帝正式废太子刘强，改立刘阳为皇太子，同时还改了刘阳的名字叫刘炟，这就是东汉明帝。

宗法制度，立嫡不立庶，立长不立贤，只有这样才能保证权力交接只有一个唯一合法继承人，统一臣心，统一民心，积久而成为一种传统思维，大权在握的皇帝也不敢轻易打破。光武帝有鉴于元成哀平诸帝之柔弱昏庸，刘氏失统，故而立贤，却仍是立嫡不立庶，因之淹没了立贤的意义，对后世没有产生深远的影响。宗法制度以嫡统为正道，不以立贤为宗旨，故历代家天下中的皇帝大都不贤，这是宗法制度的悲哀。但为了维护家天下确实也没有善法可以代替，光武之立贤，也就成了个案。

回头再看太伯奔吴，他不是消极的让国，而是积极的进取与开拓。太伯不搞窝里斗，他是一个能者和强者，既然有贤侄继位，他外出开拓新天地，尽了孝道，也尽了忠道，光大了周朝。所以太伯精神可用六个字概括：让贤、开拓、尚德。

六、季札让国，另翻新义

季札多才多艺，既有外交才能，又有政治头脑，不像是个软骨头，但他何以表现出无原则的让国以及懦夫行为呢？季札不当如是。季札说："有国，非吾节也。"应当有两层意义。第一层，季札死守宗法制度，庶子不当有国，有国就是失节，季子所不为。第二层，季札多才艺，可以胜任礼宾大臣；季札善辞令，可以办外交；季札有诚信，有行政能力，可以为国相。但季札有自知之明，自身缺胆识少刚毅，不能做国君，坚守自己能胜任的岗位，他让国，实际也是让贤。果真是这样，季札的让国精神，也就有了积极意义。

旧时代文人士大夫宣扬季札让国，是维护落后的宗法制度，也许在他们那个时代是维护大义。现在家天下制度已除，选贤与能才是公理，也才符合司马迁颂扬让国精神的理想。因此，今天反思季札让国，必须另翻新义，符合时代精神。当然，作为人际交往的礼让，季札的精神，并不过时。

季札回避矛盾，消极让国，明哲保身，实不可取，应予扬弃。国不可让，而是当仁不让。季札诚信，季札礼让，应当肯定。季札精神，可概括为诚信精神。在诚信缺失的今天，季札诚信的精神更要大大宏扬。

（2006年提交在无锡召开的吴文化研讨论文，原载《中央社会主义学院学报》2006年第6期）

伍子胥与吴文化

一、引言

吴文化是指古吴国所属地区的区域文化，有广狭二义。狭义的吴文化，特指古吴国文化；广义的吴文化，指古吴国地区从古至今源远流长的区域文化。无论是狭义的还是广义的吴文化，都有着丰富的内容和独具特色的特点，它是中国传统文化的一个组成部分，值得探讨和弘扬。古吴国约创建于公元前十二世纪，到公元前473年灭亡，前后发展历史约七个世纪。吴国最强盛时的国土有今江苏省大部和安徽省、浙江省一部分，是长江下游的一个强国和大国。吴王夫差曾侵凌齐国和晋国，争霸中原。伍子胥是造成吴国盛强的一个重要历史人物。可以说没有伍子胥，就没有盛强的吴国，辉煌的吴文化就要大大逊色。所以，伍子胥是吴文化研究中的一个重量级人物。

吴国的创建者始祖吴太伯，是周先公古公亶父的长子。传说吴太伯因让位于贤弟季历，从陕西周原奔于今无锡梅里，始创吴国，自称勾吴，最初只有一千户人家。伍子胥是春秋时楚国大夫伍奢之次子，为了报父兄被楚平王冤杀之仇，于公元前519年来到吴国。当时吴国建都姑苏，在今江苏省苏州市。吴国所属地区已扩展到以今苏州、无锡为核心的环太湖地区，还只是一个中等小国。伍子胥到了吴国，辅佐吴王阖庐、夫差两代国君，引荐古代大军事家孙武为吴国将军，在南边打败世仇越国，北边打败齐国，向西破楚，夫差还与晋国争霸，吴国势力扩展到淮南地区，国土增大一倍，成为春秋中后期的一个大国和强国。吴太伯奔吴带来中原文化，注入吴文化礼让与开拓精神，伍子胥奔吴带来荆楚文化，注入吴文化尚武、自强与扩张精神。古吴国文化就是中原文化、荆楚文化与吴地区本土文化融合新生的地域文化。本文着重谈伍子胥对吴文化的贡献。

二、伍子胥的武勇自强精神

伍子胥，名员，字子胥，亦称伍胥，楚大夫伍奢次子。公元前 528 年，楚平王即王位。平王太子建年十五，伍奢为太子太傅，费无忌为太子少傅。费无忌是一个谗慝小人，他不甘心在伍奢之下。楚平王即位的第二年，派费无忌到秦国去为太子建娶妇，秦女美好，费无忌劝楚平王自娶，为太子建另外娶妇。楚平王好色，听了费无忌的献媚之言，自娶秦女，生子熊珍。楚平王做了荒唐的亏心事，不信任太子建，费无忌又成天打小报告，诬称太子建与伍奢谋反，要楚平王加强戒备。楚平王六年，公元前 523 年，楚平王下令杀死太子建，囚禁了伍奢。太子建出逃到了郑国。楚平王派人宣召伍奢的两个儿子，伍尚、伍员，承诺两子听从宣召，伍奢就会得到释放。伍子胥伍员对哥哥伍尚说："楚之召我兄弟，非欲以生我父也，恐有脱者生后患，故以父为质，诈召二子。二子到，则父子俱死，何益父之死？往而令仇不得报耳，不如奔他国，借力以雪父之耻，俱死，无为也。"① 伍尚对伍子胥说："你赶快逃命替父报仇，我得去陪伴父亲一起死。"兄弟

① 《史记》卷六六《伍子胥列传》。下引此篇不再注。

两人的不同性格，表现了两人接受了不同文化的素养。伍尚接受中原礼义文化影响，忠孝至上，明知要送死，也不违背君父之命。伍子胥接受荆楚剽悍的文化风习，崇尚武勇，性格刚戾忍诟，即既刚强勇猛，又能忍辱负重，具有叛逆的民主意识。伍子胥绝不能容忍是非颠倒，黑白混淆。他对于父兄的冤死，一定要报仇雪恨。公元前523年，伍子胥逃出楚国，到了郑国去追随太子建。公元519年，郑人杀太子建，伍子胥与太子建之子白公胜从郑国逃往吴国，过楚国昭关差点被捉拿，途中生病，九死一生，没有路费，向人乞讨求食。伍子胥忍辱负重，历经磨难到了吴国。伍子胥向吴国的公子光举荐壮士专诸，刺杀吴王僚，公子光夺取了政权，这就是吴王阖庐。伍子胥又引荐大军事家孙武为吴国将军。吴国势力大增，打败了世仇越国，解除了后顾之忧。公元前506年，吴王阖庐与伍子胥、孙武统兵伐楚，五战皆胜，长驱直入打下了楚国都城郢都，即今湖北荆州市江陵城。这时楚平王已死，新任楚王是楚平王所娶秦女生的儿子熊珍，是为楚昭王。楚昭王已经即位十年，费无忌早被楚昭王所杀。伍子胥已失去了报仇的对象。但是伍子胥并不罢休，他在楚国悬赏捉拿楚昭王，又挖开了楚平王的坟墓，鞭打楚平王的尸体三百下。伍子胥报仇反抗故国君主，已是大逆不道，鞭尸的行为更不合人情，当时就受到好友申包胥的批评，说伍子胥复仇太过分了。伍子胥回答说："吾日暮途远，吾故倒行而施之。"这充分表现了伍子胥刚戾的性格，以及他刻骨铭心的愤慨，以暴制暴，以牙还牙，不择手段，不计后果，淋漓尽致地表现了一个大丈夫的率真感情。

三、伍子胥的扩张精神与爱国情怀

伍子胥在公元前519年入吴，到公元前484年被吴王夫差赐死，在吴国政治舞台活动了三十五年。伍子胥辅佐了吴国阖庐和夫差两代国君。报仇雪恨是伍子胥的一大心愿，但伍子胥的目标并不限于此。伍子胥借助吴国这一政治舞台展现自己的个人抱负。他荐贤任能，使吴国迅速崛起，南败越国，西破强楚，扩张吴国，平定天下。这就是伍子胥的扩张精神。伍子胥志在灭楚，由于秦国出兵救楚，越国乘机在吴国后面夹击，还有吴王阖庐之弟夫概在国内发动叛乱，自称吴王。吴王阖庐在楚国、越国、夫概三股力量的夹击之下，在楚国打了败仗，迅速撤兵，回国平定了叛乱，打败了越国，吴国才转危为安。伍子胥没能实现他的灭楚愿望。更为不幸的是，吴王阖庐在对越作战中受伤，不治身亡。阖庐临终遗嘱吴王夫差，不忘越王的杀父之仇，一定要灭掉越国。公元前495年，吴王夫差伐越，大破越军。越王勾践率领残兵五千退保会稽山。伍子胥劝夫差灭越，彻底消除背后的隐患。越王用美女珍宝贿赂吴国的太宰伯嚭，劝吴王接受越王投降为属国，而不灭亡越国。伯嚭原是楚国大夫伯州犁之孙。伯州犁是一个谗慝的小人，与费无忌同党，被楚昭王所杀。伯嚭也逃亡到了吴国，被任用为太宰。伯嚭本性不改，到了吴国仍为谗慝小人，成为伍子胥的政敌。

吴王阖庐为伍子胥报仇雪恨，伍子胥感激涕零，为吴国的发展竭尽忠诚。当阖庐听信谗言要废掉夫差为太子时，伍子胥死命谏诤，保住了夫差的太子地位，夫差要把半个吴国分封给伍子胥，伍子胥拒辞不受。夫差继位，打败越国，骄傲起来，忘了父亲遗言灭掉越国，反而在越国反间和伯嚭等佞臣的包围之下，猜忌伍子胥。为了忠于国家，伍子胥不顾个人安危，多次直言进谏。当夫差用兵于齐时，伍子胥明确进谏夫差说："勾践食不重味，吊死问疾，且欲有所用之也。此人不死，必为吴患。今吴之有越，犹人之有腹心疾也。而王不先越而乃务齐，不亦谬乎！"公元前484年，艾陵之战，吴王夫差大破齐兵，更加骄傲不可一世，接着又要进兵晋国。此时吴国连年争战，已是兵疲民困，越国经过十年的休养生息，国力恢复，越王蠢蠢欲动。伍子胥看到了危机已逼近吴国。伍子胥是吴王行人，即外交部长，他奉命出使齐国和解，把一个儿子托付给齐国大夫鲍牧，并对儿子说："吾数谏王，王不听，吾今见吴之亡矣，汝与吴俱亡，无益也。"伯嚭抓住这一事件大做文章，向吴王夫差诬告伍子胥怨望，图谋不轨。夫差大怒，赐剑伍子胥自裁。伍子胥愤怒地对舍人说："必树吾墓上以梓，令可以为器，而抉吾眼悬吴东门之上，以观越寇之入灭吴也。"说完，自刭而死。吴王夫差大怒，把伍子胥的尸体装入皮囊，沉于江中。

伍子胥有远见，敢直言，尽忠爱国而死。他临终的愤激语不是诅咒自己国家的灭亡，而是气愤吴国君臣的有眼无珠，再次表现他的刚戾性格，对昏君吴王夫差和谗臣伯嚭的深恶痛绝，字字是血，句句是泪，可以说是惊天地、泣鬼神的沉痛呼号。吴人痛惜伍子胥之冤，为伍子胥立祠于江上，因命为胥山。胥山在今江苏省吴县西南。

伍子胥之死，是一个悲剧。但伍子胥光明磊落的行为永垂青史，他忠心耿耿，为国家利益而献出生命的爱国精神永远激励着一切正义的后代人。

四、伍子胥事迹留给人们的启迪

伍子胥原为楚人，因报仇雪恨而背离故国；吴王替伍子胥圆了雪恨之梦，伍子胥尽忠献身，仿佛是两个伍子胥。按封建正统思想，君要臣死，不管有理无理，臣下都不能反抗，这才叫忠。伍子胥背离楚国，鞭尸楚平王的行为，历来的评价都是否定的，伍子胥自己也认为是倒行逆施，但他敢作敢为，就这样做了。司马迁对此极为赞赏，专门以报仇雪恨为主题写了《伍子胥列传》，而且是一个专传。司马迁赞同报仇雪恨的行为，并升华为一种哲学理论。司马迁说："怨毒之于人甚矣哉！王者尚不能行之于臣下，况同列乎！"显然，司马迁认为，报仇雪恨，恰恰就是为了消除仇恨，劝诫人们不要制造仇恨。这个原则就叫"杀人偿命"。当然，人类文明进入到了二十一世纪，社会有法制保障，待人要宽容，不要冤冤相报，这是另一种精神境界，社会大环境是博爱，才可以实现。

一般的人，平等的人，可以用报仇来雪恨，而臣下对于君王可不可以报仇呢？司马迁的回答是肯定的。他认为，君王暴虐无道，臣民就可以反抗。司马迁称赞伍子胥的行为是“弃小义，雪大耻”，并竖起拇指称赞伍子胥是一个“烈丈夫”，也就是真正的男子汉。司马迁的这一评论，已经超出了个人狭隘的雪恨，而是带有革命性与民主性的意识。司马迁在《太史公自序》中提出“贬天子，退诸侯，讨大夫”的思想意识，社会上层大人物，包括天子在内，如果作恶，也是可以批评的，可以反抗的。所以陈涉起义，司马迁比做汤武革命。司马迁的思想是有承传的，早期儒家先哲就有民主性的思想精华。如孟子就说“民为贵，社稷次之，君为轻”①。又说：“闻诛一夫纣矣，未闻弑君也”②。当然，司马迁写伍子胥，最集中的主题是忍辱复仇。为了突出这一主题，《伍子胥列传》集中描写了一大群忍辱复仇的人物与事件。明代凌约言说：“伍子胥不忘郢也，故一传中叙夫差，复父仇也；虽伯嚭，亦复祖仇也；申包胥，复君仇也；越王，复己仇也；白公，复父仇也。此叙事之微也。”③ 这些复仇，包括了各式各样的复仇，吴王夫差复仇不彻底，放虎归山，自取灭亡。勾践复己仇，彻底灭吴，羞愧得夫差无颜见伍子胥。世上没有后悔药，吴王夫差自吞苦果。不过其他人的复仇，都是绿叶衬托红花，这就使得伍子胥这个中心人物的气节品质，显得格外突出。

孟子对齐宣王说：“君之视臣如手足，则臣视君如腹心；君之视臣如犬马，则臣视君如国人；君之视臣如土芥，则臣视君如寇雠。”④ 按照孟子说的这一标准来看君臣关系，伍子胥的行为不仅完全符合标准，而且具有典型意义，那么伍子胥的人格在楚在吴也完全一致。楚平王待伍奢如草芥，所以伍子胥视楚平王如寇雠。吴王阖庐待伍子胥如手足，伍子胥视吴王阖庐如腹心。夫差听谗又视伍子胥为土芥，所以伍子胥视夫差如寇雠，要悬眼于吴国之东门，以观越寇之人灭吴也。伍子胥的这一刚戾性格，以及

① 《孟子》卷一四《尽心下》。
② 《孟子》卷二《梁惠王下》。
③ 《史论评林》引。
④ 《孟子》卷八《离娄下》。

他对吴国的卓越贡献，给吴文化注入了生机。伍子胥的勇武自强，敢作敢为的扩张精神，不畏强暴敢于复仇的自信精神，铸造了吴人的勇武精神。秦汉之际，项羽率领江东八千子弟，驰骋中原，灭了强秦。隋唐之际，王世充率领数万江都子弟救援东都，最终打败了李密率领的几十万瓦岗军。吴人的尚武精神，溯源于伍子胥强吴所建功业，应无疑义。

（2008年4月提交在无锡召开的吴文化国际学术讨论会论文）